INDOGERMANISCHE BIBLIOTHEK
Begründet von H. Hirt und W. Streitberg
Fortgeführt von H. Krahe

Herausgegeben
von Alfred Bammesberger

ERSTE REIHE

ANTONIN BARTONĚK

Handbuch des mykenischen Griechisch

Universitätsverlag
C. WINTER
Heidelberg

Bibliografische Information Der Deutschen Bibliothek
Die Deutsche Bibliothek verzeichnet diese Publikation in der Deutschen Nationalbibliografie; detaillierte bibliografische Daten sind im Internet über *http://dnb.ddb.de* abrufbar.

ISBN 3-8253-1435-9

Imprimé en Allemagne · Printed in Germany
Druck: Memminger MedienCentrum, 87700 Memmingen

Gedruckt auf umweltfreundlichem, chlorfrei gebleichtem und alterungsbeständigem Papier

Den Verlag erreichen Sie im Internet unter:
www.winter-verlag-hd.de

Vorwort des Verfassers

Am Manuskript für dieses Handbuch des mykenischen Griechisch habe ich im Jahre 1983 zu arbeiten begonnen, als ich auf Einladung von Prof. Dr. Hubert Petersmann eine Gastprofessur an der Universität Heidelberg wahrnehmen konnte und bei dieser Gelegenheit mit Dr. Carl Winter einen vorläufigen Vertrag über die Herausgabe eines Handbuchs des mykenischen Griechisch unterschrieb.

Es folgten lange Jahre der Arbeit — nicht ohne Pausen, in welchen andere Projekte im Vordergrund stehen mußten, aber auch mit zahlreichen Phasen von intensiver Beschäftigung mit der mykenischen Sprache und den Linear B-Texten. Das Unternehmen erfolgte dabei mit finanzieller Unterstützung von zwei Seiten — einerseits der Alexander-von-Humboldt-Stiftung in Bonn (hier sind mehrere Aufenthalte von mir in Heidelberg zu erwähnen sowie die Korrektur meines Deutsch und die Durchsicht des Textes durch Mag. Plöchl vom Sprachwissenschaftlichen Seminar der Universität Heidelberg) und andererseits der Tschechischen Grantagentur in Prag (welche die EDV-Bearbeitung an meiner Heimatuniversität finanziell unterstützte).

Hier in Brno hat mir — abgesehen von der moralischen Unterstützung durch meine Frau Dr. D. Bartoňková — eine lange Reihe von jungen Kollegen, Doktoranden und Studenten mit größter Effizienz geholfen, von Dr. D. Urbanová gleich am Anfang bis zu einer ganzen Gruppe von Mitarbeitern in den letzten Jahren bzw. Monaten beim Abschluß des Manuskripts: unter der Leitung von Mag. T. Hlavička vor allem Mag. K. Šimůnková, R. Bartůněk, K. Loudová, J. Mikulová und P. Březina. Die letzte Formattierung des Textes stammt von Ing. O. Vácha.

Und last, but not least bin ich Martin Peters vom Institut für Sprachwissenschaft der Universität Wien äußerst verbunden, der sich erbötig machte, den ganzen Text des Manuskripts in seiner Fassung vom Sommer 2001 durchzusehen und zu korrigieren.

Nur eine Person wurde in dieser letzten Phase der Bearbeitung meines Buches auf das schmerzlichste vermißt, der primus movens und Pate des Handbuchs Prof. Dr. Hubert Petersmann, der am 31. 1. 2001 für immer von uns gegangen ist. Ihm sei dieses Buch am heutigen Tag einer akademischen Gedenkstunde in Heidelberg zur Erinnerung an den großartigen Gelehrten und wunderbaren Menschen Hubert Petersmann von ganzem Herzen gewidmet!

Heidelberg, am 26. 4. 2002 Antonín Bartoněk

Inhaltsverzeichnis

WORTFORMEN

WORTSCHATZ UND SYNTAX

EINFÜHRUNG

I. Die Hintergründe

A. Einführung

In meinem *Handbuch des mykenischen Griechisch* werde ich versuchen, eine gräzistische Teildisziplin vorzustellen, die das Licht dieser Welt vor mehr als 50 Jahren erblickt hat (1952), und deren Vater ein englischer Architekt namens Michael Ventris war, wobei an ihrer Wiege als Paten einige eher junge Philologen, Archäologen und Historiker standen. Diese versuchten das Kleinkind zu beschützen, als in dessen viertem Lebensjahr sein Vater gestorben war (1956), und selbst das Leben des Kindes schien bald danach durch eine hyperkritische schottisch-deutsche Allianz gefährdet zu sein. Die Mykenologie hat allerdings diese leidenschaftliche Auseinandersetzung bei guter Gesundheit überstanden, die Kontroverse hat sogar ein wichtiges positives Ergebnis gehabt, indem sie aus dem mykenologischen Horizont Scharen von Phantasten vertrieb, die immer bereit waren, alles mögliche und unmögliche aus den mykenischen Texten herauszulesen.[2]

Auf diese Weise ist die Mykenologie im Laufe der Jahre allmählich mündig geworden und bediente sich immer mehr, neben verschiedenen äußerst nützlichen interdisziplinären Kontakten, aller für die klassische Philologie typischen methodischen Verfahren, einschließlich der Textkritik. Dies ist ein bedeutsames Verdienst von John Chadwick, dem Stiefvater und Mitbegründer der Mykenologie, der immer darauf Wert legte, die mykenologischen Studien in engster Verbindung mit der klassischen Philologie zu pflegen.

Heute sind wir imstande, die wahre Bedeutung der Mykenologie im gesamten Komplex der Altertumswissenschaften richtig abzuschätzen. Dabei hat die Ventrissche Entzifferung der Linear B-Schrift keinen zu großen Erdrutsch im Bereich der Gräzistik verursacht. Dazu sind die mykenischen Texte sowohl inhaltlich, als auch was ihre quantitative Dimension betrifft, zu unzureichend. Doch trotz aller Einseitigkeiten repräsentieren die mykenischen Linear B-Inschriften die älteste bezeugte griechische Sprachform,

---

2 Über die sogenannte mykenische Kontroverse s. S. 62ff.

die um wenigstens vier Jahrhunderte älter ist als die frühesten alphabetischen Belege.[3] Demgemäß enthält diese Sprachform verschiedene Besonderheiten, deren Existenz man vereinzelt bereits früher richtig rekonstruiert hat, doch gar nicht in allen einzelnen Fällen so erahnen konnte. Dabei ist das Mykenische nicht spärlicher bezeugt als viele andere altgriechische Dialekte: man kann in den mykenischen Texten fast alle wichtigeren grammatischen Formen identifizieren, besonders im nominalen Bereich — die Verben sind dagegen nur spärlich belegt.[4] Und was den Inhalt betrifft, führen uns die Linear B-Dokumente in eine Welt, deren gesellschaftliche Verhältnisse sich ohne Zweifel sehr von jenen unterscheiden, die wir aus der klassischen Gesellschaftsentwicklung kennen. Sie weichen offensichtlich auch von den bei Homer beschriebenen Verhältnissen ab.[5] Wir haben es hier mit einem hochentwickelten und äußerst zentralistisch organisierten Wirtschaftssystem mit recht komplizierten Gesellschaftsbedingungen zu tun, zu welchen geeignete Parallelen eher im Vorderen Orient als im klassischen Griechenland zu finden sind. Andererseits aber behielten die einzelnen mykenischen Zentren ihre politische Selbständigkeit und sind offensichtlich nie zu einem einheitlichen mykenischen Staat verschmolzen.

Trotzdem mag das mykenische Griechenland viel Bedeutsames zum Verstehen der archaischen griechischen Gesellschaft beitragen. Im Gedächtnis der griechischen Bevölkerung blieb für immer das Bewußtsein einer Kontinuität mit der prachtvollen mykenischen Vergangenheit tief verankert, welche trotz ihrer ökonomischen Verschiedenheit schon viele wichtige kulturelle Merkmale besaß, die künftighin zu einem dauerhaften Impuls für verschiedene Gebiete der klassischen griechischen Schöpfung geworden sind.

B. Archäologischer Hintergrund

Der älteste direkte Beleg menschlicher Existenz auf dem ägäisch-helladischen Boden stammt aus dem mittleren Paläolithikum (ca. 750 000 bis 50 000 v. Chr.); es handelt sich um den Schädel eines Neandertalers

---

[3] Die ältesten bezeugten alphabetischen Texte stammen vor allem aus Euböa (Lefkandi, Eretria) bzw. aus den euböischen Handels- und Kolonisationsgebieten (Al Mina an der vorderasiatischen Küste, Pithekoussai = Ischia im Golf von Neapel), und zwar bereits aus der 2. Hälfte des 8. Jh. v. Chr. Vgl. *G. Buchner* (passim), *D. Ridgway* (passim), und vor allem *A. Bartoněk - G. Buchner* 1995 (1997).

[4] Vgl. Kap. VII.

[5] Über das Verhältnis des Mykenischen zur homerischen Sprachform vgl. das Kap. IX B.

aus der Petralona-Höhle, 75 km südöstlich von Thessaloniki. Das erste Skelett eines Homo Sapiens (ca. 7600 v. Chr.) wurde in der Franchthi-Höhle nördlich von Porto Cheli in der südlichen Argolis entdeckt. Die Spuren der ersten menschlichen Siedlungen kommen aus dem früheren Neolithikum, die erste keramische Siedlung scheint diejenige von Nea Nikomidia westlich von Thessaloniki zu sein (ca. 6200), während seit dem Anfang des 6. Jahrtausends bereits mehrere neolithische Siedlungen in verschiedensten helladischen und ägäischen Landschaften auftreten. Die erste Hochkultur des helladischen Neolithikums wird mit Hunderten von Siedlungshügeln des archäologischen Sesklo-Horizonts in Ostthessalien verbunden, der im 5. Jahrtausend v. Chr. sowohl in Thessalien als auch in verschiedenen anderen Landschaften des helladischen Festlandes bezeugt und durch bemerkenswerte bemalte Keramik charakteristiert ist. Im 4. Jahrtausend wird diese Entwicklung durch einen neuen, jedoch nur auf Thessalien beschränkten archäologischen Horizont unterbrochen, der nördlicher Herkunft zu sein scheint und von einigen Forschern — offensichtlich aber ohne genügende Beweise — schon als indoeuropäisch angesehen wird. Im Laufe der 1. Hälfte des 3. Jahrtausends ist das Neolithikum durch die ersten Ansätze der Bronzezeit abgelöst worden, die in den ägäischen Raum von Osten her gelangt waren — angeblich im Zusammenhang mit einer östlichen Migration. Die bronzezeitliche Kultur machte sich im ägäisch-helladischen Raum in drei Teilgebieten geltend: auf dem Festland als die sogenannte „helladische", auf der Insel Kreta als die „minoische" und auf den übrigen ägäischen Inseln als die „kykladische" Kultur.[6]

Nach der Evansschen Einteilung und verschiedenen Modifikationen anderer Forscher gliedert man heute die ägäische Bronzezeit in folgende Teilphasen:[7]

[6] Über die ägäische Bronzezeit vgl. z. B. *E. Vermeule* 1964, *P. Demargne* 1975, *P. Warren* 1975, *M. S. F. Hood* 1978, *O. Dickinson* 1994.

[7] *A. J. Evans* 1905, vgl. auch *M. S. F. Hood* 1978, S. 10, *O. Dickinson* 1994, S. 19, *Götter und Helden*, Ausstellung Bonn 1999, S. 16f.

	minoisch		kykladisch		helladisch	
Früh-	FM:	3000–2100	FK:	3000–1900	FH:	3000–2100
Mittel-	MM I: MM II: MM III:	2100–1900 1900–1700 1700–1600	MK:	1900–1600	MH:	2100–1550
Spät-	SM Iab: SM II: SM IIIab: SM IIIc:	1600–1450 1450–1400 1400–1200 1200–1050	SK:	1600–1050	SH I: SH II: SH IIIab: SH IIIc:	1550–1500 1500–1400 1400–1200 1200–1050

Die chronologischen Angaben sind allerdings nur approximativ und vereinfacht.

In der Frühbronzezeit lag der Schwerpunkt der kulturellen Entwicklung auf dem Festland und den ägäischen Inseln. Sowohl das Festland als auch die Inseln erlebten besonders im FH II bzw. FK II (2400–2200) einen bemerkenswerten Aufschwung (Lerna, Asine, Tiryns in der Argolis, Zygouries, Korakou in der Korinthia, Agios Kosmas in Attika, Eutresis, Orchomenos in Böotien, Malthi in Messenien u. a.; Thermi auf Lesbos, Poliochni auf Lemnos, Chalandriani auf Syros, Phylakopi auf Melos; Ausfuhr des hochgeschätzten Obsidians von Melos in viele Mittelmeerländer). Am Ende von FH II/FK II wurde eine Anzahl dieser Lokalitäten, besonders in der Argolis, in der Korinthia und auf den Kykladen, zerstört — was mit einer angeblich aus dem Osten, d. h. von Anatolien her kommenden Vorhut der indoeuropäischen Einwanderer in Zusammenhang gebracht wird. In anderen helladischen Gegenden erfolgten ähnliche Zerstörungen erst gegen das Ende von FH III; sie werden übereinstimmend für das Resultat einer von Norden her kommenden indoeuropäischen Einwanderung protogriechischen Typs gehalten.

Auf Kreta zeigt sich dagegen die frühbronzezeitliche Lage als weniger übersichtlich, da hier oft die FM-Schichten in den späteren Entwicklungsphasen zerstört wurden. Einige FM-Funde stammen aus Höhlenkultstätten (Grotte von Eileithyia, östlich von Iraklion), doch es gibt auch einige sichere FM-Siedlungen (z. B. Vasiliki). Die bronzezeitliche Blütezeit ist jedoch auf Kreta erst mit der MM-Periode verbunden, in welcher zuerst die älteren Paläste von Knossos, Phaistos und Mallia ausgebaut wurden und nach deren Zerstörung um 1700 die jüngeren Paläste von Knossos, Phaistos, Mallia, Kydonia (Khania) und Kato Zakros in MM III entstanden sind. Deren Blütezeit dauerte wenigstens bis zum Ende von SM I (für Knossos vielleicht noch etwas länger) — dies gilt auch für viele andere Lokalitäten (zu diesen gehörte der knossische Hafenort Amnisos, die minoische Stadt Gournia, die königliche Villa von Agia Triada, die Herrenhäuser in Tylissos, Vathypetro, die Nekropole in Archanes, einige weitere Höhlenkultstätten u. a.); doch ist schon damals die Insel von einer Reihe zerstörender Erdbeben erschüttert worden. Diese Katastrophenserie scheint am Anfang des 15. Jahrhunderts ihren Höhepunkt erreicht zu haben; seit etwa 1450 v. Chr., d. h. seit dem Ende der SM Ib-Periode, liegen fast alle minoischen Zentren in Trümmern, was von manchen Forschern mit dem auf der naheliegenden Insel Thera angeblich gerade um diese Zeit erfolgten Vulkansaubruch in direkten oder indirekten Zusammenhang gebracht wurde.[8] Nur Knossos scheint weniger betroffen gewesen zu sein, da es sich offensichtlich spätestens am Anfang des 14. Jahrhunderts wieder in beträchtlichem kulturellem Aufschwung befand, wenn auch schon unter den neuen Herren vom helladischen Festland — den griechischen Achäern.[9]

Demgegenüber ist auf dem helladischen Festland und auf den ägäischen Inseln die mittelbronzezeitliche Phase (MH bzw. MK) durch einen kulturellen Rückgang gekennzeichnet, der ohne Zweifel durch die Einwanderung der kulturell rückständigen protogriechischen Indoeuropäer verursacht worden ist. Erst im Laufe der letzten Phase der MH-Periode (vom 17. Jh. an) beginnt der Wiederaufschwung der helladischen Kultur — zuerst mit dem älteren Schachtgräberrund von Mykene (Gräberrund B) —, der dann in der SH-Periode durch den Ausbau mehrerer mykenischer Paläste und zahlreicher Siedlungen seine Blütezeit erreichte; dies war der Fall nicht nur auf dem Festland (Mykene, hier nun das Gräberrund A; Tiryns, Pylos, Athen, Theben, Orchomenos, Iolkos u. a.), sondern auch auf den ägäischen Inseln (z. B. Agia Irini auf Keos), ja sogar — seit dem Anfang des 14. Jh. — in dem einst minoischen Knossos. Ein umfangreiches mykenisches Handelsgebiet bildete sich dann besonders im 13. Jahrhundert im ganzen Ostmittelmeerraum heraus. Doch dieser Aufschwung der mykenischen Zivilisation war relativ kurz, und bereits gegen

8 Die Ansichten über den Zeitpunkt des Vulkanausbruches auf Thera unterscheiden sich allerdings beträchtlich; z. Z. datiert man die Katastrophe in das ausgehende 17. Jh. v. Chr. (vgl. *S. W. Manning*, in: Thera and the Aegean World III, London 1990, S. 29ff.), wodurch der angebliche Zusammenhang zwischen dem Vulkanausbruch auf Thera und den Zerstörungen auf Kreta um 1450 seine chronologische Stütze verliert.

9 Auch die Umstände der Ankunft der Achäer auf Kreta sowie die Chronologie der spätbronzezeitlichen Zerstörungen in Knossos bleiben offen (vgl. *Knossos*. A Labyrinth of History, Papers presented in honour of *M. S. F, Hood* 1994, passim, und *La Crète mycénienne* 1977 = BCH Suppl. 30).

Ende des 13. Jahrhunderts machten sich die ersten deutlichen Anzeichen ihres Niedergangs bemerkbar (Schematisierung verschiedener Kunstformen, Zerstörung einiger Paläste u. a.). Im Laufe des 12. Jahrhunderts fanden dann verschiedene sowohl ökonomisch-politische als auch kulturelle Veränderungen im ganzen ägäischen Raum statt, so daß dadurch eine neue Entwicklung eintrat, die sich danach ihren eigenen Weg durch die sogenannten „finsteren“ Jahrhunderte zum archaischen Griechentum bahnte.

C. Sprachlicher Hintergrund

Die Griechen selbst, wie gesagt, waren in der Ägäis nicht seit jeher zu Hause. Ihre Vorfahren wanderten in den ägäischen Raum um das Jahr 2000 v. Chr. ein und stießen dabei auf eine ältere Bevölkerungsschicht, die sich ohne Zweifel auf einem höheren Zivilisationsniveau befand. Manche Forscher glauben, daß im ägäischen Raum noch vor den Griechen andere Indogermanen lebten, aber sichere Beweise dafür gibt es nicht. Die pelasgische Hypothese von *V. Georgiev* und einigen anderen Forschern[10] stützt sich lediglich auf ein paar Wörter, die man auch anders deuten könnte. Die eventuelle Existenz zweier aufeinanderfolgender Invasionswellen im ägäischen Frühhelladikum III, z. B. in Lerna, erlaubt auch andere Erklärungen als diejenige von *L. Caskey*[11] vermittels zweier verschiedener indoeuropäischer Einwanderungen im Intervall von etwa 200 Jahren (2200–2000).

Im Laufe der ersten drei oder vier Jahrhunderte des 2. Jahrtausends v. Chr. haben sich die protogriechischen Einwanderer mit der älteren ägäischen Bevölkerung stark vermischt, wodurch auch ihre Sprache eine Anzahl spezifischer Lautveränderungen (vor allem im Bereich der Konsonanten) bzw. verschiedener morphologischer Innovationen (vor allem in der Verbalflexion) durchmachte und einen Teil des indoeuropäischen Wortschatzes einbüßte. Gegen Ende des Mittelhelladikums (d. h. um 1600) waren die ein solches Griechisch sprechenden Bevölkerungsschichten imstande, im Rahmen der soeben entstehenden mykenischen Zivilisation die Führungsrolle auf dem helladischen Festland zu übernehmen.

Dieser schnelle kulturelle Aufschwung, der zum erstenmal im Horizont der Schachtgräber von Mykene zu sehen ist, beruht auf wichtigen Faktoren. Gerade zu dieser Zeit begannen sich mehrere mittelhelladische

---

[10] *V. Georgiev* 1966, vgl. auch *W. Merlingen* 1955.

[11] *L. Caskey* 1971 (CAH, 3rd ed., Vol. I, 2, S. 771ff.).

Siedlungen zu ersten staatlichen Gebilden zu organisieren. Das führte zur Häufung von Reichtum in den Händen der lokalen Herrscher, wie es ausgiebige Funde in den frühesten mykenischen Palastschichten bezeugen. Dieser Reichtum lockte bald Handwerker und Künstler aus den benachbarten Hochkulturen, besonders aus dem minoischen Kreta, in die Palastzentren. Zugleich aber benötigte man für den angehäuften Reichtum auch eine Art Registrierung. Dieses Bedürfnis wurde bald durch das Heranziehen von Linearschreibern aus Kreta befriedigt. Dort hatte sich in den ersten Jahrhunderten des 2. Jahrtausends ein spezifisches Schriftsystem entwickelt, das man heute die kretische hieroglyphische Schrift nennt. Diese Schrift wurde im 18./17. Jahrhundert v. Chr. durch die sogenannte Linear A-Schrift ersetzt, die ihre Blütezeit im 16. Jahrhundert erlebte und deren Einfluß sich auch in anderen Schriftsystemen des östlichen Mittelmeerraumes bemerkbar machte.[12]

Auf dem helladischen Festland haben vielleicht zuerst die von Kreta stammenden minoischen Schreiber im Auftrag ihrer mykenischen Herren die kretische Linear A-Schrift in der Palastadministration verwendet, doch nach einer gewissen Zeit haben offensichtlich ihre Nachfolger diese Schrift den Bedürfnissen der griechischen Sprache angepaßt, und das Resultat war die Einführung der sogenannten Linear B-Schrift — vielleicht schon im 15. Jahrhundert v. Chr., wenn nicht noch früher — in die ökonomische Verwaltung der mykenischen Palastzentren.[13]

Die noch nicht genügend geklärte kretische Katastrophe um 1450 vor Chr., die in kurzer Zeit eine fast totale Vernichtung der minoischen Zivilisation bedeutete, hat es den festländischen Griechen, den Achäern, ermöglicht, in das schwer getroffene Land einzuwandern, den Palast von Knossos in Besitz zu nehmen und auch andere kretische Gegenden unter ihre Kontrolle zu bringen. Da sie griechisch sprachen, wurde nun auf Kreta die Administration in Linear B-Schrift durchgeführt, wie es in den Zentren auf dem Festland üblich war, und nicht mehr in der für die minoische Kultur typischen Linear A-Schrift.

Auf dem helladischen Festland benützte man die Linear B-Schrift bis zum Ende des 13. Jahrhunderts, wonach der Gebrauch dieser Schrift rasch in Vergessenheit geriet, offensichtlich im Zusammenhang mit Machtumwälzungen am Anfang der „finsteren" Jahrhunderte.

---

[12] Mehr darüber in Kapitel II.

[13] Doch vgl. Anmerkung 9 über die unsichere Chronologie der Ereignisse in Knossos sowie die Ausführungen auf S. 74ff. über Zeit und Ort der Entstehung der LB-Schrift. Es gibt Forscher, die deren Entstehung mit Entschiedenheit auf Kreta lokalisieren.

Jedenfalls bediente sich noch in der 2. Hälfte des 2. Jahrtausends v. Chr. ein gewisser Teil der ägäischen Bevölkerung anderer Sprachen als des frühgriechischen indogermanischen Idioms. Das ersieht man u. a. aus dem klar ungriechischen Gepräge beider älterer Schriftsysteme auf Kreta, der hieroglyphischen und der Linear A-Schrift, die einen nicht-indoeuropäischen Sprachtypus repräsentieren. Die mykenischen Griechen haben zwar im Laufe des 14. und 13. Jahrhunderts ihren politischen, und vor allem ihren ökonomischen Einfluß auf den ganzen Ostmittelmeerraum ausgedehnt, doch selbst diese Expansion bedeutete offensichtlich keinen raschen Untergang der einheimischen vorgriechischen Sprachen.

Die Zahl der verschiedenen vorgriechischen und nichtgriechischen Völker, deren Namen die altgriechischen Autoren bewahrt haben, ist beträchtlich: die Pelasger, Leleger, Kydoner, Eteokreter, Karer, Thraker, Illyrier und viele andere. Über die konkreten Sprachen dieser Völker wissen wir heute gar nichts oder nur sehr wenig. Allerdings hat man noch gegen die Mitte des 1. Jahrtausends v. Chr. in einigen Randgebieten der ägäischen Inselwelt fremde Sprachen gesprochen, zu deren Wiedergabe man sich des griechischen Alphabets bedient hat. Es handelt sich um eteokretische Inschriften aus Ostkreta, etruskoide aus Lemnos und thrakoide aus Samothrake.[14]

Andererseits ist zu erwähnen, daß einige im Mykenischen bzw. im alphabetischen Griechisch bezeugte Eigennamen auch in den Texten zweier wichtiger Sprachen des alten Orients vorkommen, und zwar:

a) in der hethitischen Keilschrift; vgl. in den Texten von Boghazköy aus dem 14.–13. Jh. v. Chr. z. B. die Toponyma *Aḫḫijawā* ≈ Ἀχαι(ϝ)ία (vgl. myk. a-ka-wi-ja-de *Akhaiwiān-de* „nach A.“ als Name einer kretischen (!) Lokalität), *Milawanda, Milawata* = Μίλ(ϝ)ατος, Μίλητος usw. oder das Anthroponym *Tawagalawaš* = Ἐτεοκλῆς (vgl. myk. e-te-wo-ke-re-we-i-jo *Etewoklewe(h)ios* als Adj. zum Personennamen **Etewoklewēs*)[15];

b) in der ägyptischen hieroglyphischen Inschrift auf einem Statuensockel im Tempel von Amenophis III. aus der Zeit um 1370 v. Chr.; vgl. mehrere kretische und helladische Toponyma, z. B. *Amnišá* = Ἀμνισός (vgl. myk. a-mi-ni-so *Amnīsos*), *Kunušá* = Κνωσσός (vgl. myk. ko-no-so *Knōs(s)os*), *Mukána* = Μυκῆναι, *Deqajis* = Θῆβαι (vgl. myk. te-qa-i *Thēg*^{w}*ā(h)i* Dat.-Lok. „in Theben“).[16]

---

14 Vgl. *Y. Duhoux* 1982, *A. Bartoněk* 1993c bzw. 1994.

15 Vgl. *E. O. Forrer* 1924, *F. Sommer* 1933, *G. Steiner* 1964, *F. Schachermeyr* 1986.

16 Vgl. *E. Edel* 1966, *A. Bartoněk* 1983, *G. A. Lehmann* 1991.

Die neuesten bibliographischen Angaben zu weiterem Lesen (I. Kap.)

In diesen zusätzlichen Partien, die am Ende jedes Kapitels (bzw. einiger Subkapitel) eingereiht werden, führe ich die wichtigsten Studien vor allem aus dem Buch von *P. Dardano*, Un decennio di studi micenei (1991–1997), Roma 2000 (neben ein paar weiteren Studien, z. B. aus *J. T. Hooker*, Mycenology in the 1980's, Kratylos 36, 1991, 32–72, oder aus der Publikation *Floreant Studia Mycenaea* I–II, Akten des Intern. Myken. Colloquiums in Salzburg 1995, Wien 1999) an:

Zum neuesten Stand im Bereich der altägäischen Archäologie im 3. bis 2. Jahrtausend v. Chr. siehe vor allem *O. Dickinson* 1994 (vgl. auch *J. Vanschoonwinckel* 1991 über die Wende vom 2. zum 1. Jt. v. Chr.).

II. Die altägäischen Schriften und ihre Ausstrahlung

Den heutigen Stand der Dokumentation der drei altägäischen Schriften aus dem 2. Jahrtausend v. Chr. (HG, LA, LB) kann man durch folgende statistische Angaben charakterisieren:

Die ägäischen Schriften im Vergleich[17]

	Ton-täfelchen	Tonsiegel u. ä.	Siegel-stöcke	Ton-scherben	Andere Obj.	Gesamt-zahl	Fundorte
Hieroglyphisch	122	57	136	–	16	331	32 Kreta + 2 Inseln
Linear A	325	1021	–	42	72	1460	33 Kreta + 5 Inseln + 1 Pelop. + 1–3 Kleinasien + 1–2 Israel
Linear B	5561	171	–	170	2	5904	5 Kreta + 5 Pelop. + 6 Zentralgr.
Insgesamt	6008	1249	136	212	90	7695	

[17] Siehe *A. Bartoněk*, Die ägäischen voralphabetischen Schriften, in: *Europa et Asia Polyglotta*, Festschrift für *Robert Schmitt-Brandt* 2000, S. 7–11. Die statistischen Angaben wurden auf der Grundlage folgender Editionen zusammengestellt:
HG: *CHIC* 1996 = *J.-P. Olivier – L. Godart*, Corpus Hieroglyphicarum Inscriptionum Cretae, Athènes – Rome – Naples 1996; *J.-Cl. Poursat*, Fouilles exécutées à Mallia. Le Quartier Mu, Vol. III, Beitrag von *J.-P. Olivier*: „Addenda Écriture hiéroglyphique crétoise", pp. 154–199 + Pl. 64, 67–75.
LA: *GORILA* 1976–1985 = *L. Godart – J.-P. Olivier*, Recueil des Inscriptions du Linéaire A, vol. I–V, Paris 1976–1985, bzw. *J. Raison – M. Pope*, Louvain 1994 (2ᵉ éd.).
LB: S. die LB-Editionen auf S. 71ff. (vgl. auch *A. Bartoněk* 1983b, *J.-P. Olivier*, in: *Knossos*. A Labyrinth of History, Papers ... in honour of *M. S. F, Hood* 1994, S. 157ff.), vor allem *CoMIK* I–V, 1985–1999, *KT*[5] 1989 (für Knossos), *PTT* I–II 1973–1976 (für Pylos), *TITHEMY* 1991 (für Tiryns, Theben und Mykene), *Thèbes* 2002 (für Theben) und *A. Sacconi* 1974 (für die Vaseninschriften).
Vgl. den bibliographischen Überblick auf S. 71ff.

A. Die kretische hieroglyphische Schrift (HG)

Die Anfänge der ägäischen Schriften reichen bis in das 3. Jahrtausend v. Chr. zurück, wo man zunächst nur gelegentlich Zeichen verschiedenster Identifizierungs- und Registrierungsfunktionen begegnet. Um den Anfang des 2. Jahrtausends vermehren sich vor allem die piktographischen Zeichen auf Siegeln und deren Abdrücken, und bald findet man auch längere Zeichengruppen auf verschiedenen ungebrannten Tonobjekten, besonders auf Tontäfelchen. Beides zählt man bereits zu dem ältesten bezeugten

Abb. 1. Kretische „hieroglyphische" Schrift. 1 – Siegelabdruck im Ton, Br. ca. 3 cm (nach *Prehistory and Protohistory* 1974, S. 155); 2 – vierseitiges Hieroglyphensiegel, Br. 3 cm (nach *Grumach* 1969, Taf. 41); 3 – protolinearer Tonbarren, L. ca. 3,4 cm; 4 – protolinearer Tonanhänger, Br. ca. 2,1 cm (beides aus Knossos um 1700 v. Chr.; nach *Prehistory and Protohistory* 1974, S. 158 f.).

ägäischen Schriftsystem, der kretischen hieroglyphischen Schrift, die auf den Steinsiegeln und deren Abdrücken als plastische Gravierung erscheint, während sie, in den Ton eingeritzt, in einen schematischen Schriftstil gerader oder gekrümmter Linien überging, für den man die treffende Benennung „protolinear" zu benützen pflegt. Die Anzahl der hieroglyphischen Texte ist gering (s. die Tabelle auf S. 16). Neben den etwa 190 Siegeln und Siegelabdrücken mit sehr kurzen Inschriften hat man bis jetzt nur etwa 120 ungebrannte Tontafeln und andere Tonstücke mit Inschriften von 2 bis 30 Zeichen sowie einige weitere mit der HG-Schrift beschriftete Objekte entdeckt, d. h. insgesamt etwa 330 HG-Belege aus der Zeit zwischen ca. 2200 und 1500 v. Chr. — Einige Beispiele der HG-Schrift finden sich auf den Abb. 1–2 (s. S. 17f.).

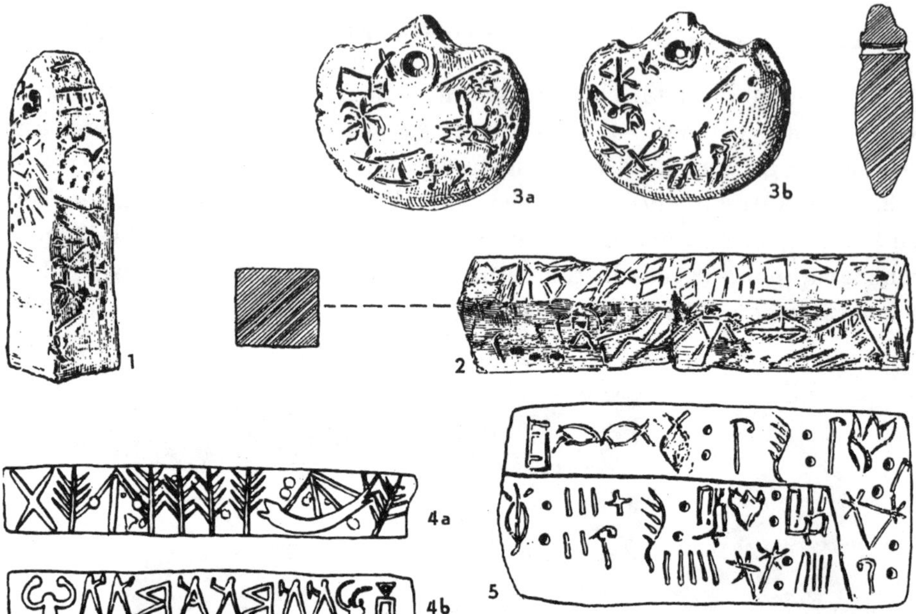

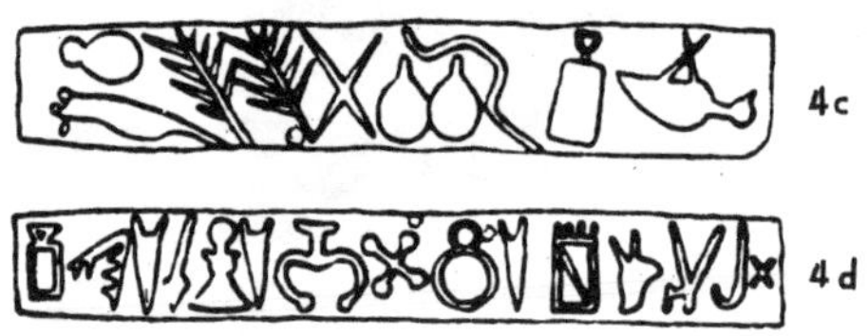

Abb. 2. Beispiele der protolinearen Kursive in Faksimile. 1, 2 – Tonbarren (H. ca. 3,4 cm, Br. ca. 0,9 cm bzw. 4,6 und 1,0 cm); 3ab – Tonanhänger, Br. ca. 2,1 cm (nach *Evans* 1921, Abb. 208); 4 – vierseitiges Siegel, Br. ca. 3,8 cm (nach *Kenna* 1969, S. 106, Abb. 1: P 26); 5 – Tontafel, Br. ca. 4,2 cm (nach *Evans* 1921, Abb. 209).

Besonders auf den Tontafeln glaubt man bereits mit Lautzeichen wiedergegebene Wörter von ideographisch ausgedrückten Begriffen unterscheiden zu können, welche oft von spezifizierenden Zahl- und Maßzeichen begleitet werden. Die Richtung der Schrift ist nicht eindeutig. Die Anzahl der mutmaßlichen Lautzeichen beträgt etwa 90 (vgl. Abb. 3), was für eine syllabische Schrift sprechen könnte. Doch eine Entzifferungsperspektive scheint zur Zeit noch weit entfernt zu sein.

B. Die kretische Linear A-Schrift (LA)

Aus der protolinearen Abart der hieroglyphischen Schrift hat sich nach der überwiegenden Meinung der Forscher die Linear A-Schrift entwickelt, die zum einflußreichsten ägäischen Schriftsystem wurde und seit ihren ersten Anfängen etwa im 19. Jh. v. Chr. ununterbrochen wenigstens bis zu der Zeit der großen kretischen Katastrophe um 1470/50 blühte.

Repetitorium der Linear A-Texte

	Lokalität	Tontäfelchen	W-Serie Tonsiegel			Z-Serie						Gesamtzahl
						Gefäße		Andere Objekte				
			Nod.	Lab.	Rnd.	Stein	Ton	Stk.	Stein	Met.	usw.	
AP	Apodoulou	–	–	–	–	3	–	–	–	–	–	3
AR	Arkalokhori	–	–	–	–	–	–	–	–	2	–	2
AK	Arkhanes	7	–	–	–	–	–	–	–	–	–	7
GR	Gortys	1	–	–	–	–	–	–	–	–	–	1
GO	Gournia	–	–	–	1	–	–	–	–	–	–	1
HS	(H)ag. Stephanos	–	–	–	–	–	–	–	–	–	1	1
HT	(H)ag. Triada	148	846	6	26	–	5/0	3	–	7	–	1041
IO	Ioukhtas	–	–	–	–	13	1/0	–	–	–	–	14
KA	Kamilari	–	–	–	–	–	–	–	–	1	–	1
KE	Keos	1	–	–	1	–	5/0	–	–	–	–	7
KH	Khania	93	20	–	94	–	–	–	–	–	–	207
KN	Knossos	6	1	–	6	4	11/2	–	1	2	2	35
KO	Kophinas	–	–	–	–	1	–	–	–	1	–	2
KY	Kythera	–	–	–	–	–	–	–	–	–	1	1
LA	Larani	–	–	–	–	–	1/0	–	–	–	–	1
MA	Mallia	6	–	–	2	–	1/0	–	1	–	–	10
MI	Melos	1	–	–	–	–	1/0	–	–	–	–	2
MO	Mokhlos	–	–	–	–	–	–	–	–	1	–	1
PK	Palaikastro	2	–	–	–	11	1/1	–	–	–	–	15
PA	Papoura	1	–	–	–	–	–	–	–	–	–	1
PH	Phaistos	20	1	5	9	–	3/0	–	–	–	–	38
PL	Platanos	–	–	–	–	–	–	–	–	1	–	1
PR	Prassa	–	–	–	–	1	–	–	–	–	–	1
PS	Psykhro	–	–	–	–	1	–	–	–	–	–	1
PU	Pyrgos	2	–	–	–	–	–	–	–	–	–	2
SE	Selakanos	–	–	–	–	–	–	–	–	1	–	1
SI	Sitia	–	–	–	–	–	–	–	–	–	1	1
SK	Skhinia	–	–	–	–	–	1/0	–	–	–	–	1
SY	Symi	–	–	–	–	4	–	–	–	–	–	4
TH	Thera	–	–	–	–	–	5/0	–	–	–	–	5
TS	Traostalos	–	–	–	–	–	1/0	–	–	–	–	1
TL	Troullos	–	–	–	–	1	–	–	–	–	–	1
TR	Trypiti	–	–	–	–	–	–	–	–	–	1	1
TY	Tylissos	2	–	–	1	–	1/0	–	–	–	1	5
VR	Vrysinas	–	–	–	–	1	–	–	–	–	–	1
ZA	Zakros	33	–	–	1	–	2/0	–	–	–	2	5
KT	(Creta inc.)	2	1	–	–	–	–	–	–	2	–	5
	Insgesamt		869	11	141	40	39/3	3	2	18	9	
		325	1021			114						1460

Abkürzungen: Nod. = „nodules", Lab. = „jetons", engl. „lables", Rnd. = „rondelles", Stk. = Stukkatur, Met. = Metall; bei den Tongefäßen bedeutet die Bruchzahl 11/2: 11 Fragmente mit gravierter Inschrift und 2 mit gemalter Inschrift. [Stand 1995; doch vgl. die Anm. 18–22.]

Die Ortsnamen bzw. deren Abkürzungen werden hier nach Raison – Pope 1994 angegeben; die üblichen deutschen Formen, die in unserem Text vorkommen, sind allerdings etwas verschieden (z. B. Khania = Chania).

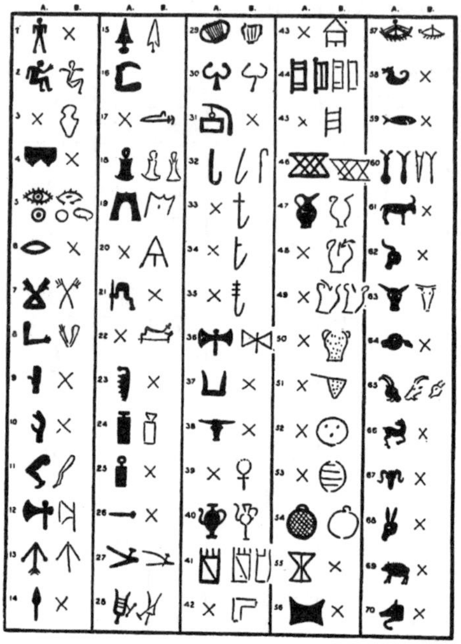

Abb. 3. Hieroglyphische Schriftzeichen in Auswahl. A — plastische, B — kursive (lineare) Schriftvarianten (nach *Evans* 1921, Abb. 214).

Da jedoch nur eine gewisse Anzahl der hieroglyphischen Schriftzeichen in der Linear A-Schrift wiederkehrt und da beide Schriften über eine gewisse Zeitspanne hinweg nebeneinander gebraucht wurden, haben einige Forscher die Hypothese vertreten, daß sowohl die hieroglyphische Schrift als auch die Linear A-Schrift von einer noch älteren, bis jetzt nicht bezeugten kretischen Schrift abgeleitet gewesen sind (*J. T. Hooker* 1980). Für einen eventuellen Ausgangspunkt wird in diesem Zusammenhang die spärlich bezeugte, aus der Zeit um die Wende des 3.–2. Jahrtausends v. Chr. stammende kretische HG-Schrift aus Archanes gehalten (*G. Owens* 1996 u. a.).

L. Godart (1979) hat die Meinung geäußert, das hieroglyphische und das LA-System seien unabhängig voneinander entstanden. Das hieroglyphische System sei aus den auf Siegeln vorkommenden piktographischen Darstellungen hervorgegangen; gelegentlich sei es später — sekundär — nach dem Vorbild der im 19. Jahrhundert v. Chr. entstandenen LA-Schrift auch vereinzelt auf Tontäfelchen und anderen Tongegenständen benützt worden; nach dem Untergang der älteren Paläste sei die HG-Schrift jedoch aus dem minoischen Schrifthorizont verschwunden.

Die von L. Godart hervorgehobenen Differenzen zwischen dem Zeicheninventar beider Systeme (mehr als 50 % der Zeichen sind verschieden) könnte man allerdings auch durch die stark lückenhafte Überlieferung beider Schriftsysteme erklären. Eine funktionelle Auseinanderhaltung von HG- und LA-Schrift dürfte berechtigt sein, doch eine ursprüngliche, von Anfang an bestehende Unabhängigkeit beider Systeme ist schwer beweisbar (jedoch so auch *L. Godart* 1990).

Die Gesamtzahl aller Dokumente in Linear A-Schrift macht heute wenigstens 1460 Belege aus (s. Tabelle auf S. 19): etwa 325 nicht gebrannte Tontafeln, ca. 1020 sehr kurze Inschriften auf anderen nicht gebrannten Tonobjekten (d. h. Tonmedaillons, Tonanhänger und Siegelabdrücke in Ton) und etwa 115 weitere Inschriften auf anderem Material (Metall, Stein, Wandfresken, Gefäßscherben u. a.).[18] Doch kaum mehr als etwa 500 LA-Inschriften sind epigraphisch relevant.[19]

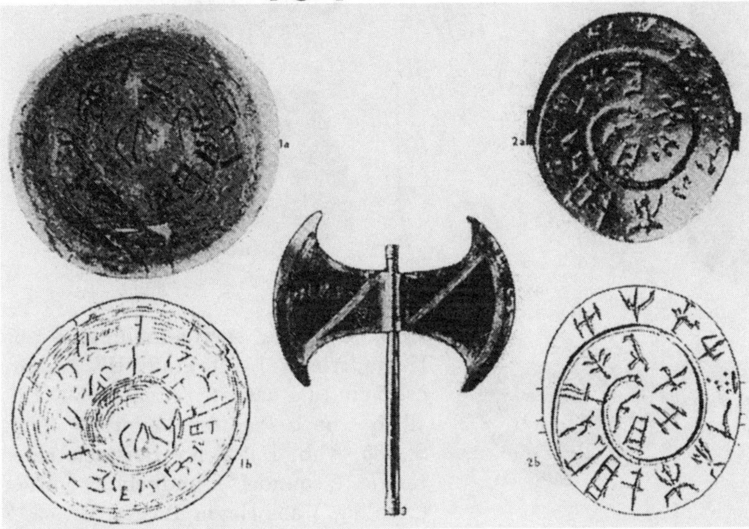

Abb. 4. Linear A-Inschriften (Photographien mit Faksimiles). 1 – Tonbecher mit Tinteninschrift aus Knossos (1. Hälfte des 17. Jh. v. Chr.), Ø ca. 8 cm (a – nach *Prehistory and Protohistory* 1974, S. 217; b – nach *Brice* 1961, Taf. XXIIa, Nr. II 1); 2 – goldener Siegelring von Mavro Spelio bei Knossos, Ø ca. 0,95 cm (nach *Brice* 1961, Taf. XXX, Nr. V 14); 3 – Goldaxt mit einer eingravierten Inschrift aus Arkalokhori (nach *Grumach* 1969, Taf. 46).

---

18 Die heutigen Zahlen liegen etwas höher (s. z. B. die Anm. Nr. 20/21).

19 Vor allem sind viele Tonsiegel aus Hagia Triada in solchem Sinne nicht relevant. Gegenüber *GORILA* werden in der Edition von *J. Raison – M. Pope* 1994 nur etwa 500 LA-Texte registriert (und in der vor kurzem erschienenen Edition von *C. Consani* und *M. Negri* 1999 ca. 510).

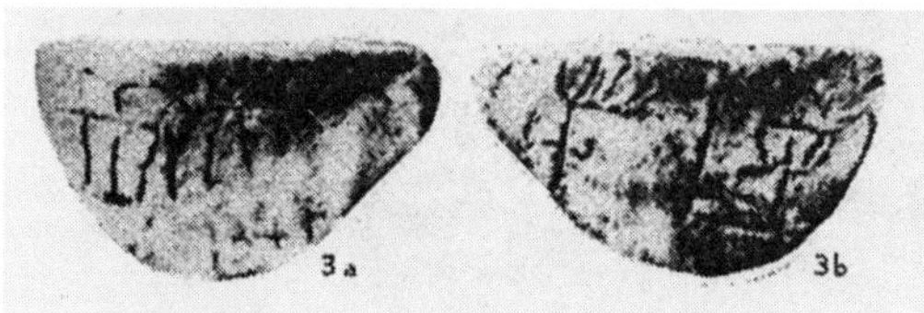

Abb. 5. Linear A-Tondokumente aus Hagia Triada. 1 – Tontafel HT 13, Br. ca. 6 cm (a – nach *Grumach* 1969, Taf. 49; b – nach *Pugliese Carratelli* 1945, S. 485, Abb. 57); 2, 3 – Beispiele einer *rotella* („roundel") und einer *cretula* („sealing") aus Hagia Triada, Br. ca. 2 bzw. 3 cm (nach *Brice* 1961, Taf. XV, Nr. IV 3 und V 1).

Insgesamt fand man nach *J. Raison – M. Pope* 1994[20] Linear A-Dokumente in wenigstens 31 Lokalitäten (z. Z. 33) fast auf der ganzen Insel Kreta (mit Ausnahme des äußersten Westens), was von einer enormen Stärke des kretischen Schriftpotentials besonders im 17. und 16. Jahrhundert v. Chr. zeugt. Selbst Tontafeln sind in 12 kretischen Lokalitäten entdeckt worden. Den wichtigsten Fund dieser Art stellt das Tontafelarchiv von Hagia Triada dar — mit etwa 150 Tontafeln von zweifellos administrativ-ökonomischem Gepräge aus der Zeit um 1450, die in der Regel die Form eines hochkantgestellten Rechteckes mit 4–9 Textzeilen haben. Heutzutage stehen aber auch Reste von LA-Tontafelarchiven aus anderen kretischen Lokalitäten zur Verfügung, besonders aus Khania, Phaistos und Zakros.

[20] Auch die Zahl der LA-Fundstätten steigt mit den neuen Entdeckungen weiter; eine zahlenmäßige Auswertung von *Raison – Pope* 1994 und *Consani – Negri* 1999 (sowie von *G. Owens* 1996) führt uns heute zur Gesamtsumme von 33 kretischen Lokalitäten, 5 insular-ägäischen und wenigstens 3 entweder auf dem europäischen oder auf dem asiatischen Festland liegenden Fundstätten (/H/agios Stephanos, Miletos, Tel Haror). Vgl. weiter die zwei vermutlichen LA-Belege aus Troia (*L. Godart* 1994, 457 bis 460) sowie den zweiten Beleg aus Israel (*M. Finkelberg – A. Uchitel – D. Ussishkin* 1996, 195–207). Vgl. auch oben auf dieser Seite.

Vereinzelte Linear A-Inschriften wurden auch auf einigen ägäischen Inseln gefunden (auf Kythera, Melos, Thera[21], Keos und auf Samothrake!), eine kurze Inschrift stammt aus Agios Stephanos in Südlakonien — und vor kurzem wurden je ein Beleg auch in Miletos an der kleinasiatischen Küste (*W.-D. Niemeier* 1996) und in Tel Haror in Israel (*J.-P. Olivier* 1999) gefunden. Cf. auch *L. Godart*, La scrittura di Troia, Rendiconti Mor. Acc. Lincei, ser. 9, v. 5, 1994a, 457–460; *M. Finkelberg - A. Uchitel - D. Ussishkin*, A Linear A Inscription from Tel Lachish (LACH ZA 1), Tel Aviv 23, 1996, 195–207.

Gewisse Spuren desselben Schriftsystems sollen nach einigen Forschern auch anderswo auf dem helladischen Festland feststellbar sein.[22] Man erwähnt in dieser Hinsicht vor allem einige Quaderzeichen an mykenischen Kuppelgräbern und ein Linear A-Zeichen auf einem Bronzekessel aus Mykene; es ist jedoch nicht sicher, ob es sich um Schriftzeichen handelt.

Einige Beispiele von Linear A-Texten finden sich in den Abb. 4 u. 5.

Entzifferungsversuche:

Jedenfalls sind trotz eingehender Untersuchung vieler wichtiger Linear A-Texte alle bisherigen Deutungsversuche der LA-Schrift auf halbem Weg steckengeblieben. Im Grunde genommen sind bei solchen Schriftdenkmälern zwei Deutungsschritte nötig, und zwar zunächst die Entzifferung der Schrift, d. h. das Lesen der LA-Zeichen und ihrer graphischen Folgen, und dann die Entschlüsselung der Sprache, d. h. die grammatische Auswertung der Texte.[23]

Für das äußere Lesen der Linear A-Texte — ohne Verständnis des Inhalts — bietet der Vergleich der Linear A-Zeichen mit den ähnlichen Zeichen der schon entzifferten Linear B-Schrift einen Ausgangspunkt; diese war wahrscheinlich mehr oder weniger eine Variante der Linear A-Schrift, die im 16./15. Jahrhundert — wenn nicht schon früher[24] — der phonologischen Struktur der griechischen Sprache angepaßt worden war.

So kann man von den etwa 75 in Hagia Triada bezeugten LA-Zeichen (vgl. Abb. 6 auf S. 25) nicht weniger als ca. 45 für nahverwandt mit denen der Linear B-Schrift ansehen. Doch darf man nicht außer acht lassen, daß die äußere Ähnlichkeit der betreffenden LA- und LB-Zeichen nicht immer

[21] Die Zahl der auf Thera gefundenen LA-Dokumente ist inzwischen auf 10 gestiegen (vgl. *S. M. Bennett - G. Owens* 1999).

[22] *H.-G. Buchholz* 1969, *G. Owens* 1999.

[23] *St. Hiller* 1978.

[24] Vgl. weiter unten S. 30.

denselben Lautwert sowohl in LB als auch in LA bedeuten muß, da gerade bei der Anpassung der LA-Schrift an die griechische phonologische Struktur die ursprünglichen LA-Lautwerte verschiedenen Veränderungen ausgesetzt werden konnten. Als verläßlich kann man ein solches methodisches Verfahren nur ansehen, wenn man sowohl in der LA- als auch in der LB-Schrift Wortformen finden kann, die jeweils aus identischen Abfolgen derartiger nahverwandter Zeichen bestehen. Auf diese Weise hat man jedoch bis jetzt nur etwa 13 (*J.-P. Olivier* 1977) bzw. 17 (*J. T. Hooker* 1975) mehr oder weniger gesicherte Übereinstimmungen festgestellt.[25] Die niedrige Zahl dieser verhältnismäßig sicheren Übereinstimmungen bietet deshalb keine große Hoffnung im Hinblick auf eine baldige erfolgreiche lautliche Wiedergabe der LA-Texte. Doch ist es angebracht zu betonen, daß z. B. in der russischen kyrillischen Schrift lediglich fünf von 26 lateinischen Buchstaben eine volle Übereinstimmung finden; die Möglichkeit, einen LA-Text auf Grund der LB-Schrift zu lesen, ist also doch höher, als läse man einen russischen kyrillischen Text allein mit der Kenntnis der Lateinschrift.

Die Sprache der LA-Schrift:

Selbst auf Grund dieser kleinen Anzahl von Übereinstimmungen sowie weiterer Erwägungen konnte man bereits einige interessante Beobachtungen über den Charakter der minoischen LA-Sprache machen. Wenn auch eine sichere Festsetzung der Lautwerte der einzelnen Linear A-Zeichen noch immer ausbleibt, können uns die statistischen Angaben über die Frequenz der Linear A-Silbenzeichen (im Vergleich mit denen ‚der LB-Schrift) wertvolle Aufschlüsse über den Charakter des minoischen phonologischen Systems vermitteln. So scheint z. B. die Zeichenserie des Vokals *o* im Linear A-Syllabar so spärlich vertreten zu sein, daß einige Forscher das Linear A-Vokalsystem auf vier Vokale reduzieren oder wenigstens einen Neutralisierungsprozeß im Bereich der *o*/*u*-Vokale in unbetonter Silbe vermuten. Ohne weitreichende Schlüsse ziehen zu wollen, könnte man auf eine ähnliche Erscheinung im Etruskischen aufmerksam machen.

Auf einige weitere charakteristische Züge des Minoischen kann man von spezifischen Besonderheiten der Linear B-Orthographie schließen, die angesichts ihrer sätzlichen Abhängigkeit von Linear A zweifellos vielfach eine vorgriechische sprachliche Grundlage wiederspiegelt. So werden von

[25] Vgl. auch *L. Godart* 1990, S. 182 („quelque 15“). S. Abb. 7.

den meisten Forschern z. B. im konsonantischen System folgende lautliche Eigentümlichkeiten für das Minoische als plausibel angenommen: Vorkommen phonologisch relevanter Palatalisierungs- und Labialisierungsoppositionen; Absenz der „indoeuropäischen Opposition" *stimmlos* : *stimmhaft*; Existenz eines Okklusivlautes interdentalen Charakters, die es ermöglichte, in der Linear B-Schrift das Wort für *labyrinthos* als da-pu$_2$-ri-to niederzuschreiben; Nichtunterscheidung von *l* und *r*. Hinsichtlich der morphologischen Merkmale werden vor allem prothetische Vokale und grammatische Präfixe, Reduplikationen und inkorporierende Elemente in Erwägung gezogen. Aus dem sprachinhaltlichen Vergleich der LA- und

Abb. 6. Die Linear A-Silbenzeichen von Agia Triada (*Dow* 1971, CAH, 3rd ed., Vol. II, 1, S. 600).

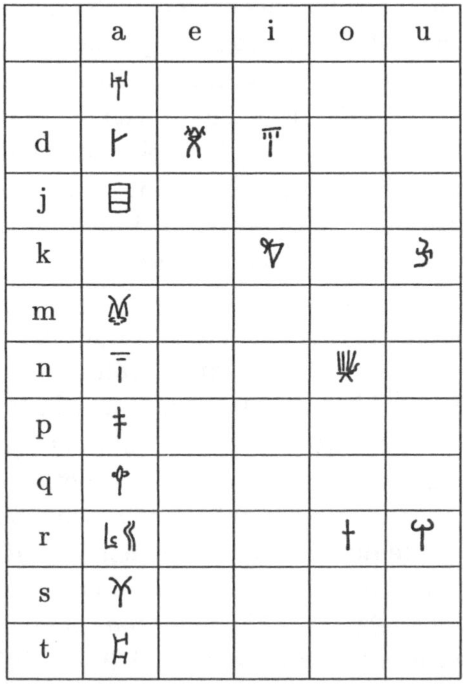

Abb. 7. Identische LA/LB-Zeichen, die in gleichlautenden LA/LB-Wörtern vorkommen (nach *Hooker* 1975).

LB-Schrift, vor allem von deren Ideogrammen, ergeben sich auch einige Rückschlüsse für den Bereich des minoischen Wortschatzes (z. B. daß das minoische Wort für „Rind" mit der Silbe *mu* anfing oder das minoische Wort für „Wolle" *malu* lautete[26] und für „Feige" etwa *nikule(on)*; vgl.

---

[26] Vgl. *A. Bartoněk* 1993c, 1994.

weiter S. 117f.[27]). Meistens ist es jedoch hoffnungslos, das konkrete Wort entdecken zu wollen, mit dem das durch ein Ideogramm dargestellte Objekt in der minoischen Sprache bezeichnet wurde.

Auf Grund solcher Beobachtungen sind bereits mehrere Hypothesen über die genetische Einordnung der LA-Sprache erarbeitet worden, von denen jedoch bis jetzt keine eine allgemeine Anerkennung gefunden hat. Die semitische Hypothese von *C. Gordon* (1966) wird von einer kleinen Anzahl von Forschern vertreten, und es ist vor allem das Verdienst von *J. G. P. Best* (1972), daß er über, die allgemeinen lexikalischen Gleichungen von C. Gordon hinaus, die vor allem auf Lehnwörtern beruhten, nach strukturellen Gemeinsamkeiten fragt und besonders die beiderseitigen Ähnlichkeiten im phonetischen System hervorhebt. Die griechische Hypothese von *V. Georgiev* (1966, 81ff.) scheint dagegen jeder historischen Grundlage sowie auch verläßlicher linguistischer Argumente zu entbehren, was z. B. — beim Vergleich mit dem Griechischen der Linear B-Schrift — ungleiche Paarungen vom Inhalt her ähnlicher Wörter zeigen (sowohl die Zeichengruppe ku-ro in Linear A als auch to-so in Linear B bezeichnet eine Summe aus mehreren vorangehenden Zahlen — was bei einer Identität von Linear A- und Linear B-Sprache undenkbar wäre). Man muß aber betonen, daß V. Georgiev nur die in Agia Triada gefundenen Texte für griechisch erklärte, während er alle anderen Linear A-Texte für luwisch hielt. Als luwisch betrachtet eine Anzahl der Linear A-Texte auch *L. R. Palmer* (1961, 226ff.); *S. Davis* (1974; AAA 7, 111ff.) glaubt dagegen, einige wichtige LA-Texte als hethitisch gedeutet zu haben.

Seit einigen Jahren hält schließlich *M. Finkelberg* die Sprache der LA-Texte für ein dem Lykischen am nächsten stehendes indoeuropäisches anatolisches Idiom („Minoan inscriptions on libation vessels“, Minos 25–26, 1990–91, 43–85; „Anatolian languages and Indo-European Migrations to Greece“, Classical World 91/1, 1997, 3–20). Doch keine dieser anatolischen Hypothesen hat eine breitere Anerkennung gefunden — und zwar vor allem wegen ihrer zu begrenzten, zumeist nur lexikalischen Ergebnisse, die wenig beweiskräftig zu sein scheinen. Jedenfalls sind auch die vorsichtigeren Spekulationen einiger weiterer Forscher über einen grundsätzlich indoeuropäischen Charakter der LA-Sprache wenig überzeugend. Es handelt sich bei dieser ja um die Sprache der vorgriechischen minoischen Kreter, die offenbar ethnisch zur uralten mediterranen Bevölkerung gehörten, deren Sprache in ihrer phonetischen und morphologischen Dimension deutlich von dem flektierenden indoeuropäischen Sprachtypus abwich. Nach

[27] Vgl. *G. Neumann* 1962.

den obenerwähnten Beobachtungen hat man es hier eher mit einer Sprache protohattischer oder hurritischer Art zu tun, deren engste Verwandte wohl in der frühanatolischen sprachlichen Welt zu suchen wären.[28]

Diskus von Phaistos

Ein spezielles Problem der altägäischen Epigraphik stellt der Diskus von Phaistos dar (s. Abb. 9), eine runde Tonscheibe aus der Zeit um 1600 v. Chr., die auf beiden Seiten mit insgesamt 241 Abdrücken von in den weichen Ton gepreßten 45 piktographischen Stempeln bedruckt ist (Abb. 8). Es bleiben hier mehrere prinzipielle Fragen unbeantwortet. Gegenüber der früher vermuteten kleinasiatischen Herkunft des Diskus wird jedoch heutzutage seine Zugehörigkeit zum kretischen Kulturkreis immer mehr hervorgehoben. Die Mehrzahl der Forscher plädiert nun für eine eher von außen nach innen und von rechts nach links verlaufende Schriftrichtung sowie für eine Art Silbenschrift. Doch wegen der Kürze und Einmaligkeit dieses Schriftdokumentes scheint es zur Zeit völlig verfrüht zu sein, eine endgültige Entzifferung zu versuchen, ja auch nur eine konkrete sprachliche Einordnung in Erwägung zu ziehen.[29]

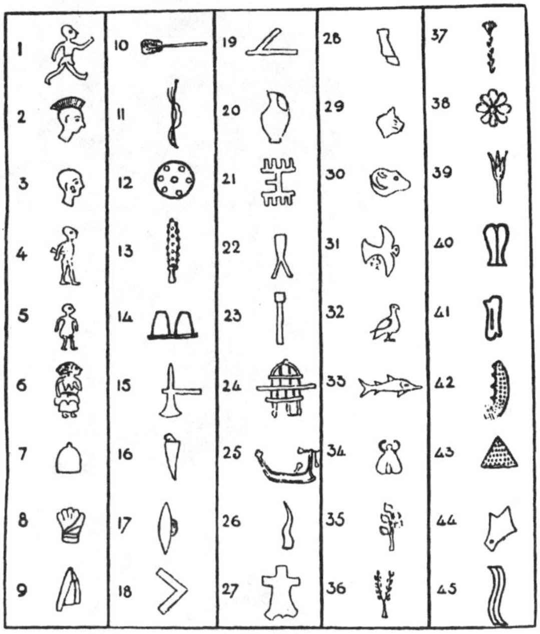

Abb. 8. Zeichenliste des Diskus von Phaistos (nach *Evans* 1921, Abb. 483).

C. Die mykenische Linear B-Schrift (LB)

Von einer Variante der Linear A-Schrift wurde offensichtlich die Linear B-Schrift durch Adaptation zum Zwecke der Verwendung für die griechische Sprache abgeleitet. Den Linear B-Texten sowie ihrem Schriftsystem

[28] Vgl. *St. Hiller* 1978.

[29] Vgl. *J.-P. Olivier* 1975, *Y. Duhoux* 1977 u. a.

Abb. 9. Diskus von Phaistos, um 1600 v. Chr.; Ø 15,8-16,5 cm (nach *Prehistory and Protohistory* 1974, S. 161).

werden das IV. und das V. Kapitel dieses Handbuchs gewidmet, an dieser Stelle sollte man über diese Schrift einige Worte im voraus sagen, um dem Leser bereits im Zusammenhang mit der LA-Schrift einen Gesamteindruck von den altägäischen Schriftsystemen zu ermöglichen.

Die Linear B-Schrift binden enge Beziehungen an die Linear A-Schrift, zum Unterschied von dieser kommt jedoch die LB-Schrift auf Kreta meistens in Knossos vor, dessen Palast von griechischen Achäern unter nicht geklärten Umständen nach dem Jahr 1470 v. Chr., spätestens aber um 1400–1380 besiedelt wurde. In den Trümmern der achäischen Bauphase des Palastes von Knossos entdeckte A. J. Evans (vgl. *A. J. Evans*, Scripta Minoa I: 1900–1905, ders., The Palace of Minos, 1921–1936; *A. J. Evans* und *J. L. Myres*, Scripta Minoa II: 1952) am Anfang dieses Jahrhunderts Hunderte von Tontafeln und deren Bruchstücken aus der Zeit, wie er glaubte, um das Jahr 1400 (nach *L. R. Palmer* 1958 aus dem Ausgang des 13. Jh., nach *J. Driessen* 1990, 1991 teilweise aus der Zeit um das Jahr 1375, teilweise aus der um 1275; s. S. 78).

Zu diesen heute etwa 4150 publizierten knossischen Belegen (*CoMIK* I–V) kamen später entsprechende Tontafel- und Tonsiegelfunde vom helladischen Festland hinzu, und zwar teils vom Peloponnes aus dem messenischen Pylos (ca. 1100 Tontafeln bzw. Tonetiketten u. a. aus der Zeit um 1200 v. Chr.: *E. L. Bennett - J.-P. Olivier*, *PTT* I–II, 1973, 1976), aus Mykene (etwa 75 Tontafeln bzw. Tonsiegel, ca. 1250–1225: *J.-P. Olivier* 1969 und *A. Sacconi* 1974) und aus Tiryns (ca. 25 Tontafeln, um 1200: *L. Godart - J.-P. Olivier* 1974), teils aus Theben in Mittelgriechenland (die bis zum J. 1991 publizierten ca. 155 Tafeln bzw. Tonsiegel aus der Zeit um 1260, oder wohl erst aus dem ausgehenden 13. Jh. stammend: *J. Chadwick* 1970, *Th. Spyropoulos - J. Chadwick* 1975, *V. Aravantinos* 1987, *Chr. Piteros - J.-P. Olivier und J. L. Melena* 1990).

Vgl. den bibliographischen Überblick auf S. 71ff.

Alle bis 1991 gefundenen Tontafel- und Tonsiegeltexte aus Tiryns, Theben und Mykene sind in der Publikation *TITHEMY* 1991 (d. h. **TI**ryns, **THE**ben, **MY**kene) herausgegeben worden, während die im Sommer 1994 (und später) von *V. Aravantinos* entdeckten etwa 238 neuen Inschriften aus Theben erst in *Thèbes* 2002 publiziert wurden (von *V. Aravantinos, L. Godart* und *A. Sacconi*).

Dazu sind jüngst — neben anderen vereinzelten Funden (eine ausführliche Übersicht findet sich im IV. Kapitel auf S. 70ff.) — auch ein paar Tontafeltexte aus Kydonia-Khania in Westkreta hinzugetreten (*E. Hallager* u. a. 1990, 1992, *L. Godart - Y. Tzédakis* 1991, 1992).

Repetitorium der Linear B-Texte

	Lokalität		Tontäfelchen	W-Serie Tonetiketten u. a.	Z-Serie Vaseninschriften (Tonscherben)	andere Obj.	Gesamtzahl
Kreta	KN	Knossos	4085	64	4		4153
	MA	Mallia	–	–	3	–	3
	AR	Armeni	–	–	1	–	1
	KH	Khania	5	–	28	–	33
	MM	Mamelouko	–	–	1	–	1
Pelop.	PY	Pylos	1045	42	1	–	1088
	MY	Mykene	65	8	12	–	85
	TI	Tiryns	24	–	44	–	68
	MI	Midea	–	1	1	–	2
	OL	Olympia	–	–	–	1 Kieselstein	1
Att.	EL	Eleusis	–	–	1	–	1
Böot.	TH	Theben	337	56	71	–	464
	OR	Orkhomenos	–	–	1	–	1
	GL	Gla	–	–	1	–	1
	KR	Kreusis	–	–	1	–	1
Phokis	ME	Medeon	–	–	–	1 Elfenbeinsiegel	1
Insgesamt			5561	171	170	2	5904

Außerdem sind etwa 170 Inschriften oder ihre Fragmente auf Gefäßscherben erhalten (*J. Raison* 1968, *A. Sacconi* 1974), besonders aus Theben, Tiryns, Mykene und Khania, vereinzelt auch aus Eleusis in Attika, aus Orkhomenos, bzw. Kreusis und Gla in Böotien — einige wenige auch aus Kreta (Knossos, Armeni, Khania, Mamelouko, Mallia).

Vor kurzem hat man zwei interessante LB-Belege entdeckt: ein Elfenbeinsiegel in Medeon in der Phokis und eine rätselhafte Inschrift von etwa 8–10 Zeichen auf einem Kieselstein aus Kafkania (Olympia), angeblich aus der Zeit um 1600 v. Chr.[30] Es ist bemerkenswert, daß im Unterschied zur LA-Schrift bisher keine LB-Inschriften auf Metall gefunden worden sind.

Chronologisch stammen die auf dem griechischen Festland gefundenen Tontafel- bzw. Tonsiegelinschriften größtenteils aus der Zeit der großen Katastrophen der mykenischen Paläste rund um das Jahr 1200 v. Chr. nicht lange nach dem mythischen Abschluß des Trojanischen Krieges. Die etwas frühere zeitliche Ansetzung der Tontafeln aus Mykene ist dadurch gegeben, daß sie größtenteils aus Objekten außerhalb der eigentlichen mykenischen Burg stammen, die bereits um das Jahr 1230 v. Chr. vernichtet wurden.

Die Linear B-Schrift besteht, ähnlich wie die Linear A-Schrift, aus Silbenzeichen (das Syllabar beträgt wenigstens 87 Zeichen), Begriffsideogrammen (etwa 150 Zeichen) sowie aus Zahl- und Maßzeichen und schrieb sich grundsätzlich von links nach rechts.[31] Die Tontafeln, auf denen die Schrift überwiegend belegt ist, waren ähnlich wie in Agia Triada Bestandteile des Palastarchivs und enthielten laufend anfallende wirtschaftliche Vermerke, die jedes Jahr von neuem gemacht wurden. Deswegen pflegte man die beschriebenen Tontafeln nur an der Sonne zu trocknen und nicht zu brennen, und am Ende eines jeden Jahres wurden sie durch Anfeuchtung zu einer formlosen Masse geknetet, aus der dann neue Tafeln geformt wurden. Bei der Vernichtung der Paläste wurden die Tontafeln gebrannt und blieben uns dadurch erhalten. Inschriften gewichtigen Inhalts haben sich hingegen nicht erhalten, weil man sie offensichtlich auf anderem Material zu schreiben pflegte, das im Falle eines Brandes der Vernichtung unterlag, wie Papyrus oder Palmblätter (letzteren nachgeformt ist der längliche Umriß vieler, meistens kürzerer LB-Tontafeln).

Die LB-Inschriften auf Gefäßscherben sind größtenteils recht fragmentarisch und lückenhaft, enthalten oft nur einen einzigen Buchstaben oder sogar nur einen Teil davon; so kann man manchmal lediglich aufgrund indirekter Erwägungen, besonders nach der Stratigraphie des Fundes, zur Schlußfolgerung gelangen, daß es sich hier tatsächlich um einen Beleg der Linear B-Schrift handelt.

Die Linear B-Schrift wurde im Jahre 1952 vom englischen Architekten *M. Ventris* entziffert, wobei ihm bei der abschließenden Textinterpretation der klassische Philologe *J. Chadwick* Hilfe geleistet hat (s. *M. Ventris* und *J. Chadwick* 1953). Die Sprache hinter der LB-Schrift entpuppte sich

[30] Vgl. S. 73f.

[31] Ausführlich wird über das Linear B-Schriftsystem in Kap. V berichtet.

nach der Entzifferung als ein altertümlicher griechischer Dialekt mit vielen Wörtern und Formen, die an das homerische Griechisch erinnern. Zugleich hat die Entzifferung einen festen Ausgangspunkt für ein besseres Erfassen aller anderen frühägäischen Schriften zur Verfügung gestellt.

Im Bereich der sprachlichen Erforschung der griechischen Frühgeschichte hat die Entzifferung der Linear B-Texte vor allem in folgenden Punkten wichtige Ergebnisse ermöglicht:

1) Die Entzifferung erschloß den Gräzisten eine neue Materialquelle und gestattete eine wichtige Einteilung der früher global als prähistorisch bezeichneten sprachlichen Erscheinungen in drei chronologisch getrennte Phasen, die nachmykenische (etwa 1200–700), die mykenische (etwa 1400 bis 1200) und die vormykenische (vor 1400). Auf diese Weise sind wir heute imstande, eine Menge von frühgriechischen Lauterscheinungen mit ziemlich hoher Wahrscheinlichkeit in verschiedene Teilphasen der breiten Zeitspanne vom 15. bis zum 8. Jh. v. Chr. zu datieren. (Vgl. Kap. IX C.)

2) Die Entdeckung des mykenischen Dialekts aus der 2. Hälfte des 2. Jahrtausends hat günstige Impulse auch für die dialektologische Forschung geliefert. Die Ausdifferenzierung der frühgriechischen Dialekte sieht man heute in sowohl zeitlich als auch räumlich neuen Dimensionen. (Vgl. Kap. IX A–B.)

3) Die Entzifferung hat wichtige Berichtigungen im Bereich der Etymologie einer Anzahl griechischer Wörter erbracht. Zugleich hat man interessante protohistorische semantische Verschiebungen zur Kenntnis nehmen müssen, die ohne das Mykenische unerkannt geblieben wären. (Vgl. Kap. VIII C–D.)

Versuch eines Vergleichs der Dokumentation aller drei Schriften:

Ein verhältnismäßig objektives Bild ihrer Dokumentation ist aus den oben angeführten Tabellen auf S. 16, 19, 30 zu gewinnen, wo die betreffenden Daten über die Zahl der Texte, den Materialcharakter der Dokumente und deren Fundstätten zu finden sind (vgl. auch Abb. 10/11 auf S. 34–35). Die Daten, welche die hieroglyphische Schrift betreffen (s. S. 16), beruhen auf *CHIC* 1996, vor allem S. 377ff. Die Linear A-Statistik wurde auf Grund von *GORILA* I–V, 1976–1985 zusammengestellt, und neuerlich nach *J. Raison* – *M. Pope* 1994, bzw. *C. Consani* – *M. Negri* 1999 präzisiert (s. S. 16 und 19).

Die Linear B-Daten beruhen im Prinzip auf meiner Statistik aus den Jahren 1981–1983 (*A. Bartoněk*, Res Mycenaeae 1983b), die seitdem nach verschiedenen neuen Ausgaben und Veröffentlichungen der LB-Texte mehrmals präzisiert bzw. ergänzt wurde, vor allem auf Grund von *TI-THEMY* 1991, *Thèbes* 2002 und *CoMIC* I–V, 1986–1999 (s. S. 16 und 27f., sowie die Liste der LB-Editionen auf S. 71ff.).

Nur ausnahmsweise konnten einige vereinzelte knossische LB-Belege unberücksichtigt bleiben, und zwar die winzigsten von den etwa 3000 im Depositum des Museums von Iraklion am Anfang der 80er Jahre wiederentdeckten Tontafelfragmente, die zu Beginn dieses Jahrhunderts von *A. J. Evans* gefunden wurden und später versehentlich unter Altpapier gerieten. Von diesen sind besonders diejenigen, die man als organische Teile anderer, bereits publizierter Tontafeln erkannte, in *CoMIK* I–V oder in verschiedenen Zeitschriftenartikeln herausgegeben worden (meistens von *J. Driessen, L. Godart, J. L. Melena, J.-P. Olivier* und anderen Autoren in SMEA, BCH, Minos und in privat gedruckten Listen, vor allem von *J. L. Melena*; vgl. die betreffende Bibliographie für Knossos auf S. 71). Die meisten der eventuell noch nicht publizierten knossischen Fragmente sind jedenfalls lediglich von begrenzter Bedeutung; sie sind meistens äußerst kurz und unvollständig, ja oft enthalten sie überhaupt kein Linear B-Zeichen.

Aus den obenerwähnten Vergleichstabellen auf S. 16, 19 und 30 kann man vor allem über das gegenseitige Verhältnis der LA- und LB-Schrift folgende Schlußfolgerungen ziehen:

A) *Die Zahl der Dokumente*: Gegenüber den etwa 5870 publizierten Linear B-Texten besitzt man nur ca. 1460 LA-Dokumente (d. h. Verhältnis 4,1 : 1). Außerdem sind die LB-Texte normalerweise viel umfangreicher: die von *J.-P. Olivier* festgestellte Zahl der im Jahr 1986 vorhandenen Linear-Zeichen betrug 57398 LB-Zeichen gegenüber 7362 LA-Zeichen. Das Verhältnis im Bereich der Tontafeldokumente ist nun noch höher zugunsten der LB-Belege (ca. 5560 LB : ca. 325 LA). Die geringe Zahl der epigraphisch relevanten LA-Dokumente ist einer der Hauptgründe für das bisherige Scheitern aller Entschlüsselungsversuche.

B) *Der Materialcharakter* der LA-Dokumente ist im Vergleich mit den LB-Belegen vielfältiger. Es gibt nicht weniger als 11 verschiedene Typen an LA-Dokumenten — von den Tontäfelchen (325) über die Tonanhänger der Serie W- (1021: „labels“, „sealings“, „roundels“) bis zu den etwa 114 Inschriften in Stein, Metall, auf Stukkatur oder auf Tonvasenscherben. Die Linear B-Inschriften sind andererseits fast ausschließlich auf Tontäfelchen (ca. 5560), auf zwei Arten von Tonanhängern (ca. 170) und auf Vasenscherben (ca. 170) bezeugt — wobei die LB-Inschriften auf die Gefäße ge-

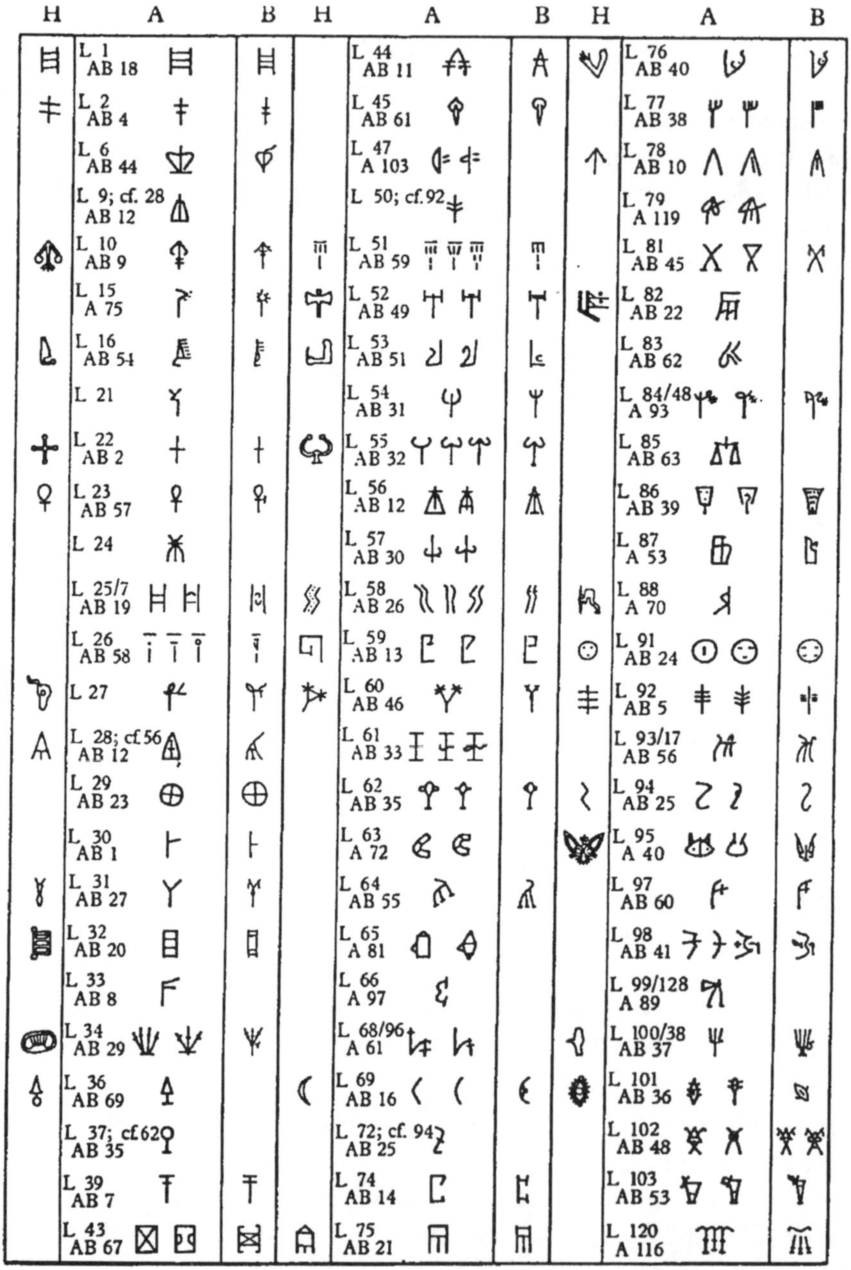

Abb. 10. Das Linear A-Syllabar nach *Pugliese Carratelli* mit eventuellen Parallelen in der Hieroglyphischen (H) und der Linear B-Schrift (B), nach *Docs.*[2] 1973, S. 33.

Abb. 11. Das Linear B-Syllabar „after *Bennett*“: K = Knossos, P = Pylos, M = Mykene, T = Theben (siehe *Docs.*[2] 1973, S. 41).

malt, die LA-Zeichen dagegen größtenteils geritzt und nur ausnahmsweise gemalt wurden, wie dies bei den LB-Gefäßen die Regel war.

C) Auch *die geographische Distribution* ist im Bereich der LA-Belege vielfältiger. Die LA-Texte wurden bisher an wenigstens 41 Fundstätten entdeckt; 33 davon befinden sich auf Kreta, 5 auf den griechischen Inseln (Keos, Kythera, Melos, Samothrake, Thera), eine auf dem griechischen Festland (Agios Stephanos in Südlakonien), wenigstens 1–3 an der kleinasiatischen Küste (Miletos, Troia) und 1–2 in Israel (Tel Haror, Tel Lachiš); vgl. auch S. 23. Dabei sind einige weitere, weniger verläßliche Belege nicht einbezogen worden, z. B. zwei mutmaßliche Funde auf den Inseln Naxos und Sifnos bzw. einige Mauerzeichen aus verschiedenen Lokalitäten (oder vier Zeichen aus Lykien, die jedoch eher zum kypro-minoischen System zu zählen sind)[32].

Die kretischen LA-Inschriften stammen aus verschiedenen Lokalitäten der ganzen Insel Kreta, die Existenz von LA-Palastarchiven ist jedoch nur in Phaistos, Agia Triada, Khania und Zakros mit Sicherheit bezeugt, während die in Knossos bisher entdeckten Texte teilweise Gelegenheitstexte zu sein scheinen. Die Linear B-Texte wurden demgegenüber lediglich an 16 ausschließlich ägäischen Fundorten entdeckt (Kreta 5, Peloponnes 5, Mittelgriechenland 6; vgl. S. 30), wobei die meisten Fundstätten nur über völlig vereinzelte Belege verfügen. Fast alle LB-Texte stammen folglich aus 6 Palastarchiven: aus Knossos, Khania, Pylos, Mykene, Tiryns und Theben.

Diese Tatsache steht in völliger Übereinstimmung mit der primären Verschiedenheit, die sich bereits unter (A) und (B) bemerkbar machte. Man kann also die grundlegenden qualitativen Unterschiede, namentlich zwischen dem LA- und dem LB-Schriftkorpus, etwa folgendermaßen zusammenfassen:

LA 1. Inschriften verschiedenen Inhalts (Kult, Palastadministration, Gelegenheitsinschriften u. a.).
LB 1. Beschränkung auf die Palastadministration.

LA 2. Inschriften auf verschiedenem Material (Metall, Stein, Ton, Wandstukkatur).
LB 2. Fast völlige Beschränkung auf Tonmaterial (Tontafeln, Tonanhänger, Tongefäße); Ausnahmen: Kieselstein (Olympia), Elfenbeinsiegel (Medeon); s. S. 78.

[32] Vgl. *H.-G. Buchholz* 1969, *A. Bartoněk* 1977 u. a.

LA 3. Verbreitung über die ganze Insel Kreta (33 Lokalitäten), weiter auf wenigstens fünf ägäischen Inseln, vereinzelt auch auf dem sowohl europäischen als auch asiatischen Festland; Ausstrahlung in weitere Gebiete (Zypern, Gegenden im Vorderen Orient, vielleicht auch Balkanländer).

LB 3. Auf Kreta fast völlige Beschränkung auf Palastarchive (besonders in Knossos und Khania) bzw. deren Umgebung; ein breiteres Vorkommen auf dem griechischen Festland, aber auch hier meistens im Bereich mykenischer Palastarchive (Mykene, Tiryns, Pylos, Theben), vereinzelt anderswo.

LA 4. Die Schrift war unter den breiteren kretischen Bevölkerungsschichten bekannt.

LB 4. Beschränkung der Schriftkenntnis auf eine kleine Zahl von Palastbeamten.

LA 5. Starke Überlebenskraft der Schrift; sie scheint vereinzelt bis tief ins 1. Jahrtausend v. Ch. hinein überlebt zu haben (rätselhafter Fund von Psykhro u. a.).[33]

LB 5. Nach der Destruktion der mykenischen Paläste um 1200 verschwand die Schrift spurlos.

LA 6. Ein Schriftsystem mit starker Anpassungskraft und mit beträchtlicher lokaler und zeitlicher Differenzierung.

LB 6. Ein erstarrtes Schriftsystem der mykenischen Palastverwaltung mit ausgeprägter sowohl graphischer und grammatischer als auch inhaltlicher Stereotypie.

In diesem Licht erscheint die LB-Schrift als ein erstarrter, spezifischen Zwecken dienender mykenischer Ausläufer eines gesamtägäischen Linear A-Schriftsystems, wenn auch die erhaltenen LB-Texte viermal so zahlreich (und meistens auch viel umfangreicher) als die LA-Belege sind.

Die Frage nach der Entstehung der Linear B-Schrift (woher, wie, wo, wann) gilt als bisher kaum gelöst. Ihr *Ausgangspunkt* waren zweifellos die kretischen Schriftsysteme im allgemeinen, doch in Detailfragen herrscht alles andere als eine ausgeprägte Übereinstimmung. Die Mehrzahl der Gelehrten hält zwar die Linear A-Schrift für das unmittelbare Vorbild der LB-Schrift, doch es gibt auch Forscher, die eine mehr oder weniger intensive Beeinflussung durch die hieroglyphische Schrift in Erwägung gezogen haben (*E. Grumach, J. T. Hooker*). Eine ablehnende Haltung nimmt man

---

[33] Es handelt sich um ein paar am Rande stehende Belege (*H. Biesantz* 1958; *R.R. Stieglitz* 1976, *R. Brown* 1978, *Y. Duhoux* 1982, S. 87, *A. Bartoněk* 1993c).

manchmal auch gegenüber der Auffassung der Linear B-Schrift als eines eben für die Wiedergabe der griechischen Sprache neugeschaffenen Schriftsystems ein (*J. T. Hooker, St. Hiller* u. a.), besonders da es nicht leicht einzuschätzen ist, um wieviel besser eigentlich die Linear B-Schrift für diesen Zweck geeignet war als die Linear A-Schrift, deren Varianten uns kaum alle erhalten geblieben sind. Doch die Hypothese, die Linear B-Schrift sei von den Minoern geschaffen und erst später von den Achäern übernommen worden, scheint weniger wahrscheinlich zu sein: es gibt keinen Linear B-Text, den man für ungriechisch halten könnte. Es fehlen außerdem im LB-Syllabar nicht weniger als 40 Silbenzeichen des LA-Syllabars, während wenigstens 20 andere im LB-Syllabar völlig neu geschaffen worden sind. Das deutet auf eine ziemlich revolutionäre Änderung hin (*Y. Duhoux*), die eher einem Sprachenwechsel als einer inneren Schriftreform entspricht, besonders wenn unter den neugeschaffenen Zeichen z. B. eine Anzahl von Syllabogrammen der *o*-Reihe vertreten ist — während *o* als Phonem in der Linear A-Sprache vielleicht gar nicht existierte (vgl. S. 24). Das Vorkommen eines verschiedenen Zeicheninventars in der Linear A-Schrift erklärt man am ehesten durch die Annahme, die Linear B-Schrift sei von einer nicht erhalten gebliebenen Linear A-Kursive abgeleitet worden (*Y. Duhoux*), die für wirtschaftliche Vermerke am besten geeignet war.

Als *Entstehungsort* werden entweder Kreta oder das helladische Festland in Erwägung gezogen. Als Hauptargument für eine kretische Herkunft (Knossos) wird die direkte Abhängigkeit von der Linear A-Schrift angeführt, dies scheint jedoch irrelevant zu sein, da eine eventuelle tiefgreifende Reform ihren Ausgangspunkt auch auf dem griechischen Festland gehabt haben könnte. Zur Klärung dieser Frage vermißt man noch immer eine gründliche Vergleichsanalyse des knossischen und des festländischen Schriftmaterials. Jedenfalls scheint heutzutage die Mehrzahl der Forscher als Entstehungsort der Linear B-Schrift das helladische Festland zu bevorzugen (*A. Furumark, M. Pope, A. Heubeck*, jünger *Y. Duhoux, J.-P. Olivier, L. Godart* u. a.).

Die Frage nach Zeit der Entstehung ist zweifellos im Zusammenhang mit den wirtschaftlichen Bedürfnissen der mykenischen Palastadministration zu sehen, zumal sich in der Palastökonomie seit dem überraschenden Aufschwung von Mykene um die Wende des 17. und 16. Jahrhunderts eine spürbare Mehrproduktion abzeichnete. Doch die Entstehung einer spezifischen, für die griechische Sprache besser geeigneten Schrift, als es das Linear A-System war, könnte gut erst das letzte Stadium einer längeren Entwicklung darstellen, die durch drei aufeinander folgende Stufen gekennzeichnet war (*Y. Duhoux* 1983, 1985):

1. Schreiber minoischer Herkunft bedienten sich in den mykenischen Palästen der Linear A-Schrift (seit dem Anfang des 16. Jahrhunderts).

2. Mykenische Schüler minoischer Schreiber übernahmen die Führung der Dokumente, benützten jedoch noch immer die Linear A-Schrift (Ende des 16., Anfang des 15. Jahrhunderts).

3. Mykenische Schreiber adaptierten die Linear A-Schrift für die Bedürfnisse der griechischen Sprache (vielleicht schon am Anfang des 15. Jahrhunderts).

In dieser Diskussion spielt seit jüngstem der beschriftete Kieselstein aus Olympia aus der Zeit um 1600 eine wichtige Rolle, dessen Zeichen dem LB-Schrifttypus zugeschrieben werden (vgl. weiter S. 78). Dadurch würde die Entstehungszeit der Linear B-Schrift beträchtlich nach oben rücken — und deren Entstehungsort könnte eventuell doch mit größerer Zuversicht dem helladischen Festland zugewiesen werden.

Das Fortleben der ägäischen Schriften auf Zypern

Die Linear A-Schrift hatte nicht nur in der Linear B-Schrift ihre Fortsetzung, sondern sie hat sich offensichtlich auch bei der Herausbildung der bronzezeitlichen Schriftsysteme auf Zypern stark beteiligt, vielleicht zusammen mit sekundären Impulsen aus anderen benachbarten Gebieten (Anatolien, Syrien). Es handelt sich auf Zypern um zwei aufeinanderfolgende syllabische Schriftsystemkomplexe — um die sogenannte kyprominoische Schrift (KM) aus der späten Bronzezeit (ca. 1550–1000 v. Chr.) und um die klassische kyprische Schrift (KK) mit Belegen aus der Zeit zwischen ca. 1050 und 200 v. Chr. — Vgl. Abb. 12.

D. Die kyprominoische Schrift (KM)

Man hat bis jetzt weit über 100 Belege der kyprominoischen Schrift gefunden (mit etwa 85 syllabischen Zeichen), die in die Zeitspanne zwischen etwa 1550 und 1000 v. Chr. fallen. Es ist zu betonen, daß im Gegensatz zu den ägäischen HG-, LA- und LB-Tontafeln die kyprominoischen Tontafeln gebrannt sind und daß das kyprominoische Schriftsystem keine ideographischen Zeichen (mit Ausnahme von Zahlenangaben) aufweist. Es wurde allerdings bisher kein vollständiges KM-Textkorpus zusammengestellt.

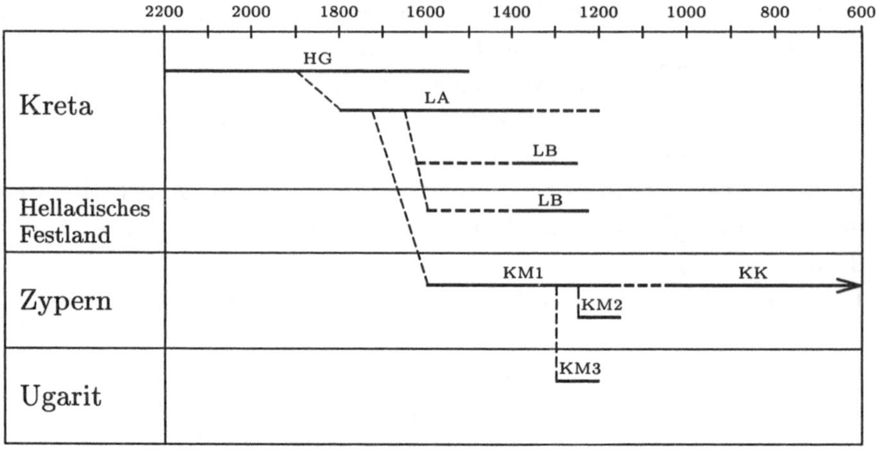

Abb. 12. Die ägäischen und kyprischen Schriften auf der Zeitachse.

Heutzutage werden die KM-Texte (nach *E. Masson* 1974) in vier Gruppen aufgeteilt[34] (vgl. Beispiele der KM-Texte, bzw. Listen der KM-Syllabogramme: Abb. 13–16 auf S. 41-42):[35]

a) Ein paar archaische Inschriften aus dem 16. und 15. Jh. — noch mit starker Anknüpfung an die kretische Linear A-Schrift.

b) Um das Jahr 1400 scheint sich daraus die Gruppe KM 1 entwickelt zu haben, die sich dann über die ganze Insel verbreitete und teilweise bis an die syrische Küste hin ausstrahlte. Den umfangreichsten Text bietet ein großer gebrannter Tonzylinder aus dem 14. Jh. mit 27 Zeilen gut erhaltenen Textes, während den wesentlichsten Bestandteil dieser Gruppe etwa 80 beschriftete Tonkugeln unbekannter Funktion darstellen — sowie eine Anzahl von Inschriften auf unterschiedlichem Material, vor allem auf Gefäßscherben, Stein- und Metallgegenständen aus dem 14. bis 11. Jh. v. Chr.

c) In Ugarit an der gegenüberliegenden syrischen Küste dürfte sich der KM 1-Typus um die Mitte des 13. Jhs. zur lokalen Gruppe KM 3 entwickelt haben, die durch vier gebrannte Tontafeln bezeugt ist.

d) Etwa gleichzeitig hat sich auf Zypern ein zweiter, offensichtlich auf Enkomi beschränkter Nebenzweig KM 2 abgespalten, der durch vier weitere, meistens umfangreiche und zweiseitig beschriebene Tafelfragmente

[34] Doch einige Forscher (zuletzt *M. Egetmeyer* 1998) halten vor allem die Unterscheidung von KM 2 und KM 3 für zweifelhaft.

[35] Über das KM-Schriftsystem vgl. z. B. *St. Hiller* 1978, Sp. 53–60, bzw. 1985, Sp. 61–93, *E. Masson* 1987, *Th. Palaima* 1989b, *M. Egetmeyer* 1998.

aus der Zeit um 1200 v. Chr. repräsentiert wird — mit insgesamt etwa 1310 lesbaren Zeichen. Man hat versucht, zwei dieser KM 2-Texte zu einem noch umfangreicheren Dokument mit 26 Zeilen auf Seite 1 und 30 auf Seite 2 zusammenzufügen. Der Anteil an neuen Zeichen, der keilschriftähnliche Schriftduktus und die Unterschiede in der inneren Struktur einzelner Wörter sprechen nach *E. Masson* 1974 (und 1987) im Falle der KM 2-Dokumente aus Enkomi — im Vergleich mit den Belegen des KM 3-Typus aus Ugarit, wo man angeblich semitische Spuren identifiziert hat — für eine unterschiedliche, vielleicht vom asiatischen Festland stammende

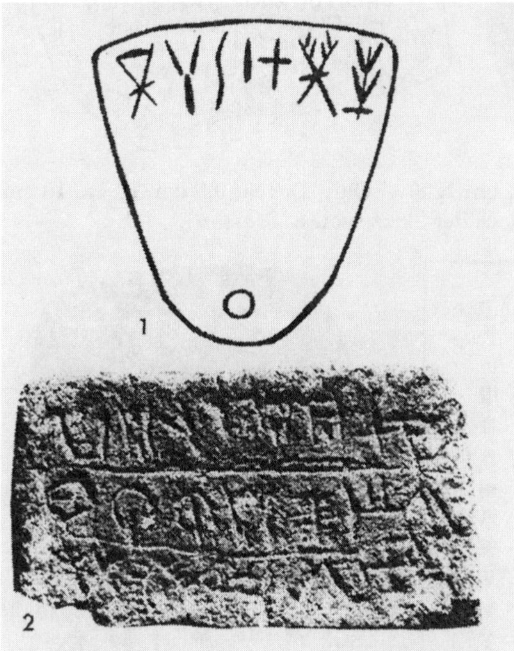

Abb. 13. Beispiele kyprominoischer Schriftdokumente (KM 1). 1 — Schnellwaageinschrift aus Enkomi, Ende des 16. Jh. v. Chr., Br. ca. 5 cm (nach *E. Masson* 1969, S. 72, Abb. 4); 2 — die früheste Tontafel aus Enkomi, um 1500 v. Chr., Br. ca. 7,5 cm (nach *Grumach* 1969, Taf. 52); 3 — kyprominoischer Schriftzylinder aus Enkomi, 14. Jh. v. Chr. oder um 1200 (nach *Buchholz* 1969, S. 122), Br. ca. 5,5 cm, Ø ca. 4 cm. a — Faksimile (nach *E. Masson* 1973, S. 76, Abb. 1); b – Abrollung des Schriftzylinders (nach *Buchholz* 1969, S. 121, Abb. 32).

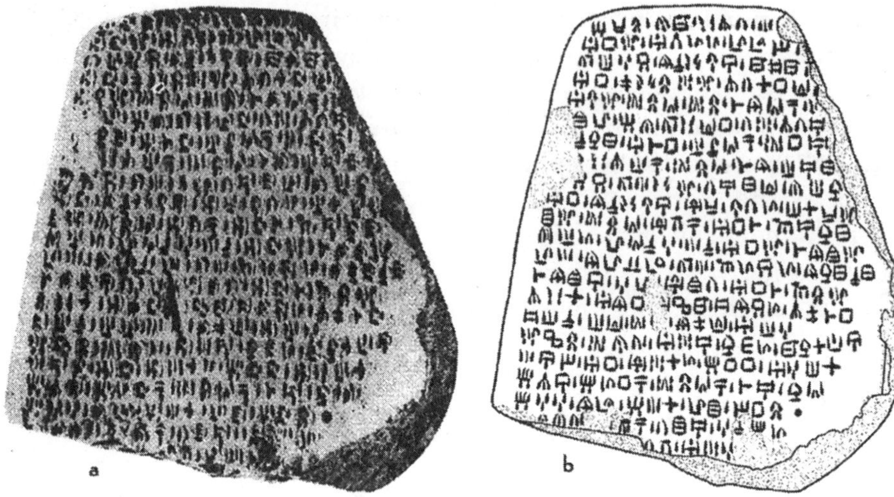

Abb. 14. Große KM-2-Tafel aus Enkomi, um 1200 v. Chr.; Br. ca. 9,5 cm, H. ca. 10 cm (a — nach *Grumach* 1969, Taf. 53; b — nach der Skizze von *E. Masson*).

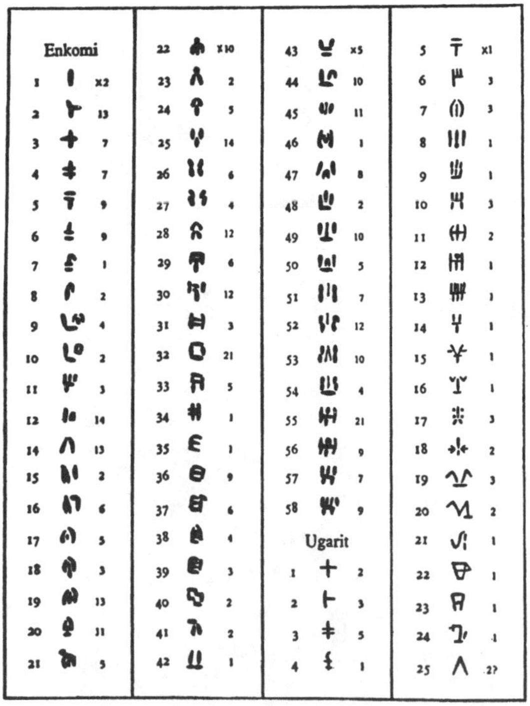

Abb. 15. Die Zeichen der im J. 1953 aufgefundenen Tontafeln von Enkomi (KM 2) und von Ugarit (KM 3). (Nach *Ventris - Chadwick* 1956, S. 62, Abb. 11).

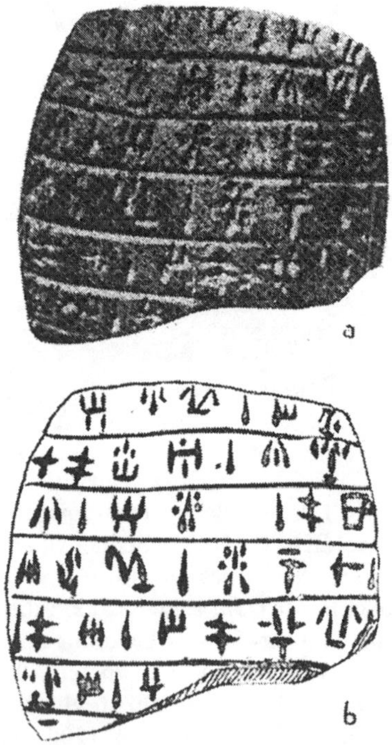

Abb. 16. Eine kyprominoische Tontafel aus Ugarit (Gruppe KM 3), Seite A, um 1250 v. Chr.; Br. ca. 4,3 cm, H. ca. 4 cm (nach *O. Masson* 1956b, S. 241, Abb. 209).

Sprache. Nach der Auffassung von *E. Masson* 1975 handelt es sich um Texte, die in einer agglutinierenden Sprache verfaßt worden sind und in denen einige typisch hurritische Syntagmen aufzutreten scheinen. Dagegen sollen die Inschriften der KM 1-Gruppe in der „eteokyprischen" Sprache der ursprünglichen Bevölkerung von Zypern geschrieben sein, die auf Zypern vereinzelt neben dem Griechischen noch im 1. Jahrtausend v. Chr. in Benützung war (s. weiter das Subkapitel über die KK-Schrift) und über deren ethnische Einordnung nichts Sicheres gesagt werden kann.

So hätte man es auf Zypern um das Jahr 1200 v. Chr. wenigstens mit zwei verschiedenen Sprachen zu tun, mit einer einheimisch kyprischen unbestimmter mediterraner Herkunft und einer anderen, vielleicht vom protohattischen oder hurritischen Typus. Es gibt allerdings auch Forscher, die im Gegensatz zu *E. Masson* die Enkomi-Inschriften der KM 2-Gruppe bzw. alle kyprischen Texte aus dem 2. Jahrtausend anders interpretieren wollen und darin das Hethitische, Luwische oder eine semitische Sprache erkannt zu haben glauben. Zugleich blieben auch alle das Griechische heranziehenden Entzifferungsversuche für die KM 2-Gruppe ohne Erfolg, obwohl die griechischen Achäer vielleicht schon bald nach dem Jahre 1200 v. C„hr. auf Zypern anwesend waren.

E. Die klassische kyprische Schrift (KK)

Griechisch sind erst die in der klassischen kyprischen Silbenschrift geschriebenen Texte, von denen man heute bereits mehr als 1100 Belege besitzt (vgl. in der Abb. 17 die Seiten A und B des umfangreichsten kyprischen Dokumentes, der berühmten Bronzetafel aus Idalion, ca. 475 v. Chr., sowie in der Abb. 18 die Weihinschrift aus Kourion, mit zwei griechischen Weihformeln, einer im griechischen Alphabet und der anderen in der klassischen kyprischen Silbenschrift, 4. Jh. v. Chr.).

Die Mehrzahl der KK-Inschriften ist in griechischer Sprache verfaßt, nur etwa 30 davon sind in einer noch nicht gedeuteten „eteokyprischen" Sprache geschrieben (die „eteokyprischen" Belege stammen vor allem aus Amathus [4. Jh. v. Chr.], doch gibt es solche Texte auch aus anderen Städten und anderen Zeitperioden).

Die griechisch verfaßten KK-Inschriften stammen größtenteils aus Zypern, eine Anzahl von ihnen wurde jedoch auch außerhalb der Insel gefunden: in Mende auf Chalkidike in der nördlichen Ägäis (Ende 8. Jh.), Policoro in Süditalien (Anfang 7. Jh.), Delphi (7. Jh.), später auch in

Phönizien und Ägypten, vor allem in Gizeh, Abydos und im Tal der Könige in Karnak (4.–3. Jh. v. Chr.).

Die grundlegende Ausgabe der klassischen kyprischen Inschriften ist das Werk von *O. Masson* Les inscriptions chypriotes syllabiques, Paris 1961 (édition augmentée, 1983[2]). In den letzten dreißig Jahren sind allerdings noch einige andere außerordentlich wichtige Editionen erschienen: *T. B. Mitford*, The Inscriptions of Kourion, Philadelphia 1971; *T. B. Mitford*, The Nymphaeum of Kafizin, Kadmos, Suppl. II, Berlin – New York 1980 (Inschriften auf Keramik aus der Zeit um das Jahr 220 v. Chr.: es handelt sich wohl um die jüngsten in der klassischen kyprischen Schrift geschriebenen Texte); *T. B. Mitford*, The Inscriptions of the Kouklia Siege-Mound, BICS Suppl. 10, 1981, 1–10; *Cl. Traunecker – F. Le Saout* und *O. Masson*, La chapelle d'Achoris à Karnak, Paris 1981; vor allem allerdings *T. B. Mitford – O. Masson*, The Syllabic Inscriptions of Rantidi-Paphos, Konstanz 1983, und *O. Masson – T. B. Mitford*, Les inscriptions syllabiques de Kouklia-Paphos, Konstanz 1986 — mit mehr als 500 archaischen Inschriften aus dem Gebiet von Alt-Paphos an der kyprischen Westküste, die zu dem ältesten Bestand des KK-Korpus gehören (8.–6. Jh. v. Chr.). — Neue KK-Inschriften werden fast jedes Jahr entdeckt; sie werden regelmäßig in Kadmos, BCH und anderen Zeitschriften publiziert.

Wichtig sind auch die zwei vor kurzem erschienenen Lexika der in den KK-Inschriften bezeugten griechischen Wörter: *M. Egetmeyer* 1992 und *A. Hintze* 1993.

Die KK-Schrift scheint von der kyprominoischen Variante KM 1, d. h. von dem allgemeinen kyprominoischen System KM 1, abgeleitet zu sein, dessen letzte Belege aus der Mitte des 11. Jh. stammen. Die Kontinuität ist durch den überraschenden Fund eines beschrifteten Rostspießes aus einem geometrischen Grab in der Nähe von Alt-Paphos bestätigt worden (Ende des 11. Jhs.; *E. Masson – O. Masson* 1983). Die Inschrift lautet o-pe-le-ta-u, d. h. *Opheltāu*, was ein echter arkadisch-kyprischer Genitiv ist (aus *Opheltā(h)o*) und Entsprechung von att. Ὀφέλτου zu *Ὀφέλτᾱς > Ὀφέλτης; man kann hinzufügen, daß derselbe Personenname auch auf einer knossischen Linear B-Tafel vorkommt (in der LB-Form o-pe-ta-o *Opheltā(h)o*). Diesen Fund betrachtet man als das „missing link" zwischen der KM- und der KK-Schrift und zugleich auch als einen wichtigen Beweis für die Anwesenheit griechischer Einwanderer „achäischer" Abstammung auf Zypern jedenfalls gegen das Ende des 2. Jahrtausends v. Chr. Auf Grund archäologischer Funde datiert man heute ihre Ankunft in die Zeit nach dem Jahr 1200, meistens in das 11. Jh. (*Deger – Jalkotzy* 1994); eine ähnliche Chronologie erlauben auch die griechischen Erzählungen über die

Auswanderung einiger Helden des Trojanischen Krieges nach Zypern. Die Grundlagen der Entzifferung wurden im Jahre 1871 von dem Engländer

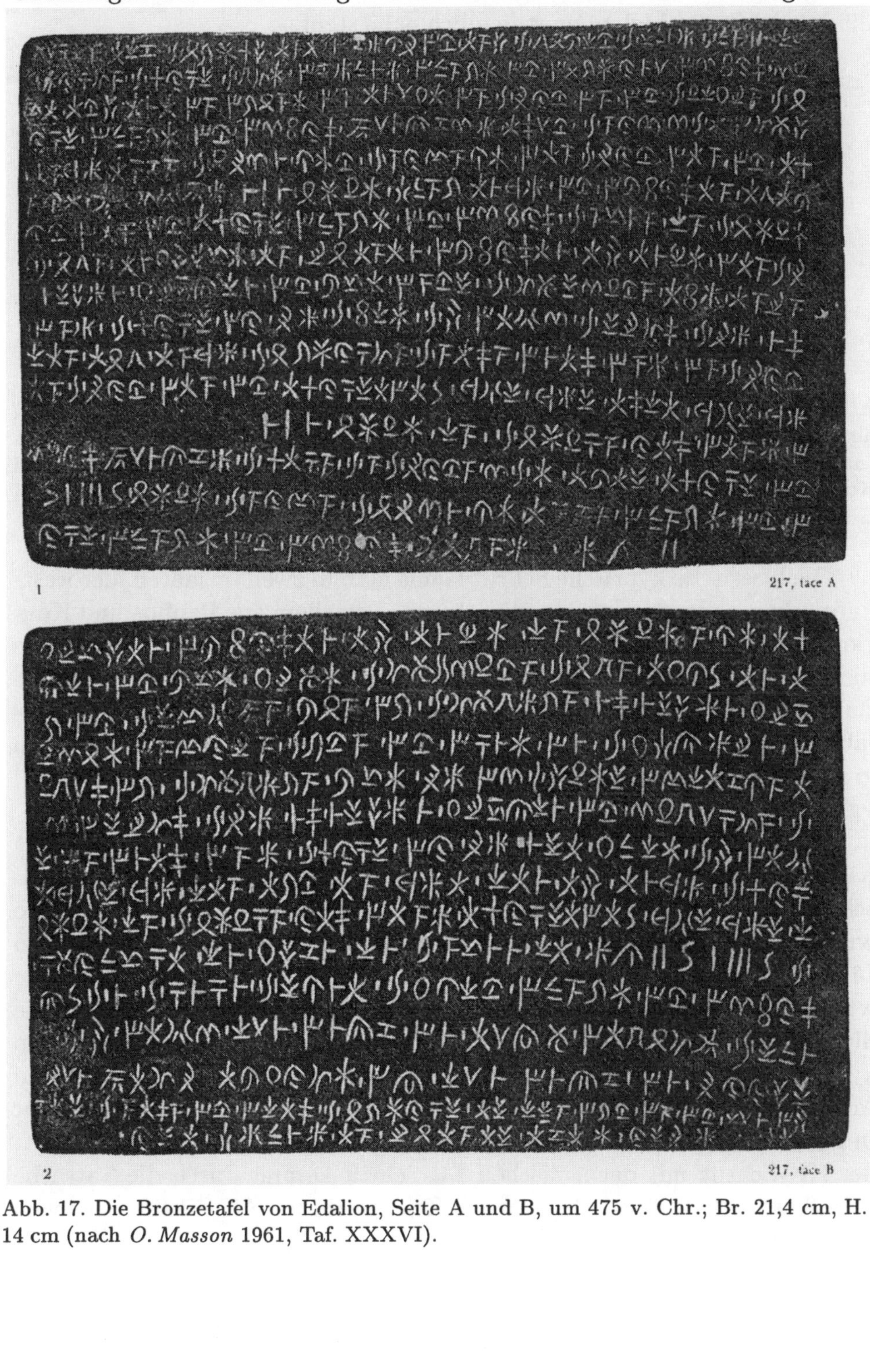

Abb. 17. Die Bronzetafel von Edalion, Seite A und B, um 475 v. Chr.; Br. 21,4 cm, H. 14 cm (nach *O. Masson* 1961, Taf. XXXVI).

G. Smith gelegt, und die sprachliche Analyse der Texte hat bald darauf gezeigt, daß es sich um einen griechischen Dialekt handelt, der dem Arkadischen im Zentralpeloponnes ziemlich nahe steht.

(a) Δήμητρι καὶ Κόρηι εὐχὴν (b) Ἑλλόοικος Ποτείσιος ἀνέθηκε
(c) ta-ma-ti-ri · ka-se · ko-ra-i · e-lo-wo-i-ko-se · po-te-si-o-se · a-ne-te-ke · i-tu-ka-i
(= Δάματρι κὰς Κόραι Ἑλ(λ)όϝοικος Ποτήσιος ἀνέθηκε ἰ(ν) τύχαι)

Abb. 18. Weitere klassische kyprische Inschrift: Weihinschrift aus Kourion in sowohl alphabetischer (a, b) als auch silbischer (c) Schrift, 4. Jh. v. Chr.; L. 28 cm, H. 7,5 cm (nach *O. Masson* 1961, Taf. XXVI; Übersetzung a–b: „[Den Göttinnen] Demeter und Kore hat [dies] als Weihgeschenk Helowoikos, Sohn des Potesis, gewidmet"; c: „[Den Göttinnen] Damater und Kora hat H., Sohn des P., als Glücksgabe gewidmet.").

Die klassische kyprische Schrift kennt man in zwei Varianten, der westkyprischen — sogenannten paphischen — vor allem aus Paphos und Kourion (doch vereinzelt auch anderswo), und der allgemein kyprischen, die man in allen übrigen kyprischen Gegenden benützte (es gab auch eine Subvariante von Idalion). Jede dieser Varianten verfügt über etwa 55 syllabische Zeichen, zwischen beiden Hauptvarianten gibt es jedoch ziemlich große Unterschiede (fast 20 Zeichen sind mehr oder weniger verschieden); vgl. Abb. 19.

Im Gegensatz zur Linear B-Schrift, in der man immer darauf geachtet hat, daß man alle Vokale wiedergibt, zielte man in der klassischen kyprischen Schrift eher darauf ab, möglichst alle Konsonanten auszudrücken. So wurde z. B. der Ausdruck *anthrōk*^{w}*os* (später = ἄνθρωπος „Mensch") im Linear B-System als a-to-ro-qo, in der KK-Schrift dagegen als a-to-ro-po-se wiedergegeben — d. h. man benützte in der KK-Schrift in größerem Maße die „toten Vokale". Im Vergleich mit der LB-Schrift verzichtete man in den kyprischen Schriften, sowohl in der KM- als auch in der KK-Schrift, auf Ideogramme. Die Schriftrichtung war auf Zypern meistens linksläufig (nur in Alt-Paphos gewöhnlich rechtsläufig). Die nur indirekte Verwandtschaft der KK-Schrift mit der ägäischen LB-Schrift kommt durch die Tatsache zum Ausdruck, daß lediglich etwa 8 Zeichen in der KK-Schrift mit jenen

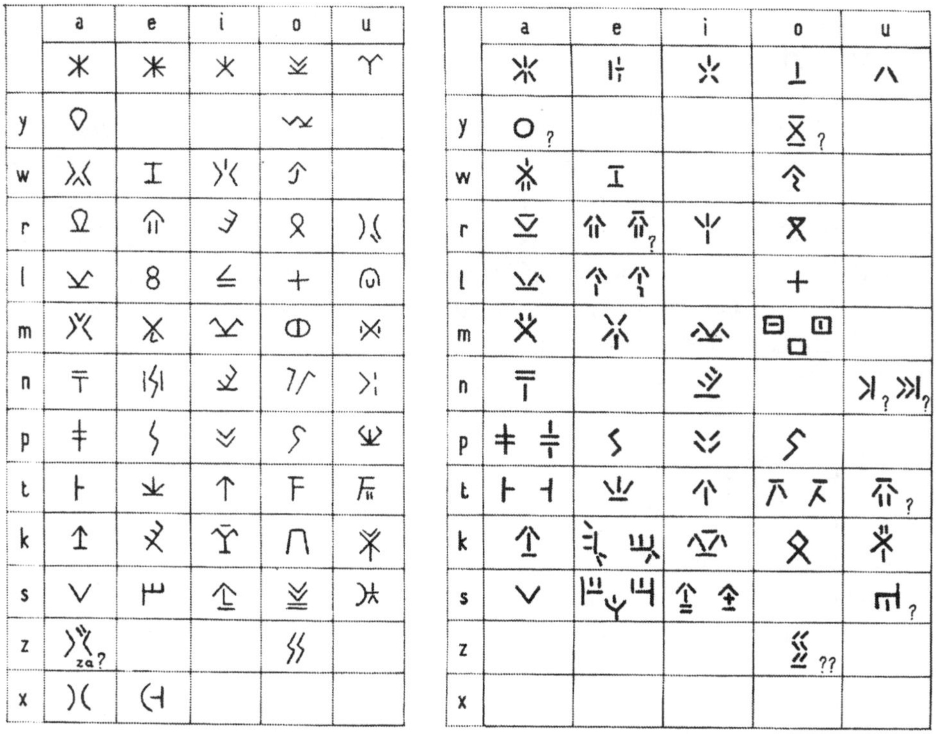

Abb. 19. Die Silbenzeichen der klassischen kyprischen Schrift: a) allgemeines Syllabar; b) paphisches Syllabar (nach *O. Masson* 1961, Fig. 1, 5).

der LB-Schrift völlig identisch zu sein scheinen und denselben Lautwert aufweisen.

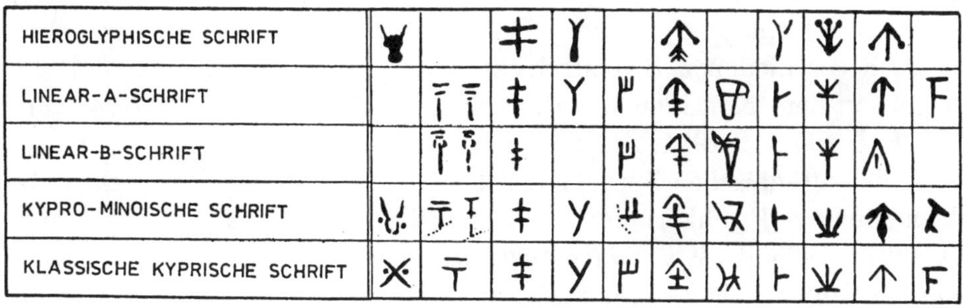

Abb. 20. Vergleichstabelle einiger ähnlicher Zeichen in ägäischen und kyprischen Schriftsystemen (nach *Prehistory and Protohistory* 1974, S. 360).

* * *

Gewisse Hinweise auf eine kulturelle Ausstrahlung der ägäischen Schriften (vgl. *H.-G. Buchholz* 1969, *E. Masson* 1984) gibt es sowohl im Osten (Hazor, Tell ed-Duveir, Beth-Šeán, Tell Deir ʿAllā in Israel und im Jordanland) als auch im Westen (vor allem auf den Liparischen Inseln und auf Sardinien). Es finden sich sogar einige Ausstrahlungsspuren im Norden, in Südost- und Mitteleuropa (*A. Bartoněk* 1977, *St. Hiller* 1985, Sp. 93ff., *G. Owens* 1999; vor allem Vatin, nordöstlich von Belgrad, Tărtăria bei Cluj in Rumänien, Karanovo, Gradešnica in Bulgarien u. a.); hier handelt es sich allerdings bestenfalls um Ausstrahlung in Form einer hochstilisierten Kunstäußerung, die jeglicher Kommunikationsabsicht entbehrte (vgl. *E. Masson* 1984, 120ff.). S. Abb. 21 und 22.

Die Neuerscheinungen zu weiterem Lesen (II. Kap.)

Zum neuesten Stand im Bereich der altägäischen Schriften und Sprachen siehe im letzten Dezennium vor allem *L. Godart* 1990, 1991b, 1992c, 1996 u. a. (Mykene sei bereits seit dem Ende des 17. Jh. Hauptzentrum der Schriftentwicklung gewesen — durch die Anpassung der LA-Schrift an die Zwecke der griechischen Sprache; von Mykene sei die LB-Schrift um 1450 nach Kreta übertragen worden, zuerst nach Knossos und nach der Katastrophe von Knossos dann um etwa 1370 nach Kydonia-Khania in Westkreta). Vgl. dagegen *J. Driessen* 1990, 1992a (nach ihm ist die LB-Schrift um 1450 in Knossos entstanden und am Anfang des 13. Jh. auf den helladischen Kontinent übertragen worden). Vgl. auch *C. Consani* 1996 (die LB-Schrift sei zu administrativen Zwecken entstanden und habe immer nur diesen gedient — z. B. im Gegensatz zu der klassischen kyprischen Schrift) und *J.-P. Olivier* 1996b (Priorität von Kreta mit drei chronologisch geschiedenen Schriftschichten im Gegensatz zu einer einzigen Schicht auf dem Kontinent). Vgl. auch *J. Chadwick* 1990b, *H. Haarmann* 1990, *E. L. Bennett* 1991, *A. Sacconi* 1991, *I. Hajnal* 1996a.

Zu den altägäischen Sprachen (das Griechische inbegriffen) vgl. weiter folgende neuere Publikationen: *M. Meier-Brügger* I–II 1991–92, *A. Bartoněk* 1991c, 1996ab, *A. L. Sihler* 1995, *R. Ambrosini* 1996, *A. G.-P. Ramat* 1998, *M. Morani* 1999. Vgl. auch die *Kleinen Schriften* von *A. Heubeck* 1984 (ed.: *B. Forssmann* u. a.) sowie die gesammelten Schriften von *C. J. Ruijgh* (Scripta minora 1991 und 1996a). — Vgl. noch unser Kap. IX.

Über die neuentdeckten Täfelchen in Theben, Odos Pelopidou, siehe *Thèbes* 2002.

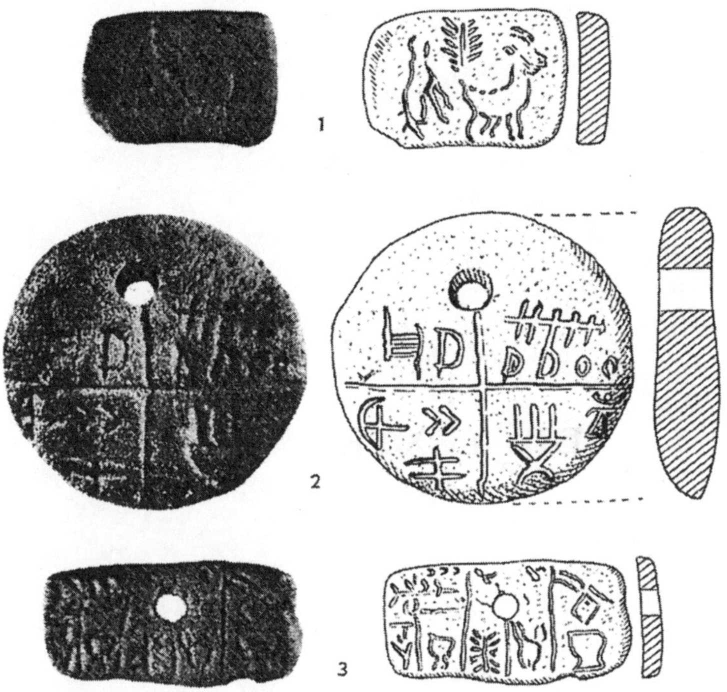

Abb. 21. Tontafeln von Tărtăria bei Cluj in Rumänien, Anfang des 3. Jahrtausends v. Chr.; Ø von Nr. 2 etwa 6 cm (nach *Vlassa* 1963, S. 490, Abb. 7, 8).

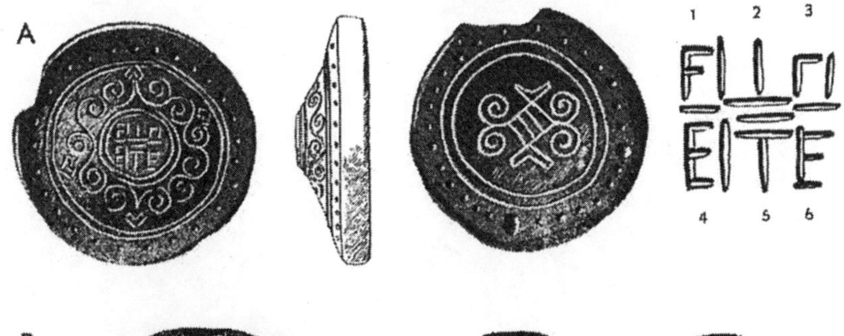

Abb. 22. Funde aus dem Vatin-Horizont (um 1500 v. Chr.) mit Schriftzeichnungen (epigraphisch analysiert). A — runde Tonscheibe (nach *Milleker* 1905, Taf. XX: 5a–c); B — Spinnwirtel (nach *Milleker* 1905, Taf. XXII: 5ab).

DIE TEXTE

III. Die Entzifferung der Linear B-Schrift

A. Der Weg zur Entzifferung

Der Engländer *Arthur J. Evans* entdeckte bereits am Anfang seiner Ausgrabungen in Knossos (1900) die ersten Exemplare von mit unbekannter Schrift beschriebenen Tontäfelchen und anderer ähnlicher Texte. Im Laufe der nächsten vier Jahre hat er mehrere Tausend dieser Dokumente ausgegraben und — nach ihrem Schriftcharakter — in drei Gruppen eingeteilt, denen er die bis heute geläufigen Namen gab, und zwar a) *die hieroglyphische Schrift*, b) *die Linear A-Schrift*, c) *die Linear B-Schrift*.

Chronologisch hat Evans die umfangreichste letzte Gruppe in die Endphase der knossischen Paläste gesetzt, d. h. — seiner Meinung nach — in die zweite Hälfte des 15. Jahrhunderts. Er hat nie versucht, eine Entzifferung vorzulegen, ja er hat sogar nicht mehr als ein paar Dutzend Linear B-Texte herausgegeben, und als *J. Sundwall* in 1936 einige weitere Texte publizierte, stieß er auf Evans' entschiedenen Unmut. Doch einmal ist Evans — völlig unwissentlich — einer erfolgreichen Interpretation äußerst nahe gewesen. Auf einem Tontafelfragment, auf dem einige Pferdeköpfe gezeichnet waren, las er zwei Linear B-Zeichen unter Anwendung des klassischen kyprischen Syllabars als po-lo und verglich sie mit dem griechischen Wort πῶλος „Fohlen". Wegen seiner festen Überzeugung, die Träger der mykenischen Zivilisation seien keine Griechen gewesen, glaubte er jedoch nicht an eine Wiedergabe griechischer Sprache durch die LB-Inschriften, und lehnte daher diese Deutung, die man heute für richtig hält, entschieden ab (vgl. Abb. 31 auf S. 66).

Die LB-Entzifferungsversuche gehen jedenfalls bereits in die Zeit der Evansschen Ausgrabungen in Knossos zurück. Da aber bis zum Anfang der 50er Jahre keine systematische Ausgabe des LB-Quellenmaterials unternommen wurde, konnten die Entzifferungsversuche bis dahin keinen größeren Erfolg haben. Die Autoren dieser Versuche verglichen meist die LB-Zeichen mit den Zeichen anderer alter Schriften und ordneten ihnen — in der Ansicht, graphische Ähnlichkeit müsse stets auch schon phonetische Ähnlichkeit bedeuten — den einen oder anderen Silbenwert zu. Die meisten seriösen Forscher stellten sich deswegen zu diesen Versuchen skeptisch. Die Sache kam erst dann in Schwung, als der Amerikaner *C. W. Blegen* im Jahre 1939 mehrere Hundert Linear B-Tontafeln bei Ano Englianos in Westmessenien entdeckte — offensichtlich im mykenischen Pylos, dem mythischen Sitz des Neleïden Nestor zur Zeit des Trojanischen Krieges.

Das Tontafelmonopol von A. J. Evans ist auf diese Weise gebrochen worden, doch es dauerte noch ein weiteres Jahrzehnt, bis die Entzifferer mit der größeren Zahl der zur Verfügung stehenden Texte die auf der Untersuchung innerer Beziehungen zwischen den einzelnen Zeichen, Wörtern, Texten, Dokumenten beruhende Kombinationsmethode in weit größerem Maße zu nutzen begannen.

Der Amerikaner *E. L. Bennett* hat im Jahre 1943 die Struktur der pylischen Texte gründlich analysiert und auf Grund dieser Analyse ein vorläufiges Schema des LB-Schriftsystems konzipiert. Etwa gleichzeitig bewies die amerikanische Forscherin *A. J. Kober* (ab 1943), daß sich hinter der LB-Schrift eine Sprache mit entwickelter Flexion und mit Unterschieden im grammatischen Geschlecht verbirgt — auf Grund folgender Argumente: Auf vielen LB-Tontafeln kommt oft am Ende der Zeile bzw. des ganzen Textes eine gewisse Gruppe zweier Zeichen vor, die offenbar für die Summe der betreffenden Objekte oder Subjekte stehen. Dabei gibt es zwei Varianten dieser Gruppe: die erste Variante kommt oft im Zusammenhang mit piktographischen Symbolen von Männern, Hengsten usw. vor, während die andere Variante in Verbindung mit den Symbolen von Frauen, Stuten usw. zu finden ist. Daraus hat Kober den Schluß gezogen, es handle sich um ein summierendes Adjektivum, das im ersten Falle die männliche Form, im zweiten Fall dagegen die weibliche Form aufweist. Heutzutage liest man diese Ausdrücke als to-so, to-sa und deutet sie als pronominale Formen *tos(s)oi, tos(s)ai* „so viele (zusammen)".

B. Die Ventrissche Entzifferung

Eine erfolgreiche Entzifferung der LB-Schrift hat erst der junge englische Architekt *Michael Ventris* erzielt. Geboren im Jahre 1922, publizierte er schon als achtzehnjähriger Student im Jahr 1940 seinen ersten Beitrag zu dieser Problematik. Seine Rückkehr zu den minoisch-mykenischen Studien in der Nachkriegszeit war mit einem speziellen Fragebogen verbunden, den er am Anfang der 50er Jahre bei einem Dutzend Gelehrten von internationalem Ruf zirkulieren ließ und in welchem er verschiedene Fragen nach der Art der ägäischen Schriften und Sprachen stellte. Die Antworten ließ er — zusammen mit seiner eigenen Analyse der Problematik — vervielfältigen und allen Interessenten zusenden. In den nächsten zwei Jahren hat er dann auf ähnliche Weise durch seine „Work Notes" (es gab 20 solcher „Arbeitsberichte" auf 176 Schreibseiten) die Mitforscher regelmäßig über seine eigenen Entzifferungsversuche informiert (vgl. *M. Ventris* 1988).[36]

Im Gegensatz zu den meisten früheren Lösungsversuchen hat Ventris nicht versucht, den Wert einzelner Zeichen durch äußeren Vergleich mit anderen Schriftsystemen zu ermitteln, sondern er konstruierte auf Grund eigener statistischer Untersuchungen und verschiedener Überlegungen über die gegenseitigen Beziehungen zwischen den einzelnen LB-Zeichen seine syllabischen „grids", d. h. Silbengitter mit waagerechten und senkrechten Feldern.

Ich werde hier einige Beispiele seines methodischen Verfahrens anführen. Es war wiederum bereits *A. Kober*, die entdeckt hatte, daß in LB-Texten häufig jeweils drei ähnliche Zeichengruppen („Triaden") vorkommen, die in ihrem ersten Teil völlig identisch sind, sich aber immer durch ihr letztes, bzw. durch ihre zwei letzten Zeichen voneinander unterscheiden (s. Abb. 24 auf S. 57). Dies hat *A. Kober* veranlaßt, die völlig berechtigte Überzeugung auszusprechen, daß es sich hier um einen weiteren Beweis für Flexion handelt. Sie zog nämlich die Tatsache in Betracht, daß in einer Flexionssprache des indoeuropäischen Typs die meisten Stämme auf verschiedene Vokale ausgehen, denen ein und derselbe Konsonant vorangeht (vgl. lat. *bonus, boni, bono* usw.). Diese wichtige Feststellung von *A. Kober* wandte Ventris auf die LB-Sprache an. Falls er in den LB-Texten ein geeignetes Wortpaar finden würde, das sich nur durch das letzte Zeichen voneinander unterscheidet, wäre eine beträchtliche Hoffnung vorhanden, daß jene unterschiedlichen Zeichen im Auslaut beider Wörter den gleichen Konsonanten enthalten könnten. Und umgekehrt, falls in demselben Kontext mehrere Wörter nebeneinander standen, von welchen man annehmen konnte, daß sie alle dieselbe grammatische Beziehung ausdrückten, lag zumindest eine Wahrscheinlichkeit vor, daß sich unter den letzten Zeichen, wie unterschiedlich auch immer sie waren, derselbe Vokal verbarg (allerdings war in einem solchen Fall auch damit zu rechnen, daß die Formen ein und derselben grammatischen Funktion im Falle unterschiedlicher Stammtypen in der letzten Silbe unterschiedliche Vokale aufweisen konnten).

Auf diese Weise fing *M. Ventris* an, sein Silbengitter zusammenzustellen, dessen senkrechte Silbenspalten die Kombinationen verschiedener Konsonanten mit jeweils ein und demselben Vokal umfaßten, die waagerechten Zeilen dagegen diejenigen von ein und demselben Konsonanten mit verschiedenen Vokalen enthielten. Doch auch die statistische Analyse der

[36] Von *A. Sacconi* 1988 herausgegeben.

Texte trug zur Ergänzung des Gitters bei. Es wurde immer zugleich untersucht, ob dieses oder jenes Zeichen häufig, weniger häufig oder selten, sowie ob es vorwiegend im Anlaut, im Wortinnern oder im Auslaut vorkommt.

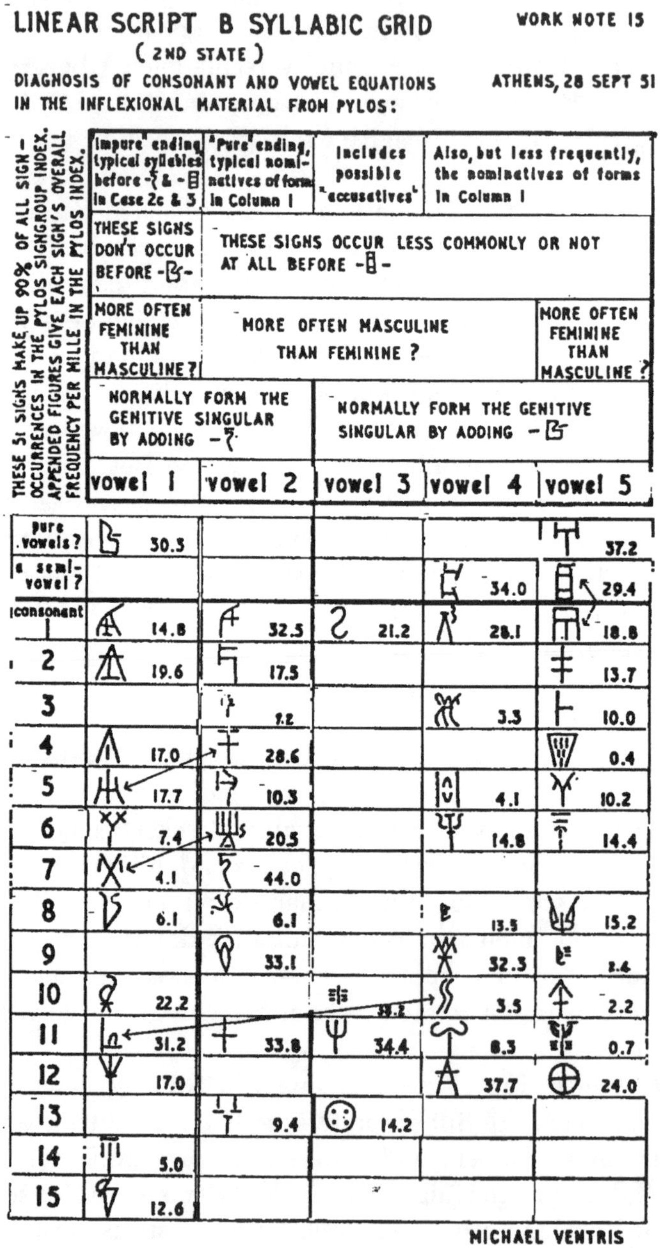

Abb. 23. Arbeitsbericht Nr. 15 vom 28. September 1951 (nach *Chadwick* 1957, S. 59).

Gleichfalls wurde ermittelt, welche Paarungen bestimmter Zeichen in den LB-Texten auftraten oder im Gegenteil überhaupt nicht vorkamen. Diese statistischen Ergebnisse wurden dann mit den Daten verglichen, die für verschiedene bekannte Sprachen zur Verfügung standen, und aus diesem Vergleich ging u. a. auch die allgemeine Feststellung hervor, daß in einer syllabischen Schrift die Zeichen alleinstehender Vokale, d. h. für Vokale, die sich in keiner Weise auf einen vorangehenden Konsonanten stützen, zu den häufigsten Anlautszeichen gehören (*a-*, *e-*, *i-*, *o-*, *u-*). Und da gleichzeitig solche alleinstehenden Vokale relativ selten im Wortinnern bzw. im Auslaut vertreten sind, konnte Ventris bald — an Hand statistischer Ermittlungen — einige Zeichen aussondern, die im Anlaut häufig, im Inlaut und Auslaut jedoch viel seltener vorkommen, um diese — zumindest mit einer gewissen Wahrscheinlichkeit — für Zeichen „alleinstehender" Vokale zu erklären.

So werden z. B. in der Abbildung, wo man das Ventrissche Gitter vom 28. September 1951 aus dem Arbeitsbericht Nr. 15 vorfindet (vgl. Abb. 23 auf S. 54), schon die LB-Zeichen Nr. 61 (links oben) und Nr. 8 (rechts oben) richtig als solche für bloße Vokale angegeben (heute liest man sie als O bzw. A). Andere Vokalzeichen sind allerdings in diesem Arbeitsbericht noch nicht als solche identifiziert worden.

Auf diese Weise, die freilich nicht ohne Schwierigkeiten war, versuchte also *M. Ventris* sein Ziel zu erreichen. Doch war er bis etwa zum Frühjahr 1952 davon überzeugt, daß sich hinter der LB-Schrift eine dem Etruskischen nahestehende Sprache verbirgt. Im allgemeinen herrschte nämlich unter den Forschern, die sich mit den altägäischen Zivilisationen befaßten, hinsichtlich der LA- und der LB-Sprache lange die Ansicht vor, daß es sich in diesen Fällen um eine bzw. um zwei uns unbekannte vorindoeuropäische „minoische" Sprachen handelte. Nur eine kleine Gruppe von Gelehrten, vor allem der englische Archäologe *A. J. B. Wace*, vertrat damals die Ansicht, es gebe genug historische und archäologische Voraussetzungen, welche die Möglichkeit zuließen, daß zumindest die Texte aus Pylos in griechischer Sprache verfaßt sind. Diese Ansicht wurde dann allmählich auch auf die LB-Belege aus Knossos übertragen.

Einen zuverlässigen Beweis konnte freilich erst die Interpretation der Texte selbst liefern. Einige Forscher versuchten zwar scho,n in den 30er Jahren einen griechischen Sprachcharakter der LB-Inschriften zu beweisen (*Persson, Hempl, Stawell*) — und in den letzten Jahren vor der Veröffentlichung des Ventrisschen Lösungsversuchs kam demselben Resultat auch *V. Georgiev* immer näher —, aber keinem von ihnen ist es gelungen, einen zur Genüge verläßlichen syllabischen Schlüssel zur Interpretation dieser Texte zu liefern.

Dieses gelang erst dem unermüdlichen *Ventris*, als er endlich in Work Note 20 vom 1. Juni 1952 versuchte, die Triaden von *A. Kober* noch einmal gründlich zu untersuchen (s. Abb. 24 auf S. 57). Nach der Analogie einiger Dokumente aus Ugarit in Syrien äußerte er die Hypothese, daß sich in den LB-Texten aus Knossos Namen der wichtigsten kretischen Städte befinden müssen. Er war schon vorher zu dem Schluß gekommen, daß das Zeichen Nr. 8 den Vokal A bezeichnete und daß das Zeichen Nr. 30 mit N- begann (vgl. das Gitter in der Abb. 25 auf S. 57, bzw. Abb. 33 auf S. 68). So hat er die fünfte von Kobers Triaden in der unteren Zeile versuchsweise als A-MI-NI-SO = *Amnīsos* gelesen. Nun konnte er weiter folgendes vermuten:

a) Das letzte Zeichen in der vierten Triade unten bezeichnete zweifellos die Silbe SO.

b) Das vorangehende Zeichen Nr. 52 liegt im Ventrisschen Silbengitter neben dem Zeichen NI, es beginnt also auch mit N-; es befindet sich zugleich in derselben vertikalen Spalte wie SO, woraus man schließen kann, daß es den Lautwert NO besaß.

c) Auch das erste Zeichen der vierten Triade liegt in der O-Spalte — und so hat es Ventris gewagt, dies ohne weiteres als KO zu lesen und dem ganzen Wort den Lautwert KO-NO-SO = *Knōs(s)os* zuzusprechen.

d) Ähnlich schlug er vor, die dritte Triade als TU-RI-SO = *Tulis(s)os* zu lesen, da am Ende der Zeichengruppe wieder ein SO stand und das vorangehende Zeichen sich in dem Silbengitter in der I-Spalte befand.

So hat *M. Ventris* auf überzeugende Weise dargelegt, daß sich unter Kobers „Triaden" die Namen der kretischen Städte Amnisos, Knossos, Tulissos in drei verschiedenen Wortformen verbargen, und unter Anwendung einer Kette scharfsinniger Erwägungen hat er den eindeutig griechischen grammatischen Charakter dieser Wortformen ermittelt: es handle sich immer um ein substantivisches Toponym im Nom. Sing. und das entsprechende Adjektiv bzw. Ethnikon im Nom. Sing./Plur. Mask. und Fem. (ko-no-so *Knōs(s)os*, ko-no-si-jo *Knōs(s)ios*, *-oi*, ko-no-si-ja *Knōs(s)iā*, *-ai* u. a.). Diese und ähnliche Deutungen hat Ventris in seinem 20. Arbeitsbericht vorgelegt (gemeinsam mit einem Silbengitter der bisher gedeuteten Zeichen) und zugleich die Hypothese ausgesprochen, daß sowohl die pylischen als auch die knossischen LB-Texte in griechischer Sprache verfaßt worden sind. Auf diesem Silbengitter beruht das Gitter vom November 1952, das als Abb. 26 auf S. 58 abgedruckt ist.

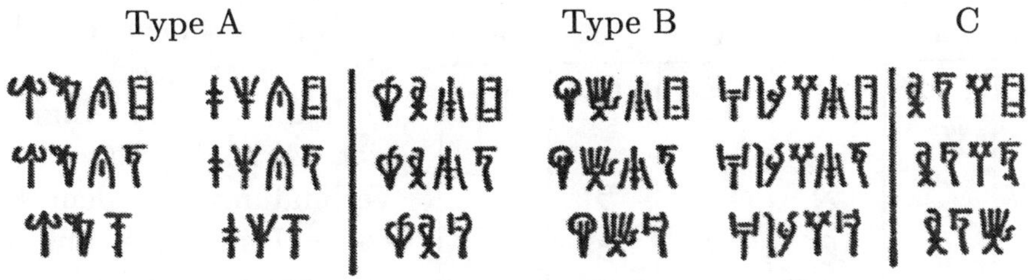

rukitija	paitija	turisija	konosija	aminisija	rijonija
rukitijo	paitijo	turisijo	konosijo	aminisijo	rijonijo
rukito	paito	turiso	konoso	aminiso	rijono

Abb. 24. Triaden von *Alice E. Kober* (nach *Docs.*[2] 1973, S. 16).

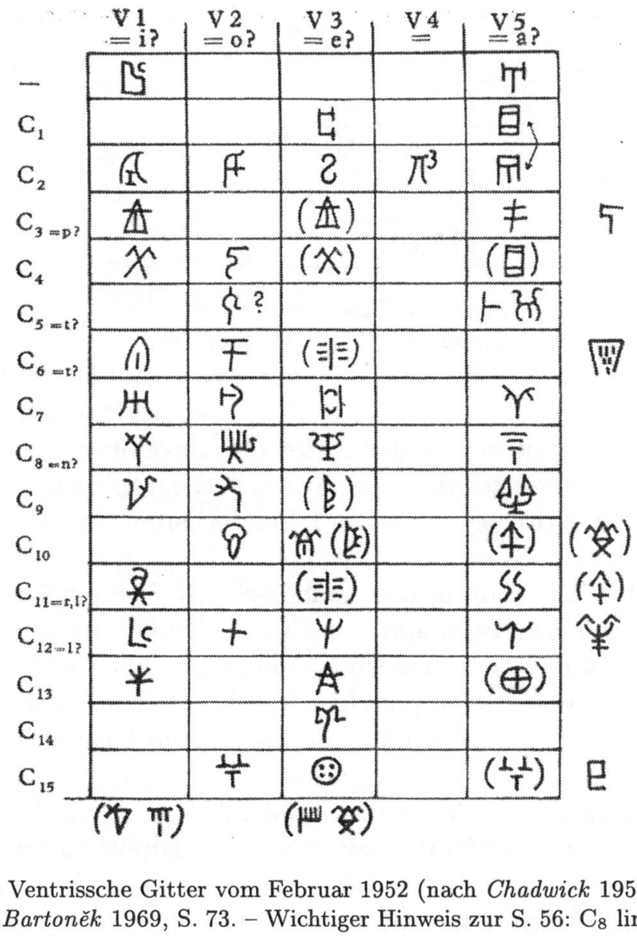

Abb. 25. Das Ventrissche Gitter vom Februar 1952 (nach *Chadwick* 1957, S. 61); rekonstruiert: vgl. *Bartoněk* 1969, S. 73. – Wichtiger Hinweis zur S. 56: C_8 links=Nr. 30=NI, V_5 oben=Nr. 8=A

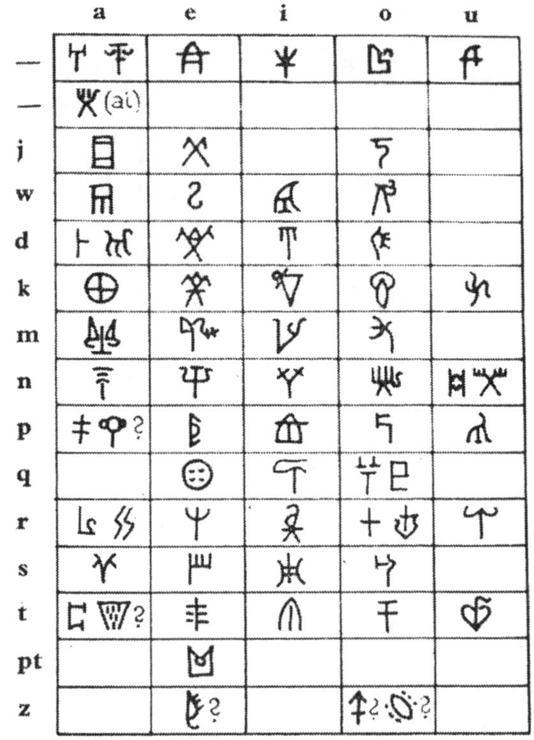

Abb. 26. Gitter vom November 1952 nach der Entziffferung (s. *Ventris - Chadwick* 1953); rekonstruiert: vgl. *Bartoněk* 1969, S. 81.

Nun nahmen die Ereignisse einen recht raschen Verlauf. Anfang Juni 1952 trat *Michael Ventris* in enge Verbindung mit dem klassischen Philologen aus Cambridge, *John Chadwick*; im August stellte er eine Liste von 533 LB-Wörtern zusammen, für die von ihnen einleuchtende griechische Entsprechungen vorgebracht werden konnten, im Spätherbst beendeten beide Forscher ihre Arbeit am bahnbrechenden Artikel, der ein Jahr später unter dem Titel „Evidence for Greek Dialect in the Mycenaean Archives" im *Journal of Hellenic Studies* 73, 1953, 84–103, erschien. In diesem Artikel befinden sich nicht nur das neueste Gitter mit 65 sicheren und 7 weniger sicheren syllabischen Werten der 88 damals anerkannten Zeichen (vgl. das Gitter vom November 1952 in der Abb. 26 auf S. 58), sondern auch die sogenannten orthographischen Regeln, wie man die ermittelten orthographischen Besonderheiten der Linear B-Schrift nennt.

Was bei der Anwendung des Ventrisschen Silbenschlüssels aus den LB-Dokumenten hervorkam, war jedoch ein ziemlich deformiertes Griechisch, nicht unähnlich den Transliterationen der klassischen kyprischen Texte. Die einzelnen orthographischen Regeln werden wir im V. Kapitel eingehend erläutern, hier sollen nur die wichtigsten Grundregeln erwähnt werden:

Lange und kurze Vokale werden nicht unterschieden; das zweite Diphthongelement wird gewöhnlich nur bei den *u*-Diphthongen bezeichnet; bei den meisten Okklusivlauten wird nicht zwischen den stimmhaften, stimmlosen und aspirierten Lauten unterschieden; nur bei den Dentalen wird das stimmhafte *d* vom stimmlosen *t* einerseits und vom aspirierten *th*

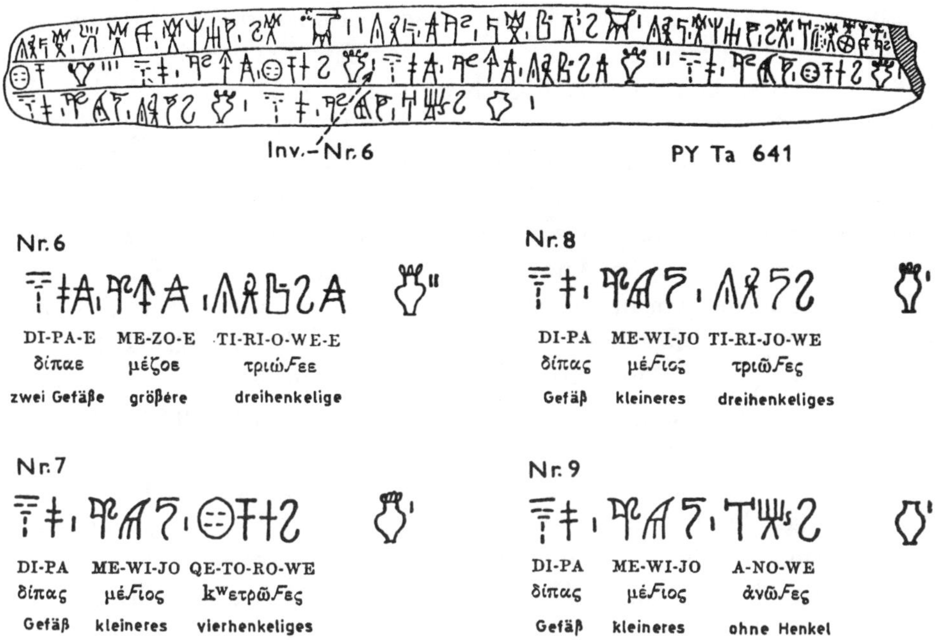

Abb. 27. Pylos: Das „Dreifuß-Täfelchen“ Ta 641 und die Inventarposten Nr. 6–9.

andererseits unterschieden; zwischen *r* und *l* wird nicht gesondert; Doppelkonsonanten werden einfach geschrieben; vor Konsonanten werden weder Liquiden noch Nasale, noch *s* geschrieben; die auslautenden Konsonanten *n*, *r*, *s* bleiben unbezeichnet; jeder vor einem anderen Konsonanten stehende Okklusivlaut wird gewöhnlich durch dasjenige Silbenzeichen ausgedrückt, das den Vokal der nachstehenden Silbe enthält.

Ein an diese Regeln gebundenes Schriftsystem war freilich außerstande, alle griechischen Konsonantengruppen schriftlich festzuhalten, und konnte auch dem griechischen Vokal- und Diphthongreichtum nicht hinlänglich Rechnung tragen, so daß einzelne mit Hilfe des Ventrisschen Schlüssels transliterierte Wörter der LB-Texte sehr oft mehrere mögliche Interpretationen zulassen. Es war daher auf eine mit Recht ziemlich skeptische Reaktion von seiten der übrigen Forscher zu rechnen. Ehe jedoch eine ernsthafte Kritik laut werden konnte, kam dem Entzifferer unerwartet ein sehr günstiger äußerer Faktor zugute, nämlich die Interpretation der inzwischen berühmt gewordenen pylischen Tafel Ta 641. Dieses im Jahre 1952 mit anderen pylischen LB-Tafeln von Blegen gefundene Dokument wurde von seinem Entdecker erst im Frühjahr 1953 zum erstenmal gelesen (*C. W. Blegen* 1953), d. h. zu einem Zeitpunkt, als die obengenannte grundlegende Arbeit von Ventris und Chadwick über die Entzifferung von LB bereits im Druck war, so daß der Text der Tafel bei der Zusammenstellung des Ventrisschen Silbenschlüssels im Herbst 1952 noch nicht berücksichtigt werden konnte.

In drei Zeilen des Dokuments befinden sich insgesamt neun Inventarposten (s. Abb. 27 auf S. 59). Fast alle davon werden mit irgendeinem Ideogramm abgeschlossen, dessen piktographische Züge oder zumindest begleitende Zahlzeichen bei Anwendung der Ventrisschen Entzifferung mit einigen Angaben im vorausgehenden Silbentext im Einklang stehen. Zum Beispiel Posten 1: Im Silbentext stoßen wir auf den Ausdruck ti-ri-pode (= griech. τρίποδε [Dual begleitet von zwei Strichen]). Posten 2: Dem Ausdruck ti-ri-po (vgl. τρίπο(υ)ς [Sing.]) entspricht am Schluß des Postens das Dreifuß-Ideogramm mit einem Strich. Posten 5: Hinter dem Silbentext di-pa me-zo-e[37] **qe-to-ro-we** (= *dipas* [vgl. hom. δέπας] „Becher" *medzos* [vgl. μέζον „größer"] k^w*etrōw(w)es* „vierohrig") steht das Ideogramm eines **vier**henkligen Gefäßes mit einem Strich. Posten 6: di-pa-e me-zo-e **ti-ri-o-we-e** (= *dipa(h)e* [< **dipase*] *medzo(h)e triōw(w)e(h)e* [Dual!]) und das **drei**henklige Gefäß mit zwei Strichen. Posten 7: di-pa me-wi-jo **qe-to-ro-we** (*dipas mew(i)jos* [vgl. μεῖον „kleiner"] k^w*etrōw(w)es* [Sing.]) und das **vier**henklige Gefäß mit einem Strich. Posten 8: di-pa me-wi-jo **ti-ri-jo-we** (*dipas mew(i)jos triōw(w)es* [Sing.!]) und das **drei**henklige Gefäß mit einem Strich. Posten 9: di-pa me-wi-jo **a-no-we** (*dipas mew(i)jos anōw(w)es*) und das henkellose Gefäß mit einem Strich.

Die Entdeckung dieses Textes war ohne Zweifel von großem Einfluß auf das weitere Schicksal der Ventrisschen Lösung. Ein großer Teil der Sprachforscher, Archäologen und Historiker hat Ventris' Ergebnisse gleich nach ihrer Veröffentlichung schnell akzeptiert, ja sie sogar überhaupt zum Ausgangspunkt ihrer weiteren Forschungen gemacht. So begann sich sehr bald eine Reihe von Sprachforschern um die Ausfüllung der Lücken in Ventris' Silbenzeicheninterpretationen zu bemühen (Ventris und Chadwick haben, wie gesagt, nur bei 65 der von ihnen damals anerkannten 88 Zeichen ihre Silbenwerte bestimmt und weitere 7 noch als unsicher hingestellt). Dabei wurden einige bereits vorgeschlagene Interpretationen berichtigt oder zumindest präzisiert und ein Teil der Ventrisschen orthographischen Regeln einer Kritik unterzogen. Diesen Forschern gebührt das Verdienst, daß die

---

[37] Die Form me-zo-e ist ein Dual oder Plural; es handelt sich hier offensichtlich um einen Schreibfehler für me-zo *medzos*. Die Formen me-zo, me-wi-jo/me-u-jo bevorzugt man als *medzŏ̄s*, *mew(i)jŏ̄s* zu lesen; vgl. die klaren *s*-stämmigen Formen me-zo-a$_2$ *medzoha* bzw. me-u-jo-a$_2$ *mewjoha*. Nominative auf *-ŏ̄n* wie später im alphabetischen Griechisch sind jedoch für das Mykenische nicht völlig auszuschließen.

Silbeninterpretation heute bei ca. 73 Zeichen als sicher angesehen werden kann (s. Abb. 28 auf S. 61 /die ersten 8 Spalten/).

Die meisten Forscher gaben sich jedoch nicht mit diesen Erfolgen zufrieden und versuchten unermüdlich — nach dem Vorbild von Ventris' und Chadwicks „Evidence" — auf Grund der festgesetzten Silbenwerte weitere Einzelwörter, komplexe Texte, ja sogar ganze Textgruppen zu interpretieren. Das Ergebnis dieser Arbeit waren teils Glossare der LB-Wörter, teils Detailanalysen ausgewählter Texte, begleitet oft von allgemeinen Schlußfolgerungen über Sprache, Gesellschaft und Kultur der mykenischen Zeit, teils verschiedene Spezialstudien, die sich mit eben diesen Fragen befaßten.

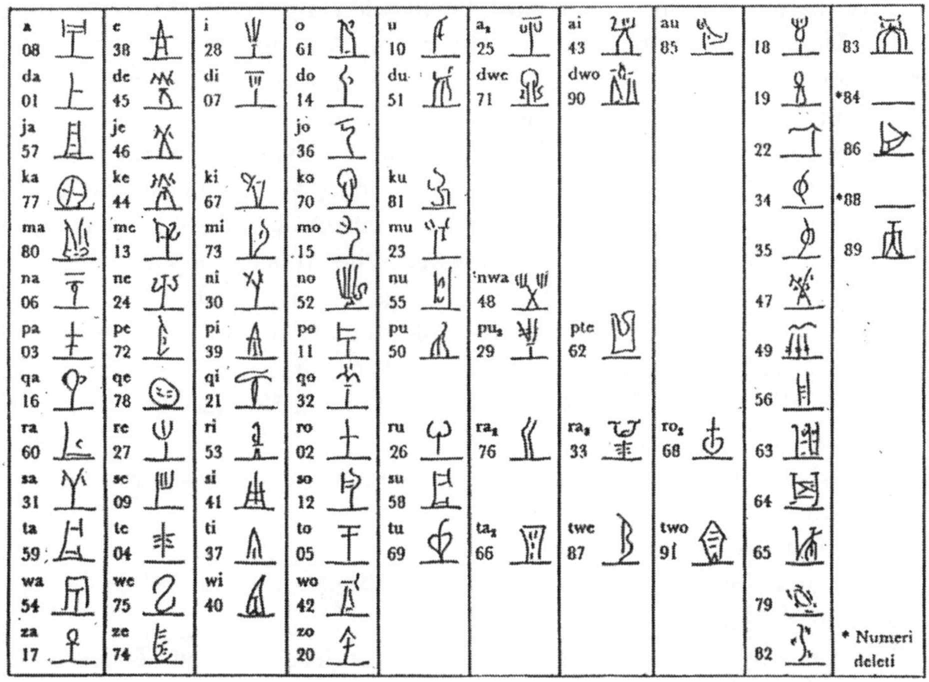

Abb. 28. Das offizielle Syllabar (nach *Acta Mycenaea*, 1972, vol. I, S. XVIII.)

Diese Tätigkeit erreichte ihren ersten Höhepunkt im Jahre 1956 mit der Herausgabe eines umfangreichen Werkes über die LB-Schrift durch die beiden englischen Pioniere: *M. Ventris* und *J. Chadwick*, Documents in Mycenaean Greek, Cambridge 1956 (mit einer Auswahl von 300 Texten).

Durch gemeinsame Arbeit gelang es den Wissenschaftlern, schon im Laufe der ersten drei Jahre nach der Veröffentlichung von Ventris' und Chadwicks „Evidence" große Erfolge in der Erforschung der LB-Texte zu erzielen, die es ermöglichten, im April 1956 die erste mykenologische

Sonderkonferenz, Colloque International sur les textes mycéniens, nach Gif-sur-Yvette bei Paris einzuberufen, an der noch M. Ventris selbst teilnehmen konnte. (Kurz darauf ist er in England im Alter von 34 Jahren einem Autounfall zum Opfer gefallen.) Diese Konferenz hat die Ansichten einzelner Forscher über Detailfragen einander beträchtlich angenähert und Beschlüsse gefaßt, durch welche eine Koordinierung der Weiterentwicklung der mykenologischen Forschungen herbeigeführt wurde.

C. Die Kontroverse

Diese bemerkenswerte Aktivität hatte allerdings auch ihre negativen Seiten. Manche Forscher, die ihre Fähigkeit, die mykenischen Sprachdenkmäler zu deuten, sehr hoch einschätzten, haben es oft gewagt, ihren Scharfsinn an den LB-Texten ohne angemessene Vorsicht zu versuchen, und so haben sie verschiedenste Wort- und Textinterpretationen vorgelegt, die nicht selten auf ziemlich unsicherem Boden standen. Dieses anfängliche Nebenprodukt der Mykenologie hat offensichtlich dazu beigetragen, daß um die Mitte der 50er Jahre einige kritische Aufsätze erschienen sind, in denen die Ventrissche Entzifferung in Frage gestellt wurde.

Die wichtigsten kritischen Stimmen bildeten drei Forscher — der schottische klassische Philologe *A. J. Beattie* (1956) und zwei Deutsche, der Orientalist *W. Eilers* (1957) und der Fachmann im Bereich der ägäischen Schriften *E. Grumach* (1957).

Die Kritik, die diese Gelehrten an der Ventrisschen Entzifferung geübt haben, betraf

1. die Entzifferungsmethode,
2. die orthographischen Regeln für die Wiedergabe des Mykenischen durch Linear B und
3. die konkreten Interpretationen, insbesondere in ihrem Zusammenhang mit den im Text vorhandenen Ideogrammen.

Die einzelnen Argumente der Kritiker konnte man mit folgenden Gegenargumenten beantworten:

Ad 1. Was die Entzifferungsmethode anbelangt, wiesen die Kritiker auf eine gewisse Subjektivität und einige innere Diskrepanzen in bezug auf das Ventrissche Verfahren hin, obwohl es ihnen nicht gelang, einen angreifbaren und grundlegenden Fehler in der logischen Verkettung der Ventrisschen Ausführungen zu entdecken. Doch auch prinzipiell läßt sich der Vorwurf eines subjektiven Verfahrens bei der Entzifferung unbekannter Schriften vom Linear B-Typus kaum als hinreichend ernstes Argument gegen die

Resultate der Ventrisschen Entzifferung ansehen; solange keine Bilingue gefunden ist, wird jeder Versuch, eine solche Schrift zu entziffern, in seinen Anfängen auf der Empirie und mithin auf einer Art methodisch apriorischer Präsumption beruhen müssen. Es liegt also nahe, daß die einzige objektive Möglichkeit nachzuweisen, daß Ventris' Entzifferung falsch war, in einer nochmaligen Entzifferung der Linear B-Schrift bestünde, durch die es einem Forscher gelänge, ein völlig neues Syllabar aufzustellen, und zwar von solcher Art, daß es zumindest die gleiche Menge positiver Resultate wie das Ventrissche Syllabar liefern würde.

Ad 2. Der zweite Komplex kritischer Einwände bezog sich auf Ventris' orthographische Regeln, wobei in diesem Zusammenhang besonders auf die klassische kyprische Schrift und auf die dortige vollkommenere Ausnutzung des silbischen Schriftsystems zum Fixieren der griechischen Sprache hingewiesen wurde. Doch die Forderung nach einer konsequenten Entsprechung von mykenischen und kyprischen orthographischen Regeln hätte nur dann einen Sinn, wenn wir besser wüßten, wie die kyprischen Schreiber das Griechische *am Ausgang* des 2. Jahrtausends v. Chr. wiedergegeben haben (die einzige aus dem 2. Jahrtausend stammende Inschrift aus Paphos ist zu kurz, vgl. S. 44). Die kyprischen Schreiber des 1. Jahrtausends konnten nämlich bereits ihre silbische Schreibweise der damaligen alphabetischen Fixierung des Griechischen in den übrigen Landschaften der griechischen Welt gegenüberstellen und danach vervollständigen, insbesondere im Hinblick auf die Zahl der zu fixierenden Konsonanten.

Der wichtigste Unterschied zwischen der LB- und der klassischen kyprischen Orthographie war nämlich, wie schon auf S. 46 angedeutet, der Umstand, daß in der KK-Schrift nicht mehr *die Zahl* der wahrgenommenen *Vokale* (und *eo ipso* der Silben) eines Wortes, wie es in der Linear B-Schrift noch im Prinzip der Fall war, sondern die *Zahl der Konsonanten* zur eigentlichen Grundlage für die Bestimmung der Zeichenanzahl eines Wortes geworden ist. Dabei dürften zur genügenden Verständlichkeit der so geschriebenen LB-Texte — trotz beträchtlicher äußerer Entstellung — vor allem das individuelle Gedächtnis sowie die mechanische Gewöhnung der Schreiber und in den folgenden Generationen auch die eingebürgerte Tradition beigetragen haben. Somit könnte für die Schreiber der mykenischen Texte beispielsweise die LB-Form ka-ko eine ebenso verständliche schriftliche Wiedergabe von χαλκός „Erz“ darstellen, wie später auf Zypern das dort zu erwartende (aber zufälligerweise nicht belegte) *ka-la-ko-se. Daß sich hinter dem mykenischen ka-ko auch das Adjektiv κακός „schlecht“ verbergen konnte, bildete für die Verständlichkeit offensichtlich kein Hindernis, denn zu einer richtigen Identifizierung eines jeden LB-Wortes trug immer der Kontext mit seinem starr formelhaften Charakter bei.

Die Mängel der Ventrisschen orthographischen Regeln darf man übrigens nicht überschätzen. *A. Heubeck* (1966) hat zwar berechnet, daß z. B. der LB-Ausdruck pa-te theoretisch nicht weniger als 2352 Deutungsmöglichkeiten beinhaltet, und bei längeren Wörtern könnten sich Hunderttausende, bzw. Millionen von Deutungsmöglichkeiten ergeben. Aber wie *Heubeck* selbst gezeigt hat, sobald es einmal als sicher gilt, es verberge sich

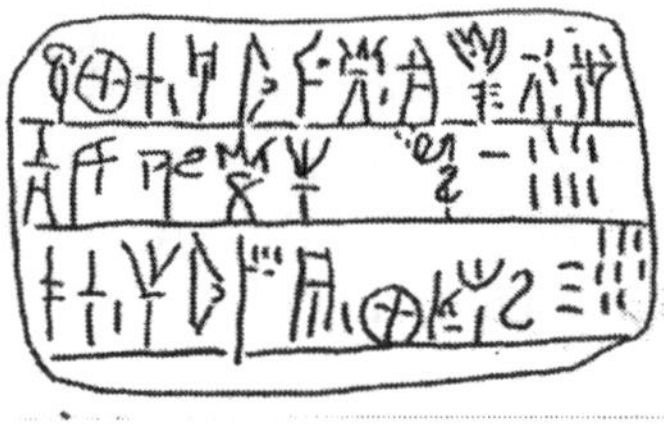

.1 ko-ka-ro , a-pe-do-ke , e-ra$_3$-wo , to-so
.2 e-u-me-de-i OLE+*WE* 18
.3 pa-ro , i-pe-se-wa , ka-ra-re-we 38
.4 *vacat*

Abb. 29. Pylos: Das „Eumedes-Täfelchen“ Gn bzw. Fr 1184 (nach *Bennett* 1955, S. 111, und *PTT* I, 1973, S. 155).

ein griechischer Dialekt in den LB-Texten, so kann man das obenerwähnte pa-te im Prinzip entweder als *pantes* „alle“ oder als *patēr* „Vater“ deuten, wobei das erstgenannte Wort als Summenwort am Ende der Inventarverzeichnisse zu finden ist (z. B. in der Verbindung to-so pa-te *tos(s)oi pantes* „alle zusammen“), während man auf der Tafel PY An 607, wo sich in der Nähe von pa-te auch das Wort ma-te befindet, zweifellos eher die Deutung *patēr* (neben *mātēr* „Mutter“) bevorzugen darf. Und je länger das LB-Wort ist, desto eindeutiger scheint in der griechischen Sprache dessen Interpretation — trotz der wachsenden Zahl der theoretisch möglichen Deutungen. Das mykenische a-re-ka-sa-da-ra (MY V 659) kann man nur als *Aleksandrā* verstehen, besonders wenn man in demselben Text auch tu-ka-te *thugatēr* „Tochter“ und te-o-do-ra *The(h)odōrā* findet; oder einen aus fünf Wörtern bestehenden Satz wie ko-ka-ro a-pe-do-ke e-ra$_3$-wo to-so e-u-me-de-i versteht man ganz gut — trotz aller orthographischen Besonderheiten der LB-Schrift — als *Kōkalos apedōke elaiwon tos(s)on E(h)umēde(h)i* „Kokalos gab so viel Öl dem Eumedes ab“ (PY Fr 1184; s. Abb. 29 auf S. 64).

Ad 3. Die Kritik konkreter Interpretationen, die aus dem Ventrisschen Entzifferungsversuch hervorgegangen sind, betraf vor allem die sogenannten Doppelschreibungen, d. h. den Umstand, daß nach der Meinung von Ventris in den Linear B-Dokumenten die Ideogramme des öfteren als bildliche Wiederholung bzw. Zusammenfassung des syllabischen Textes zu betrachten sind oder umgekehrt. Besonders Grumach und Eilers, beeinflußt vor allem durch das offenkundige Fehlen orientalischer Parallelen, namentlich aus Mesopotamien, schlossen die Möglichkeit aus, daß z. B. die abgebildeten Gefäße auf dem obenerwähnten Blegenschen Täfelchen in irgendeiner Weise bereits im vorhergehenden Text beschrieben sein könnten, und hielten die Linear B-Ideogramme in allen Fällen für nicht redundante, unentbehrliche Elemente des Textes, nicht also für eine Art Parallele zum syllabischen Text. Mit Recht wurde allerdings von *F. Schachermeyr* und anderen Forschern darauf hingewiesen, daß solche Doppelschreibungen grundsätzlich in den Schriften vom Linear B-Typus möglich sind, und der

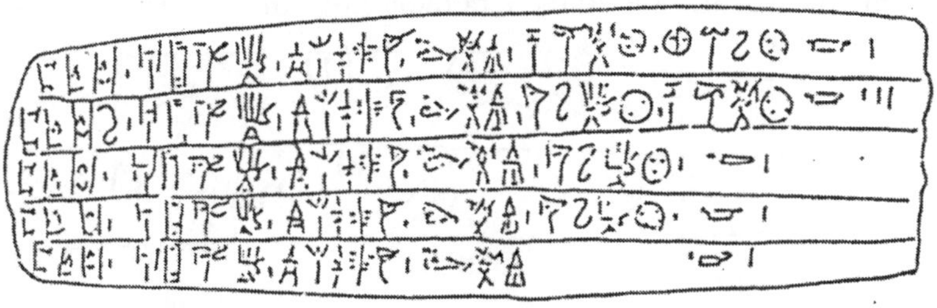

Abb. 30. Pylos: Das Täfelchen Ta 721 mit dem Ideogramm eines Schemels (nach *Bennett* 1955, S. 187, und *PTT* I, 1973, S. 231).

Umstand, daß sie auf den mesopotamischen Tafeln nicht vorkommen, noch kein Argument gegen die Möglichkeit ihres Vorhandenseins auf ähnlichen Täfelchen in der Ägäis darstellt, insbesondere da die allgemeine Kenntnis der Schrift im ägäischen Raum zweifellos auf einer bei weitem niedrigeren Stufe stand.

Zum Unterschied von *Grumach* und *Eilers* konzentrierte sich *Beattie* in seiner Kritik der konkreten Interpretationen von Linear B-Texten unter anderem auf die Frage des möglichen Einflusses des Blegenschen Täfelchens mit Dreifüßen und Gefäßen auf die endgültige Gestalt des Ventrisschen Syllabars und ging soweit, daß er Ventris vorsätzlicher Täuschung bezichtigte. Nach *Beattie* sei der Text dieses Täfelchens noch vor dem Erscheinen des letzten, d. h. des 20. Arbeitsberichts von Ventris, in dem er die Entzifferung zum erstenmal verkündet hatte, in die Hände von Ventris geraten, und auf Grund dieses Textes habe dieser noch im letzten Moment sein Syllabar geändert.

Diese Vermutung von *Beattie* wurde allerdings ziemlich bald besonders von *F. Schachermeyr* (1959) auf Grund der im Zusammenhang mit der Entdeckung des Blegenschen Täfelchens feststellbaren Tatsachen als völlig unbegründet zurückgewiesen. Vor allem ist aber entscheidend, daß sich diesem Text inzwischen mehrere Dokumente ähnlicher Art beigesellt haben, die neue Argumente zugunsten der Richtigkeit der Ventrisschen Entzifferung gebracht haben.

Man hat bis heute Dutzende von Texten gefunden, die Ventris im Jahre 1952 noch nicht gekannt hatte und in denen wir direkte Beziehungen zwischen den Ideogrammen und dem nach dem Ventrisschen Schlüssel entzifferten Silbentext feststellen können. Man kann z. B. das pylische Täfelchen Ta 721 (s. Abb. 30 auf S. 65) anführen, auf dem man nach dem Ventrisschen Schlüssel viermal die Zeichengruppe ta-ra-nu, d. h. *thrānus*, das homerische ϑρῆνυς „Schemel", liest, und am Ende der betreffenden Zeile immer die Abbildung eines Schemels mit einem Strich findet. Lediglich in

Ca 895 + *fr.* I3

.1 i-qo EQU^{f} 5 EQU^{m} 4 po-ro EQU[

.2 o-no EQU^{f} 3 po-ro EQU 2 EQU^{m} 4 [

Abb. 31. Knossisches Täfelchen (KN Ca 895) mit Pferdeköpfen (nach *CoMIK* I, 1986).

der zweiten Zeile der Tafel findet man die Zeichengruppe ta-ra-nu-we, d. h. eine Dual- oder Pluralform, und erwartungsgemäß wird auch das betreffende Ideogramm, das am Ende dieser Zeile steht, von drei Strichen begleitet. Diese beiden Formen kommen auch auf einigen anderen pylischen Tafeln vor, wobei die Form ta-ra-nu-we *thrānue(s)* (Dual bzw. Plural) immer mit einem Zahlzeichen, das größer als eins ist, in Verbindung steht, während dies bei ta-ra-nu niemals der Fall ist.

Weitere Übereinstimmungen derselben Art finden sich auf Abb. 31, S. 66. Besondere Aufmerksamkeit verdient hier das knossische Täfelchen Ca 895, dessen rechter Teil mit dem bereits auf S. 51 erwähnten Fragment identisch ist, das *A. J. Evans* am Anfang dieses Jahrhunderts ganz unbewußt richtig gedeutet hat, indem er das dort zweimal auftretende Silbenpaar als *pōlos* „Fohlen" gelesen hat. Seitdem *J. Chadwick* das linke Fragment im Depositum des Museums von Iraklion im Jahre 1958 entdeckt hat, weiß man, daß sich auf dieser Tafel neben sechs eingeritzten Pferdeköpfen vier mykenische Wörter befinden, und zwar zweimal po-ro

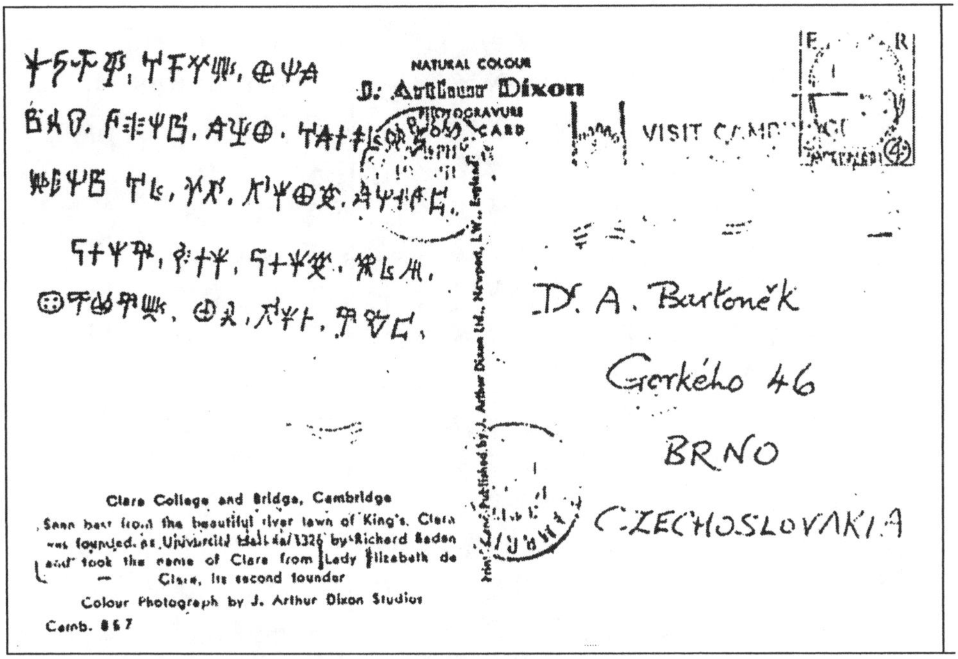

Abb. 32. Ansichtskarte aus Cambridge. Text in der LB-Schrift: I-jo-a_2-ne A-to-ni-no ka-re-e | o-ri-ko u-te-re-o e-ne-ka a-e-ro-pa-ra-no-jo | no-pe-re-o a-ra sa-wo wo-i-ka-de e-re-ro-u-ta | po-ro-i-me do-ro-i po-ro-i-de ke-ra-si | qe-qi-ma-me-no ka-ri wo-i-da me-ki-ta.
Deutsch: „John dem Antonin, sei gegrüßt! | Etwas später bin ich wegen der Flugzeugpanne, | doch gesund, nach Hause gekommen. | Mit vielen Ehrengaben, mit vielen Geschenken | gewürdigt, äußere ich meinen besten Dank.“

= *pōlos* „Fohlen“, einmal i-qo = $(h)ik^{(w)}k^{w}os$ „Pferd“ und einmal o-no = *onos* „Esel“. So gehört diese Tafel zu den treffendsten Argumenten für die Richtigkeit der Ventrisschen Entzifferung.

Man kann allerdings heute ohne große Schwierigkeiten auch die Mehrzahl derjenigen LB-Texte deuten, wo dem LB-Ideogramm keine syllabische Zeichengruppe im vorangehenden syllabischen Text entspricht. Zu einer richtigen Deutung leisten nämlich auch die syntaktischen Strukturen der Inschriften eine beträchtliche Hilfe. So ist z. B. auf den Tontafeln der Serie E (über den pylischen Bodenbesitz) die grammatisch-morphologische Analyse der Texte mit der syntaktischen Struktur des Satzes eng verknüpft: die LB-Wörter wie po-me, po-me-no, po-me-ne entsprechen hier sowohl syntaktisch als auch inhaltlich den Kasusformen eines Nominativs (*poimēn*), Genitivs (*poimenos*) bzw. Dativs (*poimenei*).

Daß die Linear B-Schrift in den von Ventris formulierten Orthographieregeln auch heute noch zur verständlichen Kommunikation dienen kann,

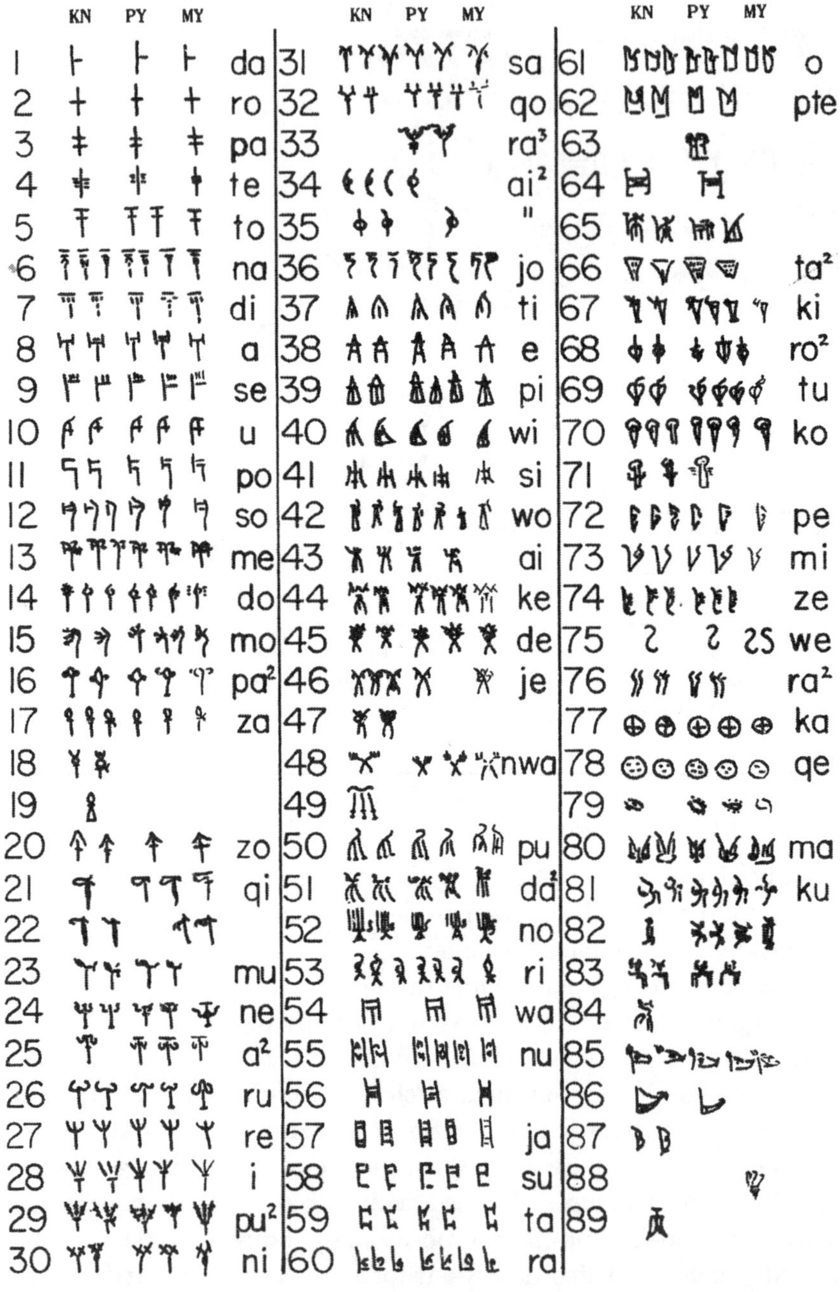

Abb. 33. LB-Syllabogramme (zur Abb. 32), von *Bennett* nach ihrer graphischen Gestaltung geordnet und von den Entzifferern mit Lautwerten versehen (vgl. *Bennett* 1955, S. 201). Das offizielle Syllabar ist auf S. 61 abgedruckt.

zeigen vereinzelte Versuche, diese Schrift für aktuelle Mitteilungen zu verwenden. Als Beispiel kann eine Ansichtskarte dienen, die *J. Chadwick* nach seiner Rückkehr vom Brünner Mykenologischen Symposium im Jahr 1966 dem Autor dieses Handbuchs geschickt hat (vgl. Abb. 32 auf S. 67).

Sekundäres Ergebnis der von 1956 bis 1960 andauernden Kontroverse war eine vorsichtigere Betrachtungsweise der sprachlichen Erscheinungen des Mykenischen. Allmählich verlagerte sich der Schwerpunkt der kritischen Auseinandersetzungen von der Interpretation einzelner Ausdrücke zu einer mehr globalen Bearbeitung breiterer Problemkreise und zur Untersuchung und Klassifizierung größerer Textkomplexe, wobei immer mehr die spezifischen in der klassischen Philologie seit langem bewährten Methoden angewandt wurden. Zugleich hat man versucht, die mykenischen Daten, sowohl sprachlicher als auch inhaltlicher Art, in breitere Zusammenhänge zu bringen, und zwar nicht nur in räumlicher, sondern auch in zeitlicher Dimension. Auf diese Weise ist die Mykenologie rasch zu einer selbständigen Disziplin geworden, die imstande war, sowohl eine neue Brücke vom Griechentum zu den orientalischen Kulturen zu schlagen, als auch die frühgriechische Geschichte bis tief in das 2. Jahrtausend v. Chr. hinein zurückzuverfolgen. Besonders seit dem Anfang der 70er Jahre beobachtet man in der Mykenologie Bemühungen um ein umfassendes Herantreten an die altägäische Welt. Dieses Bestreben betrifft fast alle Gebiete des neuen wissenschaftlichen Faches, was aus den folgenden Kapiteln dieses Handbuchs ersichtlich sein wird (eine ausführliche Bibliographie folgt dann auf den S. 621ff.).

Die Neuerscheinungen zu weiterem Lesen
(Kap. III)

Zu der LB-Entzifferung s. *A. Sacconi*, Work-Notes on Minoan Language Research and Other Unedited Papers, Roma 1988 (die Ausgabe der „Work-Notes“ von *M. Ventris*) und *A. Sacconi* 1996a (kursorische Geschichte der mykenischen Philologie).

IV. Die LB-Dokumente

A. Die Fundorte

Die Linear B-Texte wurden, wie schon in der Tabelle auf S. 30 angedeutet, in 16 verschiedenen Lokalitäten entdeckt, und zwar:

- auf der Insel **Kreta** in *Knossos* und *Mallia* (Mittelkreta), *Armeni* (westliches Mittelkreta), *Khania* (Westkreta, das alte Kydonia) und *Mamelouko* (bei Khania),
- auf dem **Peloponnes** in *Pylos* (Messenien), *Mykene*, *Tiryns*, *Midea* (Argolis) und *Olympia* (Elis),
- in **Mittelgriechenland** in *Eleusis* (Attika), *Theben*, *Orkhomenos*, *Gla* (Böotien), *Kreusis* (an der böotischen Küste des Korinthischen Meerbusens) und *Medeon* (Phokis).

Die Mehrzahl der bisher publizierten Texte kommt auf **Tontäfelchen** (bzw. Tonetiketten und Tonklümpchen) vor (ca. 5730), die übrigen etwa 170 Inschriften sind auf **Tonvasenscherben**, eine auf einem Elfenbeinsiegel, eine andere auf einem Kieselstein entdeckt worden.

Die **Tontäfelchen** (sowie die Tonetiketten und Tonklümpchen) stammen aus mehr oder weniger erhaltenen **Palastarchiven**, aus *Knossos* (4149)[38], *Pylos* (1087), *Theben* (393)[39], *Mykene* (73), *Tiryns* (24) und *Khania* (5), die beschrifteten **Vasenscherben** aus fast allen obengenannten Lokalitäten: die meisten Vaseninschriften kommen aus *Theben* (71), *Tiryns* (44), *Khania* (28) und *Mykene* (12), vereinzelte Vasenscherbeninschriften wurden in *Knossos* (4)[40], *Mallia* (3), bzw. in *Armeni, Mamelouko, Pylos, Midea, Eleusis, Orkhomenos, Gla* und *Kreusis* (je 1 Beleg) gefunden. Ein beschriftetes Tonsiegel stammt aus *Midea*, ein LB-Elfenbeinsiegel aus *Medeon*, und ein einzigartiges Dokument — ein Kieselstein mit etwa 10 LB-Zeichen — ist jüngst in *Olympia* entdeckt worden.

Die Tontafeltexte werden gewöhnlich nach den Fundorten getrennt herausgegeben. Diejenigen von Knossos (einschließlich der meisten im Jahre

---

[38] Nach *CoMIK* IV (1998), 243-247. Dagegen ist bei *E. Štaralová* in deren Dissertation Brno 1996, S. 41, die Rede von über 4360 Inschriften, da damals noch viele später durch *CoMIK* IV publik gemachte „joins" nicht berücksichtigt werden konnten. Vgl. auch *A. Bartoněk* 1983b. Die bei *E. Štaralová* 1996 angeführten (und weiter unten übernommenen) Prozentsätze gelten im großen und ganzen auch für die heutigen Verhältnisse, einschließlich der in *CoMIK* III und IV publizierten Funde und „joins". S. die Tabelle auf S. 79.

[39] Die Zahl aller Belege aus Theben ist z. Z. wenigstens auf 464 gestiegen.

[40] *J.-P. Olivier* 1994, S. 158, Anm. 7.

1983f. im Depositum von Iraklion entdeckten über 3000 sehr kurzen und teilweise zeichenlosen Tontafelfragmente), Khania, Pylos, Mykene, Tiryns und Theben hat man verhältnismäßig vollständig in speziellen Monographien publiziert; viele neuere Funde wurden jedoch nur in Zeitschriften herausgegeben, diejenigen aus Theben, Odos Pelopidou, sind bereits veröffentlicht worden. Fast alle auf den Vasenscherben entdeckten Inschriften sind gemeinsam in speziellen Publikationen herausgegeben worden.

Es folgen die wichtigsten Editionen, nach den einzelnen Lokalitäten geordnet (nicht alle sind in der Bibliographie auf S. 639 ff. erwähnt):

Knossos: *J.T. Killen – J.-P. Olivier*, The Knossos Tablets[5] (=*KT*[5]), Salamanca 1989. *J. Chadwick – L. Godart – J.T. Killen – J.-P. Olivier – A. Sacconi – J.A. Sakellarakis*, Corpus of Mycenaean Inscriptions from Knossos, Vol. I-V (= *CoMIK* I-V), Cambridge – Roma 1986, 1990, 1995, 1998, 1999. — Vgl. auch die Aufsätze von *L. Godart – J.-P. Olivier*, SMEA 15, 1972, 33-49, *L. Godart – J.-P. Olivier*, Minos 13, 1972, 113-129, *L. Godart – J.-P. Olivier*, BCH 97, 1973, 5-22, und weiter *J.T. Killen*, New Readings in the Linear B Tablets from Knossos, Kadmos 24, 1985, 26-33, *L. Godart – J.T. Killen – C. Kopaka – J.-P. Olivier*, 43 raccords... dans *CoMIK* I, BCH 110, 1986, 21-39, *J. Driessen – L. Godart – J.T. Killen – C. Kopaka – J.L. Melena – J.-P. Olivier – M. Perna*, 107 raccords... dans *CoMIK* I et II, BCH 112, 1988, 59-82, *E.L. Bennett* et alii, 436 raccords... dans KT 5, Minos 24, 1989, 199-242; *L. Godart* et alii, 501 raccords... post-KT 5, Minos 25-26, 1990-91, 373-411, *J.L. Melena* et alii, 55 raccords... de Cnossos, Minos 25-26, 1990-1991, 413-417, *J.-P. Olivier – J.T. Killen*, Errata et Corrigenda à KT[5] au 04/09/90, in: Mykenaïka = Actes du IX coll. myc., Athènes 1990 (Paris 1992), 457-459, *L. Godart* et alii, 175 raccords... dans les tablettes de Knossos, Minos 27-28, 1992-93, 55-70, *D. Evely* et alii, New Fragments of Linear B Tablets from Knossos, Kadmos 33, 1994, 10-21, *J.L. Melena*, 71 raccords... dans les tablettes de Knossos..., in: Floreant Studia Mycenaea = Akten des X. Int. Myk. Coll. Salzburg 1995 (Wien 1999), II, 369-375.

Khania: *E. Hallager – M. Vlasakis – B.P. Hallager*, The First Linear B Tablets from Khania, Kadmos 29, 1990, 24-34, *L. Godart – Y.*

Tzedakis, Les nouveaux textes en linéaire B de La Canée, RFIC 119, 1991, 129-149, *E. Hallager - M. Vlasakis - B.P. Hallager*, New Linear B Tablets from Khania, Kadmos 31, 1992, 61-87.
— Vor allem jedoch *L. Godart - Y. Tzedakis*, Témoignages archéologiques et épigraphiques en Crète occidentale du Néolithique au Minoen Récent III B, Roma 1992, besonders S. 179-194.

Pylos: *E.L. Bennett, Jr. - J.-P. Olivier*, The Pylos Tablets Transcribed I-II (= *PTT* I-II), Roma 1973, 1976.
— Vgl. auch *E.L. Bennett*, The Pylos Tablets, Princeton 1955 (mit Faksimiles), weiter auch *M. Lang*, AJA 62-69 (1957-1964), auf verschiedenen Seiten, sowie *J.L. Melena*, 167 joins... from Pylos, bzw. *J.L. Melena*, 244 joins... from Pylos, Minos 27-28, 1992-1993, 71-82, bzw. 307-324, *J.L. Melena*, 28 joins..., bzw. *J.L. Melena*, 133 joins..., Minos 29-30, 1994-1995, 95-100, bzw. 271-288, *C.W. Shelmerdine - J. Bennet*, Two New Linear B Documents... from Pylos, Kadmos 34, 1995, 123-136, *J.-P. Olivier*, Die beschrifteten Tonplomben, in *I. Pini* (Hrg.), Die Tonplomben aus dem Nestorpalast von Pylos, Mainz 1997, *W. Müller - J.-P. Olivier - I. Pini*, Die Tonplomben aus Mykene, in: Arch. Anz. 1998, 5-55 (vor allem *J.-P. Olivier*, S. 13-17).

Mykene: *J.-P. Olivier*, The Mycenae Tablets IV, Leiden 1969; *A. Sacconi*, Corpus delle iscrizioni in lineare B di Micene (= *Sacconi, Iscr. Micene*), Roma 1974.
— Vor allem jedoch *J.L. Melena - J.-P. Olivier, TITHEMY*, The Tablets and Nodules in Linear B from Tiryns, Thebes and Mycenae, Suplementos a Minos 12, Salamanca 1991.

Theben: *L. Godart - A. Sacconi*, Les tablettes en linéaire B de Thèbes (= *Godart-Sacconi, Tabl. Thèbes*), Roma 1978.
— Vor allem jedoch *J.L. Melena - J.-P. Olivier, TITHEMY* (s. *Mykene*) und *A. Aravantinos - L. Godart - A. Sacconi*, Thèbes, Fouilles de la Cadmée I, Pisa - Roma 2002.
— Vgl. auch *J. Chadwick*, Minos 10, 1970, 115-135, weiter *Th. Spyropoulos - J. Chadwick*, Suplementos a Minos 4, Salamanca 1975, sowie *V. Aravantinos*, in: Tractata Mycenaea, Skopje

1987, 13-27, bzw. in: Studies presented to J. Chadwick (= Minos 20-22), Salamanca 1987, 33-40, *C. Piteros - J.-P. Olivier - J.L. Melena*, BCH 114, 1990, 103-184.
— Über die neuesten Funde aus Theben haben berichtet vor allem: *V. Aravantinos - L. Godart - A. Sacconi*, Sui nuovi testi del palazzo di Cadmo a Tebe – Note preliminari, Rendiconti Mor. Acc. Lincei, ser. 9, v. 6, 1995, 809-845, *L. Godart - A. Sacconi*, La triade tebana nei documenti in lineare B del palazzo di Cadmo, Rend. Mor. Acc. Lincei, s. 9, v. 7, 1996, 283-285, *V. Aravantinos*, Mycenaean Texts and Contexts at Thebes: The Discovery of New Linear B Archives on the Kadmeia, in: Floreant Studia Mycenaea 1999, 45-102, *L. Godart - A. Sacconi*, Les dieux thébains dans les archives mycéniennes, CRAI 1996, 99-113, bzw. Les archives de Thèbes et le monde mycénien, CRAI 1997:3 (1998), 889-906.

Tiryns: *L. Godart - J.-P. Olivier*, Archaiologika analekta ex Athēnōn, T. 1, 1974, 25-26, *U. Naumann - L. Godart - J.-P. Olivier*, BCH 101, 1977, 229-234, *L. Godart - J.T. Killen - J.-P. Olivier*, Arch. Anz. 1979, 450-458, bzw. 1983, 413-426; *J.-P. Olivier*, Arch. Anz. 1988, 253-268.
— Vor allem jedoch *J.L. Melena - J.-P. Olivier, TITHEMY* (s. *Mykene*).

Vaseninschriften: *J. Raison*, Les vases à inscriptions peintes de l' âge mycénien et leur contexte archéologique, Rome 1968.
— Vor allem jedoch *A. Sacconi*, Corpus delle iscrizioni vascolari in lineare B (= *Sacconi, Iscr. vascolari*), Roma 1974.
— Vgl. auch *A. Farnoux - J. Driessen*, Inscriptions peintes en linéaire B à Mallia, BCH 115, 1991, 71-97.
— Für Knossos siehe *J.-P. Olivier* 1994, 158, Anm. 7, bzw. 1999.

Andere Fundorte: — Für *Kafkania (Olympia)*: *P. Arapogyiannis - J. Rambach - L. Godart*, The Mycenaean inscription from Kafkania, Praktika tēs Akadēmias Athēnōn, 1995, 251-254, *L. Godart*, Un' iscrizione in lineare B dell' XVII secolo a. C. ad Olimpia, Rend. Mor. Acc. Lincei, ser. 9, v. 6, 1995, 445-447, *A. Horváth*,

Mycenaea, Acta Antiqua Acad. Sc. Hungaricae 37, 1996/97, 79-88.

— Für *Midea*: *K. Demakopoulou - N. Divari-Valakou*, Minos 27-28, 1992-1993, 303-305, bzw. Minos 29-30, 1994-1995, 323-328.

— Für *Medeon*: s. *J.-P. Olivier* 1999.

Die Täfelchen sind größtenteils in bestimmten Räumen der Paläste entdeckt worden, die offensichtlich wirtschaftlichen Zwecken gedient hatten. Nach *J.-P. Olivier*, passim, dürfte es in den Palästen vier Typen von Tontafelaufbewahrungsplätzen gegeben haben:

a) Magazine und Werkstätten (kleinere Gruppen von Täfelchen mit Einzelbuchungen, von einer oder wenigen Personen geschrieben).

b) Spezialisierte Büros für einzelne Wirtschaftsbranchen, z. B. für Wolle und Textilien (umfangreiche Serien von Täfelchen, von mehreren Schreibern geschrieben).

c) Nichtspezialisierte Großbüros (große Komplexe von Dokumenten ohne klare Spezialisierung, von vielen Schreiberhänden stammend: hierher gehören zwei örtlich getrennte Tontafelkomplexe in Knossos, und zwar vom „Raum der Streitwagen“ [südwestlicher Teil des Palastes] und einem Raum beim nördlichen Eingang).

d) Ein Zentralarchiv, bisher nur in Pylos bezeugt, wo zum Unterschied von den Großbüros von Knossos die Dokumente nur aufbewahrt und nicht geschrieben wurden. Nach *J.-P. Olivier* dürften die Dokumente des entsprechenden knossischen Zentralarchivs auf brennbarem Material aufgeschrieben gewesen und deswegen verlorengegangen sein.[41]

B. Die Entstehungszeit der Dokumente

Was die Chronologie der LB-Tontafelfunde betrifft, pflegte man am Anfang die Tontafeltexte — nach der traditionellen Auffassung der 50er Jahre (vgl. oben S. 27ff.) — chronologisch wie folgt zu ordnen: Knossos um 1400 bzw. 1380 (*M. Popham*) oder sogar 1350 (*M.S.F. Hood*), Theben um 1260 bzw. 1230-1200, Mykene um 1230, Pylos und Tiryns um 1200 v. Chr. Die festländischen Funde wurden also für wesentlich jünger als die knossischen betrachtet. Von den zwei erwähnten thebanischen Chronologien wird heute eher die niedrigere bevorzugt (das ausgehende 13. Jahrhundert). Die etwas frühere zeitliche Ansetzung der Tontafeln aus Mykene ist dadurch gegeben, daß sie größtenteils aus Gebäuden außerhalb der Mauern

[41] Vgl. auch *J. Chadwick* 1976 und *J.-P. Olivier - Th. Palaima* 1988.

des mykenischen Palastes stammen, die bereits irgendwann um das Jahr 1230 vernichtet worden sind. Eine gewisse Schwankung nach oben kann man bei einigen Autoren in bezug auf die Tontafelfunde aus Pylos und Tiryns feststellen. Die heutige Chronologie der festländischen Tontafeltexte bewegt sich aber im allgemeinen zwischen den Jahren 1230 und 1200.

Lediglich die Chronologie der knossischen Tafeln ist in beträchtlichem Maße in Frage gestellt worden und gilt noch immer — wenigstens bei einigen Gelehrten — als umstritten.

Schon im Jahre 1960 hat *L.R. Palmer* auf Grund einiger Unstimmigkeiten zwischen den Ausgrabungsberichten von *A.J. Evans* und dem Tagebuch von dessen Assistenten *D. Mackenzie* die Ansicht ausgesprochen, das knossische Linear B-Archiv stamme erst aus dem Ende des 13. Jahrhunderts v. Chr. (wie im Prinzip alle festländischen LB-Tontafelarchive), und nicht aus der Zeit um das Jahr 1400, wie man auf Grund der Evansschen Chronologie vermutet hatte. Die daraus entstandene leidenschaftliche Kontroverse, in deren Verlauf Palmer mehrmals auch darauf aufmerksam gemacht hatte, daß die knossischen Tontafeltexte sowohl sprachlich als auch epigraphisch allen übrigen LB-Belegen äußerst ähnlich sind, schien im Jahre 1963 praktisch mit Palmers Niederlage beendet zu sein (vgl. vor allem *L.R. Palmer - J. Boardman* 1963).

Doch Palmer selbst hat seine Kritik der Evansschen Auffassung nie völlig aufgegeben, und am Anfang der 80er Jahre erfreute sich seine Hypothese einer zunehmenden Unterstützung von seiten verschiedener Forscher — sowohl mehrerer Archäologen (*E. Hallager* 1978, *W.-D. Niemeier* 1982) und Historiker (*St. Hiller* 1977), als auch einiger Linguisten (*A. Heubeck* 1982). Die erwähnten Archäologen haben wichtige stratigraphische Untersuchungen unternommen, auf deren Grundlage sie glaubten, die alte Evanssche Datierung widerlegen zu können. Die Diskussion dauert heute noch an, und die Positionen haben sich auf beiden Seiten teilweise so verfestigt, daß ein Kompromiß kaum in Sicht erscheint.

Obwohl der Verfasser dieses Handbuchs der traditionellen Auffassung näher steht, scheinen ihm die Argumente der Kritiker doch so schwerwiegend, daß es ihm lohnend erscheint, über die Folgen nachzudenken, die sich aus der eventuellen späteren Datierung des knossischen Tontafelarchivs ergeben würden, falls sich Palmers Auffassung als überzeugend durchsetzen sollte.

Ohne Zweifel würde bei der späteren Datierung eine beträchtliche zeitliche Lücke zwischen der letzten größeren Gruppe der sicheren LA-Belege (LA-Tontafeln aus Agia Triada aus der Zeit um 1470/50 v. Chr.) und dem in einem solchen Fall äußerst späten chronologischen Horizont der LB-

Tontafelarchive aus dem ausgehenden 13. Jahrhundert entstehen. Dieses Intervall scheint allerdings heutzutage sowohl von oben als auch von unten her etwas eingeengt werden zu können.

Auf der einen Seite machen sich die Anzeichen eines Überlebens der LA-Schrift auch nach der Zeitperiode von 1470/50 bemerkbar. Wenigstens eine beschriftete Linear A-Vasenscherbe aus Knossos (KN Zb 40) stammt erst aus der Periode SM II (d. h. im Prinzip aus der 2. Hälfte des 15. Jahrhunderts)[42]; besonders stark erscheint jedoch die Überlebenskraft der Linear A-Schrift im Lichte einiger interessanter späterer Inschriften linearer Prägung, wie z. B.:

1. Ein zweisyllabisches Wort des Linear A-Typs auf einem Steinobjekt aus Agios Stephanos in Lakonien aus dem 14./13. Jh.; s. *R. Janko* 1982.

2. Nichtalphabetische Graffiti auf Steinblöcken aus Dreros in Ostkreta (im 2. Weltkrieg verlorengegangen, wahrscheinlich als Baumaterial verwendet); s. *Y. Duhoux* 1982.

3. Zwei bis drei vermutliche Schriftzeichen auf einer böotischen Schale aus der 2. Hälfte des 5. Jh. (Museum in Larissa), s. *H. Biesantz* 1958.

4. Drei zusätzlich hinzugefügte Zeichen des Linear A-Typs am Schluß einer um das Jahr 300 v. Chr. alphabetisch geschriebenen, aber offensichtlich nichtgriechischen Inschrift, angeblich aus Psychro in Ostkreta (vgl. Anm. 33 auf S. 37: *Sp. Marinatos* 1958, *R.R. Stieglitz* 1976, *R. Brown* 1978, *Y. Duhoux* 1982, *A. Bartoněk* 1993c).

Auf der anderen Seite gibt es jedoch auch wichtige Anzeichen einer recht frühen Existenz der Linear B-Schrift:

1. Wenigstens einige mit LB-Schrift beschriftete Vasenscherben — die teils auf Kreta, teils auf dem helladischen Festland gefunden worden sind, wobei sie dort des öfteren als kretische Importe gelten — kann man mit hoher Wahrscheinlichkeit in die 1. Hälfte des 13. Jhs., wenn nicht bereits in die 2. Hälfte des 14. Jhs. v. Chr. datieren.

2. Eine der beschrifteten knossischen Vasenscherben (KN Z 1715) stammt sicher aus der 2. Hälfte des 14. Jh., doch gerade diese aus drei linearen Zeichen bestehende Inschrift weist nur ein Zeichen auf, das in anderen LB-Texten vorkommt, während die zwei übrigen weder dem LA- noch dem LB-Schriftsystem mit voller Sicherheit zuzuweisen sind.[43]

3. Vor allem scheint die Inschrift auf dem Kieselstein von Olympia von hohem Alter zu sein; sie dürfte bereits aus dem ausgehenden 17. Jh. stammen (s. *L. Godart* 1995).

---

[42] Vgl. *J.-P. Olivier* 1994; 1999.

[43] Vgl. *J.-P. Olivier* 1994, S. 158, Anm. 7 (und auch 1999).

Man könnte sich also den spätminoischen Übergang vom LA- zum LB-Schriftsystem etwa folgendermaßen vorstellen: In der Zeitperiode 1470/50 v. Chr. kam es auf Kreta zu einer fast allgemeinen Zerstörung der minoischen Kulturzentren (mit Ausnahme von Knossos), und zwar entweder durch eine Naturkatastrophe oder durch ein nicht näher identifizierbares Ereignis — vielleicht einen Machtkampf, bei dem die mykenischen Achäer vom helladischen Festland eine wichtige Rolle gespielt haben dürften. Aus der SM II-Periode (d. h. etwa 1400 v. Chr.) ist nämlich auf Kreta ein neuer Grabtypus bezeugt, der an die Präsenz festländischer Söldner denken läßt; der knossische Palast dürfte allerdings damals noch unter minoischer Herrschaft geblieben sein. Aus dieser Zeit gäbe es auf der Insel sehr wenige verläßliche schriftliche Funde: die übrigen Zentren lägen in Trümmern, während man sich in Knossos vielleicht anstatt der Tontafeln eines anderen, brennbaren Schreibmaterials bedient hätte. Es ist bemerkenswert, daß man in Knossos aus der ganzen mit der LA-Schrift eng verbundenen hochminoischen Kulturzeitspanne zwischen etwa 1650 und 1400/1380 v. Chr. bisher über nicht mehr als 6 LA-Tontafelfragmente und 7 weitere Tonobjekte der Serie W (Tonsiegel u. a.) verfügt (vgl. die Tabelle auf S. 19).

Erst nach der Übernahme des knossischen Palastes am Ende von SM III A1, d. h. um das Jahr 1380 (bzw. 1350?), dürften die Achäer die minoische Stadt Knossos endgültig unter ihre Herrschaft gebracht, den Palast teilweise wieder aufgebaut und darin das Hauptzentrum der nun von ihnen beherrschten Insel Kreta errichtet haben. Erst danach hätte man in Knossos beginnen können, sich der LB-Schrift zu bedienen, sei es nun gerade hier gewesen, wo man die ältere LA-Schrift den Bedürfnissen der griechischen Sprache anpaßte, oder sei es eher so, daß die Linear B-Schrift bereits früher in den festländischen Palästen verwendet worden war und nun auch von der achäischen Palastadministration in Knossos übernommen wurde — was man z. Z. für wahrscheinlicher hält.

Die Mehrzahl der Forscher bevorzugt in diesem Zusammenhang heute noch immer die „höhere“ Evanssche Chronologie für die knossischen Tontafeln — wenn auch mit einer gewissen Herabsetzung von deren Alter auf das Ende der SM III A1-Periode (d. h. auf das Jahr 1380 bzw. 1350), wogegen sich die ursprüngliche Evanssche Chronologie auf das Ende der SM II-Periode bezog (1410/1400). Die radikale Palmersche Herabsetzung *aller* vorhandenen, sowohl vom helladischen Festland als auch von der Insel Kreta stammenden LB-Tontafeldokumente auf das ausgehende 13. Jahrhundert (d. h. auf den chronologischen Horizont der festländischen

LB-Tontafeltexte) gehört zwar in das akzeptable Spektrum des Möglichen, doch repräsentiert sie eine jetzt weniger vertretene Ansicht.

Man muß jedenfalls betonen — auch wenn man von den knossischen LB-*Tontäfelchen* wegen deren von Palmer in Frage gestellter Chronologie absieht —, daß es eine Anzahl *anderer* LB-Texte gibt, die wahrscheinlich älter als das Ende des 13. Jahrhunderts sind. Zu diesen gehört nicht nur die obenerwähnte etwas problematische knossische Vaseninschrift Z 1715 aus der 2. Hälfte des 14. Jahrhunderts,[44] sondern auch die beschrifteten Vasenscherben aus Theben, die höchstwahrscheinlich aus der 1. Hälfte des 13. Jahrhunderts stammen — falls sie nicht, wie oben gesagt, bereits ins ausgehende 14. Jahrhundert gehören. Auch die meisten der anderen Vaseninschriften stammen möglicherweise aus der 1. Hälfte des 13. Jahrhunderts, wie man dies aus der Entwicklung des spätmykenischen Handels schließen darf.

In jedem Fall umfassen also die vorhandenen LB-Texte (mit Ausnahme der Kieselinschrift von Olympia)[45] die Zeitspanne von mindestens einem Jahrhundert (ca. 1300–1200) — auch für diejenigen, die die Palmersche Chronologie der knossischen Tontafeldokumente akzeptieren; die meisten Forscher rechnen allerdings noch immer mit einem beträchtlich längeren Zeitraum von ca. 150 bis 180 Jahren (zwischen 1380/1350 und 1200 v. Chr.) — wobei die Entstehung der LB-Schrift selbst offensichtlich recht weit vor das Jahr 1400 v. Chr. zurückreicht, möglicherweise bis in die Zeit der erwähnten Kieselinschrift.[46]

Dem obenerwähnten Zeitraum von 150 bis 180 Jahren für die bezeugte Existenz der LB-Tontafeltexte und LB-Vaseninschriften entspricht auch die neue Hypothese von *J. Driessen* (1991, zuletzt 2000), der auf Grund einer neuen Auswertung der Ausgrabungen in Knossos zum Schluß gekommen ist, daß, einerseits die im „Raum der Streitwagen“ gefundenen Tontafeln aus der Zeit um 1375 v. Chr. stammen, andererseits alle anderen knossischen Tontafeldokumente um fast ein Jahrhundert jünger gewesen sein dürften (um 1275). Man muß die Ergebnisse der noch andauernden Diskussionen über diese zeitliche Differenz abwarten, ehe man zu einem befriedigenden Schluß, bzw. Kompromiß im Bereich der Chronologie der auf uns gekommenen Tontafeldokumente von Knossos gelangen könnte.

---

[44] Vgl. Anm. 43 auf S. 76.

[45] Vgl. S. 30.

[46] Die von *L. Godart* 1995 vorgeschlagene Chronologie des Kieselsteins von Olympia (das ausgehende 17. Jh.) scheint gesichert zu sein, der griechische Charakter des Textes ist dagegen nicht sicher (*J. Chadwick* 1995, mündlich).

C. Der äußere Charakter der Texte

Das Verhältnis zwischen der Gesamtsumme der einzelnen in den LB-Belegen enthaltenen LB-Zeichen (nach *J.-P. Olivier* handelte es sich damals um 57 398 Zeichen; in den heute zur Verfügung stehenden LB-Texten (ohne diejenigen, die bereits vor kurzem in *Thèbes* veröffentlicht wurden) muß man mit etwa ± 62 000 Zeicheneinheiten rechnen)[47] und der Zahl der publizierten LB-Inschriften (ca. 5870; s. die Tabelle auf S. 30) ergibt im Durchschnitt nur ca. 10-11 Zeichen pro Inschrift; dies bedeutet — weil es sich um eine syllabische Schrift (mit beigefügten piktographischen Ideogrammen) handelt — lediglich etwa 5 bis 7 Wörter in einer Inschrift. Dabei existieren allerdings beträchtliche Unterschiede im Umfang der aus verschiedenen Fundorten stammenden Dokumente; vgl. *A. Bartoněk* 1983 und jüngst die folgende Tabelle von *E. Štaralová* 1996, 86[48]:

Im Text gibt es:	Knossos (KN)	Pylos (PY)	Mykene (MY)	Theben (TH)	Tiryns (TI)	Khania (KH)	Vasen-scherben	Summe
A weniger als 2 syll. Zeichen	1412 (32,4 %)	134 (12,3 %)	4 (5,5 %)	26 (26,3 %)	12 (44,4 %)	1 (25,0 %)	73 (43,0 %)	1662 (28,5 %)
B 2-4 syll./id. Zeichen	1378 (31,6 %)	206 (19,0 %)	11 (15,0 %)	23 (23,2 %)	8 (29,6 %)	0 (0,0 %)	84 (49,4 %)	1710 (29,4 %)
C 5-9 syll./id. Zeichen	896 (20,6 %)	199 (18,3 %)	23 (31,5 %)	31 (31,3 %)	5 (18,6 %)	1 (25,0 %)	8 (4,7 %)	1163 (20,0 %)
D 10-24 syll./id. Zeichen	580 (13,3 %)	329 (30,3 %)	19 (26,0 %)	16 (16,2 %)	1 (3,7 %)	2 (50,0 %)	5 (2,9 %)	952 (16,4 %)
E 25-49 syll./id. Zeichen	74 (1,7 %)	112 (10,3 %)	8 (11,0 %)	3 (3,0 %)	1 (3,7 %)	0 (0,0 %)	0 (0,0 %)	198 (3,4 %)
F 50-99 syll./id. Zeichen	15 (0,3 %)	51 (4,7 %)	7 (9,6 %)	0 (0,0 %)	0 (0,0 %)	0 (0,0 %)	0 (0,0 %)	73 (1,3 %)
G 100-249 syll./id. Zeichen	4 (0,1 %)	49 (4,5 %)	1 (1,4 %)	0 (0,0 %)	0 (0,0 %)	0 (0,0 %)	0 (0,0 %)	54 (0,9 %)
H wenigstens 250 syll./id. Zeichen	1 (0,0 %)	7 (0,6 %)	0 (0,0 %)	0 (0,0 %)	0 (0,0 %)	0 (0,0 %)	0 (0,0 %)	8 (0,1 %)
Insgesamt	4360	1087	73	99	27	4	170	5820

Die Linear B-Texte (mit Ausnahme von *Thèbes* 2002) kann man vom quantitativen Standpunkt aus folgenderweise klassifizieren.

[47] Seit *J.-P. Olivier* hat sich die Zahl wegen neuer Funde und neuer „joins" vergrößert; eine korrigierte Zusammenzählung wurde nicht unternommen.

[48] Siehe auch Anm. 38 auf S. 70.

1. Etwa 28 % der Linear B-Texte sind so kurz, daß sie weniger als zwei völlig lesbare syllabische Zeichen umfassen, d. h. sie entbehren jeden sprachlichen oder inhaltlichen Werts. Etwa 29,6 % weitere Texte enthalten nicht mehr als 4 syllabische, bzw. ideographische Zeichen, d. h. hier werden lediglich ein oder zwei mykenische Wörter wiedergegeben. Dies bedeutet, daß nur 42,4 % der LB-Texte eine längere Inschrift von wenigstens 5 Zeichen bieten.

2. Die kürzesten und zugleich auch am meisten fragmentarischen Texte kommen auf Tontäfelchen von Tiryns und Vasenscherben aus allen Fundstätten vor: 44,4 %, bzw. 42,3 % der betreffenden Inschriften enthalten weniger als 2 völlig lesbare Zeichen; danach folgen die Tontafelinschriften aus Knossos (31,7 %), Theben (26,3 %), Khania (25,0 %), Pylos (12,9 %) und Mykene (5,5 %).

3. Die längsten Inschriften stammen aus Pylos. Von den 62 LB-Inschriften mit wenigstens 100 Zeichen sind 56 in Pylos, 5 in Knossos und 1 in Mykene gefunden worden; von den 8 Inschriften mit wenigstens 250 Zeichen kommen 7 aus Pylos (Eq 613: 407 Zeichen, En 74: 404, Eq 539: 366, Ep 212: 316, Ep 301: 298, En 659: 289, Jn 829: 267) und nur eine aus Knossos (As 1516: 310). Auch die Tontafeltexte aus Mykene sind relativ lang: von den dort gefundenen 73 Inschriften dieser Art besitzen nicht weniger als 35, das sind etwa 48 %, mindestens 10 Zeichen; in Pylos sind es etwa 50,4 %, in Theben jedoch nur 19,2 %, in Knossos 15,5 %, in Tiryns 7,4 % und bei den Vaseninschriften lediglich 2,9 %. Auf der längsten LB-Inschrift, der obenerwähnten Tontafel PY Eq 613, repräsentieren die 407 Zeichen etwa 150 mykenische Wortformen.

Bei der Textanalyse der Tontafeldokumente darf man nie den Umstand außer acht lassen, daß es die Hauptfunktion der Inschriften gewesen ist, wichtige quantitative Daten zu registrieren. Deswegen waren in einem Linear B-Text vor allem die ideographischen Bezeichnungen (d. h. die Bildzeichen der zu registrierenden Personen und Objekte, bzw. die Zahl- und Maßangaben) von primärer, oder wenigstens orientierender Bedeutung. Für die Administration waren auch die syllabisch geschriebenen Eigennamen wichtig, besonders auf größeren Täfelchen oder umfangreichen Tontafelserien — aber auch die appellativischen Substantiva, die manchmal zugleich durch ein Bildideogramm wiedergegeben wurden. Verbalformen kommen dagegen nur selten vor, doch auch sie enthalten manchmal wichtige administrative Aussagen.

Die Täfelchen wurden aus feuchtem Ton modelliert, ihre geglättete Oberfläche noch in nassem Zustand mit einem Stichel beschrieben, und das Ganze danach in der Sonne getrocknet. Eventuelle Textkorrekturen hat man noch vor dem völligen Abschluß des Trocknungsprozesses vorgenommen. Die LB-Täfelchen wurden nie gezielt durch Feuer gebrannt, wie es im Vorderen Orient üblich war. Da der Trocknungsprozeß verhältnismäßig rasch vor sich ging, schrieb man gewöhnlich die anfallenden Daten auf kleine Täfelchen, und erst später, wenn sich mehrere Angaben ähnlicher Art angehäuft hatten, wurden sie von kleineren palmblattähnlichen Täfelchen gemeinsam auf größere, meistens rechteckige Tontafeln übertragen. Am besten sieht man dies am Beispiel der pylischen Texte der E-Serie, wo der pylische Bodenbesitz registriert worden ist (s. S. 87f.). Die Größe der Tafeln war allerdings durch die Brüchigkeit des Materials eingeschränkt, so daß in einigen Fällen ein zu umfangreiches Dokument auf mehrere größere Tontafeln desselben Typs aufgeteilt wurde (vgl. z. B. die fünf O-KA-Tafeln der pylischen Serie An; s. S. 86).

Die Tontafeln waren in geflochtenen Körben aufbewahrt, wie es einige Tontafelfunde der pylischen Wa-Serie bezeugen, auf deren Rückseite Abdrücke der Körbe zu sehen sind; die Körbe wurden offensichtlich in Holzregale gestellt. Die Tontafeltexte betrafen lediglich die ökonomischen Daten des laufenden Jahres. Wichtige Buchungen wurden wohl auf ein dauerhafteres Material übertragen; die nicht mehr benötigten Tafeln wurden wieder befeuchtet, ihre Oberfläche geglättet und für eine neue Benutzung vorbereitet. Als die Paläste durch Kriegsereignisse niederbrannten, fielen die Körbe von den Regalen hinunter, brennbares Material wurde vernichtet, die Tontafeln selbst zersplitterten zwar in viele Fragmente, doch zugleich verhärteten sie sich durch den Brand zu einer festen Masse. Einige Fragmente blieben beisammen, andere wurden bei oder nach der Katastrophe von Tieren, bzw. von Leuten, die in den Trümmern nach Schätzen suchten, verschleppt, und so zerstreuten sich die ursprünglich zusammengehörenden Gruppen von Tafeln in einem breiteren Umkreis.[49]

Die ersten neuzeitlichen Ausgrabungen, besonders diejenigen von Mykene und Tiryns, wurden noch nicht mit der heute üblichen technischen Präzision unternommen, so daß mehrere Tontafelfragmente, die im Laufe

[49] Nach *A. Heubeck* 1966, passim, und *St. Hiller - O. Panagl* 1976, 60ff.; vgl. auch *J.-P. Olivier* 1967, *J. Chadwick* 1976 u. a.

Abb. 34. Linear B-Tafeln aus verschiedenen Fundstätten. 1 – Knossos (nach *Grumach* 1969, Taf. 51); 2ab – Mykene (nach *Sacconi* 1974a, Taf. XXVI); 3 – Pylos (nach *Deroy – Gerard*, Rome 1965, Buchumschlag); 4 – Palmblattafel aus Knossos (nach *Prehistory and Protohistory* 1974, S. 304).

der Jahrhunderte mit dem umliegenden Lehm zu einer recht homogenen Masse verschmolzen waren, möglicherweise von den ersten Ausgräbern gar nicht erkannt und mit dem Schutt weggeworfen wurden. Auf diese Weise erklärt man die Tatsache, daß *H. Schliemann* weder im Areal des Palastes von Mykene noch von Tiryns eine einzige Tontafel gefunden hat, und daß in den 50er Jahren *A.J.B. Wace* (1953) alle seine Tontafelfunde von Mykene lediglich in der mykenischen Vorburg außerhalb der Mauern gemacht hat.

Ein um so größeres Verdienst muß deswegen denjenigen Forschern zuerkannt werden, die sich seit Jahren mit der Wiederzusammensetzung der ursprünglich zusammengehörenden Tontafeln befaßen (*E.L. Bennett, Jr.*,

J. Chadwick, L. Godart, J.T. Killen, J.L. Melena, J.-P. Olivier u. a.). Zu den interessantesten „joins“ dieses Typs gehört das obenerwähnte Pferdekopftäfelchen KN Ca 895 (s. Abb. 31 auf S. 66). Solche „joins“ haben in den letzten vierzig Jahren zur Bereicherung des zur Verfügung stehenden Textbestandes der LB-Dokumente beinahe so viel beigetragen wie die verhältnismäßig spärlichen neupublizierten Tontafelfunde aus derselben Zeitspanne.

Diese Arbeit hat man an den pylischen Tontafeltexten praktisch am Anfang der 90er Jahre zu Ende gebracht (*J.L. Melena* 1992-95ab), während die Bearbeitung der knossischen Tontafelbelege durch den unerwarteten, im Jahre 1983 erfolgten Fund von mehr als 3000 relativ kleinen und daher wenig ergiebigen Fragmenten im Depositum des Museums in Iraklion (vgl. S. 71) beträchtlich verzögert wurde und erst seit kurzem als einigermaßen abgeschlossen betrachtet werden kann (durch *CoMIK* V, 1998). Kleinere Textergänzungen sind durch „joins“ auch in den LB-Texten von Mykene, Theben und Tiryns zustandegekommen.

Von großer Wichtigkeit für eine erfolgreiche Zusammensetzung fragmentarischer Tafeln war die systematische Untersuchung der Schreibertechniken, die vor allem von *J.-P. Olivier* und *Th. Palaima* unternommen wurde. Auf Grund detaillierter Textanalysen hat *J.-P. Olivier* 1967 wenigstens 66 verschiedene Schreiberhände in Knossos und *Th. Palaima* 1988 wenigstens 32 Schreiberhände in Pylos unterschieden; die endgültigen Gesamtzahlen für Knossos[50] und Pylos dürften etwa 100 bzw. 50 Palastschreiber umfassen.

Diese relativ hohen Zahlen deuten in Verbindung mit der Tatsache, daß die erhaltenen Tontafelarchive stets aus dem letzten Jahr der Palastexistenz stammen, an, daß die LB-Vermerke von den einzelnen in den betreffenden Büros der Palastadministration tätigen Beamten geschrieben worden sind. Offensichtlich gab es in der mykenischen sozialökonomischen Struktur keine spezifische Schreiberkaste, wie dies im Vorderen Orient der Fall war. Die Kunst des Schreibens beherrschten wohl mehrere, falls nicht alle Beamten, die in der Palastadministration tätig waren — wenn auch die einzelnen Schreiberhände in völlig unterschiedlichem Maße belegt sind. Doch darf man nicht außer acht lassen, daß nicht einmal in Pylos das ganze für das betreffende Jahr einst bestehende Tontafelarchiv erhalten geblieben ist. Nach den Schätzungen von *J.-P. Olivier* verfügt man nur über etwa 80 %-90 % des ursprünglichen Textbestands.

---

[50] In *CoMIK* IV, 1998, S. 233-241, rechnet man schon mit 86 Händen.

Abb. 35. Linear B-Vaseninschriften aus verschiedenen Fundstätten. 1 – Mykene, H. 43,5 cm (nach *Sacconi* 1974b, Taf. I, MY Z 202); 2ab – Theben, H. 44 cm (nach *Sacconi* 1974b, S. 121, TH Z 839; die Inschrift lautet: ka-u-no o-du-ru-wi-jo wa-na-ka-te-ro, d. h. „Khaunos aus Odrus (?), dem Herrscher gehörend“); 3 – Tiryns, H. des Fragmentes 17 cm (nach *Sacconi* 1974b, Taf. VII. TI Z 27); 4 – Eleusis, H. des ganzen Gefäßes 41 cm (nach *Sacconi* 1974b, Taf. XXI, EL Z 1); 5 – Kydonia Chania (Ostkreta), Br. ca. 5,1 cm (nach *Sacconi* 1974b, Taf. LXII, KH Z 3).

Die LB-Vaseninschriften haben ihre eigenen Besonderheiten. Sie wurden auf der Gefäßoberfläche aufgemalt, nicht eingeritzt, und zwar entweder vor oder nach dem Brennen des keramischen Materials. In zweitem Fall handelt es sich um gelegentlich aufgemalte Zeichen, die normalerweise den Namen des Besitzers wiedergeben. Die Inschriften sind meistens sehr kurz; sie bestehen oft nur aus einem Wort. Nur ausnahmsweise ist der Text länger, z. B. auf mehreren Vasenscherben aus Theben, wo sich häufig eine Dreinamengruppe findet: ein Männername, ein Toponym (oder Adjektivum, das irgendeine Zugehörigkeit bezeichnet, wie z. B. das Wort wa-na-ka-te-ro *wanakteros* „dem Herrscher gehörend") und ein weiterer Männername im Genitiv. Ein ziemlich hoher Prozentsatz von kretischen Toponymen auf den thebanischen Vaseninschriften scheint auf Import kretischer Vasen nach Böotien zu verweisen (s. verschiedene Typen von LB-Texten auf Abb. 35, S. 84).

D. Die inhaltliche Klassifizierung der Texte

Die Bezeichnung der einzelnen LB-Texte beruht auf der Klassifizierung, die *E.L. Bennett* 1951 auf Grund der in den Texten vorkommenden Ideogramme bereits vor der Ventrisschen Entzifferung im Prinzip erstellt hat. Dementsprechend unterscheidet man primär die mit großen Buchstaben bezeichneten Grundserien A bis Z, welche die Zugehörigkeit eines Textes zu einer bestimmten Sachgruppe angeben. Die Grundserien (weiter nur „Serien") sind in den meisten Fällen in mehrere Subserien weiter differenziert, die mit zusätzlichen kleinen Buchstaben bezeichnet werden. Den palmblattförmigen Täfelchen (vor allem aus Pylos und Mykene) wurden die kleinen Buchstaben *a-m*, den hochkantgestellten rechteckigen Tafeln im Seitenformat dagegen die Buchstaben *n-z* zugewiesen, wobei im Rahmen derselben Grundserie bestimmte Minuskeln immer nur einem Fundort zugeordnet sind. Der Fundort wird durch vorangehende Abkürzungen KN, PY, MY, TH, TI, KH usw. angegeben, das konkrete Dokument durch die Inventarnummer identifiziert. In einzelnen Serien, bzw. Subserien, gibt es manchmal eng verwandte Texte, die im Prinzip eine kohärente Textgruppe

(„set“ nach Chadwick) darstellen und vom heutigen Standpunkt aus als ein einziges Dokument angesehen werden dürfen.[51]

Die einzelnen Grundserien **A**-**Z** werden nun kurz charakterisiert.[52]

1. Die (Grund)serien **A** (KN: 215 Täfelchen, PY 213, MY 6, KH 2, TI 3) und **B** (KN 74) betreffen die Registrierung von Personen (Ideogramme Nr. 100 VIR, Nr. 101 MULier); die Serie B weist eine spezifisch knossische Form des Ideogrammes Nr. 100 auf. Viele der Texte dieser Serien, besonders die pylischen, sind von hohem Wert für Schlußfolgerungen über die Struktur der mykenischen Gesellschaft und über die ökonomischen Verhältnisse im Machtbereich der mykenischen Paläste. Es zeigt sich eine gewisse Parallelität zwischen den knossischen Ai/Ak- und den pylischen Aa/Ab/Ad-Subserien (KN 146 : PY 147 Täfelchen, meistens mit dem Ideogramm für „Frau“), die pylischen Texte sind jedoch mit ihrer präzisen Registrierung von Gruppen von Frauen mit Kindern (ko-wo *korwos* „Knabe“, ko-wa *korwā* „Mädchen“) weniger fragmentarisch und instruktiver (s. Abb. 43 auf S. 501). Unter den Dokumenten der pylischen Subserie An, einer wichtigen Subserie mit Männerideogrammen, wo bis zu 433 Personen (Ruderer) auf einem Dokument (An 1) registriert sind, bilden die 5 sogenannten O-KA-Tafeln (mit insgesamt 81 Zeilen) eine kohärente Sondergruppe. Auf ihnen ist die Aufstellung eines für die Küstenverteidigung des pylischen Reiches bestimmten Truppenkontingents in geographischer Folge verzeichnet (Abb. 44 u. 45 auf S. 504ff.).

2. Die knossisch/pylische **C**-Serie (KN 102, PY 50, TI 1) und die knossische **D**-Serie (985 Tafeln) enthalten Herdenverzeichnisse mit einigen wichtigen gegenseitigen Parallelen, doch auch mit mehreren sowohl quantitativen als auch qualitativen Unterschieden. Die Texte betreffen nicht nur Schafe (Ideogramm Nr. 106 OVIs), sondern auch Ziegen (Nr. 107 CAPer), Schweine (Nr. 108 SUS), Rinder (Nr. 109 BOS) sowie Pferde (Nr. 105 EQUus). Die knossischen Tafeln sind den pylischen zahlenmäßig weit überlegen, jedoch kürzer und meistens sehr fragmentarisch. Beide Seriengruppen bieten wertvolle Informationen über verschiedene ökonomische Verhältnisse, und vor allem jene aus Knossos bezeugen einen riesigen

---

51 Siehe *A. Heubeck* 1966, 130ff.

52 Vgl. *St. Hiller* - *O. Panagl* 1976, 101ff., und vor allem *M. Ventris* - *J. Chadwick*, Documents² 1973, S. 151-328, *Y. Duhoux*, DGE², sowie die Chrestomathie in diesem Handbuch auf S. 501ff. Die in *Thèbes* 2002 publizierten Texte sind hier noch nicht klassifiziert. Siehe jedoch *Thèbes* 2002, S. 363–371. Meine statischen Angaben sub D sind etwas veraltet und beziehen sich meistens auf *E. Štaralová* 1996.

Umfang der Schafzucht und der Wollproduktion auf der Insel Kreta (die Zahl der in Knossos registrierten Schafe beträgt insgesamt fast 100.000 Tiere).[53] Einzelregistrierungen findet man in Knossos auf kleineren Tafeln mehrerer Subserien, die Summenangaben befinden sich hauptsächlich auf Inschriften der Subserie Dn. Drei Viertel der knossischen Schafe werden in Zusammenhang mit der Wollproduktion registriert (Ideogramm Nr. 145 LANa). In Pylos scheint die Bedeutung der Schafzucht weit geringer gewesen zu sein; die wichtigste unter den pylischen Texten ist die Subserie Cn. (Siehe z. B. Abb. 47 auf S. 507f.)

3. Die Linear B-Texte der Serie **E**, für die vor allem das Ideogramm Nr. 120 GRAnum „Korn, Getreide, Weizen" charakteristisch ist, kommt weit öfter in Pylos als anderswo vor (PY 212, KN 38, MY 2, TI 2; vgl. jedenfalls auch die Subserie KN Uf sub 16 unten). Dem erwähnten Ideogramm geht in Pylos oft der syllabisch geschriebene Ausdruck to-so pe-mo, d. h. *tos(s)on spermo*, „soviel Samen, Saatgut (an Weizen)" voran, und nach dem Ideogramm folgen dann Zahl- oder Maßzeichen, durch die entweder die Größe oder der Ertrag des bebauten Bodens angegeben wird. Die interessantesten Texte unter diesen Bodenbesitzangaben sind die pylischen Dokumente, die *E.L. Bennett* in die Subserien En/Eo und Ep/Eb eingeteilt hat (s. S. 508ff.). Von diesen enthalten die Subserien Eo und Eb Einzelbuchungen über Bodenbesitz, während sich in den Subserien En und Ep Sammelangaben befinden, in denen die Einzelbuchungen der Subserien Eo/Eb zusammengefaßt worden sind. Allerdings sind auch diese Sammelangaben nur Teile zweier größerer Komplexe, die man lediglich aus technischen Gründen auf mehrere Tontafeln verteilt aufgeschrieben hat.[54]

Man muß also drei Erfassungsstufen der pylischen Administration im Bereich der Bodenbesitzangaben unterscheiden:

I. Stufe: Kleinere, längliche Tontafeln mit Einzelbuchungen, 13 von ihnen in der Subserie Eo mit 1 bis 9 Zeilen, dagegen 96 in der Subserie Eb mit 1 bis 3 Zeilen (vgl. die heutigen Einzelvermerke auf kleineren Zetteln oder Karten).

II. Stufe: Größere Tontafeln im Buchseitenformat, auf denen mehrere zusammenhängende Buchungen zu Sammelangaben summiert wurden, z. B. 4 Tontafeln der Subserie En mit 66 Zeilen oder 6 Tontafeln der Subserie Ep mit insgesamt 76 Zeilen.

---

[53] *J.-P. Olivier* (nach *St. Hiller – O. Panagl* 1976, 133).

[54] Vgl. *J. Chadwick* 1976, 102ff. bzw. *A. Heubeck* 1966, 74ff., *St. Hiller – O. Panagl* 1976, 142ff. u. a.

Die Grundserien der LB-Texte (die Angaben gehen nicht auf Details ein)

Serien	Ideogramme:	Knossos	Pylos	Mykene	Theben	andere
A-, B-:	MANN, FRAU	KN	PY	MY	TH: Av	TI, KH
C-, D-:	SCHAF, ZIEGE, SCHWEIN, RIND, PFERD u. a.	KN	PY			TI
E-:	Bodenbesitzangaben: KORN (Weizen)	KN: Uf	PY			
E-, F-:	Landwirtschaftliche Produkte; Abgaben und rituelle Opfergaben: KORN (Weizen), GERSTE, OLIVEN, ÖL, FEIGEN, WEIN, GEWÜRZE u. a.	KN	PY	MY	TH: Fg, Ft	TI, KH
G-:	GEWÜRZE	KN, bes. KN: Og	PY: Un	MY	TH: Gf, Gp	
J-:	ERZ	KN: Og	PY			
K-:	GEFÄSSE	KN	PY: T-	MY: Ue		
L-:	GEWEBE, WOLLE	KN	PY	MY: Oe	TH: Of	
M-:	Proportionelle Abgaben spezifizierter Warengattungen	KN	PY			
N-:	FLACHS	KN	PY			
O-:	(uneinheitlich: s. auch Og in KN sub G- und J-, Oe in MY sub L-, Of in TH sub L-)	KN	PY	MY	TH	
P-:	(eine äußerst kleine Serie)	KN	PY			
Q-:	Ideogramm Nr. *189		PY			
R-:	LANZE, PFEIL, DOLCH	KN				
S-:	(STREIT)WAGEN, RAD, RÜSTUNG, BRUSTPANZER, ERZBARREN, PFERD u. a.	KN	PY			
T-:	GEFÄSSE, MOBILIAR, FEUERGERÄTE; s. auch Ue in MY sub K- und T- in PY sub K-	KN: K-	PY	MY: Ue		
U-:	(uneinheitlich: LANDWIRTSCHAFTL. PRODUKTE, HAUSTIERE, GEFÄSSE u. a.)	KN	PY	MY	TH: Ug	TI
V-:	Täfelchen ohne Ideogramme	KN	PY	MY		
W-:	Tonstücke mit Siegelabdrücken ohne Ideogramme	KN	PY	MY	TH: Wu	MIDEA
X-:	Nichtklassifizierte Texte	KN	PY	MY	TH	TI
Z-:	Vasenscherbeninschriften	KN	PY	MY	TH	TI, KH u. a.

III. Stufe: Die Gesamtheit eines Bodenbesitzkomplexes auf mehreren Tontafeln der II. Stufe.

In Pylos handelt es sich dabei um zwei Teilkomplexe:

a) Der eine wird durch den Terminus ki-ti-me-na ko-to-na *ktimenā ktoinā* bezeichnet, der etwa als „bebautes Land" (vgl. das homerische νῆσος ἐΰκτιμένη „wohlbebaute Insel") zu verstehen ist. Ob man diesen Bodentyp als „Privatland" interpretieren darf, ist fraglich. Die Idee von *A. Heubeck* 1976, 56, es handle sich um Parzellen kultivierten Landes, scheint der mykenischen Realität näher zu sein.

b) Während eine ki-ti-me-na ko-to-na (oder nur Teile davon) oft von einer bestimmten Person an andere Personen verpachtet wird, bekommen die Inhaber des zweiten Bodentyps, der ke-ke-me-na ko-to-na *kekeimenā ktoinā* heißt, dieses Land meist vom Volk („von der Volksgemeinschaft": pa-ro da-mo *paro dāmōi*). Die Etymologie des Ausdrucks ke-ke-me-na bleibt unsicher, ein Zusammenhang mit κοινός „gemeinsam" ist jedoch möglich, und eine Interpretation wie „Gemeindeland" scheint akzeptabel zu sein. — In beiden Fällen heißt das vergebene Land o-na-to *onāton* „Nutzung, Nutznießung".

Dabei gibt es hier interessante Angaben über die pylische Staatshierarchie (s. S. 512ff.; vgl. Abb. 43).

4. Auf den Tontafeln der Serie **F** werden landwirtschaftliche Produkte mit Ausnahme von Weizen (Serie E) und Gewürzen (Grundserie G) registriert. Es handelt sich um Texte mit den Ideogrammen Nr. 121 HORdeum „Gerste", Nr. 122 OLIva „Olive", Nr. 130 OLEum „Öl", bzw. auch *30 FICus „Feige". Die Mehrzahl der Texte enthält Angaben über die Herstellung oder Zuteilung von Öl (vgl. S. 514ff.). Teilweise handelt es sich um Opfergaben für verschiedene Gottheiten. Die knossischen Dokumente sind fast dreimal mehr als die pylischen (KN 212, PY 75), die wichtigsten Subserien sind Fh, Fp, Fs und F in Knossos (Öl), bzw. Fr (Öl) und Fn (Gerste) in Pylos. Aus Mykene stammen nur zwei vereinzelte Tafeln. Es existiert eine gewisse Verbindung zwischen den Serien F bzw. G, und der pylischen Subserie Un mit Angaben über gemischte Produkte.

5. Die zahlenmäßige knossische Überlegenheit ist noch ausgeprägter in der Serie **G**, wo Gewürzpflanzen bzw. -produkte registriert werden (Ideogramm Nr. 123 AROma „Gewürz", Nr. 124 CYPerus „Zypergras"); gegenüber den 105 Gewürztafeln aus Knossos besitzt man nur 2 in Pylos und 1 in Khania, doch 7 wichtige in Mykene. Die knossischen Texte der Subserien Ga (64 T.), Gg (28 T.) u. a. sind allerdings meistens kurz. Die

im Haus der Sphinge außerhalb des Palastes von Mykene gefundenen Tafeln der Subserie Ge sind viel umfangreicher (die Tafel Ge 603 ist mit ihren 38 Zeilen das längste Dokument aus Mykene). Sie enthalten eine beträchtliche Anzahl von syllabisch geschriebenen Gewürzbezeichnungen, die fast in allen Fällen eine Entsprechung im späteren Griechisch haben, wobei sie oft semitischen Ursprungs sind. Der Serie G scheinen die knossische Subserie Og und teilweise auch die obenerwähnte pylische Subserie Un nahezustehen (vgl. S. 516ff.).

6. Im Gegensatz zu der Serie **G** bleibt die Serie **J**, welche die Erzvorräte behandelt (Ideogramm Nr. 140 AES „Erz", „Bronze"), lediglich auf Pylos beschränkt (nur 30 Tontafeln, jedoch ziemlich umfangreich). Auf diesen werden die in Messenien tätigen Schmiede registriert, was von großer Bedeutung sowohl für die Ökonomie als auch für die Geographie des pylischen Reiches ist (vgl. Abb. 49 auf S. 520). Aus den Tafeln geht zugleich hervor, daß man mit dem Ausdruck qa-si-re-u g^{w}*asileus* (vgl. das klassische βασιλεύς „König") ursprünglich Funktionäre lokaler Bedeutung bezeichnete, die in Verbindung mit der Erzbearbeitung standen. In Knossos gibt es ein paar teils ähnliche, doch meistens sehr kurze Texte weniger ausgeprägten Charakters in der Subserie Og.

7. Die knossische Serie **K** (21 kurze Täfelchen), die durch Ideogramme verschiedener Gefäße gekennzeichnet ist, hat ihre Parallele in der bedeutsamen pylischen Serie T (Ta: 13, Tn: 2), wo Gefäße, Feuergeräte und Mobiliar registriert wurden (hierher gehört auch das berühmte „Blegensche Dreifußtäfelchen" Ta 641; s. die Abb. 27 auf S. 59), und in der kleineren Subserie Ue in Mykene (4 kurze Inschriften). Besonders die erwähnten pylischen Inventarlisten sind von beträchtlicher sowohl sprachlicher als auch inhaltlicher Bedeutung.

8. Bei der Registrierung von Textilprodukten (die **L**-Serie mit den Ideogrammen Nr. 159 TELa „Gewebe", Nr. 145 LANa „Wolle" und einigen anderen) steht Knossos klar im Vordergrund (220 Texte). Wichtig sind in Knossos vor allem die Subserien Lc (mit den Geweben wird auch die Wollmenge verzeichnet) und Ld (mit beschreibenden adjektivischen Angaben). Die meisten Buchungen betreffen offensichtlich Abgaben von Wolle und Textilien aus verschiedenen kleineren Lokalitäten an den knossischen Palast. Man konnte Zusammenhänge zwischen den knossischen Tontafeln dieser Serie und der knossischen Schafserie D feststellen. Es gibt ähnliche Textilbuchungen auch in anderen Palastarchiven, und zwar nicht nur in Pylos (La: 13, sehr fragmentarisch), sondern vor allem in Mykene (Oe: 29

Texte — neben einer Tafel der Serie L) und in Theben (Of: 16 Tafeln); vgl. S 521.

9. Eine enge gegenseitige Parallelität weisen einige Subserien der Serie **M** (KN 35, PY 57) auf. Es handelt sich meistens um proportionale Abgaben einiger nicht spezifizierter Warengattungen, die vor allem bei der pylischen Subserie Ma (18 Tafeln) und der knossischen Mc-Subserie (23 kürzere Texte) an ein mykenisches Steuergesetz denken lassen: in Pylos ist die Rede von 6, in Knossos von 4 Warenprodukten, die in einem bestimmten Mengenverhältnis registriert wurden, wobei die Abgabepflicht nicht immer völlig erfüllt worden war (vgl. S. 521f. und Abb. 50).

10. Zahlenmäßig ausgewogen sind die knossischen und pylischen Bestände der Serie **N** (KN 114 Tafeln, sehr oft fragmentarisch; PY 105 Tafeln), für die meistens das Ideogramm *SA = LINum „Flachs" charakteristisch ist. Auf der umfangreichsten Subserie Na (101 Tafeln) aus Pylos, die auf ähnliche Weise wie die Tafeln der Subserie Ma aufgebaut ist, begegnet man Angaben über die pylische Flachsproduktion; diesen entsprechen die Vermerke der etwas weniger umfangreichen knossischen Subserie Nc (56 Tafeln); vgl. S. 522f.

11. Die Serie **O** ist uneinheitlichen Charakters und besonders in Pylos sehr spärlich belegt (KN 106, PY 3, MY 36, TH 16). Einige Subserien sind durch enge Beziehungen mit Subserien anderer Serien verbunden, und zwar etliche knossische Og-Tafeln mit der pylischen J-Serie (Erzangaben), andere mit der Serie G, die mykenische Oe- (29 Tafeln) und die thebanische Of-Subserie (16 Tafeln) dagegen mit der knossisch-pylischen L-Serie (Textilprodukte). Die restlichen Inschriften der Serie O sind meistens kurz bzw. sehr fragmentarisch. Die längste von ihnen, auf der pylischen Tafel On 300, bietet allerdings wieder interessante Angaben über die Topographie des pylischen Reiches. Die mykenische Subserie Oi (7 Tafeln), die durch das bisher noch nicht identifizierte Ideogramm Nr. 190 charakterisiert wird, steht mit der bedeutenden weiblichen Gottheit Potnia in Verbindung.

12. Die Serie **P** ist die kleinste unter den knossisch-pylischen Tontafelgruppen (KN 9, PY 5) und weist keine internen Besonderheiten auf.

13. Die Serie **Q** ist auf Pylos beschränkt (26 ziemlich kurze Tafeln; nur zwei von ihnen enthalten mehr als 9 Zeichen) und ist durch das bisher noch nicht interpretierte Ideogramm Nr. 189 gekennzeichnet.

14. In der knossischen Serie **R** (KN 29) und in der in vier Lokalitäten bezeugten Grundserie **S** (KH 1, KN 282, PY 46, TI 5) dominiert eindeutig Knossos. Es werden hier Gegenstände der Militärausrüstung verzeichnet. Die knossische R-Grundserie enthält die Ideogramme Nr. 230 HASta „Lanze", 231 SAGitta „Pfeil" und 233 PUGio „Dolch, kleines Schwert", manchmal in Verbindung mit dem syllabischen Ausdruck pa-ka-na *phasgana* „(so viele) Dolche, Schwerter" /Plur./ (s. S. 523ff.; vgl. Abb. 51 bis 52).

Unter den knossischen S-Subserien ist die Subserie Sc zahlenmäßig am stärksten vertreten (175 Tafeln; charakteristisch ist das Ideogramm Nr. 240 BIGae, d. h. die Abbildung eines Wagens mit Rädern, zugleich jedoch oft auch die Ideogramme Nr. *162 und *163 LORica bzw. TUNica „Brustpanzer", Nr. *162 + QE, sowie Nr. *165 „Ingot" und Nr. 106 EQUus „Pferd"). Inhaltlich umfangreicher sind allerdings die Texte der Subserie Sd (24 Tafeln, mit dem Ideogramm Nr. 241 CURrus, das einen Wagen ohne Räder bezeichnet). Die Räder allein werden auf der Subserie So verzeichnet (26 Tafeln; mit dem Ideogramm Nr. 243 ROTa „Rad"); dieser knossischen Subserie entspricht die pylische Subserie Sa (34 Tafeln). Dem Ideogramm CURrus begegnet man dagegen in Pylos nie. Man findet dort allerdings eine kleinere Gruppe von Tafeln mit dem Ideogramm Nr. 163 ARMa „Brustpanzer" (Subserie Sh: 12 Tafeln), in deren syllabischem Text oft der Ausdruck ko-ru-to *koruthos* „Helm" (im Gen. Sing.) vorkommt.

15. Die pylische Serie **T** enthält zwei Subserien, die bereits oben sub 7 besprochen worden sind (Ta: 13, Tn: 2: Gefäße, Feuergeräte und Mobiliar). Vgl. Abb. 27 auf S. 59 und Abb. 30 auf S. 65. Vgl. S. 525ff.

16. Die Subserien der Serie **U** (KN 73, PY 38, MY 6, TH 26, TI 1) bilden keine einheitlichen Tontafelgruppen. Die umfangreichste knossische U-Subserie sind die Uf-Tafeln (44 Tafeln), die über den knossischen Landbesitz berichten und einigen Subserien der pylischen E-Serie entsprechen (sie weisen allerdings nicht das Ideogramm 120 GRAnum „Korn, Getreide, Weizen" auf). Unter den pylischen U-Subserien verdient besondere Aufmerksamkeit die Subserie Un (24 Tafeln), wo verschiedene landwirtschaftliche Produkte, jedoch auch Haustiere, unter Anwendung von mehreren Ideogrammen und Abkürzungen verzeichnet sind; diese Subserie steht der Serie G (s. oben sub 5) ziemlich nahe. Die umfangreiche thebanische Subserie Ug (26 Tafeln) betrifft wirtschaftliche Registrierungen, wo oft ein „Defizit" (die Abkürzung o. = o-pe-ro *ophelos* „Schuld") angegeben wird; die Subserie Ue aus Mykene (4 Tafeln) scheint eine Parallele zur knossi-

V 52 + 52 *bis* + 8285

C

.1 a-ta-na-po-ti-ni-ja 1 u[ ]*vest.*[

.2 e-nu-wa-ri-jo 1 pa-ja-wo-ne 1 po-se-da[-o-ne

.1]*vest.*[: perhaps]-*wo*[.

52 *lat. inf.*

V 52 *latus inferius*

[[e-ri-nu-we , pe-ro]] [

lat. inf. *pe-ro* (or *pe-ro₂*) or *PE* 1.

Abb. 36. Die knossische Tafel V 52 mit fünf Namen bekannter Gottheiten (nach *CoMIK* I, 1986, S. 31).

schen K-Serie und zur pylischen T-Serie zu bilden (s. oben sub 7 und 15). Vgl. S. 527f.

17. Zur Serie **V** gehören Texte ohne Ideogramme; oft handelt es sich um Listen von Gottheiten und Personen, bzw. Verzeichnisse verschiedener Warengattungen, Objekte usw. Die meisten Texte kommen aus Knossos (KN 166, PY 17, MY 2), sie sind jedoch in der Regel sehr kurz. Umfang-

reicher sind nur die Tafeln der knossischen Subserie V (71 Tafeln, viele von ihnen enthalten über 9 Zeichen) und vor allem die Inschriften der pylischen Subserie Vn (12 T., auf 11 davon kommen wenigstens je 25 Zeichen vor). Einige dieser Inschriften sind berühmt geworden, z. B. die knossische Tafel V 52 mit fünf Namen bekannter Gottheiten im Dat. Sing. (s. S. 528f. und Abb. 36 auf S. 93).

18. Die **W**-Serie enthält beschriftete, bzw. mit Siegelabdruck versehene Tonstücke (KN 64, PY 42, MY 8, TH 56, MI 2), hauptsächlich dreierlei Art:

a) Kleine Etiketten, die noch im feuchten Zustand auf Körbe mit den LB-Dokumenten aufgeklebt wurden (KN Wb: 35, PY Wa: 19).

b) Tonschilder, die an Schränke und Regale, in denen die LB-Dokumente aufbewahrt waren, mit einer Schnur angehängt wurden (KN Ws: 16, PY Wr: 23, MY Wt: 8).

c) Die Noduli von TH (Wu: 56) werden als „Lieferungsbegleitschreiben" u. ä. verstanden. — Vgl. S. 529.

19. In der Serie **X** sind mehr als 1450 unklassifizierbare Texte eingereiht worden (KN: 1299, PY 138, MY 8, TH 1, TI 14); die meisten Inschriften sind sehr fragmentarisch.

20. Die Serie **Z** umfaßt alle bisher entdeckten Vasenscherbeninschriften; die betreffenden Zahlenangaben sind aus der Tabelle auf S. 30 ersichtlich (vgl. auch Abb. 35 auf S. 84). — S. auch S. 529f.

Trotz der mehr als 50 Jahre seit der Zeit ihrer Entstehung ist *E.L. Bennetts* Klassifizierung der LB-Texte für eine allgemeine Orientierung im Bereich der LB-Dokumente noch immer von beträchtlicher Bedeutung. Wenn auch inzwischen eine große Anzahl von neuen Dokumenten entdeckt wurde und viele der Texte auch nach anderen Kriterien untereinander geordnet werden könnten, erwiesen sich die Prinzipien von Bennetts Klassifizierung als äußerst stabil und gelten noch immer als weiter ausbaufähig.

Die Neuerscheinungen zu weiterem Lesen (Kap. IV)

Über die mykenische Gesellschaft und ihre weitesten Zusammenhänge vgl. im letzten Dezennium vor allem *M.S. Ruipérez – J.L. Melena* 1990 sowie *G. Maddoli* 1992 (ed.) und *M. Marazzi* (ed.) 1994; es handelt sich um Kompendien mit Beiträgen gemischten Inhalts.

S. auch *J.T. Hooker* 1991 und *P. Dardano* 2000 (mit reichen bibliographischen Angaben und kurzen Kommentaren zu wichtigeren Studien aus den 80er bzw. 90er Jahren). Dort findet man auch genaue Informationen über die wichtigsten neuen Editionen der LB-Texte. Doch einige Ergänzungen wollen wir auch hier vornehmen: *M. Negri* 1992b und *C. Consani* 1994 (die Ausgaben der Texte aus Pylos — mit einer Übersetzung ins Italienische in zwei Bänden), weiter *E.L. Bennett* 1992, *J. Bennet* - *C.W. Shelmerdine* 1995, *J.L. Melena* 1996, *L. Godart* 1996 u. a. (über den Kieselstein aus Kafkania).

Über die Organisation der Schreiberarbeit vgl. aus der letzten Zeit vor allem *P. Militello* 1991 (über die Archive einzelner ägäischer Schriften), *M. Marazzi* (ed.) 1994, S. 515-560 (über alle Registrierungsprozesse), *P. Negri Scafa* 1996 (Parallelen zwischen den mykenischen und orientalischen Archiven: Waffen und Rüstung), doch auch *E. Scafa* 1990, *Th. Palaima* 1990, 1994ab (über die Schreiber im allgemeinen), *K.E. Sjöquist* - *P. Åström* 1991, *H. Landenius Enegren* 1995 (Analyse der Schreiberhände), *E.L. Bennett* 1996ab (verschiedene Aspekte der paläographischen Analyse) u. a.

Vgl. auch *J.T. Hooker* 1991 und *P. Dardano* 2000, bzw. *Thèbes* 2002, S. 363–371.

SCHRIFT UND LAUTE

V. Das Linear B-Schriftsystem

Das Linear B-Schriftsystem besaß

A. *Syllabogramme*, d. h. phonographische Silbenzeichen,

B. *Ideogramme* oder Logogramme, d. h. piktographische Zeichen für einzelne Begriffe,

C. *Hilfszeichen*, und zwar den *Worttrenner* in der Form eines senkrechten Striches nach der letzten Silbe des betreffenden Wortes, und das *Verifikationszeichen* in der Form eines Kreuzes, durch das die Registrierungsposten zusammengezählt, verifiziert, bzw. kontrolliert wurden.[55]

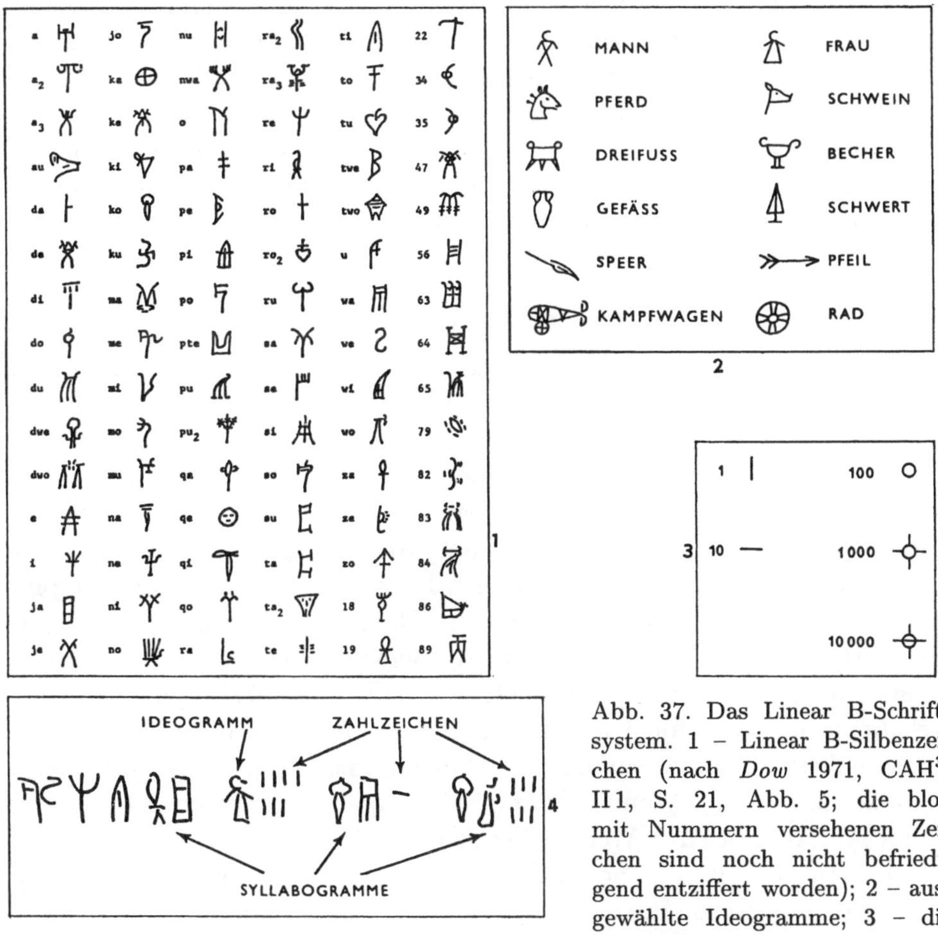

Abb. 37. Das Linear B-Schriftsystem. 1 – Linear B-Silbenzeichen (nach *Dow* 1971, CAH[3], II 1, S. 21, Abb. 5; die bloß mit Nummern versehenen Zeichen sind noch nicht befriedigend entziffert worden); 2 – ausgewählte Ideogramme; 3 – die wichtigsten Zahlzeichen; 4 – Beispiel eines einfachen Linear B-Textes.

[55] Die Struktur eines LB-Textes ist aus der Abb. 37, 4 ersichtlich.

Dagegen verwendete man in der Linear B-Schrift keine Determinative, d. h. spezielle Hinweiszeichen hinsichtlich der Einordnung des betreffenden Wortes in irgendeine semantische Wortgruppe (Gottheiten, Tiere, Landschaften, ökonomische Produkte u. a.).

Obwohl die Ideogramme eine ältere Schicht in der Entwicklung der Schriftsysteme repräsentieren (die Mehrzahl der Syllabogramme ist ideographischer Herkunft), stellen die Syllabogramme in der LB-Schrift den eigentlichen Kern des Schriftsystems dar. Die Ideogramme waren zweifelsohne von großer Wichtigkeit für die Orientierung der Schreiber im vorwiegend syllabischen Text der LB-Schrift, meistens treten sie hier jedoch nur als graphische Stütze für das unmittelbar folgende Zahl- oder Maßzeichen auf, und falls die LB-Schrift auch zu anderen als ökonomisch-administrativen Zwecken gedient hatte (was allerdings schwer beweisbar ist), konnte man in solchen Fällen auf die Verwendung der Ideogramme völlig verzichten, wie dies in den syllabischen kyprischen Schriften der Fall war. Deswegen werden wir nun an erster Stelle die syllabographische Komponente des Linear B-Systems besprechen.

A. Syllabogramme

Der syllabographische Bestandteil der LB-Texte wird in syllabischen Zeichengruppen geschrieben; die einzelnen Wörter werden durch den Worttrenner getrennt. Jedes bereits interpretierte Syllabogramm wird in den Editionen durch einen konventionellen, in *lateinischen Buchstaben* wiedergegebenen syllabischen Wert ersetzt. Diese in lateinischer Schrift erfolgte Transliteration (z. B. te-o-jo do-e-ro) muß man nach den von Ventris vorgeschlagenen „orthographischen Regeln“ in eine annehmbare phonologische Transkription umwandeln (z. B. *the(h)ojjo do(h)elos* „Diener des Gottes“); auch diese ist manchmal mehr oder weniger konventionell, da sie auf Parallelen im späteren Griechisch beruht. Falls das betreffende Syllabogramm noch nicht mit Sicherheit interpretiert worden ist, benützt man bei der Transliteration nur seine Ordnungszahl (nach *E.L. Bennett*; s. Abb. 28 bzw. 37, 1). Wenn mehrere Syllabogramme denselben (oder sehr ähnlichen) syllabischen Wert aufweisen, präzisiert man die „lateinische“ Transliteration mit Hilfe von Zahlindexen (z. B. ra, ra_2, ra_3). Wie in Kap. IV angedeutet, werden in den Editionen die Syllabogramme derselben Zeichengruppe durch waagerechte Striche verbunden,[56] der Worttrenner wird dagegen meistens nicht wiedergegeben und die Wortgrenze durch freien Zwischenraum ausgedrückt. Der Begriff „Zeichengruppe" (engl. „sign-group") deckt sich nicht völlig mit dem Begriff „Wort". Die Proklitika und Enklitika werden oft mit dem Wort, zu welchem sie gehören, zu einer Worteinheit verbunden. Das betrifft vor allem die negative Partikel o-u, z. B. o-u-di-do-si = *ou didonsi* (att. διδόασι) „sie geben nicht", die Konjunktion -qe k^we „und", z. B. in me-ta-qe *meta* k^we „und mit" (vgl. τε und lat. -que), die adversative Partikel -de *de*[57] oder das relative Adverb bzw. die Partikel o- *(h)ō(d), (h)ō(s)*, z. B. in o-wi-de *-wide* „so hat er gesehen"; diese werden nie getrennt geschrieben. Doch gelegentlich kommen auch andere zueinandergehörende Wörter ohne Worttrenner vor, z. B. in to-so pa-te *tos(s)oi pantes* „alle zusammen, insgesamt"; demgegenüber werden manchmal die späteren Verbalpräfixe vom Verbstamm getrennt: a-pu ke-ka-u-me-ṇọ[*apukekaumenos* „weggebrannt".

Die in einem LB-Text in kleinerer Schriftgröße geschriebenen Wörter werden in den Editionen entweder auch in einem kleineren Schrifttyp gesetzt oder vom größeren Zeichentyp durch Schrägstriche getrennt. Die oberhalb der Schriftzeile geschriebenen Zeichen werden entweder in analoger Weise wiedergegeben oder durch ein Anführungszeichen vorne und hinten bezeichnet. Die einzelnen Zeilen werden in den Editionen numeriert (.1, .2, .3), verdoppelte, d. h. dicht untereinander geschriebene Zeilenteile derselben Zeile werden in ähnlichem Zeilenabstand wiedergegeben, bzw. mit den Buchstaben a, b (d. h. .1a, .1b) bezeichnet. Falls eines oder mehrere Wörter vom Schreiber ausradiert worden sind, werden diese in doppelten eckigen Klammern wiedergegeben, wenn ein anderes Wort an derselben Stelle zusätzlich eingeritzt worden ist, wird der ausradierte Text über dem zusätzlich eingeritzten in Klammern wiedergegeben. Bei der textkritischen Bearbeitung der Dokumente verwendet man im Prinzip den in der griechisch-römischen Epigraphik geläufigen Apparat (für Einzelheiten vgl. *Ventris – Chadwick*, Documents[2] 1973, S. 153ff.).

Die Syllabogramme treten in LB nicht nur in ihrer konventionellen *lautlichen* Funktion auf, sondern haben gelegentlich auch noch ihre

[56] In unserem alphabetischen Index auf S. 533-620 verzichten wir wegen Raummangels auf die waagerechten Striche zwischen den Syllabogrammen derselben Zeichengruppe.

[57] Von der adversativen Partikel *de* ist das allativische Suffix *-de* zu unterscheiden, das auch im alphabetischen Griechisch mit dem betreffenden Wort zusammengeschrieben wird: wo-i-ko-de *woikonde* „ins Haus"; vgl. οἶκόνδε.

alte ideographische Rolle oder eine neue, *den Ideogrammen nahestehende* Funktion inne:

1. Einige Syllabogramme haben auch noch ihre ursprüngliche ideographische Geltung — neben der syllabischen Verwendung — beibehalten (z. B. wird das Zeichen Nr. 30 entweder als Ideogramm für „Feige“ oder als Syllabogramm mit dem Silbenwert NI verwendet; vgl. 1.aγ auf S. 117f.).

2. Mehrere Syllabogramme treten oft als Abkürzungen wichtiger syllabischer Ausdrücke auf (z. B. Syllabogramm NE als Abkürzung von *newos* „neu“, *ne.* im Text, oder PA für *palaj(j)os* „alt“, *pa.* im Text), und zwar entweder als selbstständige graphische Einheit oder als Bestandteil einer Ligatur (vgl. 2.b auf S. 122f.).

3. Die lautliche Geltung der Syllabogramme wird auch in „Monogrammen“ ausgenützt, wo die einzelnen Syllabogramme auf eine unkonventionelle Weise zu einem Komplexzeichen ideographischen Charakters zusammengestzt worden sind (vgl. 2.a auf S. 121f.).

A.A) Das Syllabar

Der heutige Stand des LB-Syllabars ist aus den Abb. 28 (S. 61), 33 (S. 68), 37,1 (S. 97) ersichtlich. Die einzelnen Syllabogramme besitzen fast in allen Fällen entweder den Lautwert „Konsonant + Vokal“ oder „Null-Konsonant + Vokal“. Nur ausnahmsweise (d. h. bei den Sondersyllabogrammen; s. Abb. 28, Sp. 6-8) kommt entweder eine Konsonantengruppe im Anlaut oder ein Diphthong im Auslaut vor. Nie wird jedoch durch ein Syllabogramm entweder ein bloßer Konsonant oder eine geschlossene Silbe (Konsonant + Vokal + Konsonant bzw. Vokal + Konsonant) bezeichnet.

Das syllabographische Inventar umfaßt zur Zeit 90 Silbenzeichen (oder 89, wenn man das Zeichen Nr. 35 für eine Variante von Nr. 34 hält, und nur 87, falls man auch die Nrn. 84 und 88 wegläßt). Von diesen 87-90 Zeichen hat man bisher in 73 Fällen den Silbenwert mit Sicherheit festgestellt (vgl. die ersten 8 Spalten der Abb. 28), ein paar weitere Deutungen gelten als mehr oder weniger akzeptierbar und werden in Syllabarlisten mit Fragezeichen versehen (s. Abb. 33 auf S. 68), doch auch diese werden hier als ungedeutet angesehen und in der Regel lediglich mit ihrer Ordnungsnummer ausgedrückt (s. Abb. 28 auf S. 61, die letzten 2 Spalten).

Über das neue thebanische Syllabogramm *92 (?) vgl. *Thèbes* 2002, S. 361.

A.B) Grundsyllabogramme

Die Gesamtzahl der bis jetzt ungedeuteten oder nicht sicher gedeuteten Zeichen scheint auf den ersten Blick ziemlich hoch zu sein. Man muß jedoch berücksichtigen, daß es sich um Zeichen handelt, die in den LB-Texten besonders selten vorkommen. Fast bei allen von ihnen liegt die Frequenz unter einem Promille, während z. B. die Frequenz von Nr. 8 = A etwa 4 % beträgt.

Die obenerwähnte Zahl von ca. 90 Silbenzeichen ist ohnehin viel höher, als man für das mykenische phonologische System brauchen würde. Weil man in der LB-Schrift meistens sowohl die stimmhaften als auch die aspirierten Konsonanten von den stimmlosen nicht unterschieden hat, würden für die 13 Konsonantenreihen mit 5 Vokalen 65 Silbenzeichen des Grundsyllabars völlig genügen (vgl. Abb. 28, Sp. 1-5). Dies entspricht etwa auch der Zahl der gedeuteten Grundsyllabogramme. Nur die Silbenwerte JI, JU, QU, WU, ZI und ZU fehlen im Grundsyllabar, doch vor allem die ersten vier Lautfolgen sind auch in vielen anderen Sprachen instabil, so daß es möglich ist, daß sie im Mykenischen gar nicht existierten. Der Silbenwert JU wird jedoch von einigen Forschern dem Syllabogramm Nr. 65 und der Silbenwert ZU dem Zeichen Nr. 79 zugesprochen, während sich der syllabische Wert ZI unter dem seltenen Zeichen Nr. 19 verbergen dürfte.

A.C) Sondersyllabogramme

Die im Grundsyllabar nicht enthaltenen Zeichen kommen verhältnismäßig selten vor und sind entweder als Dubletten der Grundsyllabogramme oder als Zeichen mit speziellen Silbenwerten anzusehen („Sondersyllabogramme“, „Komplexlaute“, „Zusatzzeichen“, „Optional Signs“, „Segni fuori sistema“ usw., vgl. Abb. 28, Sp. 6-8), oder sie sind bisher ohne jede sichere lautliche Deutung geblieben (vgl. Abb. 28, Sp. 9-10).

Die Werte der Mehrzahl der gedeuteten Sondersyllabogramme weisen im Anlaut eine Konsonantengruppe auf, deren zweites Element ein *j* oder *w* ist (vgl. Spalte I-II auf der Tabelle weiter unten). Unter den sechs restlichen Sondersyllabogrammen (Sp. III) findet man drei Zeichen für Diphthong (A_3 = *ai*, AU = *au*, RA_3 = *rai*), eines mit aspiriertem bzw. palatalisiertem Anlaut (A_2 = *ha* bzw. *ja*) und zwei mit aspiriertem bzw. stimmhaftem Okklusivlaut (PU_2 = *phu* bzw. *bu*; TA_2 = *tha*?):

LB-Sondersyllabogramme

I. Konsonant + *w* + Vokal	II. Konsonant + *j* + Vokal	III. Weitere Einzelfälle
71 DWE = *dwe*	62 PTE = *pte* < **pje*	25 A_2 = *ha (ja)*
90 DWO = *dwo*	76 RA_2 = *rja*	43 A_3 = *ai*
48 NWA = *nwa*	68 RO_2 = *rjo*	85 AU = *au*
87 TWE = *twe*		33 RA_3 = *rai*
91 TWO = *two*		29 PU_2 = *phu (bu)*
		66 TA_2 = *tha*?

Die Entstehung dieser Sondersyllabogramme wird im allgemeinen durch einen markanten Unterschied zwischen dem Phonemsystem der Sprache, für welche das lineare Schriftsystem erfunden wurde, und jenem der griechischen Sprache erklärt. Man hat in diesem Zusammenhang die Vermutung ausgesprochen, es handle sich um Zeichen, die in der Linear A-Schrift ursprünglich andere, im Griechischen nicht vorkommende phonologische Besonderheiten bezeichneten. Doch ein gegenseitiger Vergleich der Linear A- und Linear B-Syllabare hat gezeigt, daß nur etwa die Hälfte der Linear B-Sondersyllabogramme ihre Vorläufer im Linear A-Schriftsystem besitzt. Um diese Unstimmigkeit zu überbrücken, vermutet man heute meistens, die Linear B-Schrift sei aus einer ziemlich frühen, bisher nicht bekannten Linear A-Variante entstanden, was besonders bei jenen Forschern, die die Entstehung der Linear B-Schrift ziemlich früh datieren und auf dem griechischen Festland lokalisieren, eine erhebliche Zustimmung gefunden hat. Es kann sich jedoch teilweise auch um Neuerungen der Linear B-Schrift handeln. Die konkreten Probleme der einzelnen Sondersyllabogramme werden nun ausführlich besprochen.

Die Sondersyllabogramme befinden sich, wie gesagt, außerhalb des syllabischen Grundinventars. Nach *M. Lejeune* 1966 unterscheidet man zwei Haupttypen:

a) „Doublettes" — spezifische Dubletten der Grundsyllabogramme, die nur in einer beschränkten syllabischen Geltung vorkommen (z. B. bezeichnet RA_3 nur die Silbe *rai*/*lai*).

b) „Complexes" — d. h. einsilbige Varianten bestimmter Paare von Grundsyllabogrammen (z. B. NWA neben NU-WA für die Lautfolge *nwa*). Mehrere gründliche Untersuchungen (vor allem *C. Consani* 1984, *A. Panayotou* 1987 u. a.) haben in letzter Zeit die Sonderstellung dieser Syllabogramme bestätigt und ihre spezifische Verschiedenartigkeit unterstrichen.

Nach *C. Consani* 1984 kann man die Sondersyllabogramme in folgende Teilgruppen aufteilen:

a) Sondersyllabogramme als *Überreste* spezifischer, offensichtlich in einem älteren LA-Schriftsystem reflektierter lautlicher Erscheinungen, die in der griechischen Sprache nicht geläufig waren: 87 TWE, 71 DWE, 91 TWO, 90 DWO, 48 NWA, d. h. die Mehrzahl der „Komplex"-Syllabogramme von *M. Lejeune*.

Dieser Typus der Sondersyllabogramme wird verhältnismäßig selten verwendet, meistens lediglich in einer einzigen Wortfamilie oder in wenigen bestimmten Ausdrücken; manchmal wird das Zeichen nur von einem Schreiber benützt:

87 TWE (mit Parallele in der LA-Schrift): 6 × nur in Knossos,[58] alle Belege stammen von demselben Schreiber und beschränken sich ausschließlich auf den Ausdruck o-da-twe-ta *odatwenta* KN Adj. Nom. Pl. N. „mit Zähnen versehen" (neben dem „zerlegten" o-da-tu-we-ta KN, bzw. auch -ke-we-ta KN, -ku-we-ta KN).

71 DWE (ohne LA-Parallele): 13 × KN, 2 × PY, ausschließlich in temi-dwe KN, -dwe-ta KN, PY, -dwe-te KN neben -de-we-te PY *termidwen, -wenta, -wente* (vgl. Hom. τερμιόεις „umsäumt").

91 TWO (ohne LA-Parallele): 5 × nur in PY, alle Belege auf demselben Täfelchen, und zwar im männlichen Personennamen o-two-we-o PY Gen. (neben o-tu-wo-we PY, o-to-wo-we-i PY, o-to-wo-o, o-to-wo-wi-je MY).[59]

90 DWO (mit nicht völlig sicherer LA-Parallele): 6 × KN, 4 × PY, davon 4 × als das Zahlwort dwo *d(u)wō̆* „zwei" (neben du-wo-jo, du-wo-jo-jo PY, du-wo-u-pi(-de) PY); mehrere Beispiele betreffen Eigennamen.[60]

48 NWA (ohne LA-Parallele): 9 × PY, 12 × KN, 2 × MY, fast ausschließlich Eigennamen, die einzige Ausnahme ist Adj. pe-ru-si-nwa KN, MY *perusinwai, -a* Nom. Pl. F./N., pe-ru-si-nwa-o PY *-ā(h)ōn* Gen. Pl. F. „vom vorigen Jahr", neben pe-ru-si-nu-wa, -nu-wo, -nu PY.

Die Tatsache, daß nur zwei der Sondersyllabogramme dieser Art eine mehr oder weniger entsprechende Parallele im LA-Syllabar aufweisen,

---

58 Die Zahl der Belege wird nach *C. Consani* 1984 angeführt; der heutige Stand wird kaum viel anders sein (höchstens etwas mehr Belege in Knossos und Theben).

59 Eine eventuelle Korrektur von ke-ke-tu-wo-e zu ke-ke-two-e ist hier unsicher (nach *PTT* I 48).

60 Vgl. auch S. 109f. sub D4b.

könnte durch die Annahme erklärt werden, die LB-Schrift sei möglicherweise von einer uns nicht bekannten, voraussichtlich ziemlich archaischen LA-Variante abgeleitet worden (*Consani*). Die sehr beschränkte Funktion dieser Syllabogramme läßt kaum vermuten, daß sie ihren syllabischen Wert erst im griechischen Milieu erhielten.

b) *Innovative Sonderzeichen*, die wohl erst nachträglich — wenn auch teilweise aus dem LA-Inventar stammend — in direktem Zusammenhang mit dem lautlichen Charakter der griechischen Sprache in das LB-Inventar eingereiht wurden, um spezifische griechische Laute wiederzugeben. Es handelt sich um folgende Einzelfälle:

α) Griechische Diphthonge entweder am Wortanfang oder am Anfang eines zweiten Kompositionsgliedes (43 A_3/AI = *ai*, 85 AU = *au*) oder auslautend (33 RA_3 = *rai/lai*). Anlautendes *ai-* bzw. *au-* wird fast immer durch die Sondersyllabogramme AI, AU bezeichnet; deren Verwendung scheint obligatorisch zu sein, so daß man beide in das syllabische Grundinventar einreihen könnte. Es handelt sich um Zeichen höherer Frequenz als sub *a*).

43 A_3 (ohne LA-Parallele): 46 × KN, 48 × PY, 1 × MY, 1 × TI; 85 AU (mit LA-Parallele): 13 × KN, 25 × PY, 4 × MY. Die wenigen Abweichungen (A_2-, A-, A-I- statt AI- in Pylos, A-U- statt AU- in Knossos) betreffen meistens Wörter unsicherer Interpretation.[61]

33 RA_3 (ohne LA-Parallele) kommt fast ausschließlich in Pylos vor (21 × PY, 1 × KN fragmentarisch); es dient zur Wiedergabe des diphthongischen Lautwertes *rai/lai*, und im Unterschied zu AI, AU wurde es nur fakultativ verwendet. Hauptsächlich ist es am Wortende belegt (Ausnahmen: e-ra_3-wo PY neben e-ra-wo PY, KN *elaiwon* „Öl" — und einige weitere, wenig klare Wörter); so diente RA_3 vor allem in Pylos als ein nützliches, wenn auch lediglich fakultatives Unterscheidungsmittel zur Wiedergabe der Endung *-rai/-lai* im Nom. Pl. Fem. (vgl. z. B. di-pte-ra_3 PY Ub 1315 *diphtherai* > *dipsterai* „gegerbtes Leder" (Plur.), neben di-pte-ra PY Ub 1318 (Sing. oder Plur.); s. mehr auf S. 165).

β) Hinweis auf die Existenz einer eventuellen Hauchlautreihe stellt das Zeichen 25 A_2 (ohne LA-Parallele) dar, das meistens eindeutig Silbe *ha* bezeichnet, d. h. eine Silbe mit einem Hauchlaut *h*, der als Resultat des frühgriechischen Lautwandels von antevokalischem *s-* und intervokalischem *-s-* entstanden ist. Im Laufe der Zeit hat man das Syllabogramm auch für andere Zwecke zu verwenden begonnen. Das Zeichen kommt vor

[61] Belege für Nr. 43 und Nr. 85 sind auf S. 108f. sub D2d-e zu finden.

allem in Pylos vor (124 × PY, 8 × KN, 5 × MY); doch auch hier wechseln manchmal A_2 und A, bzw. A_2 oder JA (weniger sichere Variationen: A_2/A_3, A_2/WA). Die weitgehende Beschränkung von A_2 auf Pylos kann man entweder als eine rein graphische oder als eine mundartliche Differenz erklären (entweder handelt es sich um Einfluß einer anderen Schreiberschule oder um eine hier exklusive Erhaltung des *h* vor *ă̄*).[62]

γ) Zeichen für einige Okklusivlaute mit typisch griechischen Oppositionsmerkmalen (*stimmlos* × *stimmhaft* × *stimmlos aspiriert*), für deren Unterscheidung es keine speziellen Zeichen in der LA-Schrift gab, welche man aber in der LB-Schrift gelegentlich doch bezeichnen wollte: 29 PU_2 (mit LA-Parallele) = *bu, phu*; 66 TA_2 (mit LA-Parallele) = *tha* (allerdings nicht *da*, weil diese Silbe in der LB-Schrift ihr eigenes Zeichen besaß). Besonders das Syllabogramm TA_2 kommt sehr selten vor (TA_2: 12 × KN, 4 × PY, 1 × MY; PU_2: 23 × KN, 27 × PY, 5 × MY, 1 × EL). Die zwei erwähnten Zeichen bilden kein kohärentes System; es gibt keine analogen Silbenzeichen für *the, thi, thu, tho,* bzw. *ba, be..., pha, phe...* Diejenigen Schreiber jedoch, die TA_2, bzw. PU_2 benützten, haben diese Zeichen oft in konsequenter Weise verwendet. Es alterniert gelegentlich TA_2 mit TA und PU_2 mit PU.[63]

δ) Die palatalisierten Konsonanten, die im Frühgriechischen oft auftreten und für welche man offensichtlich bereits in einem frühen Stadium der LB-Entwicklung Sondersyllabogramme schuf: 76 RA_2 (mit LA-Parallele) = *rja/lja*, 68 RO_2 (ohne LA-Parallele) = *rjo/ljo*, 62 PTE (ohne LA-Parallele) = *pte* < **pje* (nach *M. Lejeune* 1972a, § 68.5). Im Laufe der Zeit sind die palatalisierten Laute entweder zu Geminaten (*r'r'a/l'l'a, r'r'o/l'l'o*) oder zu spezifischen Konsonantengruppen (*pte*) geworden.

Man hält es für höchstwahrscheinlich, daß in den erhaltenen LB-Texten die Zeichen RA_2 und RO_2 — neben den palatalisierten Lautwerten *r'(r')a/l'(l')a, r'(r')o/l'(l')o* — auch nichtpalatalisierte Lautwerte *r(r)a/l(l)a, r(r)o/l(l)o* jedweder Herkunft bezeichnen (vgl. a-ke-ra_2-te PY *agērantes*, bzw. *agehrantes*, *agerrantes*, *agerhantes* < **agersantes*).[64] Das Zeichen RA_2 kommt sehr oft besonders in Pylos vor (RA_2: 15 × KN, 42 × PY, 3 × TH; RO_2: 22 × KN, 18 × PY, 1 × TH), wo man vor allem viele weibliche Nomina agentis mit dem Ausgang -ti-ra_2 = *-trja* findet, der oft mit -ti-ri-ja = *-tria* alterniert (vgl. me-re-ti-ra_2/-ti-ri-ja *meletrjai/-triai* „Kornmahlerinnen"); die alternierenden Formen kann man (jedenfalls in

[62] Belege für Nr. 25 sind auf S. 109 sub D3d zu finden.
[63] Belege bei *C. Consani* 1984 u. a.
[64] S. auch S. 146f. u. a.

synchronischer Hinsicht) entweder als Aussprachevarianten oder als zwei nebeneinander vorkommende Parallelsuffixe verstehen.[65]

Das Syllabogramm 62 PTE (20 × KN, 20 × PY) besaß zur Zeit der Niederschrift der erhaltenen LB-Texte bereits eindeutig den Lautwert *pte*, da es oft mit PE-TE alterniert.[66]

In diesen drei Fällen handelt es sich um Beispiele historischer Orthographie, die ein längeres Intervall zwischen der Abfassung der LB-Schrift und der Zeit der Abfassung unserer Texte voraussetzen.

Die Herkunftsquellen der Sondersyllabogramme sind also ziemlich uneinheitlich. Während vor allem die Zeichenreihe vom Typ *a*) mit -W- wenigstens teilweise an einen eher fossilen Überrest aus dem älteren LA-System denken läßt, scheinen die Zusatzzeichen vom Typ *b*) erst im Zuge der Ausbildung der Linear B-Schrift *e nihilo* entstanden zu sein — von den mehr oder weniger obligatorischen Diphthongzeichen (A_3, AU, RA_3) bis zu dem inkohärenten Komplex von Silbenwerten mit einer Hauch- bzw. Palatalisierungsbezeichnung.

A.D) Die orthographischen Regeln

Wie schon gesagt, beschränkte sich das Syllabar fast ausschließlich auf Werte für reine Vokale und offene Silbenwerte des Typs Vokal und Konsonant. Das hing offensichtlich mit einem völlig unterschiedlichen Lautsystem der vorgriechischen Sprache zusammen, für die das lineare Schriftsystem erfunden worden war: offene Silben, wenige oder keine Konsonantengruppen, keine Endkonsonanten, möglicherweise andere phonologische Oppositionen als im Griechischen. Nach Übernahme der Linearschrift zur Wiedergabe der griechischen Sprache konnte man die nötigen lautlichen Anpassungen entweder mit Hilfe der erwähnten Sondersyllabogramme vornehmen oder unter Anwendung der gebräuchlichen orthographischen Regeln durchführen, die *M. Ventris* in ihrer Grundform schon in JHS 1953 formuliert hat. Der heutige Stand dieser Regeln kann so formuliert werden (vgl. auch Abb. 38 auf S. 112):

1. Vokale

a) Die langen Vokale werden von den kurzen nicht unterschieden:
po-me = *poimēn* [Nom. Sing.] (vgl. ποιμήν),

[65] Weitere Belege: S. 109f. sub D4b.
[66] Vgl. S. 109f. sub D4b.

po-me-no = *poimenos* [Gen. Sing.] (vgl. ποιμένος)

b) Zwischen *i, u* und einem folgenden Vokal anderer Qualität tritt in der Regel ein durch die Syllabogramme der Serien J, W bezeichneter Gleitlaut:

i-ja-te = *iātēr* (vgl. Hom. ἰητήρ),
a-re-ku-tu-ru-wo = *Alektruōn* (vgl. ἀλεκτρυών), aber
i-e-re-u neben i-je-re-u = *(h)i(h)ereus* (vgl. ἱερεύς).

Ausnahmslos gilt diese Regel in den Adjektivausgängen auf *-ios*:

ko-no-si-jo = *Knōs(s)ioi* [Nom. Plur. Adj.] (vgl. Κνωσ(σ)ός).

2. Diphthonge

a) Vor Konsonanten werden die *i*-Diphthonge normalerweise ohne ihre *i*-Komponente geschrieben, während bei den *u*-Diphthongen die *u*-Komponente in der Regel bezeichnet wird (am Wortende wird der *u*-Laut fast ausnahmslos geschrieben):

e-ra-wo = *elaiwon* (vgl. ἔλαιον),
re-qo-me-no = *leik^{w}omenoi* (vgl. λειπόμενοι) [Part. Präs. Med.],
po-me = *poimēn* (vgl. ποιμήν),
e-ke = *ekhei*[67] (vgl. ἔχει zu ἔχω),
ke-ka-u-me-ṇọ[= *kekaumenos* (vgl. κεκαυμένος) [Part. Perf. Pass.],
ze-u-ke-si = *dzeuges(s)i* [Dat. Plur.] (vgl. ζεύγεσσι),
a-ro-u-ra = *arourans* [Akk. Plur.] (vgl. Hom. ἄρουρα),
i-(j)e-re-u = *(h)i(h)ereus* (vgl. ἱερεύς), aber
ko-to-i-na neben ko-to-na = *ktoinā* (vgl. κτοῖναι bei Hesychios).

b) Vor Vokalen können die zweiten Bestandteile von *i*- und *u*-Diphthongen nicht direkt stehen, es muß ein homorganer Halbvokal *j* bzw. *w* dazwischentreten, der mit der zweiten Komponente besagter Diphthonge *de facto* eine Geminate bildet, die in diesem Buch in Übereinstimmung mit der sonstigen Wiedergabe von Geminaten als *jj* bzw. *ww* (und nicht etwa *i* oder *ij* bzw. *u* oder *uw*) geschrieben wird:

i-je-re-ja = *(h)ierejja.*

c) Der Diphthong *ai* wird vor einem tautosyllabischen *s* in vollem Umfang wiedergegeben:

pa-i-to = *Phaistos* (vgl. Φαιστός).

---

67 *C.J. Ruijgh* 1967, passim, bevorzugt die Deutung *hekhei*; wir halten jedoch das Hauchdissimilisationsgesetz für eher vormykenisch (vgl. S. 147f.).

d) Der Diphthong *ai* wird am Wortanfang durch das Sondersyllabogramm Nr. 43 (A_3 = *ai*) geschrieben, nach vorangehendem *l, r* wird er oft durch Nr. 33 (RA_3 = *rai*) ausgedrückt:
a_3-ka-sa-ma = *aiksmans* [Akk. Plur.] (vgl. Hom. αἰχμή),
e-ra_3-wo = *elaiwon* (vgl. ἔλαιον) (neben e-ra-wo).

e) Der Diphthong *au* wird am Wortanfang in der Regel mit Nr. 85 (AU) geschrieben:
au-to-jo = *autojjo* (vgl. αὐτός).

3. Konsonanten (Einzellaute)

a) Im Prinzip unterscheidet man nicht zwischen den stimmlosen, stimmhaften und aspirierten *Okklusiven*; in der konventionellen Transkription benutzt man jedoch zur Bezeichnung der betreffenden Okklusivreihe den lateinischen Buchstaben für den stimmlosen Laut. Die einzige Ausnahme bildet der Dentallaut *d*, der in der LB-Schrift seine eigene Zeichenreihe besitzt (D-). Es gilt also die Regel, daß die Okklusivlaute

p, b, ph	(Labiale) durch die Zeichen der	P-Reihe,
t, th	(Dentale)	T-Reihe,
d		D-Reihe,
k, g, kh	(Velare)	K-Reihe,
k^w, g^w, k^wh	(Labiovelare)	Q-Reihe ausgedrückt werden.

Beispiele:
pa-te = *patēr* (vgl. πατήρ),
pa-ka-na = *phasgana* [Nom. Plur.] (vgl. Hom. φάσγανον),
tu-ka-te = *thugatēr* (vgl. θυγάτηρ),
-do-so-si = *dōsonsi* (vgl. δώσουσι) [3. Plur. Ind. Fut. Akt.],
ka-ko = *khalkos* (vgl. χαλκός),
ka-ra-we = *graiwes* oder *grā̆w(w)es* [Nom. Plur.] (vgl. γραῦς),
qo-u-ko-ro = *g^{w}oukoloi* [Nom. Plur.] (vgl. βουκόλος),
a-pi-qo-ro = *amphik^{w}oloi* [Nom. Plur.] (vgl. ἀμφίπολος).

b) Dasselbe gilt auch für das Paar der *Affrikaten*, die traditionell als *ts, dz* gedeutet werden; sie werden in der LB-Schrift voneinander nicht unterschieden, sondern gemeinsam durch die betreffenden Syllabogramme der Z-Reihe ausgedrückt (vgl. S. 142f.):
me-zo = *medzō̆s* < **megjō̆s* [Nom. Sing.] (vgl. jedoch ion. μέζων, -ον),
ka-zo-e = *katso(h)es* < **kakjoses* [Nom. Plur.] (vgl. κακίους),

c) Die Liquiden *l* und *r* werden graphisch nicht unterschieden; beide Laute werden gemeinsam durch die Zeichen jener Reihe bezeichnet, die man konventionell R-Reihe nennt:

e-re-u-te-ro = *eleutheros* (vgl. ἐλεύϑερος).

d) Der vorauszusetzende mykenische Hauchlaut *h*, der aus dem protogriechischen Zischlaut *s* antevokalisch (am Wortanfang) oder intervokalisch (im Wortinneren) entstanden ist, wird besonders in Pylos vor einem nachfolgenden *a* sehr oft durch das Sondersyllabogramm Nr. 25 (A_2 = *ha*) bezeichnet; in Knossos benützt man dagegen in solchen Fällen meistens das Grundsyllabogramm A (Nr. 8):

a_2-te-ro = *hateron* < **sm̥-terom* [Akk. Sing. Neut.] (vgl. att. ἕτερος, dor. ἅτερος),

pa-we-a_2 = *pharweha* < *-*esa* (vgl. Hom. φᾶρος) neben
pa-we-a = *pharwe(h)a*.

4. Konsonanten in Konsonantengruppen

Für die Wiedergabe der Konsonantengruppen gelten oft spezielle Regeln:

a) Die Geminaten werden immer einfach geschrieben:

e-ra-pe-me-na = *(h)e(h)rap(h)menā* [Nom. Sing. Fem. u. a., Part. Perf. Pass.] (vgl. ἐρραμμένος zu ῥάπτω).

b) Einige Konsonantengruppen werden gelegentlich durch Sondersyllabogramme ausgedrückt: Nr. 71 (DWE), 90 (DWO), 87 (TWE), 91 (TWO), 48 (NWA), 62 (PTE, urspr. PJE), 76 (RA_2 = rja/lja), 68 (RO_2 = rjo/ljo):

pte-re-wa = *ptelewās* [Gen. Sing.] (vgl. Hom. πτελέη) neben
pe-te-re-wa,

a-ke-ti-ra_2 = *akestrjai?*, *askētrjai*? neben
a-ke-ti-ri-ja = *akestriai?*, *askētriai?* (vgl. ἀκέστρια).

Durch die Zeichenverbindung TI-RA_2 wurde vielleicht ein monosyllabisches -*trja* ausgedrückt, das als kürzere Variante des bisyllabischen -*tria* (geschrieben TI-RI-JA) anzusehen wäre (vgl. S. 105); anders *A. Leukart* 1992.)

c) Größtenteils wird jedoch jeder Laut einer Konsonantengruppe durch je ein einschlägiges Syllabogramm ausgedrückt, und zwar unter Anwendung zusätzlicher „toter“ Vokale, d. h. der vokalische Wert der Syllabogramme für der ersten Laut (bzw. auch für einen zweiten wiedergegebenen Laut innerhalb einer dreigliedrigen Konsonantengruppe) reflektiert keinen gesprochenen Vokal und ist zu vernachlässigen. Die Wahl des Syllabogrammes, d. h. des „toten“ Vokals, orientiert sich in der Regel am in der nächsten Silbe folgenden Vokal; ist der letzte Laut der Konsonantengruppe ein *w*, kann als „toter“ Vokal im Syllabogramm für den vorausgehenden Konsonanten statt des Vokals der Folgesilbe auch *u* gewählt werden (die lautliche Verbindung *wj* wird allerdings entweder als WI oder als U geschrieben):

a$_3$-ka-sa-ma = *aiksmans* [Akk. Plur.] (vgl. Hom. αἰχμή),
ko-no-so = *Knōs(s)os* (vgl. Κνωσ(σ)ός),
ka-ra-te-ra = *krātēra* [Akk. Sing.] (vgl. κρατήρ),
ti-ri-po-de = *tripode* [Nom. Du.] (vgl. τρίπο(υ)ς),
a-re-ku-tu-ru-wo = *Alektruōn* (vgl. ἀλεκτρυών),
qi-ri-ja-to = *k^{w}riato* [3. Sing. Aor.] (vgl. ἐπρίατο),
a-ra-ru-wo-a = *arărwo(h)a* [Nom. Plur. N., Part. Perf. Akt.] (vgl. Hom. ἀρηρώς),
te-tu-ko-wo-a = *tetukhwo(h)a* [Nom. Plur. N., Part. Perf. Akt.] (vgl. Hom. τετευχώς),
o-da-ke-we-ta = *odakwenta* [Nom. Plur. N., Adj. zu ὀδούς] neben o-da-ku-we-ta,
me-wi-jo = *mew(i)jŏ̄s* [Nom. Sing. M. F. N.] (vgl. μείων, μεῖον) neben me-u-jo.

d) Die sub c) angeführte Regel hat eine wichtige Ausnahme: die Laute *r, l, m, n, s* werden normalerweise vor einem folgenden Konsonanten nicht geschrieben (dasselbe gilt auch für anlautendes *s*- vor einem Konsonanten); lediglich die Konsonantengruppen *nw, sw, sm, mn* werden oft in vollem Umfang wiedergegeben:

pa-we-a$_2$/pa-we-a = *pharwe(h)a* [Nom. Plur.] (vgl. Hom. φᾶρος),
ka-ke-u = *khalkeus* (vgl. χαλκεύς),
a-pi-me-de = *Amphimēdēs* (vgl. Ἀμφιμήδης),
e-ko-si = *ekhonsi* (vgl. ἔχουσι),
ke-se-nu-wi-ja (oder -ni-wi-) = *ksenwia* [Nom. Plur. Neut.] (vgl. Hom. ξείνιος),
pe-ma = *sperma* (vgl. σπέρμα),
wi-so-wo- = *wiswo*- (vgl. Hom. ἴσος),
do-so-mo = *dosmos* (vgl. ark. ἀπυδοσμός),
de-mi-ni-jo = *demnion?* (vgl. Hom. δέμνια).

e) Gelegentlich kommen auch andere Ausnahmen vor, die durch Analogie oder andere Gründe zu erklären sind:

wa-na-ka-te-ro = *wanakteros* (vgl. Hom. ἄναξ) [analog. nach wa-na-ka], a-ra-ro-mo-te-me-na = *arăr(h)motmenā* [Nom. Sing. Fem., Part. Perf. Pass.] (vgl. ἡρμοσμένη zu ἁρμόττω).

5. Auslautskonsonanten

Die Auslautskonsonanten werden in der Regel nicht geschrieben. Bei den Konsonantengruppen am Wortende (namentlich bei den sigmatischen Ausgängen der 3. Deklination *-k(t)s*, *-k^w^s*) kann der erste Laut zusammen mit einem „toten" Vokal wiedergegeben werden, und zwar orientiert sich die Wahl des „toten" Vokals dabei an der Qualität des letzten vorangehenden tatsächlich ausgesprochenen Vokals, es gibt aber auch Fälle von Nichtunterscheidung selbst des ersten Lautes:

ka-ke-u = *khalkeus* (vgl. χαλκεύς),
pa-te = *patēr* (vgl. πατήρ),
po-me = *poimēn* (vgl. ποιμήν),
wa-na-ka = *wanaks* < **-k(t)s* (vgl. Hom. ἄναξ),
a_3-ti-jo-qo = *Aithiok^{w}s* [Nom. Sing.] (vgl. Αἰθίοψ) oder *-ok^{w}os* [Gen. Sing.] — sowie
o-nu-ka, o-nu = *onuks* (vgl. ὄνυξ),
to-ra-ka, to-ra = *thŏr(r)āks* (cf. *A. Leukart* 1987b, 180).

6. Einsilbige Wörter

Wichtige einsilbige Wörter scheinen werden durch eine Zerdehnung ausgedrückt zu werden, doch gibt es nur einen relevanten Beispiel: qo-o = *g^{w}ōn* o. *g^{w}ōns* Akk. Sg./Pl. (vgl. βοῦς).

Die orthographischen Regeln hatten eine gesamtmykenische Geltung. Zwischen den einzelnen Palastzentren gibt es keinen wesentlichen Unterschied in den orthographischen Gewohnheiten.

B. Ideogramme

Die Objekte der wirtschaftlichen Registrierung werden in den Linear B-Texten manchmal syllabisch geschrieben, des öfteren verwendet man jedoch die sogenannten *Ideogramme* (*Sematogramme*) zu diesem Zweck, d. h. spezifische, mehr oder weniger gebräuchliche abkürzende Zeichen, seien es piktographische Zeichen (Sachideogramme), logographische Zahl- bzw. Maßzeichen, oder auch Abkürzungen syllabischer Ausdrücke.

Abb. 38. Beispiele der LB-Orthographie

po-me	*poimēn* (Nom. Sg.)	(-i-nicht wiedergegeben)
po-me-no	*poimenos* (Gen. Sg.)	(Auslautskonsonanten nicht
po-me-ne	*poimenei* (Dat. Sg.)	geschrieben)
e-ke	*ekhei* (= ἔχει)	
tu-ka-te	*thugatēr*	(Keine Unterscheidung zwi-
pa-ka-na	*phasgana* (Nom. Pl.)	schen stimmh., stimml.,
qa-si-re-u	g^{w}*asileus* (= βασιλεύς)	aspirierten; nur D-Reihe)
re-qo-me-no	*leik*^{w}*omenoi* (= λειπόμενοι)	(Keine Unterscheidung
qo-u-ko-ro	g^{w}*oukoloi* (= βουκόλοι)	zwischen *r* und *l*)
-do-so-si	*dōsonsi*	
a$_3$-ka-sa-ma	*aiksmans* Akk. Pl. (∼ αἰχμή)	(Bestimmte Laute
		in Konsonanten-
ti-ri-po-de	*tripode* (Du.)	gruppen mit „totem“ Vokal
		ausgedrückt)
ka-ke-u	*khalkeus*	(Andere Laute in
e-ko-si	*ekhonsi* (= ἔχουσι)	Konsonantengr., bes.
pe-ma	*sperma*	*r, l, m, n, s,* vor
		anderem Kons. nicht
		wiedergegeben)
pa-te	*patēr* oder *pantes*	
pa-te... ma-te-de	*patēr... mātēr de*	(PY An 607)
to-so pa-te	*tos(s)oi pantes*	(KN B 1055)
a-re-ka-sa-da-ra	*Aleksandrā*	
a-re-ku-tu-ru-wo	*Alektruōn*	

ko-ka-ro a-pe-do-ke e-ra$_3$-wo to-so e-u-me-de-i
Kōkalos ape(s)dōke elaiwon tos(s)on E(h)umēde(h)i(PY Fr 1184)

𐀏𐀒	𐀞𐀏𐀙	𐀴𐀪𐀡	𐀂𐀋𐀩𐀊	𐀣𐀯𐀩𐀄
ka-ko	pa-ka-na	ti-ri-po	i-je-re-ja	qa-si-re-u
khalkos	*phasgana*	*tripō̆s*	*(h)iereja*	g^{w}*asileus*
„Bronze“	„Schwerte“	„Dreifuß“	„Priesterin“	„Lokalfunktionär g^{w}.“
𐀡𐀕	𐀶𐀏𐀳	𐀒𐀺	𐀩𐀺𐀵𐀫𐀒𐀺	𐀒𐀷
po-me	tu-ka-te	ko-wo	re-wo-to-ro-ko-wo	ko-wa
poimēn	*thugatēr*	*korwos*	*lewotrokhowoi*	*korwā*
„Hirt“	„Tochter“	„Knabe“	„Badedienerinnen“	„Mädchen“

B.A) Sachideogramme

Den eigentlichen Kern dieser Kurzzeichen stellen die Sachideogramme dar, durch die das betreffende Objekt der wirtschaftlichen Registrierung abgebildet wird, und zwar wird es dies entweder in seinem vollen Umfang, z. B. eine Person, ein Wagen, ein Gefäß, oder es wird durch seine typischen Bestandteile angedeutet, z. B. ein Pferdekopf als konventionelles Symbol des Pferdes, Ziegenhörner als Symbol der (Wild?-)ziege usw. Dabei sind allerdings manche dieser Symbole in hohem Maße schematisiert worden, so daß man oft ihre Bedeutung — wenn überhaupt — nur mühsam durch ein gründliches Studium des Kontextes enträtseln kann.

Die Verwendung der Ideogramme scheint im Bereich der Linear B-Schrift nur für die meisten *Tontafeltexte* (mit Ausnahme der V-Grundserie) typisch zu sein, deren registrierende Funktion dadurch unterstrichen und deren Inhalt veranschaulicht wird. Dagegen hat man auf den *Gefäßscherben* bis jetzt kein sicheres ideographisches Zeichen identifiziert. Erklärbar ist dies aus der völlig anderen Funktion der Gefäßinschriften, die vor allem Herkunfts- oder Eigentumsangaben liefern. Angesichts der Absenz sachideographischer Zeichen auch in den nichtwirtschaftlichen Linear A-Inschriften darf man die Verwendung von Sachideogrammen in beiden Linearschriften für fakultativ halten, um so mehr, als jeder ideographische Begriff problemlos auch auf syllabische Weise ausgedrückt werden kann.

Das Inventar der bisher identifizierten und offiziell registrierten Ideogramme ohne Ligaturen und ähnlicher zusammengesetzter Ideogrammzeichen — jedoch einschließlich der Maßzeichen — beträgt etwa 150 Grundzeichen und stützt sich auf die sogenannte *Wingspread Convention*, Colloquium Mycenaeum Wingspread 1961, S. 258-259, welche später in Salamanca (Acta Mycenaea 1972, Vol. I, S. XX-XXI) und dann in Chaumont (Colloquium Mycenaeum 1979, S. 15) und in Nürnberg/Würzburg (Res Mycenaeae 1983, S. 415) ergänzt und präzisiert wurde (s. Abb. 39 auf S. 114, 115). Während die Nummern 1-99 im Linear B-Inventar für Syllabogramme vorbehalten bleiben, bezeichnet man die Ideogramme mit den Nummern ab 100 (d. h. 100-299); zum Unterschied von den Syllabogrammen schreibt man vor dem Ideogramm ein Sternchen (oben) und druckt es des öfteren in Kursivschrift, z. B. **100*. Falls das Ideogramm bereits gedeutet worden ist, fügt man den Sachbegriff in der konventionellen lateinischen Übersetzung hinzu, wobei man gewöhnlich die ersten drei Buchstaben des lateinischen Wortes in großen Buchstaben der Kursivschrift schreibt (z. B.

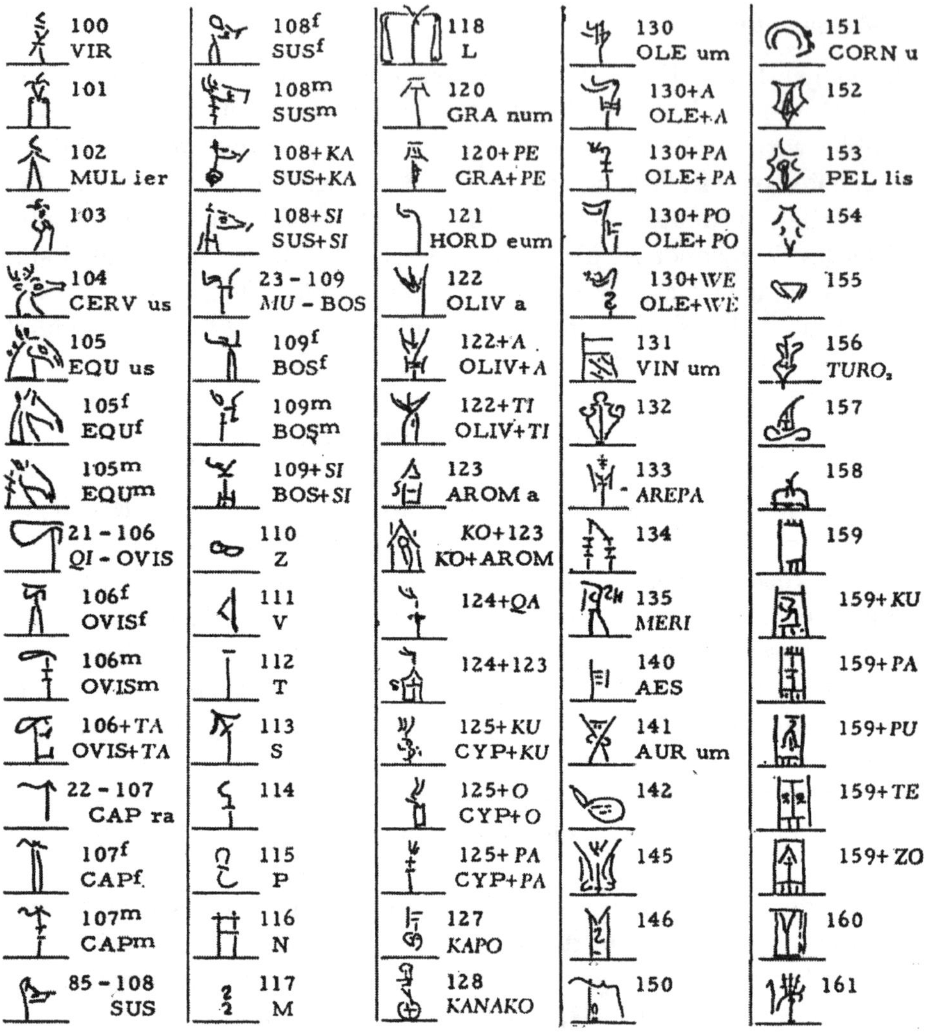

Abb. 39. Verzeichnis der mykenischen Ideogramme

**100 VIR*, **102 MULier*).[68] Falls ein Syllabogramm auch ideographische Funktion aufweist (s. S. 118ff.), wird es durch seine betreffende Nummer (allerdings mit Sternchen und in Kursivschrift) bezeichnet, wobei man den betreffenden Silbenwert (wieder mit Sternchen und in Kursive), bzw. auch

[68] In diesem Buch werden wir jedoch bei der Darstellung der Ideogramme meistens auf die Kursive verzichten. Oft schreiben wir hier auch den vierten Buchstaben groß, z. B. bei OVIS, LANA, TELA, AMPHora usw.

die konventionelle lateinische Übersetzung hinzufügen kann, z. B. **30* **NI FICus*.

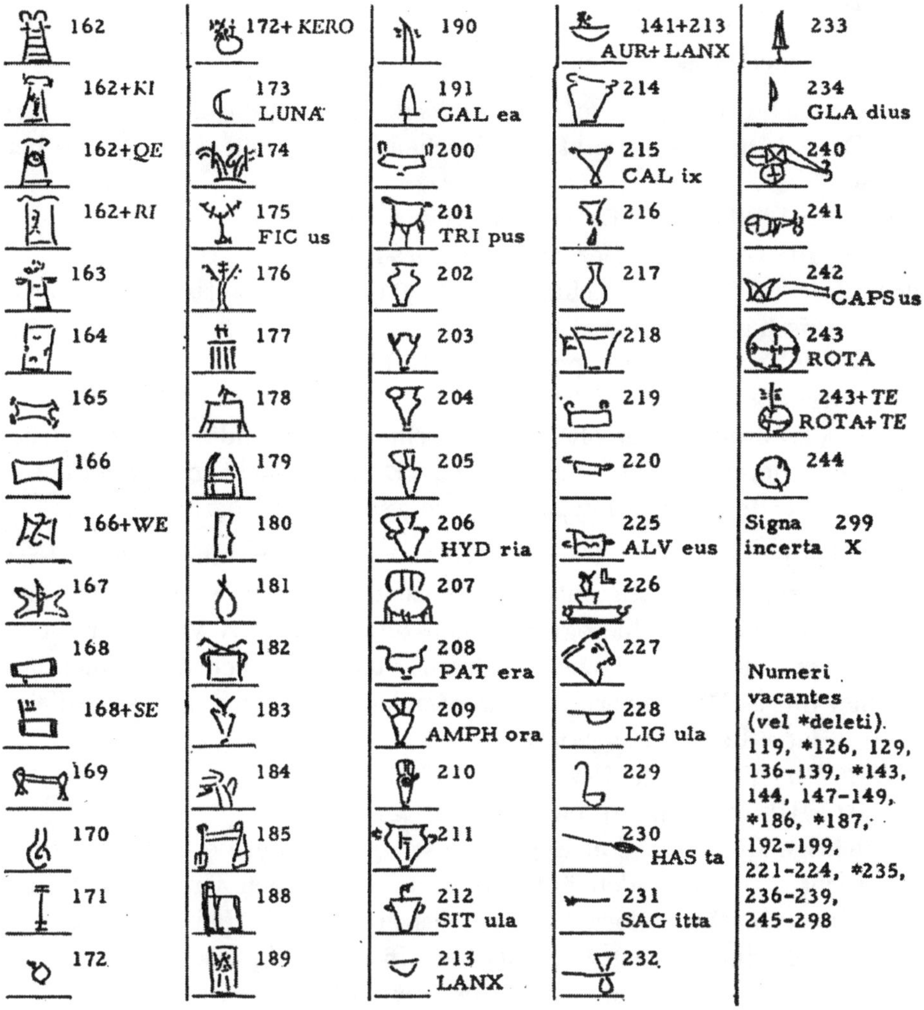

(nach *Acta Mycenaea*, Salamanca 1972, vol. I, S. XX-XXI).

Da man jedoch im Laufe der Entwicklung der mykenischen Palastverwaltung die bestehenden ideographischen Zeichen stets auf verschiedene Weisen modifizierte, ergänzte und kombinierte, bzw. gelegentlich völlig neue Kurzzeichen zu schaffen versuchte, enthält die aktuelle Liste der ideographischen Zeichen neben den Grundideogrammen auch eine Anzahl von weiteren, meistens verschiedenartig kombinierten Zeichen ideographischer

Funktion, die man alle zusammen in folgende Haupt- und Unterklassen einteilen kann (Abb. 40 auf S. 118 und Abb. 41 auf S. 124):

1. Echte Ideogramme

1.a) Einfache Ideogramme

α) Einfache Ideogramme *naturalistischer*, rein piktographischer Art, deren Bedeutung aus der piktographischen Darstellung einleuchtend hervorgeht,

z. B. *201 TRIpus als Bezeichnung eines Dreifußes,
oder *105 EQUus als Bezeichnung eines Pferdes.

Solche Zeichen folgen manchmal vorangehenden semantisch gleichwertigen, syllabisch geschriebenen Wörtern,

z. B. PY Ta 641: ... ti-ri-po-de ... *201 TRIpus 2
= „Dreifüße" (Dual) DREIFUSS 2.

Diese Ideogramme werden oft durch verschiedene sekundäre Zusatzzeichen modifiziert, deren Herkunft und sachliche Deutung nicht immer völlig klar ist (s. 1.b, bei der Erörterung „zusammengesetzter" Ideogramme).

β) Eine nahestehende Teilgruppe einfacher Ideogramme *schematisierter Art*, deren Bedeutung entweder — ausnahmsweise — mit Hilfe ihrer mehr naturalistischen hieroglyphischen oder Linear A-Vorbilder zu erschließen ist oder — meistens — nur aus dem sachlichen Zusammenhang einzelner Linear B-Texte ermittelt werden kann. Zu den gut verständlichen Ideogrammen dieser Art gehören

z. B. *100 VIR als die Bezeichnung für „Mann",
*102 MULier als die Bezeichnung für „Frau".

Ihre richtige Interpretation und gegenseitige Differenzierung erfolgte jedoch nicht nur durch den äußeren piktographischen Unterschied (d. h. durch den typischen Glockenschnitt des Frauenrocks bei *102 MULier), sondern auch durch den grammatischen Unterschied zwischen den maskulinen und femininen Genusformen bei den Adjektiven, Partizipien usw., mit denen diese Ideogramme in Zusammenhang stehen. Vgl.

z. B. PY An 1 e-re-ta pe-re-u-ro-na-de i-jo-te
= *eretai Pleurōnade iontes*
„Ruderer, die nach Pleuron fahren (sollen)".

Im weiteren Text folgt dann eine Anzahl von Toponymen; nach jedem steht das Ideogramm *100 VIR immer mit einem Zahlzeichen, das die Zahl der entsandten Ruderer ausdrückt. Die maskuline Form *iontes* steht hier in voller Kongruenz mit dem Ideogramm VIR; vgl. S. 503.

Viel schwieriger war die Unterscheidung einiger Tierideogramme. Während das Ideogramm *105 EQUus, und wohl auch die Ideogramme *104 CERvus „Hirsch“ bzw. *108 SUS „Schwein“, recht gut identifizierbar sind, konnte die Identifizierung von anderen erst nach einer gründlichen Textanalyse erfolgen (z. B. bei *106 OVIS, *107 CAPer, *109 BOS). Ähnlich wurden auch manche landwirtschaftlichen Produkte und andere Warensorten nur mit Hilfe verschiedener scharfsinniger Überlegungen identifiziert, z. B. im Fall von *120 GRAnum „Korn, Getreide“, *121 HORdeum „Gerste“, *122 OLIva „Olive“, *130 OLEum „Öl“, *145 LANA „Wolle“, *159 TELA „Stoff“. Bei ihrer Identifizierung half oft die Berücksichtigung des Kontextes. So findet man z. B.

in KN Ld 571 nach pa-we-a *pharwe(h)a* (von φᾶρος „Kleid“) am Textende das Ideogramm *159 TELA „Stoff“,

in PY Jn 320, 11 nach ka-ko *khalkos* „Erz“ das Ideogramm *140 AES „Erz“,

in PY Fr 1184 unter e-ra$_3$-wo *elaiwon* „Öl“ das Ideogramm *130 OLEum „Öl“ (in Ligatur mit WE).

Sowohl die naturalistischen als auch die schematisierten Ideogramme können durch verschiedene sekundäre Zusätze sowohl ideographischen als auch syllabographischen Charakters weiter modifiziert bzw. spezifiziert werden (s. weiter sub 1.b).

γ) Einfache Ideogramme, die zugleich eine syllabographische Funktion aufweisen. Einige Linear B-Zeichen werden nicht nur als Syllabogramme, sondern auch als Ideogramme verwendet, z. B. das Syllabogramm Nr. *30 NI, das zugleich in der ideographischen Variante *175 FICus vorkommt. Da man dank *Günter Neumann* (1962) weiß, daß eine Feigensorte im griechischen Dialekt des alten Kreta *nikuleon* hieß, kann man die Hypothese aufstellen, daß das einstige, offensichtlich schon vorgriechische piktographische Zeichen für Feige nach dem akrophonischen Prinzip sekundär zum syllabischen Wert NI gelangt ist, wobei auch seine ursprüngliche ideographische Verwendung bis in die mykenische Zeit der Linear B-Texte erhalten geblieben ist. Auf diese Weise sind zweifellos auch andere Linear B-Syllabogramme aus älteren, bereits vorgriechischen piktographischen Bildzeichen entstanden. Meistens ist es allerdings hoffnungslos, das konkrete Wort entdecken zu wollen, mit dem das dargestellte Objekt in der minoischen Sprache benannt wurde. In diese Gruppe kann man auch weitere ambivalente Linear B-Zeichen einreihen:

LB-Ideogramme		LB-Syllabogramme	
*NI FICus	„Feige“	Nr.30	NI
*SA LINum	„Flachs/Leinen“	31	SA
*106 OVIs	„Schaf“	21	QI
*107 CAPer	„Ziege“	22	??
*108 SUS	„Schwein“	85	AU
*109 BOS	„Rind“	23	MU
*129 FAR	„Mehl“	65	??
*144 CROcus	„Safran“	33	RA_3

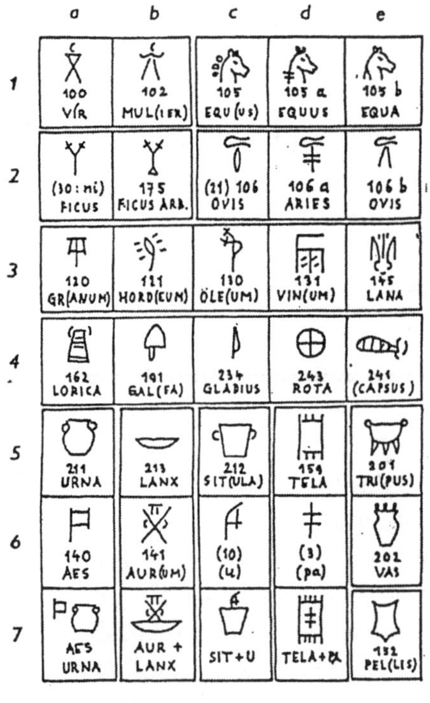

Abb. 40. Ausgewählte LB-Ideogramme (nach *Heubeck* 1966, S. 21).

Die erwähnte Ambivalenz betrifft also auch die wichtigen Tierideogramme OVIS, CAPer, BOS. Während man bislang im ägäischen Raum keine Anhaltspunkte für die Existenz eines Wortes für „Schaf“ hat, das im Anlaut k^wi, g^wi (bzw. *ki, pi, ti, gi, bi, di*, usw.) aufweist, setzt der Silbenwert MU bei *109 BOS ein altkretisches onomatopoetisches Wort für „Rind“ voraus. Auch das ide. Wort $*g^w\breve{\bar{o}}us$ für „Rind“ mag so gedeutet werden.

Weniger sicher als die obenerwähnten ideographisch-syllabographischen Parallelen ist die hypothetische Gleichsetzung des Ideogramms *120 GRAnum „Korn“ mit dem Syllabogramm 41 SI, obwohl die Annahme, es verberge sich dahinter das griechische (und offensichtlich bereits vorgriechische) Wort σῖτος „Getreide“, verlockend sein mag.

Von diesen ideographischen Zeichen, bei denen ein ursprüngliches Piktogramm nach dem akrophonischen Prinzip zum Ausgangspunkt der ideographisch-syllabographischen Verwendung wurde, müssen allerdings Abkürzungen mancher in den Linear B-Texten oft vorkommender griechischer Wörter strengstens unterschieden werden, z. B. KU statt ku-mi-no *kumīnon*, vgl. κύμινον „Kümmel“, oder A statt a-ro-pa *aloiphā*, vgl. ἀλοιφή

„Salbe“ (s. 2.b). Hier ist keine piktographische Vorstellung, sondern lediglich die syllabische Gestalt des Wortes zum Ausgangspunkt der Kurzschreibung geworden, wobei zwecks Zeitersparnis beim Schreiben nur die erste Silbe des im Kontext oft vorkommenden Wortes geschrieben worden ist. Darüber sub 2.b mehr.

1.b) Zusammengesetzte Ideogramme

Die Zahl der ideographischen Zeichen wird durch eine Menge von Ligaturen und Zufügungen (engl. „*adjuncts*“) erhöht. Eine Ligatur entsteht, wenn zwei oder mehrere Zeichen direkt miteinander zu einer graphischen Einheit verbunden werden; von Zufügungen spricht man, falls durch ein zusätzliches Zeichen das Grundideogramm präzisiert, modifiziert oder spezifiziert wird, wobei beide Zeichen eine deutliche sachliche Einheit bilden.

Man unterscheidet hier vor allem:

α) Eng verknüpfte Gruppen von Ideogrammen, meistens gelegentliche Verbindungen zweier Ideogramme, die zur Bezeichnung einer höheren sachlichen Einheit dienten, wobei der untergeordnete Begriff manchmal in einem kleineren Schrifttyp geschrieben wurde.[69]

z. B. KN K(1) 740,1:	*140 AES („Erz, Bronze“) + *214 URNA^{VAS} + DI (= di-pa, δέπας „Becher“) = (URNA AENEA) „bronzene Vase, bronzener Becher“
oder PY Tn 316:	*141 AURum „Gold“ + *213^{VAS} LANX „Schale“ = (LANX AUREA) „goldene Schale“

Hierher gehört auch die Verbindung eines Ideogramms mit einem syllabischen Monogramm (vgl. S. 121, 2.a), z. B. in KN Gg 705: das syllabische Monogramm ME + RI *meli* „Honig“ + *209^{VAS} AMPHora = „ein Gefäß Honig“.

β) Ideogramme mit zusätzlichen differenzierenden, qualifizierenden oder verdeutlichenden Zeichen — entweder piktographischer oder syllabischer Art (s. Abb. 40, 1-2 auf S. 118):

Ein einfacher Typus zweier bemerkenswerter Zusatzzeichen kommt bei den Ideogrammen verschiedener Haustiere vor. Diese werden oft entweder durch zwei zusätzliche waagerechte Striche (zur Bezeichnung des männlichen Geschlechts) oder durch einen schrägen Strich (zur Bezeichnung des weiblichen Geschlechts) gekennzeichnet: z. B. das Ideogramm

[69] S. Abb. 40, 7ab auf S. 118, bzw. Abb. 41, 1.bα auf S. 124.

*105 EQUus bezeichnet das Pferd ohne Geschlechtsunterschied,
$*105^{m}$ EQUus bezeichnet den Hengst und
$*105^{f}$ EQUus bezeichnet die Stute.

Einen ähnlichen Unterschied gibt es bei den Ideogrammen
*106, $*106^{m}$, $*106^{f}$ OVIS „Schaf", „Widder", „weibl. Schaf",
*107, $*107^{m}$, $*107^{f}$ CAPer „Ziegenbock/Ziege",
*108, $*108^{m}$, $*108^{f}$ SUS „Schwein", „Eber", „Sau",
*109, $*109^{m}$, $*109^{f}$ BOS „Rind", „Stier", „Kuh".

Die zusätzlichen Striche können bildlichen Ursprungs sein (mit einer nachträglichen Schematisierung), oder es kann sich um ein Zusatzzeichen syllabischer Herkunft handeln: die zwei waagerechten Striche erinnern nämlich an das Syllabogramm Nr. 3 mit dem silbischen Wert PA und können als Abkürzung eines heute nicht mehr identifizierbaren mykenischen oder minoischen Wortes aufgefaßt werden, das mit *pa-, ba-, pha-*, usw. anfing und ein Männchen bezeichnete. Die weibliche Modifizierung scheint dagegen piktographischen Ursprungs zu sein: der untere Teil der Varianten $*105^{f}$–$*109^{f}$ erinnert an das Ideogramm *102 MULier (mit dem obenerwähnten typischen kretischen Glockenschnitt des Frauenrocks).

Meistens handelt sich es jedoch sub 1.b um mehr oder weniger verständliche Abkürzungen syllabischer Linear B-Wörter, die den Grundideogrammen hinzugefügt worden sind, um deren Bedeutung zu spezifizieren oder wenigstens zu verdeutlichen. Diese Abkürzungen werden entweder vor dem Ideogramm oder darüber geschrieben — oft wiederum in einem kleineren Schrifttyp — oder werden mit dem ideographischen Zeichen zusammen zu einer Ligatur verbunden. Die Bedeutung der Abkürzung geht aus der ausgeschriebenen Form desselben Wortes in demselben oder einem ähnlichen Kontext hervor. So findet man z. B.

in PY Fr 1225 nach dem syllabischen Ausdruck a-ro-pa *aloiphā* „Salbe"
das Ideogramm *130 OLEum + die Abkürzung A = *aloiphā*.

Von mehreren Dutzend solcher ideographisch-syllabographischen Komplexe hat man bis jetzt mit einer gewissen Sicherheit lediglich etwa 15 interpretieren können, vor allem:

*108 + KA = SUS + *kapros* „Eber" : mit der Bedeutung „Eber",
*108 + SI = SUS + si-a_2-ro *sihalos* „Mastschwein" : „Mastschwein",
*109 + SI = BOS + si-a_2-ro *sihalos*: „Mastvieh",
*130 + A = OLEum + a-ro-pa *aloiphā* „Salbe" : „Ölsalbe",
*130 + PA = OLEum + pa-ko-we *sphakowen* „nach Salbei

duftend“ : „nach Salbei duftendes Öl“,
*162 + KI = TUNica + ki-to *khitōn* „Unterkleid, Rock“ : „Rock“,
*209^{VAS} + A = VAS + a-pi-po-re-we *amphiphorēwes* : „zweihenklige Krüge“,
*212^{VAS} + U = VAS + u-do-ro : *(h)udros* „Wasserkanne“.

In der Verbindung des Ideogramms *209^{VAS} AMPHORA mit dem Syllabogramm A sollte das beigefügte Syllabogramm A nur auf tautologische Weise verdeutlichen, daß es sich tatsächlich um einen *a-pi-po-re-u *amphiphoreus* handelt.

In allen solchen Fällen transkribiert man die syllabische Abkürzung — als Bestandteil des gesamten ideographischen Komplexes — mit großen lateinischen Buchstaben und wird das Gesamtzeichen in der Liste der Ideogramme meistens extra registriert. Die selbständigen, an die Grundideogramme nicht gebundenen Abkürzungen werden dagegen klein geschrieben (und mit Punkt), und man könnte sie als Ideogramme *in statu nascendi* auffassen (s. 2.b).

2. Unechte Ideogramme

2.a) Gruppen von Syllabogrammen, die zu einer quasi-piktographischen Zeichnung zusammengesetzt worden sind (Monogramme).

Während im syllabischen Text die Silbenzeichen gewöhnlich aufeinander folgen — stets in der Richtung von links nach rechts —, werden in vereinzelten Fällen zwei oder drei Syllabogramme, die ein ganzes (oder fast ganzes) syllabisch geschriebenes Wort darstellen, zu einer Ligatur zusammengesetzt, die entweder von unten nach oben oder von oben nach unten verläuft. Diesen Zeichenkomplex nennt man Monogramm. Die sichersten Fälle sind:

*127 ↑ PO:
KA PY An 616+ = *karpoi* (Plur.) „Früchte“,

*128 ↑ KO:
NA
KA MY Ge 608 = *knākos* „Saflor“ (Pflanze),

*133 ↑ PA : | A
RE | RE
A ↓ PA: PY Un 718+ = *aleiphar* „parfümiertes Öl“,

*135 ME
↓ RI: KN Gg 705+ = *meli* „Honig“,

*156 ↓ TU
RO$_2$: PY Un 718+ = *tūrjoi* (Plur.) „Käsestücke“,

*247 ↓ DI
PTE: KN U 8210 = *dipste*(*ra*)? (ohne letzte Silbe) „Tierhaut“.

Diese Ausdrücke kommen auch als normale Linear B-Wörter vor (mit nacheinander folgenden Silbenzeichen), wobei beide Varianten manchmal sogar in Texten nebeneinander stehen, vgl. z. B.:

PY Un 718: tu-ro$_2$ ↓ TU
RO$_2$: 10 = *tūrjoi* (o. *tūrroi*) TU-RO$_2$ 10 =
„Käse KÄSE 10 Stück“

Die Monogramme erfüllen zweifellos eine ideographische Funktion und werden in der offiziellen Liste der Ideogramme als selbständige Zeicheneinheiten registriert.

In all diesen Fällen handelt es sich um Wörter, die im Griechischen gut belegt sind, so daß man die erwähnten Monogramme für Zeichenkomplexe mykenischen Ursprungs halten muß. Ein ähnlicher Zeichenkomplex scheint allerdings auch im Ideogramm *145 LANA verborgen zu sein, das aus zwei aufeinandergestellten Linearzeichen besteht. Nach dem Linear B-Syllabar kann man das Monogramm entweder als MA-RU (von unten nach oben) oder als RU-MA (von oben nach unten) lesen. Man könnte dieses Monogramm für ein Zeichen vorgriechischer, d. h. minoischer Herkunft halten — um so mehr als ein ähnliches Zeichen auch in der Linear A-Schrift vorkommt. Glücklicherweise hat man zu MA-RU auch zwei passende alphabetisch-griechische Parallelen gefunden, und zwar Hesychs Glosse μάλυκες· τρίχες und das Wort μάλλος, das in der Bedeutung „Vlies“ schon bei Hesiod, Erga 234, belegt ist und bald darauf in einer milesischen Inschrift vorkommt. Eine befriedigende indoeuropäische Etymologie hat dieses Wort nicht, vermutlich handelt es sich also auch in diesem Fall um ein Wort minoischer Herkunft, dessen ungefähre lautliche Form durch Zufall auf eine so merkwürdige Weise überliefert wurde (vgl. Abb. 40, 3e auf S. 118, bzw. 41, 2.a auf S. 124).

2.b) Unechte Ideogramme in Form von selbständigen, an Ideogramme nicht gebundenen Abkürzungen syllabischer Ausdrücke. Sie teilen einige typische Besonderheiten mit den echten Ideogrammen, vor allem können sie von Zahlzeichen bzw. Maßzeichen begleitet werden. Vom historischen

Standpunkt aus handelt es sich aber um Syllabogramme, die meistens nur in bestimmten Tafelserien vorkommen.

Als Beispiel einer typischen durch Abkürzungen gekennzeichneten Serie kann die Gewürz-Serie Ge aus Mykene dienen, wo den in einigen Texten vorkommenden Abkürzungen entsprechende voll ausgeschriebene syllabische Ausdrücke in anderen Texten derselben Serie entsprechen (vgl. Abb. 41, 2.b auf S. 124):

So findet man in MY Ge 603 bzw. 604 die Abkürzung *ko.* gegenüber dem syllabisch geschriebenen Ausdruck ko-ri-a_2-da-na *koriha(n)dna* in MY Ge 602 bzw. 605 (κορίαννον „Koriander")

oder die Abkürzung *ku.* gegenüber ku-mi-no *kumīnon* (κύμινον „Kümmel"), sowie

ma. und ma-ra-tu-wo *marathwon* (μάραθον „Fenchel"),
sa. und sa-sa-ma *sāsama* (Plur.) (σήσαμον „Sesam"),
mi. und mi-ta *minthā* (μίνθα „Minze").

In beiden Textgruppen folgen den Gewürzausdrücken Maßangaben über die Mengen der betreffenden Gewürze.

Der quasi-ideographische Charakter dieser Abkürzungen wird allerdings durch die Tatsache geschwächt, daß ein und dasselbe Syllabogramm in verschiedenen Linear B-Serien zur Abkürzung verschiedener syllabisch geschriebener Wörter dienen kann. Während in der Gewürzserie Ge das Syllabogramm KO den Koriander bezeichnet, dient es in der knossischen Personenserie A als Abkürzung von entweder ko-wo *korwos* „Knabe" oder ko-wa *korwā* „Mädchen", und in der pylischen Waffenserie Sh als Abkürzung von ko-ru-to *koruthos* (Gen. Sing.) „Helm". Das bezeugt ein hohes Maß an Improvisation im Gebrauch von Abkürzungen. Dasselbe gilt auch für nähere Bestimmungen von großer verwaltungstechnischer Relevanz wie:

ne. *newos, -ā, -on* „jung"
pa. *palaj(j)os, -ā* „alt"
we. *wetalos* „einjährig"
pe. *perusinwos* „vom vorigen Jahr"
za. *tsāwetes* < **kjā-* + *-*wetes* „von diesem Jahr"
mo. *monwos* „einzeln"
ze. *dzeugos* „ein Paar"
o. *ophēl(l)ōn*? „schuldend" (oder *ophelos* „Schuld").

Diese Abkürzungen bezeichnen sekundäre Eigenschaften der registrierten Objekte und kommen wiederum meistens nur in bestimmten Serien vor, während in anderen Serien dieselben Syllabogramme oft zur Abkürzung

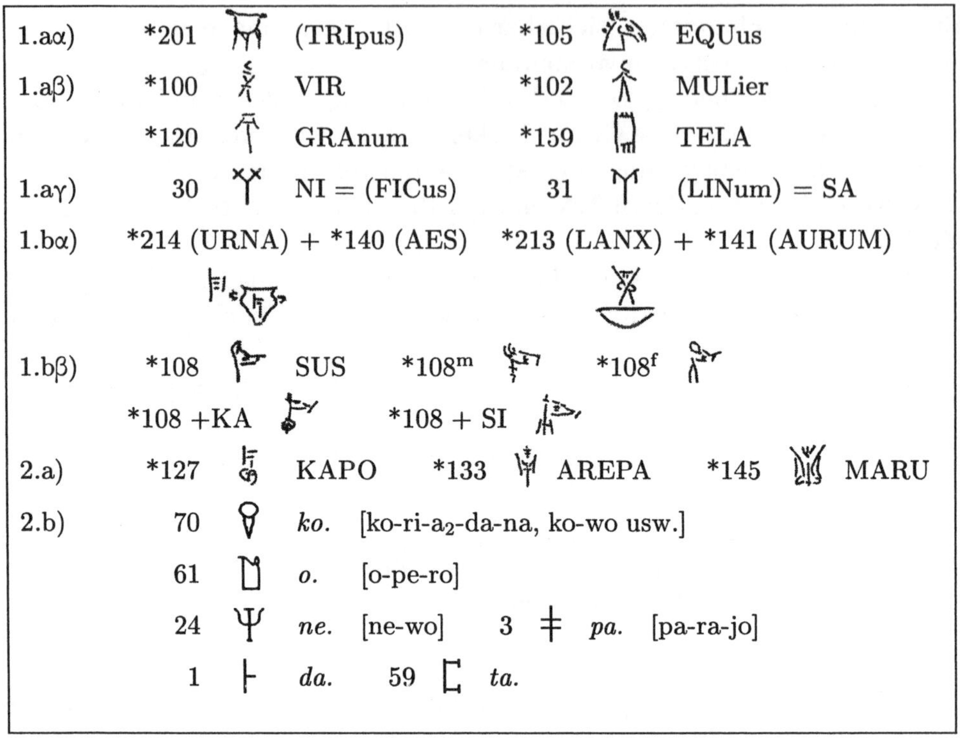

Abb. 41. Übersicht einzelner Unterklassen der Ideogramme.

anderer Ausdrücke dienen. Wegen dieser Ambivalenz sind die selbständig stehenden Abkürzungen in die offizielle Liste der mykenischen Ideogramme nicht aufgenommen worden — obwohl wenigstens einige von ihnen, z. B. die vor allem in der pylischen A-Serie vorkommenden Abkürzungen *da.*, *ta.* für Sklavenaufseher bzw. -aufseherinnen ohne weiteres für Ideogramme *in statu nascendi* gehalten werden können (vgl. auch ma-ka auf S. 440).

Die Klassifizierung der mykenischen Ideogramme hilft vor allem das Linear B-Schriftsystem besser zu verstehen. Den eigentlichen Kern des Systems stellen zweifellos die Syllabogramme dar, während es sich bei den Ideogrammen immer um eine Erläuterung, Verdeutlichung oder Präzisierung des vorangehenden syllabischen Textes handelt. Es fehlen unter den ideographischen Zeichen Ideogramme für abstrakte Begriffe, die Ideogramme scheinen nie in einen syllabographisch ausgeschriebenen Text hineingesetzt zu werden, es fehlen im LB-System auch Determinative, die in den Schriftsystemen des Vorderen Orients das betreffende Objekt in verschiedene semantische Kategorien einordnen. Im großen und ganzen scheint die Verwendung der Ideogramme eng mit der wirtschaftlichen Funktion der LB-Schrift verbunden zu sein.

Andererseits bietet die Erforschung der Linear B-Ideogramme auch einen interessanten Einblick in die Schreibtechnik der mykenischen Palastbeamten und zeigt ihre Improvisationskunst in vollem Licht. Als dringendes Desideratum bleibt allerdings eine gründliche vergleichende Untersuchung des ideographischen Inventars nach den einzelnen Fundorten.[70]

Aus der Klassifizierung der Linear B-Ideogramme kann man endlich auch verschiedene linguistische Schlüsse über die vorgriechische Sprache der kretischen Minoer ziehen. Während die Interpretation der LB-Syllabogramme und ihr Vergleich mit den LA-Zeichen interessante Rückschlüsse auf das minoische phonologische System ermöglichte (z. B. die Absenz einer phonologischen Opposition *stimmlos* × *stimmhaft*, andererseits die Existenz einer Reihe palataler Konsonanten; s. S. 25), konnten wir aus unseren Erwägungen über verschiedene Typen von LB-Ideogrammen auch bemerkenswerte Schlüsse über den minoischen Wortschatz ziehen. Aus dem Obengesagten läßt sich hier zusammenfassen, daß das vorgriechische Wort für „Rind“ mit MU oder einer ähnlichen Silbe anfing, daß das Wort für „Schaf“ ein QI oder etwas ähnliches im Anlaut hatte, daß „Schwein“ im Anlaut den Diphthong AU aufwies, daß die Bezeichnung für Tiere männlichen Geschlechts mit PA oder ähnlich anfing und daß die „Wolle“ im Minoischen etwa MARU oder RUMA hieß. Natürlich sind dies lediglich Vermutungen, die nur einige wenige Wörter betreffen, ohne etwas Genaueres über die Herkunft der minoischen Sprache aussagen zu können.

B) Zahl- und Maßzeichen

1. Die Zahlzeichen:

Das System der mykenischen Zahlzeichen ist dezimal und benützt folgende einfache und verständliche Zeichen:

1	𐄇	100	𐄙
10	𐄐	1000	𐄢
		10000	𐄫

[70] Es existieren bereits Untersuchungen über etliche Gruppen von Sachideogrammen (*F. Vandenabeele – J.-P. Olivier* 1979).

Vgl. auch Abb. 37, 3 auf S. 97.

Wie man beim Zusammenzählen einzelner Zahlenangaben vorging, sieht man klar auf dem pylischen Täfelchen PY Ea 59. Auf dessen Rückseite hat der Beamte durch vertikale Striche die vorläufigen Zahlenangaben verzeichnet, wobei er im Prinzip je fünf von ihnen miteinander verband. Das Täfelchen ist teilweise beschädigt, doch die endgültige Summe blieb erhalten und beträgt 137 Zahleinheiten (vgl. S. 130).

2. Die Gewichts- und Hohlmaßzeichen

Für die Registrierung der Quantität verschiedener Warensorten benötigte das Mykenische noch einige weitere quantitative Zeichen, nämlich solche für

a) Gewichtsmaße (vor allem für Gold und Bronze),
b) Trockenmaße (für Korn, Gerste, Oliven, Feigen, Mehl, Gewürze),
c) Flüssigkeitsmaße (für Öl, Wein, Honig, Salben).

Für die jeweils größte Maßeinheit gibt es sub b) und c) kein eigenes Maßzeichen; dies wird durch das Ideogramm der zu messenden Warensorte (z. B. das für Korn, Öl) in Verbindung mit einem Zahlzeichen ausgedrückt.

2.a) Das Gewichtssystem

Die größte Gewichtsmaßeinheit wird durch das Ideogramm für „Waage" (Nr. *118 PONdus) bezeichnet. Diese Grundeinheit des mykenischen Gewichtssystems war das Äquivalent von 30 kleineren Einheiten des 2. Grades, 4 × 30 Einheiten des 3. Grades, 12 × 4 × 30 Einheiten des 4. Grades und 6 × 12 × 4 × 30 Einheiten des 5. Grades:

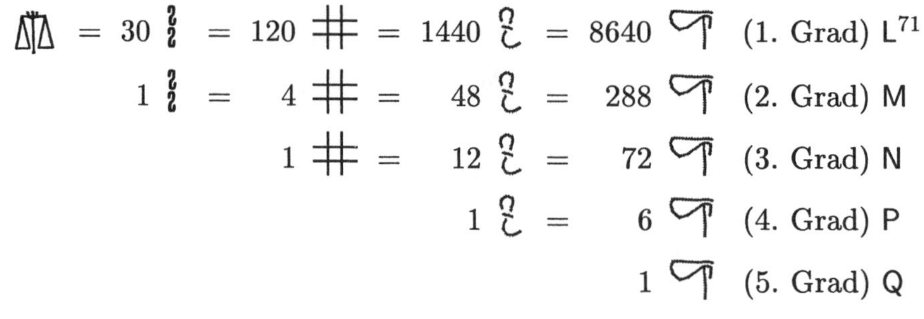

[71] Durch diese Buchstaben werden die betreffenden Maßeinheiten bezeichnet. Die Einheit Q ist ein Sechstel von P (oder noch kleiner).

Dieses System war sexagesimal; es entsprach im Prinzip verschiedenen ähnlichen Gewichtssystemen des Vorderen Orients. Im späteren Griechenland hatte es seine Fortsetzung im Gewichtssystem des klassischen griechischen τάλαντον („Talent"), das allerdings durch den Einfluß des Dezimalsystems bereits etwas verändert worden ist (1 talanton = 60 mnai = 600 drachmai = 6000 oboloi). Der absolute Wert des mykenischen Talents bleibt unsicher (das klassische τάλαντον hatte zwei unterschiedliche, örtlich bedingte Werte, entweder 25,86 oder 37,80 kg), nach *J. Chadwick* 1976, 104, schien er bei 31,44 kg zu liegen.

2.b-c) Die Hohlmaßsysteme

Die Hohlmaßsysteme für Trockenes und Flüssiges waren im Mykenischen ziemlich ähnlich, besonders was ihre schriftliche Darstellung angeht (ihre Gliederung in kleinere Einheiten war allerdings unterschiedlich).

2.b) Im Bereich des Hohlmaßsystems für Trockenes unterschied man im Mykenischen — neben der Grundeinheit (z. B. dem Ideogramm von Korn) — stufenweise drei kleinere Maßeinheiten. Die Grundeinheit, die wohl dem klassischen μέδιμνος entsprach, war das Äquivalent von 10 kleineren Einheiten des 2. Grades (vgl. den klassischen μόδιος, der allerdings nur ein Sechstel des klassischen Medimnos war), 6 × 10 Einheiten des 3. Grades (vgl. den klassischen φοῖνιξ) und 4 × 6 × 10 Einheiten des 4. Grades (vgl. κοτύλη). Der reale Wert der Grundeinheit betrug nach *J. Chadwick* 1976, 106–108, höchstens 96 Liter:

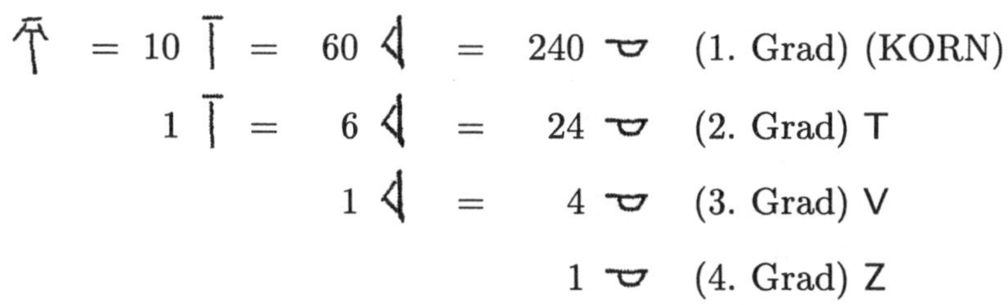

2.c) Das Hohlmaßsystem für Flüssiges war analog, nur entsprach hier die Grundeinheit (von Wein in diesem Fall) lediglich 3 kleineren Einheiten des 2. Grades. Deshalb betrug die „flüssige" Grundeinheit etwa ein Drittel der „trockenen" Grundeinheit, d. h. ca. 28,80 Liter nach *J. Chadwick* 1976, 108. Dieses Maßsystem besaß die folgende Gestalt:

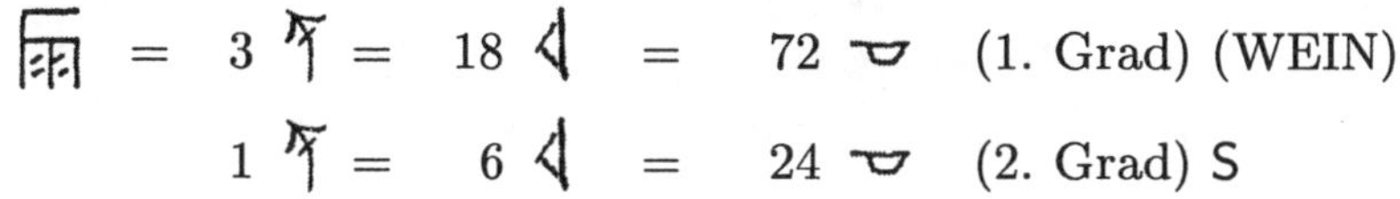

1  = 4  (3. Grad) V

1  (4. Grad) Z

C. Die Hilfszeichen

A) Nach jedem Wort, das nicht am absoluten Ende des Textes stand, schrieb man gewöhnlich in der oberen Hälfte der Zeile einen vertikalen Strich. Über die Unterschiede bei der Worttrennung zwischen Mykenisch und klassischem Griechisch s. S. 128f.

B) Die ökonomischen Angaben wurden bei der Kontrolle durch ein Verifikationszeichen versehen, das allerdings nicht zum Schriftsystem gehört.

D. Die Worttrennug

Selbständige Wörter werden in der LB-Schrift in der Regel durch vertikale Striche voneinander getrennt. Doch auf eine solche Worttrennung wird ziemlich oft verzichtet, und zwar meistens in folgenden Fällen:

1. Enklitika und Quasi-Enklitika: Diese werden oft zusammen mit dem vorhergehenden Wort geschrieben, vor allem die kopulative Partikel -qe k^w*e* = τε „und“ und die adversative Partikel -de *de* = δέ „aber“; doch vgl. auch PY Ep 704.5 da-mo-de-mi ... pasi *dāmos de min phāsi* „die Gemeinde aber sagt über sie ...“.

2. Proklitika und Quasi-Proklitika: Das oben Gesagte betrifft auch die satzeinleitenden Proklitika jo-/o- *jō(s)/(h)ō(s)* bzw. *(j)ōd/(h)ōd* = ὡς, ὥς sowie die Negation o-u/o-u-ki *ou/oukhi*, vgl. οὐκ, οὐχί.

3. Scriptio continua ist auch in häufig vorkommenden Verbindungen von anderen Wörtern belegt. Hierher gehören:

a) Zweigliedrige kultische Namen:

a-ne-mo-i-je-re-ja oder a-ne-mo i-je-re-ja (KN) *anemō(n) (h)ierejja* „Priesterin der Winde“,

a-ta-na-po-ti-ni-ja (KN) *Athānāi* oder *Athānās potniāi* „der Herrscherin Athana“ bzw. „von Athen“,

si-to-po-ti-ni-ja *Sītōi* oder *sītōn potniāi* (MY) „der Herrscherin Sito“ oder „... der Getreide“ = der Göttin Demeter.

pa-si-te-o-i (KN, sehr oft) *pansi the(h)oi(h)i* „allen Göttern“.

Vgl. auch e-re-wi-jo- (PY) und u-po-jo-po-ti-ni-ja (PY).

b) Zweigliedrige Toponyma:

ti-mi-to-a-ke-e oder ti-mi-to a-ke-e bzw. ti-mi-to a-ḳẹ-ị PY *Tirminthōn anke(h)ei* oder *-anke(h)i* „im Tal der Terpentinbäume“ (vgl. S. 203).

Vgl. auch mo-ro-ko-wo-wo-pi neben ke-ra-ti-jo-jo wo-wo (PY) mit *worwos, worwophi* „Grenze“ und ru-ke-wo-wo-wi-ja neben ne-wo-ki-to wo-wi-ja (PY) mit *worwiā̆* (NSgF oder NPlN) „Grenzgebiet“.

c) Adj. + Subst.:

pa-si te-o-i (s. oben).

d) Vatersname im Gen. oder patronymisches Adjektiv + Verwandtschaftsbezeichnung:

pa-se-ri-jo-ko-wo MY *P-ō korwos* „Sohn des P.“.

e) Pron. + Adj./Subst.:

to-so-pa *tos(s)os pans, tos(s)on pan* „soviel alles zusammen“,
to-so-ku-su-pa *tos(s)on ksumpan* „soviel alles zusammen“,
to-to-we-to *toto wetos* ASgN neben to-to we-to „in diesem Jahr“.

Vgl. auch we-te-i-we-te-i *wete(h)i wete(h)i* (PY) „von Jahr zu Jahr, jedes Jahr“.

f) Subst./Adverbialausdruck + Verb:

te-ko-to-na-pe bzw. te-ko-to-a-pe (wenn nicht Ortsname, s. S. 247 und 312) *tektōn apēs* PY „der Baumeister war abwesend“,
e-ke-pu-te-ri-ja neben e-ke pu-te-ri-ja *ekhei phutēriān* KN „... besitzt einen Garten“,
ta-pa-e-o-te *tarpha e(h)ontes* KN „oft seiend“,
o-ta-pa-ro-te-wa-ro MY *(h)onta paro T.* „bei/von T. gehend“.

g) Präpos. + Subst.:

o-pi-qi-na *opi* k^w*ināi* „zur Bezahlung“,
pa-ro-da-mo neben pa-ro da-mo (PY) *paro dāmōi* „bei/von der Gemeinde“.

h) Subst. + Adj.:

ko-to-na-ki-ti-me-na neben ko-to-na ki-ti-me-na (PY) *ktoinā ktimenā* „bebautes Land“.

i) Auch lange ungedeutete Verbindungen:

a-ni-ja-e-e-ro-pa-jo-qe-ṛọ-ṣạ PY oder di-we-si-pọ-ṛọ-ti-mi-to-qo-[PY.

j) Umgekehrt werden Trennungsstriche manchmal wider Erwarten gesetzt:

a-pu ke-ka-u-me-ṇọ[statt des zu erwartenden

*a-pu-ke-ka-u-me-no „abgebrannt".

Anm. Gelegentlich kann es sich auch um spezifische Gewohnheiten eines bestimmten Schreibers handeln (vgl. z. B. die Hand Nr. 2 in Pylos). Vgl. weiter vor allem *Y. Duhoux* 1999.

Die Neuerscheinungen zu weiterem Lesen (Kap. V)

Über die neuesten, wenn auch nicht allgemein akzeptierten Versuche, einige nicht gedeutete Syllabogramme mit syllabischen Werten auszustatten, s. *K.T. Witczak* 1992c (Nr. *47 = a_4), *K.T. Witczak* 1994a (Nr. *76 = ri_2), *M. Lejeune - L. Godart* 1995 (Nr. *56 = ko_2), *C. Consani* 1995 (Nr. *42 = *wo*), *M. Negri* 1992a, 1994 (Nr. *31 = *sa*); eine tiefergehende Analyse größerer Komplexe des syllabographischen Systems bei *A. Leukart* 1992, *A. Panayotou* 1992, *D. Gary Miller* 1994, *Cl. Brixhe* 1996a, *G. Neumann* 1996, *G. Owens* 1991–93, sowie *F.W. Schwink* 1991, zur Worttrennung hat Interessantes *M. Reichler Béguelin* 1992 und *Y. Duhoux* 1999 beigetragen, mit der Deutung ausgewählter Ideogramme beschäftigten sich *R. Palmer* 1994, *E. Bonanni Martinotti* 1996 sowie *M.Ch. Di Filippo* 1996 und *M. Negri* 1997. *Y. Duhoux* 1996b untersuchte die „quasi-alphabetische" Reihenfolge der einzelnen Syllabogramme in verschiedenen Listen und Verzeichnissen.

Die Problematik der LB-Zahlzeichen hat *M. Negri* 1995a erörtert, zu den Maßzeichen s. *N.F. Parise* 1994b und 1996.

Vgl. auch *J.T. Hooker* 1991, *P. Dardano* 2000 und *Floreant* 1999; s. auch *Thèbes* 2002, S. 359–361.

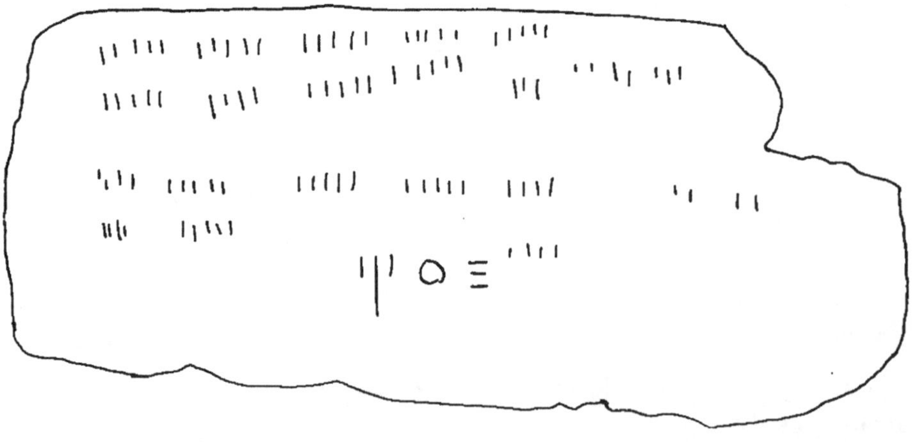

Abb. 42. Das Täfelchen Ea = Eq 59rev (Rückseite) (nach *Bennett* 1955, S. 9, und *PTT* I, S. 83).

VI. Lautlehre

A. Vokalismus

Das vokalische System

Das mykenische Vokalsystem ist m. E. am ehesten noch durch die ursprüngliche urgriechische Gestalt sowie durch die gegenseitige Parallelität des kurz- und langvokalischen Systems mit je fünf Phonemen gekennzeichnet (doch s. S. 146f.).

i				u	ī				ū
	e		o			ē		ō	
		a					ā		

Es handelt sich um Systemverhältnisse, die in der klassischen Periode der altgriechischen Sprachentwicklung für mehrere nicht ionisch-attische Dialekte typisch sind, z. B. für das Lakonische (Lakonien mit Sparta), das Arkadische (im Zentrum des Peloponnes) und vielleicht das Kyprische, sowie für die äolischen Dialekte, vor allem für das Lesbische. Das Attische dagegen besitzt im 4. Jahrhundert v. Chr. ein komplizierteres Lautsystem mit 5 kurzen Vokalen (einschließlich des umgelauteten /ü/ aus /u/) und mit 7 langen Vokalen (mit /ā/, mit offenem /ę̄/ in ἔθηκε [*ethę̄ke*], geschlossenem /ẹ̄/ in εἰμί [*ẹ̄mi*] aus **esmi*, halboffenem /ō/ in ἔδωκε [*edōke*], geschlossenem /ū/ in βουλή aus **bolsā*, umgelautetem /ǖ/ aus /ū/ und mit /ī/):

i		ü		ī			ǖ		ū
	e		o		ẹ̄			ō	
		a				ę̄	ā		

Dabei sind im Mykenischen einige marginale Lautveränderungstendenzen nicht ausgeschlossen, die man an auffälligen orthographischen Besonderheiten erkennen kann, wie z. B.:

– *i* statt *e*: di-pa *dipas,* vgl. δέπας „Becher“; vgl. ähnliche Tendenzen im Arkadischen und Kyprischen, aber teilweise auch in äolischen Dialekten (nach *O. Panagl*, ŽA 25, 1975, 422-431 vor und nach Labial);

– *u* statt *o*: a-pu *apu,* vgl. att. ἀπό, aber ark.-kypr. ἀπύ, a-pu (hier kann allerdings das *u* ererbt sein).

Man könnte diese Erscheinungen als eine allgemeine Tendenz zur Hebung der kurzen Vokale auffassen, doch im Prinzip handelt es sich um vereinzelte, eher lexikalisch bedingte Phänomena, so daß eine einheitliche Erklärung vorerst nicht möglich erscheint.

Die Vokale:

Kurze Vokale:

/a/: z. B. a-ke-ro *angelos* „Bote", a-re-ku-tu-ru-wo *Alektruōn* (Personenname) „Hahn?"[72], pa-te *pantes* „alle" oder *patēr* „Vater", a_2-te-ro *hateron* „das andere", pa-we-a_2 *pharweha* NPl „Gewebe, Stoffe, Mäntel, Kleidungsstücke".

/a/ alterniert mit /o/ in Verbindung mit der Substitution von silbischen Sonanten /r̥/, /m̥/, /n̥/; vgl. S. 135f.

/e/: z. B. a-ne-mo *anemōn* GPl „Wind", -de-ka-sa-to *deksato* (Aor.) „erhielt", e-ra-wo *elaiwon* „Olivenöl", re-qo-me-no *leik^{w}omenoi* (Part. Präs. Med.) „hinterlassene", re-u-ko *leukos* „weiß", we-to *wetos* „Jahr".

/e/ steht in einigen Wörten für alphabetisches /i/: ku-te-so *kutesōi* (D-I) „Ebenholz", vgl. κύτισος, i-pe-me-de-ja = Ἰφιμέδεια?; es scheint gelegentlich mit /i/ zu alternieren, so in a-te-mi-to *Artemitos* GSg, a-ti-mi-te *Artimitei* DSg, vgl. Ἄρτεμις, und in einigen weiteren Eigennamen. Beim alternierenden Ausgang -i *-i*/-e *-ei* im Dat. Sing. der 3. Deklination handelt es sich um zwei verschiedene Endungen (s. S. 226f.); auch im Falle der alternierenden Adjektivsuffixe *-e-o, -e-jo, -i-jo* handelt es sich vielleicht um verschiedene, wenn auch verwandte Suffixe.

/i/: z. B. a-sa-mi-to *asaminthos* „Badewanne", i-jo-te *iontes* (Part. Präs.) „gehende", ki-ti-ta *ktitai* NPl „Ansiedler", ki-to *khitōn* „Kleid", ti-ri-po *tripŏ̄s* „Dreifuß".

/i/ steht ausnahmsweise für /e/ in di-pa *dipas* „Gefäß", vgl. δέπας „Becher" (und vielleicht auch in einigen Eigennamen).

/i/ steht für /u/ in mo-ri-wo-do *moliwdos* „Blei", vgl. μόλυβδος (doch auch μόλιβος!).

/o/: z. B. a-pi-po-re-we *amphiphorēwes* NPl „Amphoren", e-ko-te *ekhontes* (Part. Präs.) „habende", o-pe-ro *ophelos* „Schuld" oder to-so-de *tos(s)oide* „so viele".

/o/ alterniert mit /a/ in Verbindung mit der Substitution von silbischen Sonanten /r̥/, /m̥/, /n̥/; vgl. S. 135f.

/u/: z. B. a-pu-do-si *apudosis* „Abgabe", e-ru-ta-ra *eruthrā, eruthrai* NSg/PlF „rot", ku-mi-no *kumīnon* „Kümmel", tu-ka-te *thugatēr* „Tochter".

---

[72] Falls die Hühnerhaltung bei den Griechen bereits bekannt war.

/u/ scheint für /i/ im Toponym u-ta-no (= Ἴτανος) zu stehen (vgl. auch oben sub /i/). Die Alternationen mit /o/ sind meistens unsicher.

Lange Vokale:

/ā/: a-ni-ọ-ko *(h)āni(h)okhos* „Wagenlenker“, a-ra-ka-te-ja *ālakatejjai* NPl „Spinnerinnen“, da-mo *dāmos* „Gemeinde“, ka-ru-ke *kārūkei* DSg „Herold“, ma-te *mātēr* „Mutter“.

Das urgriechische lange /ā/ ist also nicht in ein überoffenes /ǣ/ übergegangen, wie dies später im ionisch-attischen Raum der Fall war.

/ē/: e-re-mo *erēmon* „Ödland“, ka-ke-we *khalkēwes* NPl „Schmiede“.

Über die Möglichkeit, daß ein langes /ē/ bereits durch die älteste Ersatzdehnung aus *-erj-*, *-elj-*, *-ers-*, *-els-*, *-ems-*, *-ens-* u. a. entstanden ist (z. B. in a-ke-re: vgl. att. ἀγείρει; o-pe-ro-si: vgl. att. ὀφείλουσι; a-ke-ra_2-te: vgl. att. ἀγείραντες oder ἀγγείλαντες), s. S. 146f. Andererseits dürfte die zweite Ersatzdehnung in den Ausgängen *-ensa, -onsa, -ansa* bzw. in *-nsi* oder in *-ens, -ons, -ans* (z. B. in o-pe-ro-sa *ophĕ̄l(l)onsa*, e-ko-si *ekhonsi*, a_3-ka-sa-ma *aiksmans* APl „Lanzenspitzen“) noch nicht stattgefunden zu haben. Vgl. S. 146.

/ī/: si-to *sītos* „Getreide“.

/ō/: a-to-ro-qo *anthrōk^{w}ōi* DSg „Mensch“, do-se *dōsei* Fut. „wird geben“, qo-o *g^{w}ōn(s)* ASg/Pl „Ochsen“.

Vgl. auch bei /ē/ über die zweite Ersatzdehnung.

/ū/: su-ra-se *sūlāse* Aor. „nahm weg, raubte“.

Die Diphthonge

Kurzdiphthonge:

Das System der Langvokale wird durch den Komplex der Kurzdiphthonge begleitet, der im Altgriechischen, wie in anderen indoeuropäischen Sprachen, als Reservoir weiterer Langvokale zur Verfügung steht:

ei		oi		eu		ou	
	ai				au		ui

Im Mykenischen sind die ie. Diphthonge offensichtlich noch alle bewahrt, obwohl die schriftliche Bezeichnung der zweiten Komponente in der Linear B-Schrift oft ausbleibt (vor allem bei den *i*-Diphthongen; vgl. S. 107f.).

Über den phonologischen Wert dieser Diphthonge kann man kaum etwas Bestimmtes sagen; für ihre eventuelle phonemische Selbständigkeit gibt es keine schwerwiegenden Argumente. Es handelte sich eher um zweiphonemige Verbindungen vom Typ /*a*/ + /*i*/, wie es auch bei den alten Langdiphthongen vom Typ /*ā*/ + /*i*/, z. B. im Dat. Sing. der *ā*-Stämme, der Fall war (die Langdiphthonge wurden in der LB-Schrift von den Kurzdiphthongen nicht unterschieden).

Stehen *i*- bzw. *u*-Diphthonge vor einem folgenden *j* bzw. *w*, bedeutet dies *de facto* das Auftreten eines geminierten intervokalischen *j* bzw. *w*. In diesen Fällen wird hier — in Übereinstimmung mit der sonstigen Praxis bei der Wiedergabe von Geminaten — *jj* bzw. *ww* (statt *i* oder *ij* bzw. *u* oder *uw*) geschrieben.

/ai/, geschrieben als -A-, -A_3-, -A-I-, -A-J- bzw. -RA_3: ki-ti-ta *ktitai* NPl „Siedler", a_3-ka-sa-ma *aiksmans* APl „Lanzenspitzen", e-ra-wo oder e-ra_3-wo *elaiwon* „Öl", pa-i-to *Phaistos* (Topon.), pa-ra-jo *palaj(j)oi* NPl „alt".

/ei/, geschrieben als -E-, -E-I-, -E-J-: re-qo-me-no *leik*^{w}*omenoi* NPl (Part. Präs. Med.), di-we *Diwei* DSg „dem Zeus", i-je-re-ja *(h)ierejja* „Priesterin".

/oi/, geschrieben als -O-, -O-I-, -O-J- bzw. RO_2: ko-to-na oder ko-to-i-na *ktoinā* „Boden, Grundstück", po-me *poimēn* „Hirt", tu-ro_2 *tūrjoi* (o. *tūrroi*) NPl „Käse", wo-no *woinos* „Wein", wo-i-ko-de *woikonde* „ins Haus".

/au/, geschrieben -A-U-, AU-: ke-ka-u-me-ṇọ[*kekaumenos* (Part. Perf. Med.-Pass.) „abgebrannt", na-u-do-mo *naudomoi* NPl „Schiffsbauer".

/eu/, geschrieben -E-U-, -E-W-: e-u-ke-to *eukhetoi* (3. Sg. Präs.) „erklärt, verkündet", e-re-u-te-ro *eleutheros* „frei", re-u-ko *leukos* „weiß", e-we-pe-se-so-me-na *eu(h)epsēsomena* NPl (Part. Fut. Med.) „gut ausgekocht", ze-u-ke-u-si *dzeugeusi* DPl „Gespannführer".

/ou/, geschrieben -O-U-: a-ro-u-ra *arourans* APl „Ackerland", o-u *ou* „nicht" (Neg. Part.).

/ui/, geschrieben -U-J-: a-ra-ru-ja *ararujja* (Part. Perf. Akt. Fem.), -u-jo *(h)ŭ̄jōi* DSg „Sohn".

Langdiphthonge:

Auch Langdiphthonge kann man für das Mykenische postulieren, besonders im Dat. Sing. der *ā*-Stämme, vgl. z. B. a-ta-na-po-ti-ni-ja *Athānāi Potniāi* DSg „der Athene Potnia", doch beweisbar ist ihre Existenz nicht; es könnte sich in diesen Fällen auch um die kurzdiphthongische Endung des Lokat. Sing. auf *-ai* (vgl. das *-oi* der *o*-Stämme) handeln, wie man diese in einigen Dialekten des 1. Jhs. v. Chr. wiedergefunden hat.

Substitution von silbischen Sonanten:

Die ie. silbischen Sonanten /*r̥*/, /*l̥*/, /*m̥*/, /*n̥*/ wurden im Mykenischen nicht bewahrt;[73] ihre mykenischen Weiterentwicklungen wurden entweder durch eine *a*-Färbung oder eine *o*-Färbung gekennzeichnet:

/r̥/: pa-we-a, pa-we-a_2 *pharweha* < **bhr̥wes-a* „Gewebe, Stoffe usw.", tu-ka-ṭạ-ṣị *thugatarsi* DPl „den Töchtern", a-no-qo-ta *Anork*^{w}*hontās* < **anr̥-* (Personenname), vgl. Hom. ἀνδρειφόντης „männermordend", qe-to-ro-po-pi *k*^{w}*etropopphi* < **k*^{w}*etr̥-* „mit vier Füßen", vgl. att. τετρα-, to-pe-za *torpedza* < **(k*^{w}*)tr̥-* „Vierfuß, Tisch", vgl. att. τράπεζα;

/l̥/: pa-ra-to, falls = Πλάτων;

/m̥/: a_2-te-ro *hateron* < **sm̥-* „das andere", vgl. att. ἕτερος, a-pi-qo-to *amphig*^{w}*otos* < **-g*^{w}*n̥-tos* „von beiden Seiten zugänglich" (doch vgl. auch die Deutung ἀφικτο- *R. Plath* 1999; s. S. 334);

/n̥/: a-ki-ti-to *aktitos* < **n̥-* „unbewohnt?" (mit α-*privativum*), a-pe-a-sa *ape(h)as(s)ai* < **ap-es-n̥t-jai* „nicht anwesende" (Fem.); nach Labialen (*p, b, ph, m, w, k*^{w}*, g*^{w}*, k*^{w}*h)* allerdings kommt das /*o*/ häufiger vor: e-ne-wo- *ennewo-* < **-newn̥-* „neun-", vgl. att. ἐννέα, a-no-wo-to *an-ōw(w)oton* < **an-ōusn̥-ton* „ohne Henkel", vgl. ἀνούατον Theokr., a-re-po-zo-o *aleiphodzo(h)os, -ōi* neben a-re-pa-zo-o *aleiphazo(h)os, -ōi* < **aleiphn̥(t)-*, vgl. a-re-pa *aleiphar*, d. h. ἄλειφαρ, -ατος < **-n̥tos* „Salbe", oder pe-ma *sperma* neben dem häufigeren pe-mo *spermo* < **spermn̥* „Same, Saat", vgl. σπέρμα.

Unter den späteren griechischen Dialekten wird die *o*-Färbung im Äolischen und Arkado-Kyprischem bevorzugt, während das Attische und das Dorische meistens *a*-Formen aufweisen.

Ablaut

Die für das alphabetische Griechisch typischen Ablautsverhältnisse gelten auch für den mykenischen Dialekt.

[73] Doch vgl. *A. Heubeck* 1972. In allgemeinem vgl. z. B. *A. Morpurgo Davies* 1968c, *M. Lejeune* 1972a, 197ff., *J.L. García Ramón* 1985, 195ff.

Einige Beispiele:

Urgriech. Wurzel	*e*-Stufe	*o*-Stufe	*Null*-Stufe
**pher-* „tragen“ (φέρειν)	pe-re **pher***ei* 3. Sg. „er trägt“	ka-ra-wi-po-ro *(klāwi)***phor***os* „Schlüsselverwahrerin“	
**dem-* „bauen“ (δέμειν)	de-me-o-te **dem***e(h)ontes* Part. Fut. Akt.	na-u-do-mo *(nau)***dom***oi* „Schiffsbauer“ do-de *dō(n)-de* „ins Haus“ (Dehnstufe!)	
**k^wel-* „drehen“ (vgl. πέλεσθαι „sich bewegen, werden, sein“)	]qe-ro-me-no **k^{w}el***omenoi* Part. Präs. Med. „seiende“	a-pi-qo-ro *(amphi)***k^{w}ol***os* „Dienerin“ (vgl. ἀμφίπολος)	
**leik^w-* „verlassen“ (λείπειν)	re-qo-me-no **leik^w***omenoi* Part. Präs. Pass.	pe-ri-ro-qo *(peri)***loik^w***oi* „übrig (gelassene)“	
**sekh-* „haben“ (ἔχειν)	e-ke **ekh***ei* 3. Sg. „er hat“ e-ko-si **ekh***onsi* 3. Pl. „sie haben“	ko-to-no-(o-)ko *ktoino(h)***okh***os* „Landbesitzer“	
**aleip(h)-* „salben“ (ἀλείφω)	A-RE-PA *a***leiph***ar* „Salbe“	a-ro-pa *a***loiph***ā* „Salbe“	]e-na-ri-po-to *ena***lip***tos* „eingestrichen“
**ktei-* „gründen“ (vgl. κτίζω, ἐϋκτίμενος „wohlbebaut“)		ko-to-na **ktoi***nā* „Boden“	ki-ti-me-na **kti***menā* Part. Präs. Med.-Pass.

Vgl. auch das Präfix bzw. die Präposition

	e-pi **e***pi*(-), vgl. ἐπι(-) „auf, an, bei“	o-pi **o***pi*(-), vgl. ὀπι-	

sowie auch die Alternation in verschiedenen Numeri:

	e-ke **ekhe***i* 3. Sg., vgl. ἔχει	e-ko-si **ekho***nsi* 3. Pl., vgl. ἔχονσι, ἔχουσι	

bzw. im Part. Präs. von **es-* „sein“:

		e-o-te **e(h)o***ntes* Part. Präs. Pl. M. < **esontes* „seiende“	a-pe-a-sa *ap***e(h)a***s(s)ai* Part. Präs. Pl. F. < **-esn̥tjai* „abwesende“

B. Konsonantismus

Die mykenischen Konsonantenverhältnisse liegen irgendwo in der Mitte zwischen dem rekonstruierten urgriechischen Stadium und dem Zustand im 8./7. Jh. v. Chr.

Okklusivlaute:

Im Bereich der Okklusivlaute hat sich noch das urgriechische Stadium mit vier Artikulationsreihen (labial, dental, velar, labiovelar) erhalten, wobei neben den stimmhaften und stimmlosen Artikulationsweisen bereits die stimmlosen Aspiraten mit voller Sicherheit bezeugt sind:

Labiale:	p	b	ph
Dentale:	t	d	th
Velare:	k	g	kh
Labiovelare:	k^w	g^w	k^wh

Beispiele einzelner Laute:

(LABIALE): /p/, durch P-Serie geschrieben: a-pu-do-ke *apudōke* (Aor.) „hat abgegeben“, pa-te *patēr* „Vater“.
/ph/, durch P-Serie geschrieben: a-po-te-ro-te *amphoterōthe(n)* „von beiden Seiten“, pa-si *phāsi* 3. Sg. „sie sagt“, pa-we-a₂ *pharweha* NPl „Gewebe, Kleidungsstücke“.
/b/ – ohne sichere Beispiele!

(DENTALE): /t/, durch T-Serie geschrieben: te-ko-to-ne *tektones* NPl „Zimmermänner“, a_2-te-ro *hateron* < **sm̥-terom* „das andere“.

/th/, durch T-Serie geschrieben: tu-ka-te *thugatēr* „Tochter“, ta-ra-nu *thrānus* „Schemel“.

/d/, durch D-Serie geschrieben: do-so-si *dōsonsi* (3. Pl. Fut.) „sie werden geben“, do-e-ro *do(h)elos* „Sklave, Diener“ (vgl. att. δοῦλος), du-wo-u-pi *d(u)wō̆(h)uphi* Instr. Pl. des Zahlworts „zwei“.

N. B. Die Tatsache, daß die ursprüngliche Aspirata /dh/ im Mykenischen durch die Konsonantenserie T- (und nicht durch D-) wiedergegeben wird (vgl. tu-ka-te *thugatēr*), scheint zu beweisen, daß die ie. Aspiraten /bh/, /dh/, /gh/, /g^wh/ damals bereits stimmlos waren. Über das hohe Alter der Veränderung der ursprünglich stimmhaften ie. Aspiraten /bh/, /dh/, /gh/, /g^wh/ zu griechischen stimmlosen Aspiraten /ph/, /th/, /kh/, /k^wh/ s. S. 477f.

(VELARE): /k/, durch K-Serie geschrieben: ka-ke-u *khalkeus* „Schmied“, ko-wa *korwā* „Mädchen“ (vgl. att. κόρη, ostion. κούρη), do-ke *dōke* (3. Sg. Aor.) „hat gegeben“.

/g/, durch K-Serie geschrieben: ka-ra-we *grāw(w)es* oder *graiwes* NPl „alte Frauen“ (vgl. att. γραῦς), tu-ka-te *thugatēr* „Tochter“.

/kh/, durch K-Serie geschrieben: ku-ru-so *khrūsōi* Dat.-Instr. Sing. „Gold“, ki-to *khitōn* „Kleid“, e-ke *ekhei* (3. Sg.) „er, sie hat“.

(LABIOVELARE): /k^w/, durch Q-Serie geschrieben: a-to-po-qo *arto-pok*^{w}*oi* NPl „Bäcker“ (vgl. att. ἀρτοκόποι — mit Metathese), a-to-ro-qo *anthrōk*^{w}*ōi* DSg „Mensch“, a_3-ti-jo-qo *Aithiok*^{w}*s* (Personenname, vgl. Αἰϑίοψ), e-qe-ta *(h)ek*^{w}*etās* „Gefolgsmann“, -qe -*k*^{w}*e* „und“ (vgl. τε), qi-ri-ja-to *k*^{w}*riato* (3. Sg. Aor. Med.) „hat gekauft“ (vgl. ἐπρίατο), qe-to-ro-we *k*^{w}*etrōw(w)es* NPl „vierhenklig“, qi-si-pe-e *k*^{w}*siphe(h)e* NDu „Schwerter“ (vgl. ξίφος), re-qo-me-no *leik*^{w}*omenoi* (Part. Präs. Med. NPl) „übrigbleibende, hinterlassene“.

/g^w/, durch Q-Serie geschrieben: a-pi-qo-to *amphig*^{w}*otos* „von beiden Seiten zugänglich“ (vgl. ἀμφιβαίνω; doch s. oben S. 135), qo-o *g*^{w}*ōn(s)* A-SgPl „Ochsen“ (vgl. βοῦς), qo-u-ko-ro *g*^{w}*oukoloi* NPl „Rinderhirten“ (vgl. βουκόλος), qo-u-qo-ta *G*^{w}*ō̆ug*^{w}*ō̆tās* (Personenname: „Rinderhirt“, vgl. βου-βότας Pind.), su-qo-ta-o *sug*^{w}*ō̆tā(h)o* GSg „Schweinehirt“ (vgl. συβώτης), po-qa *phorg*^{w}*ā* „Ernährung“ (vgl. φορβή), qa-si-re-u *g*^{w}*asileus* (ein Lokalfunktionär; vgl. βασιλεύς).

/k^wh/, durch Q-Serie geschrieben: to-ro-qa *t(h)rok*^{w}*hā* „Ernährung“ (vgl. τροφή), ku-su-to-ro-qa *ksunstrok*^{w}*hā* „Summe“ (vgl. συστροφή zu στρέφω „drehen“), sowie einige Personennamen auf -qo-ta = entweder -*k*^{w}*hontās* (vgl. -φόντης) oder -*k*^{w}*hoitās* (vgl. -φοίτης), bzw. auf -qo-i-ta = -*k*^{w}*hoitās:* z. B. a-pi-qo-ta und a-pi-qo-i-ta *Amphik*^{w}*hoitās*.

In der Nachbarschaft von /u/ trat offenbar Verlust des labialen Elements ein, z. B. in e-u-ke-to *eukhetoi* (3. Pers. Präs. Med.) „er, sie verkündet“ (aus **eug^w^h-*) oder in qo-u-ko-ro *g^w^oukoloi* NPl „Rinderhirten“ aus **g^w^ou-k^w^oloi;* vgl. jedoch qo-u-qo-ta bzw. qo-qo-ta-o *G^w^ŏu-g^w^ŏtās, -ā(h)o* „Rinderhirt“, ähnlich wie in su-qo-ta-o *sug^w^ŏtā(h)o* „Schweinehirt“.

Andererseits könnte man die Form qo-u-ko-ro *g^w^oukoloi* eventuell auch als das Ergebnis einer progressiven Dissimilation **g^w^ouk^w^oloi* > *g^w^oukoloi* erklären. Durch eine ähnliche, aber regressive Dissimilation ist dagegen pe-re-qo-ta aus qe-re-qo-ta entstanden (beide Namen sind im Mykenischen bezeugt, sowohl pe-re-qo-ta *Pēlek^w^hontās* als auch qe-re-qo-ta-o *K^w^ēlek^w^hontā(h)o* GSg).

Kontinuanten:

Das Subsystem der Kontinuanten, das urgriechisch /j/, /s/, /w/, /r/, /l/, /m/, /n/ umfaßte, befand sich gegen die Mitte des 2. Jahrtausends v. Chr. in einer Entwicklung, in deren Verlauf die alten Kontinuanten — noch vor dem Auftreten der LB-Inschriften — teilweise verschwanden, teilweise Einbußen erlitten (/j/ im allgemeinen, /s/ am Wortanfang vor Vokal oder im Wortinneren zwischen Vokalen, wo es zu /h/ wurde), während die durch verschiedene Assibilationen und Palatalisationen sekundär entstandenen Affrikaten bzw. Sibilanten das Subsystem teilweise wieder aufgefüllt haben.

Die Halbvokale /j/ und /w/

/j/

Das alte *j* erlitt große Einbußen und blieb in den Linear B-Texten eventuell nur in der Lautgruppe *-wij-* erhalten (z. B. in me-wi-jo bzw. me-u-jo *mew(i)jōs*, vgl. μείων „kleiner“; di-wi-ja/di-u-ja *Diw(i)jās* GSg, *-āi* DSg, Name einer Göttin), wobei sich das anlautende antevokalische *j-*, wenigstens beim adverbiellen **jo-*, zur Zeit der uns erhaltenen Linear B-Inschriften offensichtlich gerade in der Übergangsphase einer Abschwächung zu *h* befand: vgl. jo-do-so-si *jō(s) dōsonsi* „so werden sie geben“ (vgl. ὣς δώσουσι) mit o-a-ke-re-se *(h)ō(s) agrēse* Aor. „so nahm er“ oder *(h)ō(s) agrēsei* Fut. „so wird er nehmen“ (vgl. äol. ἄγρει „nimm!“), wo das *j* offensichtlich bereits zu *h* geworden war.

Die genitivische Endung -o-jo, z. B. in te-o-jo, darf man meiner Meinung nach eher mit *-jj-* als mit *-j-* deuten.

In einigen aus dem alphabetischen Griechisch gut bekannten Wörtern ist das anlautende antevokalische *j-* mittels eines okklusiven Ansatzes zu *dj-* intensiviert worden und hat danach die weiteren Schicksale dieser Lautverbindung mitgemacht (z. B. ze-u-ke-si *dzeuges(s)i* DPl; vgl. ζεῦγος „Gespann, Paar" aus **jeug-*).

Über die mykenischen Schicksale des urgriechischen postkonsonantischen *j* s. S. 144ff. (über *t(h)j, dj, k(h)j, gj* u. a. bzw. *pj*).

/w/

Das alte *w* blieb im Mykenischen in allen Positionen erhalten: wa-na-ka *wanaks* „Herrscher" (vgl. ἄναξ „Herr"), wi-ri-no *wrīnoi* NPl (vgl. ῥινός „Rindshaut"), di-wo *Diwos* GSg (vgl. Ζεύς, Διός), ka-ke-we *khalkēwes* NPl (vgl. χαλκεύς „Schmied"), ko-wa *korwā* (vgl. Hom. κούρη „Mädchen"), ke-se-ni-wi-jo bzw. ke-se-nu-wi-ja *ksenwion, -a* Adj. „gastlich" (vgl. Hom. ξείνια NPl „Gastgeschenke, Bewirtung"), te-mi-dwe-te *termidwente* (vgl. Hom. τερμιόεις „umsäumt"). — Zur *wr-* > *r-* s. *N. Maurice*, Minos 23, 1988, 143.

Über das scheinbare „Fehlen" von *w* im Mykenischen, wo die LB-Texte die Absenz von *w* als etymologisch berechtigt bestätigten, s. S. 434f.

Vom phonemischen *w* und *j* muß man die Übergangslaute -^{j}-, -^{w}- unterscheiden, die nach *i* (seltener nach *e*) und nach *u* vor Vokalen ziemlich oft (doch nicht in allen Fällen) in der Linear B-Orthographie bezeichnet werden: z. B. i-je-re-u *(h)i$^{(j)}$ereus*, i-e-re-u *(h)i(h)ereus* (vgl. ἱερεύς „Priester"), po-ti-ni-ja *potni^{j}a* (vgl. Πότνια „Herrin"), i-jo-te *i^{j}ontes* (Part. Präs. Akt. von εἶμι „gehen"), a-re-ku-tu-ru-wo *Alektru^{w}ōn* (Personenname; vgl. Ἀλεκτρυών „Hahn"). Statt JA kann auch A$_2$ verwendet werden: ko-ri-ja-da-na/ko-ri-a$_2$-da-na *kori$^{(j)}$a(n)dna/koriha(n)dna* NPl (vgl. κορίανδρον „Koriander").

Zischlaute und Affrikaten

Der Zischlaut /s/ bzw. */ss/*

Auch das Subsystem der Zischlaute und Affrikaten befand sich im Mykenischen in einem Zustand, der uns kaum erlaubt, die Lage völlig eindeutig zu bewerten.

Das urgriechische *s* hat in der vormykenischen Zeit schwere Einbußen vor allem am Anfang des Wortes vor Vokalen (und vor *r, l, m, n, j, w*) und im Wortinneren zwischen Vokalen erlitten, wo *s* offensichtlich bereits vor der Mitte des 2. Jahrtausends zu *h* abgeschwächt wurde (s. S. 477f.): a$_2$-te-ro *hateron* < **sm̥terom* NSgN „das andere" (vgl. dor. ἅτερος, att.-ion. ἕτερος), me-zo-a$_2$ *medzoha* < **megjosa* NPlN „die größeren" (vgl. μεί(ί)ζων), pa-we-a$_2$/pa-we-a *pharweha* < **pharwesa* < **bhr̥wesa* NPlN „Gewebe, Stoffe, Kleidungsstücke" (vgl. φᾶρος „Gewebe").

Doch in einigen Fällen scheint das intervokalische *s* offensichtlich aus morphologischen Systemgründen weiter als *s* auf, speziell im Dat. Plur. der 3. Deklination (z. B. ti-ri-ṣị *trisi*, DPl von τρεῖς „drei“) und im sigmatischen Futurum und Aorist (z. B. do-so-si *dōsonsi*, Fut. von δίδωμι „geben“, oder e-re-u-te-ro-se *eleutherōse*, Aor. von ἐλευθερόω „befreien“). In all diesen Formen wurde sicher ein einfaches *s* gesprochen.

Ein sicherlich einfaches *s* erscheint im Mykenischen auch in einem *-si-*, das aus *-ti-* durch die Übergangsstufe *-tsi-* vor allem in der primären Endung der 3. Pers. Sg./Pl. Akt. im ganzen südgriechischen Raum bereits in der 1. Hälfte des 2. Jahrtausends entstanden ist (z. B. in pa-si *phāsi* 3. Sg., vgl. φησί von φημί „sagen“, e-ko-si *ekhonsi* 3. Pl. von ἔχω „haben“, aber gelegentlich auch in den von Toponymen abgeleiteten Ethnika wie ko-ri-si-jo *Korinsioi*, za-ku-si-ja *Dzakunsia* NPlN); im ganzen alphabetischen Griechisch gibt es dagegen die nicht assibilierten Formen Κορίνθιοι, Ζακύνθια — s. jedoch mi-ra-ti-ja *Milātiai*, vgl. Μιλήσιαι. Vgl. S. 451ff.

Ein geminiertes *ss* kann sich demgegenüber unter der mykenischen *S*-Graphik in verschiedenen Formationen verbergen, in denen entweder suffixales *s* einem anderen *s* folgte, oder *ss* durch eine spezifische Lautveränderung entstand:

– das *s* stand nach einem anderen ursprünglichen *s* (z. B. ze-u-ke-si *dzeuges(s)i*, vgl. ζεῦγος „Paar“),

– es stand nach einem ursprünglichen Dentallaut (pi-we-ri-si *Piweris(s)i* < **Piwerid-si* DPl, vgl. Πιερίδες, die Musen als Gottheiten von Pieria, -da-sa-ṭọ *das(s)ato*, Aor. von δατέομαι „verteilen“),

– das *s(s)* entstand durch die Assibilation der Konsonantengruppe *t(h)j* zu *ts*, wobei es sich — nach *E. Risch* 1955 — entweder um das sogenannte homomorphemische *t(h)j* handelte (to-so *tos(s)os* < **totsos* < **totjos* „so groß, so viel“) oder um das heteromorphemische *t(h)j* (a-pe-a-sa *ape(h)as(s)ai* < **ap-es-n̥t-jai* NPl des Part. Präs. zu ἄπ-ειμι „abwesend sein“; doch vgl. auch ark.-mess. ἔασα).

In solchen Fällen läßt die S-Graphik eine eventuelle weitere Vereinfachung des geminierten *ss* zu *s* nicht ausschließen; deswegen bevorzugt man hier eine etwas zweideutige phonologische Transkription *dzeuges(s)i, Piweris(s)i, das(s)ato, tos(s)os* (*ape(h)assai* dagegen wird meistens mit *ss* geschrieben — offensichtlich wegen des vermutlich etwas späteren Eintritts der Assibilation von *tj* bei **-nt-ja* im Vergleich mit derjenigen in **totjos*). Doch meiner Meinung nach bleibt es vorerst völlig offen, ob mit geschriebenem *-ss-* ein selbständiges Phonem wiedergegeben werden soll.

Die Affrikaten /dz/, /ts/ u. a.

Noch vor der Zeit der ersten LB-Dokumente sind durch verschiedene Assibilationen und Palatalisierungen spezifische Affrikaten entstanden, über deren genaue phonetische Werte im Mykenischen die Forscher noch nicht völlig einig sind.

Diese Laute werden meistens mit den Zeichen der Z-Reihe wiedergegeben:

Das Z- wird meistens als /*ts*/, bzw. /*dz*/ aufgefaßt, doch von einigen Forschern auch als /*t's'*/, bzw. /*d'z'*/ oder als /*tš*/, bzw. /*dž*/ (d. h. noch palatalisiert). Ich selbst transkribiere die Z-Reihe in diesem Buch auf die traditionelle Weise, d. h. als /*ts*/, /*dz*/.

Die urgriechische Herkunft der mykenischen Affrikaten:

/ts/ – aus *kj*: za-we-te *tsāwetes* < **kjā-wetes,* vgl. ion. σῆτες, dor. σᾶτες „in diesem Jahr" (vgl. ἔτος „Jahr")[74], ka-za *khaltsă̄* < **khalkjă̄* Adj. „aus Bronze, bronzen" (vgl. Hom. χάλκειος), su-za *sūtsai* < **sūkjai* (vgl. Hom. συκέη „Feigenbaum");

/dz/ – a) aus *dj*: to-pe-za *torpedza* < **(*k^w*)tr̥-pedja* (vgl. τράπεζα) „Tisch", wi-ri-za < **wridja* (vgl. ῥίζα, lesb. βρίσδα „Wurzel");

– b) aus *gj*: me-zo *medzōs* < **megjōs* MF (vgl. με(ί)ζων) „größer", wo-ze *worzei* 3. Sg. von **wr̥gj-* (vgl. ϝέργον „Werk");

– c) aus anlautendem *j-*: ze-u-ke-si *dzeuges(s)i* DPl „Paar" (vgl. ζεῦγος „Gespann"), ze-u-ke-u-si *dzeugeusi* DPl „Gespannführer" (zu **jeug-*).

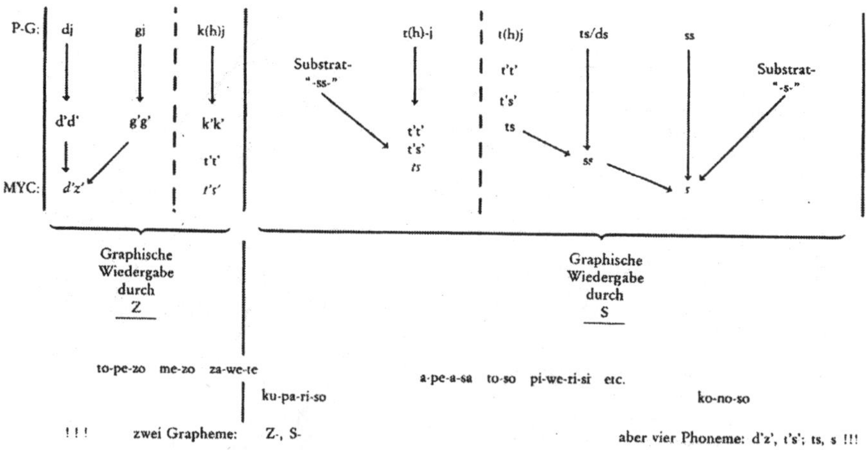

Abb. 43. Mykenische Weiterentwicklungen für die palatalisierten Dentale (nach *A. Bartoněk* 1987c, 45).

---

74 Vgl. S. 261 und 348.

Dagegen wird das ursprüngliche *t(h)j* im Mykenischen durch die *S*-Graphik bezeichnet, und zwar — wie oben gesagt —

– sowohl das homomorphemische *t(h)j*: to-so *tos(s)os* < **totjos* „so groß, so viel" (vgl. τόσος), vielleicht bereits mit einfachem *s*,

– als auch das heteromorphemische *t(h)j*: a-pe-a-sa *ap-e(h)assai* < **ap-es-n̥t-jai* „abwesende" (vgl. ἄπ-ειμι), vielleicht, aber nicht völlig sicher, mit geminiertem *ss*.

Diese im Prinzip traditionelle Auffassung habe ich (*A. Bartoněk* 1987c, 45) etwas modifiziert, indem ich das in der Abb. 43 gezeigte Schema entworfen habe (vgl. S. 142), aufgrund dessen man im Mykenischen anstatt der zwei Affrikaten *ts, dz* noch einen älteren Zustand, d. h. die Existenz von folgenden *drei* Affrikaten, annehmen könnte:

/d'z'/ aus *dj, gj, j-*: *torped'z'a, med'z'os, d'z'euges(s)i* statt *torpedza, medzos, dzeuges(s)i*;

/t's'/ aus *kj*: *t's'āwetes, khalt's'ă̄, sūt's'ai* statt *tsāwetes, khaltsă̄, sūtsai*;

/ts/ für das heteromorphemische *t(h)j*: *ape(h)atsai* statt *ape(h)assai*.

Doch aus praktischen Gründen, wie oben gesagt, bevorzuge ich in diesem Handbuch bei der phonetischen Deutung der LB-Wörter die traditionelle Transkription mit */ts/* und */dz/*.

Der Hauchlaut /h/

Der Hauchlaut *h*, der im Mykenischen nur vor Vokal bezeichnet wird (durch das Zeichen A_2 = Nr. 25), scheint kein ursprünglicher urgriechischer Laut gewesen zu sein. Er ist meistens durch die Abschwächung von *s* sowohl am Anfang des Wortes vor Vokal (oder vor *r, l, m, n, w, j*) als auch im Wortinneren zwischen Vokalen entstanden (s. oben a_2-te-ro *hateron* < **sm̥terom* „das andere", vgl. dor. ἅτερος, att.-ion. ἕτερος; me-zo-a_2 *medzoha* < **megjosa* „die größeren", vgl. με(ί)ζων; pa-we-a_2/pa-we-a *pharweha* < **pharwesa* „Kleidungsstücke", vgl. Hom. φᾶρος „Gewebe").

In einigen Fällen scheint A_2 mit dem Zeichen JA zu alternieren (z. B. a_2-ke-te-re nicht nur neben a-ke-te-re, sondern auch neben ja-ke-te-re; semantische Identität wahrscheinlich, doch Deutung unsicher). Eine Abschwächung von *j* zu *h* widerspiegelt sich im Schwanken *jo-/o-* beim Relativadverb (vgl. oben jo-do-so-si *(h)ō(s) dōsonsi* gegenüber o-a-ke-re-se *(h)ō(s) agrēsei* oder *agrēse)*.

Die Velar- und Nasallaute /r/, /l/, /m/, /n/:

Im Prinzip blieben sie unverändert. Welche Aussprache sich allerdings unter dem geminierten RA_2, RO_2 verbarg, ist aus den Seiten 105 bzw. 146 ersichtlich.

Das sich daraus ergebende Subsystem der mykenischen Kontinuanten hat also wahrscheinlich folgende Gestalt gehabt:

j	ts	dz	r	oder	j	t's'	d'z'	r
w	ss?		l		w	ts		l
h	s		m		h	s		m
			n					n

C. Kombinatorische Lautveränderungen der Konsonanten

Mehrere urgriechische Konsonanten sind durch kombinatorische Lautprozesse betroffen worden:

a) Der Dental *t* wurde im Inlaut vor *-i*(-) zu *-tsi-* assibiliert (wie im Ion.-Att. und im Ark.-Kypr.), und dieses wurde zu *-si-* vereinfacht (vgl. bereits S. 141f.):

pa-si *phāsi* < **phā-ti*, vgl. ion.-att. φησί „sagt";

e-ko-si *ekhonsi* < **ekhonti*, vgl. ark. ἔχονσι „hat";

auch ko-ri-si-jo *Korinsioi* < *Korinthioi* (gemeingriechisch Κορίνθιοι!) gegenüber

mi-ra-ti-ja *Milātiai* (att. Μιλήσιαι!).

Das mykenische *Korinsioi* scheint also überraschenderweise progressiver als die gemeingriechische Form Κορίνθιοι aus dem 1. Jahrtausend; *Milātiai* ist dagegen so konservativ, daß es mit seinem *-ti-* dorisch anmutet.

b) Sowohl die dentalen als auch die velaren Okklusivlaute werden in Verbindung mit *j* (d. h. *t(h)j, dj, k(h)j, gj*) zuerst palatalisiert und danach zu Affrikaten bzw. Sibilanten *ts, dz, s(s)* (nach traditioneller Auffassung) umgestaltet (vgl. bereits S. 142f.):

to-so *tos(s)os* < **totjos* (vgl. ion.-att., ark.-kypr. τόσος, dor.-äol. τόσσος) „so viel",

a-pe-a-sa *ape(h)as(s)ai* < **ap-es-n̥t-jai* (Part. Fem. von ἄπειμι) „abwesende",

to-pe-za *torpedza* < **tr̥-pedja* (vgl. att. τράπεζα) „Tisch",

ka-za *khaltsă̄* < **khalkjă̄* (vgl. att. χάλκειος) „aus Bronze",

me-zo *medzōs* < **megjōs* MF (vgl. με(ί)ζων „größer").

c) Die Dentale haben sich im Dat. Plur. der 3. Deklination sowie im sigmatischen Futurum und Aorist dem nachstehenden suffixalen *-s-* assimiliert, und das so entstandene *ss* ist vielleicht bereits im Mykenischen wenigstens teilweise zu *s* vereinfacht worden (vgl. S. 451), wie es auch im Ion.-Att. der Fall ist:

pa-si *pansi* < **pant-si* DPl von πᾶς „jeder“,

pi-we-ri-si *Piweris(s)i* < **Piwerid-si* DPl vom Ethnikon Πιερίδες,

-da-sa-ṭọ *das(s)ato* < **dat-sato* Aor. von δατέομαι „verteilen“.

Vereinfacht wurde vielleicht auch das sekundäre *ss* in:

ze-u-ke-si *dzeuges(s)i* < **jeuges-si* DPl von ζεῦγος „Gespann“.

d) Weitere Assimilationen:

Die Dentale sind vor dem Suffix *-phi* im Instr. Plur. zu Labialen geworden:

a-di-ri-ja-pi *andriamphi* < **-ant-phi* IPl von ἀνδριάς „Menschenbild“,

ko-ru-pi *korupphi* < **koruth-phi* IPl von κόρυς „Helm“,

po-pi *popphi* < **pod-phi* IPl von πούς/πώς „Fuß“.

Die Velare bleiben dagegen vor *-phi* ohne Assimilation:

po-ni-ki-pi *phoinīkh-phi* IPl von φοῖνιξ „Palme“.

N. B. Die Assimilation ist auch bei einigen anderen Lautverbindungen ausgeblieben:

– bei *p-m, t-m* im Part. Perf. Pass.:

e-ra-pe-me-na *(h)e(h)rap(h)mena* usw. von ῥάπτω „einnähen“ (gegenüber dem att. ἐρραμμένα),

a-ra-ro-mo-te-me-no *arăr(h)motmenō* (Du.) von ἁρμόττω „verbinden“ (gegenüber dem att. ἡρμοσμένος),

– bei der Verbindung dreier Konsonanten:

a_3-ka-sa-ma *aiksmans* von *aiksmā* αἰχμή „Lanze“.

* * *

Das Eintreten einiger wichtiger Lautprozesse kann man für das Mykenische — wegen der mangelhaften Orthographie — weder beweisen noch ausschließen:

Theoretisch kann man nicht einmal mit voller Sicherheit entscheiden, ob das Mykenische alle im Auslaut vorkommenden ie. Okklusive bereits eingebüßt hat, z. B. *-t* in den sekundären Endungen der 3. Pers. Sing.-Plur. Akt. (was man allerdings für höchstwahrscheinlich hält, wenn man z. B. -wi-de ohne weiteres als *wide* — und nicht als **widet* — interpretiert)[75].

---

[75] Vgl. ị-qọ-na-to-mo? PY Eq 146 als den einzigen Beleg, daß die Auslautsopposition *-m* : *-n* zugunsten von *-n* aufgehoben wurde.

Andererseits hat man keine Gewißheit über schon im Mykenischen eventuell stattgefundene Ersatzdehnungen (bzw. entsprechende Geminationen von Nasalen und Liquiden) und das Hauchdissimilationsgesetz.

Ersatzdehnungen:

Ein bereits mykenischer Vollzug der jüngsten (dritten) Ersatzdehnung des Typs *ksenwos* „fremd" > ξεῖνος (Ostionisch, Ostdorisch) bzw. ξῆνος (Kretisch) ist durch mykenische Formen wie ke-se-ni-wi-jo, ke-se-nu-wi-ja *ksenwion, -a* (mit dem noch erhaltenen *-w-*) ausgeschlossen. Dasselbe gilt auch für ko-wo *korwos* „Jüngling" (vgl. ostion. κοῦρος).

Auch die zweite Ersatzdehnung des Typs **pant-ja* > πάνσα > πᾶσα NSgF hält man für im Mykenischen unwahrscheinlich, da die erwähnte ionisch-attische Form πᾶσα (mit erhaltenem *ā*) klar beweist, daß diese Ersatzdehnung jünger als die ionisch-attische Lautveränderung *ā* > *ǣ* ist, welche traditionell erst in die Zeit nach der Jahrtausendwende[76] gesetzt wird; ansonsten müßte man im Ionisch-Attischen die Form *πῆσα statt πᾶσα erwarten. Deswegen deutet man im Mykenischen die Form pa-sa normalerweise als *pansan(s)* ASg/Pl, pa-si als *pansi* DPl, e-ko-si als *ekhonsi* 3. Pl. Akt. „sie haben", bzw. a_3-ka-sa-ma als *aiksmans* APl (vgl. αἰχμή „Lanze").

Über den möglicherweise schon mykenischen Vollzug der ältesten (ersten) Ersatzdehnung des Typs **esmi* > *ēmi* „ich bin" (vgl. att. εἰμί mit geschlossenem *ẹ̄*, lak. ἠμί mit mittlerem *ē*, dagegen lesb.-thess. ἔμμι mit Gemination) ist man allerdings noch immer im Ungewissen. Einerseits kann man weder a-ke-ra_2-te als ein hocharchaisches *agersantes* noch den Ausdruck o-pe-ro-sa als *ophelnonsa* lesen (solche Formen würde man in der LB-Schrift *a-ke-sa-te, bzw. *o-pe-no-sa schreiben); andererseits wissen wir jedoch nicht, ob man a-ke-ra_2-te als *agerhantes* (mit *rh*), als *agerrantes* (mit der Geminata *rr*, wie es *M.S. Ruipérez* 1972 vorschlug; so zuletzt *A. Leukart* 1996, 311ff.), eventuell als *agehrantes* oder als *agērantes* interpretieren soll (vgl. auch *agêrantes* bei *J. Chadwick* 1956), d. h. bereits mit der Dehnung zu *ē*, aber ohne präzise Angabe über dessen Qualität. Dasselbe gilt *mutatis mutandis* auch für o-pe-ro-sa: man könnte es vor allem entweder als *ophellonsa* oder als *ophĕ̄l(l)onsa* interpretieren.

Die Aussprache mit Geminata wird in solchen Fällen vielleicht heutzutage etwas mehr bevorzugt als die Ersatzdehnung, vor allem durch jene Forscher, die hier die Geminatae *rr, ll, mm, nn* als ein Zwischenstadium

---

[76] Wegen Μῆδοι < *Māda* „die Meder", wobei aber dieses Wort nach *R. Gusmani*, Festschrift *L.R. Palmer*, 1976, 78ff., überhaupt keine sichere Evidenz darstellt.

zwischen den ursprünglichen Konsonantengruppen *rs, ls, ms, ns, sr, sl, sm, sn, ln* und deren Vertretung durch einfaches *r, l, m, n* bei gleichzeitiger Dehnung des vorangehenden alten Kurzvokales auffassen.

Doch meine frühere Vermutung, das Mykenische habe die erste Dehnung bereits durchzumachen wenigstens angefangen — mit der „offenen" Qualität des auf diese Weise entstandenen *ē, ō* (*A. Bartoněk* 1968) — scheint neuerdings eine wichtige Stütze durch den Artikel von *G. Dunkel* 1995 erhalten zu haben, wo neben der schon früher von *C.J. Ruijgh* 1967 angeführten Form δήνεα mit Ersatzdehnungsprodukt η nunmehr fünf weitere mögliche mykenische „survivals" im selben Zusammenhang besprochen werden: ὦνος, ὦμος, ζωμός, Διώνυσος und κῶμος. Eine recht frühe Ersatzdehnung im Mykenischen schließe ich also nicht völlig aus, und so transkribiere ich Ausdrücke wie a-ke-ra$_2$-te, o-pe-ro-sa mit gedehntem (oder ambivalentem) *ē* bzw. *ĕ̄*: *agērantes, ophĕ̄l(l)onsa* — wenn auch vielleicht eher aus technischen Gründen und in Anlehnung an *J. Chadwick* als aus fester Überzeugung. Vgl. S. 133.

Grassmanns Gesetz (Hauchdissimilationsgesetz)

Es herrscht noch immer Ungewißheit auch über die Zeit des Vollzugs der Hauchdissimilation, durch welche in der Regel der erste von zwei in demselben Wort vorkommenden Hauchlauten *(ph, th, kh,* bzw. *h-)* zu einem stimmlosen nichtaspirierten Laut enthaucht wurde, bzw. im Falle von *h* schwand, z. B.

im Wortstamm **thrikh-:* Nom. θρίξ, Gen. τριχός „Haar";
in **threph-:* Fut. θρέψω, Präs. τρέφω „ernähren";
in **sekh-* > **hekh-:* Fut. ἕξω, Präs. ἔχω „haben";
vgl. auch die Reduplikation πε- im Perf. πέφασται „es ist sichtbar" gegenüber der Wurzelsilbe φαν- (φαίνω).

Es wurden viele Argumente sowohl für ein *vormykenisches* Wirksamwerden von Grassmanns Gesetz vorgebracht (so daß man dann e-ko-si als *ekhonsi*, d. h. ohne das ältere anlautende *h-* transkribiert; so tun es z. B. *J. Chadwick*, *F. Aura Jorro* u. a.) als auch für *nachmykenische* Realisierung dieser Enthauchung (so daß man in diesem Fall e-ko-si als *hekhonsi* liest; so vor allem *C.J. Ruijgh* 1967, *R. Plath* 1987 u. a., die meinen, die Enthauchung müßte jünger als die Lautveränderung *j-* > *h-* sein, die zur Zeit der Verwendung der LB-Schrift offensichtlich noch nicht abgeschlossen war).

Wegen dieser Unsicherheit habe ich mich entschlossen, in diesem Handbuch — doch eher im Einklang mit der überwiegenden mykenologischen

Praxis — die LB-Wörter in der bereits dissimilierten Form zu transkribieren (d. h. e-ko-si als *ekhonsi*, e-ke als *ekhei*), um sie nicht von den entsprechenden unbehauchten alphabetischen Formen zu trennen, deren Existenz im Mykenischen zwar nicht völlig beweisbar, aber auch nicht völlig ausgeschlossen ist (vgl. ark. ἔχονσι, ion.-att. ἔχουσι).

Die Neuerscheinungen zu weiterem Lesen (Kap. VI):

Im letzten Dezennium hat man ziemlich viel über die Palatalisierungen, Assibilierungen u. ä. geschrieben; s. vor allem *Cl. Brixhe* 1990ab, 1991ab, 1996bc usw. (soziolinguistische Methodologie; viele Detailfragen analysiert), zu ähnlicher Problematik vgl. auch *G.E. Dunkel* 1992, *M. Viredaz* 1993, *M.L. Del Barrio Vega* 1990, 1996, *J. Méndez Dosuna* 1991-1993, *Sven-Tage Teodorsson* 1993, *M.S. Ruipérez* 1990, 1992ab, *Y. Duhoux* 1990, *J.J. Moralejo, V. Alvárez* 1993. Andere lautliche Probleme erörterten *A. Quattordio Moreschini* 1990 (Labiovelare), *I. Hajnal* 1993, *K.T. Witczak* 1993b (Labiallaute), *R. Lanszweert* 1994, doch auch *L. Conti Jiménez* 1990 (Chronologie des Gesetzes von Grassmann), bzw. *C.J. Ruijgh* 1992ab, 1995a, *G.E. Dunkel* 1995, *M.M. Todorović* 1994 und andere.

Vgl. auch *J.T. Hooker* 1991, *P. Dardano* 2000 und *Floreant* 1999.

WORTFORMEN UND WORTSCHATZ

VII. Mykenische Formenlehre

Eine exakte morphologische Analyse des Mykenischen wird durch seine lückenhafte Dokumentation beträchtlich beschränkt, so daß lediglich in einigen morphologischen Teilbereichen für die linguistische Bearbeitung ausreichendes Sprachmaterial zur Verfügung steht. Dies betrifft vor allem die Untersuchung der nominalen (viel weniger der verbalen) Paradigmen. Einzelne interessante Teilerkenntnisse hat man auch im Bereich der Wortbildung verzeichnet — ohne jedoch ein vollständiges Bild der gesamten mykenischen Wortbildung ausarbeiten zu können. Bei einem solchen Versuch muß man allerdings viele Erscheinungen, die in den Linear B-Texten nicht bezeugt sind, aus dem klassischen Griechisch ins Mykenische interpolieren. Vor allem wird im folgenden jedoch ein beträchtlicher Teil der nominalen Wortbildung (d. h. die nominalen Wortstämme) im Rahmen der nominalen Flexion (d. h. unter den einzelnen Deklinationen) untersucht werden.

So werden in diesem Kapitel hauptsächlich folgende morphologische Teilbereiche und Problemkreise besprochen:

A. Die datenverarbeitende Methodik der morphologischen Analyse.
B. Die mykenischen Wortarten.
C. Die nominale Flexion und die nominalen Kategorien.
D. Die mykenischen Deklinationen (Substantive und Adjektive: I., II., III. Deklination; Übersicht)
E. Die verbale Flexion und die verbalen Kategorien.
F. Die übrigen Wortarten.

A. Die datenverarbeitende Methodik

Die Gesamtzahl der bereits publizierten syllabischen LB-Ausdrücke, alle einzelnen Fragmente inbegriffen, beträgt heute über 7000 Wortformen (bei *A. Morpurgo*, Mycenaeae Graecitatis Lexicon, Rom 1963, ca. 5800; bei *J.-P. Olivier - L. Godart - C. Seydel - C. Sourvinou*, Index généraux du linéaire B, Rom 1973, ca. 6200; bei *F. Aura Jorro*, Diccionario micénico I–II, Madrid 1985 und 1993, etwa 6260 Wortformen unter den ca. 3270 Lemmata /*R. Bartůněk* 2002a/).

J. Chadwick hat eine nützliche Auswahl von etwa 3200 mykenischen Wörtern in der 2. Aufllage von „Documents" unter der Überschrift „Mycenaean Glossary" zusammengestellt (*M. Ventris - J. Chadwick*, Documents in Mycenaean Greek^2, Cambridge 1973, 527–594); dieses „Glossar" enthält auch alle ausgewählten Wortformen, die „mit verhältnismäßiger Sicherheit ergänzt werden konnten oder aus verschiedenen Gründen für bemerkenswert gehalten wurden". Wenn auch heute Chadwicks Glossary schon als veraltet gilt (nicht nur wegen einer Anzahl seither gefundener Texte, sondern auch angesichts neuer Deutungen älterer Funde), repräsentiert es immer noch ein Textkorpus, in dessen Rahmen wenigstens 95 % der bisher publizierten Texte erfaßt sind.

Unsere detaillierte Analyse des Chadwickschen Glossary (*A. Bartoněk*, Mykenaïka 1992, pp. 28f.) hat gezeigt, daß von seinen etwa 3200 lexikalischen Einheiten und mehr als 3800 syllabischen LB-Wortformen lediglich 1800 lexikalische Einheiten (z. B. do-e-ro *do(h)elos* „Diener") und ca. 2350 syllabische Wortformen (z. B. do-e-ro *do(h)elos*, *-oi*, Nom. Sing./Plur., do-e-ro-jo *do(h)elojjo* Gen. Sing., do-e-ro-i *do(h)eloi(h)i* Dat. Plur.) eine genauere morphologische Klassifizierung erlauben, d. h. die Zuordnung zu einer bestimmten Wortart, oder sogar zu einer Deklinationsklasse bei den Nomina, bzw. zu einer Verbalklasse bei den Verben.

Zugleich ist jedoch zu betonen, daß unter den klassifizierbaren lexikalischen Einheiten (bzw. syllabischen LB-Wortformen) die Eigennamen überwiegen. Genauer gesagt, handelt es sich bei den etwa 1800 morphologisch klassifizierbaren lexikalischen Einheiten bei Chadwick um ca. 1000 Eigennamen und etwa 800 Wörter nichtonomastischen Charakters. Ähnlich befinden sich unter den etwa 2350 klassifizierbaren syllabischen LB-Wortformen ungefähr 1250 Formen, die Chadwick als Eigennamenformen bezeichnet hat, und nur etwa 1100 Formen, die man für Wortformen nichtonomastischen Charakters halten kann.

Das numerische Verhältnis zwischen den Ausdrücken onomastischen und nichtonomastischen Charakters (Eigennamen : Appellativa) im Bereich der Substantive und Adjektive ist aus Mykenaïka 1992, 28f. ersichtlich, wo alle Wortgattungen nominaler Art in den horizontalen Zeilen nach ihrem Deklinationstyp und in den vertikalen Spalten nach ihrer onomastischen, bzw. appellativischen Geltung aufgegliedert sind. Von links nach rechts folgen nacheinander: Appellativa, MN: Männernamen, FN: Frauennamen, GöN: Götternamen, TiN: Tiernamen (Ochsen), PeA: Adjektivische Bezeichnungen von Personen (Patronymika u. a.), Top: Toponyma, Eth: Ethnika (ursprünglich meistens adjektivischer Provenienz), MoN: Monatsnamen. Die Namen der Kultfeste und Kultstätten werden nicht als selbständige Wörtergruppen registriert, da eine Unterscheidung von den Toponymen, aber auch von den Götternamen, als äußerst schwierig erscheint (vgl. z. B. di-wi-jo *Diwion* entweder als „Kultstätte des Zeus" oder als ein Toponym *Diwion*).

Die von *A. Bartoněk* in Mykenaïka 1992 publizierten statistischen Angaben wurden von *A. Bartoněk* 2002b und *R. Bartůněk* 2002a für das

11. Mykenologische Kolloquium in Austin auf Grund von *Aura Jorros* Diccionario teilweise präzisiert — mit dem Ergebnis, daß den ca. 2450 Eigennamen nun etwa 900 Appellativa gegenüberstehen, wobei unter den Eigennamen nur etwa 700 Lemmata mehr oder weniger annehmbare alphabetische Parallelen aufweisen (s. die Tabellen auf S. 295 /Appellativa/ und auf S. 400 /Eigennamen/).

Die grundlegende datenverarbeitende Untersuchung, die ich mit Computerhilfe unternommen habe, betrifft die mykenischen Appellativa im breiteren Sinne des Wortes, d. h. die etwa 900[77] mykenische Ausdrücke nichtonomastischen Charakters (alle LB-Wörter mit Ausnahme von Eigennamen). Ich habe für ihre Klassifizierung ein Programm zusammengestellt, in dem alle zu bearbeitenden Ausdrücke durch 10 spezifische Merkmale beschrieben und charakterisiert wurden. Vgl. den Index im Appendix A (S. 533ff.), wo die einzelnen Linear B-Ausdrücke durch folgende 10 Angaben in den vertikalen Spalten charakterisiert werden:

1. die mykenische *graphische Form*;
2. die von mir bevorzugte[78] *phonologische Interpretation;*
3. *die Lokalität*, aus der der betreffende Wortbeleg stammt, z. B. großes K = Knossos, falls das Wort mehrmals vorkommt, kleines k = Knossos, falls das Wort in Knossos nur einmal bezeugt ist; andere Abkürzungen: P, p = Pylos; M, m = Mykene; T, t = Theben; Tir, tir = Tiryns; kh = Khania;
4. *die semantische Charakteristik* — die betreffenden Abkürzungen werden in der Übersicht auf S. 351 erläutert; z. B. Bb = Berufsbezeichnung;
5. *die Wortart,* z. B.

SC	=	Substantivum commune	Adv	=	Adverb
AC	=	Adiectivum commune	Pr	=	Präposition
VF	=	Verbum finitum	Cj	=	Konjunktion
VI	=	Verbum infinitum	Pa	=	Partikel
VP	=	Partizip	SA	=	ein adjektiviertes Substantiv bzw. ein als Subst. benütztes Adjektiv
AV	=	Verbaladjektiv			
P	=	Pronomen			
N	=	Numerale			

6. *Genus* bei den Nomina, einschl. der Partizipien (M, F, N);
7. *Numerus* bei den Nomina, sowie bei den Verben (s, d, p);
8. *Kasus* bei den Nomina (N, G, D, bzw. D-L, D-I, A, I), *Person* bei den Verben (3);

[77] Siehe Tabelle auf S. 400.

[78] Eine Auswahl an anderen Deutungsmöglichkeiten wird im Anmerkungsapparat von Appendix A angeführt.

9. *Nominalstamm* bei den Nomina; bei den Verben die Angabe, ob das Verb eine thematische oder athematische Form aufweist (th, ath);
10. *ein Sternchen* deutet an, daß das Wort bei Homer vorkommt; diese Spalte wird gelegentlich noch durch weitere Angaben über griechische Autoren bzw. andere alphabetische Texte erweitert.

B. Die mykenischen Wortarten

Von den typisch griechischen Wortarten fehlen im Mykenischen lediglich der bestimmte Artikel und die Interjektionen. Alle anderen Wortarten sind mehr oder weniger gut bezeugt: Substantive, Adjektive, Pronomina, Numeralia, Verba, Adverbien, Präpositionen, Konjunktionen, Partikeln. Es gibt allerdings deutliche Ungleichgewichte in der Häufigkeit ihres Vorkommens. Um diese Diskrepanzen genauer auswerten zu können, werden wir auf statistische Daten hinweisen, die über den gesamten mykenischen Wortbestand Aussagen machen.

Die Daten sind allerdings als approximativ zu verstehen: was bei ihrer Auswertung zählt, sind die proportionellen statistischen Angaben und nicht die konkreten Zahlen.

Es folgen die statistischen Angaben über die einzelnen Wortarten im Bereich der Ausdrücke nichtonomastischen Charakters:[79]

Wortarten	Einzelne Wortformen	Lexikalische Einheiten
Substantive (und subst. Adjektive)	ca. 770	ca. 570
Adjektive (und Verbaladjektive)	ca. 270	ca. 190
Pronomina	25	min. 12
Numeralia	9	9
Verba	138	min. 86
Adverbien	22	18
Präpositionen	9	9
Konjunktionen	4	3
Partikeln	4	3
Alle Wortarten insgesamt	ca. 1250	ca. 900

[79] Die in diesem Unterkapitel enthaltenen statistischen Angaben beruhen nicht auf dem Glossary von *J. Chadwick*, sondern auf unserem Alphabetischen Index (S. 533–620). Vgl. auch *A. Bartoněk* 2002a.

Die Zahlen sind allerdings nur als Orientierungsangaben zu verstehen, da einerseits die Deutung mehrerer LB-Wörter als nicht völlig sicher gilt, während andererseits die Wortart einiger LB-Ausdrücke nicht eindeutig bestimmbar ist (besonders zwischen den Substantiven und Adjektiven sind die Grenzen nicht immer feststellbar: z. B. kann der syllabische Ausdruck i-je-ro *(h)ieron* entweder als Subst. „Kultstätte“ oder als Adj. Neutr. „heilig“ aufgefaßt werden).

Die zahlenmäßige Überlegenheit der Substantive in den LB-Texten (ca. 570–600 Lemmata mit etwa 770–800 syllabischen Wortformen) steht in vollem Einklang mit dem überwiegend nominalen Charakter der LB-Texte, die im Prinzip nur administrative Vermerke enthalten. Durch dieselbe sachliche Orientierung ist auch ein verhältnismäßig hohes Vorkommen der Adjektive bedingt (175–205 Lemmata mit ca. 255–285 syllabischen Wortformen), die besonders zum Charakterisieren der registrierten Objekte von Nutzen waren. Oft handelt es sich allerdings um sehr spezielle Termini der Palastadministration, die kaum dem Sprachstil der Umgangssprache angehörten (z. B. ku-su-to-ro-qa *ksunstrok*^{w}*hā* „Gesamtsumme“).

Gegenüber den Substantiven und Adjektiven sind die Pronomina und die Zahlwörter recht spärlich belegt. Die Pronomina scheinen zwar auf den ersten Blick zahlreich zu sein (wenigstens 12 Lemmata), es handelt sich allerdings meistens um demonstrative Pronomina mit verschiedenen deiktischen Partikeln: to-so/to-sa *tos(s)oi*, *tos(s)ai* „so viele“ u. a. Nur gelegentlich kommen andere Typen von Pronomina vor, z. B. -mi *min* (Akk. des Personalpronomens der 3. Pers. Sing. Mask./Fem.).

Noch seltener sind syllabische Formen von mykenischen Zahlwörtern bezeugt; eigentlich gibt es nur drei Grundzahlwörter: e-me *(h)emei* Dat.-Instr. Sing. von **hems* (aus **sē̆ms* „einer“), dwo *d(u)wō̆* „zwei“ und wohl auch -ti-ri *trins* Akk. Pl.; hinzufügbar sind einige andere Ausdrücke, vor allem das Pronominaladjektiv a$_2$-te-ro *hateron* < **sm̥terom* „das andere“ mit **sm̥-* als Basis (neben Zahlwörtern als erstem Glied in Komposita, wie ti-ri-po-de *tripode* „[zwei] Dreifüße“, qe-to-ro-we *k*^{w}*etrōw(w)es* „vierhenkelig“, we-pe-za *(h)wep-pedza* oder *(h)weks-pedza* „Sechsfuß?“, e-ne-wo(-)pe-za *en(n)ewopedza* „Neunfuß?“ bzw. „ein neun Fuß langes Möbelstück“).

Die Anzahl der Verben ist in den mykenischen Texten verhältnismäßig gering, wie es auch dem nominalen Charakter der LB-Dokumente entspricht. Doch die Summe von 138 Wortformen von 86 Verben (s. S. 306) ist nicht vernachlässigbar, wenn auch die einzelnen Verbalkategorien oft ungenügend dokumentiert sind (ausführlich darüber auf S. 336).

Von den Indeklinabilien sind vor allem die Konjunktionen spärlich belegt, da die LB-Texte nur selten Satzverbindungen aufweisen. Als die wichtigsten Beispiele gelten -qe *-k^w^e* „und“ und o-te *(h)ote* „nachdem“.

Zu den statistischen Tabellen ist allerdings eine Schlußbemerkung anzufügen, um ihre Aussagen zu verdeutlichen. Vor allem ist zu betonen, daß alle in unserer Statistik klassifizierten Ausdrücke nur in ihrer bezeugten Funktion registriert worden sind — d. h. daß diejenigen Substantive und Adjektive, die als Eigennamen im Text vorkommen (z. B. a-re-ku-tu-ru-wo *Alektruōn* „Hahn“), hier keineswegs als Appellativa berücksichtigt wurden. Ebenso wurden die einzelnen Teilelemente der Komposita nicht als selbständige lexikalische Einheiten behandelt (z. B. im erwähnten e-ne-wo-pe-za); es wurde in den Tabellen ein Kompositum immer lediglich als ganzes berücksichtigt.

Die genaue Anzahl einzelner Wortarten ist übrigens sehr schwierig anzugeben; neben mehreren Fällen einer unsicheren Wortdeutung war manchmal selbst bei einer sicheren lautlichen Interpretation die Feststellung der betreffenden Wortart sehr problematisch, besonders bei denjenigen Adjektiven, die im LB-Text möglicherweise eine substantivische Funktion erfüllen.

Die Partizipien wurden konsequent unter dem betreffenden Verb registriert; die Verbaladjektive sind dagegen wegen ihrer oft unsicheren Worteinordnung grundsätzlich den Adjektiven zugeordnet worden.

Trotz eventueller Diskrepanzen und Inkonsequenzen bieten die ermittelten statistischen Angaben eine Menge an interessanten Informationen, wenn auch — wie oben gesagt — eher in bezug auf ihren proportionellen als auf ihren rein numerischen Wert. So ist z. B. für die mykenischen Texte ein hohes Vorkommen von Substantiven und Adjektiven recht charakteristisch, wie auch ein Übergewicht der Eigennamen gegenüber den nichtonomastischen Ausdrücken. Unter den Eigennamen spielen dabei die Toponyma und Ethnika mit ihrem Anteil von etwa 25 % eine große Rolle und bieten eine nützliche Grundlage für Spezialuntersuchungen verschiedener Art. Eventuelle neue Interpretationen von LB-Wörtern können die hier gemachten statistischen Angaben zwar geringfügig ändern, doch die allgemeinen Proportionen unserer Statistik werden dadurch im großen ganzen kaum berührt werden.

C. Die nominale Flexion und ihre Kategorien

Bei den mykenischen Nominalformen unterscheidet man wie im klassischen Griechisch drei Grundkategorien, das Genus, den Numerus und den Kasus.

1. Das Genus

Die Verteilung der Genera bei den Substantiven entspricht im Mykenischen dem klassischen griechischen Zustand. Dies ist am besten erkennbar an der Genuskongruenz attributivischer Adjektive bzw. pronominaler genusunterscheidender Formen.

Es gibt allerdings Anzeichen einiger erwähnenswerter Besonderheiten. So läßt z. B. das häufige Vorkommen einer ausschließlich *o*-stämmigen Form te-o, te-o-jo, te-o-i *the(h)on?,-ōi, -ōn, the(h)ojjo, the(h)oi(h)i* vermuten, daß sich besonders unter der Wortverbindung te-o-jo do-e-ra *the(h)ojjo do(h)elā* („Dienerin einer Gottheit") die weibliche Variante eines „Nomen commune" *the(h)os* (m./f.) verbirgt, das man aus Homer kennt (im Gegensatz zu dem „movierten" Wortpaar *the(h)os/the(h)ā* z. B. im Attischen).

Es ist weiter hervorzuheben, daß man auch im Mykenischen die Existenz zweigeschlechtiger Adjektive der II. Deklination auf *-os*, *-on* vermuten kann (z. B. a-na-mo-to *anăr(h)mostos, -oi* „nicht ausgestattet, ausgerüstet" mit sowohl maskuliner als auch femininer Kongruenz); es handelt sich offensichtlich wie im klassischen Griechisch um adjektivische Komposita beschreibenden Charakters, die dieselben unmovierten Formen für das Maskulinum und Femininum aufweisen (es gibt jedoch auch ein a-na-mo-ta *-tā, -tai, -ta* als NSg/PlF oder NPlN).

2. Der Numerus

Im Mykenischen unterscheidet man wie im klassischen Griechisch des 1. Jahrtausends v. Chr. drei Numeri: Singular, Dual, Plural. Der Dual ist selten direkt beweisbar, da seine Endungen in der LB-Orthographie oft mit jenen des Plurals identisch sind: die graphische Form ti-ri-po-de kann entweder als *tripode* (Dual) oder als *tripodes* (Plural) aufgefaßt werden, doch wenn diese Form durch das Ideogramm eines Dreifußes mit zwei hinzugefügten vertikalen Strichen begleitet wird, kann kein Zweifel über ihre Dualgeltung bestehen. Nur in Ausnahmefällen ist die Dualgeltung direkt durch eine eindeutige Dualendung gesichert, z. B. im Falle solcher Neuerungen bei der I. Deklination wie a-ni-ja-e *(h)āniă(h?)e* „ein Paar

Zügel" oder e-qe-ta-e *(h)ek^{w}etă(h?)e* „zwei Gefolgsleute" (das zweite *(h)* ist allerdings sehr unsicher).

3. Das Kasussystem

Unter den unscharfen graphematischen Konturen der Linear B-Schrift verlieren sich die mykenischen Kasusunterschiede manchmal in so hohem Maße, daß die betreffenden Kasusformen lediglich aus dem Kontext erfaßbar und nur schwer interpretierbar sind. Während z. B. das klassische griechische Wort οἰκία nicht weniger als 8 verschiedene alphabetische Endungen aufweist (das klassische ἵππος sogar 11 und ποιμήν insgesamt 10), kann man in der Linear B-Schrift bei den femininen *ā*-Stämmen lediglich 5 verschiedene graphische Wortausgänge unterscheiden, bei den maskulinen, bzw. femininen *o*-Stämmen höchstens 4 bzw. 5 und bei der III. Deklination höchstens 6. Das bedeutet keineswegs, daß das mykenische Kasussystem ärmer war als das klassische; im Gegenteil, es war offensichtlich sogar reicher, doch die für die griechische Sprache wenig geeignete Linear B-Schrift hat eine genaue graphematische Unterscheidung vieler Kasusformen mehr oder weniger verhindert.

Dieser Umstand bietet jedoch keine großen Schwierigkeiten bei der Interpretation der Texte, da die Linear B-Schrift die nicht besonders anspruchsvollen Aufgaben, die man von ihr angesichts der äußerst einseitigen und schematischen Linear B-Texte erwartete, durchaus in ausreichendem Maße zu erfüllen vermag. Doch genügt dies nicht für eine exakte sprachliche Analyse. Aus diesem Grund ist man bis jetzt gar nicht imstande gewesen, den genauen Lautwert einiger Kasusendungen festzustellen (z. B. des Dat. Plur. -a-i, -o-i bei der I./II. Deklination); außerdem streitet man sich noch immer über die konkrete Zahl der mykenischen paradigmatischen Kasus.

Gewisse Ausgangspunkte für eine indirekte Lösung dieser Problematik haben die indoeuropäische Komparatistik und die altgriechische Dialektologie bereits zur Verfügung gestellt. Im Bereich der indoeuropäischen Nominalparadigmen rechnet man gewöhnlich mit einer Zahl von acht Kasus, die im Altindischen bezeugt sind: es sind dies der Nominativ als Kasus des Subjektes, Akkusativ und Dativ als Kasus des direkten, bzw. indirekten Objektes, der Genitiv als Kasus nominaler Wortgruppen, sowie Ablativ, Lokativ und Instrumental als Kasus der adverbiellen Peripherie — und dazu der Vokativ als ein Kasus, der außerhalb der Satzstruktur steht.[80]

[80] Siehe *O. Szemerényi* 1970, 145ff., 1989³, 166ff., *A. Erhart* 2001, passim.

Diese Verhältnisse gelten höchstwahrscheinlich in vollem Maße nur für denjenigen Teil des indoeuropäischen Sprachbereichs, aus dem sich die indo-iranischen, balto-slawischen, paläoitalischen Sprachen sowie das Griechische und das Armenische herausgegliedert haben, wobei sich in den anderen Teilen des indoeuropäischen Sprachbereichs ein anderes, etwas ärmeres Kasussystemspektrum entwickelt haben dürfte (*A. Erhart*, o. c.).

Diese Aufzählung gilt wieder in vollem Maße nur für den Singular (und auch hier vor allem für die maskulinen *o*-Stämme). Im Plural deckt sich nämlich in den meisten alten ide. Sprachen der Vokativ mit dem Nominativ und der Ablativ mit dem Dativ; im Dual unterscheidet man überhaupt nur drei Kasus (Nom. – Akk. – Vok.; Gen. – Lok. und Dat. – Instr. – Abl.); bei den Neutra gibt es für den Nom., Akk. und Vok. eine einzige Form auch jeweils im Singular und Plural.

Im alphabetischen Griechisch gibt es bekanntlich in keinem Paradigma mehr als fünf völlig autonome Kasusformationen, die man konventionell als Nom., Gen., Dat., Akk. und Vok. bezeichnet — obwohl z. B. der Dativ Sing. auf -ι und der Dat. Plur. auf -σι bei der III. Deklination ihrer Herkunft nach Lokative sind (dasselbe gilt auch für die Dative der I. und II. Deklination auf -ασι, -αισι, -οισι, die unter anderem auch im Altattischen vorkommen). Am Rande dieses fünfgliedrigen klassischen Kasussystems gab es allerdings in der altgriechischen sprachlichen Welt auch Anzeichen einiger weiterer Kasusformationen:

a) Im Böotischen, Elischen, in den nordwestlichen Dialekten, in Südwestthessalien, und größtenteils auch in Arkadien (und vielleicht auf Zypern) findet man im Dat. Sing. der I. und der II. Deklination kurze diphthongische Endungen -οι, -αι vor, die man jetzt zumeist als durch Lautwandel aus den Langdiphthongen hervorgegangen denkt (cf. *J. Méndez Dosuna* 1985, 453f.). Auch wenn in einigen der obengenannten Dialekte der lange und kurze Diphthong miteinander alternieren, handelt es sich um zwei Varianten ohne irgendeine morphologisch-semantische Unterscheidung des Dativs und Lokativs, d. h. um einen einzigen paradigmatischen Kasus, den man als Dat.-Lok. bezeichnen kann.[81]

b) Dagegen ist das im Attischen belegte Paar οἴκῳ (Dat.): οἴκοι (Lok. „zu Hause“) sowohl morphologisch als auch semantisch klar abgegrenzt; die betreffenden Lokative kommen allerdings nur bei einigen Ortsnamen vor (z. B. Ἰσθμοῖ „auf dem Isthmos“) und können aus diesem Grunde nicht für Formen eines synchronisch vollwertigen Kasus gehalten werden.

[81] Siehe z. B. *Schwyzer* 1939, 546ff.

c) Unter den griechischen Adverbien findet man weitere Reste alter Lokative auf -οι und -ει (ποῖ „wohin“, ἐκεῖ „dort“), bzw. Instrumentale auf -ω, -ᾱ, -η (οὕτως „so“, λάθρα „heimlich“, πάντη „überall“), wobei der erste Typ auf -ω zugleich auch in den regelmäßigen, von den Adjektiven abgeleiteten Adverbien mit angefügtem -ς auftaucht, vgl. z. B. κακῶς „schlecht“.

d) Im ganzen griechischen Sprachraum verwendete man in der klassischen Zeit im Dativ Sing. der III. Deklination die ide. Lokativendung *-i*; die ursprüngliche Dativendung *-ei*, die noch im Mykenischen überwiegt, kommt im alphabetischen Griechisch nur vereinzelt vor, z. B. in den Komposita vom Typ Διείφιλος.

e) In der archaischen epischen Sprache, vor allem bei Homer, kommt sehr häufig die Endung -φι als Fortsetzung des ide. Instrumentalsuffixes **-bhi* vor, doch ist sie in vielfacher Verwendung belegt (für Instrumental, Ablativ, Lokativ, seltener für Genitiv oder Dativ, und zwar sowohl im Singular als auch im Plural, ja sogar ebenfalls nach Präpositionen). Dieses Phänomen der epischen Sprache wird als ein *casus obliquus par excellence* gewertet, der jedweder Festlegung auf eine bestimmte Kasusfunktion entbehrt und manchmal nur aus metrischen Gründen, bzw. wegen seiner markanten silbischen Endung verwendet wurde.

f) Die angebliche Ablativendung -ω (aus ide. **-ōt*) im delphischen ϝοίκω könnte man eher für eine inkonsequente „offene“ Wiedergabe des kontrahierten *o* + *o* neben jener mit geschlossenem *ọ̄* im Artikel (τοῦ × ϝοίκω) halten.

Angesichts der beträchtlichen Zahl dieser altgriechischen Kasusreste vermutete man schon vor der Entzifferung der LB-Schrift, daß das frühgriechische Kasussystem im Vergleich zu dem klassischen entschieden reicher war. Die Entzifferung hat diese Vermutung wenigstens teilweise bestätigt, und zwar im Hinblick auf folgende morphologische Tatsachen, bzw. sprachliche Überlegungen:

A) 1. In den mykenischen Texten hat man Dutzende Belege des Linear B-Wortausganges *-pi* entdeckt, der dem homerischen -φι entspricht. Dabei hat diese mykenische Endung eine viel engere Funktion als -φι bei Homer; sie kommt nur als Pluralendung vor und besitzt meistens eine Instrumentalbedeutung (vor allem bei Appellativen), während sie bei den Ortsnamen möglicherweise eine ablativische Bedeutung aufweist.

Dieses Suffix diente zur regelmäßigen Bezeichnung des Instr. Plur. nur bei den Nomina der I. und III. Dekl. (-a-pi = *-āphi*, bzw. -pi = *-phi*; vgl. S. 161, 163, 189). Bei der II. Dekl. kommt es nur vereinzelt zur Geltung (vgl. z. B. e-re-pa-te-jo-pi *elephantej(j)ophi* „mit elfenbeinernen...“), da hier in der Regel die Funktion des Instr. Plur. durch die Endung *-ois* ausgeübt wurde, die sich gelegentlich unter dem mehrdeutigen -O im Auslaut zu verbergen scheint und Parallelen im indoiranischen, baltischen und slawischen Sprachgebiet hatte.

2. Die obige Erwähnung der ablativischen Bedeutung des Suffixes *-phi* bei den Ortsnamen darf man nicht als Ergebnis eines allgemeinen frühgriechischen Kasussynkretismus zwischen dem Ablativ und dem Instrumental ansehen, wie ihn *P. Ilievski* 1961 mit Hinweis auf eine ähnliche Entwicklung im Latein auch für das Mykenische voraussetzte. Es handelt sich eher um eine in der mykenischen Sprachwelt vielleicht hauptsächlich in der Schreiberpraxis vorhandene Polarisierung zwischen den zwei markantesten nominalen Pluralendungen, d. h. zwischen den **-si-/-hi*-Endungen *-āhi*, *-oihi*, *-si* im Dat. bzw. Lok. Plur. einerseits, die bei den Ortsnamen die Lokativfunktion ausüben, und den *phi*-Endungen *-āphi*, *-ophi*, *-phi* im Instr. Plur. andererseits, die wenigstens bei einigen Ortsnamen eine ablativische Bedeutung zum Ausdruck zu bringen vermögen.

Die *si*-Endungen alternieren in ihrer Kasusfunktion nie mit den *phi*-Endungen; im Gegenteil, zwei wichtige pylische toponymische Ausdrücke, pa-ki-ja-si *Sphagiānsi* und pa-ki-ja-pi *Sphagiāmphi*, die wahrscheinlich das Gebiet des pylischen Palastes (Nom. *Sphagiānes*) bezeichnen, repräsentieren offensichtlich zwei entgegengesetzte Bedeutungsaspekte, und zwar die erste Form mit -si das lokativische „in Sphagiānes“ und die zweite Form mit -pi das ablativische „aus Sphagiānes.“[82] Ein ähnlicher Gegensatz scheint auch in den Ausdrücken po-ra-i (Dat.-Lok.) und po-ra-pi (Instr.-Abl.) verborgen zu sein.

B) Während die paradigmatische Existenz des Instr. Plur. als sicher erscheint, kann man die Existenz eines selbständigen Instr. Sing. nicht für völlig sicher halten: in der Linear B-Schrift sind die betreffenden Instrumentalendungen *-ā*, *-ō*, *-ē* von jenen des Dativs und des Lokativs nicht zu unterscheiden. Doch wenigstens mit Rücksicht auf die Tatsache, daß Kasusformen eher im Plural als im Singular verschmelzen, ist man heutzutage geneigt, auch einen selbständigen Instr. Sing. anzuerkennen. So findet man auf der Tontafel PY Jn 829 neben dem obenerwähnten Instrumental-Ablativ pa-ki-ja-pi *Sphagiāmphi* die Form ti-mi-to-a-ke-e, die man neben *Tirminthōn anke(h)ei* (Lok.) eventuell auch *Tirminthōn anke(h)ē* in der ablativischen Bedeutung „aus der Schlucht von Terpentinbäumen“[83] (vgl.

---

[82] Vgl. auf S. 466.

[83] Über ti-mi-to *Tirminthōn* vgl. *Th. Palaima* 2000, 1–19.

ἄγκος „Schlucht“) deuten könnte, während dagegen auf der Tontafel PY Cn 608 neben dem dativisch-lokativischen pa-ki-ja-si *Sphagiānsi* die sichere lokativische Form e-ra-te-i *Elate(h)i* „in Elatos“ erscheint.

C) Man kann aus der Schrift selbst nicht entscheiden, ob sich bei der I. und II. Deklination unter dem auslautenden -a und -o ein kurzes *-ai*, *-oi* verbirgt, oder eher die echten Dativendungen *-āi*, *-ōi*. Im Gegensatz zu einigen Forschern, die sowohl den Lokativ als auch den Dativ als selbständigen Kasus im Mykenischen anerkennen, vermutet man heute im Mykenischen die Existenz nur eines paradigmatischen Kasus mit diesen Funktionen (vgl. S. 159 sub a), wobei man sich auf den Plural stützt, wo es lediglich einen Kasus dafür gibt. Dabei ist es allerdings möglich, daß im Rahmen dieses mykenischen Kasus noch beide Varianten, d. h. sowohl die kurze als auch die lange, nebeneinander standen, ohne jedoch gegenseitig semantisch abgegrenzt gewesen zu sein.

D) Neben den obengenannten Kasusformen sind im Mykenischen auch einige andere isolierte Kasusrelikte belegt, wie z. B. der Ausdruck di-da-ka-re *didaskalei*, der als Lokativ zu *didaskalos* „Lehrer“ interpretiert wird, d. h. mit *e*-Färbung, wie sie z. B. in den Adverbien ἐκεῖ oder πανδημεῖ vorkommt. Der Ausdruck selbst hat eine adverbielle Bedeutung und wird als „beim Lehrer, in der Schule“ übersetzt.

E) Der Vokativ ist im Mykenischen nicht bezeugt — in voller Übereinstimmung mit dem spezifisch registrierenden Charakter der mykenischen Texte.

Aus dem oben gesagten kann man schließen, daß für das Mykenische ein Kasussystem von wenigstens 6 paradigmatischen Kasus anzuerkennen ist (Nom., Gen., Dat.-Lok., Akk., Vok., Instr.-Abl.). Diese Aufzählung betrifft selbstverständlich nur die Maskulina und Feminina im Singular. Im Plural unterscheidet man nur 5 Kasus (Vok. ist gleich dem Nom.) und bei den Neutra nur 4 (der Akk. Plur. ist dem Nom. gleich). Der mykenische Dual besaß im Prinzip nur zwei Dualformen, ähnlich wie das alphabetische Griechisch (Nom.-Akk.-Vok. und Gen.-Dat.-Lok.), während im Instr. Dual des Zahlwortes *dwō* „zwei“ eine spezifische dualische Form du-wo-u-pi *d(u)wŏ̄(h)uphi* verwendet wurde.

D. Die mykenischen Deklinationen
(Substantiva und Adjektiva)

1. Einführung

Das mykenische Deklinationssystem wirkt völlig griechisch und erlaubt für das Mykenische die traditionelle Einteilung der Nomina in drei Deklinationen. Alle drei sind im Mykenischen gut belegt, und zwar nicht nur in ihrer paradigmatischen Gesamtstruktur, sondern auch in der Verschiedenheit ihrer Untergruppen.

Trotz dieser reichen Dokumentation bleiben jedoch viele Detailfragen der mykenischen Nominalparadigmen unbeantwortet, besonders weil in der Linear B-Schrift gerade die Endungen nicht in vollem Umfang wiedergegeben werden. Das hängt zweifellos vor allem mit dem durch Bevorzugung offener Silben gekennzeichneten ägäischen Schriftsystem zusammen. In einer Schrift, wo man keine Endkonsonanten schrieb, wo man gar nicht zwischen den kurzen und langen Vokalen unterschied und die Diphthonge nur teilweise ausdrückte, bleiben oft manche für die flektierenden indoeuropäischen Sprachen typische Deklinationsmerkmale unbezeichnet. Zugleich darf man allerdings auch nicht außer acht lassen, daß selbst die mykenischen Schreiber kaum an einer präziseren Schreibung verschiedener Endungen interessiert waren, da für sie in erster Linie die lexikalischen und nicht die morphologisch-syntaktischen Aspekte von Wichtigkeit waren. Das gilt vor allem für die Nominativendungen; ihr Lautwert verstand sich von sich selbst, so daß man auf ihre genaue Kennzeichnung in den Inventarposten der mykenischen Tontafeln verzichten durfte.

Andererseits nützten jedoch dort, wo es nötig war, ein spezifisches morphologisch-syntaktisches Verhältnis auszudrücken, die Schreiber mit Erfolg alle von der Linear B-Schrift gebotenen Möglichkeiten aus. Besonders die markanten Endungen -si = *-si* (im Dat. Plur. der III. Dekl.) und -pi = *-phi* (Instr. Plur. der I. und III., gelegentlich auch der II. Deklination), aber auch z. B. der Genitiv -o-jo = *-ojjo* in der II. Deklination, lassen in einem mykenischen Text auf den ersten Blick ihre spezifischen Funktionen erkennen (d. h. bei -pi normalerweise eine instrumentale Funktion bzw. bei den Ortsnamen möglicherweise den Gegensatz zwischen der lokativischen Funktion von *-si* und der ablativischen Funktion von *-phi*).

Außerdem mußte sich beim Lesen der LB-Texte auch die für die alten indoeuropäischen Sprachen in der III. Deklination typische Differenz zwischen dem um eine Silbe kürzeren Nominativ (po-me *poimēn*, pa-te *patēr*) und dem längeren Genitiv bzw. anderen Kasusformen (po-me-no *poimenos*, po-me-ne *poimenei*) deutlich widerspiegeln, so daß man in dieser Deklination den Nom. Sing. von anderen Kasus leicht unterscheiden konnte. Dies war bei den entsprechenden Endungen der I. und II. Deklination leider nicht der Fall, und deswegen ist die genaue Bestimmung der Kasusformen innerhalb der *ā*- und *o*-Stämme viel schwieriger.

Vgl. die quantitative Übersicht über die einzelnen Deklinationstypen auf S. 295.

2. Substantiva und Adjektiva der I., II. und III. Deklination

I. Deklination (Substantiva)

Zur mykenischen I. Deklination gehören — wie im klassischen Griechisch — teils die *ā*-Stämme, teils die *ja*-Stämme (mit *ă* aus dem ide. Reduktionsvokal **ə*). Die *ā*-Stämme sind hauptsächlich Feminina (z. B. a-ko-ra *agorā* „Sammlung", engl. „set"), weniger oft Maskulina auf *-ās* (z. B. e-re-ta *eretās* „Ruderer"). Im Gegensatz zum Attischen oder Ionischen haben alle Substantiva und Adjektiva der I. Deklination noch den Stammvokal *ā* erhalten; die Lautveränderung ᾱ > η hat sich erst am Anfang des 1. Jahrtausends v. Chr. vollzogen, und zwar nur im ionisch-attischen Gebiet.

Die Existenz der *ja*-Stämme im Mykenischen kann man allerdings nur indirekt beweisen — auf Grund einer historischen Analyse der betreffenden morphologischen Bildungen oder aus den entsprechenden Wörtern im klassischen Griechisch. Die *ja*-Stämme sind bereits im Mykenischen durch folgende zwei Grundtypen vertreten:

A) Der Typus mit den syllabischen Zeichen -JA, -RA am Wortende, wodurch das auslautende -α nach vorangehendem *i* oder *r* wiedergegeben wird: -po-ti-ni-ja *potniās, -āi* (G, D) „vornehme Frau, Herrin, Göttin", a-ro-u-ra *arourans* (APl) „Ackerland", oder mit -E-JA, wohinter sich der Auslaut *-eja*, bzw. *-ejja* verbirgt: i-je-re-ja *(h)ierejja* „Priesterin".

B) Der Typus mit auslautenden assibilierten dentalen und velaren Okklusiven, und zwar mit der graphischen Wiedergabe:

-ZA = *-dza* (besser als *-dža*)[84] < **-dja*, *-gja*: to-pe-za *torpedza* „Tisch", vgl. att. τράπεζα,

-ZA = *-tsa* (besser als *-tša*)[85] < **-kja*: su-za *sūtsai* „Feigenbäume", vgl. äol. συκίαι,

---

[84] Vgl. S. 142.
[85] Vgl. S. 142.

-SA = *-s(s)a* bzw. **-tsa*: a3-sa *aisa* „Anteil“, vgl. Hom. αἶσα.

Bei einer ganzen Reihe von Wörtern kann man allerdings kaum entscheiden, ob das Wort im Mykenischen zu den *ā*- oder *-ja*-Stämmen gehört; unsicher ist es vor allem bei den Eigennamen. Im allgemeinen kann man jedoch sagen, daß das Vorkommen von kurzem auslautenden *-a* vor allem unter den Auslautsschreibungen -E-JA, -RI-JA, -RA2, -SA, -ZA, und vereinzelt auch in -RA und -NI-JA zu vermuten ist.

Kasusendungen der I. Deklination

	Feminina		Maskulina	
Nom. Sing.	-A	*-ā/-a*	-A	*-ās*
Gen.	-A	*-ās*	-A-O	*-ā(h)o*
Dat.	-A	*-ă̄i*[86]	-A	*-ă̄i*[86]
Akk.	-A(-DE)	*-ān/-an(-de)*	-A	*-ān*
Vok.	?	*?*	?	*?*
Instr.	?	*?*	?	*?*
N./A. Du.	-O	*-ō*		
	-A-E	*-ă̄(h?)e*	-A-E	*-ă̄(h?)e*
	-A	*-ā?, -ai?*		
G./D.	-O-I	*-ojin?*	?	
Nom. Pl.	-A, -.A3[87]	*-ai*	-A	*-ai*
Gen.	-A-O	*-ā(h)ōn*	-A-O	*-ā(h)ōn*
Dat.	-A-I	*-ā(h)i, -ai(h)i, -ais?*	-A-I	*-ā(h)i, -ai(h)i, -ais?*
Akk.	-A(-DE)	*-ans(-de)*[88]	-A	*-ans*[88]
Instr.	-A-PI	*-āphi*	?	*?*

Aus den Paradigmen geht hervor, daß vor allem im Sing. der Feminina der betreffende Kasus nur im kontextuellen Zusammenhang mit voller Sicherheit zu erkennen ist, da durch die LB-Schrift die meisten Endungen mit vokalischem und diphthongischem Auslaut nicht ausreichend unterschieden werden können.

Von den einzelnen Kasusformen ist am meisten der Nom. Sing., sehr oft auch der Gen. (bei den Personennamen) und Dat. Sing. (besonders bei den Namen der Göttinnen) bezeugt; der Akk. kommt bei den femininen

[86] In unserer Transkription von LB-Wörtern wird das lange *-āi* bevorzugt.

[87] Nur RA3!

[88] In unserer Transkription von LB-Wörtern wird das kurze *-ans* bevorzugt.

Toponymen vor, und zwar ausschließlich nur mit dem allativischen Suffix *-de*, das auch im klassischen Griechisch gut belegt ist. Im Dat. Sing. kann man ein kurzes diphthongisches *-ai* für annehmbar halten, das in einigen Dialekten der klassischen Periode (jedenfalls im Arkadischen) sogar vorherrscht. Doch in der Transkription der Texte bevorzugt man in der Regel das lange *-āi*.

Die Maskulina unterscheiden sich klar von den Feminina durch die typische Endung -A-O = *-ā(h)o* im Gen. Sing., die irgendwie unter dem Einfluß von *o*-Stämmen entstand (*C. J. Ruijgh* SMEA 20, 1979, 72f., deutet -A-O eindeutig als *-āho* und leitet *-*so* aus Pronominalformen her; vgl. das slawische *česo*). Hinter -A-O kann sich allerdings auch ein Gen. Plur. *-ā(h)ōn* verbergen. Im Nom. Sing. Mask. setzt man — mit Rücksicht auf das klassische Griechisch — die Existenz der sigmatischen Endung *-ās* voraus, die ihr *-s* wiederum den *o*-Stämmen verdanken dürfte; doch auch das ursprüngliche *-ā* könnte sich im Mykenischen noch erhalten haben. Das im 1. Jahrtausend bezeugte elische τελεστά oder das homerische ἱππότα sind dem Ursprung nach wahrscheinlich Vokative.

Der Dual kommt nur ausnahmsweise vor. Die Form des Nom./Akk. Du. war im Mykenischen noch nicht völlig fest. Das einstige **-ai* scheint ohne klaren Beleg zu sein (doch ko-wa konnte just *korwai* sein). Dagegen findet man mehrmals bei den weiblichen Substantiva oder Adjektiva die *o*-stämmige Endung -O = *-ō* (z. B. to-pe-zo *torpedzō*), die später in der femininen Form καλυψαμένω Hes., Erga 1980 wiederkehrt, sowie auch im attischen Artikel, dessen Form τώ alle drei Genera umfaßt. Sowohl bei den Feminina als auch bei den Maskulina ist die Endung A-E = *-ă̄(h?)e* belegt (mit dem von der III. Deklination übernommenen *-e*: z. B. a-ni-ja-e *(h)āniă̄(h?)e* „Zügel", e-qe-ta-e *(h)ek^{w}etă̄(h?)e* „Gefolgsleute"); einmal findet man sogar beim Femininum das -A = *-ā* oder *-ai* vor (ko-wa *korwā, ai* „zwei Mädchen" — falls es sich nicht in diesem Fall um eine bloße Benützung des Nom. Plur. statt des Nom. Du. handelt). Nicht völlig klar ist der einzige Beleg des Gen./Dat. Du. wa-na-so-i *wanas(s)ojin?* „den zwei Königinnen?", der mit dem arkadischen, für alle drei Genera geltenden Artikel τοῖν verglichen wird; doch *J. Chadwick*, Docs.[2] 479, versteht den erwähnten Ausdruck als Dat./Lok. Plur. *wanas(s)oi(h)i* eines *o*-stämmigen Toponyms, das vielleicht irgendeine Kultstätte bezeichnete.[89]

[89] Oder handelt es sich um einen Monatsnamen oder Namen eines Festes? (zuletzt *C. J. Ruijgh* 1999, 533f.).

Im Plural gibt es keinen Unterschied zwischen den maskulinen und femininen Formen der I. Deklination — wobei besonders die Kasusformen des Gen., Dat. und Instr. Plur. voneinander gut unterscheidbar sind. Dagegen kann man den Akk. Plur. vom Nom. Plur. gar nicht unterscheiden; doch scheint ersterer nur ausnahmsweise belegt zu sein. Unter dem graphischen Auslaut -A des Nom. Pl. verbirgt sich ohne Zweifel bereits das neugebildete, spätindoeuropäische *-ai*; als Beweis dafür kann man die Existenz der graphischen Variante RA_3 (neben RA) anführen, die man offensichtlich mit vollem Recht als *rai* lesen darf (vgl. di-pte-ra_3 ***diphtherai*** „abgezogene Tierhäute"; oder *dipsterai* nach *R. Viredaz* 1982, 321).

Unter den übrigen Kasusformen im Plural tritt ziemlich oft der Genitiv (hauptsächlich bei den Nomina agentis und bei den Ethnika) bzw. der Dativ auf (bei Toponymen). Im Gen. Plur. kann man die Bewahrung einer älteren Aussprache *-āhōn* (aus **-āsōm*) weder beweisen noch ausschließen. Den graphischen Auslaut -A-I im Dat. Plur. interpretiert man heute meistens als *-ā(h)i* (mit durchgeführtem **s* > *h*); dadurch scheint sich das Mykenische völlig von allen griechischen Dialekten aus der 1. Hälfte des 1. Jahrtausends v. Chr. abzuheben, da diese zu jener Zeit im Dat. Plur. stets ein *-s-* aufweisen: -αισι, -ασι, -ῃσι (neben -αις) bei der I. Dekl., -οισι (neben -οις) bei der II. Dekl. und -σι bei der III. Deklination. Gewöhnlich nimmt man entweder an, daß die späteren Dialekte das intervokalische *-s-* in der postmykenischen Periode restituiert haben, oder daß sie die Lautveränderung **s* > *h* in den erwähnten Kasusformen niemals durchgeführt haben (dies wäre möglich, da keiner von den späteren Dialekten für einen direkten Fortsetzer des Mykenischen zu halten ist). Diesen morphologischen Widerspruch versuchte *C. J. Ruijgh* 1958 durch die lautliche Interpretation -A-I = *-ais* zu lösen; man wendet allerdings dagegen ein, daß die mykenischen *i*-Diphthonge in der LB-Schrift meistens ohne die *i*- Komponente geschrieben wurden (völlig unannehmbar ist jedoch seine Hypothese nicht).

Der Instr. Plur. *-āphi*, der bis jetzt nur bei Feminina der I. Deklination belegt ist, bietet dagegen eine eindeutige Interpretation an und muß als ein tatsächlich paradigmatischer Kasus mit instrumental-soziativer Funktion angesehen werden (vgl. a-ni-ja-pi *(h)āniāphi* „mit Zügeln").

Insgesamt kann man bei den Feminina der I. Deklination sieben verschiedene graphische Formen im Sing., Du. und Plur. unterscheiden, und zwar -A, -A-E, -A-I, -A-O, -A-PI, -O und -O-I (die letzte Endung gilt als nicht völlig sicher); bei den Maskulina sind allerdings nur vier von diesen graphischen Formen belegt (die Endungen -O, -O-I und -A-PI sind nicht bezeugt). Die Gesamtzahl aller grammatischer Kasusformen war jedoch bei der I. Deklination offensichtlich höher. Im Singular muß man die Existenz von wenigstens fünf paradigmatischen Kasus voraussetzen: Nom., Gen., Dat., Akk. und offensichtlich auch Vok., der allerdings in den LB-Texten wegen deren Registrierungsfunktion völlig fehlt. Daß im Mykenischen auch noch der Instrumental bzw. Lokativ Sing. eigenständige Kasus gewesen sind, scheint dagegen fraglich zu sein. Auch im Plur. ist die Zahl von fünf paradigmatischen Kasusformen gesichert: Nom., Gen., Dat., Akk., Instr., während der Vok. Plur. dem Nom. Plur. — wie zumeist in den ide. Sprachen — völlig entsprach.[90]

Einzelne Untergruppen der I. Deklination

Die Gesamtzahl der bezeugten Substantiva der I. Deklination kann man im Mykenischen kaum mit voller Präzision angeben, da vor allem unter den mykenischen Eigennamen mehrere, die auf -A enden, sich einer verläßlichen lautlichen Interpretation entziehen, wobei manchmal selbst ihre Zugehörigkeit zur I. Deklination mehr oder weniger fraglich ist. Besser lassen sich die *ā*- bzw. *ja*-stämmigen Appellativa identifizieren. Es handelt sich um etwa 140 lexikalische Einheiten (Lemmata); vgl. die Tabelle auf S. 295. Zu diesen gesellen sich noch ca. 200 Eigennamen, deren Zugehörigkeit zu den *ā*-Stämmen wahrscheinlich zu sein scheint (annehmbare lautliche Interpretation, verläßliche Kasusbelege).

Auf Grund der vorangehenden Überlegungen kann man die mykenischen Substantiva der I. Deklination folgendermaßen weiter unterteilen:

A. Feminina

1. *ā*-Stämme

Das Korpus der *ā*-stämmigen femininen Appellativa umfaßt etwa 60 morphologisch gut klassifizierbare substantivische Ausdrücke mit einer verhältnismäßig verläßlichen, semantisch sinnvollen phonetischen Interpretation:[91]

---

[90] Eine detailliertere bzw. auch etwas abweichende (wenn auch nicht immer allgemein akzeptierte) Deutung etlicher Endungen einzelner Deklinationen stammt von *I. Hajnal*, 1995 bzw. 1997.

[91] Vgl. die betreffenden Nummern im Index auf den S. 533ff.

LB-Graphik	Nr.	Lok.	Myk.-Gr.	Kasus	Alph.-Gr.	Deutsche Übers.
a-ko-ra	*31*	PT	*agorā*	*NSg*	= ἀγορά[92] „Versammlung, Markt“	Sammlung! (engl. „set“)
a-ma	*45*	K	*amā*	*NSg*	(ἀμάω „ernten, mähen“)	Ernte
a-ni-ja a-ni-ja-e a-ni-ja-pi	*65* *66* *67*	KP p K	*(h)āniai* *(h)āniă̄-* *(h?)e?* *(h)āniāphi*	*NPl* *N/A* *Du* *IPl*	= ἡνίαι	Zügel
a-no-qa-si-ja	*72*	p	*anog^w asiās?* *anorg^w asiās?*	*GSg* *GSg*	(ἀνάβασις „Aufstieg“; o. ἀνήρ „Mann“ + θείνω < **g^w henjō* „töten“)	ein Bodenbesitzterminus?; o. Männertötung?
a-ro-pa	*128*	P	*aloiphā* *aloiphāi* *aloiphān*	*NSg* *DSg* *ASg*	= ἀλοιφή	Salbe
a-wa-ra-ka-na a-wa-ra-ka-na-o	*158* *159*	p p	*aulaknai?* *aulaknā(h)ōn*	*NPl* *GPl*	(αὖλαξ „Furche“)	Pflugschar
a₃-ka-sa-ma	*169*	p	*aiksmans*	*APl*	= αἰχμή	Spitze, Lanze
di-pte-ra di-pte-ra₃	*222* *225*	P tir p	*diphtherā* *diphtherai* *diphtherai* o. *dipsterai?*, *Viredaz* 1982	*NSg* *NPl* *NPl*	= διφθέρα (s. auch S. 396 u. a.)	Tierhaut

92 Das Gleichheitszeichen = zeigt eine lexikalische Identität zwischen dem mykenischen und alphabetischen Griechisch an, die Klammern (...) verweisen auf eine mögliche alphabetische etymologische Ähnlichkeit zum Mykenischen (ohne eine völlige Identität).

LB-Graphik	Nr.	Lok.	Myk.-Gr.	Kasus	Alph.-Gr.	Deutsche Übers.
do-e-ra	*227*	KP	*do(h)elā* < **doselā?* *do(h)elāi* *do(h)elai*	*NSg* *DSg* *NPl*	= δούλη	Dienerin, Sklavin
e-ka-ra	*259*	p	*eskharā*	*NSg*	= ἐσχάρα	Herd
e-ke-i-ja	*267*	p	*enkhe(h)iai*	*NPl*	= ἐγχείη Hom.	Speer
e-pi-ko-wa	*307*	K	*epikhowā* *epikhowāi?*	*NSg* *DSg*	= ἐπιχοά· κατάχυσις Hesych	Libation
e-qe-a-o	*321*	k	*(h)ek^{w}e(h)ā-(h)ōn?*	*GPl*	(ἕπομαι „folgen")	Gefolgschaft
e-ra-wa[	*338*	k	*elaiwā* oder *elaiwai?*	*NSg* *NPl*	= ἐλαία	Ölbaum, Olive
e-ri-ka	*364*	K	*(h)elikās*	*GSg*	= ἑλίκη	Weide
e-ru-mi-ni-ja	*369*	P	*elumniai?*	*NPl*	= ἐλύμνιαι Hesych	Dachbalken
i̧-qi-ja i-qi-jo	*422* *423*	Kt K	*(h)ikk^{w}iā* *(h)ikk^{w}iai* *(h)ikk^{w}iō*	*NSg* *NPl* *NDu*	(ἵππος „Pferd")	Wagen
i-te-ja-o (JA-Ableitung zu EU-Stamm?)	*432*	p	*(h)istejjā-(h)ōn*	*GPl*	(ἱστός „Webebaum")	Weberin
ka-pi-ni-ja	*467*	P	*kapniās*	*GSg*	(καπνία „Rauchfang", καπνός „Rauch")	Rauchfang, Schornstein
ka-tu-re-wi̧[-ja ka-tu-re-wi̧-ja-i	*494* *495*	k p	*kanthulēwiai* *kanthulēwi-ā(h)i*	*NPl* *DPl*	= κανθύλη „Geschwür"	Satteltasche?

LB-Graphik	Nr.	Lok.	Myk.-Gr.	Kasus	Alph.-Gr.	Deutsche Übers.
ke-ro-si-ja	*530*	P	*geronsiā*	*NSg*	= γερουσία	Ratsver- sammlung der Älteren
ki-ra	*544*	M	*gīlā?*	*NSg*	= νεογιλλός „neugeboren“	kleine Tochter
ki-ri-ta I	*547*	k	*krithān* oder *krithans*	*ASg* *APl*	= κριθή	Gerste
ki-ri-te-wi-ja ki-ri-te-wi- ja-i]ki-ri-te-wi- ja-pi	*549* *550* *551*	kP k p	*krithēwiai?*[93] *krithēwiāi?* *krithēwiā-* *(h)i?* *krithēwiāphi?*	*NPl* *DSg* *DPl* *IPl*	vgl. ki-ri-ta I	weibliches Kultperso- nal, wohl mit Gerste verbunden
ko-to-(i)-na ko-to-no ko-to-na-o	*596* *600* *597*	KP P P	*ktoinā* *ktoinās* *ktoināi??* *ktoinān* *ktoinai* *ktoinans* *ktoinō* *ktoinā(h)ōn*	*NSg* *GSg* *DSg* *ASg* *NPl* *APl* *ADu* *GPl*	= κτοίνα (rhodische Inschrift: „Unterab- teilung des Demos“; vgl. Hesychs Glosse κτοῖναι· δῆμος μεμερισμένος)	Land- parzelle, Landstück
ko-wa	*604*	KP T[94]	*korwā* *korwāi* *korwai*	*NSg/* *Du* *DSg* *NPl*	= κούρη ostion. = κόρη att.	Mädchen
ku-su-to-ro- qa	*639*	kP t	*ksunstrok*^{w}*hā*	*NSg*	= συστροφή „das Zusam- mendrängen, Vereinigung“	Gesamt- summe
ma-ra-pị	*648*	p	*malāphi?*	*IPl*	= μάλη	Achsel
mi-ta	*698*	M	*minthā*	*NSg*	= μίνθη	Minze

[93] Oder *khristēwiai* usw.
[94] In Theben (evtl. auch anderswo) als Beiname von Persephone.

LB-Graphik	Nr.	Lok.	Myk.-Gr.	Kasus	Alph.-Gr.	Deutsche Übers.
o-ka I	*730*	p	*okhai?*	*NPl*	= ὀχή „das Halten, Stütze“	Riemen, Gurt?
o-ka II	*731*	P	*orkhā*	*NSg*	= ἀρχή „Anfang, Anführen, Herrschaft“	Militärische Abteilung
o-na	*736*	Kp	*onā?* *onai?*	*NSg* *NPl*	(ὀνίνημι „nützen“)	Nutzen?
o-pa	*750*	KP T	*(h)opā?* *(h)opās?*	*NSg* *GSg*	(ἕπω „sich mit etw. abgeben“)	Arbeit, Werkstatt?
o-pi-i-ja-pi	*763*	K	*opi(h)iāphi?*	*IPl*	(ὀπί „bei“ + **hiā* "Binde")	Gebiß-stange?
o-pi-ke-re-mi-ni-ja o-pi-ke-re-mi-ni-ja-pi	*765* *766*	P P	*opikelemni-ans* *opikelemni-āphi?*[95]	*N/A Pl* *IPl?*	(ὀπί + (ἀμφι-) κέλεμνον „ein von zwei Personen getragener Stuhl?“)	(Rücken-)lehne?
]pe-ra	*879*	m	*pellai?*	*NPl*	= πέλλα, ion. πέλλη „Melk-eimer, Becher“	Schüssel, Schale?
pi-a_2-ra pi-je-ra_3	*896* *897*	p p	*phihalai* *phielai*	*NPl* *NPl*	= φιάλη, φιέλη „flaches Gefäß, Schüssel, Trinkschale“	Bratpfanne!!
pi-ri-ja-o	*901*	p	*phliā(h)ōn*	*GPl*	= φλία	Türpfeiler
po-ka	*910*	K	*pokā?* *pokai?*	*NSg?* *NPl?*	(πόκος „Vließ“)	Vließ, Schur
(-)po-qa	*929*	kpt	*phorg^{w}āi*	*DSg*	= φορβή „Futter, Nahrung“	„Speise, zum Essen“

[95] Vielleicht handelt es sich eher um *-kelemniā* Instr. Sg.(?).

LB-Graphik	Nr.	Lok.	Myk.-Gr.	Kasus	Alph.-Gr.	Deutsche Übers.
po-qe-wi-ja po-qe-wi-ja-i	*931* *932*	p p	*phorg^{w}ēwiai* *phorg^{w}ēwi-ā(h)i*	*NPl* *DPl*	= φορβε(ι)ά „Halfter“	Halfter
po-ro-e-ke-te-ri-ja	*943*	p	*pro(h)elktē-riā?*	*NSg*	(προ- „vor“ + ἕλκω „ziehen“)	Gerät zum Herausziehen aus dem Herd, Schippe?
po-ro-ko-wa	*947*	K	*prokhowā?* *prokhowāi?*	*NSg* *DSg*	(πρόχοος „Kanne“)	Sorte von Öl??
pte-no	*968*	K	*pternō*	*NDu*	= πτέρνη „Ferse“	Trittbrett?
pte-re-wa pe-te-re-wa	*969* *894*	K K	*ptelewās*	*GSg*	= πτελέη Hom.	Ulme
pu-ta-ri-ja (-)pu-te-ri-ja[96]	*975* *977*	k K	*phutaliā* oder *phutaliai?* *phuteliān?*	*NSg* *NPl* *ASg*	= φυταλιή Hom.	Anpflanzung
qa-si-re-wi-ja	*989*	KP t	*g^{w}asilēwiā* *g^{w}asilēwiāi*	*NSg* *DSg*	= βασιλεία „Königtum“	Gruppe von Personen, einem *g^{w}asileus* zugeordnet?
(o-pi)-qi-na s.]qo-i-ṇạ[	*1007*	k	*(opi)k^{w}i-nāi?*[97]	*DSg*	(ποινή „Bezahlung, Strafe“)	„zur Bezahlung?“
]qo-i-ṇạ[	*1010*	k	*k^{w}oinā?*	*NSg*	= ποινή	Strafe
ra-wi-ja-ja ra-wi-ja-ja-o	*1036* *1037*	P p	*lāwiajjai* *lāwiajjā(h)ōn*	*NPl* *GPl*	(ληϊάδες Hom.; ληίη „Beute“)	Frauen als Kriegsbeute
ro-a	*1058*	k	*rho(h)ai?*	*NPl*	= ῥοά, ion. ῥοιή	Granatapfel

[96] Vgl. auch Index, Nr. 977, Anmerkung 211 auf S. 594.
[97] Vgl. auch Index, Nr. 771 opiqina.

LB-Graphik	Nr.	Lok.	Myk.-Gr.	Kasus	Alph.-Gr.	Deutsche Übers.
ta-ra-si-ja	*1095*	KP m	*tala(n)siā* *tala(n)siān*	*NSg* *ASg*	(ταλασία „Wollespinnerei“)	wohl: abgewogene Menge von Material, z. B. Bronze
te-o-po-ri-ja	*1115*	K	*the(h)ophoriā*[98]	*NSg*	(ϑεός „Gott“ + φορέω „tragen“)	Fest mit einer Kultbildprozession
ti-ra	*1139*	K	*tilai*	*NPl*	= τίλη „Wollflocke“; vgl. τίλοι „die feinen Haare (der Augenbraue)“	Wollflocke
to-ro-qa	*1177*	K	$trok^{w}h\bar{a}$ $< *throk^{w}h\bar{a}$ $trok^{w}h\bar{a}i$	*NSg* *DSg*	= τροφή „Nahrung“	Speise, zum Essen
to-u-ka	*1195*	K	*toukhāi?*	*DSg?*	(τεύχω „verfertigen“)	zur Bearbeitung?
tu-ru-pe-te[-ri-ja?] tu-ru-pte-ri-ja	*1205* *1206*	k P tir	*struptēriā?* *struptēriās*	*NSg?* *GSg*	= στ(ρ)υπτηρία „Alaun“	Alaun
wo-ka	*1285*	P	*wokhā* *wokhāi*	*NSg* *DSg*	(ὄχος „Wagen“)	Wagen
zo-a	*1319*	K	*dzo(h)āi?*	*DSg*	= ζόη· τὸ ἐπάνω τοῦ μέλιτος Hesych	eine Sorte von Öl

Anm.: Die unsicheren Interpretationen wurden mit einem Fragezeichen versehen.

[98] Oder *the(h)ophoria* NPlN?

Weitere Ausdrücke mit fraglicher Interpretation

LB-Graphik	Nr.	Lok.	Kasus	???	LB-Graphik	Nr.	Lok.	Kasus	???
da-te-we-ja	*193*	K	*NPl*	BbW	pu-ka-ta-ri- ja	*970*	K m	*NPl*	Tex
do-ka-ma-i	*232*	p	*DPl*	ObE	pu-ra-u-to-ro	*973*	p	*NDu*	ObF
e-ne-re-ja (JA- Stamm?)	*291*	k	*NPl*	BbW	qe-ra-na	*996*	P	*NSg*	ObG
e-qa-na	*319*	p	*NSg*	V-A	]ra-si-ne-wi- ja	*1029*	p	*N/D* *Sg?*	Me W
e-ro-pa-ke-ja	*367*	K m	*DSg/* *NPl*	BbW	ro-we-wi-ja	*1061*	T	*NSg/* *Pl*	Wa?
ka-ru-ti-je- ja-o	*488*	p	*GPl*	BbW	sa-ra-pe-da sa-ra-pe-do[	*1070* *1071*	p p	*NSg/* *Pl?*	LaW
ke-do-si-ja	*500*	K	*NSg*	MeK	te-pa te-pa-i	*1116* *1117*	K m	*NPl* *DPl*	Tex
ke-ri-mi-ja	*529*	kp	*NPl?*	BbW	te-pe-ja te-pe-ja-o	*1118* *1119*	Kt p	*DSg/* *NPl* *GPl*	BbW
ko-pu-ra	*572*	K	*?*	Bb W?	([)ti-ta-ma[ti-ta-ma-i	*1147* *1148*	K k	*NPl?* *DPl*	BbW
]ko-ru-we-ja	*593*	k	*NSg/* *Pl?*	BbW	to-pa	*1163*	p	*GSg*	Ob
ko-u-re-ja	*603*	K	*NPl*	BbW	to-sa-me-j̣ạ-o	*1182*	p	*GPl*	BbW
ko-we-ja	*606*	k	*NSg/* *Pl*	BbW	to-te-ja	*1192*	k	*NPl*	BbW
ne-we-wi-ja ne-we-wi-ja- o	*709* *710*	kP p	*NPl* *GPl*	BbW	we-ke-i-ja	*1255*	k	*NSg?*	MeK
o-nu-ke-ja o-nu-ḳẹ-j̣ạ-o	*747* *748*	p p	*NPl* *GPl*	BbW	we-ra-te-ja]we-ra-ti-ja	*1259* *1260*	k k	*NPl* *NPl*	Me W

LB-Graphik	Nr.	Lok.	Kasus	???	LB-Graphik	Nr.	Lok.	Kasus	???
pa-ke-te-ja pa-ke-te-ja-o pa-ke-te- [[jo]]	*815* *816* *817*	P p p	*NPl* *GPl* *NDu*	BbW	[wo]-ra wo-ra-e	*1294* *1295*	k k	*NSg* *NDu*	ObE
pe-di-je-wi- ja	*863*	p	*NPl*	Ob W					

Die angeführten Abkürzungen werden auf S. 351 erläutert. Es handelt sich vor allem um weibliche Berufsnamen (BbW).

Adjektivische *ā*-Stämme, z. B. ne-wa *newā* usw. „neu“, bilden mit den entsprechenden Maskulina und Neutra (ne-wo *newos* oder *newon* usw.) eine engere morphologische Untergruppe und werden gemeinsam mit ihnen auf S. 210ff. besprochen.

2. *ja*-Stämme

Die *ja*-stämmigen Appellativa bezeichnen meistens verschiedene Frauenberufe, deren Namen oft auf folgende charakteristische Nomen Agentis-Suffixe auslauten: -TI-RI-JA/ TI-RA$_2$ *-tria/-trja/-tirra* (a-ke-ti-ri-ja/-ti-ra$_2$ *askētriai*, *askētrjai*, *askētirrai*„Verziererinnen“, me-re-ti-ri-ja/-ti-ra$_2$ *meletriai*, *meletrjai*, *meletirrai* „Mahlerinnen“, pe-ki-ti-ra$_2$ *pektr(i)jai, pektirrai?* „Wollkämmerinnen“, ra-pi-ti-ra$_2$ *rhaptr(i)jai, raptirrai?* „Schneiderinnen“ u. a.), bzw. auf einige andere feminine Suffixe (a-ra-ka-te-ja *ālakatejjai* „Spinnerinnen“, i-je-re-ja *(h)ierejja*, *-ai* „Priesterin(nen)“).

Den palatalen Ausgang *-trija*, bzw.*-tr(i)ja* bevorzugte z. B. *M. Lejeune* 1972a, 156, oder *Y. Duhoux*, DGE^2, das geminierte *-tirra* dagegen z. B. *M. S. Ruipérez* 1972, *A. Leukart* 1992, 401, *M. Peters* 1993, 375.

Es folgen die wichtigsten *ja*-stämmigen Appellativa:

LB-Graphik	Nr.	Lok.	Myk.-Gr.	Kasus	Alph.-Gr.	Deutsche Übers.
a-ke-ti-ri-ja	*26*	KP	*askētriai* *askētriā?,-ai?*	*NPl* *N Du?*	(ἀσκέω „verarbeiten, schmücken, verzieren", o. ἀκέστρια „Näherin")	Verziererin o. Näherin
-ti-ri-ja-i	*27*	Pm	*askētriā(h)i*	*DPl*		
a-ke-ti-ra$_2$	*24*	PT	*askētr(i)jai* *askētirrai?*	*NPl*		
a-ke-ti-ra$_2$-o	*25*	P	*askētr(i)jā-(h)ōn*	*Pl*		
a-ze-ti-ri-ja	*160*	K	= a-ke-ti-ri-ja?	*NPl*		
a-ra-ka-te-ja	*111*	KP t	*ālakatejjai*[99] *ālakatejjāi*	*NPl* *DSg*	(ἠλακάτη „Spindel, Spinnrocken")	Spinnerin, Weberin
a-ra-⟨ka-⟩te-ja-o	*112*	P	*ālakatejjā-(h)ōn*	*GPl*		
a-ro-u-ra	*131*	p	*arourans*	*APl*	= ἄρουρα Hom.	Ackerland
]a$_3$-sa	*175*	pt	*aisa*	*NSg*	= αἶσα < **aitja?*	Anteil
i-je-re-ja	*401*	KP	*(h)ierejja* *(h)ierejjās* *(h)ierejjāi*	*NSg* *GSg* *DSg*	= ἱέρεια	Priesterin
ke-u-po-de-ja	*540*	k	*kheuspondej-jās* *kheuspondej-jāi*	*GSg* *D-I Sg*	(χέω „gießen" + σπονδή „Libation")	Libations-feier (vgl. *J. T. Killen* 1983; eher ein Adj. auf *-eia*)
me-re-ti-ri-ja	*665*	P	*meletriai*	*NPl*	(μύλη „Mühle")	Mahlerinnen
me-re-ti-ra$_2$	*663*		*meletr(i)jai* *meletirrai?*	*NPl*		
pe-ki-ti-ra$_2$	*868*	p	*pektr(i)jai* *pektirrai?*	*NPl*	(πέκω „kämmen")	Wollkämme-rinnen
pe-ki-ti-ra$_2$-o	*869*	p	*pektr(i)jā-(h)ōn* *pektirrā(h)ōn*	*GPl*		

[99] Nom. Sg. wohl *ālakatejjă* (wahrscheinlich ein JA-Stamm).

LB-Graphik	Nr.	Lok.	Myk.-Gr.	Kasus	Alph.-Gr.	Deutsche Übers.
ra-pi-ti-ra$_2$	*1022*	p	*rhaptr(i)jai* *rhaptirrai?*	*NPl*	= ῥάπτρια „Näherin“	„Näherin, Schneiderin“
ra-qi-ti-ra$_2$ ra-qi-ti-ra$_2$-o	*1027* *1028*	p p	*lak^{w}tr(i)-* *jai?*[100] < **(s)lag^w-* *lak^{w}tr(i)jā-* *(h)ōn?*	*NPl* *GPl*	(λαμβάνω „ergreifen“)	Magazin- arbeiterin
ra-wa-ke-ja (oder Fehler für *ra-wa-ke- ⟨si-⟩ja?[101])	*1031*	k	*lāwāge(s)ja?*	*NSg*	(λαγέτας Pind. „Heerführer“)	Sitz des *lāwāgetās?*; oder Gruppe von Gefolgs- leuten des *lāwāgetās?*
ri-ne-ja ri-ne-ja-o	*1053* *1054*	P P	*linejjai*[102] *linejjā(h)ōn*	*NPl* *GPl*	(λίνον „Flachs“)	Flachs- arbeiterin
su-za	*1089*	Kp	*sūtsai* < **sūk(i)jai* oder *sūtsās?*	*NPl* *GSg*	(συκέη Hom. „Feigenbaum“, s. S. 164)	Feigenbaum
to-pe-za to-pe-zo	*1165* *1166*	kP p	*torpedza* < **tr̥pedja* *torpedzō*	*NSg* *NDu*	= τράπεζα	Tisch
wi-ri-za	*1280*	Kp	*wridza* *wridzai*	*NSg* *NPl*	= ῥίζα < *-*dja*, βρίσδα lesb.	Wurzel

Weitere Ausdrücke mit fraglicher Interpretation

LB-Graphik	Nr.	Lok.	Kasus	???	LB-Graphik	Nr.	Lok.	Kasus	???
mi-ra$_2$	*697*	p	*GSg?*	Pf	we-we-si-je-ja we-we-si-je-ja-o	*1271* *1272*	P p	*NPl* *GPl*	BbW
o-ti-ri-ja o-ti-ra$_2$ o-ti-ra$_2$-o	*793* *791* *792*	p p p	*NPl* *NPl* *GPl*	BbW					

[100] Oder *rak^{w}trjai?*
[101] Vgl. Index, Anm. 231 auf S. 598.
[102] Oder Nom. Sg. *linejja* (ein JA-Stamm?).

Dagegen ist a-pe-ti-ra$_2$ Nr. 86 *amphestr(i)jă̄* wahrscheinlich ein Adjektivum Fem. (s. weiter auf S. 180).

***

Auch unter den *ā*- und *ja*-stämmigen femininen **Eigennamen** finden sich viele linguistisch (oder auch kulturgeschichtlich) interessante Bildungen, hauptsächlich Komposita mit Analogien im klassischen Griechisch. Erwähnenswert ist eine ganze Reihe von Namen von Menschenfrauen (a-re-ka-sa-da-ra m[103] *Aleksandrā*, a-ti-ke-ne-ja m *Antigenejjāi (Dat.)*, i-do-me-ne-ja P *Idomenejja*, pu-wa k *Purwā*, vgl. Πύρρα, te-o-do-ra m *The(h)odōrā*), oder weiblicher Gottheiten (a-ta-na-po-ti-ni-ja k *Athānāi Potniāi (D)* „der Herrscherin Athena", e-ra pt *Hērāi (D)*, si-to-po-ti-ni-ja m *Sītōn Potniāi? (D)* „der Herrscherin des Getreides" (wohl der Göttin Demeter)[104], jedoch auch die weiblichen Pendants von Zeus und Poseidon di-u-ja/di-wi-ja kP *Diw(i)jās, -āi (G, D)*, po-si-da-e-ja *Posidā(h)ejjāi*), weiter einige Dutzend Toponyma (vor allem im Akk. Sing. oder Plur. mit dem Allativ-Suffix *-de*: a-ka-wi-ja-de k *Akhaiwiān-de*, di-ka-ta-de K *Diktān-de*, ku-do-ni-ja-de K *Kudōniān-de*, te-qa-de mT *Thēg^{w}ans-de* „nach Theben", aber auch als Bezeichnung der zwei pylischen Provinzen de-we-ro-a$_3$-ko-ra-i-ja P *Deuro-aigolă̄(h)iā* „die Gegend diesseits (des Gebirges) *Aigos lā(h)as* /*C. J. Ruijgh* 1967, 208/, heute *Aigolaion*" und pe-ra-ko-ra-i-ja, pe-ra$_3$-ko-ra-i-ja P *Per-aigolă̄(h)iā* „die Gegend jenseits (des Gebirges) *Aigolaion*"), sowie mehrere feminine, von ägäischen Toponymen abgeleitete Ethnika, bzw. Namen der Bewohner (z. B. ki-ni-di-ja, ki-ni-di-ja-o P *Knidiai*, *-ā(h)ōn* (*N, G*) „Frauen aus Knidos", mi-ra-ti-ja, mi-ra-ti-ja-o P *Milātiai*, *-ā(h)ōn* (*N, G*) „Frauen aus Milet", pa-i-ti-ja K *Phaistiai* (*N*) „Frauen aus Phaistos", tu-ri-si-ja K *Tulissiai (NPl)* „Frauen aus Tulissos/Tylissos").

Während die femininen Adjektiva auf *-ā* im Prinzip mit den maskulinen bzw. neutralen Adjektiven auf *-os* bzw. *-on* eine gemeinsame Gruppe bilden (vgl. S. 210ff.), muß man zu den femininen Adjektiven auf *-ja* folgendes hinzufügen:

1. Von einigen dieser femininen Formen auf zumindest mutmaßliches *-ja* findet man ebenfalls entsprechende Maskulina auf *-os,* bzw. Neutra auf *-on* (wobei prinzipiell *-e-ja/-i-ja/*-jă̄* bzw. *-e-jo/-i-jo/*-jos/n*

[103] Siehe Abkürzungen auf S. 153.
[104] Oder *Sītōi Potniāi?*; s. S. 421

gegenüberstehen kann); vgl. *A. Heubeck*, MSS 46, 1985, 123–138, *C. J. Ruijgh*, Minos 19, 1985b, 106ff., *I. Hajnal* 1994 (diese Literatur gilt auch für su-za auf S. 178).

LB-Graphik	Nr.	Lok.	Myk.-Gr.	Kasus	Alph.-Gr.	Deutsche Übers.
a_3-za	*178*	p	*aidzā̆* < **aigjā̆*	*NSgF*	= αἴγειος	Ziegen-
ka-ki-jo ka-ke-ja-pi ka-za	*449* *444* *498*	k K k	*khalk(i)jō* *khalkej(j)āphi* *khaltsā̆* < **khalkjā̆*	*NDu* *IPlF* *NSgF*	= χάλκε(ι)ος	ehern
ku-ru-so I[105] ku-ru-sa-pi	*628* *627*	KP P	*khrūs(s)os* < **khrūsjos* *khrūs(s)ōi* *khrūs(s)ō* *khrūs(s)oi* *khrūs(s)ois?* *khrūs(s)āphi* < **khrūsj-*	*NSg* *M* *DSg* *M* *NDu* *NPl* *M* *IPlM* *IPlF*	= χρύσε(ι)ος	golden

Bemerkenswert sind weiter die auf den Täfelchen PY Ta 713 bzw. 715 und KN V 280 vorkommenden Ausdrücke:

LB-Graphik	Nr.	Lok.	Myk.-Gr.	Kasus	Alph.-Gr.	Deutsche Übers.
a-pe-ti-ra_2	*86*	k	*amphestr(i)jā̆* (Adj.)	*NSgF*	(vgl. ἀμφί „von beiden Seiten“ + ἕζομαι „sich setzen“ oder ἐσθίω „essen“ (*Th. Palaima* 2000, 13)	von beiden Seiten zugänglich (für das Essen)

[105] Doch vgl. Index, Nr. 629, 630: ku-ru-so, ku-ru-so-jo = *khrūsōi*, *khrūsojjo* (Dat.-Instr. bzw. Gen. Sing. zu χρυσός „Gold“); s. auch S. 195, 215.

LB-Graphik	Nr.	Lok.	Myk.-Gr.	Kasus	Alph.-Gr.	Deutsche Übers.
we-pe-za	*1258*	p	*(h)weks-* o. *(h)wep-pedza* < **swek(s)-* (*R. Viredaz* 1982)	*NSgF*	(vgl. ἕξ < **swek(s)* „sechs“ + πούς „Fuß“)	sechsfüßig, besser: sechs Fuß lang, hoch

Das Wort a-pe-ti-ra$_2$ ist entweder *-ja*-Derivat von einem *-te/or*-Stamm oder als **-trijā-* zu einem **-trijo-* gehörig; Komposita auf -πεδο- sind ausschließlich westgriech.-dorisch (s. *F. Sommer*, Zur Geschichte der griech. Nominalkomposita, München 1948, 32f.), -πεζα entspricht sonst vielmehr maskulinem -ποδ-.

2. Mykenische feminine Adjektiva auf *-ja* wurden — wie im klassischen Griechisch — zu maskulinen bzw. neutralen Adjektiven der III. Deklination manchmal mit Nullstufe gebildet. Im Mykenischen handelt es sich um Ableitungen von *nt-* bzw. *s-* Stämmen, und zwar um:

a) Feminina zu **pant-* und **wekont-*:

LB-Graphik	Nr.	Lok.	Myk.-Gr.	Kasus	Alph.-Gr.	Deutsche Übers.
pa-sa	*839*	K	*pansan* *pansans* < **pantj-*	*ASgF* *APlF*	= πᾶσα (zu πᾶς)	alle, jede
we-ka-sa[	*1252*	k	*wekassa(i)* < **weknৃtja(i)* (Nullstufe) o. < **wergnৃt-* zu ϝέργον „Werk“?	*NSg/ PlF*	= ἑκοῦσα < **wekontja* (Vollstufe), auch ἕκασσα bezeugt!	gern, willentlich, einwilligend

b) Feminine Formen der Adjektiva auf *-went-s*:

LB-Graphik	Nr.	Lok.	Myk.-Gr.	Kasus	Alph.-Gr.	Deutsche Übers.
au-de-we-sa	*153*	p	*auděw(w)es-sa?* < *-*wetja* statt *-*watja* < **wn̥tja*	*NSgF*	(vgl. Instr. au-de-pi, Index Nr. 152)	geschmückt mit au-de-pi
i-to-we-sa	*434*	p	*(h)istowessa*	*NSgF*	vgl. ἱστός „Mastbaum, Webebaum, Ständer"	mit einem Ständer ausgestattet (zum Anhängen eines Kessels über dem Herd)
ko-ro-no-we-sa	*585*	p	*korōnowessa?* oder *klono-wessa?*	*NSgF*	(vgl. κορωνός „krumm")	gekrümmt, mit gekrümmten Linien, mit gebogenem Henkel
mi-to-we-sa (-e)	*699*	K	*miltowessa* *miltowessā?* *miltowessai (en?)*	*NSgF* *NDu F* *NPlF*	(vgl. μίλτος „Mennige, Rötel")	mit Rötelfarben („innen"?)
pe-de-we-sa	*860*	P	*pedwessa*	*NSgF*	(vgl. πούς „Fuß, Bein")	mit Füßen versehen
pi-ti-ro$_2$-we-sa	*906*	p	*ptiljowessa*	*NSgF*	(vgl. πτίλον „Feder")	mit Federn geschmückt
to-qi-de-we-sa	*1171*	p	*tork^{w}idwessa*	*NSgF*	(vgl. to-qi-de Nr. 1168 „Spirale")	mit Spiralen versehen
wo-ra-we-sa	*1296*	k	*wōrāwessa*	*NSgF*	(vgl. wo-ra-e Nr. 1295, Du.; s. S. 237)	mit wo-ra versehen

c) feminine Formen zu den Part. Präs. Akt. auf -a-sa < *$\underset{\circ}{n}$tja (Null-Stufe); vgl. S. 329.

d) feminine Formen zum Part. Perf. Akt. auf -.u-ja *-ujja* <**us-ja* (Null-Stufe), vgl. S. 331.

B. Maskulina

Unter den maskulinen Substantiven der I. Deklination hat man bisher nur etwa 25 morphologisch klassifizierbare Appellativa identifiziert; eine verhältnismäßig sichere Interpretation besitzen allerdings nur folgende 21 Ausdrücke, vor allem die angeführten Nomina agentis auf *-tās*:

LB-Graphik	Nr.	Lok.	Myk.-Gr.	Kasus	Alph.-Gr.	Deutsche Übers.
a3-ki-pa-ta	*173*	kP	*aigi-pă(s)tās?* *aigi-pă(s)tāi?*	*NSg* *DSg*	(αἴξ „Ziege" + παπταίνω „sich umschauen"), s. *A. Leukart* 1994, 81ff.	Ziegenhirt
do-po-ta	*234*	p	*do(s)potāi*	*DSg*	= δεσπότης	Hausherr (als Göttername?)
e-qe-ta e-qe-ta-e e-qe-ta-i	*325* *326* *327*	KP k p	*(h)ek^{w}etās* *(h)ek^{w}etāi* *(h)ek^{w}etai* *(h)ek^{w}etă-(h?)e* *(h)ek^{w}etā(h)i*	*NSg* *DSg* *NPl* *NDu* *DPl*	= ἑπέτας Pind. (vgl. ἕπομαι „folgen")	Gefolgsmann
e-re-ta e-re-ta-o	*356* *357*	KP p	*eretās* *eretai* *eretā(h)ōn*	*NSg* *NPl* *GPl*	= ἐρέτης	Ruderer
ke-(u-)po-da ke-u-po-da-o	*538* *539*	P K	*kheuspondās* *kheu-spondā(h)o*	*NSg* *GSg*	(χέω „gießen" + σπονδή „Libation")	Libationsausgießer? (s. *A. Leukart* 1994)
ki-ti-ta	*556*	P	*ktitān* *ktitai*	*ASg* *NPl*	= κτίτης	Ansiedler

LB-Graphik	Nr.	Lok.	Myk.-Gr.	Kasus	Alph.-Gr.	Deutsche Übers.
ko-to-ne-ta	*598*	p	*ktoinetai*	*NPl*	= κτοινέτης „Mitglied einer *ktoinā*“ (vgl. rhod. κτοίνα „Unterabteilung des Demos“)	Parzellenbesitzer
ku-na-ke-ta-i	*615*	p	*kunāgetā(h)i*	*DPl*	= κυνηγέτης, κυνηγός (vgl. κύων „Hund“ + ἡγοῦμαι „führen“)	Jäger
me-ta-ki-ti-ta	*681*	P	*metaktitai*	*NPl*	(μετά „um, über, mit“ + κτίτης, s. ki-ti-ta Nr. 556)	Umsiedler, Übersiedler
mi-ka-ta	*696*	P	*miktās* *miktāi* *miktai*	*NSg* *DSg* *NPl*	(μ(ε)ίγνυμι „mischen“, von Getränken)	der Getränke mischt, Mischer (im kultischen Bereich)
mo-ro-qa	*701*	KP	*morjo-kk^{w}ās?* (unsicher)	*NSg*	(μοῖρα, μόρος „Anteil“ + πᾱ- „besitzen“)	der einen Anteil an Boden(?) besitzt
o-wi-de-ta-i	*804*	P	*owide(r)-tā(h)i?* oder *(h)ō(s) widesthai?* (siehe auch *B. Vine* 1999)	*DPl*	(ὀίς „Schaf“ + δέρω „abhäuten“) oder = ὡς ἰδέσθαι? Inf. Aor. Med.	Schafsabhäuter „wie man sehen kann“
pe-re-ku-ta	*885*	p	*presgutās* o. *presgutai?*	*NSg* *NPl*	= πρεσβύτης	Greis, alter Mann

LB-Graphik	Nr.	Lok.	Myk.-Gr.	Kasus	Alph.-Gr.	Deutsche Übers.
po-ku-ta	*913*	KP	*pos(i)-khutās?*[106] *pos(i)-khutai?*	*NSg* *NPl*	(πός „zu“ + χέω? „gießen“)	Gießer von Wein??
qo-qo-ta-o	*1012*	P	*g^{w}ō̆(u)g^{w}ō̆tā-(h)o* *g^{w}ō̆(u)g^{w}ō̆tā-(h)ōn*	*GSg* *GPl*	= βουβότας Pindar	Rinderhirt
ra-wa-ke-ta	*1034*	P	*lāwāgetās* *lāwāgetāi*	*NSg* *DSg*	= λαγέτας Pind.	Volksführer
su-qo-ta su-qo-ta-o	*1085* *1086*	p P	*sug^{w}ō̆tāi* *sug^{w}ō̆tā(h)o* *sug^{w}ō̆tā(h)ōn*	*DSg* *GSg* *GPl*	= συβώτης, συβότης	Schweinehirt
te-re-ta te-re-ta-o[	*1127* *1128*	KP p	*telestās* *telestai* *telestā(h)ōn*	*NSg* *NPl* *GPl*	= τελεστά Inschr. Olympia (vgl. τέλος „Amt, Würde“)	ein hoher Staats-funktionär
to-ko-so-ta	*1155*	k	*toksotās*	*NSg*	= τοξότης	Bogen-schütze
tu-we-ta	*1210*	p	*thu(w)es-tāi*[107]	*DSg*	(θύος „Räucher-werk“, oder θυτής „Opferer“)	Salben-sieder? Opferer?
we-ka-ta we-ka-ta-e	*1253* *1254*	K k	*wergatai* *wergată̄(h?)e*	*NPl* *N Du?*	= βοῦς ἐργάτης „Arbeitsochse“ (vgl. **wr̥gjō* „arbeiten“)	Arbeitsochse

[106] Diese Deutung von *J. Chadwick* ist unsicher. Nach *C. J. Ruijgh* 1992c ist das Wort als *pokutās* zu lesen in der Bedeutung „Kleinviehhirt“.

[107] Oder der Personenname Θυέστης.

Weitere Ausdrücke mit fraglicher Interpretation

LB-Graphik	Nr.	Lok.	Kasus	???	LB-Graphik	Nr.	Lok.	Kasus	???
a-no-ke-wa	*69*	p	*NSg*	BbM	pe-qo-ta	*878*	P	*DSg*	Tit
e-to-ro-qa-ta	*389*	K	*NPl*	Ob	te-qa-ta	*1120*	p	*NPl*	MeM
i-na-ma-ta	*417*	p	*NPl*	MeM	te-ra-ni-ja	*1122*	p	*NSg*	BbM
me-nu-a$_2$ me-nu-wa	*660* *661*	P Kp	*NSg* *NSg*	Tit	ti-ni-ja-ta	*1138*	p	*DSg*	Tit?
o-34-ta o-34-ta-o	*806* *807*	Pt t	*NSg* *GSg/ Pl?*	MeM	we-re-ka-ra we-re-ka-ra-ta	*1261* *1262*	p p	*NPl* *NPl*	BbM

Es handelt sich wieder meistens um männliche Berufsnamen und Titel.

Zu diesen Appellativen gesellt sich eine beträchliche Anzahl von männlichen Personennamen, z. B. i-ke-ta *(H)iketās* „der Schutzflehende".

Die I. Deklination im Überblick

In meinem Datenbank-Index (s. auch die Tabelle auf S. 295) habe ich etwa 190 morphologisch klassifizierbare Wortformen von etwa 140 *ā/-ja*-stämmigen Appellativen (ca. 105 Feminina [davon ca. 90 auf *-ā*, 15 auf *-ja*] und ca. 35 Maskulina) registriert. Von diesen konnte ich jedoch nur 93 Ausdrücke (davon 59 Feminina auf *-ā*, 13 auf *-ja*, und 21 Maskulina) in meine Listen der *-ā/-ja*-stämmigen Appellativa aufnehmen; die anderen sind bis jetzt ohne eine allgemein anerkannte Interpretation geblieben (es handelt sich größtenteils um Bezeichnungen von Frauengruppen oder Arbeiterinnen, deren ungefähre Bedeutung man gelegentlich aus dem Kontext erraten kann, ohne die betreffende Form genau interpretieren zu können). Doch auch bei den erwähnten 93 Ausdrücken gelten die angeführten Interpretationen nicht immer als völlig gesichert: bei mehr als 20 von ihnen mußte ich Fragezeichen hinzufügen, einige Wörter lassen zwei oder mehr Deutungen zu.

Die Substantiva der I. Deklination repräsentieren ein Korpus von insgesamt etwa 350 Ausdrücken (140 Appellativa, mehr als 200 Eigennamen), deren Zugehörigkeit zu dieser Deklination im großen ganzen gesichert ist, wenn auch ihre konkreten lautlichen Deutungen nicht immer als völlig gesichert gelten können.

Mit Absicht wurden hier nicht die Adjektiva der I. Deklination auf eindeutiges -*ā* besprochen, da die betreffende feminine Form gemeinsam mit den entsprechenden maskulinen und neutralen Formen der II. Deklination immer eine organische Einheit bildet. Der Komplex der adjektivischen Formen der I. und II. Deklination wird deswegen in einem gesonderten Unterkapitel auf den S. 210ff. behandelt.

II. Deklination (Substantiva)

Die *o*-Stämme bilden die zahlenmäßig umfangreichste mykenische Deklination, zugleich aber stellen sie einen Deklinationstyp mit einem sehr niedrigen Differenzierungsgrad dar. Man kann sie nur in Maskulina (bzw. Feminina) auf *-os* und in Neutra auf *-on* einteilen. Dabei verbirgt sich im Mykenischen die Mehrzahl der *o*-stämmigen Kasusendungen hinter der indifferenten graphischen Endung -O (mit Ausnahme von Gen. Sing. [doch gelegentlich auch hier], Gen.-Dat. Du., Dat. Plur. [seltener auch Instr. Plur.] und Nom.-Akk. Plur. bei Neutra).

Kasusendungen der II. Deklination

	Maskulina/Feminina		Neutra	
Nom. Sing.	-O	*-os*	-O	*-on*
Gen.	-O-JO, -O	*-ojjo, -ō?*	-O-JO	*-ojjo*
Dat.	-O	*-ō̆?i*	-O	*-ō̆?i*
Akk.	-O(-DE)	*-on(de)*	-O(-DE)	*-on(de)*
Vok.	?[108]	*-e?*		
N/A Du.	-O	*-ō*	-O	*-ō*
G/D	-O-I	*-o(j(j))in?*	?	
Nom. Plur.	-O	*-oi*	-A	*-a*
Gen.	-O	*-ōn*	-O	*-ōn*
Dat.	-O-I	*-oi(h)i (-ois?)*[109]	?	
Akk.	-O(-DE)	*-ons(de)*	-A	*-a*
Instr.	-O, -O-PI	*-ō̆is*[110], *-o(i)phi*	?	

Am häufigsten sind wieder Nom. Sing. und Plur. belegt, oft kommen auch Gen. und Dat. Sing. vor (bei Personennamen) und Akk. Sing. (bei Toponymen). Im Gen. Sing. findet man in der Regel die homerische Endung -O-JO = *-ojjo* vor, die auch im Thessalischen bekannt ist; das einsilbige -O ist viel seltener und wird teils als eine Schreibvariante erklärt (entweder als Schreibfehler oder als sogenannter Nomimativ der Rubrik anstatt des zu erwartenden Genitivs), teils als ein Gen. Sing. auf *-ōn* (wie im Kyprischen) oder eher auf *-ō* (aus *-o* + *(h)o*, bzw. aus dem ablativischen **-ōd*). Vom Dat. Sing. mit dem langen Diphthong *-ōi* könnte man wegen

[108] Wegen des registrierenden Charakters der Texte unbelegt.

[109] Nach *C. J. Ruijgh* (s. S. 167 des vorliegenden Buches).

[110] Im weiteren Text wird die kürzere Variante *-ois* bevorzugt.

des mangelnden Ausdrucksfähigkeit der Schrift weder ein kurzes lokativisches *-oi* (das regelmäßig im Arkadischen, einigen anderen Dialekten und gelegentlich auch in attischen lokativischen Ausdrücken wie οἴκοι „zu Hause“ und Ἰσθμοῖ „auf dem Isthmos“ belegt ist) noch eine eventuelle Instrumentalendung *-ō* unterscheiden; und eine selbständige Existenz dieser drei Kasus (d. h. Dat., Lok. und Instr. Sing.) kann in der Tat nicht völlig ausgeschlossen werden, am wenigsten im Falle des Instr. Sing. (im Hinblick auf die Parallelexistenz des Instr. Plur.). Für einen Lok Sing. (mit *e*-Ablaut) wird die Form di-da-ka-re *didaskalei* „beim Lehrer“ gehalten; die Interpretation ist allerdings nicht allgemein akzeptiert. In unserem Paradigma haben wir nun jedenfalls nur einen, nämlich den dativischen Kasusausgang *-ōi* angeführt. Doch in den Tabellen unten kommen oft die Abkürzungen D-L (Dativ-Lokativ) und D-I (Dativ-Instrumental) vor.

Im Dual ist zweifelsfrei nur die Endung des Nom./Akk. in der erwarteten Form -O = *-ō* belegt. Im Plural fehlen die Belege des Dat. und Instr. bei Neutra. Über die dativische Endung -O-I gilt im Prinzip, was über die *ā*-stämmige Endung -A-I gesagt wurde: auch -O-I kann man entweder als *-oi(h)i* (mit noch nicht restituiertem *-s-*) oder als *-ois* (weniger wahrscheinlich) interpretieren. Die Endung *-ois* verbirgt sich eher unter dem indifferenten -O in Kasusformen, die man als Instr. Plur. verstehen kann (wobei hier ein Langdiphthong unsprünglich wäre: *-ōis*).

Das Instrumentalsuffix -PI = *-phi*, das für die I. und III. Deklination charakteristisch ist, kommt bei den *o*-stämmigen Wörtern nur ausnahmsweise vor (fast nur bei Toponymen). Insgesamt kann man bei den Substantiven der II. Deklination nur 5 verschiedene graphische Endungen unterscheiden, und zwar -O, -O-JO, -O-I , -O-PI (ausnahmsweise) und -A bei den Neutra.

Die Gesamtzahl aller *o*-stämmigen Substantiva festzustellen ist noch schwieriger, als solches bei der I. Deklination der Fall ist. Unter dem -O in der Endsilbe der LB-Wörter kann sich eine größere Anzahl an Kasusendungen als unter dem -A der ersten Deklination verbergen (neben den Endungen *-os*, *-on* usw. der II. Deklination z. B. noch die Endungen *-ōn*, *-ōr*, *-os*, *-ōs*, *-ō* der III. Deklination). Doch läßt sich schätzen, daß die Zahl der klassifizierbaren *o*-stämmigen substantivischen Appellativa um etwa 215 schwankt (ca. 155 Maskulina, ca. 10 Feminina, ca. 50 Neutra) — mit insgesamt etwa 255 Wortformen (vgl. die Tabelle auf S. 295). Dazu kommen noch etwa 1000 potentielle Eigennamen, von denen der Eigennamencharakter allerdings nur in ca. 350–400 Fällen als gesichert betrachtet werden kann.

Einzelne Untergruppen der II. Deklination (Substantiva)

A. Maskulina (und Feminina) auf *-os*

1. Maskulina auf *-os*

LB-Graphik	Nr.	Lok.	Myk.-Gr.	Kasus	Alph.-Gr.	Deutsche Übers.
a-ke-ro	*21*	P	*angelos* *angeloi*	*NSg* *NPl*	= ἄγγελος „Bote“ oder *ἄγερος? „Sammler, Einnehmer“	Bote
a-ko-ro	*34*	P	*agros* *agroi*	*NSg* *NPl*	= ἀγρός	Feld
a-ku-ro	*44*	p	*argurōi*	*D-I Sg*	= ἄργυρος	Silber
a-ne-mo(-)	*63*	K	*anemōn*	*GPl*	= ἄνεμος	Wind
a-ni-ọ-ko	*68*	k	*(h)āni-(h)okhos, -oi*	*NSg/ Pl*	= ἡνίοχος	Wagenlenker
a-pu-do-so-[mo?]	*107*	k	*apudos[mos]?*	*NSg?*	= ἀπυδοσμός ark.	Abgabe
a-re-pa-zo-o a-re-po-zo-o	*121* *122*	P P	*aleipha-dzo(h)os, -ōi?* *aleipho-dzo(h)os, -ōi*	*NSg* *DSg* *NSg* *DSg*	(ἄλειφαρ, -ατος < *-$\overset{\circ}{n}$*tos* „Salbe“ + ζέω „kochen“)	Salben-kocher
a-ro-po	*129*	p	*aloiphoi*	*NPl*	(ἀλείφω „salben“)	Einsalber

LB-Graphik	Nr.	Lok.	Myk.-Gr.	Kasus	Alph.-Gr.	Deutsche Übers.
a-to-mo	*147*	KP	*arthmos?* *arthmoi?* o. *antomos?* vgl. *O. Panagl* 1985, 283–292	*NSg* *NPl*	= ἀρϑμός (ἀνατέμνω „schneiden“; ἄντομος Inschr. Herakleia „Straße“)	Verbindung, Verband; Straße, Straßen- bauer? vgl. Index, Nr. 147 atomo, Anm. 28
a-to-po-qo a-to-po-qo-ị[	*148* *149*	Pm m	*artopok*^{w}*ōi* *artopok*^{w}*ō* *artopok*^{w}*oi* *artopok*^{w}*oi-* *(h)i*	*DSg* *NDu* *NPl* *DPl*	= ἀρτοκόπος Herodotos (Metathese)	Bäcker
a-to-ro-qo	*150*	p	*anthrōk*^{w}*ōi*	*D-I* *Sg*	= ἄνϑρωπος	Mensch
au-ro	*154*	k	*aulos* *aulō* *auloi*	*NSg* *NDu* *NPl*	= αὐλός	Röhre, Flöte
da-ko-ro da-ko-ro-i	*180* *181*	P p	*dakorō* *dakoroi* *dakoroi(h)i*	*NDu* *NPl* *DPl*	= ζάκορος	Tempel- diener
da-mo	*185*	KP	*dāmos* *dāmōi*	*NSg* *DSg*	= δῆμος „Volk, Gemeinde“	Gemeinde
da-mo-ko-ro	*187*	KP	*dāmokoros* *dāmokorōi* *dāmokoron*	*NSg* *DSg* *ASg*	(δῆμος+ ?)	ein Funktionär der Gemeinde?
da-pu$_2$-ri-to- jo	*189*	K	*daburinthojjo*	*GSg*	= λαβύρινϑος	Labyrinth von Knossos
ḍạ-so-mo	*192*	p	*dasmos*	*NSg*	= δασμός	Verteilung, Steuer
de-ku-tu-wo- ḳọ[	*202*	p	*deiktuworgōi* *deiktuworgoi*	*DSg* *NPl*	(δίκτυον „Netz“ + **wr̥gjō* „arbeiten“)	Netzmacher

LB-Graphik	Nr.	Lok.	Myk.-Gr.	Kasus	Alph.-Gr.	Deutsche Übers.
de-so-mo	*211*	K	*desmōi?* *desmois?*	*D-I* *Sg* *IPl*	= δεσμός	Band, Fessel, Riemen
di-da-ka-re	*214*	K	*didaskalei*	*Lok* *Sg*	= διδάσκαλος	Lehrer, d. h. „beim Lehrer?“
di-pi-si-jo di-pi-si-jo-i	*220* *221*	p P	*dipsios?* o. *dipsiōn?* *dipsioi(h)i?*	*NSg* *GPl* *D-L* *Pl*	= δίψιος „durstig“ s. Index, Anm. 31	die Durstigen? (in kultischer Bedeutung)
di-pte-ra- po-ro di-[pte-ra]- po-ro-i	*223* *224*	P tir k	*diphtherā-* *phoros* o. *dipste-* *rāph.-* *diphtherā-* *phorōi* o. *dips.-* *diphtherā-* *phoroi(h)i* o. *dips.-*	*NSg* *DSg* *DPl*	(διφθέρα „Fell“ + φέρω „tragen“)	Lederträger
do-e-ro do-e-ro-i do-e-ro-jo	*228* *229* *230*	KP P k	*do(h)elos* *do(h)elōi* *do(h)elon* *do(h)elō* *do(h)eloi* *do(h)eloi(h)i* *do(h)elojjo*	*NSg* *DSg* *ASg* *NDu* *NPl* *DPl* *GSg*	= δοῦλος < **doselos*	Diener, Sklave
do-so-mo	*240*	P	*dosmos* *dosmon*	*NSg* *ASg*	(ἀπυδοσμός ark.)	Abgabe
du-ru-to-mo	*248*	p	*drū̆tomoi*	*NPl*	= δρυτόμος	Holzfäller
e-ke-ro-qo- no (m/f)	*271*	P	*enkhē̆r(r)o-* k^{w}*oinoi* *enkhē̆r(r)o-* k^{w}*oinōn*	*NPl* *GPl*	(ἔγχειρα delph. „Handgeld“ + ποινή „Bezahlung“)	Lohn- arbeiter(in)

LB-Graphik	Nr.	Lok.	Myk.-Gr.	Kasus	Alph.-Gr.	Deutsche Übers.
e-ko-so-wo-ko[	*277*	k	*eksō̆worgoi*	*NPl*	(ἔξω „draußen“ + **wr̥gjō* „arbeiten“)	der draußen arbeitet
e-pi-ko-wo	*308*	kp	*epikowoi*	*NPl*	(vgl. πυρκόος delph. „Feuer-wächter“)	Aufseher, Wächter
e-ra-po (m/f, Teil eines Toponyms)	*335*	p	*elaphōn*	*GPl*	= ἔλαφος	Hirsch
e-te-do-mo	*382*	kP	*entesdomos*	*NSg*	(ἔντεα „Schutzwaffen“ + δέμω „bauen“)	Rüstungs-bauer
e-to-wo-ko e-to-wo-ko-i	*390* *391*	kP p	*ento(s)worgōi* *ento(s)worgoi* *ento(s)-worgoi(h)i*	*DSg* *NPl* *DPl*	(ἐντός „drinnen“ + **wr̥gjō* „arbeiten“)	der drinnen arbeitet
i-je-ro-wo-ko	*408*	P	*(h)ieroworgos*	*NSg*	= ἱεροεργός Kall.	Opfer-priester
i-jo I	*413*	m	*(h)ī̆os*	*NSg*	= υἱός?	Sohn
i-po-no	*419*	k	*(h?)ipnoi* s. S. 393	*NPl*	= ἰπνός „Backofen“	Tonschüssel? (auf den Herd gestellt)
i-po-po-qo-i	*420*	p	*(h)ippo-phorg*^{w}*oi(h)i*	*DPl*	= ἱπποφορβός	Pferdehirt
i-qo	*424*	kP	*(h)ik(*^{w}*)k*^{w}*ōi* *(h)ik(*^{w}*)k*^{w}*oi*	*D-I Sg* *NPl*	= ἵππος	Pferd
i-qo-jo	*426*	p	*(h)ik(*^{w}*)-k*^{w}*ojjo*	*GSg*		
ị-q̣ọ-n(a-to-mo)?	*427*	p	*(h)ik(*^{w}*)k*^{w}*ōn (+ arthmos o. antomos?)*	*GPl*	+ ἀρθμός, vgl. a-to-mo oben auf S. 191	

LB-Graphik	Nr.	Lok.	Myk.-Gr.	Kasus	Alph.-Gr.	Deutsche Übers.
i-za-a-to-mo-i	*436*	p	*(h)itsās-arthmoi(h)i?*	*DPl*	∼ **(h)itsā-* < **(h)ik(^{w})-k^w(i)jā-*, vgl. i-qi-ja „Wagen?“ + ἀρθμός; vgl. a-to-mo = ἄντομος auf S. 191	Straßen-bauer(n)?, Wagenbauer-verband??, Straße für Wagen?
ka-ko	*450*	P	*khalkos* *khalkōi* *khalkon*	*NSg* *D-I Sg* *ASg*	= χαλκός	Erz, Bronze
ka-po	*468*	k	*karpoi?* oder *kāpos?*	*NPl* *NSg*	= καρπός = κῆπος	Frucht Garten
ka-ra-to	*479*	M	*kalathos?*	*NSg?*	= κάλαθος	Korb
[ka?-]ra-to-po-ro (m/f?)	*480*	ktir	*kalathophoroi*	*NPl*	(κάλαθος „Korb“ + φέρω „tragen“)	Korb-träger(in)
ka-ro	*484*	p	*kairos?*	*NSg?*	= καῖρος? „Schnüre am Webstuhl“	Fransen?
ka-si-ko-no	*491*	Kp	*kasigonos?* *kasigonoi?* o. *kasikonos, kasikonoi?*	*NSg* *NPl*	= κασίγνητος? „Bruder“ o. vgl. Hesych ἀγκόνους· διακόνους, δούλους	Gefährte??, Gehilfe?
ka-tu-ro$_2$	*496*	p	*kanthuljōn?* < *-liōn?*	*GPl?*	(κανθήλια „Packsattel“)	Packsattel?
ki-u-ro-i	*561*	p	*ki(h)ŭ̄roi(h)i?*	*DPl*	= κίουρος „großer Flechtkorb“	Wagenkorb?
ko-i-no, ko-no (m/f)	*564*	K M	*skhoinos*	*NSg*	= σχοῖνος „Binse“	(Gewürzart)

LB-Graphik	Nr.	Lok.	Myk.-Gr.	Kasus	Alph.-Gr.	Deutsche Übers.
ko-ro I	*581*	p	*khōrōn*	*GPl*	= χῶρος	Land
ko-ro II	*582*	T	*khoirōi* < *-*rj-*	*DSg*	=χοῖρος	Ferkel
ko-to-no-(o-)ko	*601*	P	*ktoino-(h)okhos* *ktoino-(h)okhōi* *ktoino-(h)okhoi*	*NSg* *DSg* *NPl*	(κτοίνα rhod. „Unterabteilung des Demos" + ἔχω „besitzen")	Boden-besitzer
ko-wi-ro-wo-ko	*607*	k	*kowiloworgos* *kowiloworgoi*	*NSg* *NPl*	(κοῖλος „hohl" + *$w\d{r}gj\bar{o}$* „arbeiten")	(Berufs-bezeichnung)
ko-wo I	*608*	KP m	*korwos* *korwōi* *korwō* *korwoi*	*NSg* *DSg* *NDu* *NPl*	= κόρος, ostion. κοῦρος	Knabe, Sohn
ku-pa-ro ku-pa-ro$_2$	*620* *622*	K P	*kupairos* *kuparjos?*	*NSg* *NSg*	= κύπαιρος Alkm., -ειρος	Zypergras
ku-ru-so II ku-ru-so-jo	*629* *630*	P P	*khrūsōi* *khrūsojjo*	*D-I Sg* *GSg*	= χρυσός	Gold
ku-ru-so-wo-ko	*631*	p	*khrūsoworgoi*	*NPl*	= χρυσουργός	Goldschmied
ku-te-so (m/f)	*643*	p	*kutesos?* *kutesō?* *kutesōi?*	*NSg* *GSg* *D-I Sg*	= κύτισος „Cytisus", bzw. „unechtes Ebenholz" (Theophrast)	Ebenholz?
ku-wa-no	*645*	P	*kuanōi*	*D-I Sg*	= κύανος „Lasurstein, blaue Glaspaste"	blaue Glaspaste?, Lapislazuli
mo-ri-wo-do	*700*	K	*moliwdos*	*NSg*	= μόλιβ(δ)ος, μόλυβδος	Blei

LB-Graphik	Nr.	Lok.	Myk.-Gr.	Kasus	Alph.-Gr.	Deutsche Übers.
na-u-do-mo	*703*	kP	*naudomoi*	*NPl*	(ναῦς „Schiff" + δέμω „bauen")	Schiffs-zimmermann
na-wi-jo	*704*	p	*nă̆w(w)ion* < **nasw-*	*ASg*	(ναός „Tempel" o. ναῦς „Schiff")	Tempel-besitz?, Schiffs...?
o-mo-pi	*735*	k	*oimophi*	*IPl*	= οἶμος	Streifen, Band
o-no II	*743*	K	*onoi*	*NPl*	= ὄνος	Esel
o-pi-de-so-mo	*761*	p	*opidesmoi?* *opidesmois?*	*NPl* *IPl*	= ἐπίδεσμος „Band, Binde"	Riemen
o-pi-ko-wo = e-pi-ko-wo	*769*	p	*opikowos?* o. *opikowoi?*	*NSg* *NPl*	(πυρκόος delph. „Feuer-wächter")	Aufseher?
o-pi-su-ko	*775*	P	*opisūkos?* *opisūkoi?*	*NSg* *NPl*	(ἐπί/ὀπί+ σῦκον „Feige")	Feigen-aufseher
pa-ko-to (m/n)	*821*	pm	*phaktos* *phakton* *phaktō* *phaktoi?*	*NSg* *ASg* *NDu* *NPl*	(φάκτον Glosse: arkadisches Hohlmaß)	(ein Gefäß?)
pa-sa-ro (m/n?)	*840*	p	*psalō*	*NDu*	(ψάλιον „Kappzaum, Kinnkette")	Zaum, Kette?
po-ro	*938*	K	*pōlō*	*N/A Du*	= πῶλος	Fohlen
po-ro-ti-ri	*953*	k	*pōlons (trins?)*[111]	*APl*		
po-ro-ko-wo	*948*	m	*prokhowoi*	*NPl*	= πρόχοος	Kanne zum Ausgießen

[111] Vgl. aber Anm. 168 auf S. 346.

LB-Graphik	Nr.	Lok.	Myk.-Gr.	Kasus	Alph.-Gr.	Deutsche Übers.
po-ro-po-i	*949*	m	*propoi(h)i*	*DPl*	(θεοπρόπος „Wahrsager"; vgl. die kret. Glosse πρέπον· τέρας)	Wahrsager?
po-ti-ro	*967*	K	*pontilō?* *pontiloi?*	*NDu* *NPl*	(πόντος „Meer" + (ναυ)τίλος „Schiffer")	Seemann
pu-ka-wo	*971*	P	*pŭ̄r-kawoi*	*NPl*	(πυρ-καεύς, vgl. πῦρ „Feuer" + καίω < **kawjō* „anzünden")	Feuer-anzünder
qe-ja-me-no (substanti-viertes Partizip)	*992*	k? P	*kʷej(j)ame-nos*	*NSg*	(τίω „verehren"; oder τίνω „bezahlen")	„der Ehrwürdige" (als Titel?) s. S. 323
qe-ro₂ (m/n)	*1000*	K	*skʷeljos* *skʷeljon* *skʷeljō* *skʷeljoi*	*NSg* *M/N* *NDu* *NPl*	= σπέλ(λ)ιον äol.; att. ψέλλιον „Armband"	bronzener Brust-panzer?
qe-to	*1004*	pm	*kʷethō* *kʷethoi*	*NDu* *NPl*	= πίθος	Gefäß
qo-u-ko-ro qo-u-ko-ro-jo	*1014* *1015*	P tir p	*gʷoukolos* *gʷoukoloi* *gʷoukolojjo* < *-*kʷolos* (usw.)	*NSg* *NPl* *GSg*	= βουκόλος	Rinderhirt
ri-na-ko-ro	*1052*	p	*linăgoros?*	*NSg*	(λίνον „Lein" + ἀγείρω „sammeln")	Flachs-, Leinleser
si-a₂-ro	*1076*	p	*sihalons*	*APl*	= σίαλος	Mastschwein

LB-Graphik	Nr.	Lok.	Myk.-Gr.	Kasus	Alph.-Gr.	Deutsche Übers.
si-to	*1078*	kp M T	*sītos* *sīton* *sītōn*	*NSg* *ASg* *GPl*	= σῖτος „Getreide“, event. Σιτώ (Theonym)	Getreide, bzw. Sito = Demeter
si-to-ko-wo (m/f)	*1079*	pt	*sītokhowos* *sītokhowōi* *sītokhowoi*	*NSg* *DSg* *NPl*	(σῖτος „Getreide“ + χέω „gießen, aufschütten“)	„der (bzw. die) Getreide aufschüttet?“
si-to-pọ-[qo] ạ-si-to-po-qo?	*1080* *139*	k P	*sītopok^{w}os?* *sītopok^{w}oi?*	*NSg* *NPl*	(σῖτος „Getreide“ + πέττω < **pekjō* „backen“)	Bäcker
ta-to-mo	*1097*	kP	*stathmos*	*NSg*	= σταθμός	1. Viehstall? 2. Pfeiler? 3. Gewicht?
te-o (m/f) te-o-i te-o-jo	*1111* *1112* *1113*	KP KP P	*the(h)ōi* *the(h)on?* *the(h)ōn* *the(h)oi(h)i* *the(h)ojjo*	*DSg* *ASg* *GPl* *DPl* *GSg*	= θεός	Gott, Göttin
ti-ri-po-di-ko	*1145*	m	*tripodiskoi*	*NPl*	= τριποδίσκος	Dimin. zu „Dreifuß“
to-ko	*1153*	K	*tokos??*	*NSg*	= τόκος „Zins“; vgl. event. τοῖχος „Mauer“, bzw. στοῖχος „Reihe, Linie“	Ertrag??
to-ko-do-mo	*1154*	P	*toikhodomos* *toikhodomōi* *toikhodomoi*	*NSg* *DSg* *NPl*	(τοῖχος „Mauer“ + δέμω „bauen“)	Baumeister

LB-Graphik	Nr.	Lok.	Myk.-Gr.	Kasus	Alph.-Gr.	Deutsche Übers.
to-ko-so-wo-ko	*1156*	p	*toksoworgoi*	*NPl*	(τόξον „Bogen“ + **wr̥gjō* „arbeiten, verfertigen“)	Bogenmacher
to-no	*1160*	P	*thornos*	*NSg*	vgl. θρόνος „Stuhl“	Stuhl
to-ro-no-wo-ko	*1176*	k	*thronoworgōi* *thronoworgoi*	*DSg* *NPl*	(θρόνος „Stuhl“ + **wergjō* „arbeiten“)	Stuhlmacher
to-ro-qo	*1179*	k	*trok^{w}on?*	*ASg?*	= τροπός?; = τρόπος?	Riemen??; Wendung (gedrehte Wolle)?
tu-ro$_2$	*1204*	P	*tūrjoi*, *tūrroi?*	*NPl*	= τῡρός	Käse
u-do-ro	*1216*	p	*(h)udroi*	*NPl*	(ὑδρία „Wasserkrug“?; doch Hom. ὕδρος „Wasserschlange“)	Wasserkrug
we-a$_2$-no-i	*1243*	P	*wehanoi(h)i*	*DPl*	= ἑανός (von **wes-* „bekleiden“)	Frauenkleid
wi-ri-no (m/f)	*1279*	P	*wrīnos* *wrīnoi*	*NSg* *NPl*	= ῥινός	Rindshaut
wo-i-ko-de wo-ko-de	*1283* *1288*	K t	*woikon-de*	*ASg* + *de*	= οἶκόνδε	ins Haus
wo-no	*1291*	Kp mt kh	*woinos?*	*NSg*	= οἶνος	Wein

LB-Graphik	Nr.	Lok.	Myk.-Gr.	Kasus	Alph.-Gr.	Deutsche Übers.
wo-wo	*1303*	P	*worwos* o. *worwōi?* o. *worwō?*	*NSg* *D-L Sg?* *Abl-I Sg??*	= ὅρος, ostion. οὖρος	Grenze

Weitere Wörter, mit gänzlich unsicherer Interpretation

LB-Graphik	Nr.	Lok.	Kasus	???	LB-Graphik	Nr.	Lok.	Kasus	???
a-ke-to-ro	*28*	k	*NPl*	BbM	pu-to-ro	*978*	P	*N/G Pl?*	ObH
da-nu-wo	*188*	K	*NSg*	BbM	qa-ra-de-ro	*985*	P	*?*	ObH
ẹ-mi-to	*283*	k	*GPl*	BbM	ra-pạ-i-pị-jọ-ị	*1021*	p	*DPl*	MeM
e-pi-we-ti-ri-jọ	*313*	p	*NSg*	BbM	si-ra-ko	*1077*	K	*NSg*	BbM
i-ku-wo-i-pi	*416*	k	*IPl*	?	so-we-no	*1083*	P	*D-I Sg/Pl*	ObD
ka-na-to	*462*	M	*N/A Pl*	ObG	]-ta-ko-ro	*1090*	k	*NSg*	BbM
ka-ra-na-ko	*472*	k	*NSg*	BbM	u-do-no-o-i	*1214*	p	*DPl*	BbM
ki-ta-no	*552*	K	*NSg/Pl*	PfA	za-mi-jo	*1311*	kp	*NPl*	MeM
ku-pi-ri-jo	*625*	KP	*DSg? NPl?*	BbM					

Eine besondere Gruppe *o*-stämmiger Substantiva an der Grenze zu den Eigennamen stellen die Monatsbezeichnungen dar (ca. 10), z. B. po-ro-wi-to P, po-ro-wi-to-jo p *Plōwistos*?, *-ojjo* „Monat der Schiffahrt", vgl. πλώω „segeln".

Die meisten *o*-stämmigen Substantiva sind jedoch klare Eigennamen. Wenn auch bei vielen mykenischen Eigennamen, die auf -O enden, weder ihre genaue lautliche Gestalt bekannt ist noch ihre Zugehörigkeit zu den *o*-Stämmen als völlig sicher gelten kann, findet man doch in den LB-Texten eine recht beträchtliche Zahl gut interpretierbarer Personennamen, Toponyma sowie auch Ethnika, die hierher gehören.

Unter den männlichen Personennamen kann man viele anführen, die sichere Parallelen im alphabetischen Griechisch aufweisen, wie z. B. a-ti-pa-mo kPm?*Antiphāmos*, e-u-da-mo Kt *E(h)udāmos*, ku-ru-me-no kPt *Klumenos*, ma-na-si-we-ko p *Mnāsiwergos*, mo-qo-so kp? *Mok^{w}sos* (= Μόψος). Einige weitere Männernamen waren zweifellos ursprünglich Ethnika: a$_3$-ku-pi-ti-jo k *Aiguptios*, ku-pi-ri-jo P *Kuprios*, o-ka-ri-jo p *Oikhalios* usw. Die Anzahl der verhältnismäßig sicher deutbaren Männernamen beträgt etwa 400 Namen (unter insgesamt ca. 900 *o*-stämmigen Personennamen, die jedoch oft keine sichere Interpretation finden). Dazu treten etwa 15 weibliche Personennamen, die auf -O enden; einige von ihnen dürften allerdings eher zu den *ō̆i*-Stämmen der III. Deklination gehören.

Neben den Eigennamen menschlicher Personen gibt es auch einige *o*-stämmige Götternamen, z. B. di-wo-nu-so[p bzw. di-wo-nu-so kh und di-wo-nu-so-jo P *Diwō̆n(n)ūsos, -ōi, -ojjo* oder e-nu-wa-ri-jo k *Enuwaliōi* (Dat.), vgl. späteres Ἐνυάλιος als Name einer mit Ares gleichgesetzten Kriegsgottheit.

Eine andere bemerkenswerte Eigennamengruppe stellen die Namen von zur landwirtschaftlichen Arbeit benützten Ochsen dar. Vgl. in Knossos den Ausdruck we-ka-ta *wergatai* (bzw. seine Abkürzung *we.* „zur Arbeit bestimmt", vgl. ϝέργον „Werk"), der in Verbindung mit dem Ideogramm Nr. *109 BOS^m steht.

Vgl. z. B. in KN Ch 896: a$_3$-wo-ro ke-ra-no-qe *ne. we.* *109^m ZE 1 = *Aiwolos Kelainosk^{w}e ne(woi) we(rgatai)* BOS ZE(ugos) 1. — D. h. „Aiwolos („der Bunte") und Kelainos („der Schwarze"); junge Ochsen, zur Arbeit bestimmt, ein Paar Ochsen."

Zu den maskulinen (und event. auch femininen) Eigennamen der II. Deklination gehören allerdings auch einige Toponyma; meistens sind sie im Nom. Sing., bisweilen im Gen. bzw. Akk. Sing. belegt (mit der allativischen Partikel *-de*). Beispiele aus Knossos: a-mi-ni-so, -so-de *Amnīsos*,

Amnīson-de, ko-no-so, -so-de *Knōs(s)os*, *Knōs(s)on-de*, pa-i-to *Phaistos*, tu-ri-so *Tulis(s)os* usw. In den pylischen Texten gehört hierher der Name von Pylos: pu-ro, pu-ro-jo *Pulos*, *-ojjo*. Es gibt auch maskuline Ethnika auf *-oi*, z. B. pe-ra$_3$-qo *Peraig^{w}oi*, vgl. klass. Περραιβοί. Die Zahl der Toponyma und Ethnika der II. Deklination beträgt etwa 100 LB-Wörter.

2. Feminina auf *-os*

Wie im klassischen Griechisch gibt es auch im Mykenischen etliche Feminina auf *-os*, meistens verbale Rektionskomposita und Pflanzennamen — und offensichtlich auch Toponyma (bei diesen ist jedoch das Genus oft schwer zu bestimmen).

Die Liste der klassifizierbaren Ausdrücke dieser Art umfaßt folgende 10 Appellativa (einige von ihnen erscheinen auch als Maskulina und sind bereits oben besprochen worden):

LB-Graphik	Nr.	Lok.	Myk.-Gr.	Kasus	Alph.-Gr.	Deutsche Übers.
a-pi-qo-ro a-pi-qo-ro-i	*92* *93*	Pt p	*amphik^{w}olōi* *amphik^{w}oloi* *amphik^{w}olōn* *amphi-* *k^{w}oloi(h)i*	*DSg* *NPl* *GPl* *DPl*	= ἀμφίπολος „Dienerin“	Dienerin
a-pu-ko-wo-ko	*109*	P	*ampuk(o)-* *worgoi* *ampuk(o)-* *worgōn*	*NPl* *GPl*	(ἄμπυξ „Stirnriemen, Stirnband“ + **wr̥gjō* „arbeiten“)	Stirnbänder-verfertigerin
a-sa-mi-to	*137*	k	*asaminthoi*	*NPl*	= ἀσάμινθος	Badewanne
e-ke-ro-qo-no (m/f)	*271*	P	*enkhĕ̄r(r)o-* *k^{w}oinoi* *enkhĕ̄r(r)o-* *k^{w}oinōn*	*NPl* *GPl*	(s. S. 192)	Lohn-arbeiter(in)
ka-na-ko	*457*	M	*knākos*	*NSg*	= κνῆκος	Saflor
ka-ra-wi-po-ro ka-ra-wi-po-ro-jo	*482* *483*	P p	*klāwiphoros* *klāwiphorōi* *klāwiphoroi* *klāwiphorojjo*	*NSg* *DSg* *NPl* *GSg*	(κλείς, κληίς < **klāwis* „Schlüssel“ + φέρω „tragen“)	Schlüssel-halterin

LB-Graphik	Nr.	Lok.	Myk.-Gr.	Kasus	Alph.-Gr.	Deutsche Übers.
no-ri-wo-ko no-ri-wo-ko-jo	*716* *718*	p p	*-worgoi* *-worgojjo*	*NPl* *GSg*	(? + *$w\r{r}gj\bar{o}$ „arbeiten")	(eine weibliche Beschäftigungsbezeichnung, mit Textilien verbunden)
re-wo-to-ro-ko-wo	*1050*	P	*lewotro-khowoi* *lewotro-khowōn*	*NPl* *GPl*	= λουτροχόος (m. oder f.)	Badedienerin
si-to-ko-wo (m/f)	*1079*	pt	*sītokhowos* *sītokhowōi* *sītokhowoi*	*NSg* *DSg* *NPl*	(s. S. 198)	der (bzw. die) Getreide aufschüttet?
te-o (m/f)[112] te-o-i te-o-jo	*1111* *1112* *1113*	KP KP P	*the(h)ōi* *the(h)on?* *the(h)ōn* *the(h)oi(h)i* *the(h)ojjo*	*DSg* *ASg* *GPl* *DPl* *GSg*	= ϑεός „Gott, Göttin" (s. S. 198)	Gott, Göttin
ti-mi-to (a-ke-e/ a-ke-i)	*1137*	P	*tirminthōn*	*GPL*	τερέβινϑος, τέρμινϑος	Terpentin-baum

[112] Das maskuline und feminine Genus ist nicht immer unterscheidbar.

B. Neutra auf *-on*

Die Liste umfaßt folgende Appellativa:

LB-Graphik	Nr.	Lok.	Myk.-Gr.	Kasus	Alph.-Gr.	Deutsche Übers.
a-]ko-so-ni-ja	*594*	k	*[a]ksonia*	*NPl*	= ἀξόνιον „kleine Wagenachse, Stange"	Achse, Stange
da-mi-jo (m/n)	*184*	p	*dāmion*	*ASg*	(δᾶμος, att. δῆμος „Gemeinde, Volk")	Land, das dem Damos gehört
de-mi-ni-ja de-mi-ni-jo	*205* *206*	pm kp	*demnia* *demnion* *demniōn?*	*NPl* *NSg* *GPl*	= δέμνιον „Bett"	Bett
do-ra	*236*	P	*dōra*	*APl*	= δῶρον	Gabe
e-pi-ki-to-ni-ja	*305*	k	*epikhitōnia*	*N/A Pl*	(ἐπί „auf" + χιτών „Gewand")	Objekte, die auf dem Gewand angebracht werden (Schmuck, Bronze-plättchen?)
e-pi-pụ-ta bzw. e-pi-*19-ta	*309*	P	*epiphuta??*	*NPl*	(ἐπί „auf, zu" + φύτον „Gewächs")	Gewächs, Pflanze??
e-po-mi-jo	*317*	K	*epŏ̄m(m)iō*	*NDu*	(ἐπωμίς „oberer Teil der Schulter")	Schulter-stücke
e-ra-wo e-ra₃-wo e-ra-ẉọ-[jo	*339* *341* *340*	kp P k	*elaiwon* *elaiwon* *elaiwojjo?*	*NSg* *N/A Sg* *GSg*	= ἔλαιον	Olivenöl
e-re-mo (m/n)	*347*	p	*erēmon?* Neutr. o. *-os* Mask.?	*NSg*	(ἔρημος „leer, unbebaut")	ödes, unbebautes Land

LB-Graphik	Nr.	Lok.	Myk.-Gr.	Kasus	Alph.-Gr.	Deutsche Übers.
e-to-ki-ja	*387*	P	*entoikhia*	*NPl*	= ἐντοίχιον „Wand-gemälde“, vgl. τοῖχος „Wand, Mauer“	(Bau-elemente für Haus bzw. Schiff?)
e-to-ni-jo	*388*	P	*etōnion?*	*ASg*	?	(eine Art des Grund-besitzes)
i-je-ro I i-je-ro-jo	*405* *407*	K T[113] p	*(h)ieron* *(h)ierojjo*	*NSg* *G Sg*[114]	= ἱερόν „Kultstätte“	Kultstätte
ka-ra-ti-ri-jo ka-ra-se-ti-ri-jo (Fehler statt 478)	*478* *476*	M m	*krātrion*	*NSg*	(κράτηρ „Mischkrug“)	(Gefäß-bezeichnung)
KE-RO$_2$ (Mono-gramm)	*533*	K	*kērjon*	*NSg*	(κηρός „Wachs“)	Wachs?
ko-ri-ja-do-no ko-ri-ja-da-na ko-ri-a$_2$-da-na ko-ṛị-jọ-ḍạ-na	*579* *578* *577* *580*	K M pM p	*koria(n)dnon* *koria(n)dna* *koriha(n)dna* (eine Variante)	*NSg* *N/A Pl* *N/A Pl*	= κορίαννον, κορίανδρον	Koriander
ku-mi-no ku-mi-na ku-mi-no-jọ[	*612* *611* *613*	M m m	*kumīnon* *kumīna* *kumīnojjo*	*NSg* *NPl* *GSg*	= κύμινον	Kümmel
ku?-]pe-ra	*623*	m	*kupella??*[115]	*NPl*	= κύπελλον	Becher?
ma-ra-tu-wo	*650*	M	*marathwon*	*NSg*	= μάραϑ(ρ)ον	Fenchel

[113] An einigen Stellen kann es sich jedoch um *NSgN* (Adj.) „heilig“ handeln; s. S. 211.
[114] Oder *GSgM/N* (Adj.); s. S. 211.
[115] Oder *pellai* (s. Index, Nr. 879)?

LB-Graphik	Nr.	Lok.	Myk.-Gr.	Kasus	Alph.-Gr.	Deutsche Übers.
me-ni-jo	*657*	p	*mēn(n)ion*	*NSg*	(μήν „Monat")	Monatsration
me-re-u-ro	*666*	p	*meleuron*	*ASg*	(ἄλευρον, μάλευρον „Mehl")	Mehl
o-na-to o-na-ta	*739* *737*	P P	*onāton* *onāta*	*ASg* *APl*	(ὀνίνημι „nützen")	Grundstück in Pacht
o-no I	*742*	KP M	*onon* oder *ōnon*	*NSg*	(ὀνίνημι „nützen")	Nutzen, Gegenleistung, Entgelt?
o-pa-wo-ta	*751*	KP	*opă̄worta*	*NPl* (VA)	(ὀπί „auf, an" + ἀείρω „emporheben")	aufgenähte Metallplättchen
o-pi-a₂-ra	*759*	p	*opihala*	*N/A Pl*	(ὀπί „auf, an" + ἅλς „Salz, Meer")	Küstengebiet
o-po-qo	*780*	K	*opōk^{w}ois* *opōk^{w}oi?* *opōk^{w}ō?*	*IPl* *NPl* *NDu*	(ὀπί „auf, an" + ὠπ- < $*\bar{o}k^w$- „Auge, Antlitz")	Scheuklappen (für Pferde)
pa-ka-na	*814*	K	*phasgana*	*NPl*	= φάσγανον „Schwert"	Dolch!
pa-ke-te-ri-ja	*819*	m	*pă̄ktēria,* *sphaktēria?*[116]	*NPl* *NPl*	(πήγνυμι „festmachen" oder σφάζω, σφάττω „töten, schlachten"?)	Pflock, Riegel; oder Tiere, zum Opfer bestimmt??
pa-ma-ko	*823*	p	*pharmakon*	*NSg*	= φάρμακον „Zaubermittel, Heilmittel")	Droge, Arzneimittel

[116] Vgl. auch sa-pa-ka-te-ri-ja auf S. 208 (doch unsicher).

LB-Graphik	Nr.	Lok.	Myk.-Gr.	Kasus	Alph.-Gr.	Deutsche Übers.
pa-ta-ja pa-ta-jo pa-ta-jo-i	*845* *846* *847*	K p p	*paltajja* *paltajjōn* *paltajjoi(h)i*	*NPl* *GPl* *DPl*	(παλτόν „Speer")	Speer
pe-di-ra pe-di-ro pe-di-ro-i	*864* *865* *866*	p p p	*pedīla* *pedīlōn* *pedīloi(h)i*	*NPl* *GPl* *DPl*	(πέδιλον „Sandale")	Sandale
pe-ko-to	*871*	K	*pekton?*	*NSg*	(πέκω „kämmen, scheren")	(ein Textilstoff?)
pe-qa-to	*877*	K	*pegg^{w}aton* < **ped-g^{w}aton*	*NSg*	(πούς „Fuß" + βαίνω „schreiten")	Trittbrett, Wagenbrett
po-ni-ki-jo I	*921*	K	*phoinīkion?*	*NSg*	(vgl. φοινίκεος Adj. „purpurrot"?)	Pflanze, aus der ein roter Farbstoff gewonnen wird
(po-re-no-) zo-te-ri-ja	*935* + *1320*	p	*(phorĕ̄nos* o. *phorĕ̄nōn)* + *dzōstēria?*	*NPl* *NPl*	(ζωστήρ „Leibgurt, Gürtel")	Fest der Gürtung
pu-ta	*974*	k	*phuta*	*NPl*	= φυτόν „Gewächs"	Gewächs, Pflanze
qa-ra-to-ro	*986*	p	*sk^{w}alathron*	*NSg*	= σπάλαθρον, σκάλευθρον „Schürhaken"	Schürhaken
qe-re-ti-ri-jo	*997*	p	*k^w(e)lethriō?*	*NDu*	= π(έ)λεθρον? „Morgen, Hufe"	(Flächenmaß)
qe-ro$_2$ (m/n) vgl. S. 197	*1000*	K	*sk^{w}eljos* *sk^{w}eljon* *sk^{w}eljō* *sk^{w}eljoi*	*NSg M* *NSgN* *NDu* *NPl M*	= äol. σπέλ(λ)ιον, att. ψέλ(λ)ιον „Armband"	Armband?, doch eher: bronzener Brustpanzer?

LB-Graphik	Nr.	Lok.	Myk.-Gr.	Kasus	Alph.-Gr.	Deutsche Übers.
qe-ti-ja	*1003*	M	*k^wethia?*	*NPl*	(vgl. πίθος „großes Vorratsgefäß“; ein Diminutiv zu qe-to πίθος?)	(ein Gefäß)
re-ke(-e)-to-ro-te-ri-jo	*1038* *1039*	p p	*lekhe(h)ei-strō-tēriōi??* bzw. *lekhe(s)strō-tēriōn??*	*DSg* *GPl*	(λέχος „Liegebett“ + στόρνυμι „ausbreiten, zurecht-machen“)	(ein religiöses Fest; vielleicht als Zeitpunkt-angabe: „zur Zeit des...“)
ri-no	*1056*	KP	*linon*	*N/A Sg*	= λίνον „Flachs“	Flachs
sa-pa-ka-te-ri-ja[117]	*1066*	K	*sphaktēria*	*NPl*	(σφάζω, σφάττω „töten, schlachten“)	zum Opfer bestimmte Tiere
sa-sa-ma	*1072*	M	*sāsama*	*NPl*	= σήσαμον	„Sesam“
se-ri-no	*1075*	m	*selīn(n)on* (vgl. *A. Leukart* 1999)	*NSg*	= σέλινον	Eppich
su-ko	*1084*	K P[118]	*sūkōn?*	*GPl*	= σῦκον	Feige
to-no-e-ke-te-ri-jo	*1161*	p	*thorno-(h)ektēriōi, -(h)ektēriōn* oder *-(h)elktēriōi, -(h)elktēriōn*	*DSg* *GPl*	(θρόνος < **thornos* „Sitz, Stuhl“ + ἔχω, „besitzen“ oder ἕλκω „ziehen“?)	(ein religiöses Fest?)

[117] Vgl. auch Nr. 819 pa-ke-te-ri-ja (s. auch S. 206).

[118] Wenigstens in Knossos handelt es sich um ein Anthroponym.

LB-Graphik	Nr.	Lok.	Myk.-Gr.	Kasus	Alph.-Gr.	Deutsche Übers.
(to-sa-)wa̤	*1184* *1226*	k k	*(tos(s)a)* *wa(rnia?)* [Abkürzung]	*NPl*	= (ἀ)ρήν „Schaf, Lamm“	Schaf, „so viele Lämmer“
wo-wi-ja (n/f)	*1302*	P	*worwia* oder *worwiā?*	*NPlN* *NSgF*	(att. ὅριον „Grenze“)	Grenzgebiet

Weitere Wörter, mit gänzlich unsicherer Interpretation

LB-Graphik	Nr.	Lok.	Myk.-Gr.	Kasus	Alph.-Gr.	Deutsche Übers.
a-ta-ra (f/n)	*140*	M	*antla?* *antlai*	*NPl*	(ἄντλος „unterster Schiffsraum“)	(ein Gefäß?)
a-ti-ja̤ oder a-ti-ṭa̤ (f/n)	*146*	pm	*antia* *antiai?*	*NPl*	(ἀντίος „entgegengesetzt“)	(eine Baukonstruktion)
e-ne-ra e-ne-ro	*290* *292*	k k	*?*	*NPl* *NSg*	?	?

Es befinden sich unter den *o*-stämmigen neutralen Appellativen vor allem mehrere Pflanzennamen. Die Zahl von Eigennnamen ist verhältnismäßig gering; neben den echten Toponymen (z. B. re-u-ko-to-ro PY *Leuktron,* archäologisch unbekannter Ort, von Strabon erwähnt) handelt es sich oft um Heiligtümer von Gottheiten oder Heroen (z. B. di-u-jo, di-wi-jo(-de) PY *Diw(i)jon(de)*, d. h. *hieron*, „das Heiligtum des Zeus“, po-si-da-i-jo(de) PY *Posidā(h)ion(-de)* „H. des Poseidon“, ja sogar da-da-re-jo-de KN *Daidalejjonde* „in das Heiligtum des Daidalos“).

Die II. Deklination auf einen Blick

In meinem Datenbank-Index (s. die Tabelle auf S. 295) habe ich etwa 250 morphologisch klassifizierbare Wortformen von etwa 215 *o*-stämmigen (ca. 155 maskulinen, 12 femininen und 48 neutralen) appellativischen Substantiven registriert (neben ca. 400 verhältnismäßig sicheren *o*-stämmigen Eigennamen). Von diesen konnte ich allerdings nicht mehr als etwa 157 Ausdrücke (96 Maskulina, 10 Feminina und 51 Neutra) in meine auf den S. 190ff. stehenden Listen der *o*-stämmigen Substantiva aufnehmen, da die restlichen Ausdrücke ohne eine annehmbare Interpretation geblieben sind (doch auch unter den angeführten 157 Wörtern gibt es etwa 30, deren Interpretation mit Fragezeichen versehen werden mußte).

Die betreffenden Adjektiva der II. Deklination wurden hier bis jetzt nicht besprochen, da man sie im speziellen Subkapitel auf den folgenden Seiten gemeinsam mit den entsprechenden femininen Formen der I. Deklination behandelt finden wird.

Adjektiva der I. und II. Deklination

Zur I. und II. Deklination gehören auch die Adjektiva dreier Endungen auf *-os*, *-ā*, *-on*, bzw. die zumeist komponierten Adjektiva zweier Endungen auf *-os*, *-on*. Vgl. z. B. einerseits ne-wo, ne-wa, ne-wo *newos, -ā, -on* oder pa-ra-jo, -ja, -jo *palaj(j)os, -ā, -on*, bzw. andererseits i-qi-ja a-na-mo-to KN *(h)ikk^{w}iai* ... *anā̆r(h)mo(s)toi* „Pferdewagen, (die) nicht ausgerüstet (sind)", wo die adjektivische Form *anā̆r(h)mo(s)toi* mit dem femininen Substantivum *(h)ikk^{w}iai* kongruiert. Solche klaren Fälle kommen zwar ziemlich selten vor, doch darf man wohl *per analogiam* jene mykenischen Adjektiva auf *-os* für solche zweier Endungen halten, deren Typ auch im alphabetischen Griechisch nur zwei Genusformen aufweist.

Zur I. Deklination gehören auch Motionsbildungen auf *-ja*, die zu verschiedenen Stämmen der III. Deklination gebildet werden (vor allem zu *nt*-Partizipien; vgl. a-pe-a-sa KN *ape(h)as(s)ai* < **ap-es-n̥t-j-ai* Nom. Pl. Fem. „abwesende", aber auch zu bestimmten adjektivischen Bildetypen der III. Deklination, z. B. pa-sa KN *pansan(s)* „ganze, jede" oder mi-to-we-sa KN *miltowessa, -ai* „zinnoberrotgefärbt", vgl. μιλτοπάρῃοι Hom. Il. 2, 637).

Die Gesamtzahl aller relativ gesicherten mykenischen Adjektiva der I. und II. Deklination (die motionslosen Adjektiva miteinbezogen, doch ohne die femininen Partizipia und Adjektiva auf *-ja*) beträgt etwa 110 Wörter. Eine absolut genaue Zahl kann man allerdings kaum anführen (wie oben gesagt, kann z. B. das Wort i-je-ro *(h)ieron* als Adjektivum „heilig" oder als das substantivierte Adjektivum *(h)ieron* „Kultstätte" gedeutet werden). Außerdem ist nicht einfach zu beurteilen, wo die Ableitungen von Toponymen eine noch echt adjektivische Funktion bewahrt haben, wo sie bereits zu einem substantivierten Ethnikon geworden sind und wo sie sogar einen Personennamen repräsentieren.

Die Mehrzahl der Adjektiva der I. und II. Deklination sind sekundäre Formationen, die entweder durch Anfügung eines Suffixes oder vermittels Komposition aus anderen griechischen Wortstämmen oder Wortformen abgeleitet worden sind. Nur wenige mykenische Adjektiva sind zumindest aus innergriechischer Sicht primäre, nichtabgeleitete Eigenschaftswörter.

A. Adjektiva dreier Endungen auf *-os*, *-ā*, *-on*

1. Meist primäre, nichtabgeleitete Adjektiva (sc. aus innergriechischer Sicht)

LB-Graphik	Nr.	Lok.	Myk.-Gr.	Kasus	Alph.-Gr.	Deutsche Übers.
e-ru-ta-ra	*370*	P	*eruthrā*	*NSgF*	= ἐρυθρός	rot
		M	*eruthrai*	*NPlF*		
e-ru-ta-ra-pi	*371*	K	*eruthrāphi*	*IPlF*		
i-je-ro II	*406*	K T[119]	*(h)ieron*	*NSgN*	= ἱερός	heilig
i-je-ro-jo[120]	*407*	p	*(h)ierojjo*	*GSg M/N*		
ḳạ-wo	*497*	k	*kalwos??*	*NSg M*	= καλός	schön
ko-na	*567*	m	*koinās?* oder *koināi?*[121] (als Adv.)	*GSgF* *DSgF*	= κοινός	gemeinsam, zusammen mit
ne-wa	*708*	KP	*newā*	*NSgF*	= νέος	neu, jung
		mt	*newai*	*NPlF*		
			newa	*NPlN*		
ne-wo	*711*	KP m	*newos*	*NSg M*		
			newon	*NSgN*		
			newōi	*DSg M*		
			newoi	*NPl M*		
ne-wo-jo	*712*	k	*newojjo*	*GSg*		

[119] Wenigstens einmal in Knossos findet man jedoch i-je-ro *NSg* (Subst.) als *(h)ieron* „Kultstätte", s. S. 205.

[120] Oder *GSg (h)ierojjo* (Subst.), s. S. 205.

[121] Die genitivische Deutung ist hier unsicher. Eher handelt es sich um das adverbielle *koināi*.

LB-Graphik	Nr.	Lok.	Myk.-Gr.	Kasus	Alph.-Gr.	Deutsche Übers.
pa-ra-ja	*825*	KP t	*palaj(j)ā* *palaj(j)ai* *palaj(j)a*	*NSgF* *NPlF* *NPlN*	= παλαιός (sekundär abgeleitet vom Adverb πάλαι „längst, früher“)	alt
pa-ra-jo	*826*	P	*palaj(j)oi*	*NPl* *M*		
po-ri-wa	*937*	k	*poliwa*	*NPlN*	= πολιός	grau
re-po-to	*1040*	kp	*lepton*	*NSgN*	= λεπτός	dünn, fein
re-u-ka	*1044*	K M	*leukā* *leukai* *leuka*	*NSgF* *NPlF* *NPlN*	= λευκός	weiß
re-u-ko	*1045*	kP m	*leukos* *leukon* *leukō*	*NSg* *M* *NSgN* *NDu* *M*		
ta-na-wa	*1091*	p	*tanawa?*	*NPlN*	= τανaός „dünn“	dünn (auf Räder bezogen)

Dazu ist noch die pronominale Form αὐτός hinzuzufügen:

LB-Graphik	Nr.	Lok.	Myk.-Gr.	Kasus	Alph.-Gr.	Deutsche Übers.
au-to-jo	*156*	p	*autojjo*	*GSg* *N?*	= αὐτός	selber, jener

2. Sekundäre, abgeleitete Adjektiva (aus dem nichtonomastischen Bereich)

a) Unkomponierte Adjektiva auf *-ajjos, -ej(j)os, -e(h)os, -ios*

LB-Graphik	Nr.	Lok.	Myk.-Gr.	Kasus	Alph.-Gr.	Deutsche Übers.
a-ki-ri-ja	*29*	k	*agria*	*NPlN* (subst. Adj.)	= ἄγριος	wild, „wilde Tiere?“

LB-Graphik	Nr.	Lok.	Myk.-Gr.	Kasus	Alph.-Gr.	Deutsche Übers.
a-ko-ra-jo a-ko-ra-ja	*33* *32*	kT K	*agorajjos* *agorajjoi* *agorajja*	*NSg* *M* *NPl* *M* *NPlN*	= ἀγοραῖος	zur Sammlung gehörig?
a-mo-te-wi- ja	*54*	p	*(h)ar(h)mo-* *tēwiā*	*NSgF*	(vgl. ἅρμα „Rad")	mit Rädern versehen?
a-pe-ti-ra₂	*86*	k	*amphestrjā̆?* (s. auch S. 180)	*NSgF*	(ἀμφί „auf beiden Seiten" + Ion. ἔδω /s. *Th. Palaima* et al./ „essen")	von beiden Seiten zugänglich (ein Tisch)
a₃-za	*178*	p	*aidzā̆* < **aigjā̆*	*NSgF*	= αἴγε(ι)ος[122] „Ziegen-"	Ziegen-
do-si-mi-ja do-si-mi-jo	*238* *239*	pm pm	*dosmiā?* *dosmiās?* *dosmiāi?* *dosmiai?* *dosmia?* *dosmios?* *dosmion?* *dosmioi?*	*NSgF* *GSgF* *DSgF* *NPlF* *NPlN* *NSg* *M* *ASg* *M/N* *NPl* *M*	(ἀπυδοσμός arkad. „Steuer")	zu Steuern gehörig
do-we-jo	*243*	K	*dorwej(j)ōi?*	*D-I* *Sg?*	= δούρειος hölzern	hölzern

[122] Att. -ειος geht in αἴγειος und anderen von Tierbezeichnungen abgeleiteten Adjektiven wie ἐλάφειος, ἐλεφάντειος usw. wohl nicht auf ein altes *-ejjo-*, sondern vielmehr auf älteres *-ēwio-* zurück, cf. *C. J. Ruijgh* 1967, 234ff., bzw. auch mykenisches we-e-wi-ja, wenn *(h)uēwiā-*.

LB-Graphik	Nr.	Lok.	Myk.-Gr.	Kasus	Alph.-Gr.	Deutsche Übers.
e-qe-si-ja	*323*	KP	*(h)e*k^{w}*esia*	*NPlN*	(vgl. e-qe-ta ἐπέτας Pind. „Gefolgsmann“)	zum e-qe-ta gehörig
e-qe-si-jo	*324*	kP	*(h)e*k^{w}*esios*	*NSg M*		
			(h)ek^{w}*esiō*	*NDu N*		
			(h)ek^{w}*esioi*	*NPl M*		
e-ra-pe-ja	*332*	P	*elaphej(j)ā*	*NSgF*	∼ ἐλάφειος (vgl. ἔλαφος „Hirsch“)	vom Hirsch, aus Hirschhaut
e-ra-pi-ja	*334*		*elaphiai*	*NPlF*		
e-ra-ti-ja-o (Fehler statt e-ra-pi-ja-o)	*337*	p	*elaphiā(h)ōn*	*GPlF*		
e-re-pa-te-ja	*351*	P	*elephantej(j)ā*	*NSgF*	∼ ἐλεφάντειος (vgl. ἐλέφας „Elefant, Elfenbein“)	aus Elfenbein
e-re-pa-te-ja-pi	*352*	P	*elephan-tej(j)āphi*	*IPlF*		
e-re-pa-te-(j)o	*353*	KP	*elephan-tej(j)/(h)os*	*NSg M*		
			elephan-tej(j)/(h)ois	*IPl M/N*		
e-re-pa-te-jo-pi	*354*	K	*elephan-tej(j)ophi*	*IPl M/N*		
i-qe-ja	*421*	P	*(h)ik(*^{w}*)*k^{w}*ej-(j)āi*	*DSgF*	∼ἵππειος (vgl. ἵππος „Pferd“)	zum Pferd gehörig (Epitheton der Potnia)
ka-ke-ja-pi	*444*	K	*khalkej(j)āphi*	*IPlF*	= χάλκε(ι)ος, χάλκιος (vgl. χαλκός „Erz“)	aus Erz gemacht
ka-ki-jo	*449*	k	*khalk(i)jō*	*NDu N*		
ka-za (s. S. 180)	*498*	k	*khaltsă̄* < **khalkjă̄*	*NSgF*		
ka-ne-ja	*463*	p	*kanej(j)a*	*NPlN*	= κάνε(ι)ον „Rohrkorb, Schüssel“ (für Brot), vgl. κάννα „Rohr“	aus Rohr gemacht, Rohrkorb (Schüssel für Gerste)?
ke-ra-(i-)ja-pi	*520*	K	*kera(h)iāphi, kerajjāphi*	*IPlF*	vgl. κεραός (zu κέρας „Horn“)	aus Horn gemacht

LB-Graphik	Nr.	Lok.	Myk.-Gr.	Kasus	Alph.-Gr.	Deutsche Übers.
ke-se-ne-wi-ja	*534*	k	*ksenwia*	*NPlN*	= ξείνιος ostion. „gastfreundlich“	für Gäste bestimmt
ke-se-nu-wi-ja	*536*	K	*ksenwia*	*NPlN*		
ke-se-ni-wi-jo[	*535*	p	*ksenwion*	*NSgN*		
[ke-se-]nu-wi-jo	*537*	p	*ksenwion*	*NSgN*		
ko-ki-re-ja	*565*	P	*konkhilej(j)ā*	*NSgF*	(κόγχη „Muschel“)	mit Muscheln geschmückt
ku-na-ja	*614*	p	*gunajjā*	*NSgF*	= γύναιος	weiblich, für Frauen bestimmt
ku-pa-ri-se-ja	*619*	p	*kuparissej(j)a*	*NPlN*	(κυπάρισσος „Zypresse“)	aus Zypressenholz, mit Zypresse geschmückt?
ku-ru-so I[123]	*628*	KP	*khrūs(s)os* < **khrŭ̄sjos* *khrūs(s)ōi* *khrūs(s)ō* *khrūs(s)oi* *khrūs(s)ois?*	*NSg M* *D-I Sg M/N* *NDu* *NPl M* *IPlM*	= χρύσε(ι)ος	aus Gold gemacht, mit Gold verziert
ku-ru-sa-pi	*627*	P	*khrūs(s)āphi*	*IPlF*		
ku-te-se-ja	*641*	P	*kutesej(j)ā*	*NSgF*	(κύτισος Ebenholz?)	(unechtes Ebenholz)
ku-te-se-jo	*642*	P	*kutesej(j)os* *kutesej(j)ois?*	*NSg M* *IPl M/N*		

[123] S. auch ku-ru-so II als Subst. *khrūsos* „Gold“ im DSg *khrūsōi* (s. Index).

LB-Graphik	Nr.	Lok.	Myk.-Gr.	Kasus	Alph.-Gr.	Deutsche Übers.
ku-wa-ni-jo	*644*	p	*kuaniois*	*IPlM*	~ κυάνεος (vgl. κύανος „Lazurstein, Ultramarin- farbe“)	dunkelblau
me-ri-ti-jo	*674*	p	*melitios*	*NSg* *M*	(vgl. μελίτειον „Honigtrank, Met“)	mit Honig (oder ein Subst.?)
o-ni-ti-ja-pi	*741*	p	*ornīthiāphi*	*IPlF*	~ ὀρνίθειος (vgl. ὄρνις „Vogel“)	Vogel-
pa-ra-ku-ja *56-ra-ku-ja pa-ra-ḳụ-we- jo	*831* *1329* *833*	k k k	*barakūja?* *barakūja?* < *-uw(i)ja?* *bara-* *k(u)wej(j)ō?*	*NPlN* *NPlN* *N* *Du?*	(vgl. akkad. *barraqtu?*, griech. σμάραγδος „Smaragd“)	von der Farbe des Smaragds?
po-ni-ke-a po-ni-ki-ja po-ni-ḳị[- jo] II	*919* *920* *922*	k K k	*phoinīke(h)ā* *phoinīkiā* *phoinīkiai* *phoinīkiō*	*NSgF* *NSgF* *NPlF* *NDu* *F*	= φοινίκεος, φοινίκιος (vgl. φοῖνιξ „Purpur- farbe“)	purpurrot
po-pu-re-ja po-pu-re-jọ[po-pu-ro$_2$	*926* *927* *928*	k k k	*porphurej-* *(j)ai* *porphurej-* *(j)oi* *porphurjō*	*NPlF* *NPl* *M?* *NDu* *F*	= πορφύρεος, πορφύριος (vgl. πορφύρα „Purpur- schnecke“)	purpur- farbig
qe-te-a qe-te-a$_2$ qe-te-o qe-te-jo	*1001* *1001* *1002* *1002*	k pT KT P	k^w*eite(h)a* k^w*eiteha* k^w*eite(h)on* k^w*eite(j)on*	*NPlN* *NPlN* *NSgN* *NSgN*	(Verbaladj. von *k^w*ei-*, vgl. τίνω „bezahlen“)	zu zahlen
ra-e-ja	*1017*	P	*lā(h)ej(j)ā*	*NSgF*	(λᾶας < **lāh-* „Stein“)	aus Stein
ra-pte-ri-ja	*1025*	p	*rhaptēriai*	*NPlF*	(vgl. ῥάπτης „Näher, Schneider“)	vom Schneider verarbeitet

LB-Graphik	Nr.	Lok.	Myk.-Gr.	Kasus	Alph.-Gr.	Deutsche Übers.
ra-wa-ke-si-	*1032*	kP	*lāwāgesios*	*NSg*	(vgl. myk.	dem
jo				*M*	ra-wa-ke-ta	Lawagetas
			lāwāgesion	*NSgN*	*lāwāgetās*	gehörig
			lāwāgesiōi	*DSg*	„Heerführer“)	
				M/N		
			lāwāgesioi	*NPl*		
				M		
ra-wa-ke-si-	*1033*	P	*lāwāgesiojjo*	*GSg*		
jo-jo				*M*		
re-wo-te-jo	*1048*	p	*lewontej(j)ois*	*IPlN*	~ λεόντε(ι)ος	mit Löwen
						geschmückt?
re-wo-te-re-	*1049*	p	*lewotrej(j)oi*	*NPl*	(vgl. λουτρόν,	zum Bade
jo				*M/*	λοετρόν <	(gehörig)
				F?	**lewotron*	
			lewotrej(j)ō	*NDu*	/Metath./	
					„Bad“)	
te-i-ja	*1098*	k?p	*the(h)iāi*	*DSgF*	= θεῖος	göttlich (für
(ma-te-re)			*(mātrei)*			die „Mutter
						der Götter“)
to-qi-de-ja	*1169*	p	*tork^{w}idej(j)ai*	*NPlF*	(vgl. myk.	mit Spiralen
to-qi-de-jo	*1170*	p	*tork^{w}idej(j)ō*	*NDu*	to-qi-de	geschmückt
				F	Nr. 1168	
					/D-ISg/	
					„Spirale“)	
wa-na-se-wi-	*1233*	P	*wanassēwiā*	*NSgF*	(vgl. ἄνασσα,	der
ja			*wanassēwia*	*NPlN*	ϝάνασσα	(göttlichen)
wa-na-se-wi-	*1234*	p	*wanassēwion*	*NSgN*	„Herrscherin,	Herrscherin
jo			*wanassēwiōn*	*GPlN*	Göttin“)	gehörig?
we-a-re-ja	*1241*	p	*we(h)alej(j)ā,*	*NSgF*	= ὑάλεος	gläsern,
			(h)u(h)alej-		„gläsern“	aus Glas
			(j)ā			
we-a$_2$-re-jo	*1244*	p	*wehalej(j)os,*	*NSg*		
			(h)uhalej(j)os	*M*		

LB-Graphik	Nr.	Lok.	Myk.-Gr.	Kasus	Alph.-Gr.	Deutsche Übers.
we-e-wi-ja	*1246*	KP	*(h)uēwiāi* *(h)uēwiai*[124]	*DSgF* *NPlF*	= ὕε(ι)ος Aristoph. „vom Schwein"	vom Schwein
we-re-ne-ja	*1264*	p	*wrēnej(j)ā*	*NSgF*	(vgl. ἄρνειος, Adj. zu (ἀ)ρήν „Schaf, Lamm")	vom Schaf
we-we-e-a	*1258*	K	*werwe(h)e-(h)a*	*NPlN*	(vgl. ion. εἰρίνεος zu εἶρος <**werwos* „Wolle"	von Wolle
wi-ri-ne-jo wi-ri-ne-o wi-ri-ni-jo	*1274* *1275* *1278*	K K K	*wrīnej-(j)/(h)ō?* o. *wrīnej-(j)/(h)ois?* *wrīniō?* o. *wrīniois?*	*NDu* *N* *IPlN* *NDu* *N* *IPlN*	(vgl. ῥινός „Haut")	aus Tierhaut
wo-ro-ne-ja	*1300*	m	*wronej(j)a?* <**wr̥n-* (Nullstufe)	*NPlN*	(vgl. (ἀ)ρήν „Schaf, Lamm")	vom Schaf

Vgl. auch die adjektivische Form Nr. 1258 we-pe-za *(h)weks-pedza* aus **-pedja* auf S. 181 sowie Nr. 86 a-pe-ti-ra_2 auf S. 180.

Anm.: Ein kurzes *-a* im Nom. Sing. Fem. kommt nur ausnahmsweise vor: mit Sicherheit in -pe-za, vielleicht auch in a-pe-ti-ra_2, a_3-za, ka-za.

b) Adjektiva auf andere Suffixe

α) *-tero-, -ēro-:*

LB-Graphik	Nr.	Lok.	Myk.-Gr.	Kasus	Alph.-Gr.	Deutsche Übers.
-a-po-te-ṛạ	*100*	m	*amphoterai*	*NPlF*	= ἀμφότερος	beidseitig, beide??

[124] Oder auch *we(h)ēwiāi, we(h)ēwiai*, falls zu **wes-* „bekleiden" gehörig; Interpretation unsicher.

LB-Graphik	Nr.	Lok.	Myk.-Gr.	Kasus	Alph.-Gr.	Deutsche Übers.
a_2-te-ro	*167*	P	*hateron*	*ASgN*	= ἅτερος dor.-äol., ἕτερος ion.-att.	der andere
po-ku-te-ro	*914*	K	*poku(s)- teros?*[125]	*NSg M*	(Adj. zu po-ku-ta)	dem/den po-ku-ta gehörig
wa-na-ka-te- ra wa-na-ka-te- ro	*1229* *1230*	kt kP ttir	*wanakterai* *wanaktera* *wanakteros* *wanakteron* *wanakteroi*	*NPlF* *NPlN* *NSg* *M/N* *NPl* *M*	(Adj.zu wa-na-ka; vgl. ἄναξ „Herrscher")	dem wa-na-ka gehörig
]ẓạ-we-te-ra ẓạ-we-ṭẹ-ṛọ	*1313* *1314*	K k	*tsāwetērā* *tsāwetēros* *tsāwetēron* *tsāwetēroi*	*NSgF* *NSg* *M* *NSgN* *NPl* *M*	(vgl. τῆτες att. < **kjā-wetes*, σῆτες ion., σᾶτες dor. „heuer" und die Bildungen auf -ετηρος)[126]	von diesem Jahr

Es handelt sich also um zwei mit dem Begriff „2" (a-po-te-ṛạ, a_2-te-ro) in Verbindung stehende Pronomina; die anderen Bildungen kann man als „korrelative Opposita" klassifizieren („dem Herrscher – einer anderen Person gehörig", „von diesem Jahr – vom vorigen Jahr").

β) *-to-*, *-ato-*:

LB-Graphik	Nr.	Lok.	Myk.-Gr.	Kasus	Alph.-Gr.	Deutsche Übers.
ki-ri-ta II	*548*	k	*khrista*	*NPlN*	= χριστός	gesalbt
ko-ro-to	*587*	K m	*khrōston?* oder *klōston?*	*NSgN*	= χρωστός o. = κλωστός	gefärbt gesponnen

[125] Cf. zu diesem Wort bzw. zu dem evident zugehörigen po-ku-ta ausführlich *C. J. Ruijgh* 1992c, 543–562; vgl. auch *A. Leukart* 1994, 95f. Eine Verbindung mit πρεσβύτερος „der ältere" scheint weniger akzeptabel zu sein.

[126] Siehe auch auf S. 348.

LB-Graphik	Nr.	Lok.	Myk.-Gr.	Kasus	Alph.-Gr.	Deutsche Übers.
me-ki-ṭạ[u. a.	*654*	K	*megistā?* *megistai?* *megista?*	*NSgF* *NPlF* *NPlN*	= μέγιστος	der größte
me-sa-ta me-sa-to	*677* *678*	K K	*mes(s)atai* *mes(s)aton* *mes(s)atoi*	*NPlF* *NSgN* *NPl M*	= μέσ(σ)ατος (alter Superl.)	der mittlere
pe-re-i-to	*881*	p	*pleiston?*	*ASgN* (als Adv.?)	= πλεῖστον	am meisten?
wa-ra-wi-ta	*1238*	k	*wrāwista?*	*NPlN*	(vgl. ῥᾴδιος „leicht, mühelos", superl. ῥᾷστα; nach *M. Peters*, mündlich)	am leichtesten; die l.

Zwei dieser adjektivischen Formen sind ihrer Herkunft nach Verbaladjektiva (ki-ri-ta, ko-ro-to), vier scheinen Superlative zu sein (me-ki-ta, me-sa-ta, pe-re-i-to, wa-ra-wi-ta).

3. Part. Med.-Pass. auf *-meno-*
(s. die betreffenden verbalen Formen auf S. 329ff.).

B. Komponierte Adjektiva meistens zweier Endungen auf *-os*, *-on*
(im Mykenischen nicht immer direkt als solche nachbeweisbar)[127]

1. mit α-privativum als Vorderglied

LB-Graphik	Nr.	Lok.	Myk.-Gr.	Kasus	Alph.-Gr.	Deutsche Übers.
a-e-ti-to[	*6*	p	*a(h)ertiton?*	*NSgN*	(ἀ- + ἔρτις „Henna" /Farbmittel/; vgl. myk. e-ti-we)	ohne Henna?
a-ka-ra-no	*9*	p	*akarā̆n(n)os*	*NSgF*	= ἀκάρηνος Anthol. Pl.; vgl. κάρη „Kopf, der oberste Teil"	kopflos, ohne den obersten Teil
a-ki-ti-to	*30*	P	*aktitos* *aktiton*	*NSg M* *ASg M* o. *N/A SgN*	= ἄκτιτος	unbebaut
a-ko-to-no	*41*	p	*aktoinoi*	*NPl M*	(ἀ- + κτοίνα „Boden")	ohne Boden, bodenlos
a-na-mo-ta a-na-mo-to	*58* *59*	K K	*anā̆r(h)mo-(s)tā?, -ai?, -a?* *anā̆r(h)mo-(s)tos, -oi* < **anā̆r(h)mot-(t)o-*	*NSgF NPl F/N* *NPl F!*	= ἀναρμοστός (Opp. zu a-ra-ro-mo-te-me-na)[128] oder ἀ(ν)- + ἅρμα „Rad"	unangepaßt oder „ohne Räder"

[127] Z. B. bei a-pi to-ni-jo Nr. 88 und e-pi-ko-ru-si-jo Nr. 306 (s. Index).
[128] Vgl. a-[ra-]ro-mo-te-me-na Nr. 113 (s. Index).

LB-Graphik	Nr.	Lok.	Myk.-Gr.	Kasus	Alph.-Gr.	Deutsche Übers.
a-na-ta a-na-i-ta a-na-to	*61* *56* *62*	k K K	*anā̆i(s)tai* *anā̆i(s)tai,* *anā̆i(s)tos,* *-oi?*	*NPlF* *NPlF* *NSg/* *PlF!*	(ἀ(ν) + *ai-*?; Opp. zu a-ja-me-na)[129]	nicht mit Einlege- arbeit
a-no-wo-to	*74*	K	*anōw(w)oton*	*NSgN*	= ἀνούατος Theokr. < **anousn̥tos*, vgl. οὖς „Ohr“	ohne Ohren, ohne Henkel
]a-ro-ta	*130*	P	*alōsta*	*N/A* *PlN*	= ἄλωστοι· ἄρραφοι Hesych	ohne Naht (Kleider)
a-ta-ra-si-jo	*141*	P	*atala(n)sioi*	*NPl* *M*	(ἀ- + ta-ra-si-ja[130] „Arbeits- zuteilung, Arbeits- pensum“)	ohne A. (von Schmieden)

Hierher gehören vielleicht auch einige andere, schwieriger zu deutende Ausdrücke, wie a-te-re-e-te-jo 142 (p), a-te-re-te-a 143 (k) oder a-ze-to 161 (K).

2. mit Präverb (Präposition) als Vorderglied

LB-Graphik	Nr.	Lok.	Myk.-Gr.	Kasus	Alph.-Gr.	Deutsche Übers.
a-pi to-ni-jo	*88*	p	*amphi-* *thorniō?*	*NDu* *N?*	(vgl. ἀμφί + θρόνος „Stuhl“)	auf beiden Seiten des Stuhles oder: rings um den Stuhl

[129] Vgl. a-ja-me-na Nr. 7 (s. Index).
[130] Vgl. ta-ra-si-ja Nr. 1095 (s. Index).

LB-Graphik	Nr.	Lok.	Myk.-Gr.	Kasus	Alph.-Gr.	Deutsche Übers.
a-pi-qo-to	*94*	P	*amphi-g^w^otos* *amphi-g^w^otō* oder *aphig^w^otos?* (nach *R. Plath* 1999, 508ff.: s. S. 334f.)	*NSg F!* *NDu F*	(vgl. ἀμφί + βαίνω „schreiten" oder φοιτάω „herumgehen")	umgehbar nicht gereinigt
e-pi-ko-ru-si-jo o-pi-ko-ru-si-ja	*306* *768*	k K	*epikorusiō* *opikorusia*	*NDu N* *NPlN*	(vgl. ἐπί/ὀπί + κόρυς „Helm")	auf dem Helm
o-pi-ro-qo	*773*	P	*opiloik^w^oi* *opiloik^w^ōn*	*NPlF* *GPlF*	= ἐπίλοποι	noch übriggebliebene
pe-ri-ro-qo	*888*	k	*periloik^w^oi*	*NPl M*	= περίλοιποι	übriggebliebene

3. mit Nominalstamm als Vorderglied

LB-Graphik	Nr.	Lok.	Myk.-Gr.	Kasus	Alph.-Gr.	Deutsche Übers.
ka-ko-de-ta	*451*	k	*khalkodeta*	*NPlN*	(vgl. χαλκός „Erz" + δέω „binden")	erzbeschlagen
po-ki-ro-nu-ka	*912*	K	*poikilŏ̆nukha*	*NPlN*	(vgl. ποικίλος „bunt" + ὄνυξ „Nagel" /als Verzierung/)	mit bunten Nägeln verziert
re-u-ko-nu-ka	*1046*	K	*leukŏ̆nukha*	*NPlN*	(vgl. λευκός „weiß" + ὄνυξ)	mit weißen Nägeln verziert
wi-so-ẉọ-pa-ṇạ	*1281*	p	*wiswo-?*	*NPlN*	(vgl. ἴσος „ähnlich, gleich")	mit den gleichen...

Anm. zu -o-nu-ka: Bei diesen beiden Komposita dürfte allerdings allenfalls das Neutrum in mehreren bzw. allen Kasus eine thematische Flexion aufgewiesen haben. Cf. *A. Leukart* 1987b, 186[16].

Adjektiva der I. und II. Deklination auf einen Blick

Die Adjektiva der I. und II. Deklination repräsentieren in meinem Index ein Korpus von etwa 125 LB-Ausdrücken — mit ca. 180 Wortformen. Von diesen konnte ich in meine Liste auf den S. 211ff. über 120 verhältnismäßig gesicherte Wörter aufnehmen, die von ca. 60 *o-/ā*-stämmigen lexikalischen Einheiten dreier Endungen bzw. von ca. 18 *o*-stämmigen motionslosen lexikalischen Einheiten stammen. Es kommen allerdings viele Part. Med.-Pass. auf -me-no = *-menos* hinzu.

III. Deklination

Die mykenische III. Deklination umfaßt ein viel komplizierteres und innerlich mehr gegliedertes Korpus griechischer Substantive und Adjektive als die zwei vorher besprochenen Deklinationen. Während zur I. Deklination nur die *ā*- und *ja*-Stämme und zur II. Deklination nur die *o*-Stämme gehören, besteht der Komplex der III. Deklination aus einer weit höheren Zahl sowohl konsonantischer als auch vokalischer bzw. diphthongischer Paradigmen, die allerdings — vom historischen Standpunkt gesehen — im Prinzip dieselben Kasusendungen aufweisen. Durch verschiedene Lautveränderungen (Kontraktionen, Assimilationen, Metathesen usw.) haben sich im weiteren geschichtlichen Verlauf die einzelnen Paradigmen mehr oder weniger voneinander entfernt, wobei dies für das Mykenische wegen dessen Altertümlichkeit noch in einem verhältnismäßig geringen Maße gilt.

Immerhin bietet diese Vielfältigkeit im Bereich der III. Deklination einen wichtigen Vorteil für unsere bevorstehende Analyse, indem hier eine deutliche Gliederung in verschiedene Stämme möglich ist, wodurch unter jedem mykenischen Paradigma meistens nur eine verhältnismäßig begrenzte Zahl von bezeugten mykenischen Wörtern verzeichnet werden kann. Das Gesamtbild der mykenischen III. Deklination erscheint infolgedessen viel differenzierter und überschaubarer, als dies bei der I. und vor allem bei der II. Deklinaton der Fall ist. Außerdem sind die Kasusformen der Nomina der III. Deklination besser identifizierbar: der Nominativ ist immer von allen anderen Kasusformen verschieden — und oft sogar um eine Silbe kürzer (po-me *poimēn* gegenüber po-me-no *poimenos*).

A. Konsonantische Stämme

Die Gesamtzahl der verschiedenen graphischen Ausgänge der konsonatischen Stämme der III. Deklination umfaßt 7 Endungen (∅, -A, -E, -I, -O, -SI, -PI). Das ist um eine graphische Endung mehr als bei der I. Deklination; doch bei jener zählten zwei vereinzelte Dualausgänge mit. Vor allem verbirgt sich unter den graphischen Ausgängen -A bzw. -O bei der I. bzw. II. Deklination eine größere Zahl wichtiger Kasusendungen, die man nur an Hand des Kontextes voneinander unterscheiden kann, während bei der III. Deklination die graphischen Ausgänge ausgewogener genützt werden.

Das Grundschema

	Mask./Fem.		N.	
Nom. Sg.	∅ (oder Endkonsonant + „toter Vokal“ -.A/-.O)	*-s, -n, -r*	∅	*-s, ∅*
Gen.	-.O	*-os*	-.O	*-os*
Dat.	-.E	*-ei*	-.E	*-ei*
	-.I	*-i*	-.I	*-i*
Akk.	-.A	*-a* < *-m̥	∅	*-s, ∅*
Instr.	(= Dat.?)		?	
Vok.	?			
N./A. Du.	-.E	*-e*	-.E	*-e*
G./D.	?		?	
Nom. Pl.	-.E	*-es*	-.A	*-a*
Gen.	-.O	*-ōn*	-.O	*-ōn*
Dat.	-SI	*-si*	-SI	*-si*
Akk.	-.A	*-as* < *-m̥s*?*	-.A	*-a*
	-.E?	*-es?*		
Instr.	-PI	*-phi*	-PI	*-phi*

Zu den einzelnen Kasusformen ist folgendes zu bemerken: Die im Nom. Sing. M./F. oft vorkommenden auslautenden Konsonanten (*-n*, *-r*, *-s*) werden gewöhnlich in der Schrift nicht wiedergegeben (po-me *poimēn* „Hirt“, pa-te *patēr* „Vater“, ti-ri-po *tripō̆s* „Dreifuß“); nur ausnahmsweise benützte man bei der orthographischen Wiedergabe einer solchen Wortform an deren Ende ein Konsonantenzeichen mit „totem Vokal“ (meistens -.A oder -.O, z. B. wa-na-ka *wanak(t)s* „Herrscher“, o-nu-ka *onuks* u. a. „Nagel“, to-ra-ka *thō̆r(r)āks* „Brustpanzer“, a_3-ti-jo-qo *Aithiok^{w}s* /Personenname/, d. h. vor allem für die lautliche Verbindung von einem Okklusivlaut + *-s*). Der Nom. Sing. N. entsprach dagegen immer dem reinen Stamm (wa-tu *wastu* „(Haupt)stadt“), wobei auch hier ein eventuell auslautender Konsonant nicht geschrieben wurde (vgl. we-to *wetos* „Jahr“, me-ri *meli(t)* „Honig“).

Im Gen. Sing. ist das regelmäßige Suffix der III. Deklination *-os* gut bezeugt. Dagegen dominiert im Dat. Sing. im Mykenischen noch das dativische Suffix *-ei*, während sich im alphabetischen Griechisch in der dativischen Funktion das ursprünglich lokativische Kasussuffix *-i* durchgesetzt hat. Auch dieses ist im Mykenischen bezeugt, am häufigsten bei den *s*-Stämmen (vgl. we-te-i-we-te-i *wete(h)i wete(h)i* „jedes Jahr“ oder e-re-i *(H)ele(h)i* neben e-re-e *(H)ele(h)ei* „in Helos" /Toponym/, wo allerdings die lokativische, bzw. die temporal-lokativische Funktion hervorzuheben ist). Reine Dative auf *-i* kommen jedenfalls auch bei anderen konsonantischen Stämmen vor, und zwar in Pylos (z. B. po-se-da-o-ni *Poseidā(h)ŏ̄ni* „dem Poseidon") und in Mykene (z. B. ka-ke-wi *khalkēwi* „dem Schmied", ke-ra-me-wi[*kerамēwi* „dem Töpfer" neben tu-ka-te-re *thugatrei* „der Tochter"). Vgl. vor allem S. 455ff.

Der Akk. Sing. M./F. auf *-a* ist sehr spärlich bezeugt (unter den Appellativen vielleicht nur in dem nicht völlig sicheren Ausdruck]ka-ra-te-ra *krātēra* „den Mischkrug"). Dasselbe gilt für den Akk. Plur. M./F. auf *-as* (wenig plausible Beispiele, die meistens auch Akk. Sing. sein könnten: ki-to-na *khitōna(s)* „Leibrock"). Zugleich scheint jedoch ein Akk. Plur. auch unter der nominativischen Endung *-es* verborgen zu sein (vgl. a-ko-so-ne PY Vn 10.3 *aksone, -es* „die Achsen", vielleicht auch o-pe-ro-te PY An 724.6 *ophĕ̄l(l)ontes* „die verpflichtet sind").

Vor den Suffixen *-si* und *-phi* des Dat. und Instrum. Pl. kam es zu verschiedenen Lautveränderungen (Assimilationen). Dies betrifft einerseits z. B. pi-we-ri-si *piweris(s)i* < **-id-si* (vgl. pi-we-ri-di *Piweridi* DSg), andererseits z. B. ko-no-ni-pi *-ipphi* < **-id-phi*, po-pi *popphi* < **pod-phi* (vgl. po-ru-po-de *polupodei* D-ISg), ko-ru-pi *korupphi* < **koruth-phi* (vgl. ko-ru-to *koruthos* GSg) [aber po-ni-ki-pi *phoinīkhphi* neben po-ni-ke *phoinīkei* D-ISg!!], bzw. re-wo-pi *lewom(p)phi* < **lewont-phi* bei den *-nt*-Stämmen. Näheres auf den Seiten 145ff.

Einzelne Untergruppen der konsonantischen Stämme

1. Stämme auf einen einfachen Okklusivlaut (bzw. auf -*kt*- und -*rt*-)

a) Labialstämme
(keine Belege)

b) Dentalstämme

α) auf -*t*-

LB-Graphik	Nr.	Lok.	Myk.-Gr.	Kasus	Alph.-Gr.	Deutsche Übers.
me-ri	*667*	K	*meli*	*NSgN*	= μέλι	Honig
me-ri-[to] u. a.	*675*	P	*melitos*	*GSg N*		

α1) auf -*kt*-

LB-Graphik	Nr.	Lok.	Myk.-Gr.	Kasus	Alph.-Gr.	Deutsche Übers.
wa-na-ka	*1227*	KPt	*wanaks*	*NSg M*	= ἄναξ	Herr, Herrscher
]wa-na-ka-to	*1231*	p	*wanaktos?*	*GSg M*		
wa-na-ka-te	*1228*	kP	*wanaktei*	*DSg M*		
wa-na-ke-te	*1232*	p	*wanaktei*	*DSg M*		

α2) auf *-rt-*

LB-Graphik	Nr.	Lok.	Myk.-Gr.	Kasus	Alph.-Gr.	Deutsche Übers.
da-ma-te[131]	*183*	p	*damartes?*	*NPl M/F*	(δάμαρ „Gattin")	(Statusangabe, Beamtentitel?)
du-ma	*245*	Kp	*duma(r)?*	*NSg M*	(vgl. δάμαρ?)	(ein Beamtentitel?)
du-ma-te	*246*	p	*dumartes?*	*NPl*		
]du-ma-ti	*247*	p	*dumarti?*	*DSg*		
me-ri-da-ma-te	*668*	P	*melidamarte* oder *melidamartes*	*NDu M* *NPl M*	(vgl. μέλι „Honig" + δάμαρ?)	(ein Titel?)
me-ri-du-⟨ma⟩-te	*672*	p	*melidumartei*	*DSg*		
me-ri-du-ma-ṣị	*670*	p	*melidumarsi*	*DPl*		
me-ri-du-ma-te	*671*	P	*melidumarte* *melidumartes*	*NDu* *NPl*		
me-ri-du-[ma]	*669*	k	*meliduma(r)?* *-dumartes?*	*NSg?* *NPl?*		
po-ru-da-ma-te	*954*	p	*pro-* o. *polu-* *-damartes?*	*NPl M*	(vgl. προ- „Vize-" oder πόλυς „viel" + δάμαρ?)	Vize- (ein Titel)
po-ro-du-ma-te	*941*	p	*-dumartei?*	*DSg*		
po-ṛọ-du-[ma]	*940*	p	*-duma(r)?*	*NSg?*		

β) auf *-d-*

LB-Graphik	Nr.	Lok.	Myk.-Gr.	Kasus	Alph.-Gr.	Deutsche Übers.
ka-ti	*493*	p	*kāthis*	*NSgF*	= κηθίς „Stimmurne, Würfelbecher"	Würfelbecher

[131] Eine völlige Identität von da-ma-te und du-ma-te ist wenig sicher.

LB-Graphik	Nr.	Lok.	Myk.-Gr.	Kasus	Alph.-Gr.	Deutsche Übers.
ko-no-ni-pi	*571*	kp	*konŏnipphi* < **-id-phi?*	*IPlF*	= κανονίς, κανών „Lineal"	Streifen, Stab? (Dekoration)
po-da	*907*	K	*poda?*	*ASg* *M*	= πούς, dor. πώς	Fuß
po-de	*909*	p	*podei*	*D-I Sg*		
po-pi	*924*	p	*popphi* < **pod-phi*	*IPl*		
po-ru-po-de	*955*	p	*polu-podei*	*D-I* *SgM*	= πολύπους „vielfüßig"	Vielfüßler, Meerpolyp, Tintenfisch
qe-to-ro-po-pi	*1005*	P	*k^wetro-popphi* < **-pod-phi*	*IPl* *N?*	= **k^wetr̥-* „vier"+ πούς	Vierfüßler
sa-pi-de	*1069*	P M	*sarpides*	*NPl*	(σαρπός Hesych „Kiste")	Kiste
-te-mi	*1105*	K	*termis* (besser als *themis?*)	*NSg?* *NSg?*	(τέρμα „Ziel" oder = θέμις „Recht"?)	Rand, Stütze o. (es ist) in Ordnung?
ti-ri-po	*1143*	P	*tripŏs*	*NSg* *M*	= τρίπο(υ)ς	Dreifuß
ti-ri-po-de	*1144*	p	*tripode*	*NDu*		
to-qi-de	*1168*	P	*tork^{w}idei*	*D-I* *SgF*	(vgl. τρέπω „drehen"?)	Spirale?
wo-na-si	*1289*	k	*woinas(s)i*	*D-L* *PlF?*	= οἰνάς Hesych „Weinstock"	„in den Weinbergen"

Vgl. auch ein später bekanntes Theonym:

LB-Graphik	Nr.	Lok.	Myk.-Gr.	Kasus	Alph.-Gr.	Deutsche Übers.
pi-we-ri-di pi-we-ri-ṣị		m m	*Piweridi* *Piweris(s)i*	*DSg* *DPl*	= Πιερίς, Tochter des Pieros, die Muse	Pieris (als Gruppenbe- zeichnung im Sg./Pl.)

Weitere, weniger sichere Beispiele:

ke-ki	*507*	p	*?*	*NSg*	BbM
				M NPl	
ke-ki-de	*508*	P		*GPl?*	
]ḳẹ-ki-do	*509*	p			
ne-ki-ri-de	*705*	K	*nekride, -es*	*NDu/*	BbW
				PlF	
ne-ki-ri-si	*706*	k	*nekris(s)i*	*DPl*	
no-ri-wo-ki-de	*716*	t	*-worgidei*	*DSgF*	BbW
wo-no-wa-ṭị-si	*1292*	P	*woino-*	*DPlF*	(vgl. ϝοῖνος „Wein“)

γ) auf *-th-*

LB-Graphik	Nr.	Lok.	Myk.-Gr.	Kasus	Alph.-Gr.	Deutsche Übers.
ko-ru? I	*588*	K	*korus?*	*NSgF*	= κόρυς	Helm
ko-ru-pi	*590*	p	*korupphi <*	*IPl*		
			**-uth-phi*			
ko-ru-to	*591*	P	*koruthos*	*GSg*		
o-ni-si	*740*	t	*ornis(s)i*	*DPl*	= ὄρνις	Vogel

c) *Velarstämme*

α) *auf -k̲-*

LB-Graphik	Nr.	Lok.	Myk.-Gr.	Kasus	Alph.-Gr.	Deutsche Übers.
a-pu-ke	*108*	P	*ampukes*	*NPl*	= ἄμπυξ	Kopfband;
				M/F		
a-na-pu-ke	*60*	p	*anampukes*	*NPlF*	(ἀν- + ἄμπυξ	„ohne Stirn-,
			(Nr. 60: Adj.)		„Stirnband,	Kopfbänder“
					Kopfband“)	(als Teil der
						Zäumung von
						Wagen-
						zugtieren)
ka-ru-ke	*486*	P	*kārūkei*	*DSgM*	= κῆρυξ	Herold
pe-ri-ke	*887*	m	*pelikes*	*NPlM*	= πέλιξ äol.	Becher

LB-Graphik	Nr.	Lok.	Myk.-Gr.	Kasus	Alph.-Gr.	Deutsche Übers.
po-ni-ke	*918*	p	*phoinīkei*	*D-I Sg M/F*	= φοῖνιξ	Palme
po-ni-ki-pi	*923*	P	*phoinīkhphi*	*IPl*		
to-ra	*1173*	K	*thŏ̄r(r)āks*	*NSgM*	= θώραξ	Brustpanzer
to-ra-ka	*1174*	Tir	*thŏ̄r(r)āks?*	*NSg*		
(toter Vokal?)			oder	oder		
to-ra-ke			*thŏ̄r(r)āka?*	*ASg*		
	1175	P	*thŏ̄r(r)ākes*	*NPl*		

β) *auf -g-?*

LB-Graphik	Nr.	Lok.	Myk.-Gr.	Kasus	Alph.-Gr.	Deutsche Übers.
pa-wo-ke	*857*	P	*pan-worges?*	*NPlF*	(πᾶν „alles"	„Mädchen für
pa-wo-ko	*858*	P	*pan-worgōn?*	*GPlF*	+ **wergjō*	alles"
					„arbeiten")	
we-re-ke	*1263*	P	*wreges*	*NPl*	(vgl. ϝέργυρα „Hof, Gehege")	Schafhürde?, Stall?

γ) *auf -kh-*

LB-Graphik	Nr.	Lok.	Myk.-Gr.	Kasus	Alph.-Gr.	Deutsche Übers.
o-nu	*744*	k	*onuks*	*NSgM*	= ὄνυξ	Nagel (als
o-nu-ka	*745*	K	*onuks*	*NSg*	„Nagel"	Dekoration
(toter Vokal)			o. *onuka(s)*	*ASg/ Pl*	(cf. *A. Leukart*	an Gewändern
o-nu-ke	*746*	K	*onukhei*	*DSg*	1987b, 179ff.)	aus Wolle);
			o. *onukhes*	*NPl*		bzw. „Band"
re-u-ko-nu-ka	*1046*	K	*leuk-ŏ̄nukha* (Adj.), vgl. S. 223	*NPlN*	(λευκός „weiß" + ὄνυξ)	„mit weißen Nägeln"

d) *Labiovelarstämme*

α) *auf -$\underline{k}^w$-*

LB-Graphik	Nr.	Lok.	Myk.-Gr.	Kasus	Alph.-Gr.	Deutsche Übers.
i-qo-e-qe	*425*	K	*(h)ikk^{w}o-* *(h)ek^{w}ei?*	*D-I* *Sg*	(ἵππος „Pferd“ + ἕπομαι „folgen“)	Beschirrung?

Unter den Eigennamen verdient Erwähnung:

LB-Graphik	Nr.	Lok.	Myk.-Gr.	Kasus	Alph.-Gr.	Deutsche Übers.
a$_3$-ti-jo-qo (toter Vokal?)		P	*Aithi-ok^{w}s* oder	*NSg*	(vgl. *αἰθίοψ „sonnen-	(Herr) „Sonnen-
a$_3$-ti-jo-qe			*Aithi-ok^{w}os*	*GSg*	verbrannt“)	verbrannt“
		P	*Aithi-ok^{w}ei*	*DSg*		

β) *auf -g^w-(?)*

LB-Graphik	Nr.	Lok.	Myk.-Gr.	Kasus	Alph.-Gr.	Deutsche Übers.
ke-ni-qa (toter Vokal)	*512*	k	*khernik^{w}s* o. *khernig^{w}a(s)* (o. *khernig^{w}a* von *o*-stämmigem *khernig^{w}on*; s. *O. Panagl* 1977, 49ff.)	*NSgF* *ASg/* *Pl* *NPlN*	= χέρνιψ; bei Homer: „Wasser zum Hände-waschen“	in LB: Gefäß (!) mit Wasser zum Hände-waschen

Die Zahl der Belege für die einzelnen Untergruppen der Okklusivstämme ist meistens sehr gering, mit Ausnahme der stimmhaften Dentalstämme (auf -*d*-) und stimmlosen Velarstämme (auf -*k*-). Auch die Eigennamen sind nicht häufig.

Paradigmata der Okklusivstämme

(Rekonstruktion)

a) auf einen Okklusivlaut			b) auf eine Gruppe von Okklusivlauten	
Typ *tripō̊s, tripodos*			Typ *wanaks, wanaktos*	
Nom. Sg.	ti-ri-po	*tripō̊s*	wa-na-ka	*wanaks*
Gen. Sg.	ti-ri-po-do^{+}	*tripodos*	wa-na-ka-to	*wanaktos*
Dat. Sg.	ti-ri-po-de^{+} (pi-we-ri-di)	*tripodei* *(Pīweridi)*	wa-na-ka-te wa-na-ke-te	*wanaktei*
Akk. Sg.	ti-ri-po-da^{+}	*tripoda*	wa-na-ka-ta^{+}	*wanakta*
Nom.Du.	ti-ri-po-de	*tripode*	wa-na-ka-te^{+}	*wanakte*
Nom. Pl.	ti-ri-po-de^{+}	*tripodes*	wa-na-ka-te^{+}	*wanaktes*
Gen. Pl.	ti-ri-po-do^{+}	*tripodōn*	wa-na-ka-to^{+}	*wanaktōn*
Dat. Pl.	ti-ri-po-si^{+}	*tripos(s)i*	wa-na-ka/ki-si$^{?}$	*wanaksi*
Akk. Pl.	ti-ri-po-da^{+}	*tripodas*	wa-na-ka-ta^{+}	*wanaktas*
Instr. Pl.	ti-ri-po-pi^{+}	*tripopphi*	wa-na-ka/ki-pi$^{?}$	*wanakhphi*

Anm.: Ein Kreuzchen nach der graphischen Form in der Tabelle bezeichnet die Tatsache, daß der Wortausgang bei einem anderen lexikalischen Lemma derselben Kategorie gut bezeugt ist und deswegen als sicher gelten kann; ein Fragezeichen an dieser Stelle bedeutet dagegen, daß die betreffende Rekonstruktion zwar wahrscheinlich, aber durch keine bezeugte Form abgesichert ist.

Die einzelnen Kasusformen, vor allem des ersten Typs, sind verhältnismäßig gut bezeugt. Doch der Akk. Sing./Plur. sowie der Gen. Plur. kommen generell nur selten vor, während sowohl der Dat. als auch der Instr. Plur. des Typs *wanaks* ganz ohne Belege sind (so daß die Qualität des toten Vokals in der vorletzten Silbe ungewiß bleibt).

2. Ursprüngliche und unechte Stämme auf *-nt-*

Neben den ursprünglichen *nt*-Stämmen (γέρων, -οντος) gab es im Griechischen auch unechte, sekundäre *nt*-Stämme (Gen. auf -ματος < *-*mn̥tos*), die durch eine *t*-Erweiterung meistens von *n*-Stämmen (ὄνομα < **onomn̥*, Gen. ὀνόματος < **(o)nomn̥-t-os*; vgl. lat. *nōmen*, aksl. *imę*), bzw. von den heteroklitischen *r/n*-Stämmen (s. ὕδωρ, Gen. ὕδατος < **(h)udn̥-t-os*) zustandekamen. Die Erweiterung *-t-* (nicht zu verwechseln mit *-t-* ursprünglicher Dentalstämme) scheint auch in anderen griechischen Wörtern der III. Deklination vorzukommen; vgl. z. B. γέλως, γέλωτος, möglicherweise auch δάμαρ, δάμαρτος oder sogar ἄναξ, ἄνακτος. Vgl. *P. Chantraine* 1973, S. 65-85 *passim*.

a) Ursprüngliche *-nt*-Stämme

α) *Substantiva* (Typ γέρων, -οντος und ἐλέφας, -αντος)

LB-Graphik	Nr.	Lok.	Myk.-Gr.	Kasus	Alph.-Gr.	Deutsche Übers.
a-di-ri-ja-pi	*3*	P	*andriamphi*	*IPlM*	= ἀνδριάς	Menschenbild
a-di-ri-ja-te	*4*	p	*andriantei*	*D-I* *Sg*		
e-re-pa	*348*	kp	*elephans*	*NSgM*	= ἐλέφας	Elfenbein!
e-re-pa-ta	*349*	k	*elephanta*	*ASg*	„Elefant,	
e-re-pa-te	*350*	KP	*elephantei*	*D-I* *Sg*	Elfenbein“	
e-re-pa-to	*355*	Kp	*elephantos*	*GSg*		
ke-ro-te	*532*	kp	*gerontes*	*NPlM*	= γέρων	Greis
ke-ro-ta	*531*	K	*geronta* (als Adj.)	*NPlN*	„Greis“	531: = „alt“
		t	*gerontas* (als Subst.)	*APlM*		
re-wo-pi	*1047*	p	*lewom(p)phi* < **lewont-phi*	*IPlM*	= λέων „Löwe“	Löwe (als Dekoration)

β) Das Wort πᾶς; über Fem. πᾶσα vgl. S. 181

LB-Graphik	Nr.	Lok.	Myk.-Gr.	Kasus	Alph.-Gr.	Deutsche Übers.
-pa	*808*	P	*pans* *pan*	*NSgM* *N/A SgN*	= πᾶς	ganz, jeder
pa-si	*841*	Kp	*pansi*	*DPlM*		
(-)pa-ta[	*843*	Km	*(-)panta*	*NPlN*		
pa-te	*848*	k	*pantes*	*NPlM*		
p̣ạ-ṭọ[	*850*	p	*pantos?* *pantōn?*	*GSg/ PlN*		
ku-su-pa	*636*	kp	*ksum-pan*	*N/A SgN*	= ξύμπας	ganz, jeder
]ku-su-pa-ta	*637*	k	*ksum-panta*	*NPlN*		
ku-su[[-pa-te]]	*638*	k	*ksum-pantes*	*NPlM*		

γ) Adjektiva auf *-went-* (Mask. *-wens* < **-went-s*, Femin. *-wessa* < **-wet-ja*, Neutr. *-wen* < **-went*) — einschließlich einiger *ja*-stämmiger Feminina (vgl. S. 182):

LB-Graphik	Nr.	Lok.	Myk.-Gr.	Kasus	Alph.-Gr.	Deutsche Übers.
e-ti-we	*385*	P	*ertiwen*	*NSgN*	(ἔρτις; eine Pflanze?)	nach... riechend?
i-to-we-sa	*434*	p	*(h)istowessa*	*NSgF*	(ἱστός „Mastbaum“)	versehen mit einem Ständer
ko-ro-no-we-sa	*585*	p	*korōnowessa?*	*NSgF*	(κορώνη „gekrümmtes Objekt“, κορωνός „krumm“)	mit gebogenem Henkel?, mit gekrümmten Linien?
ku-pa-ro-we	*621*	p	*kupairowen*	*NSgN*	(κύπαιρος „Zypergras“)	nach Zypergras riechend
mi-to-we-sa	*699*	K	*miltowessa, ā(?), ai*	*NSg/ Du/Pl F*	(μίλτος „Rötel, Mennige“)	mit Rötel gefärbt,
mi-to-we-sa (-e)	*251*	k	*miltowessa(i) en?*			„innen mit Rötel gef.“

LB-Graphik	Nr.	Lok.	Myk.-Gr.	Kasus	Alph.-Gr.	Deutsche Übers.
o-da-twe-ta o-da-tu-we-ta o-da-ku-we-ta o-da-ke-we-ta	*727* *726* *725* *724*	K k K K	*odatwenta* *odatwenta* *odakwenta* *odakwenta* (Variante)	*NPlN* *NPlN* *NPlN* *NPlN*	(ὀδούς „Zahn")	gezahnt
pa-ko-we	*822*	P	*sphakowen*	*NSgN*	(σφάκος „Salbei")	nach Salbei riechend
pe-de-we-sa	*860*	P	*pedwessa*	*NSgF*	(πούς „Fuß", vgl. τράπεζα „Tisch")	mit Füßen ausgestattet
pe-ne-we-ta pe-ne-we-te	*874* *875*	K k	*sphēnwenta?* *sphēnwente?*	*NPlN* *NDu*	(σφήν „Keil"; falls das *ē* ursprünglich ist)	„mit Keilen versehen?"
pi-ti-ro$_2$-we-sa	*906*	p	*ptiljowessa*	*NSgF*	(πτίλον „Feder")	mit Federmotiven geschmückt
te-mi-dwe te-mi-dwe-ta te-mi-dwe-te te-mi-de-we-te]ṭẹ-mi-we-te	*1107* *1108* *1109* *1106* *1110*	k KP K p k	*termidwen* *termidwenta* *termidwente(s)* *termidwente* *termidwentes* = 1106, 1109	*NSgN* *NPlN* *NDuPl* *NDu* *NPlM*	(vgl. τερμιόεις Hom. „umsäumt"; vgl. auch τέρμις· πούς Hesych „Stütze")	mit Stützen versehen (von Rädern)
to-qi-de-we-sa	*1171*	p	*tork^{w}idwessa*	*NSgF*	(vgl. lat. *torqueo* „drehen")	mit Spiralen geschmückt
wo-do-we	*1282*	P	*wordowen*	*NSgN*	(ῥόδον „Rose")	nach Rosen riechend
wo-ra-we-sa	*1296*	k	*wōrāwessa*	*NSgF*	ὤρα „Schutz"	mit einem Schutz ausgestatteter Wagen

γ^1) Die ursprünglich adjektivischen Formen auf -*went*- werden manchmal auch als männliche Eigennamen verwendet (vgl. das Suffix -εις im alphabetischen Griechisch):

Personennamen auf -*went*-:

a$_3$-ta-ro-we		kP	*Aithalowens*	*NSg*	= αἰθαλόεις „rußig, feurig“
ko-ma-we ko-ma-we-to ko-ma-we-te		P K Kp	*Komāwens* *Komāwentos* *Komāwentei*	*NSg* *GSg* *DSg*	= κομήεις „behaart“

Vgl. einige weitere unklare Beispiele:

ke-ro-we		p	*Khĕ̄r(r)owens?*	*NSg*	vgl. χείρ „Hand“, d. h. „mit (geschickter) Hand?“
re-qo-we		p	*?*		

γ^2) Die Ablautvariante -*wont*- hat sich dagegen in der Bedeutung von Toponymen durchgesetzt (vgl. das alphabetische Suffix -οῦς).

Toponyme auf -*wont*-:

a$_2$-pa-tu-wo-te		P	-*wontei*	*D-LSg*	
a$_2$-ru-wo-te		p	*(H)alwontei*	*D-LSg*	(Ἁλοῦς in Arkadien)
e-ri-no-wo e-ri-no-wo-to e-ri-no-wo-te		p p P	*Erin(o)wons* -*wontos* -*wontei*	*NSg* *GSg* *D-L Sg*	(ἐρινεός „Feigenbaum“, Ἐρινοῦς Toponym in Sizilien)
e-wi-ku-wo-te		p	-*wontei*	*D-L Sg*	(εὖ + ἰσχύς „Stärke, Kraft“
ne-do-ẉọ-te ne-do-wo-ta-de		p p	*Nedwontei* *Nedwonta-de*	*D-L Sg* *ASg + de*	(Fluß Νέδων in Messenien)

se-ri-no-wo-ṭẹ		p	*Selī̆n(n)(o)-wontei?*	*D-L Sg*	(σέλινον „Eppich“ /s. S. 208/; vgl. Σελινοῦς Toponym in Sizilien, Fluß in Triphylien). Die völlige Identifikation von sa-ri- mit se-ri- ist unsicher! Nach *A. Leukart* 1999, 360 gibt bloßes NO in sa-ri-no-te eine Geminate wieder: *Salīnno(n)tei*
sa-ri-nu-wo-te		P	*Salī̆n(n)(o)-wontei?*	*D-L Sg*	
sa-ri-no-te		p	*Salī̆n(n)ontei*	*D-L Sg*	

Vgl. weiter auch

pe-re-wo-te		P	*Phlē̆(i)wontei?*	*D-L Sg*	(φλέω, φλύω „überfließen“, vgl. Φλειοῦς Stadt auf der Peloponnes)
pa-to-ẉọ-te		p	*?*		
si-jo-wo-te		p	*?*		
so-wo-te		p	*?*		

δ) Partizipien auf *-nt-* (s. auch S. 328ff.).

Von den aktiven Partizipien auf *-nt-* gibt es im Mykenischen sichere Beispiele nur für diejenigen auf *-ont-* und *-ant-*.

δ[1]): Partizipien auf *-ont-:*

LB-Graphik	Nr.	Lok.	Myk.-Gr.	Kasus	Alph.-Gr.	Deutsche Übers.
da-ma-o-te[	*182*	k	*dama(h)ontes*	*NPlM Fut*	(δάμνημι „bezwingen, zähmen“)	diejenigen, die zähmen werden?
de-me-o-te	*204*	p	*deme(h)ontes*	*NPlM Fut*	= δέμω „bauen“	die bauen werden
e-ko	*275*	K	*ekhō̆n?*	*NSg M/N*	= ἔχω „haben“	der hat,
e-ko-te	*278*	P	*ekhontes*	*NPlM*		habende

LB-Graphik	Nr.	Lok.	Myk.-Gr.	Kasus	Alph.-Gr.	Deutsche Übers.
e-o (-)e-o-te o-ta- a-pe-o a-pe-o-te	*296* *297* *789* *82* *83*	P kp m kp Kp	*e(h)ōn* *e(h)ontes* *(h)onta??* *ap-e(h)ōn* *ap-e(h)ontes*	*NSgM* *NPlM* *NPlN* *NSg* *M* *NPlM*	= εἰμί „sein“, vgl. Hom. ἐών, att. ὤν = ἄπειμι „fern sein“	der ist, die sind, seiende usw.
vgl. a-pe-a-sa	*76*	K	*ap-e(h)as(s)ai* < **ap-esn̥tjai*	*NPlF*		
]e-ne-o	*289*	k	*en-e(h)ōn* o. *en-e(h)on*	*NSg* *M* *NSgN*	= ἔνειμι „darin sein“	„darin seiend“
e-pi-zo-ta	*314*	K	*epidzō̆nta?* < *-g^w*jō̆nta*	*NPlN* *Aor.?*	(ζῶ, Aor. ἐβίων „leben“)	die leben, lebende?
e-qo-te	*330*	P	*(h)ek*^{w}*ontes?* (aktive Flexion!)	*NPlM*	(ἕπομαι „folgen“)	die folgen, folgende
i-jo i-jo-te	*414* *415*	k Kp m	*iōn* *iontes*	*NSgM* *NPlM*	= εἶμι „gehen“	der geht, die gehen o. fahren, fahrende
o-pe-ro o-pe-ro-te o-pe-ro-ta vgl. o-pe-ro-sa	*753* *757* *756* *754*	P P p P	*ophē̆l(l)ōn* *ophē̆l(l)ontes* *ophē̆l(l)onta* *ophē̆l(l)onsa*	*NSgM* *NPlM* *ASgM* *NSgF*	= ὀφείλω „schuldig sein“ oder ὄφελος „Schuld“	der/die etw. schuldig ist, sind o. der schuldet, die schulden (kann auch als „einer Straftat schuldig sein“ verstanden werden)
qa-si]- -re-wi-jo-te?	*990*	p	g^w*asi-* *lē̆w(i)jontes?*	*NPlM*	= βασιλεύω „herrschen“	die als qa-si-re-we tätig sind

LB-Graphik	Nr.	Lok.	Myk.-Gr.	Kasus	Alph.-Gr.	Deutsche Übers.
re]-q̣ọ-te?	*1043*	p	*leik*^{w}*ontes?*	*NPlM*	= λείπω „verlassen“	die verlassen, verlassende?
wo-zo wo-zo-te	*1306* *1310*	p P	*wordzōn* < **worgjōn* *wordzontes* *wordzontei*	*NSgM* *NPlM* *DSg* *M*	(= Hom. (ϝ)έρδω, att. ῥέζω < **wergjō* „tun, ausführen“, ϝέργον „Werk“)	ausführend, verrichtend

δ²): Partizipien auf *-ant-*:

LB-Graphik	Nr.	Lok.	Myk.-Gr.	Kasus	Alph.-Gr.	Deutsche Übers.
a-ke-ra$_2$-te	*16*	p	*agērantes* oder *agerrantes?*	*NPlM* *Aor.*	= ἀγείρω „versammeln, zusammen- bringen“	die versammelt haben

Vgl. vielleicht auch

ki-ri-jo-te	*545*	K	*-ontes?*	*NPlM*	oder ein Adj.?
a$_2$-ri-sa	*165*	p	*-ans?*	*NSgM*	?

Während die Partizipien Präs. und Fut. Akt. ziemlich häufig sind, kommen die Part. Aor. Akt. nur selten vor; die Part. auf *-ent-* sind bisher im Mykenischen ohne sichere Belege.

b) Unechte *nt*-Stämme

b1) Heteroklitische Stämme auf *-r/n-*:

α) Typ ἄλειφαρ: Nom. *ἄλειφαρ*, Gen. *-ατος* < **-n̥tos?*

LB-Graphik	Nr.	Lok.	Myk.-Gr.	Kasus	Alph.-Gr.	Deutsche Übers.
A-RE-PA (Monogramm)	*119*	P	*aleiphar*	*NSgN*	= ἄλειφαρ „Salbe"	Salbe, parfümiertes Öl
a-re-pa-te	*120*	p	*aleiphatei* < **-n̥tei*	*DSg*		

β) Typ κάρα: Nom. **k(a)rā̆-ō̆r* < **-hō̆r* < **-sō̆r* (vgl. auch Dat. *-(h)ō̆rei* < **-sorei*); Gen. *k(a)rā̆-atos* < **-hn̥tos* < **-sn̥tos*; vgl. Hom. καρήατος, κράατος.

LB-Graphik	Nr.	Lok.	Myk.-Gr.	Kasus	Alph.-Gr.	Deutsche Übers.
ka-ra-a-pi	*469*	p	*k(a)rā̆-* *(h)a(p)phi* *<*-hn̥(t)-phi* *< *-sn̥(t)-phi*	*IPlN*	= κάρη	Kopf, d. h.: „mit Köpfen"
se-re-mo- ka-ra-a-pi	*1073*	p	*sē̆r(r)ē̆mo-* *k(a)rā̆-* *(h)a(p)phi*	*IPl*	(vgl. Σειρήν „Sirene" /ursprünglich *m*-Stamm?/ + κάρη)	„mit Sire- nenköpfen"
se-re-mo- ka-ra-o-re	*1074*	P	*sē̆r(r)ē̆mo-* *k(a)rā̆(h)ō̆rei* *< *-sorei*	*D-I* *Sg*	s. *Hart* 1990–91, 319-330	„mit einem Sirenenkopf"

γ) Typ ὕδωρ: Nom. ὕδωρ, Gen. ὕδατος (bzw. *ὕδοτος; s. unten myk. -*udo(p)phi*) < *-*n̥tos*

LB-Graphik	Nr.	Lok.	Myk.-Gr.	Kasus	Alph.-Gr.	Deutsche Übers.
u-do	*1213*	k	*(h)udōr?*	*NSgN*	= ὕδωρ	Wasser
a_2-ṛọ[ ]ụ-do-pi	*166*	p	*(h)alos-(h)udo(p)phi?* < * -*(h)udo(t)phi* < * -*(h)udn̥(t)phi*	*IPl*	(vgl. ἅλς „Salz, Meer“ + ὕδωρ „Wasser“)	*166*: „mit Aquamarin (Edelstein)“

b2) Stämme auf -μα, -ματος
Typ ἅρμα: Nom. ἅρμα, Gen. -ατος (bzw. *ἅρμο, *-οτος; vgl. a-mo, pe-mo usw. weiter unten) < *-*mn̥*, *-*mn̥tos*.

LB-Graphik	Nr.	Lok.	Myk.-Gr.	Kasus	Alph.-Gr.	Deutsche Übers.
a-mo	*46*	k	*(h)ar(h)mo*	*NSgN*	= ἅρμα	Rad!!
a-mo-si	*49*	p	*(h)ar(h)mos(s)i*	*DPl*		
a-mo-ta	*50*	KP	*(h)ar(h)mota*	*NPl*		
a-mo-te	*51*	k	*(h)ar(h)mote*	*NDu*		
a-ro-mọ[-ta	*126*	m	*arōmo[ta?*	*APl? N?*	= ἄρωμα	Gewürz, Duft
de-ma-si	*203*	K	*dermas(s)i??*	*DPl*	= δέρμα??	Haut, Leder
e-ka-ma-pi	*257*	P	*ekhma(p)phi?*	*IPl*	= ἔχμα „Stütze“ (vgl. ἔγμα· στῦλος Hesych)	Stütze, Säule?
e-ka-ma-te	*258*	p	*ekhmatei?*	*D-I Sg*		
e-ma-ta	*280*	p	*(h)er(h)mata*	*NPl*	= ἕρμα	Riemen, Bänder
ke-ma-ta	*511*	k	*kermata*	*NPl*	= κέρμα	abgeschnittenes Stück

LB-Graphik	Nr.	Lok.	Myk.-Gr.	Kasus	Alph.-Gr.	Deutsche Übers.
pe-ma pe-mo (Variante; vgl. jedoch *A. Leukart* 1987a, 352)	*872* *873*	KP P tir	*sperma* *spermo?*	*N/A* *Sg*	= σπέρμα	Same(n)
po-ka-ta-ma	*911*	p	*pos(i)-ktāma?*	*N/A* *Sg*	(πός „zu" + κτᾶμα „Besitz")	Zusätzlicher Besitz? o. eine Gefäß- bezeichnung?
we-ru-ma-ta	*1266*	p	*wĕ̄l(l)ūmata?*	*NPl*	= εἴλυμα	Wickeltuch, Hülle
wo-ro-ma-ta	*1299*	p	*wlōmata*	*NPl*	= λῶμα „Saum, Klei- derborte"	Saum; oder Korb?

Der Typ b2) σπέρμα ist eine typisch griechische Flexionsweise (nur Neutra: Nom. Sing. auf -μα < -**mn̥*, Gen. Sing. auf -ματος < **-mn̥tos*); im Mykenischen wird nach einem Labiallaut [*p, ph, b, m, w*] die o-Färbung als Ersatz für das silbische *n̥* bevorzugt: pe-ma (KN, PY) ist seltener als pe-mo (PY, TIR), ein *a-ma neben a-mo (KN, PY) gibt es nicht. Der Ausdruck a-mo besaß noch die ältere Bedeutung „Rad" (nach *Panagl* 1992 vereinzelt noch bei Homer). Die Typen b1) sind nicht häufig, aber meistens alt.

Unter den erwähnten Untergruppen stellen die Stämme auf *-ma*, und vor allem die ursprünglichen *nt*-Stämme, zwei recht gut bezeugte Deklinationstypen dieser Kategorie dar. Unter den ursprünglichen *nt*-Stämmen gibt es mehrere mykenische Eigennamen, und vor allem viele aktive Partizipien.

Paradigmata der ursprünglichen und unechten *nt*-Stämme
(Rekonstruktion)

	a) *nt*-Stämme Typ *elephans, elephantos*	
Nom. Sg.	e-re-pa[132]	*elephans*
Gen. Sg.	e-re-pa-to	*elephantos*
Dat. Sg.	e-re-pa-te	*elephantei*
Akk. Sg.	e-re-pa-ta	*elephanta*
N./A. Du.	e-re-pa-te^{+}	*elephante*
Nom. Pl.	e-re-pa-te^{+}	*elephantes*
Gen. Pl.	e-re-pa-to$^{?}$	*elephantōn*
Dat. Pl.	e-re-pa-si^{+}	*elephansi*
Akk. Pl.	e-re-pa-ta$^{?}$	*elephantas*
Instr. Pl.	e-re-pa-pi^{+}	*elepham(m)phi*

	b) *mn̥*-Stämme Typ *(h)ar(h)mo/(h)ar(h)ma, (h)ar(h)motos/(h)ar(h)matos*		
Nom. Sg.	a-mo	a-ma^{+}	*(h)ar(h)mo/a*
Gen. Sg.	a-mo-to$^{?}$	a-ma-to$^{?}$	*(h)ar(h)motos/atos*
Dat.Sg.	a-mo-te$^{?}$	a-ma-te^{+}	*(h)ar(h)motei/atei*
Akk. Sg.	a-mo	a-ma^{+}	*(h)ar(h)mo/a*
N/A Du.	a-mo-te	a-ma-te^{+}	*(h)ar(h)mote/ate*
Nom. Pl.	a-mo-ta	a-ma-ta^{+}	*(h)ar(h)mota/ata*
Gen. Pl.	a-mo-to$^{?}$	a-ma-to$^{?}$	*(h)ar(h)motōn/atōn*
Dat. Pl.	a-mo-si	a-ma-si^{+}	*(h)ar(h)mos(s)i/as(s)i*
Akk. Pl.	a-mo-ta	a-ma-ta^{+}	*(h)ar(h)mota/ata*
Instr.Pl.	a-mo-pi$^{?}$	a-ma-pi^{+}	*(h)ar(h)mo(p)phi/a(p)phi?*

Hier sind vor allem die ursprünglichen -*nt*-Stämme in fast allen Kasusformen gut bezeugt; nur der Gen. und Akk. Plur. bleiben ohne Belege, sie sind allerdings leicht rekonstruierbar. — Bei den *mn̥*-Stämmen überrascht die völlige Absenz der *a*-Formen bei *(h)ar(h)mo*, ansonsten überwiegen eher die *a*-Formen. Es fehlen bei -*o*- wie -*a*--Formen Belege für den Gen. Sing./Plur.

[132] Zur Bedeutung der Kreuzchen und Fragezeichen siehe S. 234.

3. Stämme auf NASALLAUTE

A) *N*-Stämme

a) *N*-stämmige Appellativa

LB-Graphik	Nr.	Lok.	Myk.-Gr.	Kasus	Alph.-Gr.	Deutsche Übers.
a-ke-re-mo a-ke-re-mo-no	*18* *19*	K k	*agremōn* *agremonos*	*NSgM* *GSg*	= ἀγρεμών	Jäger
a-ko-so-ne	*40*	P	*aksones* *aksone*	*N/A* *PlM* *NDu*	= ἄξων	Achse
a-mo-te-jo-na-de	*52*	p	*(h)ar(h)mo-tej(j)ōna-de*	*ASgM* + *de*	(ἅρμα „Rad, Wagen")	„in die Werkstatt des Wagners"
ka-no ka-si	*464* *490*	t T	*khānos* *khānōn* *khǎnsi*	*GSg* *GPl* *DPl* *M/F*	= χήν	Gans
ka-ra-ḳọ[	*470*	m	*glākhōn?*	*NSg* *F?*	= γλάχων? dor., βλήχων att.	Poleiminze (Gewürz)
ki-to ki-to-na ki-to-ne ki-to-pi[	*557* *558* *559* *560*	K k k k	*khitōn* *khitōna* o. *khitōnas* *khitōnes* *khitōmphi*	*NSgM* *ASg* *APl* *NPl* *IPl*	= χιτών	Kleid
ki-wo ḳị-wo-na-de (Top.)	*562* *563*	p p	*kīwōn* *Kīwǒna-de*	*NSg* *M/F* *ASg* + *de*	= κίων	Säule „nach Kion"

LB-Graphik	Nr.	Lok.	Myk.-Gr.	Kasus	Alph.-Gr.	Deutsche Übers.
ku-ne	*617*	mt	*kunei*	*DSg*	= κύων	Hund
			kunes	*NPl*		
ku-no	*618*	t	*kunos?*	*GSg*		
ku-si	*633*	t	*kunsi*	*DPl*		
me-na	*655*	K	*mēn(n)a?*	*ASgM*	= μήν, μείς	Monat
(o-pi-)me-ne	*656*	P	*(opi) mēn(n)ei*	*DSg*	(ἐπί + μήν)	„per M.“,
me-no	*658*	Kp	*mēn(n)os*	*GSg*	= μηνός Gen. temporis	„im Monat“
pi-ri-je	*902*	k	*prĭ̆ēn?*	*NSg*	(vgl. πρίων „Säge“)	Säge
po-me	*915*	KP	*poimēn*	*NSgM*	= ποιμήν	Hirt
po-me-ne	*916*	Pt	*poimenei*	*DSg*		
			poimene	*NDu*		
			poimenes	*NPl*		
po-me-no	*917*	kp	*poimenos, -ōn*	*GSg/ Pl*		
po-re-na	*933*	P	*phorĕ̆nas?*	*APl*	(φερνά Dor. „Anteil der Gottheit am Opfer?“)	Personen-gruppe im Kult, Men-schenopfer?
po-re-no-	*935*	p	*phorĕ̆nos,*	*GSg*		
(zo-te-ri-ja)	*1320*		*phorĕ̆nōn*	*GPl*		
			(dzōstēria?)			
porenotuṭẹ[	*934*	p	*ph. (thustēria?)*	*GSg/ Pl*		
po-re-si	*936*	t	*phorĕ̆nsi?*	*DPl*		
(e-ra-po) ri-me-ne (Top.)	*335* *1051*	p	*(Elaphōn) limenei*	*D-L SgM*	= λιμήν	Hafen, „im Hafen (der Hirsche)“
te-ko-to	*1101*	P	*tektōn*	*NSgM*	= τέκτων	Baumeister
-a-pe			*(apēs)*		(vgl. doch	(„war
te-ko-to-	*1102*	P	*tektōn*	*NSg*	*J.T. Killen*	abwesend“)
na-pe			*(apēs)*		1996-97)	
te-ko-to-ne	*1103*	k	*tektones*	*NPl*		
te-ka-ta-si	*1099*	T	*tektasi*	*DPl*		

Anm.: *aksones* kommt einmal als *Nom. rubricae* in der Funktion des Akk. Plur. vor.

Weitere, weniger sichere Beispiele:

a-pe-te-me-ne	*85*	p	*ape(n)th-mene??*	*NDu* von Adj.		
u-wo-qe-ne u-wo-qe-we	*1224* *1225*	k k	Fehler statt u-wo-qe-we *u(w)ŏ̆k^{w}ēwes?*	*NPl?* *NPl*	vgl. att. ἐπ-ωπεύς „Aufseher“	

b) *N*-stämmige Eigennamen

Neben der verhältnismäßig geringen Zahl *n*-stämmiger Appellativa (inkl. Adjektiva) finden sich noch mehrere Gruppen *n*-stämmiger Eigennamen, und zwar:

α) *N*-stämmige Toponyma, nicht häufig, doch wegen einiger ihrer Kasusendungen erwähnenswert:

— Im Akk. kommt die allativische Form mit -de nicht nur in dem obenerwähnten Ausdruck ḳị-wo-na-de p *Kīwŏ̆nade* „nach Kīwōn“ („Säule“) vor, sondern z. B. auch in pe-re-u-ro-na-de p *Pleurōnade* „nach Pleuron“ (wie in a-mo-te-jo-na-de p *(h)ar(h)motej(j)ōnade* „in die Werkstatt des Wagners“).

— Die Lokativfunktion verbirgt sich hinter der dat.-lok. Wortverbindung e-ra-po ri-me-ne p *Elaphōn limenei* „im Hafen der Hirsche“, doch vielleicht auch anderen dativischen Formen (vgl. a-ka-si-jo-ne p), die Ablativfunktion dagegen zeigt sich z. B. in der Form eines Instr. Plur. (vgl. ma-ro-pi P *-ōmphi*, neben dem Nom. Sg. ma-ro P). Vgl. S. 161.

β) Theonyme, unter denen an erster Stelle der Name von *Poseidā(h)ōn* zu erwähnen ist; einmal ist *Pajjāwōn* belegt (in der mykenischen Zeit handelte es sich offensichtlich um eine selbständige Gottheit, später ist es ein Beiname von Apollon); dazu treten zwei weitere, nicht sicher deutbare mutmaßliche Theonyma. Vgl.

po-se-da-o		p	*Poseidā(h)ōn*	*NSg*	vgl. Hom. Ποσειδάων, Ποσειδῶν
po-se-da-o-no		kP	*Poseidā(h)ŏ̆nos*	*GSg*	
po-se-da-o-ne		kP	*Poseidā(h)ŏ̆nei*	*DSg*	
po-se-da-o-ni		p	*Poseidā(h)ŏ̆ni*	*DSg*	

pa-ja-wo-ne		k	*Pajjāwonei*	*DSg*	vgl. Hom. Παιήων
u?-]pe-ro$_2$-[ne[133]		k	*(H)uperjonei?*	*DSg*	vgl. Ὑπερίων
e-ne-si-da-o-ne		K	*?*	*DSg*	

γ) Männliche Personennamen auf *-ōn*; diese sind verhältnismäßig häufig, einige von ihnen kommen in mehreren Kasusformen vor:

LB-Graphik	Nr.	Lok.	Myk.-Gr.	Kasus	Alph.-Gr.	Deutsche Übers.
a-re-ku-tu-ru-wo		P	*Alektruōn*	*NSg*	= ἀλεκτρυών „Hahn“	(Herr) „Hahn“
a-re-ku-tu-ru-wo-no		p	*Alektruonos*	*GSg*		
a-re-ku-tu-ru-⟨wo⟩-ne		p	*Alektruonei*	*DSg*		
e-ke-ra$_2$-wo		P	*Ekheljāwōn?*	*NSg*	(vgl. *A. Leukart* 1992)	(offensichtlich Name des Herrschers von Pylos)
[e]-ke-ri-ja-wo		p	*Ekheliāwōn?*	*NSg*		
e-ke-ra$_2$-wo-no		p	*Ekheljāwonos*	*GSg*		
e-ke-ra$_2$-wo-ne		p	*Ekheljāwonei*	*DSg*		
[e]-ḳẹ-ra$_2$-u-na		p	*Ekheljāwona?*	*ASg?*		
vgl. auch e-ke-ra-ne statt e-ke-ra$_2$-wo-ne		p				

Vgl. einige weitere männliche Personennamen mit zwei Kasusformen: a-ka-wo kp *Alkāwōn?* (Nom.), a-ka-wo-ne p (Dat.); a-mu-ta-wo kpt *Amuthāwōn*, vgl. Ἀμυθάων (Nom.), a-mu-ta-wo-no p (Gen.); a-ri-ja-wo k (Nom.), a-ri-ja-wo-ne k (Dat.); a-ri-wo P *Ariwōn?*, vgl. Ἀρίων (Nom.), a-ri-wo-ne p (Dat.); a-ta-wo p *Anthāwōn?* (Nom.), a-ta-wo-ne k (Dat.); ka-pa-ri-jo K *Karpaliōn*, vgl. Καρπαλίων (Nom.), ka-pa-ri-jo-ne k (Dat.); ko-tu-ro$_2$ Pt *Kotuljōn?* (Nom.), ko-tu-ro$_2$-ne p (Dat.); me-za-wo k (Nom.),

[133] Oder a?-]pe-ro$_2$-ne? *Apeljōnei? DSg*, vgl. dor. Ἀπέλλων, kypr. a-pe-i-lo-na, att. Ἀπόλλων.

me-za-wo-ni p (Dat.); pi-ri-ta-wo p (Nom.), pi-ri-ta-wo-no p (Gen.); po-so-ri-jo P (Nom.), po-so-ri-jo-no p (Gen.); te-ra-wo M *Telawōn?* (Nom.), te-ra-wo-ne p (Dat.); tu-wi-no k *Twinōn*?, vgl. Σίνων (Nom.), tu-wi-no-no k (Gen.).

Vgl. auch ausgewählte Personennamen, die nur in einer Kasusform belegt sind: de-u-ka-ri-jo p *Deukaliōn*, vgl. Δευκαλίων, di-wi-ja-wo kpt, bzw. di-u-ja-wo t *Diwjāwōn*?, di-wo kp *Diwōn*, vgl. Δίων, i-je-ro$_2$ k *(H)ierjōn?*, vgl. Ἱέρων, ma-ka-wo p *Makhāwōn*, vgl. Μαχάων, o-qa-wo-ni p *(H)ok^{w}ā-woni* (Dat.), vgl. ὀπάων, pa-di-jo k *Pandiōn*, vgl. Πανδίων, pa-ra-to k *Platōn*, vgl. Πλάτων, pi-ro-te-ko-to p *Philotektōn* (vgl. φίλος + τέκτων), po-me k *Poimēn* als Personenname, vgl. ποιμήν, qi-wo t wohl *g^{w}īwō-*, aber Βίων (βίος „Leben" < **g^{w}ijo-*), ra-pa-do p *Lampadōn*, vgl. Λαμπαδίων, ta-ra-to P, ta-ra$_2$-to P *Stratōn*, vgl. Στράτων, wi-pi-o k *Wiphiōn*, vgl. Ἰφίων.

δ) Toponyma bzw. Ethnika auf *ān*:

Am häufigsten ist die pylische Lokalität *Sphagiānes* belegt, wo sich offensichtlich der Palast des Wanaks befand:

LB-Graphik	Nr.	Lok.	Myk.-Gr.	Kasus	Deutsche Übers.
pa-ki-ja-ne		P	*Sphagiānes*	*NPl*	Sphagianes
pa-ki-ja-si		P	*Sphagiānsi*	*D-L Pl*	„in Sph."
pa-ki-ja-na-de		P	*Sphagiānas-de*	*APl + de*	„nach Sph."
pa-ki-ja-pi		P	*Sphagiāmphi* < **-ān-phi*	*I-Abl Pl*	„aus Sph." (s. auch S. 466)

Vgl. auch a-pu$_2$-ka kp, a-pu-ka p (Nom. Sg.) und a-pu$_2$-ka-ne P (Nom. Pl.), i-na-ne p (Nom. Pl.) und i-na-pi p (Instr. Pl. in ablativischer Bedeutung), sowie re-ka-ta-ne P (Nom. Pl. oder Dat. Sg. in lokativischer Bedeutung), te-ta-ra-ne P (Dat. Sg. in lok. Bedeutung).

B) *M*-Stämme

Der einzige völlig sichere Beleg der *m*-Stämme in den LB-Texten ist das Zahlwort für „eins": **sĕ̄m-s*, **sm-jă*, **sem*, vgl. att. εἷς, μία, ἕν (Dat. ἑνί usw. ist sekundär).

LB-Graphik	Nr.	Lok.	Myk.-Gr.	Kasus	Alph.-Gr.	Deutsche Übers.
e-me	*281*	p	*(h)emei*	*D-I*	= att. εἷς	eins:
			<**semei*	*Sg*	bzw. kret. ἕνς	„mit einem“
				M/N		„mit einem
e-me-de	*281*	p	*(h)emei de*	*D-I*		aber“
				Sg		
				M/N		

Das mykenische do-de T (mit dem vorhergehenden Genitiv eines Personennamens) wird gelegentlich als Akk. des vermuteten Wurzelnomens **dōm* gedeutet (vgl. Hom. δῶμα), d. h. **dōm-de* > *dōnde* „ins Haus von ...“; es könnte sich allerdings auch um das defektive Substantivum δῶ, eine Variante zu δῶμα, handeln: do-de = *dōde* (vgl. *P. Chantraine,* Dict. étym., s. v. δῶ).

Ein *m*-Stamm verbirgt sich nach *H. Mühlestein* 1957 auch in dem Vorderglied se-re-mo- *Sĕr(r)ĕmo-* (zu Σειρήν, Σειρῆνες „Sirene(n)“) des Kompositums (bzw. Iuxtapositums) se-re-mo-ka-ra-a-pi (Nr. 1073) und se-re-mo-ka-ra-o-re (Nr. 1074) = *sĕr(r)ĕmo-* o. *sĕr(r)ĕmōn*, vgl. Σειρήνων (s. S. 242).

Bemerkungen zu den Nasalstämmen

Die Zahl der Nasalstämme (jedenfalls der *n*-Stämme) ist relativ hoch, vor allem im Bereich der Personen- bzw. Götternamen; viele von diesen kennt man aus der altgriechischen Historie, Mythologie sowie aus anderen Gebieten der altgriechischen Kultur (Ἀρίων, Δευκαλίων, Δίων, Ἱέρων, Ἰφίων, Μαχάων, Πλάτων, Στράτων usw.), wobei sie sich im Mykenischen auf konkrete Individuen in den mykenischen Siedlungen beziehen. Viel kleiner ist die Zahl der *n*-stämmigen Toponyma. Auch die *n*-stämmigen Appellativa sind keineswegs häufig (einschließlich einiger Eigennamen appellativischer Herkunft, wie ḳị-wo-na-de *Kīwŏna-de* „nach Kiwon“ (Top.: „Säule“), po-me *Poimēn* (Pers.: „Hirt“), a-re-ku-tu-ru-wo *Alektruōn* (Pers.: „Hahn“). Es gibt keine sicheren Fälle von *n*-stämmigen Adjektiven.

Unter den Deklinationstypen herrscht der Typ auf -ων, -ονος, bzw. -ων, -ωνος vor (eine völlig sichere Unterscheidung ist in den mykenischen Texten nicht möglich). Der Typ auf -ην, -ενος kommt nur selten vor (doch vgl. z. B. ποιμήν und λιμήν), während sich der Typ auf -ην, -ηνος auf den Ausdruck μείς/μήν „Monat“ beschränkt; dieses Wort war jedoch ursprünglich kein *n*-Stamm, da es aus **mēns*, **mēns-os* (vgl. lesb. μῆννος Gen. Sing.) entstanden ist (vgl. auch lat. *mēnsis*). Der Typ auf -άν, -ᾶνος ist nur in den Ethnika auf -ᾶνες bezeugt. — Zu den *m*-Stämmen s. S. 250.

Paradigmata der *n*-Stämme

(Rekonstruktion)

	Typ *khitōn, ōnos,* bzw. *tektōn, -onos*		Typ *poimēn, -enos*	
Nom. Sg.	ki-to	*khitōn*	po-me	*poimēn*
Gen. Sg.	ki-to-no^{+}	*khitōnos*	po-me-no	*poimenos*
Dat. Sg.	ki-to-ne^{+} ki-to-ni^{+}	*khitōnei* *khitōni*	po-me-ne po-me-ni$^{?}$	*poimenei* *poimeni*
Akk. Sg. (Allativ)	ki-to-na (pe-re-u-ro-na-de)	*khitōna* *(Pleurōnade)*	po-me-na^{+}	*poimena*
Nom. Du.	(a-ko-so-ne)	(aksone)	po-me-ne	*poimene*
Nom. Pl.	ki-to-ne	*khitōnes*	po-me-ne	*poimenes*
Gen. Pl.	ki-to-no$^{?}$	*khitōnōn*	po-me-no$^{?}$	*poimenōn*
Dat. Pl.	ki-to-si$^{?}$	*khitōnsi?*	po-me-si$^{?}$	*poimensi?*
Akk. Pl.	ki-to-na	*khitōnas*	po-me-na$^{?}$	*poimenas*
Instr. Pl.	ki-to-pi$^{?}$	*-ōmphi* < **-ōn-phi*	po-me-pi$^{?}$	*poimemphi* < **-en-phi*

Die häufigsten Kasusformen sind der Nom., Gen. und Dat. Sing.; das umfangreichste Paradigma findet man bei ki-to und po-me. Der Dat. Sing. besitzt wieder zwei Varianten, die häufigere Dativform (po-se-da-o-ne *Poseidā(h)ŏnei*) und die seltene Lokativform (po-se-da-o-ni *Poseidā(h)ŏni*). Der Akk. Sing. erscheint nur in den allativischen Formen mit -de. Bei den auf -A ausgehenden Kasusformen ist man nicht sicher, ob es sich um den Akk. Sing. (= *-a*) oder Plur. (= *-as*) handelt.

Die Pluralformen kommen seltener als die Singularformen vor. Der Nom. Plur. ist gut gesichert. Der Gen. Plur. ist dagegen nicht bezeugt; die oben angegebene Rekonstruktion scheint jedoch sehr wahrscheinlich. Für den Dat. Plur. gibt es nur ein unsicheres Beispiel (po-re-si), für den Akk. Plur. sehr wenige Belege (ki-to-na und po-re-na), die man allerdings gelegentlich auch als Akkusative Sing. deuten kann (den Ausdruck a-ko-so-ne *aksones* in PY Vn 10.3 bewertet man als Akk. Plur. bzw. als einen *Nominativus rubricae* in Inventaren). Selten kommt auch der Instr. Plur.

vor; sicher ist vor allem die Form ki-to-pi *khitōmphi* (durch Assimilation aus *khitōn-phi* entstanden); vgl. weiter die obenerwähnten Formen i-na-pi, ma-ro-pi. — Die einzigen Dualformen scheinen a-ko-so-ne *aksone* in PY und po-me-ne in TH zu sein.

4. Stämme auf LIQUIDEN

A) *R*-Stämme

a) *R*-stämmige Appellativa

LB-Graphik	Nr.	Lok.	Myk.-Gr.	Kasus	Alph.-Gr.	Deutsche Übers.
a-de-te a-de-te-re	*1* *2*	P p	*andetēr* *andetēre*	*NSg* *NDu*	(ἀνά+δέω „anbinden")	Binder?
a-ḳẹ-te a-ke-te-re a_2-ke-te-re vgl. auch ja-ke-te-re	*22* *23* *163* *438*	p p k p	*(h)askētēr?* *(h)askētēres?* *haskētēre?* *(j)askētērei* o. *(j)askētēres* bzw. *(j)akestēr?...*	*NSg?* *NPl* *NDu* *DSg* *NPl* *NSg*	(ἀσκέω „verarbeiten, schmücken") (bzw. ἀκεστής „Schneider" o. vgl. ἄκος „Heilung" < **jak-*)	Schmücker? Schneider? Heiler??
a-mo-te-re	*53*	K	*(h)ar(h)mos-* *tērei* *(h)ar(h)mos-* *tēre*	*DSg* *NDu*	(ἁρμόττω „fügen" o. ἅρμα „Rad?, Wagen", ἁρμοστήρ „Ordner")	Monteur? Wagner??
au-te	*155*	p	*austēr*	*NSg*	(ἐξ-αύω „her- ausnehmen", ἐξ-αυστήρ „Fleischha- ken")	Feuerzange?
a_3-te a_3-te-re	*176* *177*	p k	*aitēr* *aitēres*	*NSg* *NPl*	(vgl. a-ja-me-no „eingelegt")	Intarsien- arbeiter?
e-re-u-te-re e-re-u-te-ri[e-re]-u-te-si?	*359* *360* *363*	Pt pt k	*ereutērei?* o. *ereutēres?* *ereutēri?* *ereutērsi?*	*DSg* *NPl* *DSg* *DPl*	(ἐρευνητής „Aufspürer", vgl. kret. ἐρευτάς)	Prüfer, Aufseher, Inspektor?
i-ja-te	*399*	p	*iātēr*	*NSg*	= ἰητήρ	Arzt
]ka-ra-te-ra	*477*	m	*krātēra*	*ASg*	= κρατήρ	Mischkrug

LB-Graphik	Nr.	Lok.	Myk.-Gr.	Kasus	Alph.-Gr.	Deutsche Übers.
ko-re-te ko-re-te-re ko-re-te-ri	*573* *574* *575*	KP P P	*kŏrĕtēr* *kŏrĕtērei* *kŏrĕtēres* *kŏrĕtēri* bzw. *khōrētēr?*	*NSg* *DSg* *NPl* *DSg*	(χορέννυμι „sättigen" oder χῶρος „Land")	Provinz- statthalter?
ma-te(-de) ma-te-re (te-i-ja)	*651* *652*	P p	*mātēr (de)* *mātrei* *(the(h)iāi)*	*NSg* *DSg*	= μήτηρ	(und) Mutter; „der (göttlichen) Mutter"
o-na-te-re	*738*	P	*onātēres*	*NPl*	(vgl. ὀνάτωρ Pindar „Nutznie- ßer")	Besitzer von o-na-to (Landstück), Pächter?
o-p̣ị-ṛạ$_3$-te-re	*772*	p	*opirhaistēres*	*NPl*	(ὀπί + ῥαιστήρ „Hammer")	Hammer
pa-ke-te-re	*818*	Pm	*păktēres?*	*NPl*	(πήγνυμι „festma- chen")	Pflock? (o. ein Gefäß?)
pa-te-(de) II	*849*	P	*patēr (de)*	*NSg*	= πατήρ	(und) Vater
pi-ri-je-te]pi-ri-je-te-re pi-ri-e-te-re pi-ri-e-te-si wohl auch pi-ri-te (oder Fehler statt pi-ri-je-te?)	*903* *904* *899* *900* *905*	K p p p k	*prĭentēr?* *prĭentēre?* *prī(h)entērei?* *prī(h)entērsi?* oder hier *prīstēr?*	*NSg* *NDu* *DSg* *DPl* *NSg*	(πρίω „sägen", πριήν „Säge") (πριστήρ „Säger")	Säger Säger
po-ro -ko-re-te po-ro -ko-re-te-re	*945* *946*	kP P	*pro-kŏrĕtēr* o. *-khōrētēr?* *pro-kŏrĕtēres* oder eher *-khōrētēre*	*NSg* *NPl*	(vgl. oben ko-re-te)	Vize- statthalter?

LB-Graphik	Nr.	Lok.	Myk.-Gr.	Kasus	Alph.-Gr.	Deutsche Übers.
po-si-ke-te-re	*958*	P	*pos(h)ik(e)tēres*	*NPl*	(πός + ἴκω, vgl. ἱκετεύω „anflehen“, bzw. προσίκτωρ „der Schutz-suchende“)	der Schutz-suchende
pu-te pu$_2$-te-re	*976* *983*	K kp	*phutēr* *phutēres*	*NSg* *NPl*	(φυτεύω „pflanzen“)	Pflanzer
ra-pte ra-pte-re [ra]-pte-si	*1023* *1024* *1026*	P KP k	*rhaptēr* *rhaptērei* *rhaptēre?* *rhaptēres* *rhaptērsi*	*NSg* *DSg* *NDu* *NPl* *DPl*	(ῥάπτω „nähen, flicken“, ῥάπτης „Schneider“)	Flicker, Schneider
su-ra-te	*1088*	P	*sūlātēr?*	*NSg*	(συλάω „rauben“, συλήτωρ „Räuber“)	Räuber?
ta-te-re	*1096*	p	*statēres?*	*NPl*	(ἵστημι „stellen“; vgl. στατήρ „Schuldner“ Epicharm.)	?
tu-ka-te tu-ka-te-re tu-ka-ṭạ-ṣị	*1197* *1198* *1196*	M m m	*thugatēr* *thugatrei* *thugatarsi*	*NSg* *DSg* *DPl*	= θυγάτηρ	Tochter

Weitere, weniger sichere Beispiele:

[?]ra-ḳạ-te-ra	*1019*	p		*ASg?*	?
34-ke-te-si?	*1322*	P		*DPl*	?
34-te?	*1324*	p	(vgl.	*NSg*	Tit?
34-to-pi?	*1325*	p	*J.L. Perpillou* 1996, 145ff.)	*IPl*	?

35-ra-ḳạ-te-ra? = Nr. 1019 oben?	*1328*	p		*ASg?*	?
35-ka-te-re	*1326*	P	*?*	*NDu*	?

b) *R*-stämmige Eigennamen

Es gibt mehrere *r*-stämmige männliche Personennamen, z. B.

a-ta-no a-ta-no-ro a-ta-no-re		K p p	*Antānōr* *Antānoros* *Antānorei*	*NSg* *GSg* *DSg*	= Ἀντήνωρ
o-pe-ra-no o-pe-ra-no-ro o-pe-ra-no-re		P m m	*Ophelānōr?* *-oros* *-orei*	*NSg* *GSg* *DSg*	(vgl. Ὀφέλανδρος Böot.)

Vgl. weiter e-u-we-to p *E(h)u(w)e(s)tōr* (Nom.), e-u-we-to-ro p (Gen.); ka-to K *Kastōr*, vgl. Κάστωρ (Nom.), ka-to-ro K (Gen.); ku-pa-nu-we-to k (Nom.); me-ta-no p *Metānōr* (Nom.), vgl. Μετάνειρα, me-ta-no-re k (Dat.); ne-ti-ja-no pt *Nestiānōr* (Nom.), ne-ti-ja-no-re p (Dat.); ra-ke-da-no m *Rakedānōr* (Nom.), ra-ke-da-no-re m (Dat.); to-wa-no k *Tho(r)wānōr* (Nom.), to-wa-no-re p (Dat.). Doch vgl. auch a-re-ko-to-re k *Alektorei* (Dat.), e-ko-to P *(H)ektōr*, vgl. Ἕκτωρ (Nom.), ka-pte k *Skaptēr* (Nom.) usw.

B) *L*-Stämme

Den einzigen Beleg für einen Stamm auf *-l-* stellt folgender zusammengesetzter Ausdruck dar:

LB-Graphik	Nr.	Lok.	Myk.-Gr.	Kasus	Alph.-Gr.	Deutsche Übers.
a_2-ṛọ[ ]ụ-do-pi	*166*	p	*(h)alos (h)udo(p)phi?* < **(h)udo(t)-phi*	*GSg* + *IPl*	(ἅλς „Salz, Meer“, + ὕδωρ „Wasser“)	Aquamarin

Auch der Ausdruck o-pi-a$_2$-ra p *opihala* (vgl. ὀπί + ἅλς) enthält dasselbe Wort **sals*, doch hier als Hinterglied eines substantivierten Adjektivs der 1./2. Dekl. (*opihala* Akk. Plur. Neutr. in der Bedeutung „die am Meer liegenden Gebiete").

Bemerkungen zu den Stämmen auf *-r-* und *-l-*

Die Belegzahlen für die *r-/l-* und *n-/m-*Stämme sind verhältnismäßig ausgewogen: die *r*-Stämme sind etwas reicher an Appellativen, die *n*-Stämme besitzen ein größeres Spektrum an männlichen Personennamen. Sowohl die *l*-Stämme als auch die *m*-Stämme sind jeweils durch nur ein sicheres Wort vertreten.

Während die im Mykenischen bisher bezeugten *r*-stämmigen Appellativa ausschließlich mit dem Suffix -τήρ gebildet sind, überwiegt bei der Bildung *r*-stämmiger Personennamen das Suffix -τωρ.

Die kleine Gruppe der alten *r*-stämmigen Verwandtschaftsnamen auf -τηρ/-τρος ist in den mykenischen Texten mit pa-te *patēr*, ma-te *mātēr*, tu-ka-te *thugatēr*, vielleicht auch *34-te als *phrātēr* (cf. *J. L. Perpillou* 1996, 145ff.) gut vertreten; die meisten *r*-stämmigen Appellativa sind aber unkomponierte Nomina agentis auf -τήρ, -τῆρος. Dieses Suffix hat sich in vielen Gegenden Griechenlands bis in die klassische Zeit erhalten, doch im Ion.-Att. (und auf Kreta) wurde es früh durch die Suffixe -τας/-της bzw. -τρος verdrängt (vgl. ῥάπτης gegenüber myk. ra-pte *rhaptēr*, bzw. att. ἰατρός, ion. ἰητρός gegenüber myk. i-ja-te *iātēr* und (fast nur) hom. ἰητήρ).

Eine eventuelle Differenz in der Vokalquantität der erwähnten Suffixe läßt die LB-Orthographie nicht erkennen; deswegen sind wir nicht imstande, im Gen. Sing. und in den weiteren Kasusformen die *r*-Stämme mit langem *-ē-/-ō-* vor dem *-r-* von denjenigen mit kurzem *-e/-o-* zu unterscheiden.

Im allgemeinen kann man das Ausmaß der Belege für die einzelnen Typen der *r*-Stämme folgenderweise charakterisieren: Verhältnismäßig vollständig ist das Paradigma des Typs *rhaptēr* bezeugt. Die Flexion der Verwandtschaftsnamen ist weniger gut gesichert. Von den einzelnen Kasusformen sind wieder am besten der Nom., Gen. und Dat. Sing. (dieser in zwei Varianten) bezeugt; den Akk. Sing. besitzt man nur in Form von]ka-ra-te-ra *krātēra*, was zugleich zu den wenigen *r*-stämmigen Bezeichnungen von Objekten gehört (die Mehrzahl der *r*-stämmigen Appellativa sind Bezeichnungen von Personen: Verwandtschaftsnamen, Nomina agentis u. a.). Seltener ist der Nom. Pl. bzw. Nom. Du.; diese sind allerdings orthographisch mit dem Dat. Sing. identisch und deswegen nur in klarem Kontext davon unterscheidbar. Es fehlen sichere Belege für Gen., Akk. und Instr. Plur.; für den Dat. Plur. besitzt man nur wenige Beispiele, vor allem die Form tu-ka-ṭạ-ṣị, deren Deutung *thugatarsi* (gegenüber att. ϑυγατράσι) offensichtlich die einzige annehmbare lautliche Interpretation ist (einer Aussprache *thugatrasi* müßte eine graphische Form *tu-ka-ta-ra-si entsprechen).

Paradigmata der *r*-Stämme

(Rekonstruktion)

a) Typ *thugatēr, thugatros* (Verwandtschaftsnamen)			b) Typ *rhaptēr, -ēros* (Nomina agentis)	
Nom. Sg.	tu-ka-te	*thugatēr*	ra-pte	*rhaptēr*
Gen. Sg.	tu-ka-to-ro$^?$	*thugatros*	ra-pte-ro$^?$	*rhaptēros*
Dat. Sg.	tu-ka-te-re	*thugatrei*	ra-pte-re	*rhaptērei*
Akk. Sg.	tu-ka-te-ra$^?$	*thugatera*	ra-pte-ra$^?$	*rhaptēra*
Nom. Du.	tu-ka-te-re$^?$	*thugatere*	ra-pte-re	*rhaptēre*
Nom. Pl.	tu-ka-te-re$^?$	*thugateres*	ra-pte-re	*rhaptēres*
Gen. Pl.	tu-ka-te-ro$^?$	*thugaterōn*	ra-pte-ro$^?$	*rhaptērōn*
Dat. Pl.	tu-ka-ta-si	*thugatarsi*	ra-pte-si	*rhaptērsi*
Akk. Pl.	tu-ka-te-ra$^?$	*thugateras*	ra-pte-ra$^?$	*rhaptēras*
Instr. Pl.	tu-ka-te-pi$^?$	*thugaterphi?*[134]	ra-pte-pi$^?$	*rhaptērphi*

c) Typ *Antānōr, -oros* (Personennamen)		
Nom. Sg.	a-ta-no	*Antānōr*
Gen. Sg.	a-ta-no-ro	*Antānoros*
Dat. Sg.	a-ta-no-re	*Antānorei*
Akk. Sg.	a-ta-no-ra$^?$	*Antānora*

[134] Doch cf. *34-to-pi in der Deutung von *J. L. Perpillou* 1996, 149f.

5. *S*-Stämme

a) Substantivische Neutra auf -ος

LB-Graphik	Nr.	Lok.	Myk.-Gr.	Kasus	Alph.-Gr.	Deutsche Übers.
a-ke-a_2	*12*	p	*angeha*	*NPl*	= ἄγγος	Gefäß
(ti-mi-to-) a-ke-e (ti-mị-tọ-) a-ke-i	*13* *14*	P p	*Tirminthōn* *anke(h)ei?* *Tirminthōn* *anke(h)i?* (s. S. 203)	*D-L* *Sg* *D-L* *Sg*	= ἄγκος „Schlucht" + τέρμινθος „Terpentin- baum"	„in der Schlucht von Terpen- tinbäumen"
a-re-se-si	*124*	p	*aleises(s)i?*	*DPl*	(ἄλεισον „Trinkbe- cher" /2. Dekl./)	Trinkbecher o. Leder- schlauch?
(o-pi) -e-de-i	*254*	p	*(opi)* *(h)ede(h)i*	*D-L* *Sg*	= ἕδος „Sitz"	„im Wohnsitz (der Gottheit)"
ẹ-ko e]-ke-a e-ke-si]ẹ-ke-pị[	*275* *264* *273* *270*	K k p k	*enkhos?*[135] *enkhe(h)a* *enkhes(s)i* *enkhesphi*	*NSg* *NPl* *DPl* *IPl*	= ἔγχος	Speer
e-qe-o	*322*	p	*(h)ek*^{w}*e(h)os?* o. *(h)ek*^{w}*e(h)ōn?*	*GSg* *GPl*	(ἕπομαι „folgen")	Gefolge, Ge- folgschaft?, Straße?
ke-re-a_2	*525*	p	*skeleha*	*APl*	= σκέλος „Bein, Schenkel"	Bein am Dreifuß
ko-wo II	*609*	p	*kōwos*	*NSg*	(κῶας „Vlies")	Vlies?
o-pe-ro I	*752*	KP M	*ophelos*	*NSg*	= ὄφελος „Nutzen"	„was zum Nutzen ist, was nötig ist", „Defizit, Fehlbetrag"

[135] Nom. Sg. ist in dieser Bedeutung sehr unsicher.

LB-Graphik	Nr.	Lok.	Myk.-Gr.	Kasus	Alph.-Gr.	Deutsche Übers.
o-ṛẹ-i	*783*	k	*ore(h)i*	*D-L* *Sg*	= ὄρος	Berg
pa-wo pa-we-a pa-we-a$_2$ pa-we-o pa-we-si]pa-we-pi	*856* *851* *852* *853* *855* *854*	k K KM K m k	*pharwos* *pharwe(h)a* *pharweha* *pharwe(h)ōn* *pharwes(s)i* *pharwesphi*	*NSg* *NPl* *NPl* *GPl* *DPl* *IPl*	= φᾶρος	Stoff, Tuch, Leibrock, Kleiderstück
qi-si-pe-e	*1009*	p	*k^{w}siphe(h)e*	*NDu*	= ξίφος	Schwert
te-me-no	*1104*	P	*temenos*	*N/A* *Sg*	= τέμενος „Tempelbe- zirk“	Bodenanteil, Landgut
te-u-ke-pi	*1134*	p	*teukhesphi*	*IPl*	= τεῦχος „Rüstung“	„mit Kriegszeug, Geschirr- ausstattung“ (bei Pferden)
tu-wo tu-we-a	*1211* *1209*	pT p	*thu$^{(w)}$os* *thu$^{(w)}$e(h)a*	*NSg* *APl*	= θύος	Räucherwerk, aromatische Substanz, (in TH: Opfergabe)
we-to we-te-i-we-te-i za-we-te (ein Kompositum)	*1268* *1267* *1312*	P P kp	*wetos* *wete(h)i-* *wete(h)i* *tsāwetes* < **kjā-wetes*	*ASg* *D-L* *Sg* Adv. = *ASgN*	= ἔτος att. τῆτες ion. σῆτες dor. σᾶτες	Jahr „jedes Jahr, jährlich“ „in diesem Jahr, heuer“
ze-u-ke-si	*1317*	p	*dzeuges(s)i*	*DPl*	= ζεῦγος „Gespann, Paar“	„mit Gespann?“

Vgl. noch folgende, wenig sichere Ausdrücke:

au-de-pi	*152*	P	*audesphi?*	*IPl*	
de-ṛẹ-ụ-ḳọ	*210*	k	*dleukos?*	*NSg*	Wa
ru-de-a_2	*1062*	p	*-eha?*	*NPl*	(oder *NSg* von *Adj. Fem.* auf *-ā*?)
34-ke-te-si?	*1322*	P	*-es(s)i*	*DPl*	

b) Substantivische Neutra auf *-as*:

LB-Graphik	Nr.	Lok.	Myk.-Gr.	Kasus	Alph.-Gr.	Deutsche Übers.
di-pa di-pa-e	*217* *218*	KP p	*dipas* oder *dipā?* < **-a(h)a* *dipa(h)e*	*NSg* *NPl?* *NDu*	= δέπας	Gefäß
ka-ma ḳạ-ma-ẹ o. ḳạ-ma-ọ	*452* *456*	P p	*k(h)amas?* *k(h)ama(h)e?* *k(h)ama(h)os,* *-ōn?*	*N/A* *Sg* *ADu* *GSg/* *Pl*	(vgl. χαμάν· τὸν ἀγρόν. Κρῆτες, cf. *I. Hajnal* 1992, 215f.	Bodenanteil?
ke-ra II ke-ra-a ke-ra-e	*517* *518* *519*	K k p	*keras* oder *kerā?* *kera(h)a* *kera(h)e?* o. *kera(h)ei?*	*ASg* *ISg?* *NPl* *NDu* *D-I* *Sg*	= κέρας	Horn
ke-ra I	*516*	P	*geras*	*ASg*	= γέρας	Gabe

Vgl. weitere, weniger sichere Formen, wie

e-we-da-si[	*393*	p		*DPl?*	
tu-wa-si	*1208*	p		*DPl?*	

***

Neben den Appellativen gibt es auch zahlreiche *s*-stämmige Eigennamen, vor allem:

c) Männliche Personennamen (bzw. Theonyme) auf -ης, z. B.:

a-pi-me-de a-pi-me-de-o		kP kP	*Amphimēdēs* *Am-phimēde(h)os*	*NSg* *GSg*	Ἀμφιμήδης
da?-]mo- -ke-re-we-i		p	*Dā?mo-* *-klewe(h)i*	*DSg*	Δαμοκλῆς
e-u-me-de e-u-me-de-i		P p	*E(h)umēdēs* *E(h)umēde(h)i*	*NSg* *DSg*	Εὐμήδης
e-u-me-ne		P	*E(h)umenēs*	*NSg*	Εὐμένης
-ko-o-ke-ne ko-o-ke-ne-i		m M	*Kō(h)ogenēs* *Kō(h)o-gene(h)i*	*NSg* *DSg*	*Κω(ο)γένης
pe-ri-me-de pe-ri-me-de-o		p p	*Perimēdēs* *Peri-mēde(h)os*	*NSg* *GSg*	Περιμήδης

Vgl. auch das Theonym

a-re (das jetzt als alter *ē*-Stamm angesehen wird, cf. *E. Risch* 1987b, 291).		K	*Arĕ̄i?*	*DSg*	= Ἄρης

Vgl. weiter einige unsichere Beispiele:

a-mo-ke-re-[we?]		p	*-klewēs*	*NSg*	vgl. κλέ(ϝ)ος „Ruhm“
a-no-me-de		p	*Anormedēs?*	*NSg*	vgl. Ἀν(δ)ρομήδῆς, Ἀνδρομέδα?
a-re-i̥-me-ne		t	*Are(h)imenēs*	*NSg*	vgl. Ἄρης + μένος „Kraft“

e-ke-ne		M	*Engenēs?*	*NSg*	vgl. ἐγγενής „wohlgeboren“
na-u-si-ke-re[-we?]		k	*Nausiklewēs?*	*NSg*	vgl. Ναυσικλῆς

Zu den *s*-stämmigen Eigennamen gehört auch das Ethnikon „Troer“ (hier vielleicht eher als Personenname):

]to-ro to-ro-o		k p	*Trōs* *Trō(h)os?*	*NSg* *GSg*	= Τρώς „Troer“

d) *S*-stämmige Toponyme, meistens im Akkusativ-Allativ auf *-de* oder im Dativ-Lokativ:

LB-Graphik	Nr.	Lok.	Myk.-Gr.	Kasus	Alph.-Gr.	Deutsche Übers.
a-se-e		P	*Alse(h)ei*	*D-L Sg*	= ἄλσος „Hain“	„in Alsos“
e-ra-te-i e-ra-to-de		p p	*Elate(h)i* *Elatos-de*	*D-L Sg* *ASg + de*	(vgl. Topon. Ἐλάτειαι; Ἔλατος kommt nur als Personenname vor)	„in Elatos“ „nach Elatos“
e-re-e e-re-i		P p	*(H)ele(h)ei?* *(H)ele(h)i*, vgl. S. 425	*D-L Sg*	= ἕλος „Aue, Sumpf“	„in Helos“
ke-e		P	*Kē(h)ei*	*D-L Sg*	(vgl. Κέως /Insel/ < **Kēhos* NSg)	„in Kēhos“ (in den myk. Texten keine Insel”)

Siehe auch (ti-mi-to-)a-ke-e und (ti-mi-to-)a-ke-i D-LSg (oben sub a), wo das Wort ἄγκος wohl noch seinen ursprünglichen appellativischen Sinn „Schlucht“ behalten hat.

Vgl. noch weitere *s*-stämmige Toponyma im Dat. Sing., deren lautliche Deutung allerdings unsicher ist: a-pe-ke-e p, ka-ro-ke-e p, ne-de-we-e p, po-ti-ja-ke-e P (vgl. oben a-ke-e bzw. ke-e; es gibt auch einen Dat. Plur.]ṭị-a-ke-si p), qe-re-me-e p, qi-ko-we-e k, ṛẹ-ṣị-we-i p, te-se-e p (τέρσομαι „trocknen"?), bzw. *56-ko-we-e K neben *56-ko-we-i K (zum Nominativ *56-ko-we K).

e) *S*-stämmige Adjektiva:

α) Komposita auf *-ōw(w)ēs* (vgl. οὖς < **ow(s)os* „Ohr")

LB-Graphik	Nr.	Lok.	Myk.-Gr.	Kasus	Alph.-Gr.	Deutsche Übers.
a-ko-ro-we a-ko-ro-we-e]ạ-ko-ro-we-i (Fehler statt -we-e?)	*37* *38* *39*	P p k	*akolōw(w)ēs?* *-ōw(w)e(h)e* *-ōw(w)e(h)i?*	*NSg* *NDu* *NDu?* *M?*	ἀ-privativum + κόλος „ohne Spitze, abgebrochen" (*Palaima* 1989, 105ff.), (bzw. + οὖς „Ohr")	„mit nicht kupierten Ohren"
			besser als *a-khrōwēs*		o.: (ἀ- + χρώς „Hautfarbe")	„ohne Farbe"
			oder *(h)a-khrōwēs* usw.		o.: (ἁ- < * *sm̥-* „zusammen" + χρώς)	„einfarbig"
a-no-we	*73*	p	*an-ōw(w)es*	*NSgN*	(ἀν- + οὖς „Ohr, Henkel")	„ohne Henkel"
o-wo-we	*805*	p	*oiw-ōw(w)ēs*	*NSgM*	(οἶ(ϝ)ος „einzig")	„mit einem Henkel"
ti-ri-jo-we ti-ri-o-we-e	*1141* *1142*	p p	*tri-ōw(w)es* *tri-ōw(w)e(h)e*	*NSgN* *NDu*	(τρι- „drei-")	dreihenklig
qe-to-ro-we	*1006*	P	*k^wetr-ōw(w)es*	*NSgN*	(τ/πετρ- < **k^wetr̥-* „vier-")	vierhenklig

Vgl. auch den Personennamen:

LB-Graphik	Nr.	Lok.	Myk.-Gr.	Kasus	Alph.-Gr.	Deutsche Übers.
o-tu-wo-we		P	*(W)orthwō-* *w(w)ēs*	*NSg* *M*	(vgl. ὀρθός < *(w)orthwos /dissimiliert/ „aufrecht“ + οὖς)	derjenige, der die Ohren aufrecht hält (spitzt)
o-two-we-o		p	*-ōw(w)e(h)os*	*GSg*		
o-to-wo- ⟨we-⟩o		p	*-ōw(w)e(h)os*	*GSg*		
o-to-wo- [we-o?]		p	*-ōw(w)e(h)os*	*GSg*		
o-to-wo-we-i		p	*-ōw(w)e(h)i*	*DSg*		

β) Andere *s*-stämmige Adjektiva:

LB-Graphik	Nr.	Lok.	Myk.-Gr.	Kasus	Alph.-Gr.	Deutsche Übers.
a-pe-re	*84*	k	*aphelēs?*	*NSg?*	= ἀφελής	einfach
a-te-u-ke	*144*	k	*ateukhēs*	*NSgM*	= ἀτευχής (vgl. τεῦχος „Rüstzeug“)	unbewaffnet
ka-ka-re-ạ	*443*	k	*khalkāre(h)a*	*N/A* *PlN*	= χαλκήρης	mit Erz versehen
ke-re-si-jo we-ke (in PY Ta 641.1: we-ke statt we-ke-e NDu?)	*528*	P	*Krēsio-* *-wergēs* oder *-wergē?* < **-e(h)e*	*NSgM* *NDu?*	(Κρής „Kreter“ + ἔρδω „machen“)	„(Dreifuß) kretischer Herstellung“
no-pe-re-e no-pe-re-a₂	*715* *714*	p P	*nōphele(h)e* *nōpheleha*	*NDu* *NPlN*	(neg. Partikel *n̥- + ὄφελος „Nutzen“; vgl. ἀνωφελής „nutzlos“)	nutzlos, unbrauchbar
po-ro-e-ke	*942*	P	*pro-ekhēs?*	*NSgF*	= προ-εχής „hervorra- gend“	hervor- ragend?

LB-Graphik	Nr.	Lok.	Myk.-Gr.	Kasus	Alph.-Gr.	Deutsche Übers.
po-ro-su-re	*950*	k	*pōlosurēs*	*NSgF*	(πῶλος „Fohlen“ + σύρω „ziehen“)	von Fohlen gezogen
pu-ko-so e-ke-e	*972*	p	*pukso-* *-ekhe(h)e*	*NDuF*	(πύξος „Buchsbaum- holz“ + ἔχω „haben“)	„mit zwei Halterungen aus Buchs- baumholz“
we-(j)a-re-pe	*1242* *1247*	P	*(h)wej(j)-* *aleiphes?* o. *(h)we(h)-*	*NSgN*	(*(h)wej(o)-?* + ἀλείφω „salben“)	*(h)w.* salbend?
we-je-ke-e we-je-ke-a_2 [we-]jẹ-ke-a	*1250* *1249* *1248*	P P p	*(h)wej(j)-* *ekhe(h)e?* *(h)wej(j)-* *ekheha* *(h)wej(j)-* *ekhe(h)a?*	*NDu* *NPlN* *NPlN*	(*(h)wej(o)-?* + ἔχω „haben“)[136]	*(h)w.* habend?
we-we-e-a]we-e-a_2	*1270* *1245*	K p	*werwe-* *-(h)e(h)a*	*NPlN*	(vgl. εἶρος < **werwos* „Wolle“)	„aus Wolle“

Vgl. auch einige weitere, weniger sichere s-stämmige Adjektiva:

a-te-re-te-a	*143*	k		*NPlN*	
e-pe-ke	*298*	k			??
e-pi-ke-re	*303*	K		*NSgF*	*episkherēs??*
e-pọ-wo-ke	*318*	p		*NSg*	*erphowokhē̆s?*
u-po-we	*1220*	k		*NSgN*	*(h)upowes?*

[136] Siehe auch Index, Nr. 1248–1250, Anm. 317.

f) *S*-stämmige Formen des Part. Perf. Akt. Mask./Neutr. auf *-wŏ̄s*, *-wo(h)os* (einschließlich der Feminina auf **-us-ja* > *-ujja*); vgl. auch S. 270 und 331; meistens in passiver Bedeutung:

LB-Graphik	Nr.	Lok.	Myk.-Gr.	Kasus	Alph.-Gr.	Deutsche Übers.
a-ra-ru-wo-a a-ra-ru-ja]ạ-ra-ru-wo-ja (Fehler statt a-ra- ru-ja o. Kon- tamination)	*117* *116* *118*	K K k	*arā̆rwo(h)a* *ararujja(i)* < **-usja(i)*	*NPlN* *NSg/* *PlF*	(ἀραρίσκω „zusam- menfügen, verfertigen", vgl. ἀρηρώς, ἀραρυῖα „versehen, ausgerüstet")	ausgestattet, versehen (mit)
]ḍẹ-di-ku-ja (Fehler statt de-di⟨-da⟩-ku- ja; oder Part. Pf. Akt. zu δείκνυμι?)	*198*	k	*dedida(s)-* *-k(h)ujja(i)?* *dedi-* *-kujja(i)?*	*NSg/* *PlF*	(διδάσκω „lehren, ausbilden"; oder δείκνυμι „zeigen"??)	ausgebildet? gezeigt?
e-qi-ti-wo-e	*328*	t	$ek^{w}hthi$- *wo(h)e(s)?*	*NDu/* *PlM*	(φθίνω „vernichten, töten")	vernichtet?
e-ṛẹ-dwo-e	*342*	K	*ĕ̄reidwo(h)es*	*NPlM*	(ἐρείδω „stützen")	gestützt
ke-ke-tu- wo-e	*506*	p	*kekĕ̄thwo(h)es?*	*NPlM*	(vgl. aksl. sъčetati „zusam- menzählen" /*Lejeune*/; s. zuletzt *R. Plath* MSS 50, 1989, 103-122)	zusammen- geschlossen, vereinigt

LB-Graphik	Nr.	Lok.	Myk.-Gr.	Kasus	Alph.-Gr.	Deutsche Übers.
te-tu-ko-wo-a	*1132*	k	*tetukhwo(h)a*	*NPlN*	(τεύχω „verfertigen, vollenden“; vgl. Hom. τετευχώς in passiver Bedeutung)	verfertigt, vollendet
te-tu-ko-wo-a$_2$	*1133*	p	*tetukhwoha*	*NPlN*		

g) *S*-stämmige Komparative auf *-jōs/jos*: Typ me-zo *medzōs* < **megjōs*

LB-Graphik	Nr.	Lok.	Myk.-Gr.	Kasus	Alph.-Gr.	Deutsche Übers.
a-ro$_2$-a	*134*	K	*arjo(h)a*	*NPlN*	(ἀρείων „edler, besser“)	besser (von Textilien)
a-ro$_2$-e	*135*	K	*arjo(h)e* oder	*NDuF*		
a-ro$_2$-jo (Fehler statt a-ro$_2$-a?)	*136*	k	*arjo(h)es?*	*NPlF*		
ka-zo-e	*499*	p	*katso(h)es* < **kak(i)joses*	*NPlM*	(χακίων „schlechter“)	schlechter
me-wi-jo	*688*	KP	*mew(i)jōs* oder *mew(i)jos*	*NSg M/F* *NSgN*	vgl. att. μείων „kleiner“	kleiner
me-u-jo	*685*	K	*mewjōs*	*NSg M/F*		
me-wi-jo-e	*689*	K	*mew(i)jo(h)es* oder *mew(i)jo(h)e*	*NPl M/F* *NDu*	= μείους < *-*ohes*	
me-u-jo-e	*687*	K	*mewjo(h)es* oder *mewjo(h)e*	*NPl M/F* *NDu*	= μείους < *-*ohes*	
me-u-jo-a$_2$	*686*	P	*mewjoha*	*NPlN*	= μείω < *-*oha*	
me-ẉị-jo-i	*690*	m	*mew(i)jo(h)i?*	*DPl?*		

LB-Graphik	Nr.	Lok.	Myk.-Gr.	Kasus	Alph.-Gr.	Deutsche Übers.
me-zo	*691*	K	*medzōs* < **megjōs*	*NSg* *M/F*	(με(ί)ζων „größer")	größer
me-zo-e	*693*	KP	*medzo(h)es* oder *medzo(h)e*	*NPl* *M/F* *NDu*	= με(ί)ζους < **-ohes*	
me-zo-a_2	*692*	P	*medzoha*	*NPlN*	= με(ί)ζω < **-oha*	

Bemerkungen zu den *s*-Stämmen

Auch im Bereich der *s*-Stämme kommen in den Linear B-Texten im Prinzip dieselben Deklinationstypen wie im klassischen Griechisch vor. Die substantivischen Appellativa beschränken sich auf die Neutra auf *-os* und *-as* (die ersteren sind besser bezeugt); unter den Eigennamen überwiegen die männlichen Personennamen auf *-ēs* (*-mēdēs, -menēs, -klewēs* usw.), während die Toponyma auf *-os* oft appellativische Herkunft aufweisen (*Alsos, Ankos, Helos* usw.). Zahlreich und verschiedenartig sind die Adjektiva auf *-ēs/es*; zu den adjektivischen *s*-Stämmen gehören auch die vier bezeugten Komparative auf *-ōs/os* (Nom. Pl. M/N: *arjo(h)es, katso(h)es, medzo(h)es, mew(i)jo(h)es* u. a.), sowie die Maskulin- und Neutraformen des Part. Perf. Akt. auf *-wŏ̄s* (Nom. Pl. N.: *arăr̆wo(h)a, tetukhwo(h)a*). Im Unterschied zum Attischen gibt es im Mykenischen (mit der möglichen Ausnahme von ma-so-ni-jo, cf. *Ruijgh* 1967, 90) keine *n*-stämmigen Formen bei den Komparativen (nur *medzo(h)es*, kein **medzones*), sowie keine *t*-stämmigen Formen beim Part. Perf. Akt. (nur *tetukhwo(h)a*, kein **tetukhwota*). Das einstige Auftreten von *-h-* aus **-s-* in Formen auf *-o(h)a* < **-osa* (und *-o(h)es* < **-oses*) wird durch die Verwendung des LB-Zeichens Nr. 25 (A_2 = HA) direkt bezeugt (vgl. me-zo-a_2 *medzoha*, te-tu-ko-wo-a_2 *tetukhwoha*), welches in diesen und ähnlichen Formen oft neben dem „unbehauchten" Nr. 8 (A) vorzufinden ist (vgl. z. B. pa-we-a_2 neben pa-we-a *pharweha/pharwe(h)a)* und vielleicht ein Festhalten an einer behauchten Aussprache an Stelle des ursprünglichen intervokalischen *s* im Nom./Akk. Plur. Neutr. noch in mykenischer Zeit bestätigt (s. S. 110).

Im Gegensatz zu den übrigen konsonantischen Stämmen endet der Dat. Sing. der *s*-Stämme des öfteren auf das lokativische -i = *-i* (z. B. o-ṛẹ-i *ore(h)i*), e-u-me-de-i *E(h)umēde(h)i*), seltener auf das dativische -e = *-ei* (z. B. -a-ke-e *anke(h)ei* neben -a-ke-i *anke(h)i* „in der Schlucht"); diese Neigung zu *-i* beruhte auf einer dissimilatorischen Tendenz.

Paradigmata der *s*-Stämme

(Rekonstruktion)

	Typ *pharwos*		Typ *dipas*	
Nom. Sg.	pa-wo	*pharwos*	di-pa	*dipas*
Gen. Sg.	pa-we-o^{+}	*-we(h)os*	di-pa-o$^{?}$	*dipa(h)os*
Dat. Sg.	pa-we-i^{+}	*-we(h)i*	di-pa-i$^{?}$	*dipa(h)i*
	pa-we-e^{+}	*-we(h)ei*	di-pa-e^{+}	*dipa(h)ei*
Akk. Sg. M/F				
Akk. Sg. N	pa-wo	*pharwos*	di-pa^{+}	*dipas*
Nom./Akk. Du.	pa-we-e^{+}	*-we(h)e*	di-pa-e	*dipa(h)e*
Nom. Pl. M/F				
Nom. Pl. N	pa-we-a/	*-we(h)a*	di-pa$^{!}$	*dipā*
	pa-we-a$_2$		di-pa-a^{+}/	< *dipa(h)a*
			di-pa-a$_2$$^{?}$	
Gen. Pl.	pa-we-o	*-we(h)ōn*	di-pa-o$^{?}$	*dipa(h)ōn*
Dat. Pl.	pa-we-si	*-wes(s)i*	di-pa-si$^{?}$	*dipas(s)i*
Akk. Pl. M/F				
Akk. Pl. N	pa-we-a/	*-we(h)a*	di-pa-a/	*dipa(h)a*
	pa-we-a$_2$		di-pa-a$_2$$^{?}$	
Instr. Pl.	pa-we-pi	*-wesphi*	di-pa-pi$^{?}$	*dipasphi*

	Adjektiv	
Nom. Sg.	ti-ri-(j)o-we	*triōw(w)ēs, triōw(w)es*
Gen. Sg.	-we-o^{+}	*-we(h)os*
Dat. Sg.	-we-i$^{?}$	*-we(h)i*
Akk. Sg. M/F	??	*-we(h)a?*
Akk. Sg. N.	-we	*-wes*
Nom./Akk. Du.	-we-e	*-we(h)e*
Nom. Pl. M/F	-we-e$^{?}$	*-we(h)es*
Nom. Pl. N.	-we-a/ -we-a$_2$$^{+?}$	*-we(h)a*
Gen. Pl.	-we-o$^{?}$	*-we(h)ōn*
Dat. Pl.	-we-si$^{?}$	*-wes(s)i*
Akk. Pl. M/F	??	*-we(h)as?*
Akk. Pl. N.	-we-a/ -we-a$_2$$^{?}$	*-we(h)a*
Instr. Pl.	-we-pi^{+}	*-wesphi*

Unter den einzelnen Kasusformen sind vor allem der Nom. Sing. und Plur. (teilweise auch der Nom. Du.) gut bezeugt, es gibt mehrere Belege auch für den Dat. Sing., andere Kasusformen weisen oft nur wenige oder völlig vereinzelte Belege auf. Doch fast alle bisher anerkannten mykenischen Kasus sind hier mit voller Sicherheit belegt — was bei den anderen konsonantischen Stämmen nicht immer der Fall ist.

Anm.: Das kleine Kreuzchen auf S. 271 gibt wieder an, daß die angeführte Form bei einem anderen Wort bezeugt ist; das kleine Fragezeichen bedeutet, daß die angegebene Form als wahrscheinlich gilt, aber unbezeugt ist. Das kleine Ausrufezeichen bezeichnet eine bereits kontrahierte Form.

B-C) Vokal- und Diphthongstämme

Das Grundschema

Das Grundschema entspricht dem auf S. 226 angeführten Kasusschema der Konsonantenstämme — mit einigen kleinen Abweichungen:

	Mask./Fem.		Neut.	
Nom.Sg.	ø	*-s*	ø	ø
Gen.	-.O	*-os*	-.O	*-os*
Dat.	-.E -.I	*-ei* *-i*	-.E -.I	*-ei* *-i*
Akk.	ø	*-n*	ø	ø
Instr.	?			
Vok.	?			
N/A. Du.	-.E	*-e*	?	
G/D	?		?	
Nom.Pl.	-.E	*-es*	-.A	*-a*
Gen.Pl.	-.O	*-ōn*	-.O	*-ōn*
Dat.Pl.	-SI	*-si*	-SI	*-si*
Akk.Pl.	ø?	*-(n)s*	-.A	*-a*
Instr.Pl.	-PI	*-phi*	-PI	*-phi*

Die einzelnen Kasusformen sind meistens viel spärlicher als bei den Konsonantenstämmen bezeugt; die am besten bezeugten Formen sind der Nom., Gen. und Dat. Sing. sowie der Nom. Plur. Einzelheiten siehe unter den betreffenden Deklinationstypen.

B) Untergruppen der Vokalstämme

Grundsprachlich vermochten Stämme auf *-i-/-ei-* bzw. *-u-/-eu-* jeweils auf (mindestens) 4 verschiedene Arten und Weisen flektiert zu werden (s. *J. Schindler* 1975), sodaß etwa die griechischen *ŏ̄i*-Stämme (s. u. S. 294) diachronisch durchaus als *i*-Stämme interpretiert werden können (sc. als solche mit generalisiertem Suffixablaut *-oj-*). Im Griechischen selbst haben sich bei den *i*- und *u*-Stämmen wiederum neue Flexionstypen ausgebildet, die jene der Grundsprache nur sehr eingeschränkt reflektieren und die zum Teil auch von den *ī*- und *ū*-Stämmen beeinflußt worden sein mögen.

1. *i-/ī*-Stämme

a) *i*-Stämme (Typ *apudosis*; vgl. att. πόλις)

Die im Attischen (πόλεως < -ηος, πόλει, πόλεις, πόλεων, πόλεσι, πόλεις gegenüber der Null-Stufe in πόλις, πόλιν, πόλι) bzw. vereinzelt auch im Ionischen reflektierten Ablautstufen *-ēj-* bzw. auch *-ej-* sind im Mykenischen unbezeugt — doch möglicherweise nur deswegen, weil in den mykenischen Texten die einschlägigen Kasus bisher nicht belegt sind (vgl. weiter 2.a). In jedem Fall ist es bemerkenswert, daß die Belege dieses im alphabetischen Griechisch häufigen Typs im Mykenischen äußerst spärlich sind:

LB-Graphik	Nr.	Lok.	Myk.-Gr.	Kasus	Alph.-Gr.	Deutsche Übers.
a-pu-do-si	*106*	KP	*apudosis*	*NSgF*	= ἀπόδοσις „Zurückgabe, Abgabe“	Abgabe
po-ti-pi	*966*	p	*portiphi*	*IPl*	= πόρτις	junges Rind (als Deko-ration an Möbeln)
(pa-ka-)a-ka-ri	*10*	p	*Pāgā akharis* (Toponym; *akharis* ist ein Adj.)	*NSg*	= πηγή „Quelle“ + ἄχαρις „undankbar, unvergolten, unfreundlich“	„Unfreundli-che Quelle?“

Es gibt allerdings mehrere auf *-i* ausgehende Eigennamen, die aber nicht alle zu den *i*-Stämmen gehören müssen (sondern z. B. zu den *d*-Stämmen auf *-is*, *-idos*); cf. dazu ausführlich *A. Morpurgo Davies* 1999, 389-405.

b) *ī*-Stämme (Typ **wīs* „Kraft, Gewalt“)

Hierher gehört nur der Instrumental **wīphi* von **wīs* in folgenden Personennamen:

wi-pi-no-o		k	*Wīphi-no(h)os*	*NSg*	(ἴφι *I-Pl* „mit Gewalt“ + νόος „Verstand“, νοέω „wahrnehmen“) = Ἰφίνοος

wi-pi-o		k	*Wīphiōn*	*NSg*	= Ἰφίων

2. *u-/ū*-Stämme

a) *u*-Stämme mit Ablaut *u/ew*: Typ *(w)astu*, vgl. πῆχυς, ἄστυ mit den ionischen Gen. πήχεος, ἄστεος:

α) Substantiva:

LB-Graphik	Nr.	Lok.	Myk.-Gr.	Kasus	Alph.-Gr.	Deutsche Übers.
i-*65	*437*	P	*(h)ī̆us?*	*NSgM*	(vgl. υἱύς „Sohn“ — als archaische *u*-stämmige Variante von *o*-stämmigem υἱός „Sohn“; vgl. i-jo I Nr. 413 und -u-jo Nr. 1217, s. Index)	Sohn
i-je-we (oder Fehler statt i-je-re-we, Dat. Sing. zu *eu*-stämmigem i-je-re-u)	*412*	p	*(h)ī̆ewei?*	*DSg*		
i-we (wohl Fehler statt i-je-we)	*435*	k	*(h)īwei?* *(h)ī̆ewei??*	*DSg*		
wa-tu	*1240*	KP	*wastu*	*N/A SgN*	= ἄστυ	Stadt

Bei dem Wort für „Sohn“ würde man eher *hŭ̄jus, hŭ̄jewei* erwarten (vgl. das alphabetische υἱύς), aber die Deutung „Sohn“ scheint durch den Kontext gesichert zu sein — wenn auch dem Syllabogramm Nr. *65 der Lautwert JU noch nicht völlig einstimmig zuerkannt worden ist. Die *o*-stämmige Variante υἱός wurde vor allem in i-jo-(qe) MY Au 102 vermutet, doch auch hier würde man eher ein u-jo erwarten (man interpretiert den Ausdruck i-jo-(qe) auch als Personennamen). Die zu erwartende Wortform u-jo *(h)ŭ̄jos* hat man jüngst auf einem neuen Täfelchen aus Theben entdeckt (s. *V. Aravantinos* 1996, bzw. *Thèbes* 2002, S. 297), wo sie in der Verbindung [ra]-ke-da-mo-ni-jo-u-jo *-(h)ŭ̄jōi DSg*, d. h. zusammen mit dem Ethnikon ra-ke-da-mo-ni-jo *Lakedaimonios* „Lakedaimonier, bzw. aus Lakedaimon, lakedaimonisch“, bezeugt ist (s. S. 424).

β) Adjektiva

LB-Graphik	Nr.	Lok.	Myk.-Gr.	Kasus	Alph.-Gr.	Deutsche Übers.
o-ku		K	*Ōkus* (Personenname)	*NSgM*	= ὠκύς „schnell“	(Herr) Schnell
pa-ke-we	*820*	k	*pakhewes?*	*NPlM*	= παχύς „fett, dick“; vgl. att. παχεῖς Plur.	dick
]p̣ạ-ṛạ-ḳụ	*830*	k	*Brakhus??* (Personen-name?) o. *baraku?* (Subst.)	*NSgM* *???*	= βραχύς? „kurz“; vgl. Dat. βραχεῖ (oder vgl. das akkad. Subst.	kurz, (Herr) Kurz? oder eine blaugrüne
pa-ra-ke-we doch vgl.	*829*	p	*brakhewei?* (zu *Brakhus)*	*D-I* *Sg*	*barrāqtu* und das griech.	Substanz bzw. ein
pa-ra-ku-we (häufigere *ū*-Variante)	*832*	P	*barak(u)wei?* (Subst.?)	*D-I* *Sg*	σμάραγδος, S. Index, Nr. 830, Anm. 170)	Farbstoff? (Subst.)
pa-ra-ku-ja	*831*	k	*barakūja?* (Adj.) < *-uw(i)ja?*	*NPlN*	(d. h. *-ūja* <*-uwja* <*-uwia*,	
56-ra-ku-ja	*1329*	k	= pa-ra-ku-ja?		Variante von *-uwej(j)a*)	
pa-ra-ḳụ-we-jo	*833*	k	*barak(u)-wej(j)ō??*	*NDu*		

In diesem Zusammenhang erscheint vor allem die Deutung „kurz“ als fraglich, da sie an den betreffenden Stellen nicht in den Kontext paßt.

b) *u*-Stämme mit *w* vor Vokal: Typ *doru, dorwos.*

LB-Graphik	Nr.	Lok.	Myk.-Gr.	Kasus	Alph.-Gr.	Deutsche Übers.
do-wa	*242*	k	*dorwa?*	*NPlN*	= δόρυ, δοῦρα Hom.	Holz

c) *ŭ*-Stämme mit *ŭ* vor Kons. und *-u(w)-*; Typ *thrānus, -u(w)os:* vgl. Hom. ϑρῆνυς, -υος).[137]

α) Appellativa:

LB-Graphik	Nr.	Lok.	Myk.-Gr.	Kasus	Alph.-Gr.	Deutsche Übers.
ka-ru-we ka-ru-pi	*489* *487*	p P	*karu(w)ei,* *karwei?* *karuphi*	*D-I* *SgF?* *IPl*	(vgl. κάρυον „Nuß")	Nuß (als Dekoration)
me-tu-wo	*684*	p	*methu(w)os*	*GSgN*	= μέϑυ	Wein
ta-ra-nu ta-ra-nu-we	*1093* *1094*	KP P	*thrānus* *thrānu(w)es*	*NSgM* *NPl*	= ϑρῆνυς Hom.	Schemel

β) Personennamen:

e-te-wa-tu-wo		k	*Etewastu(w)os* < **Etewo-wastu(w)os* (Haplologie)	*GSg*	(ἐτεός „wahr" + ἄστυ „Stadt")
o-du o-du-we		k k	*?* *?*	*NSg* *DSg*	
re-u-ko-ro-o-pu$_2$-ru (wohl Fehler statt re-u-ko-o-pu$_2$-ru)		p	*Leuko(h)ophrūs*	*NSgM*	(λευκός „weiß" + ὀφρῦς „Augenbrauen")

[137] Der Ansatz von antevokalischem *-u(w)-* statt *-w-* ist hier keineswegs immer gesichert und erfolgt z. T. nur auf Grund der alphabetisch-griechischen Evidenz.

γ) Theonyma:

LB-Graphik	Nr.	Lok.	Myk.-Gr.	Kasus	Alph.-Gr.	Deutsche Übers.
e-ri-nu		k	*Erī̆n(n)ūs?* (oder aus syntakt. Gründen eher *Erī̆n(n)ūi?*)	*NSgF* o. *DSg?*	= Ἐρινύς (im klass. Griechisch gewöhnlich im Plural)	Erinys
e-ri-nu-we		k	*Erī̆n(n)u(w)ei*	*DSg*		

δ) Toponyma

LB-Graphik	Nr.	Lok.	Myk.-Gr.	Kasus	Alph.-Gr.	Deutsche Übers.
a-pu$_2$-de a-pu-we vgl. auch a-pu$_2$-ja (als eine -*iā*-Bildung zu *a-pu$_2$: „Gebiet von a-pu$_2$“)	p P p		*-ŭ̄(n)-de* *-u(w)ei* *-ūjā* <*-uwjā* <*-uwiā?*	*ASg M/N* *D-L Sg*	(kaum zu αἰπύς „hochragend“, vgl. Topon. Αἰπύ bei Hom., da dann a$_3$-pu zu erwarten)	„nach A.“ „in A.“
ko-tu-wo ko-tu-we		p P	*-u(w)os* *-u(w)ei*	*GSg* *D-L Sg*	(vgl. Topon. Γόρτυς?)	G.? „in G.“
o-]du-ru-wo = u-du-ru-wo o-du-ru-we (vgl. das Adj. o-du-ru-wi-jo/ja)		k k k kt	*-u(w)os* *-u(w)os* *-u(w)ei*	*GSg* *GSg* *D-L Sg*		O.? „in O.“

Vgl. noch weitere mögliche Lokative, z. B. i-ja-pu$_2$-we k, ma-ra-ne-nu-we p, si-ja-du-we K, te-tu-ru-we P.

ε) Monatsnamen

sa-pa-nu- wo- me-no		k	*S... u(w)os* *mēn(n)os*	*GSg*	= μείς, μήν Gen. μηνός „Monat“	„im Monat S.“

Von den oben angeführten Typen 1-2 ist am besten der Typ 2.c) *(thrānus)* belegt, alle anderen Paradigmen weisen große Lücken auf; besonders die Pluralformen kommen selten vor. Überraschenderweise gehören die *i*-Stämme zu den am schlechtesten bezeugten mykenischen Nominalstämmen.

C) Sogenannte Diphthongstämme

a) *ĕ̄u*-**Stämme** (mit Ablaut *ēw/eu*: der Typ g^w*asileus*, vgl. βασιλεύς).

α) Appellativa: männliche Berufsbezeichnungen

LB-Graphik	Nr.	Lok.	Myk.-Gr.	Kasus	Alph.-Gr.	Deutsche Übers.
a-mo-te-wo	*55*	P	*(h)ar(h)mo-tēwos* oder *(h)ar(h)mos-tēwos*	*GSg*	(vgl. ἅρμα „Rad?, Wagen“ oder ἁρμόττω „fügen“)	Wagner oder Monteur
a-pu-da-se-we	*104*	k	*apudas(s)ēwei* oder *-wes*	*DSg* *NPl*	(ἀπό + δατέομαι „verteilen“)	Verteiler, Aufteiler?
i-je-re-u und i-e-re-u i-je-re-wo	*402* *398* *404*	KP p	*(h)i(j)ereus* *(h)i(h)ereus* *(h)i(j)erēwos*	*NSg* *GSg*	= ἱερεύς	Priester
ị-ṭẹ-ẉẹ	*433*	p	*(h)istēwei* oder *-wes?*	*DSg* *NPl*	(vgl. ἱστός „Webstuhl“?)	Weber

LB-Graphik	Nr.	Lok.	Myk.-Gr.	Kasus	Alph.-Gr.	Deutsche Übers.
ka-ke-u	*445*	kP	*khalkeus*	*NSg*	= χαλκεύς	Schmied
ka-ke-we	*447*	kP	*khalkēwei*	*DSg*		
			bzw.			
			-wes	*NPl*		
ka-ke-wi	*448*	m	*khalkēwi*	*DSg*		
ka-ke-u-si	*446*	P	*khalkeusi*	*DPl*		
ka-ma-e-u	*453*	P	*k(h)ama-*	*NSg*	(vgl. ka-ma,	der ein
	454	P	*(h)eus?*		ein Typ von	ka-ma
ka-ma-e-we			*k(h)ama-*	*DSg*	Bodenbesitz)	besitzt
			(h)ēwei			
			bzw.	*NPl*		
			k(h)ama-			
			(h)ēwes?			
ka-na-pe-u	*458*	P	*knapheus*	*NSg*	= κναφεύς	Walker
ka-na-pe-wo	*461*	p	*knaphēwos*	*GSg*		
ka-na-pe-we	*460*	mt	*knaphēwei*	*DSg*		
			o. *-wes*	*NPl*		
ka-na-pe-u-si	*459*	M	*knapheusi*	*DPl*		
ke-ra-me-u	*521*	p	*kerameus*	*NSg*	= κεραμεύς	Töpfer
ke-ra-me-wo	*524*	P	*keramēwos*	*GSg*		
ke-ra-me-we	*522*	p	*keramēwe*	*NDu*		
ke-ra-me-wi[	*523*	m	*keramēwi*	*DSg*		
ki-ri-se-we	*546*	p	*khrisēwe*	*NDu*	(vgl. χρίω	Maler,
			o. -wes?	*NPl*	„anstreichen“)	Anstreicher?
ko-to-ne-we	*599*	p	*ktoinēwes*	*NPl*	(vgl. ko-to-na κτοίνα „Bodenbesitz“)	der eine ko-to-na besitzt
me-ri-te-wo	*673*	P	*melitēwos*	*GSg*	(vgl. μέλι „Honig“)	Zeidler

LB-Graphik	Nr.	Lok.	Myk.-Gr.	Kasus	Alph.-Gr.	Deutsche Übers.
o-pi-te-ke-e-u statt *o-pi-te-u-ke-e-u o-pi-te-u-ke-(e-)we	*776* *777*	p kP	*opiteukhe-(h)eus?* *opiteukhe-(h)ēwei?* o. *-ēwes*	*NSg* *DSg* *NPl*	(ὀπί + τεῦχος „Ausrüstung")	Waffen-aufseher?
pa-ṛạ-ḳẹ-te-e-u pa-ra-ke-te-e-we	*827* *828*	p p	*pālāk-ente(h)eus?* *-ēwes?*	*NSg* *NPl*	(vgl. πῆληξ „Helm" o. *plă̄k/g-* „schlagen" + ἔντεα „Waffen-ausrüstung")	Waffen-schmied als „der Waffen (flach-) schlägt"
pe-re-ke-u pe-re-ke-we	*883* *884*	p Pm	*p(e)lekeus?* *p(e)lekēwei?* o. *-ēwes?*	*NSg* *DSg* *NPl*	(vgl. πλέκω „flechten")	Flechter??
po-qa-te-u	*930*	p	*phorg^{w}āteus?* oder *phoig^{w}asteus?*	*NSg*	(vgl. φορβή „Futter", oder φοιβάζω „reinigen" und φοιβαστής „Reiniger, Wahrsager")	Fütterer? oder Wahrsager?
qa-si-re-u qa]-si-re-we	*987* *988*	P k	*g^{w}asileus* *g^{w}asilēwei* oder *g^{w}asilēwes?*	*NSg* *DSg* *NPl*	= βασιλεύς „König"	ein Lokalbeamter! (nicht „König"!)
u-wo-qe-we	*1225*	k	*u(w)ŏ̄k^{w}ēwes?*	*NPl*	(ὑ- = ἐπι- + **ŏ̄k^w-* „sehen")	Aufseher?
wi-ri-ne-u wi-ri-ne-we	*1276* *1277*	t K	*wrīneus* *wrīnēwei* oder *wrīnēwes?*	*NSg* *DSg* *NPl*	(vgl. ῥινός „Rindsfell")	Gerber

LB-Graphik	Nr.	Lok.	Myk.-Gr.	Kasus	Alph.-Gr.	Deutsche Übers.
wo-we-u	*1301*	Kp	*worweus?*	*NSg*	(vgl. ὅρος < *ϝορϝος „Grenze“)	(ein Titel?)
ze-u-ke-u-si	*1318*	P	*dzeugeusi*	*DPl*	(vgl. ζευγῖται „Gespann-besitzer“)	Jochführer, Ochsen-treiber?

Vgl. noch ein paar weitere Berufsbezeichnungen:

da-i-ja-ke-re-u	*179*	p	*dā(h/j)i-agreus?*	*NSg*	(einige spekulative Deutungen)
e-da-e-u e-da-e-wo	*252* *253*	kp P		*NSg* *GSg*	(oder Ethnikon?)
e-re-e-u e-re-e-wo e-re-e-we	*344* *346* *345*	p p P	*ere(h)eus?* o. *(h)ele(h)eus?* vgl. S. 286	*NSg* *GSg* *DSg* *NPl*	(Aufseher über Ruderer?) o. zu ἕλος „Sumpf“?
e-ro-pa-ke-u[138]	*368*	k		*NSg*	(einige spekulative Deutungen)
e-sa-re-u e-sa-re-we	*373* *374*	P kp		*NSg* *DSg*	(oder Personenname?)
ki-jo-ne-u-si ḳị-jo-ne-we	*542* *543*	p k		*DPl* *DSg/* *NPl*	
ku-re-we	*626*	kP	*skulēwes*	*NPl*	(oder Ethnikon?)
ma-ra-te-we	*649*	p	*malanthēwes*	*NPl*	
pa-da-je-u pa-da-je-wo pa-da-je-we	*809* *811* *810*	P p P	*pandajjeus?* *-jjēwos?* *-jjēwei?*	*NSg* *GSg* *DSg*	(Ethnikon?)
pa-de-we-u	*813*	P	vgl. pa-da-je-u?	*NSg*	
pe-di-e-wi pe-di-je-we	*861* *862*	p p	*pedi(h)ēwi?* *pedi(h)ēwes?*	*DSg* *NPl*	
te-re-te-we	*1129*	p		*DSg*	

[138] Vgl. e-ro-pa-ke-ja; im Textilbereich tätiger Mann /oben/ bzw. Frau /hier/.

tu-ra-te-u tu-ra-te-we tu-ra-te-u-si	*1200* *1202* *1201*	P k P	*thurāteus* *-tēwes?* *-teusi?*	*NSg* *NPl* *DPl*	
wa-te-u	*1239*	p	*wasteus?*	*NSg*	
we-re-we	*1265*	K		*NPl*	?

β) Andere Appellativa:

LB-Graphik	Nr.	Lok.	Myk.-Gr.	Kasus	Alph.-Gr.	Deutsche Übers.
a-pi-po-re-we a-pi-re-we a-po-re-we	*91* *95* *98*	k k pmt	*amphiphorēwes* *amphi(pho)-rēwes* *amphorēwe*	*NPl* *NPl* *NDu*	= ἀμφορεύς, ἀμφιφορεύς	Amphore, zweihenkliges Gefäß
a-te-we	*145*	p	*?*	*NPl*		(ein Gefäß)
a₃-mi-re-we	*174*	K	*(h)aimilēwes?*	*NPl*	?	Widder (nähere Beschreibung von Widder)
e-ka-ra-e-we	*260*	K	*engra(h)ēwes?*	*NPl*	?	Widder (nähere Beschreibung)
e-ku-se-we	*279*	m	*enkhusēwes*	*NPl*	(ἐν + χέω „gießen"; vgl. ἔγχυσις *M. Meier-Brügger* 1995, 9)	ein Gefäß
e-pi-u-ru-te-we	*312*	p	*epi-wrŭ̄tēwei* oder *-ēwes?*	*DSg* *NPl*	(ἐπί + ἐρύω „ziehen, spannen", vgl. ῥυτήρ „Riemen")	Überzieher? (Kleidungsstück)

ka-ra-re-we	*475*	kp	*khlārēwes?*	*NPl*	(vgl. χλαρόν· ἐλαιηρὸς κώθων Hesych)	(ein Gefäß)
ke-ni-qe-te-we	*513*	km	*khernik*^{w}*tēwes* (vgl. *O. Panagl* Sprache 23, 1977, 49f.)	*NPl*	(vgl. χέρνιψ „Wasser zum Hände-waschen“, χερνίπτομαι „sich die Hände waschen“)	Waschbecken?
we-je-we	*1251*	kp	*wejē̆wes, (h)ū̆jē̆wes*	*NPl*	(υἱήν· τὴν ἄμπελον „Weinrebe“)	Weinrebe, Weinstock
wo-ne-we	*1290*	P	*wornēwes?* < **wr̥nēwes,* eher als *woinēwes??* o. *wornēwei?*	*NPl* *DSg*	(ἀρήν < **wr̥ēn* „Lamm“; o. οἶνος „Wein“; anders *M. Peters*, 1993, 387ff.)	Schaf (nähere Beschreibung von Schafen)

Es handelt sich also meistens um Gefäßnamen bzw. um Ausdrücke, die mit der Registrierung von Schafherden verbunden sind (offensichtlich Tierbezeichnungen).

Vgl. auch einige weitere Appellativa ähnlicher Art:

ma-te-u-pi	*653*	k		*IPl*	
me-ta-se-we	*682*	p		*NPl*	Baumaterial?

Dazu treten einige Belege *eu*-stämmiger Nomina in, wie es scheint, adjektivischer Funktion:

LB-Graphik	Nr.	Lok.	Myk.-Gr.	Kasus	Alph.-Gr.	Deutsche Übers.
a_3-ke-u *34-ke-u (graphische Variante?)	*170* *1323*	p p	*aigeus??*	*NSgM* *NSg*	(wahrscheinlich nicht der Personenname Αἰγεύς, eher ein Derivat von αἴξ „Ziege“, doch auch dies ist unsicher)	??
o-pi-ke-wi-ri-je-u	*767*	p	*opikheurieus?*	*NSg*	(in demselben Text wie *34-ke-u)	

An den beiden Belegstellen für a_3-ke-u und *34-ke-u (PY Ta 641 bzw. PY Ta 709) handelt es sich wahrscheinlich (wenn hier auch die Forschung nicht völlig übereinstimmt) um „(ein Dreifuß) mit *Ziegen*elementen als Dekoration“, doch auf dem Täfelchen PY Ta 641 befindet sich das Wort a_3-ke-u im Nom. Sing., während das Substantivum ti-ri-po-de im Nom. Du. steht. Das lautlich ungedeutete Wort *34-ke-u findet sich auf demselben Täfelchen PY Ta 709 wie der Ausdruck o-pi-ke-wi-ri-je-u, der ebenfalls ohne eine sichere Interpretation bleibt. Nach Docs[2] 488 hat man es hier mit qualifizierenden Adjektiven zu tun; es könnte sich um den sogenannten *Nominativus rubricae* handeln.

Die Gesamtzahl der *eu*-stämmigen substantivischen Appellativa umfaßt also etwa 45 Ausdrücke, von welchen allerdings einige eher Personennamen oder Ethnika sein könnten.

γ) *eu*-stämmige Eigennamen:

γ¹) Personennamen

a-i-qe-u a-i-qe-wo a-i-qe-we		P p p	$A(h)ik^{w}heus$ $A(h)ik^{w}h\bar{e}wos$ $A(h)ik^{w}h\bar{e}wei$	*NSg* *GSg* *DSg*	(Hypokoristikon zu einem $*A(h)ik^{w}ont\bar{a}s$ „der mit dem Schwert tötet“)	
a-ki-re-u a-ki-re-we		k p	*Akhil(l)eus* *Akhil(l)ēwei*	*NSg* *DSg*	= Ἀχιλ(λ)εύς	
di-wi-je-u di-wi-je-we		P P	*Diw(i)jeus?* *Diw(i)jēwei?*	*NSg* *DSg*	= Διεύς	
e-re-e-u e-re-e-wo e-re-e-we		p p P	*(H)ele-* *-(h)eus*[139] *-(h)ēwos?* *-(h)ēwei?* *-(h)ēwes?*	*NSg* *GSg* *DSg* *NPl*		
e-ta-wo-ne-u e-ta-wo-ne-wo e-ta-wo-ne-we		P k k	*Etāwoneus?* *Etāwonēwos* *Etāwonēwei*	*NSg* *GSg* *DSg*	(vgl. Ἐτεωνεύς, vor allem in Pylos ein Personenname)	
ko-pe-re-u ko-pe-re-wo ko-pe-re-we		kPt p k	*Kopreus* *Koprēwos* *Koprēwei*	*NSg* *GSg* *DSg*	= Κοπρεύς	
pi-ke-re-u pi-ke-re-wo pi-ke-re-we		P P P	*Pikreus?* *Pikrēwos* *Pikrēwei*	*NSg* *GSg* *DSg*		
po-ro-u-te-u po-ro-u-te-wo po-ro-u-te-we		kP p p	*Plouteus?* *Ploutēwos* *Ploutēwei*	*NSg* *GSg* *DSg*	(vgl. Πλουτεύς)	

[139] Oder eine Beschäftigungsbezeichnung („Aufseher über Ruderer“); vgl. S. 282.

sa-ke-re-u sa-ke-re-wo sa-ke-re-we		P p P	?	*NSg* *GSg* *DSg*	(vgl. Σαγγαρεῖς /Ethnikon/?)	

Es gibt noch viele weitere Personennamen dieser Art, die allerdings nicht so viele Kasusformen aufweisen. Doch haben einige von ihnen gute Parallelen im alphabetischen Griechisch oder sind aus anderem Grunde bemerkenswert. Einige Beispiele:

a-ke-re-u a-ke-re-we		P p	*Agreus?* *Agrēwei*	*NSg* *DSg*	(vgl. ἀγρός „Feld“)	bzw. ein Ortsname
a-ke-u a-ke-wo		K k	*Alkeus?* *Alkēwos*	*NSg* *GSg*	(vgl. ἀλκή „Kraft“)	
a-re-ke-se-u		km ?	*Alekseus*	*NSg*	(vgl. ἀλέξω „abwehren“)	
a-ta-ma-ne-u a-ta-ma-ne-we		p p	*Athamāneus* *Athamānēwei*	*NSg* *DSg*	(vgl. Ἀθαμᾶνες Ethnikon)	
a-we-ke-se-u a-we-ke-se-we		P p	*Awekseus?* *Aweksēwei*	*NSg* *DSg*	(vgl. ἀέξω „vergrößern“)	
a₃-ki-e-wo a₃-ki-e-we		p p	*Aigi(h)ēwos* *Aigi(h)ēwei*	*GSg* *DSg*	= Αἰγιεύς	
do-ri-je-we		p	*Dōriēwei*	*DSg*	= Δωριεύς	
e-po-me-ne-ụ e-po-me-ne-we		p P	*(H)epo-* *-meneus* *-menēwos*	*NSg* *DSg*	(vgl. ἕπω „besorgen“)	
ka-ri-se-u		Kp m	*Khariseus*	*NSg*	(vgl. Χαρίσιος)	
ke-re-te-u		P	*Krētheus*	*NSg*	= Κρηθεύς	
o-ko-me-ne-u		p	*Orkhome-neus*	*NSg*	(vgl. Topon. Ὀρχομενός)	

o-na-se-u		kP	*Onāseus*	*NSg*	(vgl. kypr. o-na-si Ὄνασις *NSg*)	
po-ke-we		p	*Phōkēwei*	*DSg*	= Φωκεύς (Ethnikon)	
po-te-u po-i-te-u po-te-wo		P k P	*Ponteus* o. *Phoiteus* *-ēwos*	*NSg* *GSg*	= Ποντεύς o. Φοιτεύς	
si-mi-te-u		K	*Smintheus*	*NSg*	= Σμινθεύς Hom. Il.1,39 (Epitheton von Apollon!)	
ta-ti-qo-we-u ta-ti-qo-we-wo		p p	*Stātig^{w}oweus* *-wēwos*	*NSg* *GSg*	(vgl. ἵστημι „stellen", und Στήσ-ιππος; oder vgl. **(s)tā-* „stehlen" + *g^{w}ou* - „Rind")	
te-se-u		P	*Thēseus*	*NSg*	= Θησεύς	

Zu diesen Personennamen treten ein paar weitere hinzu, die auch als Appellativa belegt sind, z. B. in Pylos.

ka-ke-u	*445*	p	*Khalkeus*	*NSg*	= χαλκεύς „Schmied"	„(Herr) Schmied"

Bei einigen *eu*-stämmigen Substantiven ist es nicht sicher, ob es sich um Berufsbezeichnungen bzw. Titel oder eher um Personennamen handelt (s. oben sub α). Die Gesamtzahl der *eu*-stämmigen Personennamen schätzt man angesichts dieser Unsicherheit auf etwa 150 Belege.

γ²) Theonyme bzw. Namen von Priesterkollegien bestimmter Gottheiten

Aufgrund des Kontextes kann man zwei Ausdrücke auf *-eus* als Götternamen betrachten (auch wenn ihre lautliche Interpretation unklar ist) und einen weiteren als Namen eines Priesterkollegiums des Poseidon ansehen:

ma̩-ri-ne-wo ma-ri-ne-we		k K	*?* *?*	*GSg* *DSg*	(eine Gottheit?)	
pa-de-we		P	*Pandēwei?*	*DSg*	(eine Gottheit?)	
po-si-da-i-je-u-si		p	*Posidā(h)ieusi*	*DPl*	(vgl. Ποσειδῶν < Ποσειδάων)	Priester des Poseidon

γ³) Toponyme

Für Ortsnamen werden auf Grund der Textanalyse vor allem folgende Ausdrücke gehalten:

a-pa-re-u-pi, aber a-pa-re-u̩		P k	*-euphi* *-eus*	*IPl* *NSg*	Toponym! Personenname!	„aus A." A...
a-we-u-pi		P	*-euphi*	*IPl*		„aus A."
a_3-ta-re-u-si		p	*-eusi*	*D-L Pl*		„in A."
da-we-u-pi		P	*-euphi*	*IPl*		„aus A."
e-re-de		P	*-ēn-de*	*ASg + de*		„nach E."

ku-te-re-u-pi, aber ku-ṭẹ-ṛẹ-u		P p	*Kuthēreuphi?* *Kuthēreus?*	*IPl* *NSg*	(vgl. Κύθηρα *NPlN*, Insel) Personenname bzw. Ethnikon	„aus Kuthērēwes" (Toponym) Kuthēreus
ma-se-de		P	*-ēn-de*	*ASg + de*		„nach M."
wa-a_2-te-we wa-a_2-te-pi (statt -te-u-pi!)		p P	*-ēwei?* *-ēphi? -euphi?*	*D-L Sg* *IPl*	„in W." (Topon. im Sg.) „aus W." (Topon. im Pl.)	

Am sichersten scheint hier die lokativische Bedeutung der Dative (sowohl im Sing. als auch im Plur.) zu sein. Bei den Instrumentalen geht man vor allem von der Textanalyse aus, wobei man die Annahme von *P. Ilievski* 1961 für richtig hält, daß die Formen des Instr. Plur. bei den Ortsnamen eine ablativische Bedeutung haben (s. S. 444 u. a.). Die Ausdrücke e-re-de, ma-se-de analysierte *M. Lejeune* 1961 als Akkusative auf *-ēn + de*, wobei *-ēn* im Arkadischen wiederkehrt und durch die kyprischen Nominative auf *-ēs* von *eu*-Stämmen auch für diesen Dialekt vorausgesetzt werden dürfte (cf. *A. Lillo*, Glotta 61, 1983, 4) und nach *J. Schindler* 1976 als der ursprüngliche Ausgang der *eu*-Stämme innerhalb des Griechischen angesehen werden kann. Beide Toponyme stammen von der Tafel PY Mn 1411. Mit Ausnahme von ku-te-re-u-pi existiert für die obengenannten Toponyme weder eine überzeugende lautliche Interpretation noch irgendeine sichere topographische Lokalisierung.

Kasusformen der *eu*-Stämme

Wenn auch die *eu*-Stämme die produktivsten unter den mykenischen Stämmen der 3. Deklination zu sein scheinen, findet man nicht einmal bei ihnen alle Kasusformen genügend dokumentiert. Am häufigsten kommen in den mykenischen Texten der Nom., Gen. und Dat. Sing. sowie auch der Nom. Plur. vor; doch wie bereits aus den besprochenen Interpretationen hervorgeht, ist bei der graphischen Form -e-we oft schwer zu entscheiden, ob es sich um den Dat. Sing. *-ēwei* oder um den Nom. Plur. *-ēwes* (event.

auch um den Nom./Akk. Du. -*ēwe*) handelt. Der Ausgang -e-wi, d. h. -*ēwi*, wurde nach einigen Forschern in Mykene bevorzugt, wie -*i* auch bei den Konsonantenstämmen ebenda überwiegt. Der Dat. und Instr. Plur. sind seltenere Kasusformen, doch ihre Belege sind in der Regel sicher und syntaktisch gut erklärbar. Alle anderen Kasusformen sind ohne Belege (mit Ausnahme des nicht völlig sicheren Akk. Sing. auf -*ēn* + *de*); die Unausgewogenheit der Beleglage des Paradigmas geht aus der folgenden Übersicht hervor.

Paradigma der *eu*-Stämme
(Rekonstruktion)

	Sing.		Dual		Plur.	
Nom.	-e-u	-*eus*	-e-we	-*ēwe*	-e-we	-*ēwes*
Gen.	-e-wo	-*ēwos*	?	?	-e-wo?	-*ēwōn??*
Dat.	-e-we -e-wi	-*ēwei* -*ēwi??*	?	?	-e-u-si	-*eusi*
Akk.	-e?	-*ēn?* (s. *N. Maurice* 1988, 134)	-e-we	-*ēwe*	?	?
Instr.					-e-u-pi, -e-pi	-*euphi*, -*ēphi(?)*

b) „Langdiphthongstämme“ mit Ablaut *ĕ̄u/w/ē* (nur **Djĕ̄us/Diwos*)

di-wo di-we		p Kp kh	*Diwos* *Diwei*	*GSg* *DSg*	= Δι(ϝ)ός Δι(ϝ)ί, bzw. Διϝείφιλος	Zeus

Vom Namen des Zeus wurden auch einige weitere mykenische Ausdrücke abgeleitet, die allerdings wegen ihrer Suffixe zu anderen Stammklassen gehören, z. B.:

di-u-ja, di-wi-ja		P	*Diwjās* *Diw(i)jāi*	*GSgF* *DSgF*	vgl. Ζεύς usw.	eine weibliche Gottheit als Gegenstück zu Zeus
di-u-ja-jo		p	*Diwjajjōi*	*D-L SgN*	vgl. di-u-ja	„im Heiligtum von Diw(i)ja“

di-u-jo, di-wi-jo di-wi-jo-de		P pkh	*Diw(i)jon* bzw. *Diw(i)jōi* *Diw(i)jon-de*	*N/A/* *DSgN* *ASg* + *de*		Diw(i)jon, das Heiligtum von Zeus; „ins ... D.“
di-wi-je-u di-wi-je-we		P P	*Diwieus* *Diwiēwei*	*NSgM* *DSg* *M*	vgl. Διεύς	Diwieus (Personenname)

c) „Langdiphthongstämme“ mit Ablaut *ă̄u/āw* (nur *nă̄us* „Schiff“)

Dieses Wort ist im Mykenischen nur als erstes Glied einiger Komposita belegt (oft in Eigennamen):

na-u-do-mo	*703*	kP	*naudomoi*	*NPl*	(vgl. ναῦς „Schiff“ + δέμω „bauen“)	Schiffsbauer
ṇạ-u-pi-ri-jọ-ị		k	*Nauplioi(h)i?*	*DPlM*	vgl. Ναύπλια (Toponym in NPl)	„für diejenigen von Nauplion“
na-u-si-ke-re[-we?]		k	*Nausiklewēs*	*NSg*	(vgl. Ναυσικλῆς)	Nausiklewēs (Personenname)

Die alphabetischen Wörter γραῦς/γρηῦς, πρᾱῦς/πρηῢς flektieren z. T. deutlich anders als das „Schiff“-Wort und sind vielmehr als Stämme auf **-āju-* (woferne nicht auf eine noch andere Weise) zu erklären; mykenisches *ka-ra-we* daher = *graiwes* (oder vielleicht *gră̄w(w)es*), mykenisches *pa-ra-we* daher = *praiwes*, und nicht *grāwes*, *prāwes*. So etwa *Janko*, Minos 17, 1981, 33 (*M. Peters*).

d) „Langdiphthongstämme“ mit Ablaut *ŏ̆u/ow/ō* (nur *g*^{w}*ŏ̆us* „Rind“)

qo-o	*1011*	p	*g*^{w}*ōn(s)?* o. *g*^{w}*ōn?* (s. *E. Risch* 1986, 69)	*APl* *ASg*	= βῶς, βοῦς βοῦν	Rind
qo-we	*1016*	m	*g*^{w}*owei?*	*DSg*		

Das doppelte -o-o erklärt man als *scriptio plena* im Falle einer einsilbigen Wortform (sc. mit Langvokal), die bei anderen Monosyllaba (auch solchen mit Langvokal) freilich nicht wiederkehrt (cf. *Y. Duhoux* 1985, 42). Nach *Hollifield* 1980, 28 liegt hier nicht nur ein gewöhnlicher ererbter Langvokal, sondern ein solcher mit altem Zirkumflex vor (*M. Peters*, mündlich).

Das Wort *g*^{w}*ŏ̆us* selbst erscheint außerordentlich oft als erstes Glied von Komposita (sowohl in Appellativen als auch in Personennamen):

qo-qo-ta-o	*1012*	P	*g*^{w}*ŏ̆(u)g*^{w}*ŏ̆tā(h)o* *g*^{w}*ŏ̆(u)g*^{w}*ŏ̆tā-(h)ōn*	*GSg/ Pl*	= βουβότης	Viehhirt
qo-u-qo-ta (vgl. oben qo-qo-ta-o /Appell./)		k	*G*^{w}*oug*^{w}*ŏ̆tāi*	*DSg*	s. oben	G^{w}oug^{w}ŏ̆tās (Personenname)
qo-u-ka-ra	*1013*	P	*g*^{w}*ou-k(a)rā̆s*	*NSgF* Adj.	(vgl. κάρη „Kopf“)	„mit einem Rinderkopf“
qo-u-ko-ro qo-u-ko-ro-jo	*1014* *1015*	P tir p	*g*^{w}*oukolos* *g*^{w}*oukoloi* *g*^{w}*oukolojjo*	*NSg/* *Pl* *GSg*	= βουκόλος	Viehhirt
qo-wa-ke-se-u[		k	*G*^{w}*owakseus*	*NSg*	(vgl. ἄγω „führen“)	G^{w}. (Personenname)

Die Stämme des alphabetischen Griechisch vom Typ ἥρως, die nach dem Muster -ως, -ωος, -ωι, -ωα/-ων usw. flektieren, werden zwar nach

Die Stämme des alphabetischen Griechisch vom Typ ἥρως, die nach dem Muster -ως, -ωος, -ωι, -ωα/-ων usw. flektieren, werden zwar nach *J. Schindler* 1976, 352 am besten auf *u*-Stämme mit Suffixablaut *-ō(w)-*, *-w-*, *-ow-* zurückgeführt, zeigen aber schon im Mykenischen keine Spur von *-w-* mehr und scheinen sich vielmehr wie Stämme auf *-h-* zu verhalten (*M. Peters*):

e-ro-e		k	*(h)ērō(h)ei?*	*DSg*	(vgl. ἥρως „Held")	Heros (als Personenname)
ti-ri-se-ro-e		P	*Tris-(h)ērō(h)ei?*	*DSg*	(vgl. τρίς „dreimal")	Dreimal-Heros? (Göttername?)

e) *ŏi*-Stämme (der Typ ἠχώ „Echo")

Weibliche *ŏi*-Stämme (der Typ ἠχώ) könnten sich im Mykenischen unter einigen weiblichen Personennamen, die auf *-ō* enden, verbergen; das beste Beispiel stellt der Dativ si-to (cf. *Godart/Sacconi*, CRAI 1997/3 [1998], 900ff., bzw. *Thèbes* 2002, S. 396) dar, der überdies zeigt, daß die *ŏi*-Stämme des Mykenischen schon die analogische Flexion vom Typ *-ō, -ōs, -ōi, -ōn* (generiert nach dem Muster *-ā, -ās, -āi, -ān* der fem. *ā*-Stämme) gekannt haben, während die ursprünglichere Flexion auf *-ō(i), -ojos, -oj(e)i, -oja* im Ion.-Attischen fortgesetzt worden ist (*M. Peters*, mündlich).

Übersicht über die mykenischen Deklinationen

Die mykenischen Deklinationen zeigen enge Berührungen mit den griechischen Nominalparadigmen des 1. Jahrtausends v. Chr.

	Appellativa		Subst.	Adj.	Part.	Insgesamt
1. Dekl. (Subst.)	*ā*-Stämme	m.	44/33			212/157
		f.	117/90			
	ja-Stämme		30/15	15/14	6/5	
2. Dekl. (Subst.)	*o*-Stämme	m.	173/153			253/213
		m./f.	8/6			
		f.	10/6			
		n.	62/48			
1./2. Dekl. (Adj.)	*-os, -ā, -on*			155/106	34/23	212/148
	-os, -on			23/19		
3. Dekl. (Kons. Stämme auf...)	Labiale					140/83
	Dentale		28/19	?		
	+ *rt-, kt-*		15/4			
	+ *nt-*		11/5	25/11	23/16	
	+ *mn̥t-*		16/12			
	+ *r/n̥t-*		3/3?			
	Velare		17/11			
	Labiovelare		2/2			
	-n		36/19	?		86/50
	-m			1/1		
	-r		48/29			
	-l		1/1			
	-s		38/23	38/22	9/6	85/51
3. Dekl. (Vok. und diphth. Stämme auf...)	*-i*		2/2	3/2		109/79
	-u		14/8	1/1		
	-ē̆u		85/61	?		
	-ē̆u/w/ē		1/2			
	-ā̆u		1/1			
	-ō̆u		2/2			
	-ō̆i					
Insgesamt			min. 764/555	261/176	72/50	1097/781

Anm.: Die erste Ziffer faßt alle LB-Wortformen zusammen, während die zweite Ziffer die approximative Zahl der lexikalischen Einheiten (Lemmata) zum Ausdruck bringt (+ etwa 1–2 % mehr).

I. Deklination

Die I. Deklination umfaßt 1. maskuline und feminine *ā*-Stämme und 2. feminine *ja*-Stämme. Eine Unterscheidung der *ja*-Stämme von den femininen *ā*-Stämmen vorzunehmen ist auf der Basis der ganz unzureichenden LB-Orthographie nicht möglich, doch in der Regel akzeptiert man die Stammzuordnung, die im 1. Jahrtausend v. Chr. belegt ist.

Unter den etwa 350 verhältnismäßig gut klassifizierbaren Substantiven der *-ā/-ja*-Stämme befinden sich etwa 200 Eigennamen; etwa 110 davon sind Frauen- oder Göttinnennamen bzw. Toponyma, die restlichen ca. 90 Namen sind Männernamen auf *-ās*.

Die Mehrzahl der ca. 140 *ā*-stämmigen Appellativa unter den Substantiven sind feminine *ā*-Stämme (etwa 90 Ausdrücke), die femininen *ja*-Stämme sind seltener (es handelt sich hauptsächlich um feminine Berufsnamen, z. B. ra-pi-ti-ra$_2$ *rhaptrjai* „Schneiderinnen", doch auch um Ausdrücke anderer Art, z. B. wi-ri-za *wridza* „Wurzel"; insgesamt etwa 15 Wörter). Auch die maskulinen *ā*-Stämme sind meistens Nomina agentis, z. B. e-re-ta *eretai* „Ruderer" oder ra-wa-ke-ta *lāwāgetās* „Volksanführer, Heerführer", etwa 35 Ausdrücke insgesamt.

Im Bereich der Personen- und Götternamen dürfte es auch maskuline *ē*-Stämme gegeben haben, die genau dem Flexionsmuster der maskulinen *ā*-Stämme folgten, aber an Stelle des *ā* jeweils *ē* aufwiesen, cf. *E. Risch* 1987b, 281-298; zu diesen hat vielleicht auch die mykenische Entsprechung des Namens Ἄρης gehört (vgl. S. 419).

II. Deklination

Die Substantiva der II. Deklination (fast 650 klassifizierbare Ausdrücke) sind hauptsächlich maskuline *o*-Stämme auf *-os* bzw. neutrale *o*-Stämme auf *-on*, und nur ausnahmsweise feminine *o*-Stämme auf *-os*.

Etwa zwei Drittel dieser Substantiva sind Eigennamen, meistens maskuline Personennamen; es treten einige Götternamen hinzu, ein paar Tiernamen (Ochsen), mehrere Toponyma und eine Anzahl von Monatsnamen. Feminine Eigennamen auf *-os* kommen nur vereinzelt vor, und es ist schwierig, sie von den femininen *ŏi*-Stämmen der III. Deklination (auf -ώ) zu unterscheiden. Die neutralen Eigennamen auf *-on* sind Toponyma bzw. Namen von Kultstätten, z. B. da-da-re-jo-de *Daidalejjon-de* „zum Daidaleion".

Unter den Appellativen (etwa 215 Fälle) überwiegen wieder die maskulinen Ausdrücke (ca. 155 Wörter; morphologisch interessant sind zusammengesetzte Berufsnamen, wie a-ni-ọ-ko *(h)āni(h)okhos* „Wagenlenker", a-to-po-qo *artopok^{w}oi* „Bäcker"). Verhältnismäßig häufig sind auch die Neutra auf *-on* (etwa 50 Wörter), während sich die femininen Beispiele auf etwa 12 Berufsnamen beschränken (z. B. a-pi-qo-ro *amphik^{w}oloi* „Dienerinnen").

Adjektiva der I. und II. Deklination

Sowohl aus technischen als auch aus grammatischen Gründen wurden auf unseren Tabellen die Adjektiva auf *-os, -a, -on* getrennt registriert. Unter diesen adjektivischen Ausdrücken sind die Eigennamen in der Minderheit und umfassen lediglich etwa 80 lexikalische Einheiten, vor allem eine wichtige Gruppe von Ethnika wie ko-no-si-jo, ko-no-si-ja *Knōs(s)ioi, Knōs(s)iai* „Knossier(innen)", aber auch einige von Personennamen abgeleitete Adjektiva, zu welchen man auch die Patronymika stellen kann. Es handelt sich hier also meistens um onomastisch verwendete substantivierte Adjektiva.

Die Anzahl der nichtonomastischen Adjektiva ist etwas höher (etwa 125 Wörter) und umfaßt neben wenigen primären, nicht abgeleiteten Grundadjektiven (z. B. ne-wo *newos* „neu") vor allem eine Menge von sekundär gebildeten Adjektiven, deren deskriptiver Charakter sehr gut die registrierende Funktion der Palastarchive zeigt. Eine semantisch interessante Gruppe stellt unter den Adjektiven die der Farbbezeichnungen dar (siehe S. 303).

III. Deklination

Im Rahmen der III. Deklination sind sowohl die konsonantischen als auch die vokalischen bzw. die diphthongischen Stämme relativ gut bezeugt.

1. Zu den konsonantischen Stämmen gehören:
   a) Stämme auf Okklusivlaut;
   b) primäre und sekundäre *nt*-Stämme;
   c) *n*- und *m*-Stämme;
   d) *r*- und *l*-Stämme;
   e) *s*-Stämme.

a) Unter den fünf konsonantischen Typen sind die Stämme auf Okklusivlaut am seltesten bezeugt — mit höchstens 35 verläßlicheren Fällen. Die größte Zahl weisen dabei die Dentalstämme auf (etwa 20 Belege; z. B. ti-ri-po-de *tripode* „[zwei] Dreifüße", aber auch das unklare du-ma, du-ma-te usw., das manchmal mit dem homerischen δάμαρ verglichen wird, doch dessen Bedeutung uns verborgen bleibt). Viel seltener sind dagegen die Velarstämme (ca. 10; z. B. ka-ru-ke *kārūkei* [Dat.] „Herold"), sehr niedrig ist die Anzahl der Labiovelarstämme (1-2 Belege: vielleicht ke-ni-qa qua *khernik*^{w}*s* „Gefäß für Wasser zum Händewaschen" und der Eigenname a_3-ti-jo-qo *Aithiok*^{w}*s*), und praktisch ohne Belege sind die Labialstämme.

b) Häufiger sind die Belege für konsonantische Stämme, die auf eine Konsonantengruppe ausgehen, deren erstes Element ein Nasallaut war (etwa 55 Fälle /davon 47 Appell./). Die größte Gruppe unter ihnen bilden die *nt*-Stämme mit etwa 40 verhältnismäßig verläßlichen Beispielen (bzw. 35 Appell.). Neben einigen Substantiven (z. B. e-re-pa, e-re-pa-to usw. *elephans*, *elephantos* „Elfenbein") handelt es sich um aktive Partizipien von etwa 15 Verben (z. B. o-pe-ro, o-pe-ro-te usw. *ophē̆l(l)ōn, -ontes* „schuldig"), ferner um mehrere Adjektiva, bzw. Toponyma mit dem Suffix *-went-/-wont-* (te-mi-dwe *termidwen* „mit Stützen versehen?", sa-ri-nu-wo-te *Salinwontei*, vgl. Σελινοῦς) und um das Adjektivpaar *pan(t)s, ksumpan(t)s* (vgl. -pa, pa-sa usw.: *pans, pan, pansan* oder *pansans* „jeder, ganz", und ku-su-pa usw.: *ksumpan* [N.] „alles zusammen"). Eine kleine, aber kohärente Gruppe bilden die **mn̥(t)*-Stämme; dies sind die Neutra auf *-ma/-mo*, Gen. *-matos/-motos* (etwa 12 Wörter, teilweise mit einer hohen Frequenz, vor allem bei den Formen a-mo, a-mo-ta usw. *(h)ar(h)mo, -ota* „Rad" und pe-mo, pe-ma *spermo, sperma* „Samen").

c) Die Mehrzahl der Nasalstämme (ca. 45 Belege) sind Eigennamen auf *-ōn*, und zwar am häufigsten Personen- bzw. Götternamen (z. B. po-se-da-o *Poseidā(h)ōn*), viel seltener Toponyma (z. B. pe-re-u-ro-na-de *Pleurōna-de* „nach Pleuron"; gelegentlich kommen auch Toponyma auf -a-ne vor, ursprünglich wohl Ethnika, z. B. der Name der Landschaft pa-ki-ja-ne *Sphagiānes?*, wo offensichtlich der Palast von Pylos lag). Doch es gibt auch etwa 20 Appellativa auf *-ōn*, z. B. ki-to *khitōn* „Kleid". Das einzige völlig sichere Beispiel eines *m*-Stammes ist die Form e-me *(h)emei*, Dat.-Instr. Sing. des Zahlwortes **hems* < **sē̆ms* „einer".

d) Auch die Zahl der *r*-Stämme umfaßt etwa 50–55 verläßliche Belege, vor allem etwa 30 wichtige Appellativa (Verwandtschaftsnamen, wie pa-te *patēr* „Vater", ma-te *mātēr* „Mutter", tu-ka-te *thugatēr* „Tochter", oder verschiedene Nomina agentis, wie i-ja-te *iātēr* „Arzt", aber auch andere Ausdrücke, wie]ka-ra-te-ra *krātēra* [Akk. Sing.]); es finden sich auch viele Personennamen auf *-tōr* bzw. (selten) *-tēr* wie e-ko-to *(H)ektōr*. Als einziger Beleg für einen *l*-Stamm gilt die erste Komponente des zusammengesetzten Ausdrucks a_2-ṛọ[ ]ụ-do-pi, vermutlich Gen. Sing. *(h)alos* von *(h)als* „Salz".

e) Am häufigsten sind unter den konsonantischen Stämmen die *s*-Stämme bezeugt; es handelt sich um etwa 80 relativ sichere Belege verschiedener Art und Funktion, sowohl Substantiva als auch Adjektiva, Appellativa sowie Eigennamen. Den Kern dieser Gruppe bilden ca. 20 Neutra auf *-os* (z. B. te-me-no *temenos* „Bodenanteil"; seltener sind die *s*-stämmigen Appellativa auf *-as*, z. B. ke-ra *geras* „Gabe"); es treten mehr als 10 Toponyma auf *-os* hinzu, die meistens im Dat./Lok. oder im Akk. mit der allativischen Partikel *-de* belegt sind (z. B. e-ra-te-i *Elate(h)i* „in Elatos" oder e-ra-to-de *Elatos-de* „nach Elatos"), ungefähr 20 Personennamen auf *-ēs* (a-pi-me-de *Amphimēdēs*), etwa 20 Adjektiva mit demselben Ausgang (a-te-u-ke *ateukhēs* „unausgerüstet"), zwei völlig sichere (und ein paar weitere höchst plausible) Beispiele des Partizips Perf. auf *-wos* (a-ra-ru-wo-a *ar᷈arwo(h)a* [Nom. Pl. N.] „zusammengefügt, versehen mit", te-tu-ko-wo-a *tetukhwo(h)a* „verfertigt") und vier Komparative auf *-jōs* (me-u-jo *mew(i)jōs* u. a. „kleiner", me-zo *medzōs* u. a. „größer", a-ro$_2$-e *arjo(h)e* [Nom. Du.] u. a. „besser", ka-zo-e *katso(h)es* [Nom. Pl.] „schlechter").

2. Zu den mykenischen vokalischen und diphthongischen Stämmen der III. Deklination gehören

a) *i*-Stämme,

b) *u*-Stämme,

c) *ĕ̄u-*, *ŏ̄i-* und sog. Langdiphthongstämme.

a) Sehr spärlich sind die *i*-Stämme belegt; völlig sicher nur in Form von a-pu-do-si *apudosis* „Abgabe" (vgl. auch po-ti-pi *portiphi* Instr. Pl. „mit jungen Kühen", vgl. πόρτις).

b) Die wichtigsten Belege der *u/ew*-Stämme sind wa-tu *wastu* „Hauptstadt" und i-je-we *(h)ĭ̄ewei?* „Sohn" (Dat. Sg.) — neben einigen weniger sicheren Beispielen. Als möglicher Beleg für *u/w*-Stämme wird gelegentlich die Form do-wa *dorwa* (Nom. Pl. von *doru* „Holz?") angeführt, doch nicht ohne Bedenken. Häufiger sind die *ŭ̄/u(w)*-Stämme durch Appellativa (wie ta-ra-nu *thrānus* „Schemel"), Personen- und Götternamen (wie e-ri-nu, e-ri-nu-we *Erĭ̄n(n)ūs, Erĭ̄n(n)uwei*), Toponyma und einen Monatsnamen vertreten — dies macht insgesamt etwa 13 Belege für alle Typen der *i-/u-*Stämme.

c) Die für das Griechische recht charakteristischen *ĕ̄u*-Stämme sind gerade auch im Mykenischen sehr reichlich dokumentiert; als völlig sichere Belege kann man etwa 45 Berufs-, Personenbezeichnungen angeben (z. B. qa-si-re-u *g^{w}asileus* – ein Lokalfunktionär), einige andere Appellativa (z. B. a-pi-po-re-we *amphiphorēwes* /Nom. Pl./ „zweihenklige Gefäße, Amphoren"), d.h. vielleicht ca. 60 nich onomastische Ausdrücke, sowie sehr viele männliche Personennamen (z. B. a-ki-re-u *Akhil(l)eus*) bzw. Namen von Priestergruppen (wie po-si-da-i-je-u-si *Posidā(h)ieusi* [Dat. Pl.]), einige Toponyma und vielleicht ein paar Appellativa mit adjektivischer Funktion

— insgesamt etwa 230 Belege, wodurch die *ē̆u*-Stämme die umfangreichste Gruppe unter den Stämmen der III. Deklination bilden. Außerdem kann man je ein sicheres Beispiel für die sog. Langdiphthongstämme anführen: di-wo, di-we *Diwos*, *Diwei* [Gen. und Dat. Sing. zu **Djē̆us* „Zeus“], na-u- *nau-* „Schiff“ zumindest in na-u-do-mo, na-u-si-ke-re[, qo-o *g^{w}ō̆n(s)* [AS-gPl] „Rinder“ zu *g^{w}ō̆(u)-*. Dagegen wird der Ansatz als *ōu*-Stamm für *hērōs* „Held“ durch das Mykenische nicht positiv bestätigt. Für die *ō̆i*-stämmigen Frauennamen mit Nominativ auf *-ō(i)* gibt es einen relativ sicheren Beleg in der thebanischen Form si-to *Sī̆tōi*, d. h. „für die Getreidegöttin Sito“ (Beiname von Demeter?), offenbar Dativ des Empfängers.

Beispiele mykenischer Kasusformen
(mit tatsächlich bezeugten Formen

Substantiva: *ā*-Stämme				
	Feminina		Maskulina	
Sg. N.	ko-wa	*korwā*	e-qe-ta	*(h)ek^{w}etās*
G.	ko-to-na	*ktoinās*	su-qo-ta-o	*sug^{w}ō̆tā(h)o*
D.	i-je-re-ja	*(h)ierejjāi*	ra-wa-ke-ta	*lāwāgetāi*
A.	ki-ri-ta	*krithān*	ki-ti-ta	*ktitān*
Du.	to-pe-zo	*torpedzō?*	e-qe-ta-e	*(h)ek^{w}etā̆(h?)e*
Pl. N.	a-ni-ja	*(h)āniai*	e-qe-ta	*(h)ek^{w}etai*
G.	ko-to-na-o	*ktoinā(h)ōn*	e-re-ta-o	*eretā(h)ōn*
D.	a-ke-ti-ri-ja-i	*askētriā(h)i*	e-qe-ta-i	*(h)ek^{w}etā(h)i*
A.	a$_3$-ka-sa-ma	*aiksmans*		
I.	a-ni-ja-pi	*(h)āniāphi*		

o-Stämme				
	Maskulinum		Neutrum	
Sg. N.	ko-wo	*korwos*	e-ra$_3$-wo	*elaiwon*
G.	te-o-jo	*the(h)ojjo*		
D.	da-mo	*dāmōi*		
A.	do-so-mo	*dosmon*	ri-no	*linon*
Du.	po-ro	*pōlō*		
Pl. N.	i-qo	*(h)ik$^{(w)}$k^{w}oi*	pa-ka-na	*phasgana*
G.	a-ne-mo	*anemōn*		
D.	do-e-ro-i	*do(h)eloi(h)i*		
A.	si-a$_2$-ro	*sihalons*	o-na-ta	*onāta*
I.	e-re-pa-te-(j)o	*elephantej(j)ois*		

Konsonantische Stämme (auf Okklusivlaute und -r-, -l-, -n-, -m-)				
	Maskulinum, Femininum		Neutrum	
Sg. N.	po-me	*poimēn*	pe-mo, pe-ma	*spermo, sperma*
G.	po-me-no	*poimenos*		
D.	po-me-ne	*poimenei*	e-ka-ma-te	*ekhmatei*
	pi-we-ri-di	*Pĭweridi*		
A.	ka-ra-te-ra	*krātēra*		
Du.	ti-ri-po-de	*tripode*	a-mo-te	*(h)ar(h)mote*
Pl. N.	po-me-ne	*poimenes*	a-mo-ta	*(h)ar(h)mota*
G.				
D.	te-ka-ta-si	*tektasi*	a-mo-si	*(h)ar(h)mos(s)i*
A.				
I.	po-pi	*popphi*	e-ka-ma-pi?	*ekhma(p)phi*

	s-Stämme		*ē̆u*-Stämme	
Sg. N.	te-me-no	*temenos*	ka-ke-u	*khalkeus*
G.			i-je-re-wo	*(h)ierēwos*
D.	a-ke-e	*anke(h)ei*	ka-ke-we	*khalkēwei*
	we-te-i-	*wete(h)i-*	ka-ke-wi	*khalkēwi*
A.	we-to	*wetos*		
Du.	qi-si-pe-e	*k^{w}siphe(h)e*	a-po-re-we	*amphorēwe*
Pl. N.	pa-we-a_2	*pharweha*	ka-ke-we	*khalkēwes*
G.	pa-we-o	*pharwe(h)ōn*		
D.	pa-we-si	*pharwes(s)i*	ka-ke-u-si	*khalkeusi*
A.	tu-we-a	*thu(w)e(h)a*		
I.	pa-we-pi	*pharwesphi*	ku-te-re-u-pi	*Kuthēreuphi*

Zahlwörter (auch Komposita)		
1.	e-me	*(h)emei*
2.	dwo, du-wo-u-pi	*d(u)wō̆, d(u)wō̆(h)uphi*
3.	ti-ri-ṣị, ti-ri-	*trisi, tri-*
4.	qe-to-ro-	*k^{w}etro-*
5.	–	–
6.	we-(pe-za)	*(h)weks-(pedza)* o. *(h)wep-*
7.	–	–
8.	–	–
9.	e-ne-wo-(pe-za)	*en(n)ewo(-)pedza*

Komparative (Nom.)		
Sg. MFN	me-zo	*medzō̆s*
Du.	me-zo-e	*medzo(h)e*
Pl. M.F.	me-zo-e	*medzo(h)es*
Pl. N.	me-zo-a_2	*medzoha*

Die Typen der mykenischen Adjektiva

Belege für die mykenischen Adjektiva kann man in diesem Kapitel unter den einzelnen Deklinationen auffinden, und zwar:

a) Adjektiva der I./II. Deklination auf S. 210–224
- die Adj. dreier Endungen auf *-os, -ā, -on*: S. 211–220
- die motionslosen Komposita auf *-os, -on*: S. 221–224

b) Adjektiva der III. Deklination unter den betreffenden Stämmen:
- Stämme auf einen einfachen Okklusivlaut /vereinzelt/, z. B. a-na-pu-ke, pa-wo-ke, pa-wo-ko, re-u-ko-nu-ka (S. 231ff.);
- Primäre und sekundäre *nt*-Stämme; neben vereinzelten Fällen (ke-ro-ta, S. 235) siehe vor allem den adjektivischen Typ te-mi-dwe (S. 237f.) und die Part. Akt. auf *-ont-, -ant-, -ent-* (S. 239ff.);
- Stämme auf *-n-, -m-*: Belege für den Typ μέλας, -αινα, -αν und εὐδαίμων, εὔδαιμον fehlen;
- Stämme auf *-r-, -l-*: Belege für den Typ μάκαρ, μάκαιρα und εὐπάτωρ fehlen;
- Stämme auf *-s-*: es gibt mehrere Typen, sc. a-no-we, a-te-u-ke (siehe S. 265ff.), Part. Perf. Akt. auf *-wōs/wos-* (s. S. 268f.), Komparative auf *-jōs/jos-* (s. S. 269f.);
- Vokalische Stämme auf *-u-* (wenige, z. B. o-ku, pa-ke-we); s. S. 276;
- Stämme auf *-ē̆u-* (vereinzelte Belege).

Die Mehrzahl der Adjektiva sind a) entweder verschiedene von griechischen Nominalstämmen durch Adjektivsuffixe abgeleitete Ausdrücke oder b) zweigliedrige Komposita (vgl. vor allem die Liste der Adjektiva auf *-os, -ā, -on*, bzw. *-os, -on* auf S. 210ff.). Nur wenige Adjektiva sind vom innengriechischen Standpunkt aus nicht denominale Ableitungen; es handelt sich vor allem um folgende adjektivische Typen:

Vom innengriechischen Standpunkt aus nicht denominale adjektivische Ausdrücke in Auswahl (vgl. auch S. 211f.):

e-re-u-te-ro e-re-u-te-ra	*361* *358*	*eleutheron* NSgN *eleutherā*	ἐλεύϑερος	frei
i-je-ro i-je-ra i-je-ro-jo	*406* *400* *407*	*(h)ieron* NSgN *(h)iera* NPlN *(h)ierojjo*	ἱερός	heilig
ka-ẉọ	*497*	*kalwos?*	καλός	schön
ke-ro-ta	*531*	*geronta* NPlN	vgl. γέρων	alt

ne-wo ne-wa ne-wo-jo	*711* *708* *712*	*newos, newon* *newā* *newojjo*	νέος	neu, jung
o-ri-ko	*786*	*oligoi?* NPl	ὀλίγοι	wenige
-pa, pa-sa u. a.	*808* *839*	*pans, pan,* *pansan* (Akk.) u. a.	πᾶς	jeder
pa-ke-we	*820*	*pakhewes?* NPl	παχύς	dick
pa-ra-jo pa-ra-ja	*826* *825*	*palaj(j)oi* NPlM *palaj(j)ā, -ai, -a* (zum Adverb πάλαι)	παλαῖος	alt
qe-te-jo u. a.	*1002* *1001*	*k^weite(j)on* u. a.	vgl. τίνω o. τίω (Verbaladjekt.) oder s. S. 335	zu bezahlen
re-po-to	*1040*	*lepton* NSgN	λεπτός?	fein, dünn
ta-na-wa	*1091*	*tanawa* NPlN	τανaός?	dünn
we-ka-sa[	*1252*	*wekassa, -ai?* < **wekn̥tja* NSg/PlF	ἑκών, -οῦσα	freiwillig

Bezeichnungen für Farben (po-ni-ki-jo und po-pu-re-jo sind jedoch Denominalia):

e-ru-ta-ra e-ru-ta-ra-pi	*370* *371*	*eruthrā, -ai* *eruthrāphi IPl*	ἐρυθρός	rot
po-ni-ki-jo u. a.	*921*	*phoinīkios*	φοινίκεος	purpurrot
po-pu-re-jo u. a.	*927*	*porphurej(j)os*	πορφύρε(ι)ος	purpurrot
po-ri-wa	*937*	*poliwa* NPlN	πολιός	grau
re-u-ko re-u-ka	*1045* *1044*	*leukos* *leukā*	λευκός	weiß

Komparative (vgl. auch S. 269):

a-ro$_2$-a u. a.	*134*	*arjo(h)a*	vgl. ἀρείων	besser
ka-zo-e	*499*	*katso(h)es*	vgl. κακίων	schlechter

me-wi-jo me-u-jo u. a.	*688* *685*	*mew(i)jōs*	vgl. μείων	kleiner
me-zo u. a.	*691*	*medzōs*	vgl. με(ί)ζων	größer

Superlative (vgl. auch S. 220):

me-ki-ta[	*654*	*megistai, -a* NPlF/N	μέγιστος	der größte
me-sa-ta me-sa-to	*677* *678*	*mes(s)atai* NPlF *mes(s)atoi* NPlM	μέσ(σ)ατος	der mittlere
pe-re-i-to	*881*	*pleiston?*	πλεῖστος	am meisten
wa-ra-wi-ta	*1238*	*wrāwista?* NPlN *o. vgl. S. 334*	ῥᾷστος	am leichtesten

Außerdem kommen sehr viele ursprüngliche Adjektiva (auch primären Charakters) unter den mykenischen Personennamen vor (s. S. 407ff.), z. B. auch als Bezeichnungen von Ochsen (ke-ra-no *Kelainos* „Dunkel" vgl. κελαινός; pu-wo *Pur(s)wos* „Rot", vgl. πύρρος, wo-no-qo-so *Woinok^{w}s* „Weinrot", vgl. οἶνοψ) u. a.

Die Neuerscheinungen zu weiterem Lesen (Kap. VII: Nomina und deren Suffixe)

Im Bereich der Deklinationen hat man in der letzten Zeit vor allem die Entstehung des Gen. Sing. der mask. *ā*-Stämme auf *-ās* besprochen (*F. Bader* 1991, 1992ab: aus *-ā-so*; *I. Hajnal* in seiner Monographie 1995: analogisch nach *„-ā(ʻ)ōn"* im Gen. Pl.; *M. Meier-Brügger* 1996: nach -o-jo im Gen. Sg. der *o*-Stämme in der Geltung von *-ojjo*) sowie des Gen. Sg. der *o*-Stämme auf *-ojjo* und vor allem auf *-ō (I. Hajnal* 1995: die Endung *-ō* ist eine Fortsetzung des urspr. Ablativs auf *-ō(d)*, der auf den LB-Täfelchen nur in der Funktion des Gen. Partit. vorkommt; ähnlich *N. Maurice* 1992; nach *F. R. Adrados* 1990 handelt es sich um die verallgemeinerte genitivische Endung *-os*; vgl. auch *F. Bader* 1991, 1992ab /detailiert/; vgl. weiter *R. S. P. Beekes* 1990b und *K. Shields* 1991).

Cl. Brixhe 1992 hat in detailierter Weise den ganzen Bereich des mykenischen Dativs analysiert (die Endung *-ei* in Knossos und Pylos ist eine Art Hyperkorrektismus). Vgl. auch *R.S.P. Beekes* 1990ab, *M. Negri* 1991c (es handelt sich bei den Endungen *-ei/-i* um einen Synkretismus zwischen Dat. und Lok.), *C. Varias García* 1994, 1994-95 (dieser hebt die topographische Differenz der Belege hervor). *I. Hajnal* 1995 analysiert noch die mykenischen Dualformen und die Endung *-phi* (im Prinzip in der Funktion des Instr. oder Abl. Pl., was eine wichtige, wohl mundartliche Differenz zu Homer darstelle) und bei den *s*-Stämmen unterscheidet er neben dem Dat.-Lok. auf *-e-i* = *-e(h)i* auch eine instrumentale Endung *-e-e* = *-e(h)ē*. Über die *i*-Stämme referiert *J. T. Killen* 1992b. Vgl. auch vereinzelte Notizen bei *F. R. Adrados* 1992 und einen kurzen Bericht über die Stämme auf -ας bei *M. Negri* 1995b.

Zum allativen Suffix *-de* vgl. *F. M. J. Waanders* 1997 (auch zu -pi = *-phi*) und *M. Meier-Brügger* 1991a).

Mit den Numeralien befaßten sich *A. Lillo* 1990 und *F. M. J. Waanders* 1992b (in allgemeinem), sowie *F. Villar* 1991, *M. Meier Brügger* 1993 (vor allem mit dem Zahlwort „2“) und *M. Peters* (Rez. von *Lillo*), 1991.

Einige Studien über Nominalsuffixe: *G. E. Dunkel* 1988-90 (feminine Nomina agentis auf -e-ja u. ä.), *I. Hajnal* 1994 (Stoffadjektiva auf -e-jo, -e-o, -i-jo usw.), *Ch. de Lamberterie* 1990b (Adjektiva auf -υς, bes. e-wisu- und wi-so-wo-), *A. Leukart* 1994 (maskuline Substantiva auf *-tās* /drei Typen/ und *-ās* /in Verbindung mit denen auf *-eus*/), *F. M. J. Waanders* 1996 (Komposita) und *F. Lanszweert* 1994 (einige vermutliche vorgriechische Suffixe haben eine gute ie. Etymologie und sind ursprünglich für das zweite Glied eines Kompositums zu halten; vgl. z. B. -ινθος von der Wurzel $*H_2$*ei(n)dh-*, s. αἴθω „brennen“).

Vgl. *J. T. Hooker* 1991, *P. Dardano* 2000, *Floreant* 1999. Die in *Thèbes* 2002 neu publizierten Texte wurden allerdings in den Kap. VII-X nur teilweise ausgenützt.

E) Die verbale Flexion und die verbalen Kategorien

1. Alphabetisches Verzeichnis der mykenischen Verben und Verbalformen

Wenn auch die mykenischen Verben nicht so häufig wie die Substantiva und Adjektiva sind, ist ihre Zahl keineswegs gering. Auf den folgenden Seiten (307–323) findet sich eine alphabetische Liste aller mykenischen Verben mit ihrer grammatischen Bestimmung und den wichtigsten etymologisch-semantischen Angaben.

Die Liste enthält 72 Basislemmata (der Posten Nr. 66 ist identisch mit dem Posten Nr. 49) bzw. 86 Lemmata, falls Komposita gesondert gezählt werden) mit ca. 138 Verbalformen (neben etwa 21 Verbaladjektiven). Diese Zahl ist ohne Zweifel verhältnismäßig gering, wenn man sie mit der Zahl der Nomina, vor allem der Substantiva, vergleicht; dieses ungleiche Verhältnis geht allerdings auf den überwiegend nominalen Charakter der LB-Texte zurück.

Das am besten dokumentierte Verbum ist εἰμί (vom Stamm **es-* „sein"; 14 LB-Verbalformen), verhältnismäßig oft kommen auch δίδωμι „geben" (8 Vf.), der Stamm **werg-* „tun" (vgl. ἔρδω, ῥέζω; 8 Vf.), ὀφείλω „schulden" (6 Vf.), ἔχω „haben" (6 Vf.), ἁρμόττω „verbinden" (5 Vf.) und ἵημι „schicken" (5–6 Vf.) vor — neben anderen wichtigen Verben wie ἄγω „führen", ἀραρίσκω „zusammenfügen", βασιλεύω „regieren, bzw. Amt ansüben", βούλομαι „wollen", γίγνομαι „werden", δαίομαι „verteilen", δέμω „bauen", δέχομαι „annehmen", δέω „binden", διδάσκω „lehren", εἶμι „gehen", ἐλαύνω „treiben", ἐλευθερόω „befreien", ἕπομαι „folgen", εὔχομαι „verkünden" (nicht „beten"!), der Stamm **weid-/wid-* „sehen", καίω „verbrennen", κεῖμαι „liegen", κτίζω „bebauen", λείπω „verlassen", ὅρομαι „bewachen", πέλομαι „werden, sein", ῥάπτω „nähen", ῥύομαι „beschützen", συλάω „rauben", τελέω „vollenden", τεύχω „herstellen", τίθημι „legen", τροπέω „wenden", φέρω „tragen", φημί „sagen", φυτεύω „pflanzen", χέω „ausschütten". Vgl. *A. Bartoněk* 1992b, *Y. Duhoux* – *F. Dachy* 1992, *W. Sowa* 1998 bzw. 1998D. und *Y. Duhoux* 2000.

Die Liste lautet wie folgt:

1	ἄμεναι „sättigen", Fut. ἄσειν, Aor. ἆσαι Hom., Wurzel-Aor. ἄμεναι < *sə-?, lat. *satur*	-a-se-so-si	*138*	p	*asēsonsi* „sie werden mästen"	3. Pl. Fut. Akt. (wenn nicht anders angegeben, sind alle Verba finita im Indikativ)
2	ἄγω „führen, treiben"	a-ke	*11*	Pm	*agei*	3. Sg. Präs. Akt.
2a	ἀν-άγω „(wohin) führen, liefern"	a-na-ke-e	*57*	p	*an-age(h)en*	Inf. Präs. Akt.
3	ἀγγέλλω „melden"	a-ke-ra_2-te	*16*	p	*angēlantes*[140] (vgl. auch ἀγείρω)	Part. Aor. Akt.: Nom. Pl. M.
4	ἀγείρω „versammeln"	a-ke-re	*17*	p	*agērei* o. *agerrei?*[141]	3. Sg. Präs. Akt.
		a-ke-ra_2-te	*16*	p	*agērantes* (besser als *angēlantes*; s. Nr. 3 oben)	Part. Aor. Akt.: Nom. Pl. M.
5	ἀγρέω (äolisch) „fassen, nehmen"	a-ke-re-se	*20*	P	*agrēse* o. *agrēsei?*	3. Sg. Aor. Akt.; 3. Sg. Fut. Akt.

140 Oder *angelhantes, -hlantes, -llantes* usw., bzw. *agērantes, agerhantes, -hrantes, -rrantes* usw. (s. S. 146).

141 Oder *agerjei, agehrei* usw.

6	*αι-? „einlegen, in Einlegearbeit verzieren“ (Etym. unsicher; zuletzt *J. L. García-Ramón*, Minos 29-30, 1994-95, 335-346)	a-ja-me-no	*8*	kP	*ajā̆i(s)menos* *-menoi* *-menō*	Part. Perf. M-P: Nom. Sg./Pl. M.; Nom. Du. F.
		a-ja-me-na	*7*	KP	*ajā̆i(s)menā, -menai* o. *ajā̆i(s)menā̆is*	Part. Perf. M-P: Nom. Sg./Pl. F.; Instr. Pl. F.?
		a-ja-me = a-ja-me-no	*8*	k		
7	ἀραρίσκω „zusammenfügen“	a-ra-ru-ja	*116*	K	*ararujja(i)*[142] (ἀραρυῖα Hom.)	Part. Perf. Akt.: Nom. Sg./Pl. F.
		a-ra-ru-wo-a	*117*	K	*arā̆rwo(h)a* (ἀρηρώς Hom. < **arā̆rw-*)	Part. Perf. Akt.: Nom. Pl. N.
		]ạ-ra-ru-wo-ja (Kontamination oder orthograph. Fehler statt a-ra-ru-ja)	*118*	k	*arā̆rwojja?*	Part. Perf. Akt.: Nom. Sg. F.?
8	ἀρι-?[143]; vgl. ἀριθμός „Zahl“	a_2-ri-e	*164*	p	*-i(h)en?*	Inf. Präs. Akt.?
		a_2-ri-sa	*165*	p	*-isan?*	3. Pl. Aor. Akt.?

142 Langes *ā* nach *R. Plath* 1994, 20 bzw. 25 (unsicher).
143 Oder ἁλι-?, z. B. ἁλίσκομαι „gefangen werden“ (sehr unsicher).

9	ἁρμόττω „verbinden, fügen“	a-na-mo-to	*59*	K	*anā̆r(h)mo(s)-tos, -oi* „nicht fertig montiert“	Adj. Verb. Nom. Sg./Pl. F.!
		a-na-mo-ta	*58*	K	*anā̆r(h)mo(s)-tā, -tai*	Adj. Verb. Nom. Sg./Pl. F.
		a-(ra)-ro-mo-te-me-na	*113* *127*	K	*arā̆r(h)mot-menā, -ai*	Part. Perf. M-P: Nom. Sg./Pl. F.
		a-ra-ro-mo-to-me-ṇạ	*115*	k	*arā̆r(h)mot-menā, -ai*	Part. Perf. M-P: Nom. Sg./Pl. F.
		a-ra-ro-mo-te-me-no	*114*	k	*arā̆r(h)mot-menō*	Part. Perf. M-P: Nom. Du. F.
10	βασιλεύω < **g^wasilē̆wjō* „Amt des *g^wasileus* ausüben“	qa-si]-re-wi-jo-te?	*990*	p	*g^wasilē̆w(i)jon-tes?*	Part. Präs. Akt.: Nom. Pl. M.
11	γίγνομαι „werden“					
11a	παρα-γίγνομαι „ankommen“	(o-u)-pa-ro-ke-ne-ṭọ	*838*	p	*ou parogeneto* „war nicht dabei“	3. Sg. Aor. Med.
12	δαμάω „zähmen, bändigen“	da-ma-o-te[	*182*	k	*dama(h)ontes*	Part. Fut. Akt.: Nom. Pl. M.
13	δαίομαι „(ver)teilen“	-da-sa-ṭọ	*191*	p	*das(s)ato* (δασσάμην Hom.)	3. Sg. Aor. Med.
13a	ἐπι-δαίομαι „verteilen“	e-pi-de-da-to	*302*	p	*epidedastoi* (ἐπὶ δέδασται Hes.)	3. Sg. Perf. M-P
		e-pi-da-to	*301*	P	*epidastos* „verteilt?“	Adj. Verb. Nom. Sg. M.

14	δέμω „bauen“	de-me-o-te	*204*	p	*deme(h)ontes*	Part. Fut. Akt.: Nom. Pl. M.
15	δέχομαι „annehmen“	-de-ka-sa-to de-ko-to	*200* *201*	Kp kp	*deksato* *dek(s)to* (δέκτο Hom., ath. Aorist)	3. Sg. Aor. Med. 3. Sg. Aor. Med.
16	δέω „binden“	de-de-me-na de-de-me-no	*196* *197*	K P	*dedemenai dedemena* *dedemenō*	Part. Perf. M-P: Nom. Pl. F./N. Part. Perf. M-P: Nom. Du. N.
17	διδάσκω „lehren“	]ḍẹ-di-ku-ja (statt de-di-da-ku-ja?)	*198*	k	*dedida(s)-k(h)ujja(i)* „ausgebildet?“	Part. Perf. Akt.: Nom. Sg./Pl. F.
18	δίδωμι „geben“	(-)di-do-si	*215*	kP	*didonsi*	3. Pl. Präs. Akt.
		-di-do-to	*216*	P	*dido(n)toi*	3. Sg./Pl. Präs. M-P
		do-ke	*233*	KpM	*dōke*	3. Sg. Aor. Akt.
		do-se	*237*	P	*dōsei*	3. Sg. Fut. Akt.
		-do-so-si	*241*	p	*dōsonsi*	3. Pl. Fut. Akt.
		de-do-me-na	*199*	K	*dedomenai dedomena*	Part. Perf. M-P: Nom. Pl. F./N.
18a	ἀπο-δίδωμι „abgeben“	a-pe-do-ke	*77*	p	*ap-edōke* (mit Augm.) o. *ap-es-dōke?* (s. Nr. 18b)	3. Sg. Aor. Akt.; 3. Sg. Aor. Akt.
		a-pu-do-ke	*105*	kt	*apu-dōke* (ohne Augm.)	3. Sg. Aor. Akt.

18b	ἀπ-εσ- δίδωμι? „abgeben, liefern“	a-pe-do-ke	*77*	p	*ap-es-dōke?*	3. Sg. Aor. Akt.
19	διν- < **g^{w}īn-*; vgl. δινωτός Hom. „gedrechselt, kunstvoll gearbeitet“	qe-qi-no-to	*995*	P	*g^{w}eg^{w}īnōtoi?* „ist (in Mal-, Ritz- oder Schnitz- technik) verziert“?[144]	3. Sg. Perf. M.-P.
		qe-qi-no-me- no	*994*	p	*g^{w}eg^{w}īnō- menoi?*	Part. Perf. M-P: Nom. Pl. M.
		qe-qi-no-me- na	*993*	P	*g^{w}eg^{w}īnōmenā, -ai?*	Part. Perf. M-P: Nom. Sg./Pl. F.
20	εἰμί „sein“	e-e-si	*255*	K	*e(h)ensi* < **esenti*, vgl. att. εἰσί	3. Pl. Präs.
		e-e-to	*256*	p	*e(h)entō(n)?* o. besser Impf., Aor. bzw. Pf. M-P zu ἵημι: *(h)ĕ(h)ento?*, *(h)ĕ(h)entoi?*	3. Pl. Imperat.? oder 3. Pl. Impf., Aor., Pf. M-P (vgl. Nr. 37)[145]
		e-o	*296*	P	*e(h)ōn*	Part. Präs. Akt.: Nom. Sg. M.
		(-)e-o-te	*297*	kp	*e(h)ontes*	Part. Präs. Akt.: Nom. Pl. M.

[144] Oder ein Adj. Verb. *g^{w}eg^{w}īnōtōi, -ois* (D.-I. Sg. bzw. Pl.) zu demselben Stamm; vgl. *W. Sowa* 1998D., 75

[145] Vgl. weitere Deutungen von e-e-to bei *W. Sowa* 1998, 275. Vgl. auch *J. García Ramón* 1996, *I. Hajnal* 1996b, sowie *M. Peters* 1976 bzw. 1980.

		e-so-to	*376*	K	*es(s)ontoi*	3. Pl. Fut. Med.
		e-to	*386*	p	*eston?*	3. Du. Präs. Akt.
		o-ta-	*789*	m	*(h)onta?*	Part. Präs. Akt.: Nom. Pl. N.
20a	ἄπ-ειμι „abwesend sein“	-a-pe	*75*	P	*ap-ēs*? < *-*ēst* (doch s. *J. T. Killen* 1996-97)	3. Sg. Impf.
		a-pe-a-sa	*76*	K	*ape(h)as(s)ai* < *-*esn̥tjai*	Part. Präs. Akt.: Nom. Pl. F.
		]a-pe-e-ṣị[	*79*	p	*ap-e(h)ensi*	3. Pl. Präs.
		a-pe-o	*82*	p	*ap-e(h)ōn*	Part. Präs. Akt.: Nom. Sg. M.
		a-pe-o-te	*83*	Kp	*ap-e(h)ontes*	Part. Präs. Akt.: Nom. Pl. M.
20b	ἔν-ειμι „drin sein“	e-ne-e-si	*286*	p	*en-e(h)ensi*	3. Pl. Präs.
		]e-ne-o	*289*	k	*en-e(h)ōn, -on*	Part. Präs. Akt.: Nom. Sg. M./N.
		vgl. auch e-ni-qe	*295*	Kp	*eni* (Adverb) + k^we (= τε)	
21	εἶμι „gehen“	i-jo II	*414*	k	*iōn?*	Part. Präs. Akt.: Nom. Sg. M.
		i-jo-te	*415*	Kpm	*iontes*	Part. Präs. Akt.: Nom. Pl. M.

21a	ἄπ-ειμι „weggehen“	a-pe-i-si	*80*	k	*ap-eisi* „wird weggehen“ oder „wird abgezogen“	3. Sg. Ind. Präs. (= Fut.)
21b	εἰσ-ἀν-ειμι „hinaufgehen“	(a-r)e-sa-ni-e	*123*	p	*(ar) e(n)s-an-i(h)en?*; vgl. ἄρα „so“ + ἐνς + ἀν(α) + *ien* (them. Inf.) = att. ἰέναι, äol. ἴ-μεν(αι)	Inf. Präs. Akt.
22	ἐλαύνω „treiben“	e-ra-se	*336*	p	*elase* o. *elasei?*	3. Sg. Aor. Akt. (Fut.?)
23	ἐλευθερόω „befreien, freimachen“	e-re-u-te-ro-se	*362*	P	*eleutherōse*	3. Sg. Aor. Akt.
24	ἕπω?, ἕπομαι < **sek^w-* „folgen“	e-qo-te[146]	*330*	P	*(h)ek^{w}ontes?*	Part. Präs. Akt.(!): Nom. Pl. M.
		e-qo-me-ne[Fehler statt e-qo-me-no[?	*329*	p	*(h)ek^{w}omenon?*	Part. Präs. M-P: N./A. Sg. N.
24a	ἀμφ(ι)-έπω „besorgen“	ạ-pi-e-qe	*90*	t	*amphi-(h)ek^{w}e??*	3. Sg. Impf. Akt.?
25	ἐρείδω „stützen“	e-ṛẹ-dwo-e	*342*	K	*ĕreidwo(h)es*	Part. Perf. Akt.: Nom. Pl. M.
26	*ἐρε-, ἐρέττω „rudern“	e-re-e	*343*	P	*ere(h)en*	Inf. Präs. Akt.

[146] Nach *E. Risch* 1987, 327, handelt es sich um ein anderes Verbum mit der Wurzel **sek^w-* „mitteilen, berichten“; vgl. Hom. Ἄνδρα μοι ἔννεπε Μοῦσα < **en-sek^{w}e*, lat. *insece*.

27	εὔχομαι „feierlich erklären, verkünden“; klass. „beten“	e-u-ke-to (-qe)	*392*	P	*eukhetoi (k^we)*	3. Sg. Präs. Med.
28	ἔχω „haben“ (vgl. auch Anm. 152 und 153 auf S. 317)	e-ke	*263*	KP	*ekhei*	3. Sg. Präs. Akt.
		e-ke(-qe)[147]	*263*	P	*ekhei (k^we?)* (oder $g^w\bar{e}$? = δή)	3. Sg. Präs. Akt.
		e-ke-de-mi	*265*	p	*ekhei de min*	3. Sg. Präs. Akt.
		e-ko-si(-qe)	*276*	kP	*ekhonsi (k^we?)*	3. Pl. Präs. Akt.
		e-ke-si (Fehler statt e-ko-si?)	*273*	p		
		e-ke-e	*266*	P	*ekhe(h)en*	Inf. Präs. Akt.
		e-ko	*275*	K	*ekhō̆n*	Part. Präs. Akt.: Nom. Sg. M./N.
		e-ko-te	*278*	P	*ekhontes*	Part. Präs. Akt.: Nom. Pl. M.
29	ἕψω „kochen“	e-we-pe-se-so-me-na	*394*	m	*e(h)u (h)epsēsomena* „gut gekocht“	Part. Fut. Pass.?: Nom. Pl. N.

[147] Andere Deutungen von -qe s. bei *W. Sowa* 1998, 281f. (*L. R. Palmer*: eine „prospektive“ Funktion; *M. S. Ruipérez* 1987, 323–331: ein Konjunktiv; vgl weiter *M. S. Ruipérez* 1997, 527–536 [s. hier S. 445]).

30	ϝειδ-/ϝιδ- „sehen“, vgl. att. εἶδον	-wi-de	*1273*	P	*wide* (vgl. Hom. ἴδε)	3. Sg. Aor. Akt.
31	**wr̥gjō*, cf. alphabet. ἔρδω, ῥέζω „machen, ausführen, verrichten“	wo-ke	*1286*	kp	*worgĕ̄n?* < **wr̥g-ēnt??* „wurden hergestellt“	3. Pl. Aor. Pass.?
		wo-ze	*1304*	P	*wordzei* < **wr̥gjei*	3. Sg. Präs. Akt.
		wo-ze-e	*1305*	p	*wordze(h)en*	Inf. Präs. Akt.
		wo-zo-e (Fehler statt wo-ze-e?)	*1307*	p		
		wo-zo	*1306*	p	*wordzōn*	Part. Präs. Akt.: Nom. Sg. M.
		wo-zo-te	*1310*	P	*wordzontes* o. *wordzontei*	Part. Präs. Akt.: Nom. Pl. M.; Dat. Sg. M.
		wo-zo-me-na	*1308*	k	*wordzomena*	Part. Präs. M-P: Nom. Pl. N.
		wo-zo-me-no	*1309*	k	*wordzomenō*	Part. Präs. M-P: Nom. Du. N.

	Vgl. wohl auch:[148]	(we-ko-)we-ka-te[	*1257*	k	*werga(n)tes* < *-*n̥tes??* (Schwund-stufe) „Arbeit verrichtende o. verrichtet habende (Ochsen)?“	Part. Präs. Akt.: Nom. Pl. M.
32	ϝεχ-?; vgl. kypr. e-we-xe „brachte, schaffte her“	]we-ke-se	*1256*	k	*wekse*	3. Sg. Aor. Akt.
33	ζω- < *$g^wj\bar{o}$; vgl. ζάω, βιόω „leben“					
33a	ἐπι-ζάω „fortleben“	e-pi-zo-ta	*314*	K	*epi-dzŏ̄nta?* < *-$g^wj\breve{\bar{o}}nta$?*, vgl. att. βιόντα (Aor.) oder βιοῦντα (Präs.)	Part. Präs./Aor. Akt.: Nom. Pl. N. (oder Adj. Verb.)
34	ζε(ν)-/γε(ν)- < *γεμ-?	-ze-to	*1316*	p	*dzento??;* vgl. Hom. γέντο „er hat gefaßt“	3. Sg. Aor.? M-P
35	ζέω „kochen“	ze-so-me-no	*1315*	p	*dzes(s)omenōi*	Part. Fut. M-P: Dat. Sg. N.
36	vgl. ϑεραπεύω „dienen“	te-ra-pi-ke	*1123*	P	*therapiskei??*[149]	3. Sg. Präs. Akt.

[148] Die Deutung ist unsicher. Cf. *A. Leukart* 1994, S. 164, Anm. 91.

[149] Oder Lok. Sing. *therapiskei* vom Subst. *therapiskos*, d. h. „bei einem Diener“; vgl. auch di-da-ka-re auf S. 192 (s. Index, Nr. 1123). Vgl. *W. Sowa* 1998, 284f.

37	ἵημι < **jĭjēmi?* „schicken" (vgl. auch Anm. 145 auf S. 311)	-i-je-si	*409*	p	*(h)ĭensi* < **jĭjen-ti,* att. ἱᾶσι	3. Pl. Präs. Akt.
		(a-mo-)i-je-to PY[150]	*410*	p	*(h)ar(h)mo (h)ĭetoi?* („der Wagen wird geschickt")	3. Sg. Präs. Pass.
		e-e-to[151]	*256*	p	*ĕ(h)ento? (h)ĕ(h)entoi?* u. a.	3. Pl. Impf./Aor./Pf. M-P
37a	ἀφ-ίημι „weg-schicken"	a-pe-e-ke	*78*	P	*ap-e(h)ēke??*[152]	3. Sg. Aor. Akt.
37b	ἀμφ-ίημι „um-schicken"	ạ-pi-e-ke	*89*	p	*amphi-(h)ēke??*[153]	3. Sg. Aor. Akt.?
37c	ἐφ-ίημι „zu-, hinsenden"	e-pe-ke	*298*	k	*ep(h)ēke??*	3. Sg. Aor. Akt.
38	*ἵhημι? < *ἴσημι? „weihen, opfern"; vgl. ἱερός < **iheros* < **isəros* „heilig"[154]	i-je-to[155]	*410*	p	*i(h)etoi?* „er opfert" (als Deponens) bzw. *i(h)entoi??* oder = -i-je-to sub Nr. 37 oben	3. Sg. Präs. M-P 3. Pl. Präs. M-P

[150] Siehe PY Va 15. Vgl. auch i-je-to PY Tn 316 unten sub Nr. 38.
[151] Vgl. auch e-e-to sub Nr. 20 auf S. 311.
[152] Oder *ap-e(h)ekhe* (Impf. von ἀπέχω „/sich/ fernhalten") u. a.
[153] Eine unplausible Verschleppung von präsent. *-ī-* oder eher *amphi-ekhei* (Präs. von ἀμπέχω/ἀμφιέχω) bzw. *amphi-ekhe* (Impf.), doch am besten *amphi-(h)ēke* (von ἀμφίημι).
[154] Vgl. Index, Nr. 410, 411.
[155] Siehe PY Tn 316. Vgl. auch i-je-to sub Nr. 37 oben.

39	καίω „anzünden, in Brand stecken“	ke-ka-u-me-ṇọ[	*501*	p	*kekaumenos*	Part. Perf. M-P: Nom. Sg. M.
39a	ἀπο-καίω „verbrennen“	a-pu ke-ka-u-me-ṇọ[	*103*	p	*apukekaumenos*	Part. Perf. M-P: Nom. Sg. M.
40	κει- < **kes-*[156]; vgl. Hom. κείων „spaltend“; ke-ke-me-na ko-to-na = „Gemeindegrundbesitz“ (cf. auch *G. Dunkel*, Minos 17, 1981b, 18-29)	ke-ke-me-na	*502*	KP tir	*kekeimenā*[157] *kekeimenās* *kekeimenān* *kekeimenai*	Part. Perf. M-P: Nom./Gen. /Akk. Sg. F.; Nom. Pl. F.;
		ke-ke-me-na-o	*503*	P	*kekeimenā(h)ōn*	Gen. Pl. F.
		ke-ke-me-no	*504*	P	*kekeimenō*	Nom./Akk. Du. F.
		ke-ke-me-no-jo	*505*	p	*kekeimenojjo*	Gen. Sg. M./N.
41	κεῖμαι „liegen“					
41a	ἔγ-κειμαι „auf, in etw. liegen, drinnen sein“	e-ke-jo-to	*268*	p	*en-kejontoi*	3. Pl. Präs. M-P

[156] Andere Deutungen s. bei *W. Sowa* 1998D., 67ff.
[157] Etwa *kekesmenā* „geteilt?“ (vgl. κεάζω); aber auch *kekeimenā* „liegend“ möglich (s. Nr. 41).

42	κετ-?; vgl. aksl. *sъčetati* „zusammen-zählen"[158]	ke-ke-tu-wo-e (Überschrift zu einem Verzeichnis von Männern)	*506*	p	*-o(h)es?*	Part. Perf. Akt.: Nom. Pl. M.
43	*κτει-/κτι-; vgl. κτίζω „gründen, anbauen"; vgl. ki-ti-me-na ko-to-na = „privater Grundbesitz"	ki-ti-je-si	*553*	p	*kti(j)ensi?*	3. Pl. Präs. Akt.
		[ki-]ṭị-e-si		p	o. *kti(h)ensi?*	
		ki-ti-me-na (athem. Flexion)	*554*	P	*ktimenā* *ktimenās* *ktimenai* (vgl. Hom. ἐϋκτίμενος)	Part. Präs. M-P; Nom./Gen. Sg., Nom. Pl. F.
		[ki]-ti-me-no	*555*	p	*ktimenon*	Akk. Sg. N.
		ki-ti-me (Fehler statt ki-ti-me-na?)	*554*	p		
44	λαγχάνω „durch Los erlangen"	ra-ke[159]	*1020*	P	*lakhe?*	3. Sg. Aor. Akt.
45	λείπω „verlassen"	[re-]qọ-te	*1043*	p	*leik*^{w}*ontes?*	Part. Präs. Akt.: Nom. Pl. M.
		re-qo-me-no	*1041*	k	*leik*^{w}*omenoi*	Part. Präs. M-P: Nom. Pl. M.

158 Oder aus ide. **ghedh-* „vereinigen", vgl. χηθεῖν· βοηθεῖν Hesych. Cf. zuletzt *R. Plath*, MSS 50, 1989, 103-122.

159 Oder ein Lok. Sing. *lakhei* „mit der Ferse (stoßend)"; s. Index, Nr. 1020.

46	μυέω „einweihen“; vgl. μυστός „ein Eingeweihter“	mu-jo-me-no	*702*	p	*mujjomenōi?* („demjenigen, der eingeweiht wird“) o. *mujjomenos?*	Part. Präs. M-P: Dat. Sg. M./N. Nom. Sg. M.
47	ὅρομαι < **ser-/sor-* „bewachen“, vgl. ἐπὶ ... ὄρονται Hom.	o-ro-me-no	*788*	P	*(h)oromenos*	Part. Präs. M-P: Nom. Sg. M.
48	ὀφείλω „schulden, schuldig sein“	-o-pe-ro-si	*755*	p	*ophĕ̄l(l)onsi*	3. Pl. Präs. Akt.
		-o-po-ro	*781*	m	*ŏ̄phlon?*	3. Pl. Aor. Akt.
		o-pe-ro	*753*	P	*ophĕ̄l(l)ōn*	Part. Präs. Akt.: Nom. Sg. M.
		o-pe-ro-ta	*756*	p	*ophĕ̄l(l)onta*	Akk. Sg. M.
		o-pe-ro-te	*757*	P	*ophĕ̄l(l)ontes*	Nom. Pl. M.
		o-pe-ro-sa	*754*	P	*ophĕ̄l(l)onsa*	Nom. Sg. F.
49	πέλομαι „werden, sein“ o. βούλομαι?	]qe-ro-me-no	*999*	p	*k^welomenoi* (vgl. Nr. 66)	Part. Präs. M-P: Nom. Pl. M.
50	πρια- < **k^wri-* „kaufen“	qi-ri-ja-to	*1008*	K	*k^wriato;* vgl. Hom. πρίατο	3. Sg. Aor. M-P
51	ῥάπτω „nähen“	e-ra-pe-me-na	*333*	k	*(h)e(h)rap(h)menā* *(h)e(h)rap(h)menai* *(h)e(h)rap(h)mena*	Part. Perf. M-P: Nom. Sg./Pl. F. Nom. Pl. N.

52	ῥύομαι „beschützen, bewachen“	-u-ru-to	*1221*	p	*wruntoi;* vgl. Hom. ῥῦσθαι Inf.	3. Pl. Präs. M-P
53	*σπάργω „einwickeln“	e-sa-pa-ke-ṃẹ[-na?	*372*	K	*espargmena?*	Part. Perf. M.-P.; N./A. Pl. N.
54	συλάω „entziehen, rauben“	su-ra-se	*1087*	P	*sūlāse* o. *sūlāsei?*	3. Sg. Aor. Akt. (o. Fut.)
55	τελέω „vollenden, ausführen, Abgaben leisten“; Hom. τελείω[160]	te-re-ja te-re-ja-e	*1124* *1125*	P P	*telejjā̆i* oder vielleicht -*ā* (athem. Form) *telejjā(h)en* (mit Suffix *-*sen*)	3. Sg. Präs. Akt. Inf. Präs. Akt.
56	τεύχω „erzeugen, herstellen, verfertigen“	te-tu-ko-wo-a te-tu-ko-wo-a2	*1132* *1133*	k p	*tetukhwo(h)a* vgl. τετευχώς (Passiv: „hergestellt“) *tetukhwoha*	Part. Perf. Akt.: Nom. Pl. N. (im pass. Sinn) Part. Perf. Akt.: Nom. Pl. N.
57	τίθημι „legen, stellen, aufstellen“	te-ke te-to	*1100* *1130*	p T	*thēke* *theto* o. *thento*	3. Sg. Aor. Akt. 3. Sg. oder Pl. Aor. Med.
57a	προ-τίθημι „vorsetzen“	-po-ro-te-ke	*951*	m	*pro-thēke* (ohne Augment)	3. Sg. Aor. Akt.
58	τροπέω[161] „wenden“	to-ro-qe-jo-me-no	*1178*	p	*trok*^{w}*ejomenos*	Part. Präs. M-P: Nom. Sg. M.

[160] S. mehr bei *W. Sowa* 1998, 277., bzw. 1998D., 50f.

[161] Oder στροφέω „drehen“.

59	φέρω „tragen, bringen“	pe-re	*880*	KP	*pherei*	3. Sg. Präs. Akt.
60	φημί „sagen“	pa-si II	*842*	p	*phāsi*	3. Sg. Präs. Akt.
61	φθίνω „vernichten, töten“	e-qi-ti-wo-e	*328*	t	*ek*^{w}*hthiwo-(h)e(s)?*	Part. Pf. Akt.: Nom. Du./Pl. M.
62	φυτεύω „pflanzen“	[pe-]pu_2-te-me-no	*876*	p	*pephut(ē)-menon, -menō*	Part. Perf. M-P: Akk. Sg. N.: Akk. Du.
63	χέω „ausschütten“					
63a	μετα-χέω „von einem Gefäß ins andere schütten“	me-ta-ke-ku-me-na	*680*	k	*metakekhu-menā*	Part. Perf. M-P: Nom. Sg. F.

Vgl. noch einige weitere, weniger sichere Belege:

64	(ἀείρω „heben“, bzw. ὀπ-αείρω „anfügen“)	o-pa-wo-ta	*751*	KP	*op-ăworta* „angefügte (Metall-stücke)“	Verbaladj. (substanti-viert); Nom. Pl. N.
65	(ἀρετάω „taugen“)?	a-re-ta-to	*125*	k	*ăretă(n)toi??*, d. h. „ist/sind brauchbar“ o. *ăretătoi* Adj. Verb. nach *R. Plath*, 1999.	3. Sg./Pl. Präs. oder Pf. Med.?
66 49	βούλομαι, δήλομαι u. a. „wollen“ o. πέλομαι?	]qe-ro-me-no	*999*	p	*k*^{w}*ēlomenoi* (vgl. Nr. 49)	Part. Präs. M-P: Nom. Pl. M.

67	πείθω „überreden“	pe-pi-te-me-no-jo			*Pepithmenojjo* (Personenname!)	Part. Pf. Med., Gen. Sg.
68	(τίω „verehren“; oder τίνω „bezahlen“?)	qe-ja-me-no	*992*	kP	k^w*ej(j)amenos*, vielleicht als ein Titel: „der Ehrwürdige“	Part.Präs. /bes. bei τίω/ oder Aor. Med., Nom. Sg. M. (urspr.)
69	χειμάζω „überwintern“	ke-ma-qe-me	*510*	k	*khe(i)ma-*g^w*e(i)men??* (unsicher!)	Inf. Präs. Akt.??
70	?	ki-ri-jo-te	*545*	K	*?*	Part. Präs. Akt.: Nom. Pl.?
71	μάτημι(?) (*G. Knutzen* 1995: *μάτημι? „suchen“)	ma-ṭẹ-ṇẹ-sa		k	*matensa?* (unsicher)	Part. Präs. Akt.: Nom. Sg. F. als Theonym
72	?	po-ro-e-ko-to	*944*	T	*pro-(h)eikto??* o. *-(h)eiktos??* (*C. de Lamberterie* 1990a)	3. Sg. Aor. Med. o. Adj. Verb.?
73	?	-te-re-pa-to	*1126*	k	*-a(n)to?*	3. Sg./Pl. Aor. Med.?

2. Verzeichnis grammatisch geordneter Verbalformen

Es folgt eine Liste von nach den einzelnen Verbalkategorien grammatisch geordneten Verbalformen — mit einer resümierenden Tabelle auf S. 336. Aus dieser Übersicht gehen folgende wichtige Angaben hervor:

Unter den etwa 138 Verbalformen kommen die infiniten Formen häufiger (78) als die finiten (60) vor — wobei man der ersten Gruppe, die aus 69 Partizipien und 9 Infinitiven besteht, noch etwa 21 Verbaladjektiva zurechnen kann.

I.1 Aa: IND. PRÄS. Akt., 3. Sg.

LB-Form	Lokalität	Myk. Aussprache	Griech. Verbum	Nr. (S. 313ff.)
a-ke	Pm	*agei*	ἄγω	2
a-ke-re	p	*agērei* u. a.	ἀγείρω	4
a-pe-i-si	k	*ap-eisi*	ἄπ-ειμι (εἶμι)	21a
e-ke(-qe)	KP	*ekhei* (k^we, $g^w\bar{e}$?) (s. auch Anm. 145)	ἔχω	28
pa-si II	p	*phāsi*	φημί	60
pe-re	KP	*pherei*	φέρω	59
te-ra-pi-ke	P	*therapiskei??*	θεραπεύω	36
te-re-ja	P	*telejjă̈i* oder *-ā*	τελέω	55
wo-ze	P	*wordzei*	**wr̥gjō*	31

I.1 Ab: IND. PRÄS. Akt., 3. Pl.

]a-pe-e-ṣị[	p	*ap-e(h)ensi*	ἄπ-ειμι (εἰμί)	20a
-di-do-si	kP	*didonsi*	δίδωμι	18
e-e-si	K	*e(h)ensi*	εἰμί	20
e-ke-si (Fehler)	p	= e-ko-si	ἔχω	28
e-ko-si(-qe)	kP	*ekhonsi* (k^we)	ἔχω	28
e-ne-e-si	p	*en-e(h)ensi*	ἔν-ειμι (εἰμί)	20b
-i-je-si	p	*(h)ĭ̈ensi*	ἵημι	37

ki-ti-je-si...	P	*kti(j)ensi,* *-(h)ensi??*	vgl. κτίζω	43
-o-pe-ro-si	p	*ophĕ̄l(l)onsi*	ὀφείλω	48

I.1 Ac: IND. PRÄS. Akt., 3. Du.

e-to	p	*eston?*	εἰμί	20

I.1 Ba: IND. PRÄS. Med.-Pass., 3. Sg.

-di-do-to	P	*didotoi* (oder *-ontoi?*)	δίδωμι	18
e-u-ke-to	P	*eukhetoi*	εὔχομαι	27
-i-je-to	p (Va)	*(h)ĭ̄etoi?* (Pass.)	ἵημι	37
i-je-to	p (Tn)	*i(h)etoi?* „er opfert" (als Deponens) o. *i(h)entoi??*	*ἴhημι < *ἴσημι, vgl. ἱερός < **iheros* < **isəros*	38

I.1 Bb: IND. PRÄS. Med.-Pass., 3. Pl.

-di-do-to	P	*didontoi* (o. *didotoi?*)	δίδωμι	18
e-ke-jo-to	p	*en-kejontoi*	ἔγ-κειμαι	41a
i-je-to	P	*ientoi??* o. *ietoi?*	*ἴhημι < *ἴσημι	38
-u-ru-to	p	*wruntoi*	ῥύομαι	52

I.2 Aa: IND. IMPF. Akt., 3. Sg.

-a-pe	P	*ap-ēs?* < **-ēst*	ἄπ-ειμι (εἰμί)	20a
a-pi-e-qe	t	*amph(i)-(h)ek^{w}e??*	ἀμφ(ι)-έπω	24a

I.2 Bb: IND. AOR. o. PF. Med.-Pass., 3. Pl.

e-e-to	p	*(h)ĕ̄(h)ento?* *(h)ĕ̄(h)entoi?* o. *e(h)entō(n)?* Imper.?? (s. II.1 A)	ἵημι εἰμί	37 20

I.3 Aa: IND. AOR. Akt., 3. Sg.

a-ke-re-se	P	*agrēse?* (o. Fut. *agrēsei?*)	ἀγρέω	5
a-pe-do-ke	p	*ap-edōke* (mit Augment) (oder *ap-es-dōke?*)	ἀπο-δίδωμι	18a
a-pe-do-ke	p	*ap-es-dōke?*	ἀπ-εσ-δίδωμι	18b
a-pe-e-ke	P	*ap-e(h)ēke?*	ἀφ-ίημι	37a
ạ-pi-e-ke	p	*ap-(h)iēke??* *amphi-(h)ēke* *(besser)*	ἀφ-ίημι ἀμφ-ίημι	37a 37b
a-pu-do-ke	kt	*apu-dōke* (ohne Augment)	ἀπο-δίδωμι	18a
do-ke	KpM	*dōke*	δίδωμι	18
e-pe-ke	k	*ep-(h)ēke?*	ἐφ-ίημι	37c
e-ra-se	p	*elase*	ἐλαύνω	22
e-re-u-te-ro-se	P	*eleutherōse*	ἐλευθερόω	23
po-ro-te-ke	m	*pro-thēke* (ohne Augment)	προ-τίθημι	57a
ra-ke	P	*lakhe?*	λαγχάνω	44
su-ra-se	P	*sūlāse* (o. Fut. *sūlāsei?*)	συλάω	54
te-ke	p	*thēke*	τίθημι	57
]we-ke-se	k	*wekse?*	ϝεχ-?	32
wi-de	P	*wide*	ϝειδ-/ϝιδ-	30

I.3 Ab: IND. AOR. Akt., 3. Pl.

a_2-ri-sa	p	*-isan?*	ἀρι-??	8
-o-po-ro	m	*ŏphlon*	ὀφείλω	48

I.3 Ba: IND. AOR. Med., 3. Sg./Pl.

-da-sa-ṭọ	p	*das(s)ato*	δαίομαι	13
-de-ka-sa-to	Kp	*deksato*	δέχομαι	15
de-ko-to	kp?	*dek(s)to* (athem. Aor.)	δέχομαι	15
(o-u)-pa-ro- ke-ne-ṭọ	p	*ou parogeneto*	παρα-γίγνομαι	11a
po-ro-e-ko-to	T	*pro-(h)eikto??*	?	72
qi-ri-ja-to	K	*k^wriato*	πρια-	50
-te-re-pa-to	k	*-a(n)to?*	?	71
te-to	T	*theto* (o. *thento*)	τίθημι	57
-ze-to	p	*dzento??;* vgl. Hom. γέντο „er hat gefaßt“	ζε(ν)-/γε(ν)-	34

I.3 Cb: IND. AOR. Pass., 3. Pl.

wo-ke	kp	*worgĕn?* < **wr̥g-ēnt??*	**wr̥gjō*	31

I.4 Aa: IND. FUT. Akt., 3. Sg.

a-ke-re-se	P	*agrēsei* (o. Aor. *agrēse?*)	ἀγρέω	5
do-se	P	*dōsei*	δίδωμι	18
su-ra-se	P	*sūlāsei* (o. Aor. *sūlāse?*)	συλάω	54

I.4 Ab: IND. FUT. Akt., 3. Pl.

-a-se-so-si	p	*asēsonsi*	ἄω	1

-do-so-si	p	*dōsonsi*	δίδωμι	18

I.4 Bb: IND. FUT. Med.-Pass., 3. Pl.

e-so-to	K	*es(s)ontoi*	εἰμί	20

I.5 Ba: IND. PERF. Med.-Pass., 3. Sg. (oder Pl.)

a-re-ta-to	k	*ăretă̄(n)toi??*	ἀρετάω	65
e-pi-de-da-to	p	*epidedastoi*	ἐπι-δαίομαι	13a
qe-qi-no-to	P	*g^weg^{w}īnōtoi?* o. *-ōtōi, -ōtois* Adj. Verb.??	διν- < *g^wīn-*	19

II.1 A: IMPER. Akt., 3. Pl.

e-e-to (s. I.2 Bb)	p	*e(h)entō(n)?*	εἰμί	20

III.1 A: INFIN. PRÄS. Akt.

a-na-ke-e	p	*an-age(h)en*	ἀν-άγω	2a
a-re-sa-ni-e	p	*(ar)-e(n)s-an-i(h)en?*	εἰσ-άν-ειμι (εἶμι)	21b
a_2-ri-e	p	*-i(h)en?*	ἀρι-?	8
e-ke-e	P	*ekhe(h)en*	ἔχω	28
e-re-e (s. aber auch S. 425)	p	*ere(h)en*	*ἐρε-, ἐρέττω	26
ke-ma-qe-me	k	*khe(i)ma-g^we(i)-men??*	χειμάζω	69
te-re-ja-e	P	*telejjā(h)en*	τελέω	55
wo-ze-e	p	*wordze(h)en*	**wr̥gjō*	31
wo-zo-e (Fehler)	p	= wo-ze-e?	**wr̥gjō*	31

IV.1 Aa: PART. PRÄS. Akt., Mask./Neutr.

a-pe-o	p	*ap-e(h)ōn*	ἄπ-ειμι	20a

a-pe-o-te	Kp	*ap-e(h)ontes*	ἄπ-ειμι	20a
e-ko	K	*ekhō̆n?*	ἔχω	28
e-ko-te	P	*ekhontes*	ἔχω	28
]e-ne-o	k	*en-e(h)ōn, -on*	ἔν-ειμι (εἰμί)	20b
e-o	P	*e(h)ōn*	εἰμί	20
(-)e-o-te	kp	*e(h)ontes*	εἰμί	20
e-pi-zo-ta	K	*epi-dzō̆nta* (Präs. o. Aor. NPlN) < -**g*^{w}*jō̆nta??*	Wurzel ζω- < **g*^{w}*jō-*; vgl. ζάω, βιόω	33
e-qo-te	P	*(h)ek*^{w}*ontes?*	ἕπω?, ἕπομαι	24
i-jo II	k	*iōn?*	εἶμι	21
i-jo-te	Kpm	*iontes*	εἶμι	21
ki-ri-jo-te	K	*?*	?	70
o-pe-ro II	P	*ophē̆l(l)ōn*	ὀφείλω	48
o-pe-ro-ta	p	*ophē̆l(l)onta* ASgM	ὀφείλω	48
o-pe-ro-te	P	*ophē̆l(l)ontes*	ὀφείλω	48
o-ta-	m	*(h)onta?* NPlN	εἰμί	20
qa-si]-re-wi-jo-te?	p	*g*^{w}*asilē̆w(i)jontes?*	βασιλεύω	10
re-]qọ-te?	p	*leik*^{w}*ontes?*	λείπω	45
wo-zo	p	*wordzōn*	**wr̥gjō*	31
wo-zo-te	P	*wordzontes* NPlM o. *wordzontei* DSgM	**wr̥gjō*	31

IV.1 Ab: PART. PRÄS. Akt., Fem.

a-pe-a-sa	K	*ape(h)as(s)ai* < **-esn̥tjai* NPl	ἄπ-ειμι (εἰμί)	20a
o-pe-ro-sa	P	*ophē̆l(l)onsa*	ὀφείλω	48

IV.1 B: PART. PRÄS. Med.-Pass.

e-qo-me-ne[	p	*(h)ek*^{w}*omenon?* N/ASgN	ἕπομαι	24

ki-ti-me-na (athem. Flexion)	P	*ktimenā* NSgF *ktimenās* GSgF *ktimenai* NPlM	vgl. κτίζω	43
[ki]-ti-me-no	p	*ktimenon* ASgN	κτίζω	43
mu-jo-me-no	p	*mujjomenōi?* DSgM o. *mujjomenos?* NSgM	μυέω	46
o-ro-me-no	P	*(h)oromenos*	ὅρομαι < **ser-/sor-*	47
]qe-ro-me-no	p	*k^{w}elomenoi* o. *k^{w}ēlomenoi*	πέλομαι o. βούλομαι	49 o. 66
re-qo-me-no	k	*leik^{w}omenoi* NPlM	λείπω	45
to-ro-qe-jo-me-no	p	*trok^{w}ejomenos*	τροπέω	58
wo-zo-me-na	k	*wordzomena* NPlN	**wr̥gjō*	31
wo-zo-me-no	k	*wordzomenō* NDuN	**wr̥gjō*	31

IV.3 Aa: PART. AOR. Akt., Mask./Neutr.

a-ke-ra$_2$-te	p	*agērantes* usw. oder *angēlantes*	ἀγείρω ἀγγέλλω	3 4
e-pi-zo-ta	K	*epi-dzǒ̄nta* (Präs. o. Aor. NPlN) < -**g^{w}jǒ̄nta??*	Wurzel ζω- < **g^{w}jō-*; vgl. ζάω, βιόω	33

IV.3 B: PART. PRÄS. o. AOR. Med., Mask.

qe-ja-me-no	kP	*k^{w}ej(j)amenos*	τίω (eher Präs.) o. τίνω	68

IV.4 Aa: PART. FUT. Akt., Mask.

da-ma-o-te[	k	*dama(h)ontes*	δαμάω	12
de-me-o-te	p	*deme(h)ontes*	δέμω	14

IV.4 B: PART. FUT. Med.-Pass.

ze-so-me-no	p	*dzes(s)omenōi* DSgN	ζέω	35

IV.5 Aa: PART. PERF. Akt., Mask./Neutr.

a-ra-ru-wo-a	K	*arā̆rwo(h)a* NPlN	ἀραρίσκω	7
e-qi-ti-wo-e	t	*ek^{w}hthiwo(h)e(s)?* NDu/PlM	φθίνω	61
e-ṛẹ-dwo-e	K	*ē̆reidwo(h)es* NPlM	ἐρείδω	26
ke-ke-tu-wo-e	p	*-o(h)es?*	κετ-?	42
te-tu-ko-wo-a	k	*tetukhwo(h)a* NPlN	τεύχω	56
te-tu-ko-wo-a$_2$	p	*tetukhwoha* NPlN	τεύχω	55

IV.5 Ab: PART. PERF. Akt., Fem.

a-ra-ru-ja	K	*ararujja(i)*	ἀραρίσκω	7
]ạ-ra-ru-wo-ja (Kontamination oder orthograph. Fehler statt a-ra-ru-ja oder -wo-a?)	k	*arā̆rwojja?*	ἀραρίσκω	7
]ḍẹ-di-ku-ja (Fehler statt de-di-da-ku-ja?)	k	*dedida(s)k(h)ujja(i)*	διδάσκω	17

IV.5 B: PART. PERF. Med.-Pass.

a-ja-me-na	KP	*ajā̆i(s)menā* *ajā̆i(s)menā̆is*	*αι-?	6
a-ja-me-no	kP	*ajā̆i(s)menos* *ajā̆i(s)menoi* *ajā̆i(s)menō*	*αι-?	6
a-pu ke-ka-u-me-ṇọ[	p	*apukekaumenos*	ἀπο-καίω	39a

a-(ra)-ro-mo-te- me-ṇạ	K	*arā̆r(h)motmenā* *arā̆r(h)motmenai*	ἁρμόττω	9
a-ra-ro-mo-te-me- no	k	*arā̆r(h)motmenō*	ἁρμόττω	9
a-ra-ro-mo-to- ṃẹ[-na	k	*arā̆r(h)motmenā* *arā̆r(h)motmenai*	ἁρμόττω	9
de-de-me-na	K	*dedemenai* *dedemena*	δέω	16
de-de-me-no	P	*dedemenō*	δέω	16
de-do-me-na	K	*dedomenai* *dedomena*	δίδωμι	18
e-ra-pe-me-na	k	*(h)e(h)rap(h)menā* *(h)e(h)rap(h)menai* *(h)e(h)rap(h)mena*	ῥάπτω	51
e-sa-pa-ke-ṃẹ[-na	K	*espargmena?*	*σπάργω	53
ke-ka-u-me-ṇọ[	p	*kekaumenos*	καίω	39
ke-ke-me-na	KP tir	*kekeimenā* *kekeimenās* *kekeimenān* *kekeimenai*	κει-? < *κεσ-	40
ke-ke-me-na-o	P	*kekeimenā(h)ōn*	κει-? < *κεσ-	40
ke-ke-me-no	P	*kekeimenō*	κει-? < *κεσ-	40
ke-ke-me-no-jo	p	*kekeimenojjo*	κει-? < *κεσ-	40
me-ta-ke-ku-me- na	k	*metakekhumenā*	μετα-χέω	64a
[?pe-]pu$_2$-te-me- no	p	*pephut(ē)menon* o. *pephut(ē)menō*	φυτεύω	62
qe-qi-no-me-na	P	*$g^w eg^w$īnōmenā, -ai?*	διν-?	19
qe-qi-no-me-no	p	*$g^w eg^w$īnōmenoi?*	διν-?	19

IV.6 B: PART. FUT. Pass.?

e-we-pe-se-so-me-na[162]	m	*e(h)u (h)epsēsomena*	ἕψω	29

Anmerkung zu den Partizipien: Auch unter den mykenischen Personennamen lassen sich einige Partizipien identifizieren, z. B. a-pi-jo, a-pi-(j)o-to P *Amphiōn, -ontos* (ἄμφ(ι)-ειμι), a₂-nu-me-no p *(H)anumenos* (ἄνυμι), a₃-nu-me-no p *Ainumenos* (αἴνυμαι), e-u-ko-me-no kp *Eukhomenos* (εὔχομαι), o-po-ro-me-no P *(H)oplomenos* (ὅπλομαι), wa-do-me-no p *Whādomenos* (ἅδομαι, ἥδομαι), ka-e-sa-me-no pt (vgl. καίνυμαι, κέκασμαι), ke-sa-me-no P (vgl. κεδνός), ku-ru-me-no kpt *Klumenos* (κλύμενος), ku-sa-me-ni-jo P (vgl. κῦδος), pi-ra-me-no kp *Philamenos* (φιλάμενος), qe-ja-me-no P *K*^{w}*ej(j)amenos* (oder ein Titel „Verehrter"; vgl. τίω 68 auf S.323), pe-pi-te-me-no-jo t *Pepithmenojjo* (πείθω; vgl. 67 auf S.323), wi-do-wo-i-jo, wi-du-wo-i-jo, wi-dwo-i-jo p *Widwo(h)ios* (vgl. εἰδώς, ἰδυῖοι); vgl. *Y. Duhoux* 1992, sowie weiter unten auf S. 413ff. (unter Eigennamen).

V: ADJ. VERB. auf -τός
a) unkomponiert (vgl. S. 219ff.)

a-re-ta-to s. Nr. 65	*124*	K	*ăretătos, oi??*	*NSg/ PlM*	vgl. ἀρετάω	brauchbar?
ki-ri-ta	*548*	k	*khrista*	*NPlN*	= χριστός (vgl. χρίω „salben")	gesalbt
ko-ro-to	*587*	Km	*khrōston?* oder *klōston*	*NSgN* *NSgN*	= χρωστός (vgl. χρῴζω „färben") = κλωστός „gesponnen"	gefärbt gesponnen
qe-qi-no-to	*995*	P	*g*^{w}*eg*^{w}*īnōtōi* bzw. *-ōtois* oder *-ōtoi?*	*D-ISg IPl 3. Sg Pf M-P*	s. Nr. 19 auf S. 311	verziert ist ... verziert

[162] Andere Deutungen bei *W. Sowa* 1998D., 72.

o-na-to	*739*	P	*onāton* (urspr. ein Adj.)	*ASgN*	vgl. ὀνίνημι	Grund-besitz (Subst.)
wa-ra-wi-ta	*1238*	k	*wrāwista?* *o. s. S. 304*	*NPlN*	(vgl. ῥαίω „zerbrechen")	zerbrochen

b) Komposita mit α–privativum (vgl. S. 221f.)

a-ki-ti-to	*30*	P	*aktitos, -on*	*N/A Sg M/N*	ἄκτιτος (vgl. κτίζω „bebauen")	unbebaut
a-na-mo-ta a-na-mo-to	*58* *59*	K K	*anăr-(h)mo(s)tā?* *anăr-(h)mo(s)tai* *anăr-(h)mo(s)ta* *anăr-(h)mo(s)tos* *anăr-(h)mo(s)toi*	*NSgF* *NPlF* *NPlN* *NSg/ PlF!*	= ἀνάρμοστος (vgl. ἁρμόττω „anpassen") (Opp. zu a-ra-ro-mo-te-me-na; s. IV.5 B)	nicht fertig montiert
a-na-ta a-na-i-ta a-na-to	*61* *56* *62*	k K K	*anăi(s)tai?* *anăi(s)tai?* *anăi(s)tos?* *anăi(s)toi?*	*NPlF* *NPlF* *NSg* *NPlF!*	? (Opp. zu a-ja-me-na; s. IV.5 B)	nicht eingelegt
a-ne-ta-de	*64*	p	*aneta de* (o. andere Kasus-formen)	*NPlN?*	= ἄνετα δέ? (vgl. ἀνίημι „nachlassen")	nachge-lassen, erlassen (über Steuern)
a-pi-qo-to	*94*	P	*aphiktos, -ō* *R. Plath* 1999	*NSgF* *NDuF*		nicht gereinigt?
]a-ro-ta	*130*	P	*alōsta?*	*N/A PlN*	= ἄλωστοι· ἄρραφοι Hesych	ohne Naht (über Kleider)

c) Komposita mit Präverbien (vgl. S. 222f.)

a-pi-qo-to	*92*	P	*amphi-g^w^otos, -g^w^otō* oder *-k^w^hoitos?, -k^w^hoitō?* vgl. auch *aphiktos* hier auf S. 334!	*NSgF NDuF*	= ἀμφιβατός (vgl. ἀμφί + βαίνω „schreiten“ oder φοιτάω „herumgehen“) = ἀφικτός s. Hesych ἀφικτόν· ἀκάθαρτον· μισητόν	umgehbar, freistehend nicht gereinigt?
e-pi-da-to	*301*	P	*epidastos*	*NSgM*	= ἐπιδαστός (vgl. ἐπιδαίομαι „verteilen“)	verteilt
o-pa-wo-ta	*751*	KP	*opăworta*	*NPlN*	vgl. ὀπ- + ἀείρω < *ἀϝέρjω „heben“	angefügte (Metallstücke)
po-ro-e-ko-to	*944*	T	*pro-(h)eiktos?*	*?*	?	

d) sonstige Komposita (vgl. S. 223)

ka-ko-de-ta	*451*	k	*khalkodeta*	*N/A PlN*	= -δετός (vgl. χαλκός „Erz“ + δέω „binden“)	erz-beschlagen

VI: ADJ. VERB. auf *-tejos*

qe-te-jo qe-te-o qe-te-a qe-te-a$_2$	*1002* *1001* 	KP T kp T	*k^w^eite(j)on* *k^w^eite(h)on?* *k^w^eite(h)a* *k^w^eiteha*	*NSgN* *NPlN* 	vgl. τίνω „zahlen“ o. τίω „verehren“	zu zahlen, zur Bezahlung o. „der Ehrwürdige“

3. Statistische Auswertung der mykenischen Verbalformen

(mit geringen Zahlenschwankungen)

a) Finite Formen				b) Alle übrigen Formen			Σ
		Akt.	Med.-Pass.		Akt.	Med.-Pass.	(a + b)
INDIKATIV				**PARTIZIPIEN**			
PRÄS.:	3. Sg.	9	2-4	PRÄS.:	22	10	(= 57)
	3. Pl.	9	2-4				
	3. Du.	1	–				
IMPF.:	3. Sg.	1	–				(= 2)
	3. Pl.	1	–				
AOR.:	3. Sg.	13-15	5-7	AOR.:	2	1	(= 26-28)
	3. Pl.	2	1-3				
FUT.:	3. Sg.	1-3	–	FUT.:	2	1 Med.	(= 8-10)
	3. Pl.	2	1			1 Pass.	
PERF.:	3. Sg.	–	2-3	PERF.:	9	21	(= 33)
	3. Pl.	–	0-1		–	–	
IMPERATIV				**INFINITIV**			
PRÄS.:	3.Sg./Pl.	1	–	PRÄS.:	9	–	
INSGESAMT		**42**	**18**		**44**	**34**	
			= 60			**= 78**	**(= 138)**

+ Verbaladjektiva: ca. 21

4. Die Verbalkategorien

Die Verbalkategorien haben in der letzten Zeit vor allem *Y. Duhoux* 1988, *Y. Duhoux - F. Dachy* 1992 und *W. Sowa* 1998, 1998D. besprochen. Zu den einzelnen Kategorien sowie zu verschiedenen anderen grammatischen Besonderheiten des mykenischen Verbalsystems kann man folgendes bemerken:

a) Augment und Reduplikation:

α) *Augment*: Der einzige sichere Beleg für das Augment scheint a-pe-do-ke *ap-edōke* (vgl. att. ἀπέδωκε) zu sein (doch vgl. vielleicht auch a-pe-e-ke Nr. 37a), das ebenso wie das augmentlose a-pu-do-ke (= *apu-dōke*) einmal bezeugt ist. Doch a-pe-do-ke könnte auch als *ap-es-dōke* gedeutet werden. Im Prinzip kommt man also im Mykenischen ohne Augment aus (s. z. B. do-ke *dōke*, te-ke *thēke*, -de-ka-sa-to *deksato*), so daß man z. B. auch -o-po-ro als *ŏ̆phlon* (3. Pl. Ind. Aor. Akt.) mit kurzem *o*- interpretieren darf.

β) *Reduplikation*: Auch im Mykenischen unterscheidet man die Reduplikation mit *-i-* im Präsensstamm (z. B. (-)di-do-si *didonsi,* 3. Pl. Ind. Präs. Akt. von δίδωμι, vgl. att. διδόασι) von der Reduplikation mit *-e-* im Perfektstamm (z. B. de-do-me-na *dedomena* im Nom. Pl. Neutr. des Part. Perf. Med.-Pass.) bzw. von den spezifischen Formen der Reduplikation im Perfektstamm der mit Vokal anlautenden Verben, d. h. entweder der sogenannten „attischen“ Reduplikation vom Typ a-ra-ru-wo-a/ja *arărwo(h)a* (Nom. Pl. N. des Part. Perf. Akt. von ἀραρίσκω) oder der „augmentartigen“ Reduplikation vom Typ e-ra-pe-me-na *(h)e(h)rap(h)menā* (Nom. Sg. Fem. des Part. Perf. Med.-Pass. von ῥάπτω).

b) Personalendungen:

Es scheint klar zu sein, daß man in den LB-Texten bisher lediglich mit den 3. Personen Sing. und Plur. zu tun hat, was vor allem die typische primäre Endung *-(n)si* in vielen Verbalformen erkennen läßt (vgl. z. B. das athematische pa-si II *phāsi*, att. φησί, und e-e-si *e(h)ensi*, att. εἰσί, bzw. das thematische e-ko-si *ekhonsi*, att. ἔχουσι), durch die der mykenische Dialekt dem arkadisch-kyprisch-ionisch-attischen Innovationsgebiet zugewiesen werden kann.

Im med.-pass. Bereich scheint die graphische Endung -to nur in einem kleineren Teil der Belege dem sekundären *-to* zu entsprechen (vor allem in den Formen des medialen Aoristes, wie -de-ka-sa-to *deksato*, 3. Sg. Ind. Aor. Med. von δέχομαι), während sie in der Mehrzahl der Fälle eine primäre Endung *-toi* (z. B. e-u-ke-to *eukhetoi* 3. Sg. oder -di-do-to *dido(n)toi* 3. Sg./Pl.) des Ind. Präs. Med.-Pass. (vgl. dagegen att. ἔχεται, δίδονται) oder des Ind. Perf. Med.-Pass. (z. B. e-pi-de-da-to *epidedastoi* Med.-Pass.) wiedergibt.

Hier stimmt das Mykenische mit arkadisch *-toi* (vgl. τέτακτοι = att. τέτακται) und dem syllabisch-kyprischen *-to-i* bzw. *-tu-i* (vgl. kypr. ke-i-tu-i = κεῖτοι) überein, d. h. mit den archaischen Verbalendungen *-toi, -ntoi*, die nach *M.S. Ruipérez* 1952 als ursprüngliche gemeingriechische Primärendungen der 3. Pers. Sg. und Pl. im Med.-Pass. anzusehen sind. Eine Übersicht über die Personalendungen siehe bei *W. Sowa* 1998, 272.

c) Die finiten und infiniten Verbalformen:

Wie aus unserer statistischen Auswertung auf S. 336 hervorgeht, übertrifft die Zahl der mykenischen infiniten Formen diejenige der finiten Formen. Besonders die Partizipien sind sehr zahlreich (69 Partizipien, neben etwa 21 Verbaladjektiven, und 9 Infinitive gegenüber lediglich 60 finiten Formen der mykenischen Verben). Dies hängt mit dem überwiegend nominalen Charakter der Linear B-Texte zusammen.

d) Die mykenischen Tempora, Modi und Genera Verbi:

Im Mykenischen scheinen fast alle Verbaltempora des klassischen Griechisch bezeugt zu sein, d. h. Präsens (67 Belege: 25 Formen des Indikativs, eine nicht völlig sichere Form der 3. Pers. Imperat., 9 Infinitive und 32 Partizipien), Imperfektum (nur 2 weniger sichere Belege), Futurum (8-10, davon 4 Partizipien, sogar ein Part. Fut. Pass.: e-we-pe-se-so-me-na *e(h)u (h)epsēsomena*), Aorist (26-28, einschließlich einer unsicheren Form des Ind. Aor. Pass.: wo-ke *worgĕn*? von **werg-/wr̥g-*, jedoch nur 3 Partizipien) und Perfektum (33 Belege, davon nicht weniger als 30 Partizipien: 9 im Akt., 21 im Pass., und lediglich 3 finite Formen des Ind. Perf. Med.-Pass.). Die Mehrzahl der finiten Formen steht in der 3. Pers. Sing. Eine einzige Form scheint im Dual zu sein.

Mit Ausnahme der obenerwähnten, unsicheren Form des Imperativs ist unter den mykenischen finiten Formen nur der Indikativ bezeugt (Belege weiterer grammatischer Modi scheinen trotz *M.S. Ruipérez* 1987 fraglich zu sein; vgl. jedoch S. 314 und 445).

Die aktiven Verbalformen überwiegen klar die med.-pass. Formen (86: 52; darunter nur je 1 Beleg für Aor. Pass. bzw. Fut. Pass.); fast zwei Drittel der med.-pass. Formen sind Partizipien (34), genauer Partizipien Präs., Fut., Aor. und Perf. Med. bzw. Pass. auf -μενος (10 + 2 + 1 + 21). Sehr gut sind allerdings auch die Formen des Part. Präs. Akt. auf -ων (22) und des Part. Perf. Akt. auf *-wos-/-woh-* (9) belegt — neben je 2 Belegen des Part. Fut. Akt., und Part. Aor. Akt. Unter den 9 bezeugten Infinitiven befinden sich ausschließlich aktive Formen.

e) Die Bildung einzelner Tempora:

α) *Präsens* und *Imperfektum*: Die Formen des Präsens werden entweder thematisch oder athematisch gebildet.

Die athematischen Formen kommen hauptsächlich bei jenen mykenischen Verben vor, die auch im alphabetischen Griechisch meistens athematische Formen aufweisen — z. B. bei δίδωμι (Nr. 18), εἰμί – εἶναι (Nr. 20), εἶμι – ἰέναι (Nr. 21), ἵημι (Nr. 37), τίθημι (Nr. 57), φημί (Nr. 60); vgl. -di-do-to *dido(n)toi* (att. δίδονται), e-e-si *e(h)ensi* < **esenti* (att. εἰσί), -a-pe *ap-ēs?* < **-ēst* (doch vgl. *J. T. Killen* 1996-97, 179-185; ein Toponym?), a-pe-a-sa *ap-e(h)as(s)ai* < **-esn̥tjai*, i-jo-te *iontes* (att. ἰόντες), te-to *the(n)to* (att. ἔθε(ν)το), pa-si II *phāsi* (att. φησί). Daneben kommen athematische Formen vereinzelt auch bei Verbalwurzeln vor, die im alphabetischen Griechisch anders konjugiert werden, z. B. ki-ti-je-si *kti(j)ensi* (Nr. 43; vgl. att. κτίζω) oder ki-ti-me-na *ktimenā* (vgl. att. κτιζόμενος Präs. oder κεκτισμένος Perf., aber hom. ἐϋκτίμενος /athem.!/) bzw. -u-ru-to *wruntoi* (vgl. att. ῥύομαι, aber hom. ῥῦσθαι).

Auch die thematischen Formen erscheinen im Mykenischen meistens bei den Verben, die auch im alphabetischen Griechisch thematisch konjugiert werden. Von diesen kann man vor allem folgende mykenische Verba anführen: ἄγω (Nr. 2), s. a-ke *agei* (vgl. ἄγει); εὔχομαι (Nr. 27), s. e-u-ke-to *eukhetoi* (vgl. εὔχεται); ἔχω (Nr. 28), z. B. e-ke *ekhei*, e-ko-si *ekhonsi*, e-ke-e *ekhe(h)en* < **-esen*, e-ko-te *ekhontes* (vgl. att. ἔχει, ἔχουσι, ἔχειν, ἔχοντες); φέρω (Nr. 59), s. pe-re *pherei* (vgl. φέρει); daneben auch einige *je/jo*-Präsentia, wie ἀγείρω (Nr. 4), s. a-ke-re *agē̆r(r)ei* (vgl. ἀγείρει) oder **wr̥gjō* (Nr. 31), z. B. wo-ze *wordzei*, wo-ze-e *wordze(h)en*, wo-zo-te *wordzontes*, wo-zo-me-na *wordzomena*; ὀφείλω (Nr. 48), z. B. -o-pe-ro-si *ophē̆l(l)onsi*, o-pe-ro-sa *ophē̆l(l)onsa* (vgl. att. ὀφείλουσι, ὀφείλουσα). Entweder als thematisch oder als athematisch kann man die Verbalform e-ke-jo-to *enkejontoi* (Nr. 41a; ἔγ-κειμαι) interpretieren (s. *W. Sowa* 1998, 282).

Zur thematischen Konjugation gehören auch mehrere mykenische Zeitwörter, die im alphabetischen Griechisch zu kontrahierten Verben geworden sind, z. B. to-ro-qe-jo-me-no *trok*^{w}*ejomenos* Part. Präs. Med.-Pass. (Nr. 58; vgl. hom. τροπέω), das im Attischen dem kontrahierten Typ φιλῶ < φιλέω entspricht. Zum nachmykenischen Typ μισθῶ < -όω gehört wohl das mykenische e-re-u-te-ro-se *eleutherōse* (Nr. 23; att. ἐλευθερῶ)[163]; der Typ τιμῶ < τιμάω scheint im Mykenischen nicht gut[164] bezeugt zu sein.

Beim Infinitiv Akt. ist nur die Endung -e *-(h)en* < **-sen* belegt (vgl. e-ke-e *ekhe(h)en,* vgl. att. ἔχειν), wobei das rätselhafte a-re-sa-ni-e als *(ar)-e(n)s-an-i(h)en* (Nr. 21b) dem arkad. εξιεν, westion. εξειν entsprechen könnte.

Das mykenische Imperfektum besitzt nur ein paar Belege: das weniger sichere -a-pe *apēs* (ἄπ-ειμι; Nr. 20a; doch s. S. 312), das mehrdeutige e-e-to (εἰμί, Nr. 20, bzw. ἵημι, Nr. 37) und das fragliche ạ-pi-e-qe *amph(i)-(h)ek^{w}e??* (vgl. ἀμφ(ι)-έπω Nr. 24a).

β) *Futurum*: Das bezeugte mykenische Futurum scheint in seiner Herkunft ausschließlich sigmatisch zu sein. Neben klaren *s*-Formen wie do-se *dōsei* (Nr. 18), -do-so-si *dōsonsi* (vgl. att. δώσει, δώσουσι) gibt es auch *h*-Formen wie da-ma-o-te[*dama(h)ontes??* (Nr. 12; vgl. att. δαμάζω, δαμνάω, δαμάω) oder de-me-o-te *deme(h)ontes* (Nr. 14; vgl. att. δέμω); beide Formen scheinen die Lautveränderung *s* > *h* bereits durchgemacht zu haben, wobei die zweite Form an das alphabetische Futurum bei den Stämmen auf Nasale und Liquiden erinnert (-ῶ, -έω < *-ehō*); auch die erste Form hat ihr ursprüngliches *-s-* lautgesetzlich verloren, ohne sich dem Einfluß von do-se, -do-so-si zu beugen, wo dieser Laut als Morphem des Futurums (und des Aoristes) wie in der „alphabetischen“ Zeit erhalten blieb oder restituiert worden ist.

γ) *Aorist*: Die Typen des mykenischen Aorists sind vielfältiger als diejenigen des Futurums:

Der sigmatische (schwache) Aorist Akt. und Med. ist bei weitem nicht der einzige Typ bei diesem Verbaltempus; doch vgl.

a-ke-re-se *agrēse* (Nr. 5; oder Fut. *agrēsei*?), e-ra-se *elase* (Nr. 22; oder Fut. *elasei*?), e-re-u-te-ro-se *eleutherōse* (Nr. 23), su-ra-se *sūlāse* (Nr. 54; oder Fut. *sūlāsei*?),]we-ke-se *wekse* (Nr. 32), -da-sa-ṭọ *das(s)ato* (Nr. 13), -de-ka-sa-to *deksato* (Nr. 15) und auch a-ke-ra$_2$-te *agērantes* (mit Ersatzdehnung, bzw. noch Zwischenstadium *agerhantes* — oder geminiertes *agerrantes* gemäß *Ruipérez* 1972 — jeweils aus dem sigmatischen Aorist **agersantes* zu ἀγείρω); weniger passend scheint hier die Deutung *angēlantes* von ἀγγέλλω zu sein.

Der starke thematische Aorist Akt. und Med. kommt auch einigemal vor: ra-ke *lakhe*? (Nr. 44), -wi-de *wide* (Nr. 30), -o-po-ro *ŏphlon* (Nr. 48), -pa-ro-ke-ne-ṭọ[*parogeneto* (Nr. 11a).

---

[163] Doch vgl. auch qe-qi-no-to sub Nr. 19.

[164] Das Wort da-ma-o-te[sub Nr. 12 ist eine Futurform.

Vgl. weiter die athematischen Aoriste Akt. und. Med. bei den typisch athematischen Verben δίδωμι, ἵημι, τίθημι, (Nr. 18, 37, 57; viele Belege); s. aber auch de-ko-to *dek(s)to* (Nr. 15; athematische Variante zu -de-ka-sa-to *deksato*) oder qi-ri-ja-to *k^{w}riato* (Nr. 50; suppletiver Aorist zu ὠνέομαι).

Der mykenische Aor. Pass. verfügt nur über einen, nicht völlig sicheren Beleg: wo-ke *worgĕ̆n?* (Nr. 31). Ebenso besitzt man lediglich einen Beleg für das Fut. Pass., und zwar das obenerwähnte Partizip e-we-pe-se-so-me-na *(e(h)u) (h)epsēsomena.* Einen ϑη-Aorist gibt es in den LB-Texten nicht (anders *J. Chadwick* 1996-97, 293-296, der hierher mediales te-to *thēto* bzw. *thento* einreiht).

δ) *Perfektum:* Das mykenische Perfektum ist an finiten Formen sehr arm; seine Belege beschränken sich auf zwei med.-pass. Formen mit der primären Personalendung *-toi*: e-pi-de-da-to *epidedastoi* (Nr. 13a) und qe-qi-no-to *g^{w}eg^{w}īnōtoi?* (zu Nr. 19 **g^{w}īn-* > δῑν-, doch mit dem vokalischen Stammausgang *-ō-*!).

Die Partizipialformen sind dagegen sehr reichlich bezeugt, besonders diejenigen des Part. Perf. Med.-Pass. auf *-meno-* (vgl. das alphabetische -μένος). Die Belege finden sich unter den Nummern 6, 9, 16, 18, 19, 39, 40, 51, 62, 63 u. a. Bei den Part. Perf. Med.-Pass. scheint die nachmykenische Assimilation des konsonantischen Stammausgangs an das folgende Suffix -*meno-* noch nicht durchgeführt zu sein: a-(ra)-ro-mo-te-me-na *arăr(h)mot-menā* zu ἁρμόττω (Nr. 9), e-ra-pe-me-na *(h)e(h)rap(h)-menā, -ai, -a* zu ῥάπτω (Nr. 51; vgl. *A. Leukart* 1994).

Besonders wertvoll sind die Belege des Part. Perf. Akt. auf **-wos-*, vor allem die Formen a-ra-ru-wo-a *arărwo(h)a* < **arăr-wos-a* zu ἀραρίσκω (Nr. 7) oder te-tu-ko-wo-a bzw. -wo-a$_2$ *tetukhwoha* zu τεύχω (Nr. 56; Nom. Plur. Neutr.) sowie die feminine Form a-ra-ru-ja *ararujja(i)* < **arar-us-ja(i)* zu ἀραρίσκω (mit der Schwundstufe *-us-* zur Vollstufe **-wos-*) oder]ḍẹ-di-ku-ja *dedida(s)k(h)ujja(i)* zu διδάσκω (Nr. 17).

Die Reduplikation scheint im Prinzip wie im alphabetischen Griechisch durchgeführt zu sein (bemerkenswert ist e-re-dwo-e, etwa mit dissimilatorischem Schwund eines zweiten **-r-* aus **ereridwohe(s)*?).

ε) Zu den *Verbaladjektiven* haben wir auch komponierte Bildungen hinzugefügt.

ζ) Über eventuellen *Konjunktiv* Präs. e-ke-qe *ekhē(i) k^{w}e(n)*? (vgl. att. ἔχῃ ἄν), s. S. 314 und 445.

Die Neuerscheinungen zu weiterem Lesen
(Kap. VII: Verba)

Mit dem ganzen griechischen (bzw. indoeuropäischen und speziell auch mykenischen) Verbalsystem und auch dessen Details befaßt sich seit Jahren *Y. Duhoux*; s. *Y. Duhoux* 1992 (vgl. auch *Y. Duhoux – F. Dachy* 1992), 1993, 1996, 2000 (nach *Duhoux* ist die Systematisierung der Opposition *durativ v. punktuell* erst nachindoeuropäisch und im Griechischen eigentlich erst postmykenisch; das Imperfektum existiere im Mykenischen fast noch gar nicht, der Aorist überwiege im Bereich der finiten Formen, das Perfektum vor allem im Bereich der Nominalformen /Partizipien/). Das mykenische Verbalsystem wurde auch von *R. Plath* 1992 (Einteilung der mykenischen Präsensstämme /in sieben Gruppen/; es fehlen noch die *-ske-/-sko-* Präsentia; vgl. auch *Brent Vine* 1993 /die Form te-ra-pi-ke ist nach ihm keine finite Form θεραπίσκει, sondern ein Lok. Sing./) sowie von *W. Sowa* 1998, 1998D. sehr gründlich besprochen (alle anerkannten Verbalformen inbegriffen).

Ausgewählte Einzeldeutungen: *I. Hajnal* 1990 deutet die Form e-e-to PY An 607.3 (s. unsere Nummer 37 auf S. 317) als Injunktiv der 3. Pers. Plur. *eh-ento* vom Verbum „sein"; dagegen deutet er (*I. Hajnal* 1996b) die Form i-je-to(-) PY Tn 316.2 als 3. Pers. Sing. Med. *ī(h)etoi* in der Bedeutung „setzt sich in Bewegung" (sc. aus einer reduplizierten Form **Hi-Hish$_2$-o/e-to(i)*) von einer Wurzel **H(e)ish$_2$-*, die im alphabetischen Griechisch in ἱερός „heilig" bewahrt sei (vgl. unsere Nummer 38 auf S. 317). Eine ähnliche Deutung bei *J.L. García Ramón* 1996.

R. Plath 1990 bevorzugt bei der Form e-re-e statt einer Analyse als Ablativ *(H)ele(h)ē* bzw. Lokativ *(H)ele(h)ei* von einem *s*-Stamm *(H)elos* (vgl. unsere S. 425) die verbale Deutung als Infinitiv *ere(h)en* zum Stamm **eret-* (siehe unsere Nr. 26 auf S. 313).

G. Nagy 1994-95 interpretiert das Wort po-re-na in PY Tn 316.2 als einen athem. Inf. *phorēnai* (do-ra-qe pe-re po-re-na(-qe) a-ke = *dōra k^{w}e pherei phorēnai k^{w}e agei*); vgl. auch *A. Willi* 1994-95.

Vgl. *J. T. Hooker* 1991, *P. Dardano* 2000, *Floreant* 1999 und *Thèbes* 2002 (mit beschränkter Ausnützung).

F) Die übrigen Wortarten

1. Pronomina

au-to-jo	*156*	p	*autojjo*	*GSg* *N?*	αὐτός	selbst
jọ-qi	*440*	p	*jokk^{w}i* < **jod-k^{w}id*	*ASgN*	= ὅ, τι (Rel.), vgl. äol. ὅττι	was (auch immer)
-mi	*694*	P	*min*	*ASg*	= μιν (Personalpron.)	ihn, sie
o-u-ki(-te-mi) statt *o-u-qi-? (s. auch sub 6 auf S. 349)	*799*	k	*ouk$^{(w)}$is* *(termis* oder *themis)?*[165]	*NSg*	= οὔτις „keiner" + τέρμις „Rand, Saum?" o. ϑέμις „Ordnung, Recht"	kein (keine Stütze, kein Fuß /am Tisch/ oder „es ist nicht in Ordnung")
pe-i	*867*	P	*sphe(h)i*, *spheis*	*DPl*	vgl. σφίσι(ν), Hom. σφί(ν), ark. σφέσι σφεῖς (Personalpron.)	ihnen

[165] Oder die negative Partikel *oukhi* = οὐχί (vgl. unten, sub 6: „Partikeln"). Über -te-mi vgl. Index, Nr. 1105, Anm. 264.

to-ị(-qe)	*1150*	p	*toi(h)i* *(k^we)*	*DPlM*	= τοῖσί τε	und diesen
to-jo(-qẹ)	*1151*	p	*tojjo* *(k^we)*	*GSgN*	= τοῖό τε	und von
to-o?	*1162*	p	*to(h)o?* (= to-jo?)	*GSg M*	= τό(ι)ο? (Demonstr.)	diesem?
to-e	*1149*	p	*tō(h)ĕ̄n?* < *tōj-ĕ̄n?*	*DSg N?*	vgl. argiv. τον δεονεν, ταδεν	diesem
to-me	*1157*	p	*tŏ̄m(m)ei*[166] < **-smei?* o. *tō(i)-men?*	*DSg N?*	vgl. kret. ὄτιμι (anders *M.S. Ruipérez* 1986), τεμμαι Hsch.	diesem
to-sa	*1180*	KP tir	*tos(s)ā* *tos(s)ān* *tos(s)ai* *tos(s)a*	*N/A SgF* *NPlF* *N/A PlN*	= τόσος (Dem.)	so groß, so viel
to-sa (-pe-mo)	*1183*	tir	Fehler statt to-so- (anders: *A. Leukart* 1987a, 349ff.)	*NSgN*		
to-so	*1185*	KP MT kh	*tos(s)os* *tos(s)on*	*N/A Sg M/N*		
to-so-jo	*1187*	P	*tos(s)oi* o. *tos(s)on jō(d)?*; kein Fehler statt to-so!	*NPlM*		
to-so-o	*1190*	kp	*tos(s)os (h)ō(s)??*	*NSgM*	= τόσος + ὡς/ὥς	

[166] Vgl. ai. *tásmai.*

to-sa-de	*1181*	kP	*tos(s)ā(n)-de* u. a.	*N/A SgF*	= τοσόσδε u. a. (Dem.)	so groß, so viel
			tos(s)ade	*NPlN*		
to-so-de	*1186*	k Pm	*tos(s)os-de* u. a.	*N/A Sg M/N*		
			tos(s)oi-de u. a.	*NPlM*		
ṭọ-so-ne	*1189*	m	*tos(s)on-ne?*	*NSgN*	= τόσ(σ)ος + -νε	so groß, so viel
to-so-pa	*1191*	Pt	*tos(s)os (pans)* *tos(s)on (pan)*	*NSg M/N*	= τόσος + πᾶς (Dem.)	so viel (insgesamt)
to-so(-ku-su-pa)	*1188*	kt	*tos(s)on (ksumpan)*	*NSgN*	= τόσον + ξύμπαν (Dem.)	so viel (insgesamt)
ku-su-pa	*636*	kp	*ksumpan*	*NSgN*	= ξύμπαν	alles,
ku-su-[[pa-te]]	*638*	k	*ksumpantes*	*NPlM*	= ξύμπαντες	alle zusammen
]ku-su-pa-ta	*637*	k	*ksumpanta*	*NPlN*	= ξύμπαντα	alles zusammen
ku]-su-*56-ta	*640*	k	*ksumpanta?*	*NPlN*	= ξύμπαντα	
to-to[167]	*1193*	P	*toto?* < **todtod?*	*ASgN*	vgl. altatt. τοτο (D.) (vgl. skr. *tát-tad*)	dies
to-to-we-to	*1194*	P	*toto? (wetos)*	*ASgN*	vgl. τοτο (D.) + ϝέτος „Jahr“	dieses Jahr, in diesem Jahr
wo-jo	*1284*	p	*(h)wojjo* < **swosjo*	*GSg M/N*	vgl. οἷο Hom. (Reflex.)	von ihm selbst

[167] Wahrscheinlich nicht identisch mit τοῦτο.

2. Numeralia

]ạ-po	*97*	p	*amphō?*	*NDu M?*	= ἄμφω	beide
-a-po-te-ṛạ	*100*	m	*amphoterai*	*NPlF*	= ἀμφότερος	der eine und der andere, beide
a_2-te-ro	*167*	P	*hateron*	*ASgN*	= ἅτερος (dor.), ἕτερος (att.)	der andere
dwo	*250*	P	*dwo, dwō*	*N/A Du*	= δύο	zwei
du-wo-u-pi	*249*	P	*d(u)wŏ̄-(h)uphi, d(u)wŏ̄-(h)umphi?*	*IDu*	vgl. δυοῖν	zwei
e-me(-de)	*281*	P	*(h)emei (de)* < **sem-ei* (vgl. S. 251)	*D-I SgM*	vgl. ἑνί zu εἷς	eins
po-ro-ti-ri	*953* *1140*	k	*pro?*[168] + *trins*[169]	*APl*	= τρῖς < **trins* (Akk., Variante zu τρεῖς)	drei
ti-ri-ṣị	*1146*	p	*trisi(n)*	*DPl*	= τρισί zu τρεῖς	drei

3. Adverbien

a-mo(-i-je-to)	*47*	p	*(h)amo?*		vgl. ἅμα	gemeinsam

[168] Die Deutung des vorausgehenden po-ro- ist unsicher (Präposition oder Präfix po-ro *pro?*); vgl. πρότριτα „auf drei nacheinander folgenden Tagen", bzw. „drei Tage vorher". Oder *pōlons trins* APl „drei Fohlen"?

[169] Vgl. auch das erste Element in ti-ri-po-de *tripodes* (ti-ri- *tri-* = att. τρι-), qe-to-ro-we k^w*etrōw(w)es* (qe-to-ro- k^w*etr̥-* = att. τετρα-) oder e-ne-wo(-)pe-za *en(n)ewopedza* (e-ne-wo- *en(n)ewo-* = att. ἐννεα-); vgl. S. 301.

a-mo-ra-ma	*48*	K	*āmōrāmar??*		vgl. ἦμαρ „Tag“	jeden Tag
-a-po-te	*99*	k	*apōthe(n)??* (eher Personen-name?)		= ἄπωθε(ν), ἄποθε(ν)	von weitem her
a-po-te-ro-te	*101*	p	*amphoterō-the(n)*		= ἀμφοτέρωθε(ν)	von beiden Seiten
au-u-te	*157*	k	*auwetes?*		vgl. (ὁ) αὐτός „derselbe“ + ϝέτος „Jahr“	in dem-selben Jahr
(mi-to-we-sa-)e	*251* *699*	k	*(miltowessa) en?*		vgl. ἐν „darin“	darin, drinnen
e-ni-qe	*295*	Kp	*eni* ($k^w e$) = ἔνεστί (τε)		vgl. ἔνι „drinnen“	und drinnen (dabei ist)
e-so	*375*	p	*ensō?*		vgl. εἴσω „hinein“	hinein, drinnen
e-te	*381*	Kp	*enthen?*		= ἔνθεν	von dort, von da
jo-	*439*	KP M	*jō(s)* o. *jō(d)*		= cf. ὡς, ὥς, ὧς,	so, auf diese Weise
o-	*720*	KP	*(h)ō(s)* o. *(h)ō(d)*		vgl. auch ὧ-δε	so, auf diese Weise
o-a$_2$	*722*	p	*(h)ō(s) (ă)hă(r)?*		vgl. ὧ- + ?	so
o-da-a$_2$	*723*	P	*(h)ō(s) d(e) ăhă(r)?*		vgl. ὧ- + δέ + ?	und so
o-de-qa-a$_2$	*728*	p	*(h)ō(s) de* $k^w(e)$ *ăhă(r)?*		vgl. ὧ- + δέ + τε + ?	und so

(o-)u-te-ra		m	*(hōs) (h)usterā*		vgl. ὕστερον	später
po-ro-te-ra		m	*proterā*		vgl. πρότερον	früher
po-si	*957*	K	*posi*		= ark.-kypr. πός, dor. ποτί, vgl. auch Hom. προτί, att. πρός	dabei
ta-pa(-e-o-te)	*1092*	k	*tarpha (e(h)ontes)*		vgl. ταρφύς „dicht“, ταρφέα PlN „oft“	dicht, oft
u-de	*1212*	t	*(h)uide?*		vgl. lesb. τυῖδε „hierher“, kret. υἶ „hier“	hierher
u-po	*1219*	kP	*(h)upo*		= ὑπό, ὑπά	unten
za-we-te	*1312*	kp	*tsāwetes* < **kjā-*[170]		vgl. ϝέτος „Jahr“, vgl. ion. σῆτες, att. τῆτες, dor. σᾶτες „heuer“[171]	in diesem Jahr, heuer

4. **Präpositionen** (neben weiteren Belegen von Präfixen; vgl. vor allem einige Verba auf S. 307ff. und Adv. auf S. 346ff.)

a-pi	*87*	kp	*amphi*		= ἀμφί	um
a-pu	*102*	kp	*apu*		vgl. ἀπό	von
e-ne-ka	*287*	KP	*(h)eneka*		= ἕνεκα	wegen
e-pi(-qe)	*300*	kP	*epi (k^we)*		= ἐπί (τε)	und dazu
ku-su-	*634*	KP T	*ksun-, ksum-*		= ξύν	mit
me-ta(-qe)	*679*	P	*meta (k^we)*		= μετά (τε)	und mit

170 Vgl. altkirch.-slav. *sъ* „dieser“, z. B. altkirch.-slav. *dьnьsь*, tschech. *dnes* „an diesem Tage, heute“.
171 Siehe auch S. 219.

o-pi	*758*	KP	*opi*		vgl. ἐπί	bei
pa-ro	*837*	KP Tm	*paro*		vgl. παρά	von o. bei[172]
pe-da	*859*	K	*peda*		= πεδά	nach[173]

5. Konjunktionen

a-u-qe	*151*	k	Fehler statt ouqe?		vgl. οὔτε	und nicht
o-te	*790*	pT	*(h)ote*		= ὅτε	wenn, als
o-u-qe	*801*	KP	*ouk^{w}e*		= οὔτε	und nicht
-qe	*991*	KP M tir	*-k^{w}e*		= τε	und

Anm.: Zu -qe vgl. noch die S. 350 weiter unten.

6. Partikeln

-de I	*194*	KP m	*-de*		= δέ	doch?
-de II	*195*	KP Tm	*-de* (allativisch)		= -δε	nach ... hin
o-u-	*796*	KP m	*ou*		= οὐ(κ) (Neg.)	nicht
Vgl. auch o-u-ki (s. sub 1)	*798*	k	*oukhi* o. *ouk$^{(w)}$is* < **ou-k^{w}is?*		= οὐχί (Neg.) o. οὔτις „keiner"	nicht

[172] Z. B. pa-ro da-mo *paro dāmōi* „von/bei? der Gemeinde".
[173] Z. B. pe-da wa-tu *peda wastu* „in die Stadt".

Die Neuerscheinungen zu weiterem Lesen
(Kap. VII: Indeclinabilia)

Über die Tmesis im Mykenischen s. *Y. Duhoux* 1994–95b (in der pylischen Serie Ta), über die Apokope *M. Buzalkovska Aleksova* 1996 (*ano/a, eni, paro, peri* vor Konsonanten), *J. T. Killen* 1994–95 (e-pi-ke-re = ἐπὶ χειρός). Über die Konjunktion -qe = τε s. *C. J. Ruijgh* 1971, über die adversative event. kopulative Partikel -de = -δε vgl. *A. Morpurgo Davies* 1997.

Vgl. auch *J. T. Hooker* 1991, *P. Dardano* 2000, *Floreant* 1999 und *Thèbes* 2002.

VIII. Mykenischer Wortschatz und Syntax

A. Semantische Klassifizierung der substantivischen Appellativa

Im vorangehenden Kapitel wurden die mykenischen nichtonomastischen Wörter vom morphologischen Standpunkt her klassifiziert und unter die betreffenden Wortarten bzw. Deklinationen (und Verbalkategorien) eingereiht. Die Ergebnisse der obenerwähnten Datenverarbeitung (s. S. 153) kann man auch für eine semantische Klassifizierung des mykenischen Wortschatzes benützen, vor allem für die substantivischen Appellativa.

Es folgen die einzelnen semantischen Gruppen mit ausgewählten Belegen aus unserem alphabetischen Index (s. S. 533ff.), wo die Substantiva in der Spalte Nr. 5 durch folgende Abkürzungen näher bestimmt werden:

Substantiva

Bb	Berufsbezeichnungen	ObG	O., Gefäße und Behältnisse
BbM	B., männlich		
BbW	B., weiblich	ObH,	Möbel und andere
Ge	Geographisches	ObM	Objekte aus Holz
Kö	Körperteile	ObW	O., Waffen
LaW	Landwirtschaft, Grundbesitz, Besiedlung	PW	Pflanzenwelt (s. auch PGe und Wa)
Me	Menschenklassen, Verwandtschaft, Alter, soziale Klassen	PGe	(aromatische) Pflanzen: Gewürze
		Rel	Religion, Feste
MeK	M., kollektive Bezeichnungen	Tex	Textilien
		TW	Tierwelt
MeM	M., männlich	Tit	Beamten-, Würdenträgertitel
MeW	M., weiblich		
Met	Metalle und Mineralien	V-A	Verwaltungs- und Abgabenbereich
Nat	Natur und Welt		
Ob	Objekte (andere)	Wa	Warensorten (ohne Gewürze)
ObA	O., Architekturelemente		
ObD	O., dekorative Elemente	Ze	Zeit, Astronomische Begriffe
ObE	O., Equipage		
ObF	O., Feuergeräte		

Statistische Übersicht über die Klassen und Unterklassen der substantivischen Appellativa (in Auswahl)[174]

Klasse	Unterklasse		Abk.	Zahl	Summe
1. Der Mensch und sein physisch-biologisches Milieu	Natur, Weltall		Nat	2/2	105/79
	Geographisches		Be	7/6	
	Pflanzenwelt (ohne Gewürze u. Landwirtschaft)		PW	14/13	
	Pflanzen: Gewürze		PGe	21/15	
	Tierwelt		TW	29/22	
	Körperteile		Kö	16/9	
	Metalle und Mineralien		Met	11/10	
	Zeit		Ze	5/2	
2. Der Mensch und sein gesellschaftliches, religiöses und ökonomisches Milieu	Berufsbezeichnungen	männlich	BbM	164/110	425/292
		weiblich	BbW	62/36	
		koll. Bez.	Bb	5/5	
	Menschenklassen und -gruppen	männlich	MeM	35/25	
		weiblich	MeW	14/10	
		koll. Bez.	Me(K)	13/11	
	Beamten- u. Würdenträgertitel		Tit	64/38	
	Religion, Feste		Rel	22/15	
	Landwirtschaft		LaW	19/15	
	Verwaltungs- u. Abgabenbereich		V-A	27/27	
3. Der Mensch und seine materiellen Bedürfnisse	Warensorten biolog. Herkunft		Wa	42/32	247/194
	Künstliche Objekte (außer Textilien)	Architektur	ObA	20/18	
		Dekoration	ObD	11/9	
		Equipage	ObE	30/20	
		Feuergeräte	ObF	7/7	
		Gefäße	ObG	37/32	
		Obj. aus Holz	ObH	6/6	
		Möbel	ObM	11/6	
		Waffen	ObW	34/27	
		andere	Ob	20/18	
	Textilien		Tex	29/19	
Insgesamt					777/565

Anm.: Die erste Zahl gibt die Anzahl aller mit den betreffenden Abkürzungen bezeichneten Formen im alphabetischen Index auf S. 533ff. an, die zweite die Anzahl der relevanten lexikalischen Einheiten. Der kleine Unterschied zwischen der Zahl der Substantive auf dieser Seite und jener

[174] Die ausgewählten Belege, die auf S. 353–397 folgen, werden mit alphabetischen Äquivalenten und deutscher Übersetzung begleitet.

auf S. 295 (763/553) beruht auf der Tatsache, daß in die Statistik auf S. 352 auch einige substantivierte Adjektive einbezogen worden sind. Es gibt auch weitere kleine Diskrepanzen, die hier kaum vermieden werden konnten. (Doch vgl. auch Anm. auf S. 295.)

Die etwa 565 semantisch klassifizierbaren substantivischen Appellativa (vgl. S. 352) werden hier in drei Klassen unterteilt, und zwar

1. Der Mensch und sein physisch-biologisches Milieu
2. Der Mensch und sein sozial-ökonomisches Milieu
3. Der Mensch und seine materiellen Bedürfnisse und Arbeitsprodukte.

1. Der Mensch und sein physisch-biologisches Milieu (eine fast vollständige Liste)

Zeit, astronomische Begriffe (Ze)

LB-Graphik	Nr.	Lok.	Myk.-Gr.	Kasus	Alph.-Gr.	Deutsche Übers.
me-no	*658*	Kp	*mēn(n)os*	*GSg*	μήν, μείς	Monat
me-na	*655*	K	*mēn(n)a*	*ASg*		
o-pi-me-ne	*656*		*opi mēn(n)ei*	*D-L*		„monatlich“
	770		*(= epi m.)*	*Sg*		
we-to	*1268*	P	*wetos*	*ASg*	ἔτος	Jahr
we-te-i-we-te-i	*1267*	P	*wete(h)i-wete(h)i*	*D-L Sg*		„von Jahr zu Jahr“
za-we-te (Adv.)	*1312*	kp	*tsāwetes* < **kjāwetes*	Adv = *ASgN*	att. τῆτες ion. σῆτες dor. σᾶτες	„in diesem Jahr, heuer“

Naturelemente (Nat)

LB-Graphik	Nr.	Lok.	Myk.-Gr.	Kasus	Alph.-Gr.	Deutsche Übers.
a-ne-mo	*63*	K	*anemōn*	*GPl*	ἄνεμος	Wind
u-do	*1213*	k	*(h)udōr*	*NSgN*	ὕδωρ	Wasser

Geographisches, Landschaften (Ge)

LB-Graphik	Nr.	Lok.	Myk.-Gr.	Kasus	Alph.-Gr.	Deutsche Übers.
(ti-mi-to) -a-ke-e -a-ke-i	 *13* *14*	 P p	*Th(e)mistos??* *Tirminthōn?* *anke(h)ei* *anke(h)i*	 *D-L* *Sg*	ἄγκος + Θέμις o. τερέβινθος, τέρμινθος „Terpentinbaum“ (*Th. Palaima* 2000 /besser!/)	„in der Schlucht von Themis?“, o. „Terpentinbäumen?“
e-re-mo	*347*	p	*erēmos* *erēmon*	*NSg* *M/N*	ἔρημος	unbebautes Land
ko-ro I	*581*	p	*khōrōn*	*GPl*	χῶρος	Landschaft
o-pi-a_2-ra	*759*	p	*opihala* (Subst.)	*APlN*	ὀπί = ἐπί + ἅλς	Küstengebiet
o-ṛẹ-i	*783*	k	*ore(h)i*	*D-L* *Sg*	ὄρος	Berg
(pa-ka-)a-ka-ri	*10*	p	*Pāgā Akharis* (Toponym; *Akharis* ist ein Adj.)	*NSg*	πηγή + ἄχαρις „undankbar, unfreundlich“	„Unfreundliche Quelle?“
ri-me-ne	*1051*	p	*limenei*	*D-L* *Sg*	λιμήν	„im Hafen ... “

Metalle und Mineralien (Met)

LB-Graphik	Nr.	Lok.	Myk.-Gr.	Kasus	Alph.-Gr.	Deutsche Übers.
a-ku-ro	*44*	p	*argurōi*	*D-I* *Sg*	ἄργυρος	Silber
a_2-ṛọ[ ]ụ-do-pi	*166*	p	*halos-* *(h)udo(p)phi?*	*IPl*	ἅλς, ὕδωρ	Aquamarin
ka-ko	*450*	P	*khalkos* *khalkon* *khalkōi*	*NSg* *ASg* *D-I* *Sg*	χαλκός	Erz, Bronze

LB-Graphik	Nr.	Lok.	Myk.-Gr.	Kasus	Alph.-Gr.	Deutsche Übers.
ku-ru-so II ku-ru-so-jo	*629* *630*	P P	*khrūsōi* *khrūsojjo*	*D-I Sg* *GSg*	χρυσός	Gold
ku-wa-no	*645*	P	*kuanōi*	*D-I Sg*	κύανος	Lapislazuli
mo-ri-wo-do	*700*	K	*moliwdos*	*NSg*	μόλυβδος	Blei
pa-ra-ke-we pa-ra-ku-we	*829* *832*	p P	*barakwei??*	*D-I Sg*	σμάραγδος	blaugrüne Substanz
tu-ru-pe-te-[ri-ja?] tu-ru-pte-ri-ja	*1205* *1206*	k Ptir	*struptēriā?* *struptēriās*	*NSg* *GSg*	στρυπτηρία	Alaun

Pflanzenwelt (PW) – ohne Getreide und Flachs (s. Warensorten: Wa) und ohne Gewürze (s. aromatische Pflanzen, Gewürze: PGe); vgl. S. 386–388.

LB-Graphik	Nr.	Lok.	Myk.-Gr.	Kasus	Alph.-Gr.	Deutsche Übers.
do-wa	*242*	k	*dorwa?*	*NPlN*	δόρυ	Schaft
(e-pi-)pụ-ta	*309*	P	*(epi)phuta??*	*NPlN*	φυτόν	Gewächs
e-ra-wa[	*338*	k	*elaiwā* *elaiwai?*	*NSg/ Pl*	ἐλαία	Olivenbaum
e-ri-ka	*364*	K	*(h)elikās*	*GSg*	ἑλίκη	Weide
ku-pa-ro ku-pa-ro$_2$	*620* *622*	K P	*kupairos* *kuparjos?*	*NSg* *NSg*	κύπαιρος Alkm. -ειρος	Zypergras
ku-te-so (m/f)	*643*	p	*kutesos* *kutesō?* *kutesōi?*	*NSg* *GSg* *D-I Sg*	κύτισος	Ebenholz?
po-ni-ke po-ni-ki-pi	*918* *923*	p P	*phoinīkei* *phoinīkhphi*	*D-I Sg* *IPl*	φοῖνιξ	Palme

LB-Graphik	Nr.	Lok.	Myk.-Gr.	Kasus	Alph.-Gr.	Deutsche Übers.
po-ni-ki-jo I	*921*	K	*phoinīkion?*	*NSg*	(vgl. φοινίκεος Adj. „purpurrot"?)	Pflanze, aus der roter Farbstoff gewonnen wird
pte-re-wa oder pe-te-re-wa	*969* *894*	K	*ptelewās*	*GSg*	πτελέη	Ulme
pu-ta	*974*	k	*phuta*	*NPl*	φυτόν	Gewächs, Pflanze
ro-a	*1058*	k	*rho(h)ai?*	*NPl*	ῥοά, ion. ῥοιή, < **-i-(j)ā*	Granatapfel
su-za	*1089*	Kp	*sūtsai* < **sūkjai*	*NPl*	συκέη	Feigenbaum
ti-mi-to	*1137*	P	*tirminthōn*	*GPl*	τερέβινθος, τέρμινθος	Terpentin-baum
we-je-we	*1251*	kp	*wejĕ̄wes* *(h)ŭ̄jĕ̄wes*	*NPl*	υἰήν· τὴν ἄμπελον Hesych	Weinstock, Weinrebe
wi-ri-za	*1280*	Kp	*wridza* *wridzai*	*NSg* *NPl*	ῥίζα	Wurzel

Tierwelt (TW)

LB-Graphik	Nr.	Lok.	Myk.-Gr.	Kasus	Alph.-Gr.	Deutsche Übers.
a-ki-ri-ja	*29*	k	*agria*	*NPl*	ἄγρια (ζῷα) „wilde Tiere"	wilde Tiere, Wildziegen?
a-pe-ne-wo	*81*	P	*apēnēwos* *apēnēwōn*	*GSg* *GPl*	(vgl. ἀπήνη „Lastwagen")	Wagenzugtier
e-mi-jo-no-i	*282*	t	*(h)ēmionoi(h)i*	*DPl*	ἡμίονος	Maultier
e-pe-to-i	*299*	t	*(h)erpetoi(h)i*	*DPl*	ἑρπετόν	Reptil, Schlange
e-ra-po (ri-me-ne)	*335*	p	*elaphōn* *(limenei)* Top.	*GPl*	ἔλαφος	Hirsch („im Hafen der Hirsche")

LB-Graphik	Nr.	Lok.	Myk.-Gr.	Kasus	Alph.-Gr.	Deutsche Übers.
e-re-pa	*348*	kp	*elephans*	*NSg*	ἐλέφας	Elfenbein!!
e-re-pa-to	*355*	Kp	*elephantos*	*GSg*		(als Material)
e-re-pa-te	*350*	KP	*elephantei*	*D-I Sg*		
e-re-pa-ta	*349*	k	*elephanta*	*ASg*		
i-qo	*424*	kP	*(h)ik$^{(w)}$k^{w}ōi*	*D-I Sg*	ἵππος	Pferd
			(h)ik$^{(w)}$k^{w}oi	*NPl*		
i-qo-jo	*426*	p	*(h)ik$^{(w)}$k^{w}ojjo*	*GSg*		
ka-no	*464*	t	*khă̆n(n)os?*	*GSg*	χήν	Gans
			khă̆n(n)ōn?	*GPl*		
ka-si	*490*	T	*khă̆nsi*	*DPl*		
ko-ro II	*582*	T	*khoirōi* < **-or-jo-* (*Perpillou*, Ét. celt. 17, 1980, 101ff.)	*DSg*	χοῖρος	Ferkel
ku-no	*618*	t	*kunos?*	*GSg*	κύων	Hund
ku-ne	*617*	mt	*kunei*	*DSg*		
			kunes	*NPl*		
ku-si	*633*	t	*kunsi*	*DPl*		
o-ni-si	*740*	t	*ornis(s)i*	*DPl*	ὄρνις	Vogel
o-no II	*743*	K	*onoi*	*NPl*	ὄνος	Esel
po-ro	*938*	K	*pōlō*	*N/A Du*	πῶλος	Fohlen
po-ro(-ti-ri)	*953*	k	*pōlons (trins)*	*APl*		
po-ru-po-de	*955*	p	*polupodei*	*D-I Sg*	πολύπους	Polyp
po-ti-pi	*966*	p	*portiphi*	*IPl*	πόρτις	junge Kuh
qe-to-ro-po-pi	*1005*	P	*k^{w}etro-popphi*	*IPl*	τετράπους	Vierfüßler
qo-o	*1011*	p	*g^{w}ōn(s)*	*AS/Pl*	βοῦς	Rind, Ochse
qo-we	*1016*	m	*g^{w}owei?*	*DSg*		
re-wo-pi	*1047*	p	*lewom(p)phi*	*IPl*	λέων	Löwe
si-a$_2$-ro	*1076*	p	*sihalons*	*APl*	σίαλος	Mastschwein

LB-Graphik	Nr.	Lok.	Myk.-Gr.	Kasus	Alph.-Gr.	Deutsche Übers.
(to-sa-)ẉạ	*1184* *1226*	k	*tos(s)a* *wa(rnia?)*	*N/A* *Pl*	ἀρήν, *ῥήν, ἄρνειον?	so viele Lämmer
we-ka-ta we-ka-ta-e	*1253* *1254*	K k	*wergatai* *wergatā̆(h?)e*	*NPl* *NDu?*	(vgl. **wr̥gjō* „arbeiten")	Arbeitstier (Ochse)

Sowie unklare Ausdrücke wie a₃-mi-re-we Nr. 174, e-ka-ra-e-we Nr. 260, wo-ne-we Nr. 1290 (verschiedene Schafbezeichnungen).

Körperteile (Kö), auch im übertragenen Sinn

LB-Graphik	Nr.	Lok.	Myk.-Gr.	Kasus	Alph.-Gr.	Deutsche Übers.
de-ma-si	*203*	K	*dermas(s)i??*	*DPl*	δέρμα??	Haut, Leder?
di-pte-ra di-pte-ra$_3$	*222* *225*	Ptir p	*dipsterā* < *diphtherā* *dipsterai* *dipsterai?*	*NSg* *NPl* *NPl*	διφθέρα	Tierhaut
-ka-ra-a-pi -ka-ra-o-re	*469* *474*	p p	*k(a)rā̆-* *(h)a(p)phi* *k(a)rā̆(h)ŏrei?*	*IPl* *D-I* *Sg*	κάρα, κάρη	Kopf
ke-ra II ke-ra-e]ke-ra-a	*517* *519* *518*	K p k	*keras* *kerā?* *kera(h)e?* o. *kera(h)ei* *kera(h)a*	*ASg* *ISg?* *NDu* *D-I* *Sg* *NPl*	κέρας	Horn
ke-re-a$_2$	*525*	p	*skeleha*	*NPl*	σκέλος	Bein (am Dreifuß!)
ko-wo II	*609*	p	*kōwos*	*NSg*	(vgl. κῶας, Hom. κώεα)	Vlies
ma-ra-pị	*648*	p	*malāphi?*	*IPl*	μάλη	Achsel, Arm?

LB-Graphik	Nr.	Lok.	Myk.-Gr.	Kasus	Alph.-Gr.	Deutsche Übers.
o-nu	*744*	k	*onuks?*	*NSg*	ὄνυξ	Nagel (Nr.
o-nu-ka	*745*	K	*onuks?*	*NSg*		746: als
			o.	*ASg/*		Dekoration
			onukha(s)	*Pl*		an
o-nu-ke	*746*	K	*onukhei*	*D-I*		Gewändern)
			o.	*Sg*		
			onukhes	*NPl*		
po-da	*907*	K	*poda?*	*ASg*	πούς	Fuß
po-de	*909*	p	*podei*	*D-I*		
				Sg		
po-pi	*924*	p	*popphi*	*IPl*		
po-ka	*910*	K	*pokā?*	*NSg*	ποχή	Vlies
			pokai?	*NPl*		
qo-u-ka-ra	*1013*	P	g^{w}*ouk(a)rā̆s*	*NSgF*	(vgl. κάρη	„mit einem
				Adj.	„Kopf")	Rinderkopf"
ti-ra	*1139*	K	*tilai*	*NPl*	τίλαι Plut.	Flocken
						(Wolle)
wi-ri-no	*1279*	P	*wrīnos*	*NSg*	ῥινός	Rinderhaut,
			wrīnoi	*NPl*		-fell

Die Klasse 1 ist trotz ihrer breiten Basis verhältnismäßig spärlich belegt. Zwei Ausdrücke betreffen die astronomische Dimension der Zeit: *mēn* „Monat" in drei Kasusformen, vgl. μήν, und die dativisch-lokativische Form we-te-i-we-te-i *wete(h)i-wete(h)i* „von Jahr zu Jahr", vgl. ἔτος (die Monatsnamen sind dagegen eher als Eigennamen zu klassifizieren); zwei Ausdrücke bezeichnen grundlegende Naturelemente (a-ne-mo *anemōn* GPl „Wind", vgl. ἄνεμος, u-do *(h)udōr* „Wasser", vgl. ὕδωρ), einige Wörter bezeichnen Landschaften (z. B. o-pi-a_2-ra *opihala* APlN „Küstengebiete", vgl. ὀπί = ἐπί und ἅλς „Meer"), etwa 8–10 Substantiva sind Metall- und Mineralbezeichnungen (z. B. a-ku-ro *argurōi* D-I „Silber", vgl. ἄργυρος, ka-ko *khalkos* „Bronze", vgl. χαλκός, ku-ru-so-jo *khrūsojjo* GSg „Gold", ku-ru-so II *khrūsōi* D-I, vgl. χρυσός).

In etwa 13 Fällen hat man es mit Pflanzenbezeichnungen oder Pflanzenteilen zu tun (z. B. e-ra-wa[, vgl. ἐλαία „Olivenbaum"). Zugleich hat man mehr als 20 Tiernamen identifiziert, z. B. a-ki-ri-ja *agria* NPl „Wildtiere, Wildziegen?", vgl. ἄγριον. Auf den neuesten Tontafelfunden aus Theben hat man Namen von Tieren entdeckt, die offenbar göttliche Verehrung erfuhren (s. auch S. 421f.). Etwa 10–12 Ausdrücke bezeichnen Teile des menschlichen oder tierischen Körpers, z. B. ka-ra-a-pi *k(a)rǎ̄(h)a(p)phi* IPl „Köpfe“, vgl. κάρη.

Die Gesamtzahl der Ausdrücke, die zur Klasse 1 gehören, beträgt etwa 65 Wörter (ohne Gewürze). Dabei befinden sich einige von ihnen hart an der Grenze zur Klasse 3, da sie oft nicht Tiere bzw. deren Körperteile oder Pflanzen, sondern entweder biologische Produkte (e-re-pa „Elfenbein“, wi-ri-no „Rinderhaut“) von jenen oder Verzierungen verschiedener Gegenstände (o-nu als eine „klauenartige Verzierung“) bezeichnen. Andererseits wurden mehrere Pflanzenprodukte in die Klasse 3 direkt eingereiht, und zwar etwa 15 Gewürzarten unter *PGe* (aromatische Pflanzen, Gewürze) sowie einige weitere Pflanzenprodukte unter *Wa* (Warensorten, z. B. si-to *sītos* „Getreide“, ki-ri-ta *krithān ASg* „Gerste“, ri-no *linon* „Flachs“).

2. Der Mensch und sein sozial-ökonomisches Milieu (in breiter Auswahl)

Berufsbezeichnungen, männlich (BbM)

LB-Graphik	Nr.	Lok.	Myk.-Gr.	Kasus	Alph.-Gr.	Deutsche Übers.
a-de-te a-de-te-re	*1* *2*	P p	*andetēr* *andetēre*	*NSg* *NDu*	(vgl. ἀνά + δέω „anbinden")	Binder?
a-ke-re-mo a-ke-re-mo-no	*18* *19*	k K	*agremōn* *agremonos*	*NSgM* *GSg*	ἀγρεμών	Jäger
a-ke-ro	*21*	P	*angelos* *angeloi*	*NSg* *NPl*	ἄγγελος „Bote" oder *ἄγερος? „Sammler, Einnehmer"	Bote
a-ḳẹ-te a-ke-te-re a_2-ke-te-re vgl. auch ja-ke-te-re (viell. zwei verschiedene Wörter)	*22* *23* *163* *438*	p p k p	*(h)askētēr?* *(h)askētēres?* *haskētēre?* *(j)askētērei?* o. *(j)askētēres?* bzw. *(j)akestēr?...*	*NSg?* *NPl* *NDu* *DSg* *NPl* *NSg..*	(vgl. ἀσκέω „verarbeiten, schmücken") (ἀκεστής „Schneider")	Schmücker? Schneider?
a-mo-te-jo-na-de	*52*	p	*(h)ar(h)mo-tej(j)ōna-de*	*ASgM + de*	(vgl. ἅρμα „*Rad?, Wagen")	„in die Werkstatt des Wagners"
a-mo-te-re	*53*	K	*(h)ar(h)mos-tērei* *(h)ar(h)mos-tēres*	*DSg* *NDu*	(vgl. ἁρμόττω „fügen", ἁρμοστήρ „Ordner")	Monteur?
a-mo-te-wo	*55*	P	*(h)ar(h)mo(s)-tēwos*	*GSg*	(vgl. ἅρμα „*Rad?, Wagen" oder ἁρμόττω „fügen")	Wagner oder Monteur

LB-Graphik	Nr.	Lok.	Myk.-Gr.	Kasus	Alph.-Gr.	Deutsche Übers.
a-ni-ọ-ko	*68*	k	*(h)āni(h)okhos* *(h)āni(h)okhoi*	*NSg* *NPl*	ἡνίοχος	Wagenlenker
a-pu-da-se-we	*104*	k	*apudas(s)ēwei* oder *-wes*	*DSg* *NPl*	(vgl. ἀπό + δατέομαι „verteilen“)	Verteiler, Aufteiler?
a-re-pa-zo-o a-re-po-zo-o	*121* *122*	P P	*aleipha-dzo(h)os* *aleipho-dzo(h)ōi*	*NSg* *DSg*	(vgl. ἄλειφαρ, -ατος < **-n̥tos* „Salbe“ + ζέω „kochen“)	Salbenkocher
a-ro-po	*129*	p	*aloiphoi*	*NPl*	(vgl. ἀλείφω „salben“)	Einsalber
a-to-po-qo[a-to-po-qo-ị	*148* *149*	Pm m	*artopok*^{w}*oi* *artopok*^{w}*ōi* *artopok*^{w}*ō* *artopok*^{w}*oi(h)i*	*NPl* *DSg* *NDu* *DPl*	ἀρτοκόπος (Metathese)	Bäcker
a_3-ki-pa-ta	*173*	kP	*aigipā̆(s)tās?* *aigipā̆(s)tāi?*	*NSg* *DSg*	(vgl. αἴξ „Ziege“ + ie. **pā(s)-* „weiden“, lat. *pasco* o. παπταίνω „sich umschauen“)	Ziegenhirt?
a_3-te a_3-te-re	*176* *177*	p k	*(h)ai(s)tēr* *(h)ai(s)tēres*	*NSg* *NPl*	(vgl. a-ja-me-no „eingelegt“)	Intarsien-arbeiter?
da-i-ja-ke-re-u	*179*	p	*dā(h/j)iagreus*	*NSg*	(vgl. δαίομαι „teilen“ + ἀγρός „Feld“)	der Land (ver)teilt (unsicher)
da-ko-ro da-ko-ro-i	*180* *181*	P p	*dakorō* *dakoroi* *dakoroi(h)i*	*NDu* *NPl* *DPl*	ζακόρος	Tempeldiener
de-ku-tu-wo-ḳọ[	*202*	p	*deiktuworgōi* *deiktuworgoi*	*DSg* *NPl*	(vgl. δίκτυον „Netz“ + **wr̥gjō* „arbeiten“)	Netzmacher
di-da-ka-re	*214*	K	*didaskalei*	*LSg?*	διδάσκαλος	Lehrer

LB-Graphik	Nr.	Lok.	Myk.-Gr.	Kasus	Alph.-Gr.	Deutsche Übers.
di-pte-ra-po-ro	223	Ptir	*diphtherāphoros > dipsterāph...*	NSg	(vgl. διφθέρα „Fell“ + φέρω „tragen“)	Lederträger
			diphtherāphorōi > d..	DSg		
di-[pte-ra]-po-ro-i	224	k	*diphtherāphoroi(h)i > dipsterāph...*	DPl		
du-ru-to-mo	248	p	*drū̆tomoi*	NPl	δρυτόμος	Holzfäller
e-ke-ro-qo-no (m/f)	271	P	*enkhē̆r(r)o-*k^w*oinoi*	NPl	(vgl. ἔγχειρα delph. „Handgeld“ + ποινή „Bezahlung“)	Lohnarbeiter(in)
			enkhē̆r(r)o-k^w*oinōn*	GPl		
e-ko-so-wo-ko[	277	k	*eksō̆worgoi*	NPl	(vgl. ἔξω „draußen“ + **wr̥gjō* „arbeiten“)	der draußen arbeitet
e-pi-ko-wo	308	kp	*epikowoi*	NPl	(vgl. πυρκόος delph. „Feuerwächter“)	Aufseher, Wächter
e-re-e-u	344	p	*ere(h)eus?*	NSg	(vgl. ἐρέττω „rudern“)	Aufseher über Ruderer? (sehr unsicher) oder ein Personenname?
e-re-e-wo	346	p	*ere(h)ēwos?*	GSg		
e-re-e-we	345	P	*ere(h)ēwei*	DSg		
			o. *-ēwes?*	NPl		
			oder *(h)ele(h)eus?*, vgl. S. 282 u. 286			
e-re-ta	356	KP	*eretās*	NSg	ἐρέτης	Ruderer
			eretai	NPl		
e-re-ta-o	357	p	*eretā(h)ōn*	GPl		
e-re-u-te-re	359	Pt	*ereutērei*	DSg	(vgl. ἐρευνητής „Aufspürer“, vgl. kret. ἐρευτάς)	Prüfer, Aufseher, Inspektor?
			o. *ereutēres?*	NPl		
e-re-u-te-ri[	360	pt	*ereutēri?*	DSg		
?e-re]-u-te-si	363	k	*ereutērsi?*	DPl		

LB-Graphik	Nr.	Lok.	Myk.-Gr.	Kasus	Alph.-Gr.	Deutsche Übers.
e-ro-pa-ke-u	*368*	k	*elophageus??*	*NSg*	(vgl. e-ro-pa-ke-ja, im Textilbereich tätige Frau?)[175]	im Textilbereich tätiger Mann?
e-te-do-mo	*382*	kP	*entesdomos*	*NSg*	(vgl. ἔντεα „Schutzwaffen“ + δέμω „bauen“)	Rüstungsbauer
e-to-wo-ko e-to-wo-ko-i	*390* *391*	kP p	*entō̆worgōi* *entō̆worgoi* *entō̆-worgoi(h)i*	*DSg* *NPl* *DPl*	(vgl. ἐντός „drinnen“ + **wr̥gjō* „arbeiten“)	der drinnen arbeitet
i-ja-te	*399*	p	*iātēr*	*NSg*	hom. ἰητήρ, att. ἰατρός	Arzt
i-(j)e-re-u	*398* *402*	kP	*(h)i(h)ereus*	*NSg*	ἱερεύς	Priester
i-je-ro-wo-ko	*408*	P	*(h)ieroworgos*	*NSg*	ἱερουργός	Opferpriester
i-qo-po-qo-i i-po-po-qo-i	*429* *420*	T p	*(h)ikk^{w}o-phorg^{w}oi(h)i*	*DPl*	(vgl. ἵππος „Pferd“ + φορβή „Futter“)	Pferdefütterer, -hirt
ị-ṭẹ-ẉẹ	*433*	p	*(h)istēwei* oder *-wes?*	*DSg* *NPl*	(vgl. ἱστός „Webstuhl“?)	Weber

[175] Oder vgl. ἔλ(λ)οψ „eine Art Schlange“ o. ἔλαφος bzw. *ἔλοφος < **eln̥bhos* „Hirsch“ + ἄγω „führen“, d. h. „Hirschjäger??“ (oder ein Personenname?). Sehr unsicher.

LB-Graphik	Nr.	Lok.	Myk.-Gr.	Kasus	Alph.-Gr.	Deutsche Übers.
i-za-a-to- -mo-i	*436*	p	*(h)iza-* *arthmoi(h)i?*	*DPl*	(vgl. *(h)iza-* < **(h)ikk*^{w}*ja-?* cf. i-qi-ja „Wagen?" + ἀρθμός, vgl. a-to-mo „Bund"; oder vgl. S.377: „Straße", bzw. „Straßen- bauer(n)" *O. Panagl* 1985; s. Anm. 28 auf S. 542)	Straße, Straßen- bauer(n)?, besser als Wagenbauer- verband?, Straße für Wagen?
ka-ke-u ka-ke-wi ka-ke-we ka-ke-u-si	*445* *448* *447* *446*	kP m kP P	*khalkeus* *khalkēwi* *khalkēwei* *khalkēwes* *khalkeusi*	*NSg* *DSg* *DSg* *NPl* *DPl*	χαλκεύς	Schmied
ka-ma-e-u ka-ma-e-we	*453* *454*	P P	*k(h)ama-* *(h)eus?* *k(h)ama-* *(h)ēwei* bzw. *k(h)ama-* *(h)ēwes?*	*NSg* *DSg* *NPl*	(vgl. ka-ma, ein Typ von Bodenbesitz)	der ein ka-ma besitzt
ka-na-pe-u ka-na-pe-wo ka-na-pe-we ka-na-pe-u -si	*458* *461* *460* *459*	P p mt M	*knapheus* *knaphēwos* *knaphēwei* *knaphēwes* *knapheusi*	*NSg* *GSg* *DSg* *NPl* *DPl*	κναφεύς	Walker
[ka?-]ra-to- po-ro (m/f?)	*480*	ktir	*kalathophoroi*	*NPl*	(vgl. κάλαθος „Korb" + φέρω „tragen")	Korb- träger(in)
ka-ru-ke	*486*	P	*kārūkei*	*DSg*	κῆρυξ	Herold

LB-Graphik	Nr.	Lok.	Myk.-Gr.	Kasus	Alph.-Gr.	Deutsche Übers.
ke-(u-)po-da ke-u-po-da-o	*538* *539*	P K	*kheuspondās* *kheus-pondā(h)o*	*NSg* *GSg*	(vgl. χέω „gießen“ + σπονδή „Libation“)	Libations-ausgießer?
ke-ra-me-u ke-ra-me-wo ke-ra-me-wi[ke-ra-me-we	*521* *524* *523* *522*	p P m p	*kerameus* *kerамēwos* *keramēwi* *keramēwe*	*NSg* *GSg* *DSg* *NDu*	κεραμεύς	Töpfer
ki-ri-se-we	*546*	p	*khrisēwe* o. *-wes?*	*NDu* *NPl*	(vgl. χρίω „anstreichen“)	Maler, Anstreicher?
ko-re-te ko-re-te-re ko-re-te-ri	*573* *574* *575*	KP P P	*korĕ̄tēr* *korĕ̄tērei* *korĕ̄tēres* *korĕ̄tēri* bzw. *korestēr?* oder eher *khōrētēr*	*NSg* *DSg* *NPl* *DSg*	(vgl. κορέννυμι „sättigen“) (vgl. χῶρος „Land“)	Provinz-statthalter?
ko-to-ne-ta	*598*	p	*ktoinetai*	*NPl*	κτοινέτης „Mitglied einer *ktoinā*“ (vgl. rhod. κτοίνα „Unterabteilung des Damos“)	Parzellen-besitzer
ko-to-ne-we	*599*	p	*ktoinēwes*	*NPl*	(vgl. κτοίνα?)	Boden-besitzer
ko-to-no-(o-)ko	*601*	P	*ktoino-(h)okhos* *ktoino-(h)okhōi* *ktoino-(h)okhoi*	*NSg* *DSg* *NPl*	(vgl. κτοίνα + ἔχω „besitzen“)	Boden-besitzer
ku-na-ke-ta-i	*615*	p	*kunāgetā(h)i*	*DPl*	κυνηγέτης	Jäger
ku-ru-so-wo-ko	*631*	p	*khrūsoworgoi*	*NPl*	χρυσουργός	Goldschmied

LB-Graphik	Nr.	Lok.	Myk.-Gr.	Kasus	Alph.-Gr.	Deutsche Übers.
me-ri-te-wo	*673*	P	*melitēwos*	*GSg*	(vgl. μέλι „Honig“)	Bienen-züchter, Zeidler?
mi-ka-ta	*696*	P	*miktās* *miktāi* *miktai*	*NSg* *DSg* *NPl*	(vgl. μ(ε)ίγνυμι „mischen“, von Getränken)	der Getränke mischt, Mischer (im kultischen Bereich)
mo-ro-qa	*701*	KP	*mor(j)okk^{w}ās?*	*NSg*	(vgl. μοῖρα, μόρος „Anteil“ + πάομαι „besitzen“)	der einen Anteil an Boden hat
na-u-do-mo	*703*	kP	*naudomoi*	*NPl*	(vgl. ναῦς „Schiff“ + δέμω „bauen“)	Schiffs-zimmermann
o-na-te-re	*738*	P	*onātēres*	*NPl*	(vgl. ὀνάτωρ Pindar „Nutznießer“)	Besitzer von o-na-to (Landstück), Pächter?
o-pi-ko-wo = e-pi-ko-wo	*769*	p	*opikowos?* *opikowoi?*	*NSg* *NPl?*	(vgl. πυρκόος delph. „Feuer-wächter“)	Aufseher?
o-pi-su-ko	*775*	P	*opisūkos?* *opisūkoi?*	*NSg* *NPl*	(vgl. ἐπί/ὀπί + σῦκον „Feige“)	Feigen-aufseher
o-pi-te-ke-e-u statt *o-pi-te-u-ke-e-u	*776*	p	*opiteukhe-(h)eus?*	*NSg*	(vgl. ὀπί + τεῦχος „Ausrüstung“)	Waffen-aufseher?
o-pi-te-u-ke-(e-)we	*777*	kP	*opiteukhe-(h)ēwei?* o. *-ēwes*	*DSg* *NPl*		

LB-Graphik	Nr.	Lok.	Myk.-Gr.	Kasus	Alph.-Gr.	Deutsche Übers.
o-wi-de-ta-i	*804*	P	*owide(r)- tā(h)i?* oder *(h)ō(s) widesthai?*	*DPl*	(vgl. ὄϊς „Schaf" + δέρω „abhäuten" oder = ὡς ἰδέσθαι? Inf. Aor. Med.?)	Schafs- abhäuter; „wie man sehen kann?"
pa-ṛạ-ḳẹ- te-e-u pa-ra-ke- te-e-we	*827* *828*	p p	*pālāk- ente(h)eus?* *-ēwes?*	*NSg* *NPl*	(vgl. πήληξ „Helm" + ἔντεα „Waffen-ausrüstung")	Waffen- schmied
pe-re-ke-u pe-re-ke-we	*883* *884*	p Pm	*p(e)lekeus?* *p(e)lekēwei?* o. *-ēwes*	*NSg* *DSg* *NPl*	(vgl. πλέκω „flechten")	Flechter??
pi-ri-je-te]pi-ri-je-te-re pi-ri-e-te-re pi-ri-e-te-si wohl auch pi-ri-te (oder Fehler statt pi-ri-je-te?)	*903* *904* *899* *900* *905*	K p p p k	*prī̆entēr?* *prī̆entēre?* *prī(h)entērei?* *prī(h)entērsi?* oder *prīstēr?*	*NSg* *NDu* *DSg* *DPl* *NSg*	(vgl. πρίω „sägen", pi-ri-je „Säge") (πριστήρ „Säger")	Säger Säger
po-me po-me-no po-me-ne	*915* *917* *916*	KP kp Pt	*poimēn* *poimenos* *poimenei* *poimene* *poimenes*	*NSg* *GSg* *DSg* *NDu* *NPl*	ποιμήν	Hirt
po-qa-te-u	*930*	p	*phorg^{w}āteus?* oder *phoig^{w}asteus?*	*NSg*	(vgl. φορβή „Futter", oder φοιβάζω „reinigen" und φοιβαστής „Reiniger, Wahrsager")	Fütterer? oder Wahrsager?

LB-Graphik	Nr.	Lok.	Myk.-Gr.	Kasus	Alph.-Gr.	Deutsche Übers.
po-ro -ko-re-te po-ro -ko-re-te-re	*945* *946*	kP P	*pro-kō̆rē̆tēr* *pro-kō̆rē̆tēres* oder eher *-khōrētēr*	*NSg* *NPl*	(vgl. oben ko-re-te)	Vize- statthalter?
po-ro-po-i	*949*	m	*propoi(h)i*	*DPl*	(vgl. ϑεοπρόπος „Wahrsager“; kret. Glosse πρέπον· τέρας)	Wahrsager?
po-si-ke-te- re	*958*	P	*pos-* *(h)ik(e)tēres*	*NPl*	(πός + ἱκετεύω „anflehen“, vgl. προσίκτωρ „der Schutz- suchende“)	der Schutz- suchende
po-ti-ro	*967*	K	*pontilō?* *pontiloi?*	*NDu* *NPl*	(vgl. πόντος „Meer“ + (ναυ)τίλος „Schiffer“)	Seemann
pu-ka-wo	*971*	P	*pŭ̄r-kawoi*	*NPl*	(vgl. πυρκαεύς: πῦρ „Feuer“ + καίω < **kawjō* „anzünden“)	Feuer- anzünder
pu-te pu₂-te-re	*976* *983*	K kp	*phutēr* *phutēres*	*NSg* *NPl*	(vgl. φυτεύω „pflanzen“)	Pflanzer
qo-qo-ta-o	*1012*	P	*g^wō̆(u)g^wō̆-* *tā(h)o* *g^wō̆(u)g^wō̆-* *tā(h)ōn*	*GSg* *GPl*	βουβότας Pind.	Rinderhirt
qo-u-ko-ro qo-u-ko-ro-jo	*1014* *1015*	Ptir p	*g^woukolos* *g^woukoloi* *g^woukolojjo*	*NSg* *NPl* *GSg*	βουκόλος	Rinderhirt

LB-Graphik	Nr.	Lok.	Myk.-Gr.	Kasus	Alph.-Gr.	Deutsche Übers.
ra-pte ra-pte-re [ra]-pte-si	*1023* *1024* *1026*	P KP k	*rhaptēr* *rhaptēres* *rhaptērei* *rhaptēre?* *rhaptērsi*	*NSg* *NPl* *DSg* *NDu* *DPl*	(vgl. ῥάπτης)	Schneider
ri-na-ko-ro	*1052*	p	*linăgoros?*	*NSg*	(vgl. λίνον „Lein, Flachs" + ἀγείρω „sammeln")	Lein-, Flachsleser
ru-ra-ta-e	*1064*	t	*lurastă̆(h)e?*	*NDu*	(vgl. λύρα „Leier")	Leierspieler
si-to-ko-wo (m/f)	*1079*	pt	*sītokhowos* *sītokhowōi* *sītokhowoi*	*NSg* *DSg* *NPl*	(vgl. σῖτος „Getreide" + χέω „schütten")	Arbeiter(in), der (die) Getreide schüttet (abmißt)
si-to-pọ-[qo] ạ-si-to-po-qo(?)	*1080* *139*	k P	*sītopok^w^os?* *sītopok^w^ōi?*	*NSg* *DSg*	(vgl. σῖτος „Getreide" + πέσσω <*$pek^wj\bar{o}$* „backen")	Bäcker
su-qo-ta su-qo-ta-o	*1085* *1086*	p P	*sug^w^ŏ̄tāi* *sug^w^ŏ̄tā(h)o* *sug^w^ŏ̄tā(h)ōn*	*DSg* *GSg* *GPl*	συβώτης, συβότης	Schweinehirt
su-ra-te	*1088*	P	*sūlātēr?*	*NSg*	(vgl. συλάω „rauben", συλήτωρ „Räuber")	Räuber?
ta-te-re	*1096*	p	*statēres?*	*NPl*	(vgl. στατήρ „Schuldner" Epicharm.)	? (nomen agentis)
te-ko-to-(n) te-ko-to-ne te-ka-ta-si	*1101* *1102* *1103* *1099*	P k T	*tektōn* *tektones* *tektasi* < **tektn̥si*	*NSg* *NPl* *DPl*	τέκτων	Zimmermann

LB-Graphik	Nr.	Lok.	Myk.-Gr.	Kasus	Alph.-Gr.	Deutsche Übers.
to-ko-do-mo	*1154*	P	*toikhodomos* *toikhodomōi* *toikhodomoi*	*NSg* *DSg* *NPl*	(vgl. τοῖχος „Mauer" + δέμω „bauen")	Baumeister
to-ko-so-ta	*1155*	k	*toksotās*	*NSg*	τοξότης	Bogenschütze
to-ko-so-wo-ko	*1156*	p	*toksoworgoi*	*NPl*	(vgl. τόξον „Bogen" + **wr̥gjō* „arbeiten")	Bogenmacher
to-pa-po-ro-i	*1164*	T	*torpā-phoroi(h)i*	*DPl*	(vgl. τάρπη „Korb" + φέρω „tragen")	Korbträger?
to-ro-no-wo-ko	*1176*	k	*thronoworgōi* *thronoworgoi*	*DSg* *NPl*	(vgl. ϑρόνος „Stuhl" + **wr̥gjō* „arbeiten")	Stuhlmacher
u-wo-qe-we	*1225*	k	$u(w)\breve{\bar{o}}k^w\bar{e}wes$?	*NPl*	(vgl. ὐ- = ἐπι- o. ὀπι- + $*\breve{\bar{o}}k^w$- „sehen")	Aufseher?
wi-ri-ne-u wi-ri-ne-we	*1276* *1277*	t K	*wrīneus* *wrīnēwei* *wrīnēwes*	*NSg* *DSg* *NPl*	(vgl. ῥινός „Rindsfell, -haut")	Gerber
wo-we-u	*1301*	Kp	*worweus?*	*NSg*	(vgl. ὅρος < *ϝορϝος „Grenze")	(ein Titel?)
ze-u-ke-u-si	*1318*	P	*dzeugeusi*	*DPl*	(vgl. ζευγῖται „Gespann-besitzer")	Jochführer, Ochsen-treiber?

Berufsbezeichnungen, weiblich (BbW)

LB-Graphik	Nr.	Lok.	Myk.-Gr.	Kasus	Alph.-Gr.	Deutsche Übers.
a-ke-ti-ri-ja a-ke-ti-ri-ja-i a-ke-ti-ra$_2$ a-ke-ti-ra$_2$-o a-ze-ti-ri-ja	*26* *27* *24* *25* *160*	KP Pm PT P K	*(h)askētriai* *(h)askētriā?* *(h)askētriā(h)i* *(h)askētrjai* *(h)askētrjā-* *(h)ōn* = a-ke- ti-ri-ja; vgl. oben a-ke-te	*NPl* *NDu?* *DPl* *NPl* *GPl* *NPl*	(vgl. ἀσκέω „verarbeiten, schmücken, verzieren")	Verziererin
a-pi-qo-ro a-pi-qo-ro-i	*92* *93*	Pt p	*amphik*^{w}*olōi* *amphik*^{w}*oloi* *amphik*^{w}*olōn* *amphik*^{w}*o-* *loi(h)i*	*DSg* *NPl* *GPl* *DPl*	ἀμφίπολος	Dienerin
a-pu-ko-wo- ko	*109*	P	*ampukworgoi* *ampuk-worgōn*	*NPl* *GPl*	(vgl. ἄμπυξ „Stirnriemen, Stirnband" + **wr̥gjō* „arbeiten")	Stirnbänder- verfertigerin
a-ra-ka-te-ja a-ra-ka-te- ja-o	*111* *112*	KPt P	*ālakatejjai*[176] *ālakatejjāi* *ālakatejjā-* *(h)ōn*	*NPl* *DSg* *GPl*	(vgl. ἠλακάτη „Spindel, Spinnrocken")	Spinnerin, Weberin
e-ke-ro-qo- no (m/f)	*271*	P	*enkhĕ̄r(r)o-* *k*^{w}*oinoi* *enkhĕ̄r(r)o-* *k*^{w}*oinōn*	*NPl* *GPl*	(s. S. 353)	Lohn- arbeiter(in)
i-je-re-ja	*401*	KP	*(h)ierejja* *(h)ierejjās* *(h)ierejjāi*	*NSg* *GSg* *DSg*	ἱέρεια	Priesterin

[176] Nom. Sg. wohl *ālakatejjă* (wahrscheinlich ein JA-Stamm).

LB-Graphik	Nr.	Lok.	Myk.-Gr.	Kasus	Alph.-Gr.	Deutsche Übers.
ka-ra-wi-po-ro ka-ra-wi-po-ro-jo	*482* *483*	P p	*klāwiphoros* *klāwiphorōi* *klāwiphoroi* *klāwiphorojjo*	*NSg* *DSg* *NPl* *GSg*	(vgl. **klāwi-* > κληΐς, κλείς „Schlüssel“ + *-phoros*; κλειδοφορέω „Schlüssel tragen“)	Schlüsselträgerin
ku-na-ki-si	*616*	t	*kunāgis(s)i*	*DPl*	(vgl. κυνηγέτης „Jäger“)	Hundeführerin, Jägerin
no-ri-wo-ko no-ri-wo-ko-jo	*716* *718*	p p	*-worgoi* *-worgojjo*	*NPl* *GSg*	(? + **wr̥gjō* „arbeiten“)	(eine weibliche Beschäftigungsbezeichnung, mit Textilien verbunden)
ra-pi-ti-ra$_2$	*1022*	p	*rhaptrjai*	*NPl*	(vgl. ra-pte Nr. 1023)	Schneiderin
ra-qi-ti-ra$_2$ ra-qi-ti-ra$_2$-o	*1027* *1028*	p p	*lak^{w}trjai?*[177] < **(s)lag^w-* *lak^{w}trjā(h)ōn*	*NPl* *GPl*	(vgl. λαμβάνω „ergreifen“)	Magazinarbeiterin?
re-wo-to-ro-ko-wo	*1050*	P	*lewotrokhowoi* *lewotrokhowōn*	*NPl* *GPl*	λουτροχόος (m. oder f.)	Badedienerin
ri-ne-ja ri-ne-ja-o	*1053* *1054*	P P	*linejjai*[178] *linejjā(h)ōn*	*NPl* *GPl*	(vgl. λίνον „Lein, Flachs“)	Flachsarbeiterin

[177] Oder *rak^{w}trjai?*

[178] Oder Nom. Sg. *linejja* (ein JA-Stamm?).

Beamten-, Würdenträgertitel (Tit)

LB-Graphik	Nr.	Lok.	Myk.-Gr.	Kasus	Alph.-Gr.	Deutsche Übers.
da-mo-ko-ro	*187*	KP	*dāmokoros* *dāmokorōi* *dāmokoron*	*NSg* *DSg* *ASg*	(vgl. δῆμος + ?)	ein Funktionär der Gemeinde?
e-qe-ta e-qe-ta-e e-qe-ta-i	*325* *326* *327*	KP k p	*(h)ek*^{w}*etās* *(h)ek*^{w}*etāi* *(h)ek*^{w}*etai* *(h)ek*^{w}*etā̆(h?)e* *(h)ek*^{w}*etā(h)i*	*NSg* *DSg* *NPl* *NDu* *DPl*	ἑπέτας Pind.	Gefolgsmann
qa-si-re-u qa-]si-re-we	*987* *988*	P k	*g*^{w}*asileus* *g*^{w}*asilēwei?* *g*^{w}*asilēwes?*	*NSg* *DSg* *NPl*	βασιλεύς	ein Lokalbeamter (nicht „König“!)
qe-ja-me-no (substantiviertes Partizip)	*992*	k?P	*k*^{w}*ej(j)amenos*	*NSg*	(vgl. τίω „verehren“ o. τίνω „bezahlen“, von **k*^{w}*ei(a)-*)	„der Ehrwürdige“ (als Titel?)
ra-wa-ke-ta	*1034*	P	*lāwāgetās* *lāwāgetāi*	*NSg* *DSg*	λαγέτας Pind.	Volksführer
te-re-ta te-re-ta-o[	*1127* *1128*	KP p	*telestās* *telestai* *telestā(h)ōn*	*NSg* *NPl* *GPl*	τελεστά NSg (Inschr. Olympia)	Telestas (ein hoher Staatsbeamte)
wa-na-ka]wa-na-ka-to wa-na-ka-te wa-na-ke-te	*1227* *1231* *1228* *1232*	KPt p kP p	*wanaks* *wanaktos?* *wanaktei* *wanaktei*	*NSg* *GSg* *DSg* *DSg*	ἄναξ	Herrscher

Andere Menschenklassen (Me, MeM, MeW):

Verwandtschaftsnamen

LB-Graphik	Nr.	Lok.	Myk.-Gr.	Kasus	Alph.-Gr.	Deutsche Übers.
i-jo(-qe) I	*413*	m	*(h)ī̆os (k^{w}e)*	*NSg*	υἱός	Sohn
i-je-we	*412*	p	*(h)ī̆ewei?*	*DSg*	υἱύς	
i-we	*435*	k	*(h)īwei?*	*DSg?*		
i-*65	*437*	P	*(h)ī̆us?*	*NSg?*		
-u-jo	*1217*	t	*(h)ū̆jōi*	*DSg*	υἱός	
ma-te(-de)	*651*	P	*mātēr (de)*	*NSg*	μήτηρ	Mutter
ma-te-re	*652*	p	*mātrei*	*DSg*		
pa-te(-de) II	*849*	P	*patēr (de)*	*NSg*	πατήρ	Vater
tu-ka-te(-qe)	*1197*	M	*thugatēr (k^{w}e).*	*NSg*	θυγάτηρ	Tochter
tu-ka-te-re	*1198*	m	*thugatrei*	*DSg*		
tu-ka-ṭạ-ṣị	*1196*	m	*thugatarsi*	*DPl*		

Altersklassen u. a.

LB-Graphik	Nr.	Lok.	Myk.-Gr.	Kasus	Alph.-Gr.	Deutsche Übers.
ka-ra-we	*481*	K	*graiwes,*	*NPl*	γραῦς	alte Frau
			grā̆w(w)es			
ke-ro-te	*532*	kp	*gerontes*	*NPl*	γέρων	Greis
ke-ro-ta	*531*	Kt	*geronta(s)*	*N/A*		
			(als Adj.	*Pl*		
			bes. in TH)	*M/N*		
ki-ra	*544*	M	*gīlā?*	*NSg*	(vgl. Hom.	kleine
ki.		K			νεογιλός	Tochter,
(Abkürzung)					„neugeboren")	neugeborene
ko-wa	*604*	KP	*korwā*	*NSg*	κόρη, κούρη	Mädchen
ko.		T		*/Du*		
(Abkürzung)			*korwāi*	*DSg*		
			korwai	*NPl*		
ko-wo I	*608*	KP	*korwos*	*NSg*	κόρος, κοῦρος	Knabe
		m	*korwōi*	*DSg*		
			korwō	*NDu*		
			korwoi	*NPl*		

LB-Graphik	Nr.	Lok.	Myk.-Gr.	Kasus	Alph.-Gr.	Deutsche Übers.
pe-re-ku-ta	*885*	p	*presgutās* *presgutai?*	*NSg* *NPl*	πρεσβύτης	Greis, alter Mann?

Soziale Klassen u. a.

LB-Graphik	Nr.	Lok.	Myk.-Gr.	Kasus	Alph.-Gr.	Deutsche Übers.
do-e-ra	*227*	KP	*do(h)elā* *do(h)elāi* *do(h)elai*	*NSg* *DSg* *NPl*	δούλη	Dienerin, Sklavin?
do-e-ro	*228*	KP	*do(h)elos* *do(h)elōi* *do(h)elon* *do(h)eloi* *do(h)elō*	*NSg* *DSg* *ASg* *NPl* *NDu*	δοῦλος	Diener, Sklave?
do-e-ro-jo	*230*	k	*do(h)elojjo*	*GSg*		
do-e-ro-i	*229*	P	*do(h)eloi(h)i*	*DPl*		
do-po-ta	*234*	p	*do(s)potāi*	*DSg*	δεσπότης	Hausherr (als Götternama?)
ka-si-ko-no	*491*	Kp	*kasigonos?* *kasigonoi?* o. *kasikonos,* *kasikonoi?*	*NSg* *NPl*	= κασίγνητος? „Bruder" o. vgl. Hesych ἀγκόνους· διακόνους, δούλους	Bruder? Gehilfe?
ki-ti-ta	*556*	P	*ktitān* *ktitai*	*ASg* *NPl*	κτίτης	Ansiedler
me-ta-ki-ti-ta	*681*	P	*metaktitai*	*NPl*	μετά + κτίτης	Um-/Übersiedler
pa-wo-ke pa-wo-ko	*857* *858*	P P	*pan-worges?* *pan-worgōn?* o. *par-?*	*NPlF* *GPlF*	(vgl. πᾶν „alles" + *$^*w\mathring{r}gj\bar{o}$* „arbeiten")	„Mädchen für alles"
ra-wi-ja-ja ra-wi-ja-ja-o	*1036* *1037*	P p	*lāwiajjai* *lāwiajjā(h)ōn*	*NPl* *GPl*	(vgl. ληϊάς)	Frau als Kriegsbeute

Andere Menschenklassen; kollektive Bezeichnungen (MeK)

LB-Graphik	Nr.	Lok.	Myk.-Gr.	Kasus	Alph.-Gr.	Deutsche Übers.
a-to-mo	*147*	KP	*arthmos* *arthmoi?*	*NSg* *NPl*	ἀρϑμός Hom. (anders *Panagl* 1985: „Straße"; vgl. S. 365)	Gemeinschaft?, Straße, bzw. Straßenbauer
a-to-ro-qo	*150*	p	*anthrōk*^{w}*ōi*	*D-I Sg*	ἄνϑρωπος	Mensch
da-ma-te (vgl. du-ma[179])	*183* (bzw. *245*)	p	*damartes?*	*NPl?*	δάμαρ? „Hausverwalterin, Ehegattin"	Haushaltsmitglied? (oder „Haushalt"?)
da-mo	*185*	KP	*dāmos* *dāmōi*	*NSg* *DSg*	δῆμος	Gemeinde
e-qe-a-o	*321*	k	*(h)ek*^{w}*e(h)ā-(h)ōn?*	*GPl*	(vgl. ἕπομαι „folgen")	Gefolgschaft
e-qe-o	*322*	p	*(h)ek*^{w}*e(h)os* o. *(h)ek*^{w}*e(h)ōn*	*GSg* *GPl*	(vgl. ἕπομαι „folgen")	Gefolge; vom Pferdewagen benutzte Straße?
ke-ro-si-ja	*530*	P	*geronsiā*	*NSg*	γερουσία	Versammlung der Ältesten
o-ka II	*731*	P	*orkhā*	*NSg*	ἀρχή „Anfang, Anführen, Herrschaft"	Militärische Abteilung
po-re-na po-re-no- (zo-te-ri-ja) porenotuṭẹ[po-re-si	*933* *935* *1320* *934* *936*	P p p t	*phorē̆nas?* *phorē̆nos,* *phorē̆nōn* *(dzōstēria)?* *ph.* *(thustēria)?* *phorē̆(n)si?*	*APl* *GSg* *GPl* *GSg/* *Pl* *DPl*	(vgl. φερνά dor. „Anteil der Gottheit am Opfer?")	Personengruppe im Kult, Menschenopfer?

[179] Vgl. die ganze Sektion da-ma-te, du-ma u. a. auf S.229. S. auch *C. J. Ruijgh* 1987, 299–322.

LB-Graphik	Nr.	Lok.	Myk.-Gr.	Kasus	Alph.-Gr.	Deutsche Übers.
qa-si-re-wi-ja	*989*	KPt	g^w*asilēwiā* g^w*asilēwiāi*	*NSg* *DSg*	βασιλεία „Königtum“	Gruppe von Personen, einem g^w*asileus* zugeordnet?
ra-wa-ke-ja (Fehler für ra-wa-ke-⟨si-⟩ja?[180])	*1031*	k	*lāwāgesiā?*	*NSg*	(vgl. λαγέτας Pind. „Heerführer“)	Sitz des *lāwāgetās?*; oder Gruppe von Gefolgsleuten des *lāwāgetās?*
we-ke-i-ja	*1255*	k	*werge(h)iā?*	*NSg?*	(vgl. ἐργασία)	Arbeitsgruppe

Religion, Feste (Rel)

LB-Graphik	Nr.	Lok.	Myk.-Gr.	Kasus	Alph.-Gr.	Deutsche Übers.
(o-pi-)e-de-i	*254*	p	*opi (h)ede(h)i*	*D-L Sg*	ἕδος	am Wohnsitz (der Gottheit)
e-pi-ko-wa	*307*	K	*epikhowā* *epikhowāi?*	*NSg* *DSg*	ἐπιχοά· κατάχυσις Hesych	Libation
i-je-ro II i-je-ro-jo	*406* *407*	KT p	*(h)ieron* *(h)ierojjo*	*NSg* *GSg*	ἱερόν	Kultstätte
ke-u-po-de-ja	*540*	k	*kheuspondeiās* *kheuspondeiāi*	*GSg* *D-I Sg*	(vgl. χέω „gießen“ + σπονδή „Libation“)	Libationsfeier?? (sehr unsicher)
re-ke-to-ro-te-ri-jo re-ke-e-...	*1039* *1038*	p p	*lekhe(s)-strōtēriōn?* *lekhe(h)ei-...-ōi*	*GPl* *DSg*	(vgl. λέχος + στρώννυμι)	Lagerausbreitung?

[180] Vgl. Index, Nr. 1031, Anm. 231 auf S. 598.

LB-Graphik	Nr.	Lok.	Myk.-Gr.	Kasus	Alph.-Gr.	Deutsche Übers.
te-o	*1111*	KP	*the(h)ōi* *the(h)on* *the(h)ōn*	*DSg* *ASg?* *GPl*	θεός	Gott
te-o-jo	*1113*	P	*the(h)ojjo*	*GSg*		
te-o-i	*1112*	KP	*the(h)oi(h)i*	*DPl*		
te-o-po-ri-ja	*1115*	K	*the(h)o-phoriā* oder *-phoria?*	*NSgF* *NPlN*	(vgl. θεός + φέρω)	das Göttertragen?
to-no-e-ke-te-ri-jo	*1161*	p	*thorno-(h)e(l)ktēriōi* *(h)e(l)ktēriōn*	*DSg* *GPl*	(vgl. θρόνος + ἔχω? o. ἕλκω?	das Halten bzw. Ziehen des Thrones?

Vgl. auch i-(j)e-re-u Nr. 398, 402, i-je-re-ja Nr. 401 (s. S. 364 und 372 oben) sowie einige unklare Ausdrücke, die nach dem Kontext vielleicht sogar „menschliche Opfer“ bezeichnen: po-re-na P *phorĕnas?* APl (Nr. 933), po-re-si t *phorĕnsi* DPl (Nr. 936), po-re-no(-zo-te-ri-ja) p *p... os/ōn dzōstēria?* (Nr. 935), pa-ke-te-ri-ja (Nr. 819), sa-pa-ka-te-ri-ja K *sphaktēria?* NPl (Nr. 1066). S. auch den Abschnitt po-re-na auf S. 377.

Landwirtschaft, Grundbesitz, Besiedlung (LaW)

LB-Graphik	Nr.	Lok.	Myk.-Gr.	Kasus	Alph.-Gr.	Deutsche Übers.
a-ko-ro	*34*	P	*agros* *agroi*	*NSg* *NPl*	ἀγρός	Land, Gebiet, Feld
a-ma	*45*	K	*amā*	*NSg*	(vgl. ἀμάω? „mähen“)	Ernte?
a-ro-u-ra	*131*	p	*arourans*	*APl*	ἄρουρα	Kornfeld
da-mi-jo	*184*	p	*dāmion*	*ASg*	(vgl. Adj. δήμιος)	Land der Gemeinde
e-to-ni-jo	*388*	P	*etōnion?*	*ASg*	(ἔτι „noch“ + o-no s. *Panagl*, Sprache 32, 1986, 284)?	(eine Art des Grundbesitzes)

LB-Graphik	Nr.	Lok.	Myk.-Gr.	Kasus	Alph.-Gr.	Deutsche Übers.
ka-ma ḳạ-ma-ẹ o. ḳạ-ma-ọ	*452* *456*	P p	*k(h)amas?* *k(h)ama(h)e?* *k(h)ama(h)os,* *-ōn?*	*N/A* *Sg* *ADu* *GSg/* *Pl?*	(vgl. κάμνω „unter Mühe arbeiten")	Bodenanteil?
ko-to-(i-)na ko-to-na-o ko-to-no	*596* *597* *600*	KP P P	*ktoinā* *ktoinai* usw. *ktoinā(h)ōn* *ktoinō*	*NSg..* *NPl..* *GPl* *ADu*	κτοίνα Rhod. „Unterabtei- lung des Damos"	aufgeteiltes Land?, Boden- parzelle?
o-na-to o-na-ta	*739* *737*	P P	*onāton* *onāta*	*ASg* *APl*	(vgl. ὀνίναμαι „Nutzen haben")	Grundstück in Pacht
pu-ta-ri-ja pu-te-ri-ja	*975* *977*	k K	*phutaliā* o. *phutaliai?* *phuteliān?*	*NSg* *NPl* *ASg*	φυταλιή Hom.	Garten, Fruchtbaum- pflanzung, Anpflegung
qa-si-re-wi-ja	*989*	KPt	*g^{w}asilēwiā* *g^{w}asilēwiāi*	*NSg* *DSg*	(vgl. βασιλεύς)	Landbesitz? des *g^{w}asileus*; o. „eine dem *g^{w}asileus* un- terstehende Gruppe"?
qe-re-ti-ri-jo	*997*	p	*k^{w}(e)lethriō?*	*NDu*	(vgl. πέλεθρον? „Morgen, Hufe")	(Flächen- bzw. Längenmaß?)
ra-wa-ke-ja (Fehler für ra-wa-ke- <si->ja?)	*1031*	k	*lāwāgesiā?*	*NSg*	(vgl. λαγέτας)	Landbesitz? des *lāwāgetās*; o. „eine dem *lāwāgetās* un- terstehende Gruppe"?

LB-Graphik	Nr.	Lok.	Myk.-Gr.	Kasus	Alph.-Gr.	Deutsche Übers.
ta-to-mo	*1097*	kP	*stathmos*	*NSg*	σταθμός	Schafstall?; Pfosten, Pfeiler?; Waage (in KN)
te-me-no	*1104*	P	*temenos*	*N/A Sg*	τέμενος	abgesondertes Stück Land (für König usw.)
wa-tu	*1240*	KP	*wastu*	*N/A Sg*	ἄστυ	Stadt
we-re-ke	*1263*	P	*wreges*	*NPl*	(vgl. ϝεργ- „einschließen", vgl. S. 232)	Schafhürde?, Stall
wo-na-si	*1289*	k	*woinas(s)i*	*D-L Pl*	οἰνάς	Weingarten
wo-wi-ja	*1302*	P	*worwiā* oder *worwia?*	*NSgF NPlN*	ὅριον	Grenzgebiet
wo-wo	*1303*	P	*worwos*	*NSg*	ὅρος	Grenze

Verwaltungs- und Abgabenbereich (V-A)

LB-Graphik	Nr.	Lok.	Myk.-Gr.	Kasus	Alph.-Gr.	Deutsche Übers.
a-ko-ra	*31*	PT	*agorā*	*NSg*	ἀγορά	Sammlung, nicht Marktplatz!
a-pu-do-si	*106*	KP	*apudosis*	*NSg*	ἀπόδοσις	Abgabe
a-pu-do-so[-mo?]	*107*	k	*apudos[mos]*	*NSg?*	ἀπο- + δίδωμι	Abgabe
]a₃-sa	*175*	pt	*aisa*	*NSg*	αἶσα	Anteil
ḍạ-so-mo	*192*	p	*dasmos*	*NSg*	δασμός	Verteilung
do-ra	*236*	P	*dōra*	*N/A PlN*	δῶρον	Gabe
do-so-mo	*240*	P	*dosmos* *dosmon*	*NSg ASg*	(vgl. δίδωμι)	Steuer

LB-Graphik	Nr.	Lok.	Myk.-Gr.	Kasus	Alph.-Gr.	Deutsche Übers.
ke-ra I	*516*	P	*geras*	*ASg*	γέρας	Ehrengabe
ku-su-to-ro-qa	*639*	kP T	*ksunstrok^{w}hā*	*NSg*	συστροφή	Gesamtsumme
me-ni-jo	*657*	p	*mēn(n)ion*	*NSg*	(vgl. μήν „Monat")	Monatsration
na-wi-jo	*704*	p	*nā̆w(w)ion* < **nasw-*	*ASg*	(vgl. ναός „Tempel"; oder vgl. νήϊος „zum Schiff gehörig?")	Tempelabgabe?
o-no I (s. auch S.206) o-na	*742* *736*	KP M Kp	*onon?* *ona?* o. *onā?*	*NSg* *NPlN* *NSgF*	(vgl. ὀνίναμαι „Nutzen haben")	Nutzen, Entgelt, Zahlung?
o-pa	*750*	KP T	*(h)opā?* *(h)opās?*	*NSg* *GSg?*	?	Arbeit, Werkstatt?
o-pe-ro I	*752*	KP M	*ophelos*	*NSg*	ὄφελος	Defizit
po-ka-ta-ma	*911*	p	*pos(i)-ktāma?*	*NSg*	(vgl. po-si, πρός, πός + κτῆμα „Besitz")	zusätzlicher Besitz
po-qa	*929*	kpt	*phorg^{w}āi*	*DSg*	φορβή	Speise, „zum Essen"
(o-pi)-qi-na s. auch]qo-i-ṇạ[	*1007*	k	*(opi) k^{w}ināi?*[181]	*DSg*	(vgl. ποινή „Bezahlung, Strafe")	„zur Bezahlung?"
]qo-i-ṇạ[	*1010*	k	*k^{w}oinā?*	*NSg?*	ποινή	Strafe
ta-ra-si-ja	*1095*	KP m	*tala(n)siā* *tala(n)siān*	*NSg* *ASg*	ταλασία?	abgewogene Menge?
to-ko	*1153*	K	*tokos??*	*NSg*	τόκος	Zins?

[181] Vgl. auch Index, Nr. 771 opiqina.

LB-Graphik	Nr.	Lok.	Myk.-Gr.	Kasus	Alph.-Gr.	Deutsche Übers.
to-ro-qa	*1177*	K	*trok^w^hā* *trok^w^hāi*	*NSg* *DSg*	τροφή	Kost, „zum Essen“
to-u-ka	*1195*	K	*toukhāi?*	*DSg?*	(vgl. τεύχω „verfertigen“)	zur Bearbeitung?
ze. (Abkürzung) ze-u-ke-si	 *1317*	KP p	*dze(ugos)* *dzeuges(s)i*	*NSg* *DPl*	ζεῦγος	Paar „mit Gespannen“

B) Eine viel größere Anzahl von mykenischen Wörtern ist also mit der menschlichen Aktivität in ihrem sozial-ökonomischen Milieu verbunden. Von den etwa 290 Substantiven dieser Klasse bezeichnen ca. 235 menschliche Individuen oder Menschengruppen, während die restlichen Ausdrücke meistens allgemeine Termini religiösen, sozialen, ökonomischen oder administrativen Charakters darstellen. Dabei sind etwa 185 von jenen 230 Wörtern entweder Berufsbezeichnungen von Männern (110) und Frauen (36) oder Titel von Würdenträgern bzw. Beamten (ca. 40, meistens von Männern). Doch ist es ziemlich schwer, zwischen diesen zwei Gruppen eine Grenze zu ziehen. Ich habe versucht, aus dem Bereich der mykenischen Berufsbezeichnungen und Würdenträger- bzw. Beamtentitel, die zu den am besten bekannten mykenischen Ausdrücken gehören, hier eine Auswahl darzubieten.

Unter den mykenischen Berufsnamen gibt es viele bekannte männliche (z. B. ke-ra-me-u *kerameus* „Töpfer“) sowie auch weibliche Beschäftigungsbezeichnungen (a-pi-qo-ro *amphik^{w}oloi* NPl „Dienerinnen“), doch auch mehrere im alphabetischen Griechisch nicht bezeugte, wenn auch mehr oder weniger gut deutbare Berufsnamen (z. B. ka-ra-wi-po-ro *klāwiphoros* „Schlüsselträgerin“). Einige der Würdenträger- bzw. Beamtentitel sind eher aus der Chorlyrik (oder aus den alphabetischen Inschriften) als aus Homer bekannt (λαγέτας und ἐπέτας bei Pindar: ra-wa-ke-ta *lāwāgetās* „Anführer des Volkes“, der zweite Mann in der mykenischen Staatshierarchie, bzw. e-qe-ta *(h)ek^{w}etās* „Gefolgsmann, Mitglied eines Gefolges“; dagegen τελεστά in einer Inschr. aus Olympia, VI. Jh.: te-re-ta *telestās* „Dienstmann des Königs“), mehrere weisen einen mehr oder weniger altertümlichen semantischen Wert auf (wa-na-ka *wanaks* „Herrscher, Herr“, qa-si-re-u *g^{w}asileus* „Beamter lokalen Grades, der mit den Bronzevorräten zu tun hat“, später „König“).

Auch die übrigen etwa 45 LB-Ausdrücke der Gruppe B, die menschliche Individuen bezeichnen, ohne eine Beschäftigung oder einen Titel auszudrücken, sind höchst interessant. Sie bezeichnen entweder Familienmitglieder, z. B. pa-te *patēr* „Vater“, ma-te *mātēr* „Mutter“, tu-ka-te *thugatēr* „Tochter“, i-jo *(h)ī̆os* bzw. -u-jo = *(h)ū̆jōi* /Dat./ zu *(h)ū̆jos* „Sohn“, oder Angehörige anderer menschlicher Kategorien. Es kann sich dabei um Altersklassen handeln (vgl. z. B. ko-wo *korwos* „Jüngling“, ko-wa *korwā* „Mädchen“, ke-ro-te *gerontes* NPl „Greise“, pe-re-ku-ta *presgutās* „alter Mann“, ka-ra-we *grā̆w(w)es* oder *graiwes* NPl „alte Frauen“) oder um Mitglieder sozialer Klassen bzw. sozial bedingter Berufsgruppen (wie do-e-ro *do(h)elos* „Diener“, do-e-ra *do(h)elā* „Dienerin“ bzw. sogar te-o-jo do-e-ro *the(h)ojjo do(h)elos* „Diener der Gottheit“ oder te-o-jo do-e-ra *the(h)ojjo do(h)elā* „Dienerin der Gottheit“, die beiden letzteren wohl ein niedriges Priesteramt bezeichnend, ra-wi-ja-ja *lāwiajjai* „Frauen als Kriegsbeute“, oder andererseits Begriffe wie do-po-ta *do(s)potāi* DSg „Hausherr“, ki-ti-ta *ktitai* NPl „Siedler“, me-ta-ki-ti-ta *metaktitai* „Um-/Übersiedler“), aber auch um verschiedene kollektive Bezeichnungen (wie a-to-ro-qo *anthrōk*^{w}*ōi* /Dat./ zu *anthrōk*^{w}*os* „Mensch“, da-mo *dāmos* „Gemeinde“, ke-ro-si-ja *geronsiā* „Versammlung der Ältesten“).

Was überrascht, ist die Tatsache, daß die Zahl der Appellativa religiösen Charakters und Inhalts verhältnismäßig niedrig ist; sie beschränkt sich auf te-o *the(h)ōi* /Dat./ zu *the(h)os* „Gottheit“ (sowohl „Gott“ als auch „Göttin“), i-(j)e-re-u *(h)i(h)ereus* „Priester“ und i-je-re-ja *(h)ierejja* „Priesterin“ bzw. auf das Paar te-o-jo do-e-ro und te-o-jo do-e-ra; hinzu treten noch appellativische Bezeichnungen einiger religiöser Festakte unklaren Inhalts (z. B. re-ke-(e-)to-ro-te-ri-jo, te-o-po-ri-ja, to-no-e-ke-te-ri-jo), sowie appellativische Ausdrücke für Kultstätten (z. B. i-je-ro I *(h)ieron* „Kultstätte“, e-de-i *(h)ede(h)i* „am Wohnsitz /der Gottheit/“).

In die Gruppe B kann man auch verschiedene landwirtschaftliche und allgemeinökonomische Ausdrücke einreihen. Vor allem gehören hierher Grundbesitztermini (wie a-ko-ro *agros* „Land, Feld“, a-ro-u-ra *aroura* „Kornfeld“, ko-to-na *ktoinā* „Bodenparzelle“, o-na-to *onāton* „Grundstück in Pacht“, te-me-no *temenos* „abgesondertes Stück Land“, offensichtlich noch nicht „Heiligtumsbezirk“, da-mi-jo *dāmion* „Land der Gemeinde“, qa-si-re-wi-ja und ra-wa-ke<si->ja als „eine dem *g*^{w}*asileus* bzw. *lāwāgetās* unterstehende Gruppe“, aber wahrscheinlich auch die weniger klaren Ausdrücke e-to-ni-jo und ka-ma), doch auch andere Bebauungs- und Besiedlungsbezeichnungen (z. B. pu-ta-ri-ja bzw. pu-te-ri-ja *phutaliā(n), phuteliā(n)* „Fruchtbaumpflanzung“, wo-na-si *woinas(s)i* D-LPl „in den Weingärten“, wa-tu *wastu* „Stadt“, wo-wi-ja *worwia* NPl? „Grenzgebiet“, wo-wo *worwos* „Grenze“), sowie der wichtige landwirtschaftliche Ausdruck a-ma *amā* „Ernte“.

Unter den allgemeinen ökonomischen Termini finden sich vor allem verschiedene Buchungs- und Fiskalausdrücke, wie Bezeichnungen für „Geschenk“ (do-ra N/APl *dōra*, ke-ra *geras*), Abgaben und Steuer (a-pu-do-si *apudosis*, a-pu-do-so[-mo] *apudosmos*, na-wi-jo *nā̆w(w)ion*), mehrere Buchungstermini und Rationsangaben (a-ko-ra *agorā* „Sammlung“,]a_3-sa *aisa* „Anteil“, da-so-mo *dasmos* „Verteilung“, ku-su-to-ro-qa *ksunstrok*^{w}*hā* „Gesamtsumme“, me-ni-jo *mēn(n)ion* „Monatsration“, o-no *onon?* „Zahlung“, o-pe-ro *ophelos* „Defizit“,]qo-i-ṇạ[*k*^{w}*oinā* „Strafe“, ta-ra-si-ja *tala(n)siā* „abgewogene Menge“, to-ko *tokos?* „Zins“, ze-u-ke-si DPl *dzeuges(s)i* bzw. nur die Abkürzung ze.: „mit Gespannen“), sowie der Ausdruck „zum Essen“ (po-qa *phorg*^{w}*āi*, to-ro-qa *trok*^{w}*hā, -āi*).

[Die in die Gruppe B eingereihten Titel und Begriffe, die mit Staatsverwaltung, Grundbesitz und Palastadministration verbunden sind, haben wir hier *in extenso* besprochen, was unter A und C nicht immer der Fall ist.]

3. Der Mensch und seine materiellen Bedürfnisse und Arbeitsprodukte (in breiter Auswahl)

Verschiedene Warensorten, ohne Gewürze (Wa)

LB-Graphik	Nr.	Lok.	Myk.-Gr.	Kasus	Alph.-Gr.	Deutsche Übers.
A-RE-PA (Monogramm) a-re-pa-te	*119* *120*	P p	*aleiphar* *aleiphatei*	*NSg* *DSg*	ἄλειφαρ	Salbe
a-ro-pa	*128*	P	*aloiphā* *aloiphāi* *aloiphān*	*NSg* *DSg* *ASg*	ἀλοιφή	Salbe
e-pi-ko-wa	*307*	K	*epikhowā?* *epikhowāi?*	*NSg* *DSg*	ἐπιχοά· κατάχυσις Hesych	Libation
e-ra-wo e-ra$_3$-wo	*339* *341*	kp P	*elaiwon*	*N/A Sg*	ἔλαιον	Olivenöl
e-re-pa (s. sub A)	*348*	kp	*elephans*	*NSg*	ἐλέφας	Elfenbein
ka-po ka-pa?	*468* *465*	k Pt	*karpoi* *karpa??*	*NPl* *NPl* *N?*	καρπός	Frucht
ka-ru-we ka-ru-pi	*489* *487*	p P	*karu(w)ei* *karuphi*	*D-I Sg* *IPl*	(vgl. κάρυον)	Nuß (als Verzierung)
KE-RO$_2$ (Monogramm)	*533*	K	*kērjon?*	*NSg?*	κηρίον	Wachs
ki-ri-ta I	*547*	k	*krithā(n)* oder *krithans*	*ASg* *APl*	κριθή	Gerste
me-re-u-ro	*666*	p	*meleuron*	*ASg*	μάλευρον Alkaios	Mehl
me-ri me-ri-ṭọ	*667* *675*	K P	*meli* *melitos*	*NSg* *GSg*	μέλι	Honig
me-tu-wo	*684*	p	*methu(w)os*	*GSg*	μέθυ	Wein

LB-Graphik	Nr.	Lok.	Myk.-Gr.	Kasus	Alph.-Gr.	Deutsche Übers.
pa-ma-ko	*823*	p	*pharmakon*	*NSg*	φάρμακον	Droge, Arzneimittel
pe-ma pe-mo	*872* *873*	KP Ptir	*sperma* *spermo*	*N/A Sg*	σπέρμα	Saat, Korn
po-ro-ko-wa	*947*	K	*prokhowā?* *prokhowāi?*	*NSg* *DSg*	(vgl. πρόχοος „Kanne“)	Sorte von Öl??
ri-no	*1056*	KP	*linon*	*N/A Sg*	λίνον	Lein, Flachs
si-to	*1078*	kp MT	*sītos* *sīton* *sītōn*	*NSg* *ASg* *GPl*	σῖτος	Getreide, Korn
su-ko	*1084*	K P[182]	*sūkōn?*	*GPl*	σῦκον	Feige
tu-ro$_2$	*1204*	P	*tūrjoi, -rroi?*	*NPl*	τυρός	Käse
tu-wo tu-we-a	*1211* *1209*	tp p	*thu(w)os* *thu(w)e(h)a*	*NSg* *NPl*	ϑύος	aromatische Substanz; in TH eher „Opfer“
wo-no	*1291*	Kp mt kh	*woinos?*	*NSg*	οἶνος	Wein
zo-a	*1319*	K	*dzo(h)āi?*	*DSg*	(ζόη· τὸ ἐπάνω τοῦ μέλιτος Hesych)	Ölsorte

Aromatische Pflanzen, Gewürze (PGe)

LB-Graphik	Nr.	Lok.	Myk.-Gr.	Kasus	Alph.-Gr.	Deutsche Übers.
a-ro-ṃọ[-ta	*126*	m	*arōmo[ta?*	*APl?*	ἄρωμα	Gewürz
ka-na-ko	*457*	M	*knākos*	*NSg*	κνῆκος	Saflor
ka-ra-ḳọ[	*470*	m	*glākhōn?*	*NSg* *F?*	γλάχων? dor., βλήχων att.	Poleiminze (Gewürz)
ko-i-no, ko-no (m/f)	*564*	KM	*skhoinos*	*NSg*	σχοῖνος „Binse“	(Gewürzart)

[182] Wenigstens in Knossos handelt es sich um ein Anthroponym.

LB-Graphik	Nr.	Lok.	Myk.-Gr.	Kasus	Alph.-Gr.	Deutsche Übers.
ko-ri-ja-do-no	*579*	K	*koria(n)dnon*	*NSgN*	χορίαννον, -ανδρον	Koriander
ko-ri-ja-da-na	*578*	M	*koria(n)dna*	*N/A PlN*		
ko-ṛi-jọ-ḍạ-na?	*580*	p	*koria(n)dna*			
ko-ri-a_2-da-na	*577*	pM	*koriha(n)dna*			
ku-mi-no	*612*	M	*kumīnon*	*NSg*	κύμινον	Kümmel
ma-ra-tu-wo	*650*	M	*marathwon*	*NSg*	μάραθρον	Fenchel
mi-ta	*698*	M	*minthā*	*NSg*	μίνθη	Minze
sa-sa-ma	*1072*	M	*sāsama*	*NPlN*	σήσαμον	Sesam
se-ri-no	*1075*	m	*selīn(n)on*	*NSg*	σέλινον	Sellerie

Dazu noch etwa 5 weitere, weniger sichere Ausdrücke.

Textilien (Tex)

LB-Graphik	Nr.	Lok.	Myk.-Gr.	Kasus	Alph.-Gr.	Deutsche Übers.
e-pi-ki-to-ni-ja	*305*	k	*epikhitōnia*	*N/A PlN*	(vgl. ἐπί + χιτών „Gewand")	Objekte, die auf dem Gewand angebracht sind
e-pi-u-ru-te-we	*312*	p	*epiwrŭ̄tēwei* oder *-ēwes?*	*DSg* *NPl*	(vgl. ἐπί + ἐρύω „ziehen, spannen", vgl. ῥυτήρ „Riemen")	Überzieher? (Kleidungsstück)
ka-ro	*484*	p	*kairos?*	*NSg?*	καῖρος „Schnur o. Schlinge am Webstuhl"	Schnur am Webstuhl??
ki-to	*557*	K	*khitōn*	*NSg*	χιτών	Gewand
ki-to-ne	*559*	k	*khitōnes*	*NPl*		
ki-to-na	*558*	k	*khitōna(s)*	*ASg/Pl*		
ki-to-pi[	*560*	k	*khitōmphi*	*IPl*		

LB-Graphik	Nr.	Lok.	Myk.-Gr.	Kasus	Alph.-Gr.	Deutsche Übers.
pa-wo pa-we-a pa-we-a₂ pa-we-o pa-we-si]pa-we-pi	*856* *851* *852* *853* *855* *854*	k K KM K m k	*pharwos* *pharwe(h)a* *pharweha* *pharwe(h)ōn* *pharwes(s)i* *pharwesphi*	*NSg* *NPl* *NPlN* *GPl* *DPl* *IPl*	φᾶρος „Gewebe, Gewand"	Stoff, Tuch, Kleiderstück
pe-di-ra pe-di-ro pe-di-ro-i	*864* *865* *866*	p p p	*pedīla* *pedīlōn* *pedīloi(h)i*	*NPlN* *GPl* *DPl*	πέδιλον	Sandale
we-a₂-no-i	*1243*	P	*wehanoi(h)i*	*DPl*	ἑανός	Frauenkleid
we-ru-ma-ta	*1266*	p	*wĕ̄l(l)ūmata*	*NPl*	εἴλυμα	Wickeltuch, Hülle

Andere Handwerkererzeugnisse (in Auswahl)
a) Architekturelemente (ObA)

LB-Graphik	Nr.	Lok.	Myk.-Gr.	Kasus	Alph.-Gr.	Deutsche Übers.
a-sa-mi-to	*137*	k	*asaminthoi?*	*NPl?*	ἀσάμινθος	Badewanne
da-pu₂-ri-to-jo	*189*	K	*daburinthojjo*	*GSg*	λαβύρινθος	Labyrinth
do-de	*226*	T	*dō(n)-de* < **dō(m)-de*	*ASg*	δῶδε	ins Haus
e-ru-mi-ni-ja	*369*	P	*elumniai?*	*NPl?*	ἐλύμνιαι Hesych	Dachbalken
e-to-ki-ja	*387*	P	*entoikhia*	*NPl*	ἐντοίχιον Xen. „Wand- gemälde"	Wand- gemälde?
ka-pi-ni-ja	*467*	P	*kapniās*	*GSg*	κάπνη	Rauchfang, Schornstein
ke-ni-qe-te-we	*513*	km	*khernik^wtēwes*	*NPl*	(vgl. χέρνιψ „Handwasch- wasser")	Waschwasser- becken?
ki-wo	*562*	p	*kīwōn*	*NSg*	κίων	Säule
pi-ri-ja-o	*901*	p	*phliā(h)ōn*	*GPl*	φλιαί	Türpfeiler
wo-i-ko-de wo-ko-de	*1283* *1288*	K t	*woikonde*	*ASg*	οἶκος, οἶκόνδε	ins Haus

Vgl. auch unsichere Belege, wie a-ti-jạ Nr. 146, sowie vielleicht auch ta-to-mo Nr. 1097 (s. auch S. 381).

b) Dekorative Elemente, Verzierungen (ObD)

LB-Graphik	Nr.	Lok.	Myk.-Gr.	Kasus	Alph.-Gr.	Deutsche Übers.
a-di-ri-ja-te a-di-ri-ja-pi	*4* *3*	p P	*andriantei* *andriamphi*	*D-I Sg* *IPl*	ἀνδριάς Pind. „Menschen-bild, Statue“	männliche Figur
ko-no-ni-pi	*571*	kp	*konōnipphi?*	*IPl*	(vgl. κανών „Stange“, κανονίς „Lineal“)	Stange?
se-re-mo- -ka-ra-a-pi -ka-ra-o-re	*1073* *1074*	p P	*sē̆r(r)ē̆mo-k(a)rā̆-(h)a(p)phi* *k(a)rā̆(h)ō̆rei*	*IPl* *D-I Sg*	(vgl. κάρη „Kopf“)	„mit Köpfen von Sirenen“ „mit dem Kopf...“
to-qi-de	*1168*	P	*tork*^{w}*idei*	*D-I Sg*	(vgl. τροπή „Wendung“)	Spirale?

Vgl. aber auch e-re-pa *elephans* „Elfenbein“ Nr. 348 sowie o-nu *onuks?* „Nagel“ Nr. 744 als Verzierung (s. S. 360f.).

c) Equipage, Pferde- und Wagenausrüstung (ObE)

LB-Graphik	Nr.	Lok.	Myk.-Gr.	Kasus	Alph.-Gr.	Deutsche Übers.
a-ko-so-ne	*40*	P	*aksone* *aksones*	*NDu* *N/A! Pl*	ἄξων	(Wagen)-achse
a-mo I a-mo-te a-mo-ta a-mo-si	*46* *51* *50* *49*	k k KP p	*(h)ar(h)mo* *(h)ar(h)mote* *(h)ar(h)mota* *(h)ar(h)mos-(s)i*	*NSg* *NDu* *NPl* *DPl*	ἅρμα	Rad, nicht Wagen!

LB-Graphik	Nr.	Lok.	Myk.-Gr.	Kasus	Alph.-Gr.	Deutsche Übers.
a-ni-ja a-ni-ja-e a-ni-ja-pi	*65* *66* *67*	KP p K	*(h)āniai* *(h)āniā̆(h?)e* *(h)āniāphi*	*NPl* *NDu?* *IPl*	ἡνία	Zügel
a-pu-ke a-na-pu-ke	*108* *60*	P p	*ampukes* *anampukes* (Nr. 60: Adj.)	*NPl* *M/F* *NPlF*	ἄμπυξ (ἀν- + ἄμπυξ „Stirnband, Kopfband“)	Stirnband (für Pferde) „ohne Stirn-, Kopfbänder“ (als Teil der Zäumung von Wagenzugtieren)
au-ro	*154*	k	*aulos* *auloi* *aulō*	*NSg* *NPl* *NDu*	αὐλός	Röhre (z. B. für Peitsche?)
a-wa-ra-ka-na a-wa-ra-ka-na-o	*158* *159*	p p	*aulaknai?* *aulaknā(h)ōn*	*NPl* *GPl*	(vgl. αὖλαξ „Furche“)	Pflugschar
ị-qi-ja i-qi-jo	*422* *423*	Kt K	*(h)ikkʷiā* *(h)ikkʷiai* *(h)ikkʷiō*	*NSg* *NPl* *NDu*	(vgl. ἵππος „Pferd“)	Wagen
i-qo-e-qe	*425*	K	*(h)ikkʷo-(h)ekʷei?*	*D-I Sg?*	(vgl. ἵππος „Pferd“ + ἕπομαι „folgen“)	Beschirrung?
ka-tu-re-ẉị-[ja ka-tu-re-ẉị-ja-i	*494* *495*	k p	*kanthulēwiai* *kanthulē-wiā(h)i*	*NPl* *D-IPl*	(vgl. ka-tu-ro$_2$)	Packsattel?
ka-tu-ro$_2$	*496*	p	*kanthuljōn?*	*GPl?*	(vgl. κανθύλη, κανθήλια)	Packsattel?
ki-u-ro-i	*561*	p	*kiūroi(h)i?*	*DPl*	κίουρος Hesych	Korb, Packkorb
o-po-qo	*780*	K	*opōkʷois*	*IPl*	(vgl. (μέτ)ωπον „Stirn“)	Scheuklappe (für Pferde)

LB-Graphik	Nr.	Lok.	Myk.-Gr.	Kasus	Alph.-Gr.	Deutsche Übers.
po-qe-wi-ja po-qe-wi-ja-i	*931* *932*	p p	*phorg^{w}ēwiai* *phorg^{w}ēwiā(h)i*	*NPl* *DPl*	φορβειά „Halfter"	Halfter
pte-no	*968*	K	*pternō*	*NDu*	πτέρνη „Ferse, Trittbrett?" (Pollux)	Trittbrett?
wo-ka	*1285*	P	*wokhā* *wokhāi*	*NSg* *DSg*	(vgl. ὄχεα Hom.)	Wagen
ze-u-ke-si	*1317*	p	*dzeuges(s)i*	*DPl*	ζεῦγος „Gespann, Paar"	„mit Gespannen?"

Vgl. auch unsichere Ausdrücke wie a-]ko-so-ni-ja Nr. 594, o-pi-i-ja-pi Nr. 763, pe-qa-to Nr. 877, wo-ra-e Nr. 1295.

d) Feuergeräte, Herdzubehör (ObF)

LB-Graphik	Nr.	Lok.	Myk.-Gr.	Kasus	Alph.-Gr.	Deutsche Übers.
au-te	*155*	p	*austēr*	*NSg*	(vgl. ἐξαυστήρ)	Feuerzange?
e-ka-ra	*259*	p	*eskharā*	*NSg*	ἐσχάρα	Herd
po-ro-e-ke-te-ri-ja	*943*	p	*pro(h)elktē-riā?*	*NSg*	(vgl. προ- „vor" + ἕλκω „ziehen")	Gerät zum Herausziehen aus dem Herd, Schippe?
pu-ra-u-to-ro	*973*	p	*pŭ̄raustrō*	*NDu*	πύρ-αυστρον	Feuerzange

Vgl. weiter ko-te-ri-ja Nr. 595, qa-ra-to-ro Nr. 986.

e) Gefäße und Behältnisse aus Ton oder Bronze (ObG)

LB-Graphik	Nr.	Lok.	Myk.-Gr.	Kasus	Alph.-Gr.	Deutsche Übers.
a-ke-a$_2$	*12*	p	*angeha*	*NPl*	ἄγγος	Gefäß
a-pi-po-re-we bzw. a-po-re-we a-pi-re-we	*91* *98* *95*	k pmt k	*amphiphorēwe* oder *amphorēwes*	*NDu* *NPl*	ἀμφορεύς	Amphore, zweihenkliger Krug

LB-Graphik	Nr.	Lok.	Myk.-Gr.	Kasus	Alph.-Gr.	Deutsche Übers.
a-re-se-si	*124*	p	*aleises(s)i?*	*DPl*	(vgl. ἄλεισον „Trinkbecher" /2. Dekl./)	Trinkbecher o. Lederschlauch?
di-pa di-pa-e	*217* *218*	KP p	*dipas* oder *dipā?* *dipa(h)e*	*NSg* *NPl* *NDu*	δέπας „Becher, Pokal"	ein größeres Gefäß (vgl. das Ideogramm Nr. 202)
e-ku-se-we	*279*	m	*enkhusēwes*	*NPl*	(vgl. ἐγχέω „eingießen")	Libationsgefäß, Trichter
i-po-no	*419*	k	*(h?)ipnoi*	*NPl*	ἰπνός Her. (cf. *Vine* UCLA I.-E. Studies 1, 1999, 20-24)	Tonschüssel (die auf den Herd gestellt wird)
-ka-pa-ra	*466*	p	*skaphala?* *skaphalai?*	*NPlN* *NPlF*	(vgl. σκάφαλος· ἀντλητήρ Hesych)	Schöpfeimer
ka-ra-re-we	*475*	kp	*khlārēwes?*	*NPl*	(vgl. χλαρόν· ἐλαιηρὸς κώθων Hesych)	(ein Gefäß)
]ka-ra-te-ra	*477*	m	*krātēra*	*ASg*	κρατήρ	Mischkrug
ka-ra-to	*479*	M	*kalathos?*	*NSg*	κάλαθος	Korb?
ka-ti	*493*	p	*kāthis*	*NSgF*	κηθίς „Stimmurne, Würfelbecher"	Würfelbecher?
ke-ni-qa	*512*	k	*khernik^{w}s* o. *khernig^{w}a(s)*	*NSg* *ASg/Pl*	χέρνιψ „Handwaschwasser" (vgl. S. 233; s. *Panagl* 1977)	Handwaschwassergefäß
ku?-]pe-ra	*623*	m	*kupella??*	*NPl* *N?*	κύπελλον	Becher?

LB-Graphik	Nr.	Lok.	Myk.-Gr.	Kasus	Alph.-Gr.	Deutsche Übers.
pa-ko-to (m/n)	*821*	pm	*phaktos* *phakton* *phaktō* *phaktoi?*	*NSg* *ASg* *NDu* *NPl*	φάκτον Glosse: „arkadisches Hohlmaß“	(ein Gefäß?)
pe-ri-ke	*887*	m	*pelikes*	*NPlM*	πέλιξ äol.	Becher
pi-a_2-ra	*896*	p	*phihalai*	*NPl*	φιάλη	ein flaches Gefäß, Kochpfanne; vgl. das Ideogramm Nr. 200 auf S. 115
pi-je-ra_3	*897*	p	*phielai*	*NPl*		
po-ro-ko-wo	*948*	m	*prokhowoi*	*NPl*	πρόχοος	Kanne, Krug
qe-to	*1004*	pm	*k^{w}ethō* *k^{w}ethoi*	*NDu* *NPl*	πίθος	Gefäß
ti-ri-po ti-ri-po-de	*1143* *1144*	P p	*tripŏ̄s* *tripode*	*NSg* *NDu*	τρίπος, τρίπους	Dreifuß (aus Bronze)
ti-ri-po-di-ko	*1145*	m	*tripodiskoi*	*NPl*	τριποδίσκος	kleiner Dreifuß
u-do-ro	*1216*	kp	*(h)udrōi* *(h)udroi*	*DSg* *NPl*	(vgl. ὑδρία „Wasser-schlange“)	Wassereimer!

Vgl. weitere, unsichere Ausdrücke wie a-ta-ra Nr. 140, ka-na-to Nr. 462, ka-ra-ti-ri-jo Nr. 478, ku-ru-su-*56 Nr. 632, qe-ra-na Nr. 996, qe-ti-ja Nr. 1003.

f) Möbel und andere Objekte aus Holz (ObM, ObH)

LB-Graphik	Nr.	Lok.	Myk.-Gr.	Kasus	Alph.-Gr.	Deutsche Übers.
de-mi-ni-ja de-mi-ni-jo	*205* *206*	pm kp	*demnia* *demnion* *demniōn?*	*NPlN* *NSg* *GPl*	δέμνια	Bett
e-ka-ma-te	*258*	p	*ekhmatei?*	*D-I Sg*	ἔχμα „Stütze“? ἔγμα· ὀχύρωμα, στῦλος Hesych	Stütze, Säule?
e-ka-ma-pi	*257*	P	*ekhma(p)phi?*	*IPl*		

LB-Graphik	Nr.	Lok.	Myk.-Gr.	Kasus	Alph.-Gr.	Deutsche Übers.
ta-ra-nu ta-ra-nu-we	*1093* *1094*	KP P	*thrānus* *thrānu(w)es*	*NSg* *NPl*	ϑρῆνυς	Schemel
to-no	*1160*	P	*thornos*	*NSg*	ϑρόνος	Stuhl
to-pe-za to-pe-zo	*1165* *1166*	kP p	*torpedza* *torpedzō*	*NSg* *NDu*	τράπεζα	Tisch

Vgl. auch die Tischbeschreibungen e-ne-wo-pe-za bzw. -pe-zo Nr. 293 bis 294 und we-pe-za Nr. 1258 (s. S. 181 u. 301) bzw. die weniger klaren Ausdrücke o-pi-ke-re-mi-ni-ja Nr. 765 und o-pi-ke-re-mi-ni-ja-pi Nr. 766.

g) Waffen und Ausrüstung (ObW)

LB-Graphik	Nr.	Lok.	Myk.-Gr.	Kasus	Alph.-Gr.	Deutsche Übers.
a_3-ka-sa-ma	*169*	p	*aiksmans*	*APl*	αἰχμή	Lanze
e-ke-i-ja	*267*	p	*enkhe(h)iai*	*NPl*	ἐγχείη	Lanze
e-ko e-ke-si e]-ke-a e]-ke-pị[	*275* *273* *264* *270*	K p k k	*enkhos??* *enkhes(s)i* *enke(h)a* *enkhesphi?*	*NSg* *DPl* *NPl* *IPl?*	ἔγχος	Speer
e-po-mi-jo	*317*	K	*epō̆m(m)iō*	*NDu*	(vgl. ἐπωμίς „oberer Teil der Schulter")	Schulter-stücke
ko-ru I ko-ru-to ko-ru-pi	*588* *591* *590*	K P p	*korus* *koruthos* *korupphi*	*NSg* *GSg* *IPl*	κόρυς	Helm
pa-ka-na	*814*	K	*phasgana*	*NPlN*	φάσγανον	Dolch, nicht Schwert!
pa-ra-wa-jo	*834*	Kp	*parā̆w(w)ajjō*	*NDu*	(vgl. παρειαί „Wangen", παραῦαι lesb.)	Wangen-schutz?
pa-ta-ja pa-ta-jo pa-ta-jo-i	*845* *846* *847*	K p p	*paltajja* *paltajjōn* *paltajjoi(h)i*	*NPl* *GPl* *DPl*	(vgl. παλτόν „Speer")	Speer

LB-Graphik	Nr.	Lok.	Myk.-Gr.	Kasus	Alph.-Gr.	Deutsche Übers.
qe-ro$_2$ (m/n)	*1000*	K	*sk^{w}eljos, -on* *sk^{w}eljō* *sk^{w}eljoi*	*NSg* *NDu* *NPl*	σπέλ(λ)ιον äol., ψέλ(λ)ιον att.	Armband?, Brustpanzer (s. *Heubeck* 1986)
qi-si-pe-e	*1009*	p	*k^{w}siphe(h)e*	*NDu*	ξίφος	Schwert
te-u-ke-pi	*1134*	p	*teukhesphi*	*IPl*	τεῦχος	Ausrüstung
to-ra to-ra-ka to-ra-ke	*1173* *1174* *1175*	K Tir P	*thō̆r(r)āks* *thō̆r(r)āks* oder *thō̆r(r)āka?* *thō̆r(r)ākes*	*NSg* *NSg* *ASg* *NPl*	θώραξ	Brustpanzer, Rüstung

Vgl. auch weitere, unsichere Ausdrücke wie o-pa-wo-ta Nr. 751 (siehe S. 322), pe-di-je-wi-ja Nr. 863.

h) Weitere Objekte (Ob)

LB-Graphik	Nr.	Lok.	Myk.-Gr.	Kasus	Alph.-Gr.	Deutsche Übers.
de-so-mo	*211*	K	*desmōi* *desmois*	*D-I* *Sg* *D-IPl*	δεσμός	Band, Riemen, Fessel
di-pte-ra di-pte-ra$_3$	*222* *225*	Ptir p	*dipsterā* *dipsterai,* vgl. S. 169	*NSg* *NPl*	διφθέρα Her.	Tierhaut, Leder
e-ma-ta	*280*	p	*(h)er(h)mata*	*NPl*	ἕρμα	Riemen (Bänder)
ka-ra-ma-to	*471*	k	*klasmatōn?*	*GPl?*	κλάσμα	Fragment (an Elfenbein)
ke-ma-ta	*511*	k	*kermata*	*NPl*	κέρμα	kleines Stück
o-ka I	*730*	p	*okhai?*	*NPl*	ὀχή	Halter
o-mo-pi	*735*	k	*oimophi*	*IPl*	οἶμος	Band?
o-pi-de-so- mo	*761*	p	*opidesmoi* *opidesmois?*	*NPl* *IPl?*	ἐπίδεσμος Aristoph.	Band, Riemen
o-pị-ṛạ$_3$-te-re	*772*	p	*opirhaistēres*	*NPl*	(vgl. ῥαιστήρ)	Hammer??
pa-ke-te-re	*818*	Pm	*pā̆ktēres?*	*NPl*	(vgl. πήγνυμι „befestigen“)	Nagel?

LB-Graphik	Nr.	Lok.	Myk.-Gr.	Kasus	Alph.-Gr.	Deutsche Übers.
pa-sa-ro	*840*	p	*psalō?*	*NDu*	(vgl. ψάλιον)	Kette?
pi-ri-je	*902*	k	*prĭēn?*	*NSg*	(vgl. πρίων?)	Säge?
sa-pi-de	*1069*	PM	*sarpides*	*NPl*	(vgl. σαρπός Hesych „Kiste")	Kiste
to-pa	*1163*	p	*torpās?*	*GSg*	(vgl. τάρπη Pollux)	Packkorb
to-ro-qo	*1179*	k	*trok^{w}on?*	*ASg?*	τροπός?; τρόπος?	Riemen??; Wendung (gedrehte Wolle)?
wo-ro-ma-ta	*1299*	p	*wlōmata*	*NPl*	λῶμα „Saum am Kleid"	Saum? (oder Korb?)

Vgl. wohl auch pa-ke-te-ri-ja Nr. 819 (doch s. dort Anm. 168 auf S. 584).

C) Die semantische Gruppe C umfaßt Substantiva, die verschiedene materielle Bedürfnisse der mykenischen Lebensweise sowie Produkte der menschlichen Arbeit bezeichnen. Es handelt sich um etwa 195 Ausdrücke, und zwar teilweise um verschiedene Warensorten biologischer Herkunft (sowohl aus dem Pflanzen- als auch Tierbereich; etwa 45 Ausdrücke), meistens allerdings um verschiedene Produkte menschlicher Kunstfertigkeit, hauptsächlich um Handwerkererzeugnisse, Dekorationselemente usw.

Unter den ungefähr 45 Bezeichnungen für Warensorten biologischer Herkunft nehmen etwa 15 Gewürznamen den ersten Rang ein — offensichtlich als Bezeichnungen einer Sorte von mykenischen Importartikeln; z. B. a-ro-ṃọ[-ta *arōmo[ta?* APlN? „Gewürze", ko-ri-a$_2$-da-na/ko-ri-ja-da-na/ko-ri-ja-do-no *kori(h)a(n)dna, -on* „Koriander", ku-mi-no, ku-mi-na *kumīnon, -a* „Kümmel", ma-ra-tu-wo *marathwon* „Fenchel", mi-ta *minthā* „Minze", sa-sa-ma *sāsama* NPlN „Sesam" usw. Von den restlichen etwa 30 Warensorten möchte ich wenigstens die folgenden hervorheben: a-re-pa *aleiphar* „Salbe", a-ro-pa *aloiphā* „Salbe", e-ra-wo/e-ra$_3$-wo *elaiwon* „Olivenöl", ka-po *karpoi* NPl „Früchte", me-ri, me-ri-ṭọ *meli, -itos* „Honig", me-tu-wo *methu(w)os* GSg „Wein", pa-ma-ko *pharmakon* „Droge, Medikament", pe-ma, pe-mo *sperma, spermo* „Saat, Korn", ri-no *linon* „Flachs, Leinen", si-to *sītos* „Getreide, Korn", tu-ro$_2$ *tūrjoi* NPl „Käse", tu-wo, tu-we-a *thu(w)os, thu(w)e(h)a* „aromatische Substanz", wo-no *woinos?* „Wein".

Unter den Handwerkererzeugnissen stellen die Textilien eine spezifische Gruppe dar (etwa 20 Ausdrücke). Hierher gehören vor allem die sehr häufigen Formen pa-wo, pa-we-a usw. *pharwos, -e(h)a* „Stoff, Tuch, Kleiderstücke" und ki-to, ki-to-ne usw. *khitōn, khitōnes* „Gewand" — sowie einige Kleider- und Schuhwerktermini, z. B. pe-di-ro, pe-di-ra *pedīlon, -a*, „Sandale", we-ru-ma-ta *wĕ̄l(l)ūmata?* „Wickeltuch".

Die restlichen Produkte handwerklicher Bearbeitung habe ich in folgende Untergruppen eingeteilt:

a) Architekturelemente und Baukonstruktionen, z. B. ka-pi-ni-ja *kapniās* GSg „Rauchfang", do-de *dō(n)-de* < **dō(m)-de* „ins Haus" u. a.;

b) Ausdrücke für verschiedene Verzierungen und Dekoration, z. B. a-di-ri-ja-te, a-di-ri-ja-pi *andriantei* D-ISg, *-amphi* IPl „(verziert) mit männlichen Figuren";

c) Equipage, Pferde- und Wagenausrüstung, z. B. a-mo *(h)ar(h)mo* in der Bedeutung „Rad", nicht „Wagen";

d) Feuergeräte und Herdzubehör, z. B. e-ka-ra *eskharā* „Herd";

e) Gefäße und Behältnisse, vor allem verschiedene Vasenarten aus Ton und Bronze, z. B. a-(pi-)po-re-we, *am(phi)phorēwe(s)* NPl, NDu „zweihenkelige Vasen, Amphoren";

f) Möbel und Möbelzubehör bzw. weitere Objekte aus Holz, z. B. ta-ra-nu *thrānus* „Schemel";

g) Waffen und Ausrüstung, z. B. pa-ka-na *phasgana* „Dolche" (eher als „Schwerter"), qi-si-pe-e k^w*siphe(h)e* NDu „Schwerter";

h) weitere Objekte und Artefakte anderer Art, z. B. de-so-mo *desmōi* D-ISg, *-ois* D-IPl „Band, Riemen".

Man muß jedoch einräumen, daß manche Erzeugnisse und Warensorten der Gruppe C noch nicht völlig sicher identifiziert sind; doch die bereits geglückten Deutungen charakterisieren in einem gewissen Maße das ziemlich breite Spektrum des mykenischen Wortschatzes.

Eine semantische Analyse anderer mykenischer Wortarten bringt keine Resultate von ähnlicher Art wie bei den substantivischen Appellativen. Doch wenigstens bei den Adjektiven kann man einige vom semantischen Standpunkt aus mehr oder weniger kohärente Gruppen von Ausdrücken feststellen, z. B. die Farbbezeichnungen (s. S. 303); die Mehrzahl der Adjektive sind allerdings Derivate von Substantiven oder anderen Wortarten. Die Verben wiederum sind semantisch sehr disparat (vgl. S. 306ff.).

B. Die mykenischen Eigennamen

Anders als bei den mykenischen Appellativen wird in dieser Monographie keine vollständige Datenbank-Liste der mykenischen Eigennamen vorgelegt. Sowohl die Sicherheit der lautlichen Interpretation als auch die Möglichkeit der Zuordnung eines Namens zu einer konkreten Namensgattung ist bei den Eigennamen viel geringer als bei den Appellativen. Eine allgemeine Charakterisierung sowie eine eingehende Klassifizierung der Eigennamen wird hier dennoch versucht werden — mit einer Anzahl verschiedenartig geordneter Beispiele.

Eine vielseitige und das Thema erschöpfende Analyse aller mykenischen Eigennamen wurde bisher nicht unternommen. *Ventris* und *Chadwick* haben allerdings bereits in *Documents* 1956 und 1973 diesen Bereich des mykenischen Wortschatzes eingehend untersucht (Personal Names: S. 92-104; Mycenaean Religion (mit einer Übersicht über die Theonyma): 125-129; Geographical Names: 139-150). Doch heute sind die dortigen Ausführungen beträchtlich veraltet, wenn auch in vieler Hinsicht noch brauchbar und nützlich — ähnlich wie die einzige detaillierte Monographie zu diesem Bereich, nämlich *O. Landaus* „Mykenisch-griechische Personennamen", Göteborg 1958. Neben einer Menge von Abhandlungen, die verschiedene Teilprobleme besprechen, sind aus der letzten Zeit zwei Kapitel aus dem Sammelwerk „Namenforschung", Handbuch zur Onomastik, hrgg. von *E. Eichler*, Berlin-New York 1995, zu erwähnen, und zwar jenes von *Th. Lindner* „Griechische (inkl. mykenische) Ortsnamen", S. 690-705 (besonders aufschlußreich), und das eher allgemein konzipierte Kapitel *O. Massons* „Les noms propres d'homme en grec ancien", S. 706-710. Vom Standpunkt der Wortbildung aus verdient zu diesem Bereich vor allem die Göschen-Einführung „Griechische Sprachwissenschaft" von *M. Meier-Brügger*, Berlin 1992d, Bd. II 39-42, Erwähnung.

Die von mir und *R. Bartůněk* durchgeführte statistische Analyse von *J. Chadwick* 1973 und *F. Aura Jorro* 1985-93 (Proceedings of the XIth Mycenaean Colloquium held in Austin in 2000, im Druck) hat folgende annähernde Zahlen für den mykenischen Wortschatz im Bereich der Onomastika (Eigennamen) und Nicht-Onomastika (Appellativa und dgl.) ergeben (nach *R. Bartůněk* 2002a und *A. Bartoněk* 2002b):

	– mehr oder weniger – klassifizierbar	interpretierbar	mit alphabetischer Entsprechung
Appellativa	ca. 900		
Onomastika	ca. 2450	ca. 700	ca. 300
davon:			
Männernamen	ca. 1760	ca. 500	ca. 225
Frauennamen	ca. 170	ca. 45	ca. 10
Götternamen	ca. 50	ca. 35	ca. 25
Ochsennamen	11	7	6
Patronymika	15	ca. 10	3
Ortsnamen	ca. 330	ca. 60	ca. 20
Ethnika	ca. 100	ca. 30	ca. 10
Monatsnamen	9	9	5

Die mykenischen Eigennamen stellen keinen für die Kenntnis des mykenischen Dialekts äußerst wichtigen Bestandteil des mykenischen Wortschatzes dar. In der Regel wurden zwar die Eigennamen ursprünglich von Appellativen abgeleitet, doch dies kann man nur in einer beschränkten Zahl der Fälle erkennen, da viele der Eigennamen, vor allem die Ortsnamen, offensichtlich nicht im indoeuropäischen Griechisch ihren Ursprung haben, wobei ihre griechische Deutung oft auf Volksetymologie beruht.

Die Identifizierung der mykenischen Eigennamen steht von Anfang an in enger Verbindung mit der Interpretation der einzelnen Schriftbelege, d. h. mit der inhaltlichen Analyse des Kontextes. Nicht selten läßt erst der kontextuelle Aufbau des Täfelchens klar erkennen, ob es sich in dem betreffenden Fall um ein Appellativum oder um einen Eigennamen handelt: das Wort a-ke-ro erscheint in PY Cn 1287, Ea 136, Vn 493 als Appellativum in der Funktion einer Berufsbezeichnung (*angelos* „Bote“), in PY Jo 438.20 dagegen befindet es sich in einem solchen Kontext, daß man es hier eher für einen Personennamen halten muß (*Angelos*).

Die einzelnen Eigennamen bzw. ihre semantischen Grundtypen (Personennamen: Männernamen, Frauennamen, Götternamen, Ochsennamen, Patronymika; Ortsnamen und Ethnika usw.) können nach ihrem sprachlichen Verhältnis zu dem sonstigen bezeugten griechischen Wortschatz folgenderweise eingeteilt werden:

1. Mykenische Eigennamen mit einer griechischen Etymologie

a) Mykenische Eigennamen, die im Mykenischen und im alphabetischen Griechisch zugleich verständliche griechische Appellativa gewesen sind, und zwar entweder in ihrer lexikalischen Grundform (z. B. die Personennamen [PN] a-ke-ro *Angelos*, vgl. ἄγγελος „Bote“, e-ki-no *Ekhīnos*, vgl. ἐχῖνος „Igel“; bzw. das Toponym ka-ra-do-ro *Kharadros*, vgl. χάραδρος „Schlucht“) oder in einer adverbiellen Verbindung (namentlich bei den Ortsnamen [ON]: z. B. e-ra-po ri-me-ne *Elaphōn limenei*, vgl. (ἐν) ἐλάφων λιμένι „im Hafen der Hirsche“).

b) Mykenische Eigennamen, die im alphabetischen Griechisch lediglich als Eigennamen bezeugt sind, wobei sie eine eindeutige oder wenigstens ziemlich klare griechische etymologische Deutung aufweisen (z. B. PN e-u-me-de *Eumēdēs*, vgl. PN Εὐμήδης, d. h. εὖ „gut“ + μήδομαι „ersinnen“; bzw. ON pe-re-u-ro-na-de *Pleurōnade* [Akk. + *-de*] „nach Pleuron“, vgl. ON Πλευρών [in Ätolien], abgeleitet von πλευρόν, πλευρή „Rippe“, πλευραί „Flanken [z. B. eines Berges]“; oder ON e-ra-te-i *Elate(h)i* „in Elatos“ und e-ra-to-de *Elatos-de* „nach Elatos“, vgl. ἐλάτη „Fichte“ oder „Tanne“).

c) Mykenische Eigennamen, die eine mehr oder weniger annehmbare griechische Etymologie aufweisen, ohne im alphabetischen Griechisch direkt bezeugt zu sein (z. B. der weibliche Personenname ke-ra-me-ja *Kerameja* „Töpferin“, vgl. den männlichen Berufsnamen κεραμεύς „Töpfer“; bzw. ON te-se-e *Terse(h)ei* „in Tersos“, d. h. „im Trockenen Ort?“, vgl. τέρσομαι „trocken werden“).

2. Mykenische Eigennamen ohne griechische Etymologie

a) Mykenische Eigennamen, die im alphabetischen Griechisch eine direkte (oder nur indirekte) Entsprechung aufweisen, dabei aber einer völlig sicheren griechischen Etymologie entbehren (z. B. PN e-ko-to *(H)ektōr*, vgl. Ἕκτωρ; bzw. ON ko-no-so *Knōs(s)os*, vgl. Κνωσσός, oder das Ethnikum ko-no-si-jo *Knōs(s)ioi*, das vom ON ko-no-so abgeleitet ist).

b) Mykenische Eigennamen ohne Entsprechung im alphabetischen Griechisch, die aber zugleich gewisse Merkmale einer fremden sprachlichen Herkunft aufweisen (z. B. PN pi-ja-ma-so, pi-ja-se-me, pi-ja-si-ro mit dem wohl anatolischen Element *pija-* oder PN mo-qo-so *Mok^{w}sos*, vgl. griech. Μόψος, heth. *Mukšaš*, bzw. PN mu-ti-ri *Murtilis*, vgl. heth. PN *Muršiliš*, aber auch griech. ON Μυρτιλίς; eventuell auch etliche mykenische Eigennamen auf *-ra-* oder mit dem suffixalen *-so-* /s. S. 427/).

c) Alle anderen mykenischen Eigennamen — ohne bemerkenswerte Parallelen (die Mehrzahl der Fälle).

Klassifikation der mykenischen Eigennamen

I. Personennamen (Namen von Individuen)

I. 1. Männer-, Frauen- und Ochsennamen:

Es handelt sich in den Texten der LB-Schrift um etwa 1940 mehr oder weniger sicher klassifizierbare Wörter (etwa 1760 Männer, 170 Frauen, 11 Ochsen), im Lexikon von *F. Aura Jorro* 1985-93 weisen nur ca. 550 von ihnen eine verhältnismäßig sichere lautliche Interpretation auf (die Hälfte davon sogar mit Fragezeichen). Ein beträchtlicher Teil dieser interpretierbaren Namen sind allerdings Appellativa in der Funktion von Nomina Propria.

Eine Liste letzterer habe ich für das X. Mykenologische Kolloquium in Salzburg (1995) ausgearbeitet, um auf diese Weise das Grundverzeichnis der Appellativa durch Belege solcher Art zu erweitern (*A. Bartoněk* 1999). Die Salzburger Liste enthält etwa 225 Wörter, von denen ca. 50 mit Fragezeichen versehen sind; doch auch so bedeutet dieses Korpus einerseits einen interessanten Einblick in die Sphäre der Namensgebung in der mykenischen Zeit und andererseits eine beträchtliche, wenn auch nicht völlig verläßliche Erweiterung des Grundlexikons der Appellativa.

Es folgt nun eine breite Auswahl der wichtigeren Personennamen dieser Art, insofern sie in meinem Index der mykenischen Appellativa auf den Seiten 533–620 nicht enthalten sind; diese Auswahl umfaßt etwa 180 mykenische Personennamen, die ich nach der Grundbedeutung der betreffenden Appellativa in folgende Gruppen eingeteilt habe:

A) Ursprüngliche Substantiva

1. Menschliche Aktivität (Titel, Funktion, sozialer Stand)

a) Allg.:

a-ke-ta (s. A1.b)	*(H)āgetās?*	ἡγέτης[183]	Anführer
a-ko-to	*Aktōr*	ἄκτωρ	Anführer
ku-ro$_2$	*Kurjos?*	κύριος	Herr

b) Beruf:

a-ke-ta (s. A1.a)	*Akestās?*	ἀκεστής	Heiler
a-ko-ro-ta	*Agrotās*	ἀγρότης	andbewohner
da-to-ro	*Daitros?*	δαιτρός	Zerteiler (des Fleisches)
do-ro-me-u	*Dromeus*	δρομεύς	äufer
e-pi-ja-ta	*Epi(h)altās*	ἐφιάλτης	Aufspringer

[183] Wenn nicht anders angegeben, handelt es sich um attische Formen.

e-ri-ta	*Erīthā* (Fem.)	vgl. ἔριθος	ohnarbeiterin
e-ri-to	*Erīthos*	ἔριθος	ohnarbeiter
i-ke-ta	*(H)iketās*	ἱκέτης	der Flehende
ka-pte	*Skaptēr*	σκαπτήρ	Gräber
ko-sa-ma-to	*Kosmātōr?*	κοσμήτωρ	Ordner
ma-ka-ta	*Makhātās*	μαχητής	Kämpfer
po-ma-no-ri	*Poimānori* DSg	ποιμάνωρ	Hirt
po-po	*Pompos?*	πομπός	Begleiter
po-ro-te-u	*Prōteus?*	πρωτεύς	der Allererste
pu-ra-ko	*Phulakos*	φύλαξ, φύλακος (poet.)	Wächter
pu-ko-wo	*Pŭ̄rkowos*	πυρκόος	der das Opferfeuer betrachtende Wahrsager
pu-ra-ta, -ta-o	*Pulartās, -āō*	πυλάρτης	Türhüter (auch Beiname von Hades)
ke-ra-me-ja	*Keramejja* (Fem.)	vgl. κεραμεύς	Töpferin

c) Familienverhältnisse:

da-we-ro	*Daiweros* GSg	δαήρ	Schwager
to-ke-u	*Tokeus*	τοκεύς	Erzeuger, Vater

d) Andere Bezeichnungen:

ko-pi (s. A4.b)	*Kopis* (Fem.)	κόπις	Schwätzer
o-pe-re-ta	*Ophe(i)le(s)-tās?*	ὀφειλέτης, Ὀφελέστης	Schuldner
o-qa-wo-ni	*(H)ok^{w}āwoni* DSg	ὀπάων	der Gefährte
pi-re-ta	*Philētāi* DSg	φιλητής	der Liebende
sa-ni-jo (s. A2.a)	*Sanniōn??*	σαννίων	Possenreißer
te-te-re-u	*Terthreus*	τερθρεύς	Gaukler?

zo-ta	*Dzōstās*	ζώστης Gl.	der einen Leibgurt Tragende

2. Das Äußere (eines Menschen)

a) Allg., Teile des menschlichen Körpers:

a-di-ri-jo	*Andrion, -ōn, -os?*	ἀνδρίον	Männlein
ko-ro (s. A2.b, B1.a)	*Kōlon?, -ōn?*	κῶλον	Glied (Bein)
ku-so	*Kusos, -ōn?*	κυσός· πυγή Hesych	Scham(teile), Steiß
pa-re	*Phalēs, -ēn?*	φάλης (= φαλλός)	das männliche Glied, Phallos
sa-ni-jo (s. A1.d)	*Sannion, -ōn, -os*	σάννιον· αἰδοῖον Hesych	Scham(teile), männl. Glied

b) Ähnlichkeit mit einem Tier:

a-re-ku-tu-ru-wo	*Alektruōn*	ἀλεκτρυών	Hahn
e-ki-no, -no-jo	*Ekhīnos, -ojjo*	ἐχῖνος	Igel
ka-ka-po (s. A4.b)	*Kakkabos, -ōn?*	κακκάβη	Rebhuhn
ka-to, ka-to-ro	*Kastōr, -oros*	κάστωρ	Biber
ke-to (s. A4.b)	*Kētos?, -ōn?*	κῆτος	Meerungeheuer
ko-ku	*Kokkuks*	κόκκυξ	Kuckuck
ko-ro (s. A2.a, B1.a)	*Khoiros?, -ōn?*	χοῖρος	Schwein, Ferkel
ku-pe-se-ro	*Kupselos, -ōn?*	κύψελος	Uferschwalbe?
po-mi-ni-jo	*Poimnios, -ōn?*	ποίμνιον	Schafherde
ta-u-ro	*Tauros*	ταῦρος	Stier

c) Ähnlichkeit mit einer Pflanze oder einem Stein:

a-ra-ko	*Arakos, -ōn?*	ἄρακος	Hülsenfrucht

a-te-mo (s. B5.a)	*Anthemōn, -os?*	ἄνθεμον	Blume
a-to	*Anthos, -ōn?*	ἄνθος	Blume
ma-ma-ro	*Marmaros, -ōn?*	μάρμαρος	Felsblock
mi-ra	*(S)mīlaks?*	(σ)μῖλαξ	Eibe
pe-ro (s. B5.c)	*Phellos?, -ōn?*	φελλός	Korkeiche

3. Geographischer Hintergrund

a) Wohnort:

a-ko-ro	*Agros, -ōn?*	ἀγρός	Feld
na-si-jo	*Nāsion, -ōn, -os??*	νησίον	Inselchen
po-to	*Pontos, -ōn?*	πόντος	Meer

b) Bewohner:

ạ-ra-ta??	*Alātās*	ἀλήτης	andstreicher
ko-ma-ta (s. B1.c)	*Kōmātā?* (Fem.)	vgl. κωμήτης	Dorfbewohner

4. Verschiedene Gegenstände

a) Waffen:

e-ke-a	*Enkhe(h)ās?*	ἔγχος	Speer
e-to	*Entos?, -ōn?*	ἔντος, Pl. ἔντεα	Schutzwaffe, Panzer
ko-re-wo	*Kolewos, -ōn?*	κολεόν	Scheide des Schwertes
ko-ru-to	*Koruthos, -ōn?*	κόρυς, κόρυθος (poet.)	Helm
ku-ja-ro	*Gualos?, -ōn?*	γύαλον	Wölbung des Panzers

b) andere Gegenstände:

ka-ka-po (s. A2.b)	*Kakkabos, -ōn?*	κάκκαβος	dreibeiniger Kessel
ke-to (s. A2.b)	*Kentōr?*	κέντωρ	Antreiber, Ansporner
ki-ri-ko	*Krikos, -ōn?*	κρίκος	Ring
ko-pi (s. A1.d)	*Kopis* (Fem.)	κοπίς	Schlachtmesser
pe-po-ro	*Peplos, -ōn?*	πέπλος	Gewand
re-ka	*Leskhā* (Fem.)	λέσχη	Herberge
ti-ri-po-di-ko	*Tripodiskōi?* DSg	τριποδίσκος	kleiner Dreifuß

5. Andere Ausdrücke

a) Naturerscheinungen:

a$_3$-ka-ra	*Aiglā* (Fem.)	αἴγλη	Tageshelle, Glanz
po-so-ro (s. B1.c)	*Psolos?, -ōn?*	ψόλος	Rauch, Ruß?
to-ro-wo	*Throwos, -ōn?*	θρόος	ärm

b) soziale Zusammenhänge:

da-wi	*Dā̆(w)is* o. *Dā̆his??*	δαΐ Hom. „in der Schlacht“ (DSg)	Schlacht
e-ke-ro	*Enkhēr(r)os, -ōn?*	ἔγχε̄ρα = ἐπίχειρα (Pl.)	Handgeld
na-wi-ro	*Nā̆wilos*	ναῦλος	Fahrgeld
o-mi-ri-jo	*Omīl(l)ios, -ōn?*	ὅμῑλος, äol. ὄμιλλος	Menschenmenge
ta-ra-to, ta-ra$_2$-to	*Stratos?, -ōn*	στρατός	Heer

c) abstrakte Bezeichnungen:

ku-do	*Kūdos, Kūdōn?*	κῦδος	Ruhm

ru-si	*Lusis?*	λύσις	Auslösung, Loskauf
za-ro	*Dzālos, -ōn?*	ζῆλος	Eifer, Neid

B) Adjektiva, die ... betreffen:
1. Das physische Aussehen
a) eher negativ:

a-pa-u-ro	*Aphauros*	ἀφαυρός	schwach
a-pi-do-ro	*Amphidoros?* oder *-dōros?*	ἀμφίδορος o. ἀμφί + δῶρον „Gabe“	rings abgehäutet? o. gut beschenkt?
a_3-ki-po	*Aigipō̆s*	αἰγίπους	ziegenfüßig
ka-pu-ro	*Kampulos?* *Kapuros?*	καμπύλος καπυρός	gekrümmt dürr, trocken
ko-ri-jo	*Skolios*	σκολιός	gekrümmt
ko-ro (s. A2.a/b)	*Khōlos?*	χωλός	ahm
mi-ja-ro	*Miaros*	μιαρός	befleckt
pa-ra-to	*Phalanthos*	φάλανθος	kahlköpfig
pa-u-ro	*Phaulos?* *Pauros?*	φαῦλος παῦρος	schlecht klein
pe-se-ro, -ro-jo	*Psellos, -ojjo*	ψελλός	stotternd
si-mo	*Sīmos*	σιμός	stumpfnasig
tu-ka-na	*Stugnā* (Fem.)	στυγνός	verhaßt
wi-ri-ki-no	*Wrik(i)nos*	ῥικνός	steif
wo-ro-ko-jo	*Wroikoio* GSg	ῥοικός	gekrümmt

b) eher positiv:

a-ta-ro	*Atalos*	ἀταλός	zart
a_3-wo-ro	*Aiwolos* (Ochse)	αἰόλος	schnell, beweglich; o. bunt
di-wo	*Dīwos?*	δῖος	glänzend, göttlich

e-u-ko-ro (s. B2.b)	*Eukhros?*	εὔχροος	schönfarbig; gesund
i-ta-mo	*Itamos*	ἰταμός	ungescheut
ka-ra-u-ko	*Glaukos*	γλαυκός	glänzend, blaugrau, blauäugig
ka-ra-u-ro	*Glauros*	γλαυρόν· σεμνόν Hesych	ehrwürdig
ka-ro-qo	*Kharok^{w}os*	χαροπός	kampflustig aussehend
ma-ta-ko	*Malthakos*	μαλθακός	zart, weichlich
po-da-ko	*Podargos* (Ochse)	πόδαργος	schnellfüßig
wa-de-o	*Wāde(w/h?)os?* GSg	cf. ἡδύς	angenehm, freundlich
wa-pa-ro, -ro-jo	*Wapalos, -oio*	ἁπαλός	zart, weich

c) mehr oder weniger neutral:

a-ra-i-jo	*Araios*	ἀραιός ἀραῖος	dünn fluchbringend
a-ta-no	*Antānōr*	ἀντήνωρ	statt eines Menschen
au-ta-mo	*Authaimōn*	αὐθαίμων	blutsverwandt
do-ri-ka-o	*Dolikhaōn?*	*Dolichaonis* Verg. Aen., vgl. δολιχός	ang...?
e-ni-ja-u-si-jo	*Eniausios*	ἐνιαύσιος	einjährig
ki-da-ro	*Skidaros*	σκιδαρόν· ἀραιόν Hesych	dünn
ko-ma-ta (s. A3.b)	*Komātā?* (Fem.)	vgl. κομήτης	anghaarig
po-ru-qo-to	*Polug^{w}otos*	πολύβοτος	vielnährend
po-so-ro (s. A5.a)	*Psōlos?*	ψωλός	wollüstig; oder: Beschnittener

re-u-ko-{ro}-o-pu_2-ru	*Leukoophrus?*	λεύκοφρυς	mit weißen Augenbrauen
ri-pa-[ro]?	*Liparos*	λιπαρός	fett, glänzend
ta-pe-ro	*Tarpheros*	τραφερός	gut genährt, fett
ta-su	*Tharsus?*	θρασύς	kühn
to-ma-ko	*Stomargos* (Ochse)	στόμαργος	ästernd, frech o. weißmäulig?
wo-ti-jo	*Worthios*	ὄρθιος	aufgerichtet

2. Psychische Eigenschaften; soziales Verhalten
a) negativ:

a-ka-de	*Akādēs*	ἀκηδής	sorglos
ma-ni-ko	*Manikos*	μανικός	rasend
ma-ta-wo	*Mattawos*	μάτταβος· ὁ μῶρος Hesych	töricht
na-pu-ti-jo	*Nāputios*	νηπύτιος	kindisch
pi-ro-wo-na (vgl. pi-ro-we-ko B2.b)	*Philowoinā* (Fem.)	vgl. φιλόοινος	den Wein liebend
wo-ki-ro	*Worgilos*	ὀργίλος	jähzornig

b) positiv:

a-ka-to	*Agathos, -ōn?*	ἀγαθός	gut
a-me-no (s. D)	*Ameinōn*	ἀμείνων	besser
a-pa-si-jo-jo	*Aspasiojjo* GSg	ἀσπάσιος	erwünscht
e-ra-to	*Era(s)tos*	ἐρατός	geliebt
e-ri-we-ro	*Eriwēros*	ἐρίηρος	mit gutem Schutz
e-to-mo-jo	*(H)etoimojjo* GSg	ἑτοῖμος	bereit
e-u-da-mo	*Eudaimōn?*, *Eudāmos?*	εὐδαίμων	glückselig
e-u-ka-ri[-to?	*Eukharistos*	εὐχάριστος	angenehm, dankbar
e-u-ka-ro	*Eukālos*	εὔκηλος	ruhig, sorglos

e-u-ko-ro (s. B1.b)	*Eukolos*	εὔκολος	genügsam
e-u-me-ne	*Eumenēs*	εὐμενής	gutgesinnt
e-u-po-ro	*Euporos*	εὔπορος	gewandt, wohlhabend
ka-ri-si-jo	*Kharisios*	χαρίσιος	dankbar
pe-ri-no	*Perinos*	cf. περίνοος	umsichtig
pi-ri-to-jo	*Philistojjo* GSg	φίλιστος	geliebt
pi-ro-we-ko	*Philowergos*	φιλοεργός	arbeitsliebend

3. Geographischer oder ethnischer Hintergrund

a-ka-ta-jo, -jo-jo	*Aktajjos, -ojjo*	ἀκταῖος	an der Küste lebend
a-pi-a_2-ro	*Amphihalos*	ἀμφίαλος	meerumgeben
a_3-ki-a_2-ri-jo	*Aigihalios*	vgl. αἰγι-άλειος	am Meeresufer lebend
e-ke-ne	*Engenēs*	ἐγγενής	der Eingeborene
ke-se-nu-wo	*Ksenwos, -ōn*	ξένϝος	fremd
pa-pa-ro	*Barbaros?*	βάρβαρος?	fremd, barbarisch
pi-ra-ka-ra	*Philagrā* (Fem.)	vgl. φίλαγρος	das Land liebend
po-ti-jo	*Pontios*	πόντιος	zum Meer gehörig
u-ra-jo	*(H)ulajjos*	ὑλαῖος	im Wald lebend

4. Verhältnis zu bestimmten Aktivitäten

a-re-ka-sa-da-ra	*Aleksandrā* (Fem.)	vgl. ἀλέξανδρος	Männer abwehrend (als mask.)
a-te-u-ke	*Ateukhēs*	ἀτευχής	unausgerüstet
e-u-po-ro (s. B2.b)	*Eupōlos*	εὔπωλος	rossereich
e-u-po-ro-wo	*Euplowos*	εὔπλοος	glücklich segelnd
e-(u)-wa-ko-ro	*Euagros*	εὔαγρος	jagdfroh, beutefroh
wa-tu-o-ko	*Wastuokhos*	ἀστύοχος	die Stadt haltend

5. Verhältnis zur zeitlichen und räumlichen Dimension, zur Natur

a) Zeit, Raum:

a-te-mo (s. A2.c)	*Anthēmōn*	ἀνθήμων	blühend
a-ti-jo	*Antios*	ἀντίος	entgegengesetzt
a-wo-i-jo	*Āwō̆(h)ios* oder *-ōi* DSg	ἠώϊος, ἠῷος	zur Morgenröte gehörig, morgendlich, östlich?
de-ki-si-wo, -wo-jo	*Deksiwos, -oio*	δεξιός	rechts gelegen, geschickt
ne-ri-to	*Nēristos?*	νήριστος	unbestritten
o-pi-si-jo	*Opsios*	ὄψιος	spät
po-ro-u-jo	*Prōwjos?*	πρώϊος	früh am Morgen

b) Natur:

ko-ku-ro	*Gongulos*	γογγύλος	rund
no-sa-ro	*Nosālos*	νοσηλός· ὑγρός Hesych	feucht, nachgiebig
pe-ta-ro	*Petālos*	πέτᾱλος, ion. πέτηλος	ausgebreitet, breit
pu$_2$-ru-da-ro	*Phludaros*	φλυδαρός	weich, schlaff
ra-ku	*Lakhus*	λαχύς, vgl. (ἐ)λάχεια?	niedrig o. klein?
sa-u-ko	*Saukos*	σαυκόν· ξηρόν Hesych	trocken, dürr
si-ri-jo, -jo-jo	*Sirios, -ojjo*	vgl. σείριος	glühend, brennend

c) Farben:

a$_3$-ta-ro-we	*Aithalowens*	αἰθαλόεις	rußig, schwarz
a$_3$-to	*Aithōn*	αἴθων	brennend, glänzend
ka-sa-to	*Ksanthos*	ξανθός	goldgelb, blond

ke-ra-no	*Kelainos* (Ochse)	κελαινός	schwarz
ko-so-u-to	*Ksouthos* (Ochse)	ξουθός	gelb
pe-ro (s. A2.c)	*Pellos?*	πελλός	dunkelfarbig, grau
pu-wo	*Pur(s)wos*	πυρρός	feuerrot
pu-wa	*Pur(s)wā* (Fem.)	πυρρά	feuerrot
re-u-ko	*Leukos* (Ochse)	λευκός	weiß
wo-no-qo-so	*Woinok^{w}s?* (Ochse)	οἶνοψ	weinrot

6. Verbaladjektiva

a-du-ru-po-to	*Adruptos*	ἄδρυπτος	unzerkratzt
a-ne-ra-to	*Anerastōi* DSg	ἀνέραστος	nicht geliebt
a-ni-ja-to	*Aniātos*	ἀνίατος	unheilbar, unverbesserlich

C) Zahlwörter

di-du-mo	*Didumos*	δίδυμος	doppelt (Zwilling)
di-zo	*Dissos*	δισσός	doppelt
du-wo-jo	*Dwojjos*	δοιός	doppelt
po-ro-to?	*Prōtos*	πρῶτος	der erste
ti-ri-to	*Tritos*	τρίτος	der dritte

D) Verben: Partizipien

a-me-no (s. B2.b)	*Armenos?*	ἄρμενος	passend
a_3-nu-me-no	*Ainumenos*	αἰνύμενος	nehmend
e-u-ko-me-no	*Eukhomenos*	εὐχόμενος	erklärend
ku-ru-me-no, -no-jo	*Klumenos, -oio*	κλύμενος	berühmt
o-po-ro-me-no	*(H)oplomenos*	ὁπλόμενος	sich fertig machend

pe-pi-te-me-no-jo	*Pepithmenoio* GSg	πεπιϑμένος, vgl. πεπεισμένος	überredet
pi-ra-me-no	*Phĭ̄l(l)amenos*	φιλάμενος (poet.)	liebend?, beliebt?
wa-do-me-no	*Wādomenos*	ἡδόμενος	sich freuend
wi-do-wo-i-jo	*Widwo(h)ios?*	ἰδυῖος?	wissend?

Die Liste enthält interessante Informationen, die verschiedene Parallelen teils später im griechischen Raum, doch teils auch in anderen Kulturkreisen aufweisen. Man begegnet einem Herrn a-re-ku-tu-ru-wo *Alektruōn* „Hahn", einem po-me *Poimēn* „Schafhirt", einem a-ka-ta-jo *Aktajjos*, „der an der Küste wohnt", oder einem pi-ro-we-ko *Philowergos*, „der gern arbeitet", während eine Frau namens pi-ro-wo-na *Philowoinā* offenbar „Wein liebt". Es treten interessante Ochsennamen hinzu, die meistens verschiedene Farben bzw. andere Qualitäten bezeichnen, die als Namen für diese Tiere gut passen: re-u-ko *Leukos* „Weiß", ke-ra-no *Kelainos* „Schwarz" (vgl. κελαινός), a$_3$-wo-ro *Aiwolos* „bunt" (vgl. αἰόλος), ko-so-u-to *Ksouthos* „gelb" (vgl. ξουϑός), wo-no-qo-so *Woinok^{w}s* „weinrot" (vgl. οἶνοψ), po-da-ko *Podargos* „schnellfüßig" (vgl. πόδαργος), to-ma-ko *Stomargos* „weißmäulig?" (vgl. στόμαργος).

Es ist jedoch keineswegs problemlos, die den mykenischen Personennamen zugrundeliegenden Appellativa zu identifizieren — und zwar nicht nur wegen der mangelhaften Orthographie der Linear B-Schrift. Die Personennamen in ihrer Funktion zur Bezeichnung von Individuen entbehren — zum Unterschied von Appellativen — jedes direkten oder indirekten Zusammenhangs mit dem Kontext. Aus diesem Grund kann man auch im Falle einer möglichen „appellativischen" Interpretation eines bestimmten mykenischen Personennamens eventuell ebenso eine lautlich ähnliche, nur geringfügig abweichende „nichtappellativische" Interpretation in Erwägung ziehen. So kann man z. B. mykenisch a-ka-to entweder „appellativisch" als *Agathos* „Gut" oder mit einem häufigen onomastischen Suffix als *Agathōn* interpretieren. Oder der mykenische Ausdruck a-di-ri-jo kann entweder als *andrion* „Männlein" oder — vielleicht mit größerer Wahrscheinlichkeit — als *Andrios* bzw. *Andriōn* gedeutet werden. Bei einer solchen Unsicherheit über die genaue Interpretation fügt man meistens ein Fragezeichen an.

Im Prinzip habe ich in meiner Liste nur diejenigen Eigennamen angeführt, die im alphabetischen Griechisch als Appellativa in (nahezu) völlig identischer Form bezeugt sind. Doch habe ich auch die feminine Form pi-ra-ka-ra *Philagrā* einbezogen, obgleich im alphabetischen Griechisch nur das Maskulinum φίλαγρος auftritt. Aus demselben Grund habe ich auch die feminine Form ke-ra-me-ja *Keramejja* erfaßt, obwohl im alphabetischen Griechisch nur das maskuline κεραμεύς bezeugt ist (vgl. das myk. ke-ra-me-u *kerameus* „Töpfer"). — Vgl. ebenso den Eigennamen *pe-pi-te-me-no *Pepithmenos* als Part. Perf. Pass. zu πείθω „überreden" bzw. (schon etwas am Rande des verbalen Umkreises) den Eigennamen a-du-ru-po-to *Adruptos*, der von einem Verbaladjektiv abgeleitet ist.

Meine Liste enthält nicht nur einen wichtigen Teil des mykenischen Eigennamenkorpus, sondern sie erweitert zugleich beträchtlich meine Grundliste der mykenischen Appellativa (s. meinen Index auf S. 533–620) um weitere Appellativa, die indirekt, d. h. auf dem Umweg über mykenische Personennamen, bezeugt sind. Die auf S. 402 erwähnte Zahl der etwa 225 lexikalischen Einheiten ist jedoch das Maximum, da viele Personennamen meiner Liste mit Fragezeichen versehen sind; die reelle Zahl ist niedriger, es dürfte sich um etwa 180 verläßliche Belege handeln.

Unter den etwa 1940 Personen- und Tiernamen (s. die Tabelle auf S. 400) gibt es nur etwa 550 Eigennamen, die man für mehr oder weniger interpretierbar hält, wobei die soeben erwähnten ca. 180 mykenischen Personen- und Tiernamen appellativischer Prägung etwa ein Drittel davon ausmachen.

Diesen Eigennamen steht eine sehr ähnliche Gruppe mykenischer Personennamen recht nahe, die zwar zu keinem alphabetischen Appellativum eine direkte Entsprechung aufweisen, doch mit einigen von ihnen etymologisch klar verwandt sind. Während z. B. der Ochsenname ke-ra-no *Kelainos* „Schwarz" zur vorigen Gruppe gehört, befindet sich der männliche Personenname a-ka-to, wie oben angedeutet, am Rande zwischen diesen zwei Gruppen: bei der adjektivischen Interpretation *Agathos* „Gut" gehört er zu der ersten, „rein appellativischen" Gruppe, falls der Personenname als *Agathōn* gelesen wird, d. h. nur als der im alphabetischen Griechisch bezeugte Personenname Ἀγάθων, gehört der Name zur großen Gruppe der häufig vorkommenden mykenischen Personennamen mit recht klarer griechischer Etymologie, doch ohne direkte Parallelen unter den alphabetischen Appellativen.

Viele von diesen haben direkte Parallelen unter den alphabetischen Personennamen, vor allem unter den oft vorkommenden zusammengesetzten Namen, die im Griechischen als Personennamen außerordentlich häufig sind. Man kann sehr viele Beispiele dieser Art anführen, z. B.

a_3-ti-jo-qo	$Aithiok^{w}s$	vgl. Αἰϑίοψ	αἴϑω „brennen“	+ *ok^{w}- „sehen“
a-ti-ke-ne-ja	*Antigeneia*	Ἀντιγένεια	ἀντί „gegen“	+ γένος „Geschlecht“
a-ti-pa-mo	*Antiphāmos*	Ἀντίφημος	ἀντί „gegen“	+ φήμη „Rede“
e-u-da-mo	*Eudāmos*	Εὔδημος	εὖ „gut“	+ δῆμος „Volk“
e-u-po-ro	*Euporos* o. *Euphoros* o. *Eupōlos*	Εὔπορος Εὔφορος Εὔπωλος	εὖ „gut“	+ πορεύω „führen“ + φέρω „tragen“ + πῶλος „Fohlen“
pe-ri-me-de	*Perimēdēs*	Περιμήδης	περί „um“	+ μήδεα „Ratschläge, Pläne“
po-ru-qo-ta	$Poluk^{w}ont\bar{a}s$	Πολυφόντης	πολύ „viel“	+ ϑείνω „schlagen“
wa-tu-o-ko	*Wastuokhos*	Ἀστύοχος	ἄστυ „Stadt“	+ ἔχω „halten, haben“

(Weitere Beispiele vgl. vor allem in *Documents* 1973^2, 92ff. und bei *E. Eichler* 1995; s. S. 399).

Es gibt allerdings noch viele weitere vergleichbare mykenische Personennamen, die ebenfalls gut griechisch klingen und eine akzeptierbare griechische Etymologie aufweisen, wenn man auch für sie bis jetzt keine direkt bezeugten alphabetischen Parallelen anführen kann, z. B.

a-ko-ro-qo-ro	$Agrok^{w}olos$	ἀγρός „Feld“	+ *$k^{w}el$- „bebauen“ (vgl. lat. *agricola* „Bauer“)
a-pi-do-ra	*Amphidōra*	ἀμφί „um“	+ δῶρον „Gabe“ (vgl. Ἀντίδωρος)
a-pi-ra-wo	*Amphilāwos*	ἀμφί „um“	+ λαός, λεώς „Volk“

a-re-ka-sa-da-ra	*Aleksandrā*	ἀλέξω „abwehren“	+ ἀνήρ „Mann“ (vgl. Ἀλέξανδρος)
o-ku-na-wo	*Ōkunāwos*	ὠκύς „schnell“	+ ναῦς „Schiff“

Wie man sieht, handelt es sich manchmal um alphabetisch unbezeugte Frauennamen, deren männliches Äquivalent bezeugt ist.

Vom morphologischen Standpunkt her kann man unter diesen mykenischen Personennamen griechischer Herkunft — ob sie direkte alphabetische Parallelen aufweisen oder nicht — vor allem folgende Wortbildungstypen unterscheiden (als Beispiele werden hier nur Namen angeführt, die keine direkten alphabetischen Parallelen aufweisen):

a) Die mit griechischen Suffixen von einem griechischen Wortstamm abgeleiteten Personennamen, z. B.

a-re-jo	*Arejjos*	abg. vom Namen des Gottes Ἄρης
ke-ra-me-ja	*Keramejja*	abg. von κεραμεύς „Töpfer“, also „Töpferin“, obwohl dieser Beruf als männlicher galt.

b) Die aus zwei griechischen Wortstämmen zusammengesetzten Personennamen (nominal + nominal; verbal + nominal oder umgekehrt), z. B.

au-to-te-qa-jo	*Autothēg^{w}ajjos*	αὐτός „selbst, allein“	+ Adj. Θηβαῖος „thebanisch“, also „der wahrhaftige Thebaner“
ra-wa-ke-ta (doch als Personenname unsicher!)	*lāwāgetās*	λαός „Volk“	+ ἄγω „führen“, vgl. λαγέτας „Volksführer“ (bei Pindar)

c) Die aus einem griechischen adverbiellen Präfix und aus einem griechischen Wortstamm gebildeten Personennamen, z. B. die oben erwähnten Personennamen:

a-ti-ke-ne-ja	*Antigenejja*	ἀντί „gegen“	+ γένος „Geschlecht“

pe-ri-me-de	*Perimēdēs*	περί „um“	+ μήδεα „Ratschläge, Pläne“

Es sei betont, daß vor allem sub b) die Interpretation einzelner Namen oft mehrdeutig ist; so kann z. B. das ausgehende Element -qo-ta auf folgende Weisen interpretiert werden:

-g^wotās	= att. -βάτης	– vgl. βαίνω „schreiten“
-g^wō̥tās	-βώτης, -βότης	– vgl. βόσκω „weiden“
-k^whoitās	-φοίτης	– vgl. φοιτάω „herumgehen“
-k^whontās	-φόντης	– vgl. θείνω „schlagen“

Neben diesen etymologisch mehr oder weniger durchsichtigen Personennamen klarer griechischer Herkunft gibt es im Mykenischen auch Namen mit guten alphabetischen Parallelen, aber ohne eine durchsichtige griechische Etymologie; einige von diesen sind aus der griechischen Geschichte, Literatur, Mythologie usw. gut bekannt, wobei es sich in den LB-Texten selbstverständlich um andere Personen als in den alphabetischen Texten handelt. Die mykenische Form ist mit der alphabetischen identisch oder fast identisch, der soziale Status ist dagegen meistens völlig unterschiedlich, da es sich in den mykenischen Texten in der Regel um Personen durchschnittlicher sozialer Stellung handelt.

So begegnet man einem a-ki-re-u *Akhil(l)eus* (Ἀχιλ(λ)εύς) in PY Fn 79.2 als Empfänger von Gerste, einem anderen Mann desselben Namens in KN Vc 106 ohne jede Berufsangabe, weiterhin einer Person aus Pylos mit dem Namen e-ko-to *(H)ektōr* als te-o-jo do-e-ro *the(h)ojjo do(h)elos* „Diener des Gottes bzw. der Gottheit“ bezeichnet, der Boden pa-ro da-mo *paro dāmōi* „von der Gemeinde“ pachtete, weiter einem te-se-u *Thēseus*, der zu derselben pylischen Personengruppe gehört, einem ka-to *Kastōr* aus Pylos, der po-me *poimēn* „Hirt“ ist, während ein o-re-ta *Orestās* Militärdienst in der pylischen Küstenwache (o-ka *orkhā*) ausübt (PY An 657.3), ähnlich wie de-u-ka-ri-jo *Deukaliōn* (PY An 654.12) und andere „Träger“ verschiedener mythologischer Namen; ein po-ro-te-u *Prōteus* ist kein wahrsagender Meeresgott, sondern ein te-re-ta *telestās*, d. h. ein pylischer Aristokrat (PY Eq 46.3).

Es gibt auch einen a_3-wa, d. h. offensichtlich *Aiwans* (KN C 973) bzw. Αἴας, doch damit wird an genannter Stelle ein Ochse bezeichnet!

Eine andere Gruppe bilden Männer- bzw. Frauennamen, die von gut bezeugten Toponymen abgeleitet sind und ursprünglich offensichtlich als Einwohnernamen benützt wurden, z. B.

a_3-ku-pi-ti-jo	*Aiguptios*	Ägypter	vgl. Αἰγύπτιος zu Αἴγυπτος
pa-i-ti-ja	*Phaistiā*	Frau aus Phaistos	vgl. Φαιστός (Ort auf Kreta)
te-qa-ja	*Thēg^{w}ajjā*	Thebanerin	vgl. Θηβαῖος, Adj. zu Θῆβαι
tu-ri-si-jo-jo	*Tulissiojjo* (Gen.)	Mann aus Tulissos	vgl. Τυλισσός (Top. auf Kreta)

Vgl. weitere Beispiele bei *J. Chadwick*, Documents², S. 98f. — Von der soeben erwähnten „individuellen" Benützung solcher Namen, die auf den zitierten Täfelchen zu finden sind, kann man manchmal nur schwer (d. h. lediglich unter Berücksichtigung des Kontextes) die ursprüngliche „generelle" Funktion ähnlicher Namen (als Bewohnernamen) unterscheiden. Vgl. S. 427ff. („Ethnika und Bewohnernamen").

Neben den Personennamen mit mehr oder weniger klarer griechischer Etymologie (z. B. pe-ri-me-de *Perimēdēs*), oder wenigstens mit konkreten, aus dem Bereich der griechischen Kultur bekannten alphabetischen Parallelen (z. B. a-ki-re-u *Akhil(l)eus*), begegnet man im Mykenischen auch vielen Personennamen, die allen bisher unternommenen Versuchen, sie zu deuten, widerstehen — oder welche sogar ungriechische Züge aufweisen (vgl. auch weiter über die Ortsnamen auf S. 424f.).

I. 2. Götternamen (Theonyma)

Die Götternamen bilden eine spezifische Kategorie der Eigennamen, die in verschiedenen Werken ausführlich besprochen worden sind (vgl. *Documents²*, S. 125-129, *J. Chadwick*, 1976, 84ff. u. a.). In den mykenischen Texten sind es etwa 50 Namen, die teils aus dem alphabetischen Griechisch bekannt sind, teils jedoch nur aus dem umliegenden Kontext als Götternamen gedeutet werden können. Für etwa 35 von ihnen besitzt man eine verhältnismäßig sichere lautliche Deutung.

a) Die aus dem 1. Jahrtausend v. Chr. bekannten Götternamen bzw. deren sichere Beinamen:

a-re	K	*Arē̆i* (D)	vgl. Ἄρης
a-ta-na-po-ti-ni-ja	k	*Athānāi potniāi* (D)	vgl. Ἀθήνη + Πότνια „die Herrin Athana, Athena“
di-wo di-we (vgl. auch di-u-jo, di-wi-jo-de)	Kp Kpkh	*Diwos* (G) *Diwei* (D) *Diwjon* (Top, N) *Diwion-de* (A + *de*)	vgl. Ζεύς, Διός, Διί (D., Heiligtum des Zeus) „nach Diw(i)jon“
di-wo-nu-so[di-wo-nu-so-jo	Pkh p	*Diwō̆n(n)ūsos* < **Diwossūnus?* „Sohn von Zeus“ *Diwō̆n(n)ūsojjo* (G)	vgl. Δι(ϝ)όνυσος
e-ma-a$_2$ e-ma-a$_2$-o	Pt k	*(H)ermā(h)āi* (D) *(H)ermā(h)ā(h)o* (G)	vgl. Ἑρμῆς, Ἑρμείας
e-nu-wa-ri-jo e-nwa-ri-jo	k p	*Enuwaliōi* (D)	vgl. Ἐνυάλιος (scil. Ἄρης)
e-ra	pt	*(H)ērāi* (D)	vgl. Ἥρα
e-re-u-ti-ja	K	*Eleuthiāi* (D)	vgl. Ἐλεύθυια (kretische Göttin)
e-ri-nu e-ri-nu-we	k k	*Erī̆n(n)us* *Erī̆n(n)uwei* (D)	vgl. Ἐρινύς, normalerweise Ἐρινύες (Pl.)
pa-ja-wo-ne	k	*Pajjāwonei* (D)	vgl. Παιήων, Παιάν (scil. Ἀπόλλων)
po-se-da-o po-se-da-o-no po-se-da-o-ne po-se-da-o-ni vgl. auch po-si-da-i-jo	p kP kP p	*Poseidā(h)ōn* (N) *Poseidā(h)ō̆nos* (G) *Poseidā(h)ō̆nei* (D) *Poseidā(h)ō̆ni* (D) *Posidā(h)ion*	vgl. Ποσειδάων, Ποσειδῶν Heiligtum des Poseidon

b) Spezifische, für die LB-Texte typische Götternamen (weniger bekannte Beinamen; Epitheta; oft etliche weibliche, mit einer männlichen Gottheit verbundene Göttinnen usw.):

a-re-ja	p	*Arejjāi?* (D)	vielleicht Beiname des Hermes
a-si-wi-ja	p	*Aswiāi* (D)	vgl. Ἀσία „Asien“, Epitheton der *Potnia*?; eine mit Asien verbundene Göttin?
di-ka-ta-jo	k	*Diktajjōi* (*Diwei*; D)	vgl. Δίκτη (kretisches Gebirge), Δικταῖος, Beiname von Zeus?, ein mit dem kretischen Gebirge Dikte verbundener Gott
di-u-ja di-wi-ja di-u-ja-jo	Pt kp p	*Diwjās* (G), *-āi* (D) *Diw(i)jās* (G), *-āi* (D) *Diwjajjon* oder *-ajjōi* Kultstätte der D. (N oder D-L)	vgl. δῖα „glänzend“ oder „dem Zeus anhörig“, eine weibliche, mit Zeus verbundene Göttin
i-qe-ja	p	*(H)ikk^{w}ej(j)āi* (D)	vgl. ἵππ(ε)ιος „zum Pferde gehörig“, d. h. eine mit den Pferden und dem Wagen verbundene Göttin, Epitheton der *Potnia*
ko-ma-we-te-ja	pt	*Komāwentejja* (N)	vgl. κομήεις „reich mit Haaren versehen“, Beiname einer Göttin
po-si-da-e-ja	p	*Posidā(h)ejjāi* (D)	eine mit Poseidon verbundene Göttin
po-ti-ni-ja	KP Mt	*Potnia* (N) *Potniās* (G) *Potniāi* (D)	vgl. πότνια „ehrwürdig“, „Herrin“ — als Beiname der Göttin Athena und anderer Göttinnen (vgl. weitere Angaben über Potnia auf dieser Liste)

si-mi-te-u	K	*Smintheus* (N)	vgl. Σμινθεύς „Vertilger der Mäuse“, homerischer Beiname des Apollon; in KN vielleicht ein Personenname
si-to-po-ti-ni-ja	m	*Sītōn* (GPl) *Potniāi* (DSg) oder *Sītōi Potniāi* (DSg)	vgl. σῖτος „Getreide“ (GPl + D), bzw. Σιτώ als Epitheton der Göttin Demeter (im DSg) d. h. „der Herrin des Getreides“ oder „der ehrwürdigen Göttin Sito“
ti-ri-se-ro-e	P	*Tris-(h)ērō(h)ei* (DSg)	vgl. τρίς „dreimal“ + ἥρως, d. h. wohl „dem dreifachen Helden“

c) Schwer deutbare bzw. sogar ungriechische Götternamen:

e-ne-]ṣị-da-o-ne	k	*?* (D)	
i-pe-me-de-ja	p	*Iphemedejjāi* (D)	vgl. Ἰφιμέδεια Hom.
pi-pi-tu-na	k	*-unna?* (D)	Gottheit ungriechischer Herkunft?
pe-re-*82 (= swa?)	P	*Presg*^{w}*āi?* (D)	vgl. Πέρση, Περσεφόνη?, vgl. Chadwick 1976, S. 95

d) Einige neue Götternamen meistens aus Theben:

ma-ka	kT	*Mā(trei) Gāi?* (DSg) vgl. S. 530f.	vgl. μήτηρ „Mutter“ + γᾶ, γῆ „Erde“, vgl. μᾶ γᾶ Aisch., Hiket. 890ff., „Mutter Erde“
ko-wa	T	*Korwāi* (DSg)	vgl. att. Κόρη = Περσεφόνη; ko-wa in KN und PY = *korwā* „Mädchen“, att. κόρη, ostion. κούρη

ka-ra-wi-ja	T	*grăw(w)(i)jāi* (DSg)	vgl. ostion. γραίη „alte Frau“ (wohl Demeter?)

Die Göttin ma-ka ist in Theben mit mehreren Tiernamen verbunden; diese werden für tierische Gottheiten gehalten, die als Empfänger gewisser Opfergaben auf den Täfelchen erscheinen:

e-mi-jo-no-i	t	*(h)ēmionoi(h)i* (DPl)	vgl. ἡμίονος „Maultier“
e-pe-to-i	t	*(h)erpetoi(h)i* (DPl)	vgl. ἑρπετόν „Reptil, Schlange“
ka-si	T	*khănsi* (DPl)	vgl. att. χησί von χήν „Gans“
ke-re-na-i	t	*gerenā(h)i?* (DPl)	vgl. att. γέρανος, auch γέρην Ailios Ailianos „Kranich?“
ku-si	t	*kunsi* (DPl)	vgl. att. κυσί von κύων „Hund“
o-ni-si	t	*ornis(s)i* (DPl)	vgl. att. ὄρνισι von ὄρνις „Vogel“

I. 1/2. Patronymika bzw. ähnliche von Personen- bzw. Götternamen abgeleitete Adjektiva (z. B. e-ko-to-ri-jo auf S. 423):

Es handelt sich um eine kleine Gruppe mykenischer Ausdrücke (ca. 10 sichere Beispiele, unter welchen die Patronymika am wichtigsten sind). Das Patronymikon steht gewöhnlich nach dem betreffenden Personennamen, viel seltener davor, und wird mit den Suffixen *-ios* und *-ejjos* gebildet, wie bei Homer und in den äolischen Dialekten. Im Mykenischen bleiben die ionisch-attischen Ableitungen auf -ίδης/-ιάδης, die bei Homer und im Kyprischen auch patronymisch verwendet werden, ohne Belege.

Einige Beispiele:

di-ko-na-ro **a-da-ra-ti-jo**	P	*D.* *Adrāstios*	„D., (Sohn) des *Adrāstos*“, vgl. Ἄδραστος

pe-re-qo-ni-jo **a-re-i-jo**	Pk	*Presg*^{w}*ōnios* *Are(h)ios*	„P., (Sohn) des a-re = *Arēs*?“ (besser als umgekehrt), vgl. πρέσβυς „Greis“ und Ἄρης
a-re-ku-tu-ru-wo **e-te-wo-ke-re-we-i-jo**	P	*Alektruōn* *Etewoklewe(h)ios*	„Alektruōn, (Sohn) des *Etewoklewēs*“, vgl. Ἐτεοκλῆς und vor allem Hom., Il. 4, 386 βίη Ἐτεοκληείη
ke-ki-jo a-e-ri-qo-ta	P	*Kerkios?* *Ăerik*^{w}*hoitās*	„(Sohn) des *K*., A.“ (vgl. ἦρι „am Morgen“ + φοιτάω „schreiten“)
ku-ru-me-ni-jo	k	... *Klumenios*	„..., (Sohn) des *Klumenos*“, vgl. Κλύμενος Hom., Od. 4, 452
ro-u-ko **ku-sa-me-ni-jo**	P	*R.* *Ku(t)samenios?*	„R. oder L., (Sohn) des *K*.“, vgl. κῦδος „Ruhm“
mi-sa-ra-jo **sa-pi-ti-ne-we-jo**	k	*M.* *S-...-ej(j)os*	„M., (Sohn) des *S*.“
pa-ro **u-wa-si-jo** ko-wo	k	*paro* *U-...-iōi* (Dat. des Patron.)[184] *korwōi?* (Dat. des Appell.)	„vom Jüngling (Sohn) des *U*.?“, vgl. myk. ko-wo *korwos*, ostion. κοῦρος, att. κόρος „Jüngling“
pi-ma-na-ro **zo-wi-jo** i-jo	kp	*P.*, *Dzōwios* o. *Tsōwios* *(h)ios?*	„P., Sohn des zo-wo (*Dzōwos* o. *Tsōwos*)“, vgl. myk. i-jo oder u-jo *(h)ios/(h)ŭjos* „Sohn“

Vgl. auch pa-se-ri-jo m „Sohn des P.“, po-ru-da-si-jo kp usw. Gelegentlich werden die ursprünglichen Patronymika auch als normale Personennamen verwendet, vgl. z. B. e-ko-to-ri-jo in PY Cn 45 neben dem

[184] Oder hier der „kürzere“ Gen. Sing.: *paro U-...-iō* (Gen. des Vaters) *korwōi* (Dat. des Appell. nach *paro*).

häufigen Personennamen e-ko-to *(H)ektōr* P. — Einige von den oben genannten *-i-jo*-Formen können auch Genitive auf *-ō* sein, z. B. u-wa-si-jo oder zo-wi-jo.

Vgl. noch den thebanischen Beleg:

ra-]ke-da-mo-ni-jo-u-jo (Fq 229)	t	*Lakedaimoniōi* (Adj.) *(h)ŭ̆jōi* o. *Lakedaimoniō?* (Gen.?) *(h)ŭ̆jōi*	entweder: „dem Sohn aus Lakedaimon" oder „des Lakedaimoniers"

Siehe auch ra-ke-da-mi-ni-jo (Null-Stufe; mehrmals) und ra-ke-mi-ni-jo (einmal).

I. 3. Tiernamen (Ochsennamen)

Eine Besprechung der Ochsennamen (andere Tiernamen finden sich in den LB-Texten nicht) befindet sich auf S. 304 und 413.

II. Ortsnamen (Toponyma) und Ethnika

Die Ortsnamen und Ethnika kommen auf den LB-Täfelchen sehr oft vor, doch ihre Gesamtzahl ist kleiner als diejenige der Personennamen; sie beträgt in *Aura Jorros* Diccionario micénico etwa 430 Ausdrücke (ca. 330 Ortsnamen und ca. 100 Ethnika, davon allerdings nur etwa 20 + 10 mit klarer alphabetischer Entsprechung). Vgl. S. 400.

Der Charakter der Ortsnamen ist dem der Personennamen vergleichbar — mit dem Unterschied, daß die Ortsnamen eine bestimmte „immerwährende" Lokalität dieser Welt bezeichnen, während ein konkreter Personenname (die Götternamen ausgenommen) mit einem bestimmten sterblichen biologischen Wesen (event. mit wenigen desselben Namens) verbunden ist, das höchstens nur im Bewußtsein der Hinterbliebenen, und lediglich ausnahmsweise im Gedächtnis größerer Menschengruppen verbleibt. Die Ethnika stehen dann irgendwo zwischen den beiden Hauptgruppen.

Hauptgruppen der mykenischen Ortsnamen:

II. 1. Die mykenischen Ortsnamen *klarer appellativischer Herkunft*, d. h. mit sicheren Parallelen unter den alphabetischen griechischen Appellativen. Diese können in den mykenischen Texten in zwei Unterarten als Ortsnamen dienen, und zwar:

a) entweder als ein selbständiges Appellativum in verschiedenen Kasusformen (Nom., Akk. /event. mit dem allativischen *-de*/, Dat.-Lok., Instrum.-Abl.), vgl. pa-ki-ja-ne u. a. /S. 444 und 466/,

b) oder in der Form einer syntaktischen Wortverbindung.

Einige sichere Beispiele für beide Gruppen:

a_3-ki-a_2-ri-ja a_3-ki-a_2-ri-ja-de	t t	*Aigihaliā* (N) *-ānde* (A + *de*)	vgl. αἰγιαλός „Meeresküste", d. h. „Meeresküste, zur Meeresküste"
a-pe-ke-e	p	*Aphenge(h)ei* (D-L)	vgl. ἀφεγγής „dunkel", d. h. „im Dunklen Ort"
a-se-e	p	*Alse(h)ei* (D-L)	vgl. ἄλσος „heiliger Hain", d. h. „im Hain"
e-ra-po ri-me-ne	p	*Elaphōn limenei* (G + D-L)	vgl. ἔλαφος „Hirsch" + λιμήν „Hafen", d. h. „im Hafen der Hirsche"
e-re-e e-re-i	p p	*(H)ele(h)ei?* *(H)ele(h)i* (D-L)	vgl. ἕλος „Sumpf", d. h. „im Sumpf"
e-u-de-we-ro	P	*Eudeiwelos* (N)	vgl. εὐδείελος, d. h. „gut sichtbar", ON Εὐδείελος Strabon
e-wi-ri-po	p	*Eurīpos* (N)	vgl. εὔριπος „Meerenge", ON Εὔριπος (Euböa)
ka-ra-do-ro	P	*Kharadros* (N) bzw. *-ō* (NDu)	vgl. χάραδρος, -ᾱ „Schlucht"
ke-i-ja-ka-ra-na	p	*?-krān(n)ā* (N)	vgl. κρήνη „Quelle" + Adj. *K.*, d. h. „Quelle von ON oder PN"
ku-]no-ka-ra-o-re oder ku-]no-ka-ra-o-ị?, falls nicht o-]no-ka-ra-o-re o. o-]no-ka-ra-o-ị; s. unten o-no-ka-ra[	p	*Kunos Kară(h)orei* (G + D-LSg) oder *Kunos Karăoi(h)i* (G + D-LPl) bzw. *-o(j)in* (G + D-LDu?)	vgl. κύων „Hund" + κάρη „Kopf", d. h. „auf dem Hundskopf, den Hundsköpfen"; vgl. ON Κυνὸς Κεφαλαί

[ku-]pa-ri-so	p	*Kuparissos* (N)	vgl. κυπάρισσος „Zypresse"; vgl . ON Κυπάρισσος
mo-ro-ko-wo-wo-pi	p	*M-. . . -os worwophi* (I-AblPl)	vgl. ὅρος „Grenze", „von den Grenzen des M."
o-no-ka-ra[: Variante zu ku-]no-ka-ra (s. oben)	p	*Onokarā̆(h)orei?* (D-LSg)	vgl. ὄνος „Esel" + κάρη „Kopf", d. h. „auf dem Eselskopf"
pa-ka-a-ka-ri	p	*Pāgā Akharis* (NSg)	vgl. πηγή „Quelle" + ἄχαρις „unangenehm, undankbar", d. h. „Unerfreuliche Quelle"
pa-ko	p	*Phāgos?* (N)	vgl. φηγός „Buche", ON Φηγός
pe-re-wo-te	P	*Phlē̆(i)wontei?* (D-L)	vgl. φλέω, φλύω „überfließen", ON Φλειοῦς, d. h. „im Strotz"?
ri-jo	P	*Rhion* o. *Rhiōi* (N o. D-L)	vgl. ῥίον „Bergspitze, Vorgebirge", ON Ῥίον
ro-u-si-jo a-ko-ro	P	*Lousios agros* (N)	vgl. ἀγρός „Feld" + Adj. Λούσιος, von ON ro-u-so abgeleitet, vgl. ON Λουσοί (Arkadien)
ru-ke-wo-wo-wi-ja	p	*Lunkēwos worwia* (G + NPl)	vgl. Λυγκεύς + ὅρια „Grenze", d. h. „Grenze des L."
te-se-e	p	*Terse(h)ei* (D-L)	vgl. τέρσομαι „trocken werden", d. h. „im Trockenen Ort"
ti-mi-to-a-ke-e o. a-ke-i	P	*Tirminthōn* (s. S. 203) *ankeh(e)i* (G + D-L), vgl. auch Index, Nr. 1137	vgl. τέρμινθος, τερέβινθος „Terpentinbaum" + ἄγκος „Schlucht", d. h. „in der Schlucht der Terpentinbäume"?

u-po-di-jo-no wo-wo	p	*(H)upodiōnos* *worwos* (G + N)	vgl. ὅρος „Grenze“, d. h. „Grenze des H.“

II. 2. Die mykenischen Ortsnamen, die in den alphabetischen Texten nur onomastische Parallelen aufweisen: einige von diesen sind Toponyma, die aus der griechischen Historie, Mythologie sowie Literatur gut bekannt sind — wenn sie auch in den LB-Texten nicht immer dieselben Lokalitäten wie im alphabetischen Griechisch bezeichnen. Einige Beispiele:

- Authentische kretische Lokalitäten:
  ko-no-so *Knōs(s)os*, vgl. Κνωσ(σ)ός
  pa-i-to *Phaistos* Φαιστός
  tu-ri-so *Tulissos* Τυλισσός
  ru-ki-to *Luktos* Λυκτός
- Ortschaften im Peloponnes:
  pu-ro *Pulos* Πύλος
  ri-jo *Rhion* Ῥίον
  pe-re-u-ro-na-de (Allativ) *Pleurōnade*, vgl. Πλευρών
  ko-ri-to *Korinthos* Κόρινθος
- Ortschaften in Mittelgriechenland:
  te-qa-de (Allativ) *Thēg^{w}ansde*, vgl. Θῆβαι

Viele von diesen Ortsnamen sind allerdings — wohl in größerer Anzahl, als es bei den Personennamen der Fall ist — ungriechischer Herkunft, verständlicherweise angesichts ihrer tief in die helladisch-ägäische Frühzeit reichenden Vergangenheit.

II. 3. Eine klare nichtgriechische Herkunft ist oft durch spezifische lautliche oder morphologische Merkmale erkennbar:

a) Ungriechische Präfixe, z. B. Λα- (vgl. das alphabetische Λάρισσα), im Mykenischen siehe z. B. einige schwer deutbare, als Toponyma allerdings durch den Kontext gesicherte Wörter wie **ra**-i-pi (Instr-AblPl), **ra**-ma-na-de (ASg), **ra**-mo-de (ASg), **ra**-su-to, **ra**-wa-ra-ta.

b) Ungriechische Wortstämme; vgl. z. B. **pa-na**-so *Parnāssos??*.

c) Ungriechische Suffixe: vgl. z. B. ko-no-**so** *Knōs(s)os*, pa-i-to *Phaistos*, tu-ri-so *Tulis(s)os,* ko-ri-to *Korinthos*.

II. 4. Ethnika und Bewohnernamen

Diese Namen sind größtenteils von den Ortsnamen abgeleitet worden, z. B. ko-no-si-jo *Knōssioi* bzw. ko-no-si-ja *Knōssiai* von ko-no-so *Knōssos*, vgl. Κνωσ(σ)ός, Κνώσ(σ)ιοι; ko-ri-si-jo *Korinsioi*, vgl. Κορίνθιοι; mi-ra-ti-ja *Milātiai*, vgl. Μιλήσιαι; ra-ke-da-mo-ni-jo *Lakedaimonios*, vgl. Λακεδαιμόνιος; te-qa-jo, te-qa-ja *Thēg^w^ajjos, -ajjā*, vgl. Θηβαΐος, Θηβαία (in Theben als Personennamen bezeugt) usw.

Neben den typisch griechischen Suffixen -αιος, -ειος, -ιος gibt es bei den Ortsnamen auch Ethnikonsuffixe umstrittener Herkunft, z. B. -ᾶνες (vgl. den Namen pa-ki-ja-ne *Sphagiānes* als Bezeichnung des Distriktes von Pylos). Vgl. *A. Leukart* 1983, 234–252.

Die Neuerscheinungen zu weiterem Lesen (Kap. VIIIab: Wortschatz — Eigennamen)

In allgemeinem siehe *A. Bartoněk* 1992, 1993, 2000 u. a., *F. Aura Jorro* 1999 u. a. (über das Konzept des mykenischen Wortschatzes). Zu den mykenischen Entlehnungen aus dem Substrat vgl. *E. D. Francis* 1992, über das Verhältnis des Mykenischen zum späteren Griechisch vgl. *P. Peňáz* 1991, 1992 (ziemlich skeptisch) und *I. K. Probonas* 1992, 1993, vor allem aber 1996 (eine Liste der im Neugriechischen bezeugten mykenischen Wörter), zum Verhältnis zwischen dem Mykenischen und der homerischen Sprache siehe neuerlich *Chr. Piteros, J.-P. Olivier*, *J. L. Melena* 1990 und vor allem *O. Panagl* 1992a, 1992b (siehe die noch bei Homer verbleibende Spur der mykenischen Deutung „Rad" bei a-ma *(h)ar(h)ma* „Rad" gegenüber dem klassischen ἅρμα „Wagen". Eine gewisse methodologische Kritik zum Vergleich Mykenisch versus Homerisch übt *W. F. Wyatt* 1996 aus.

Im Bereich der Personennamen siehe vor allem *G. Neumann* 1991ab, 1992ab, 1994ab u. a. (vielmehr zum Verhältnis Mykenisch versus Homerisch); vgl. weiter *H. Mühlestein* 1996 sowie einige Studien zu einzelnen LB-Serien, z. B. *J. Firth* 1992-93, *L. Baumbach* 1992, bzw. zu verschiedenen Wortstämmen und Suffixen, z. B. *J. L. Perpillou* 1992, *J. L. García Ramón* 1992 u. a., *M. Meier-Brügger* 1992a u. a., *I. Hajnal* 1992a u. a., *G. Nagy* 1994, *P. Ilievski* 1996 u. a. Über die Oxennamen vgl. *J. T. Killen* 1992-93.

Im Bereich der Ortsnamen vgl. die Monographie von *J. K. McArthur* 1993 (Ortsnamen von Knossos-Texten), die Studie von *E. Scafa* 1991 (über die Distribution der mykenischen Ortsnamen auf Kreta) sowie viele Deutungen und Identifizierungen einzelner-Toponyme: *H. v. Effenterre* 1990-91 (Lokalisierung von e-ra-po ri-me-ne bei Kyparissia), *G. Owens* 1993 und 1994 (Identifizierung von di-ka-ta mit einem Heiligtum in der Nähe von Knossos und von se-to-i-ja mit Archanes bei Knossos /vgl. die eher skeptische Meinung über se-to-i-ja als Mallia bei *A. Farnoux* 1996/),

M. Meier-Brügger 1991b (a-pu$_2$-de = Akk. *Aphūnde*, a-pu$_2$-we = D.-L. *Aphuwei*), *G. Steiner* 1996 (gegen das Gleichnis a-ka-wi-ja-de „nach Achaia"). *V. Parker* 1993b bespricht einige geographische Probleme des Königtums von Pylos, *K. T. Witczak* 1992a versucht einige Ortsnamen auf Kreta zu identifizieren und *L. Himmelhoch* 1990-91 verbindet sowohl das a-ra-si-jo /vgl. Alasija/ als auch das Wort ku-pi-ri-jo /= Adj. *Kuprios*/ mit Zypern).

***

Neue Aufsätze über die Götternamen aus dem letzten Dezennium: *L. Godart – A. Sacconi* 1996a u. a. deuten das thebanische (und das eventuelle knossische) ma-ka als *Mā(trei) Gāi* „der Mutter Erde": s. auch *Y. Duhoux* 1994-1995a sowie die S. 422 dieses Buches; vgl. weiter *C. J. Ruijgh* 1996b (das myk. ma-te-re te-i-ja *mātrei the(h)iāi* /Dat. Sing./ interpretiert er als „der Mutter der Götter", nicht als „der göttlichen Mutter") bzw. *M. Meier-Brügger* 1992b (die Wörter γαῖα, γῆ sind nach ihm von der Wurzel **genH$_1$-* abgeleitet). *A. Sucharski* 1993, 1995 identifiziert das myk. *ko-ma-we-te-ja* (von κόμη „Haar, Locke") als Name der Tochter von Poseidon and das Wort wa-na-so-i /Dat. Du./ als die Wortverbindung „den zwei Königinnen", die ebenso mit dem Poseidon verbunden waren, *M. Rocchi* 1996 hält i-pe-de-me-ja nicht für eine Göttin, sondern eine Heroine. Mit Dionysos befaßten sich *L. Godart* 1991a, *G. Pugliese Carratelli* 1991, *C. Antonelli* 1996. Vgl. weiter *K. T. Witczak* 1992b (über die göttlichen Paaren) und *C. Boëlle* 1992-1293 (über po-ti-ni-ja).

Vgl. weiter *J. T. Hooker* 1991, *P. Dardano* 2000, *Floreant* 1999 und viele Angaben über die thebanischen Personennamen, Götternamen und Ortsnamen in *Thèbes* 2002; s. vor allem S. 355ff., 363ff. und 375ff.

C) Das Mykenische und die Etymologie griechischer Wörter

Auf Grund der bisher vorgebrachten Deutungsvorschläge der mykenischen Wörter kann man gut beurteilen, inwieweit diese zur Bereicherung unserer Kenntnisse im Bereich der griechischen Etymologie beigetragen haben.

Zuerst sind einige statistische Daten anzuführen. In *A. Morpurgos* Mycenaeae Graecitatis Lexicon, Rom 1963, wo alle bis 1960 identifizierten mykenischen Zeichengruppen registriert sind, findet man etwa 5800 solche Wortformen vor, allerdings, wenn man die verschiedenen grammatischen Formen und orthographischen Varianten ein und desselben Wortes unter ein Lemma bringt und wenn man zugleich von fragmentarischen Formen und unsicheren Lesarten absieht, sinkt die Zahl der morphologisch relevanten Ausdrücke auf ungefähr die Hälfte.

In *L. Baumbachs* Studies in Mycenaean Inscriptions and Dialect, Rome 1968, wo jedes mykenische Wort mit allen bis 1964 vorgebrachten Deutungsvorschlägen versehen wird, ist die Zahl der registrierten Wörter viel geringer als bei *Morpurgo*, nämlich nur 1450, was aber vor allem mit der Absenz der meisten Personennamen in Zusammenhang steht. Baumbachs fast lückenlose Erfassung damaliger Interpretationsversuche — einschließlich verschiedener unbegründeter Deutungsvorschläge — macht jedenfalls einen entmutigenden Eindruck. So findet man hier z. B. unter 210 mit Alpha anlautenden Wörtern nur wenige mit völlig eindeutiger Interpretation.

Eine gute Auswahl der verläßlicheren Deutungen ist in *Chadwicks* and *Baumbachs* Mycenaean Greek Vocabulary, Glotta 41 (1963), 157-271, enthalten, wo 633 alphabetisch geordnete Lemmata mit 1065 Linear B-Ausdrücken zu finden sind. Die Deutungen werden nach ihrer Wahrscheinlichkeitsstufe als *erwiesen, wahrscheinlich, möglich* und als *möglich, aber unbewiesen* charakterisiert. Im Jahre 1972 erschien in derselben Zeitschrift ein *Appendix*, Glotta 49 (1971), 152-190, in welchem sowohl 35 neue alphabetisch geordnete Lemmata als auch viele Ergänzungen zu Glotta 41 (1963) enthalten sind, was in Glotta 41 (1963) und 49 (1971) eine Globalsumme von 674 Lemmata mit 1157 Linear B-Ausdrücken ergibt. Dabei handelt es sich bei ungefähr der Hälfte, d. h. bei etwa 600 Ausdrücken, um Deutungen der ersten oder der zweiten Klasse, die also entweder als erwiesen oder wenigstens als wahrscheinlich angegeben werden.

Wie diese auf dem mykenologischen Boden gewonnenen etymologischen Informationen von anderen Gräzisten aufgenommen worden sind, kann man an Hand von zwei etymologischen Wörterbüchern beurteilen, die nach 1952 erschienen sind. *Hjalmar Frisks* Griechisches etymologisches Wörterbuch, Heidelberg 1954-70, ist in dieser Hinsicht wegen des großen Zeitabstands zwischen den einzelnen Lieferungen ziemlich unausgeglichen. So findet man z. B. unter A nur zwei mykenische Deutungen, während unter Φ nicht weniger als 11 mykenische Belege erscheinen (selbst in Glotta gibt es unter Φ nicht mehr als 18 Belege). Insgesamt findet man bei Frisk über 150 Ausdrücke mit mykenischen Belegen, was freilich verhältnismäßig wenig ist. Überdies bieten manche diese Ausdrücke keine völlig verläßlichen Deutungen, während andererseits viele sichere Deutungen hier noch fehlen. Man muß sich also eine baldige Überarbeitung des Wörterbuches von Frisk erhoffen.

Unter diesen Umständen ist also die erste systematische Darstellung der wichtigsten mykenischen Wörter erst in *Pierre Chantraines* Dictionnaire étymologique de la langue grecque enthalten, das in den Jahren 1966-80 in Paris erschienen ist. Die Deutungen der etwa 850 mykenischen Ausdrücke werden in diesem Wörterbuch unter ca. 850 alphabetischen Lemmata besprochen. Das ist eine niedrigere Zahl, wenn man sie mit den in Glotta enthaltenen Lemmata vergleicht, da Chantraine einige weniger verläßliche Interpretationen ausgelassen hat (überraschenderweise findet man bei ihm nicht das ziemlich sichere -de-ka-sa-to, d. i. die Aoristform *deksato* δέξατο). Im Prinzip stellt aber Chantraines Wörterbuch das Beste dar, was auf dem Gebiet der griechischen Etymologie bisher geleistet wurde. Die von ihm angeführten mykenischen Wortformen können größtenteils als gesicherte Belege des mykenischen Dialekts gelten. Sie können zugleich eine verläßliche Aussage davon geben, wie groß der Beitrag der Mykenologie zur griechischen Etymologie gewesen ist.

Inzwischen sind in den letzten 25 Jahren mehrere Werke erschienen, die man als Supplement-Bände zu Frisk oder Chantraine benützen kann, und zwar:

G. Juçquois – B. Devlamminck, Compléments aux dictionnaires étymologiques du grec ancien, t. I (A-K), 1977;

G. C. Papanastasiou, Compléments... Chantraine, 1994;

Chronique d'étymologie grecque, in: Revue de Philologie 1996 usw.

Nützliche Informationen über die Etymologie einzelner LB-Wörter findet man auch in *F. Aura Jorros* Diccionario micénico 1985 und 1993, sowie in weiteren Bänden der Serie „Studies in Mycenaean Inscriptions and Dialect":

L. Baumbach, Rome 1986 (für 1965-78),

E. Sikkenga, Austin 1995 (für 1979), 1997 (für 1980-81), 1998 (für 1982-83), 1999 (für 1994-95), 2000 (für 1996-97).

In den meisten Fällen ist die Etymologie derjenigen griechischen Wörter, für die Frisk, Chantraine, Baumbach und andere Forscher mykenische Belege anführen, schon von den Forschern früherer Generationen richtig erkannt worden, wobei vor allem die betreffenden lautlichen Vorgänge sehr scharfsinnig rekonstruiert worden sind. Des öfteren war es die Existenz der Labiovelare, die richtig vorausgesetzt wurde, z. B. in der enklitischen Partikel -qe -$k^{w}e$ = τε, oder auch das einstige Vorkommen von *w* (Digamma), vgl. z. B. die mykenische Form ka-ra-wi-po-ro = *klāwiphoros* „Schlüsselverwahrerin" (das ist der früheste griechische Beleg des auch im Lat. vorkommenden ide. Wortes **klāwis* /κληίς, κλείς/ „Schlüssel").

Aber auch die Richtigkeit anderer Rekonstruktionen ist durch das Mykenische bestätigt worden, z. B. die frühgriechische Form *aiksmans*, die im Mykenischen als a_3-ka-sa-ma wiedergegeben wird, mit der Konsonantengruppe *ksm*, die später zu *khm* vereinfacht wurde (vgl. die ionisch-attische Form αἰχμή „Lanze").

In einigen Fällen, wo man lange zwischen mehreren Deutungsmöglichkeiten schwankte, erleichtert uns nun das Mykenische eine Entscheidung. Durch die Tatsache z. B., daß man im mykenischen a-to-ro-qo = *anthrōk*^{w}*ōi* (DSg) „dem Menschen" (vgl. ἄνθρωπος) einen Labiovelar vorfindet, wird die ältere Hypothese bestätigt, derzufolge das zweite Element von der ide. Wurzel **ok*^{w}- „sehen" abgeleitet ist. Oder die mykenische Form wi-ti-mi-jo, wahrscheinlich *Wisthmios*, scheint anzudeuten, daß der griechische Ausdruck ἰσθμός „Landenge", der in den etymologischen Wörterbüchern gewöhnlich mit εἶμι „gehen" in Verbindung gebracht wird, ursprünglich **widthmos* lautete und mit dem lateinischen *dīvīdō* „teilen" verwandt ist (diese Vermutung wurde von *Egger* schon im Jahre 1881 ausgesprochen, später geriet sie jedoch in Vergessenheit).

Ähnlich scheint auch die mykenische Form o-pe-ro-ta = *ophĕ̄l(l)onta* (von **ophelnō* oder **ophellō*, ὀφείλω „schuldig sein") *Solmsens* Meinung zu bestätigen, daß das anlautende Digamma der arkadischen Form ϝοφλεκόσι sekundär ist. Auch das griechische Wort θεός „Gott" scheint jetzt endgültig wegen des mykenischen te-o-jo *the(h)ojjo* (ohne *w*) von *thes-* und nicht von *thew-* oder *thwes-* abgeleitet zu sein.

In vielen anderen Fällen hat man allerdings im Mykenischen mit einer mehr oder weniger unerwarteten Abweichung von der traditionellen etymologischen Interpretation zu tun. Im allgemeinen gilt, daß das Mykenische in zweierlei Hinsicht den traditionellen Rekonstruktionen widersprechen kann:

1) Eine vermutete archaische Erscheinung kommt im Mykenischen nicht vor:

1.a) Oft handelt es sich um das *w* (das Digamma). Man hat im Mykenischen bereits mehrere Belege gefunden, wo dieser Laut entgegen den früheren etymologischen Annahmen völlig fehlt:

So widerspricht z. B. das mykenische e-ne-ka = *(h)eneka* „wegen" (vgl. ἕνεκα neben εἵνεκα) der früheren Ableitung dieses Wortes von einem **henweka*.

Ähnlich widerspricht e-ma-a_2 = *(H)ermā(h)āi* (DSg) einer etymologischen Ableitung des Namens Hermes von **Hermawās*; vgl. auch schon att. Ἑρμῆς, nicht *-έας.

Auch das mykenische e-ra = *(H)ērāi* (vgl. Ἥρα) scheint der früheren Etymologie **Herwā* zu widersprechen.

Das Vorkommen des Wortes i-je-re-ja = *(h)ierejja* „Priesterin" (vgl. ἱέρεια) bedeutet ohne Zweifel, daß das Suffix *-ejja* hier nicht unmittelbar auf *-ēwja* zurückgeht, wie man früher glaubte.

Die mykenische Form ra-pte-re = *rhaptēres* (NPl) „Schneider" spricht gegen die traditionelle Ableitung des Verbs ῥάπτω „zusammennähen" von **wraptō* mit anlautendem *w*-.

Ähnlich scheint die mykenische Form po-se-da-o = *Poseidā(h)ōn* (vgl. att. Ποσειδῶν) zu beweisen, daß das Digamma in der alphabetischen Form Ποτειδάϝων sekundär ist und wahrscheinlich als ein Hiatus-Tilger zwischen *ā* und *ō* zu deuten ist; vgl. auch schon att. Ποσειδῶν, nicht *-έων.

1.b) Es gibt im Mykenischen nicht selten Ausdrücke, wo ein Labiovelar „fehlt"; so z. B. in pa-ra-jo = *palaj(j)oi* „die alten" (vgl. παλαιός), wo die Absenz des Labiovelarlauts zeigt, daß die Etymologie dieses Wortes vom Adverb τῆλε „fern" (= myk. qe-re-) getrennt werden muß.

Ebenso beweist pa-te = *pantes* „alle" (vgl. πάντες) mit anlautendem *p*- mit voller Gewißheit, daß die frühere Ableitung dieses Adjektivs von der rekonstruierten Form *k^w*ant*- mit anlautendem Labiovelarlaut nicht in Frage kommt; cf. nun auch tochar. *pont*- „all, jeder, ganz" mit p-.

Man muß dabei betonen, daß sowohl *palaios* als auch *pantes* in ihrem Linear B-Kontext mit voller Sicherheit identifiziert worden sind: pa-ra-jo steht in direktem Gegensatz zu ne-wo = *newos* (vgl. νέος) „neu" und pa-te kommt sehr oft gemeinsam mit to-so (vgl. τόσος) vor, z. B. in to-so pa-te = *tos(s)oi pantes* „so viele alle".

Unerwarteterweise fehlt der Labiovelarlaut auch in te-re-ta = *telestās* „telestas, ein Würdenträger" (vgl. τελεστά Inschr. Olympia). Dieses Wort hängt höchstwahrscheinlich mit dem Wort τέλος „Ende, Behörde, Abgabe usw." zusammen, welches man früher von der ide. Wurzel *k^w*el*- ableitete; dies ist aber jetzt gerade durch das mykenische te-re-ta fraglich geworden.

In allen diesen Fällen kommen zwei Möglichkeiten in Betracht: Entweder sind wir von der Richtigkeit der jeweiligen mykenischen Deutung völlig überzeugt und müssen dann den Versuch unternehmen, die *traditionelle Etymologie* zu überprüfen oder zumindest zu modifizieren.

Oder wir zweifeln an der Richtigkeit der vorgebrachten mykenischen Deutung und müssen dann *die mykenische Deutung selbst* zuerst noch einmal einer gründlichen Prüfung unterziehen. In unserer endgültigen Entscheidung müssen wir uns vor allem von den Zusammenhängen beeinflussen lassen, in denen sich dieser oder jener Ausdruck im mykenischen Kontext befindet.

2) Eine nicht erwartete archaische Erscheinung kommt im Mykenischen vor, und zwar:

2.a) Ein *w* (Digamma), so z. B. im mykenischen Komparativ me-wi-jo/me-u-jo = *mew(i)jŏ̄s* „kleiner" (Kompar.); die mykenische Deutung widerspricht natürlich nicht der traditionellen Etymologie von μείων, der mykenische Komparativ weist jedoch noch seinen ursprünglichen Stammauslaut (*)-*s(-)* auf.

Vgl. auch pe-ru-si-nu-wo *perusinwon* (Neutr.) „zum vorigen Jahr gehörig" (att. περυσινός).

2.b) Ein vorher unerwarteter Labiovelar wird mit Hilfe des Mykenischen z. B. in qa-si-re-u = *g^wasileus* „ein lokaler Würdenträger", später βασιλεύς „König", oder in po-qa = *phorg^{w}āi* (Dat.), später φορβή „Futter", bzw. auch in ku-su-to-ro-qa = *ksunstrok^{w}hā* συστροφή „Vereinigung, Summe" bezeugt; das bedeutet aber zugleich, daß man für das griechische στρέφω „drehen" die ursprüngliche Existenz eines Labiovelars annehmen muß.

2.c) Eine unerwartete Etymologie hat das Mykenische auch in einigen anderen Fällen erbracht.

Vgl. das mykenische ko-ri-ja-do-no = *koria(n)dnon* „Koriander", während in den alphabetischen Dialekten nur κορίαννον mit einer Assimilation oder κορίανδρον bezeugt ist.

Vgl. auch re-wo-te-re-jo = *lewotrej(j)oi* (oder -*ō*) „zum Bade gehörig“, was allerdings bedeutet, daß das homerische λοετρόν „Bad“ nach der Aussage des Mykenischen aus **lewotron* durch Metathese entstanden ist.

Oder vgl. schließlich das mykenische a-to-po-qo = *artopok^{w}os* u. a. „Brotbäcker“, aus welchem die klassische Form ἀρτοκόπος ebenso durch Metathesis entstand.

Auch in allen Fällen dieser zweiten Gruppe ist es notwendig, vor unserer endgültigen Stellungsnahme den mykenischen Kontext wieder in Betracht zu ziehen. Sofern jedoch ein solcher Ausdruck für sowohl lautlich als auch inhaltlich gesichert gehalten werden kann, genügt es, die auf diese Weise erschlossene archaische Wortform, die von keinem früheren etymologischen Wörterbuch erfaßt worden ist, in den Formenbestand des Altgriechischen als verhältnismäßig sicher aufzunehmen. Es handelt sich in diesen Fällen um eine *Ergänzung* der traditionellen Etymologie, nicht um ihre prinzipielle *Änderung*, wie es bei der ersten Gruppe der Fall war.

Ich möchte diesen Teil meiner Ausführungen mit der Feststellung abschließen, daß der von Chadwick in der Einführung zum Wörterbuch in Glotta 41 (1963) als unbedeutend bezeichnete Beitrag des Mykenischen zu den griechischen etymologischen Studien lediglich im Lichte der unmittelbar an die Ventrissche Entzifferung anknüpfenden übertriebenen Erwartungen als gering empfunden werden kann. In Wirklichkeit ist die Zahl der durch das Mykenische gewonnenen neuen etymologischen Deutungen heute bereits recht groß und die Bedeutung des schon erschlossenen mykenischen Sprachmaterials für die Etymologie der griechischen Sprache so hoch, daß sie im Bereich der altgriechischen Etymologie die Reichweite aller übrigen vergleichbaren Impulse des 20. Jahrhunderts klar überschritten hat.

Die Neuerscheinungen zu weiterem Lesen (Kap. VIIIc: Etymologien)

Über die allgemeine Problematik der etymologischen Methode s. bei *O. Panagl* 1996. *J. L. García Ramón* 1994-1995 leitet die mykenischen Wörter $a_3$te, a-ja-me-no/-na, a-na-to/-ta von der verbalen Wurzel **(h)ai-* aus ie. H_2i- „verbinden, zufügen“ und deutet sie im Sinne einer Intarsienarbeit („Intarsienarbeiter“, „mit I. eingelegt, nicht eingelegt“). Weitere Deutungsversuche: *A. Leukart* 1996 (a-ko-ro ist von **agerjō* abgeleitet und bezeichnet einen „Einnehmer“), *I. K. Probonas* 1992 bespricht teils die semantische Differenz zwischen dem myk. au-de-we-sa und dem hom.

αὐδήεσσα, teils das sachliche und das sprachliche Verhältnis zwischen a-sa-mi-to *asaminthos* „Badewanne" und re-wo-te-re-jo *lewotrejjon* (Adj. zu **lewotron*, alph. λοῦτρον „Bad, Badeplatz"), *M. Guidi* 1990-1991 befaßt sich mit der Entwicklungslinie des mykenischen da-pu$_2$-ri-to-jo *laburinthojjo* /Gen./ bzw. des alphabetischen λαβύρινθος, nach *E. R. Luján* 1994-1995 ist das mykenische Wort du-ma ein *nt*-Stamm, der einen hohen mykenischen Funktionär bezeichnete und später nur als das Personenname Δύμας bewahrt blieb (so hieß der Vater von Hekabe). *M. S. Ruipérez* 1992a befaßte sich mit den Wörtern *(h)ijos* und *(h)ijus* für „Sohn", nach *M. Meier-Brügger* 1990a ist das mykenische ki-ri-ta-de ein Akk.-Allativ Plur. *klitāsde* (sic!) und ki-ri-ta-i ein Dat.-Lok. Plur. *klitā(h)i*, das mit dem alphabetischen κλίτον, κλίτη bzw. κλισίη vergleichbar ist (vgl. vor allem κλισίηνδε „nach der Hütte").

Weitere Studien: *K. T. Witczak* 1993a, 1994b (mi-ja-ro sei eine nicht geschorene Textilie; vgl. lit. *mìlas)*, *J. T. Killen* 1995 (das myk. o-no I *onos* bedeutet „Befreiung, Entschädigung"), *C. de Lamberterie* 1992 (über drei homonymische Zeitwörter ὀφέλλω im Griechischen), *C. J. Ruijgh* 1992c (das Wort po-ku-ta bezeichnet eine äußerst niedrige soziale Schicht, wohl ein Oppositum zu ki-ti-ta *ktistās* „Bodenbesitzer?"), *G. Pennaod* 1992 (qa-si-re-u βασιλεύς sei von der Wurzel **g^{w}em-* „gehen" abgeleitet, ursprüngliche Bedeutung „Bote"), *M. Del Freo* 1996 (qe$_2$-ro *sk^{w}eljos* sei Teil der Pferdeausrüstung), *W. F. Hutton* 1990-91 (er unterscheidet qe-to, qe-te-o, qe-te-a als Adjektivum vom qe-te-a$_2$, das als Subst. in der Bedeutung „Strafe, Buße" verstanden wird), *C. Milani* 1991 und *W. F. Wyatt* 1994-1995 (die von verschiedenen Seiten das Wort **lāwos* besprechen /sowie auch ra-wa-ke-ta, welches sie als *lāw-agertās* „Sammler der Volkstruppen" und nicht als *lāw-agetās* „Führer des Volkes" identifizieren/), weiter *G. R. Hart* 1990-1991 (se-re-mo- sei eine Entlehnung aus dem akkad. serremu „Wildesel"), *F. M. J. Waanders* 1992a (das griechische Wort τέλος ist nicht von der Wurzel **k^{w}el-* abgeleitet) und *M. Meier-Brügger* 1990b (wo-na-si ist *wornasi* /Dat.-Lok./, analogisch gebildet statt dem zu erwartenden *wonasi* „bei den Lämmern" /vgl. das alphabetische ἀρήν/).

Vgl. *J. T. Hooker* 1991, *P. Dardano* 2000 und *Floreant* 1999.

Zum Wortschatz einzelner semantischen Klassen vgl. *J. T. Hooker* 1991 und *P. Dardano* 2000, S. 62-71.

Zu den Editionen der LB-Täfelchen, der Vaseninschriften usw. vgl. noch *J. T. Hooker* 1991 und *P. Dardano* 2000, S. 91-99, bzw. *Thèbes* 2002; die ausgewählten Textkommentare folgen bei *P. Dardano* auf S. 101-117.

D) Bemerkungen zur mykenischen Semantik: semantische Verschiebungen

Die Semantik etlicher mykenischer Ausdrücke ist nicht selten mehr oder weniger verschieden von den entsprechenden klassischen griechischen Wortparallelen.

In Prinzip kann man im Mykenischen zwei Typen dieser Differenzen unterscheiden, zwischen denen allerdings verschiedene Zwischenstufen zu finden sind. Einerseits handelt es sich oft um winzige, manchmal sogar schwer beweisbare semantische Unterschiede, die im Prinzip demselben breiteren semantischen Feld angehören, wobei jedoch von diesem im Mykenischen wegen der inhaltlichen Einseitigkeit der LB-Texte nur ein bestimmter Teil ausgenützt wird, der nach der Aussage des klassischen Griechisch eventuell gar nicht im ursprünglichen Zentrum des semantischen Feldes stand.

Das betrifft z. B. das LB-Wort e-re-pa *elephans*, das nie einen Elefanten, sondern immer nur Elfenbein bezeichnet als hochgeschätztes Material zur handwerklichen Bearbeitung, das in den Inventarlisten der Palastverwaltung oft erwähnt wird. In ähnlicher Weise bezeichnet das Wort o-nu *onuks* „Nagel" nicht den betreffenden Teil des menschlichen oder tierischen Körpers, sondern eine „nagelartige" Ausschmückung eines Objektes (s. S. 360).

Dergleichen geschah im Mykenischen auch bei vielen anderen Wörtern, die man heute ziemlich gut versteht, doch für welche man bei deren Übersetzung ein in den Kontext besser passendes Wort wählen muß, als man in einem traditionellen altgriechischen Wörterbuch finden kann (das LB-Wort ku-su-to-ro-qa *ksunstrok*^{w}*hā* z. B. darf man wahrscheinlich nach dem Kontext richtig als „Summe" deuten, während man z. B. bei Pape nur andere Bedeutungen findet). Auch das Wort ta-ra-si-ja *tala(n)siā* ist offenbar richtig als „abgewogene Menge" gedeutet (bei Pape nur „Wollspinnerei"). Solche Fälle gibt es besonders in der obenbesprochenen semantischen Klasse C (Warensorten und Objekte).

In einigen Fällen sind wir allerdings gar nicht imstande, die passende Bedeutung des LB-Wortes wenigstens mit annähernder Sicherheit zu erraten, z. B. bei dem Ausdruck ta-to-mo, den man auf dreierlei Weise, nämlich als „Viehstall", „Pfeiler" bzw. „Gewicht" deuten kann, doch auch das alphabetische Wort σταθμός ist mehrdeutig. Dasselbe trifft oft auch bei einigen allgemeineren sozial-ökonomischen Termini der Klasse B, z. B. o-pa usw., zu.

Dies alles sind Unterarten einer Gruppe von Unterschieden, wo man es mit verschiedenen Komponenten desselben semantischen Bedeutungsfeldes zu tun hat — falls es sich nicht gerade um zwei oder mehrere völlig verschiedene LB-Wörter handelt, deren Unterscheidung außerhalb unseres heutigen Kenntnisstandes liegt.

Eine Zwischenstufe zu einer anderen Gruppe repräsentieren die obenerwähnten Wörter wie ta-ra-si-ja oder ku-su-to-ro-qa, die im Mykenischen vielleicht noch eine alte, im alphabetischen Griechisch nicht mehr benützte Bedeutung besitzen.

Dies findet sich des öfteren bei einigen sozialbedingten Bezeichnungen von Personen, wo das betreffende mykenische Wort im alphabetischen Griechisch zwar eine direkte Parallele aufweist, doch die mykenische Bedeutung den Eindruck macht, daß sich der semantische Inhalt des betreffenden Wortes inzwischen bisweilen verschoben hat. Im Mykenischen hat sich in solchen Fällen — wenn man vom Text ausgeht — eine ältere semantische Bedeutung erhalten, die im klassischen Griechisch entweder überhaupt nicht oder höchstens nur *in margine* bezeugt ist. Zu dieser zweiten Gruppe gehören auch mykenische Bezeichnungen verschiedener Objekte.

Es folgt eine Liste der wichtigsten Wörter dieser Art, die wieder meistens zu unseren semantischen Klassen B–C gehören. Fast alle Ausdrücke dieser Art sind Substantiva:

a-ko-ra *agorā* „Sammlung“ × ἀγορά „Markt“,

a-mo *(h)ar(h)mo* „Rad“ × ἅρμα „Wagen“,

do-e-ra *do(h)elā* „Dienerin“ × δούλη „Dienerin, Sklavin“,

do-e-ro *do(h)elos* „Diener“ × δοῦλος „Diener, Sklave“,

pa-ka-na *phasgana* „Dolche“ (Pl.) × φάσγανον „Schwert“,

pi-a_2-ra *phihalai*, pi-je-ra_3 *phi(h)elai* „Pfannen“ (Pl.) × φιάλη „Becher“,

qa-si-re-u *g^wasileus* „ein lokaler Würdenträger“ × βασιλεύς „König“,

te-me-no *temenos* „abgesonderter Grundbesitz“ × τέμενος (eher) „Gottesflur“, „heiliger Bezirk“,

wa-na-ka *wanaks* „Herrscher, König“ × (ϝ)άναξ „Herr“ (meistens poetisch, vor allem im kultischen bzw. mythischen Bereich).

Es tritt auch ein wichtiges Verb hinzu:

e-u-ke-to *eukhetoi* „er (sie) behauptet“ oder „erklärt“ (3. Sing.) × εὔχεται „er (sie) betet“.

E) Die mykenische Syntax

Die Probleme der mykenischen Syntax sind bereits seit Beginn der mykenologischen grammatischen Bemühungen von verschiedenen Forschern besprochen worden — zum erstenmal von *Ventris* und *Chadwick* in Docs. 1956, dann systematisch vor allem von *E. Vilborg* 1960, *Y. Duhoux* 1973, *E. Risch* 1976, *I. Hajnal* 1995, *O. Panagl* 1999 u. a. Eine vollständige mykenische Syntax ist allerdings nicht vorlegbar, da dies der spezifische Charakter der LB-Texte mit ihren knappen administrativen Vermerken verhindert.

Die Mehrzahl der LB-Texte zeigt Vermerke überwiegend nominaler Art (die Verben kommen verhältnismäßig selten vor); meistens handelt es sich um Listen und Inventare, gelegentlich mit Überschriften, die die Listen verständlich machen.

Trotzdem sind wir heute auch bei diesem Mangel imstande, mehrere LB-Texte als gute Proben mykenischer Satzbildung anzuführen. Einige Beispiele:

1) PY Fr 1184 (Verbalsatz, dreiwertige Valenz; s. Abb. 29 auf S. 64):
ko-ka-ro a-pe-do-ke e-u-me-de-i to-so e-ra$_3$-wo...
Kōkalos apedōke E(h)umēde(h)i tos(s)on elaiwon...
„Kōkalos hat dem Eumēdēs so viel Öl abgeliefert..."
SUBJEKT + VERB + indir. OBJEKT im Dat. + dir. OBJEKT im Akk.

2) PY Jn 658 (Verbalsatz, zweiwertig + Ortsbezeichnung [wo?]):
ka-ke-we ta-ra-si-ja e-ko-si e-ni-pa-te-we
khalkēwes tala(n)siān ekhonsi E... wei
„Die Schmiede haben die zugeteilte Menge (von Bronze) in E."
SUBJ. + dir. OBJ. (Akk.) + VERB + ORTSBEZEICHNUNG (Dat.-Lok.)

3) PY Vn 10 (Verbalsatz, zweiwertig + Ortsbezeichnung [wohin?])
o-di-do-si du-ru-to-mo a-mo-te-jo-na-de e-pi-pụ-ta 50...
(h)ō(s) didonsi drutomoi (h)ar(h)motej(j)ōnade epiphuta 50...
„So liefern die Holzfäller (o. „Wie die H. liefern") in die Wagnerei 50 Baumstämme (?)."
Adverb (o. Partikel?) + VERB + SUBJ. + RICHTUNG („ALLATIV" = Akk. + -de) + dir. OBJ.

4) PY Na 568 (Verbalsatz, zweiwertig)
to-sa-de na-u-do-mo o-u-di-do-si
tos(s)ade naudomoi ou didonsi
„So viel liefern die Schiffszimmerleute nicht."
dir. OBJ. (Pron. im Akk.) + SUBJ + neg. VERB

5) PY An 657, 14 (Adverbialsatz, ohne Verb; s. Abb. 45 auf S. 505):
me-ta-qe pe-i a_3-ko-ta e-qe-ta
meta k^w*e sphe(h)i Aigotās? (h)ek*^{w}*etās*
„Und mit ihnen der *(h)ek*^{w}*etās* (Beamtentitel) A."
angehängte PRÄPOSITION + KONJUNKTION + SUBJEKT (inkl. ANTHROPONYM)

6) PY Ep 704.7 (Infinitiv nach einem Modalverb)
ka-pa-ti-ja ka-ra-wi-po-ro e-ke ke-ke-me-no o-pe-ro-sa du-wo-u-pi wo-ze-e o-u-wo-ze
Karpathiā klāwiphoros ekhei keke(i)menō, ophĕ̄l(l)onsa d(u)wŏ̄(h)uphi wordze(h)en, ou wordzei
„Die Schlüsselverwahrerin Karpathiā besitzt zwei Grundstücke (Dual); sie ist verpflichtet, auf zwei (Grundstücken) Arbeit auszuüben, sie übt sie (allerdings) nicht aus."
SUBJEKT (inkl. ANTHR.) + VERB + dir. OBJEKT; PART. des MODALVERBS ... + INF.; (SUBJ.) + neg. VERB

7) PY Ep 704 (zwei Infinitivkonstruktionen: Nom. + Inf., Akk. + Inf.)
7.a: e-ri-ta i-je-re-ja te-o-jo e-ke e-u-ke-to-qe e-to-ni-jo e-ke-e te-o /
7.b: da-mo-de-mi pa-si ko-to-na-o ke-ke-me-na-o o-na-to e-ke-e
E. (h)iereia the(h)oio, ekhei eukhetoi k^w*e e-to-ni-jo ekhe(h)en the(h)ō? / dāmos de min phāsi ktoinā(h)ōn keke(i)menā(h)ōn onāton ekhe(h)en*
„E., Priesterin der Gottheit, hat ein e-to-ni-jo der Gottheit (ein spezifisches Stück Land) und behauptet (dies) zu besitzen, die Gemeinde dagegen verkündet (über sie), daß sie ein o-na-to der von der Gemeinde gepachteten Grundstücke besitzt."
SUBJ. (inkl. ANTHR.) + VERB^1 + VERB^2 + sach. OBJEKT im Akk. + INF.; SUBJ. + pers. OBJ. im Akk. + VERB + sach. OBJ. im Akk. + INF.

Partizipialkonstruktionen:

8) PY An 1 (Partizipialkonstr., wohl als Überschrift: Part. im Nom.):
e-re-ta pe-re-u-ro-na-de i-jo-te

eretai Pleurōnade iontes
„die Ruderer, die nach Pleuron fahren/gehen sollen."
SUBJEKT + RICHTUNG („ALLATIV" = Akk. + -de) + PART. im Nom.

9) PY Eq 213 (Partizipialkonstruktion: Prädikatspart. im Nom.)
o-wi-de a-ko-so-ta to-ro-qe-jo-me-no
(h)ō(s) wide A(r)ksotās trok^{w}ejomenos
„So (wie) es A. besichtigte, als er eine Inspektionsreise machte (?)."
Adverb + VERB + SUBJEKT + PART. im Nom.

10) PY Ta 708.3 (mit Instrumental)
ta-ra-nu ... a-ja-me-no e-re-pa-te-jo a-di-ri-ja-pi re-wo-pi-qe
thrānus ... aj $\breve{\bar{a}}$ i(s)menos elephantej(j)ois andriamphi lewom(p)phi k^{w}e
„Ein Schemel eingelegt, mit Figuren von Menschen und Löwen in Elfenbein."
SUBJ. (o. OBJ.) + PARTIZIP + OBJEKT im Instr.

11) KN Sd 4401 + 8718 + fr. (mit Instrumental)
... a-ra-ru-ja a-ni-ja-pi
... *ararujja(i) (h)āniāphi*
„... mit Zügeln versehen (ausgestattet)."
(SUBJ.) + PART. + Obj. im Instr.

12) MY Oe 127 (Part. Fut.):
a-re-pa-te ze-so-me-no
aleiphatei dzes(s)omenōi
„für die zu kochende Salbe"
OBJEKT im Dativ + Part. Fut. Med.-Pass.

13) ... pa-we-a_2 e-we-pe-se-so-me-na (Part. Fut.)
... *pharweha e(h)u (h)epsēsomena*
„... gut zu kochende Tücher"
SUBJ. o. OBJ. + PART. Fut. Pass. (in einer quasigerundivalen Funktion)

14) PY Ta 711 (ein temporaler Nebensatz mit o-te)
o-wi-de pu_2-ke-qi-ri o-te wa-na-ka te-ke au-ke-wa da-mo-ko-ro
(h)ō(s) wide P., (h)ote wanaks thēke Augewān dāmokoron

„So (wie) es P. (Frauenname?) besichtigte, nachdem der Herrscher den Augewās zum *dāmokoros* bestellt hatte."
Adverb + VERB + SUBJEKT + KONJUNKTION + SUBJ. + VERB + OBJEKT im Akk. + PRÄD. im Akk.

Alle diese Beispiele kann man als vollwertige Sätze bzw. Satzteile betrachten. Wenn auch die Zahl solcher Belege verhältnismäßig gering ist, bieten sie doch einen gewissen Einblick in das zur Verfügung stehende syntaktische Repertoire der LB-Texte.

***

Es gibt weitere syntaktische Bereiche, wo die Linear B-Texte interessante Auskünfte gewähren.

1. Im Bereich der Kasussyntax

Die Struktur der LB-Texte ist überwiegend nominal, doch wegen der lückenhaften mykenischen Orthographie sind die einzelnen Kasusformen nicht selten nur aus dem Kontext identifizierbar — und zwar nicht immer mit voller Sicherheit. Über das Kasussystem und die einzelnen Kasus kann man allerdings folgendes zusammenfassen (über das Kasussystem im allgemeinen s. Kap. VII, S. 158ff.):

Nominativ:
Nom. als Satzsubjekt (s. S. 439ff. oben).
Nom. rubricus: Ein Substantiv kann unter Umständen im Nominativus rubricus stehen (wenn auch der Kontext nicht selten einen anderen Kasus erfordert); das betrifft in den LB-Texten verschiedenartige Wortverbindungen, die entweder „syntaktisch" oder lediglich „parataktisch" gedeutet werden können. Umgekehrt kann ein Name in der Überschrift eines LB-Täfelchens oder am Anfang einer Zeile nicht nur im Nominativ, sondern auch in einem anderen Kasus stehen (z. B. kann das Toponym pu-ro *Pulos* in PY Tn 316 in solchem Falle auch als der Dat.-Lok. *Pulŏ̆i* (?) gelesen werden).

Genitiv:
Gen. possessivus: a-pi-qo-ro ko-wo *amphik^wolōn korwoi* PY Ad 690 „Jungen der Dienerinnen" oder, prädikativ, pe-se-ro-jo e-e-si *Psellojjo e(h)ensi* „sie gehören dem Psellos".

Gen. temporis: di-wi-jo-jo me-no *Diwiojjo mēn(n)os* KN Fp 5 „im Monat des Zeus(festes)".

Statt eines Gen. possess. des Vaters benützt man im Mykenischen meistens ein Patronymikon auf -i-jo *-ios* (s. Kap. VIII, S. 422f.).

Gen. partitivus: Vgl. vor allem die Beispiele in den pylischen Subserien Ea, Eo, Ep, z. B. Eo 247 e-ke-qe o-na-to ki-ti-me-na ko-to-na ai-ti-jo-qo *ekhei* k^w*e onāton ktimenās ktoinās Aithiok*^{w}*os* „und hat Nutznießung vom Privatland des Aithiok^{w}s".

Gen. materiae: Neben einem Gen. materiae (z. B. ROTA + pe-te-re-wa *ptelewās* KN So 894, „Rad aus Ulme(nholz)") benützt man auch ein gleichwertiges Adjektiv auf -e-jo, -e-o bzw. -i-jo = *-ej(j)os, -ios,* vgl. das alphabetische -ειος, -εος, -ιος (mehr bei *J. T. Killen* 1983a u. a.).

Dativ (bzw. Dat.-Lok. oder Dat.-Instr. Sing.):

Dat. (in)commodi: Besonders bei Opfergaben: Z. B. KN Fp 1.5 u. a. pa-si-te-o-i *pansi theoi(h)i* „für alle Götter", PY Fr 343 po-se-da-o-ne do-so-mo *Poseidā(h)ŏ̄nei dosmos* „Abgabe für Poseidā(h)ōn".

Dat.(-Lok.) temporis: Z. B. ... we-te-i-we-te-i *wete(h)i-wete(h)i* „in jedem Jahre, jedes Jahr, jährlich".

Dat.(-Lok.) loci: Z. B. di-da-ka-re *didaskalei* „beim Lehrer", doch meistens bei Ortsnamen, z. B. e-re-e bzw. *(H)ele(h)ei?* „in (H)elos" (s. S. 425), pa-ki-ja-si *Sphagiānsi* „in Sph." (s. S. 444, 466).

Dat.(-Instr.) instrumenti: Vgl. Nr. 11 auf S. 441 oben, sowie *Instr. (Pl.)* unten.

Dat. des Zweckes: Z. B. PY Ub 1318.7 di-pte-ra a_3-za pe-di-ro-i *diphtherā* o. *dipsterā aidza pedīloi(h)i* „Ziegenleder für Sandalen"; Jn 829.3 pa-ta-jo-i-qe e-ke-si-qe a_3-ka-sa-ma *paltajjoi(h)i* k^w*e enkhes(s)i* k^w*e aiksmans* „Spitzen für Schwerter und Lanzen".

Dat. respectus: Z. B. ti-ri-po e-me po-de o-wo-we *tripŏ̄s (h)emei podei oiwōw(w)ēs* „Dreifuß mit (nur noch) einem Fuß, einhenklig".

Akkusativ:

Akk. als direktes Objekt (vgl. mehrere Beispiele auf S. 439ff. oben).

Akk. temporis: Z. B. PY Ma 365: ka-ke-we a_2-te-ro we-to di-do-si *khalkēwes hateron wetos didonsi* „die Schmiede liefern im nächsten Jahr ab".

Akk. der Richtung (Allativ), meistens mit *-de* (vgl. -δε): Z. B. KN Fp 14 u. a. a-mi-ni-so-de *Amnīsonde* „nach Amnisos", PY An 1.1 pe-re-u-ro-na-de *Pleurōnade* „nach Pleuron", pa-ki-ja-na-de *Sphagiānasde* „nach Sph.", do-de *dō(n)de* „ins Haus", wo-i-ko-de *woikonde* „ins Haus", a-mo-te-jo-na-de *(h)ar(h)motej(j)ōnade* „in die (Werkstatt) des Wagners".

Akk. respectus: Vielleicht PY Ta 641.1 ti-ri-po... a-pu ke-ka-u-me-no ke-re-a_2 *tripŏ̄s ... apukekaumenos skele(h)a* „ein Dreifuß mit verbrannten Beinen".

Instrumental (Pl.):
Instr. instrumenti: Oft mit Partizipien verbunden (vgl. die Nummer 11 auf S. 441 oben).

Doch auch ohne Partizip bzw. Präposition, besonders in der knossischen Subserie Sd und der pylischen Subserie Ta: z. B. PY Ta 642 e-re-pa-te-jo po-pi e-ka-ma-te-qe *elephantej(j)ois popphi ekhmatei* $k^{w}e$ „mit Füßen und Stütze aus Elfenbein".

Instr. loci im ablativischen Sinn: Einigemal bei Ortsnamen: z. B. pa-ki-ja-pi *Sphagiāmphi* „aus Sph." (s. S. 444, 466).

Anm.: Der Kasussynkretismus ist auf der Stufe des Mykenischen ziemlich weit fortgeschritten — bis zur „systematischen Opposition" (*O. Panagl* 1999, S. 490) zwischen einem Instr.-Abl. und einem Dat.-Lok.

Bezeichnungen der räumlichen Dimension (eine Synopsis):

Richtung (nach):	Akkusativ (oft mit *-de*)	a-mi-ni-so-de
Richtung (von):	Instrumental Plural	pa-ki-ja-pi
	bzw. das Suffix -te *-then*	a-ke-re-u-te
(vgl. auch a-po-te	*apōthen* bzw. a-po-te-ro-te	*amphoterōthen*)
Ortsruhe (in):	Dat.-Lok.	e-re-e/e-re-i, pa-ki-ja-si

2. Zur Morphosyntax der verbalen Kategorien

Kein anderer Modus außer Indikativ ist sicher bezeugt (lediglich ein unsicherer Beleg für den Imperativ). Keine sicheren Belege für Konjunktiv (doch vgl. S. 445) oder Optativ.

3. Nominalisierung von Handlungen

Der knappe Charakter der LB-Texte bedingt eine große Zahl von nominalen Verbalformen (vgl. S. 439f.). Unter diesen überwiegen die Partizipien sowohl in ihrer adverbiellen als auch prädikativen Funktion (s. oben Nr. 8, 9 u. a. auf S. 440f.). Verhältnismäßig häufig sind auch die Verbaladjektiva; einige von ihnen alternieren sogar mit den Part. Perf. Pass. (vgl. qe-qi-no-to $g^{w}eg^{w}$*īnōtoi* PY mit qe-qi-no-me-no $g^{w}eg^{w}$*īnōmenoi* PY bzw. ka-ko-de-ta *khalkodeta* (Nom. Plur.) KN mit ka-ko de-de-me-no *khalkōi dedemenō* (Dual) „erzbeschlagen" PY). Vgl. *O. Panagl* 1999.

Die Infinitive sind im Mykenischen weit weniger häufig; doch gibt es hier neben einer Infinitivkonstruktion sogar einen echten Akk. cum Inf. (s. Nr. 7 auf S. 440 oben).

Anm: Das Augment scheint keinen völlig sicheren Beleg zu haben.

4. Wortstellung

Offensichtlich bevorzugt man entweder das S(ubjekt)-O(bjekt)-V(erb)-Muster oder dessen SVO-Variante, während nach den kataphorischen Einleitungspartikeln jo-/o- *jō(s)* bzw. *(h)ō(s)* der VSO-Typus überwiegt (mit dem schwachtonigen enklitischen Verbum in der zweiten Position; s. *O. Panagl* 1999). Die Position des adjektivischen bzw. nominal-genitivischen Attributs beim Substantivum ist noch nicht eindeutig geklärt worden; vgl. *M. Babič* 1999).

5. Hypotaxe und Parataxe:

Nebensätze kommen nur selten vor. Vgl. vor allem den Temporalsatz mit o-te (s. Nr. 14 auf S. 441f. oben). Vgl. auch den erstarrten relativen Anschluß jo-/o- *jō(s)* bzw. *(h)ō(s)* (urspr. „wie“, doch eher bereits „so“) als Reflex der Relativsätze.

Die Neuerscheinungen zu weiterem Lesen
(Kap. VIIIde: Semantik, Syntax)

Einige syntaktische Aspekte werden von *M. S. Ruipérez* 1997 untersucht (Akk. cum Inf.; das anaphorische Relativpronomen jo-, o- *(h)ō(d)* bzw. *(h)ō(s)*; Augment als Bezeichnung einer „markierten“ Form; Nichtanerkennung einer Tmesis im Mykenischen; über das nichtkopulative -qe *$^*k^we(m)$* als Vorläufer von κε, κεν, καν, κα, ἄν). Über das -qe in allgemeinem vgl. vor allem *C. J. Ruijgh* 1971, über das nichtkopulative -qe s. *Ruijgh* 1992a und *A. Lillo* 1993, 1996 (das myk. e-ke-qe sei — wie bei Ruipérez — ein Konj. mit der Modalitätspartikel *$^*k^we$*).

IX. Die Stellung des Mykenischen im Rahmen der altgriechischen Sprache

A. Mundartliche Charakteristik des Mykenischen

1. Im phonetischen Bereich:

a) Das lange *ā* ist noch erhalten: a-ta-na *Athānā* ~ att. Ἀθήνη, Ἀθηνᾶ, da-mo *dāmos* ~ δῆμος „Gemeinde" (noch nicht „Volk") — dieser Zustand ist als Archaismus zu deuten.

b) Auch die Vokalkontraktionen bleiben noch aus: do-e-ro *do(h)elos* ~ δοῦλος „Diener" (besser als „Sklave") — wieder ein Archaismus.

c) Eine Tendenz von *e* > *i* (vgl. di-pa ~ δέπας oder a-ti-mi-te ~ Αρτέμιδι u. a.), und vielleicht auch von *o* > *u* machte sich bemerkbar — wie im Arkadisch-Kyprischen; vgl. *O. Panagl* 1975. S. auch 3.b) auf S. 448.

d) Die Konsonantengruppen *rs, sr, ls, sl, ns, sn, ms, sm, ln, rj, lj, mj, nj* scheinen bereits mittels kompensatorischer Dehnung des vorhergehenden Vokals vereinfacht zu sein: a-ke-re *agērei* ~ ἀγείρει „er (ver)sammelt" — wie dies in den nichtäolischen Dialekten der Fall ist —, oder vielleicht durch eine Gemination beseitigt: a-ke-ra$_2$-te *agerrantes?* (oder auch hier *agērantes?*, s. S. 146f.) „gesammelt habend" — wie im Thessalischen und Lesbischen; vgl. dagegen att. ἀγείραντες, lak. ἀγήραντες. Der Vollzug der Dehnung wird aber nicht von allen Forschern akzeptiert.

e) Die silbischen Sonanten *m̥/n̥* sind meistens zu *o*, bzw. zu *a* geworden, während das silbische *r̥* zu *or/ro* wurde: e-ne-wo- *ennewo-* < **ennewn̥* ~ ἐννέα „neun", pe-mo/pe-ma *spermo/sperma* < **-mn̥* ~ σπέρμα „Saatkorn, Korn": to-pe-za *torpedza* < **tr̥-pedja* ~ τράπεζα „Tisch" — mit Parallelen im arkadisch-kyprischen und äolischen Gebiet.

f) Der Ausdruck ἱερός „heilig" findet sich im Mykenischen in der ark.-kypr. und ion.-att. Form: i-je-ro *(h)ieros* (Adj.) oder *hieron* (Subst., „Heiligtum") — im Unterschied zum dorischen ἱαρός und lesbischen ἶρος.

g) Der Konsonant *w* ist noch erhalten: wa-na-ka *wanaks* ~ ἄναξ „Herr, Herrscher", e-ra-wo, e-ra$_3$-wo *elaiwon* ~ ἔλαιον „Öl", ko-wo *korwos* ~ att. κόρος, ion. κοῦρος „Jüngling" — es handelt sich wieder um einen Archaismus.

h) Ebenso sind die Labiovelarlaute im Prinzip erhalten: -qe -k^w*e* ~ τε „und", a-pi-qo-ro *amphik*^{w}*oloi* (Nom. Plur.) ~ ἀμφίπολος „Dienerin"; eine Ausnahme bildet qo-u-ko-ro g^w*ou-kolos* < *-k^w*olos* (mit Dissimilation) ~ βουκόλος „Rinderhirt".

i) Die Endungen der 3. Pers. Sing./Plur. *-(n)ti* (sowie die nominalen Suffixe *-ti-* und *-t(h)io-*) sind zu -(ν)σι, -σις, -σιος assibiliert worden: pa-si *phāsi* „er sagt" ~ φησί; e-ko-si *ekhonsi* ~ ark. ἔχονσι, att. ἔχουσι „sie haben"; a-pu-do-si *apudosis* ~ att. ἀπόδοσις „Abgabe, Steuer"; ko-ri-si-jo *Korinsios* „korinthisch" (doch im alphabetischen Griechisch nur Κορίνθιος!). Die Verbalendung -(ν)σι kommt im späteren Griechisch im arkadisch-kyprischen, ionisch-attischen und lesbischen Gebiet vor.

j) Im Mykenischen gibt es eine spürbare Tendenz zu palatalisierenden Reduktionen des Typs su-za *sūtsai* < *-*kjai* (Nom. Plur., vgl. ion.-att. συκέαι „Feigenbäume") — mit einer gewissen Parallelität im Lesbischen.

2. Im morphologischen Bereich

a) Der Gen. Sing. der 2. Deklination hat die Endung -o-jo *-ojjo*: te-o-jo *the(h)ojjo* ~ att. θεοῦ „des Gottes" (viel seltener -o *-ō*); vgl. das alphabetische -οιο bei Homer und im Thessalischen.

b) Im Dat. Sing. der 3. Deklination überwiegt die ursprüngliche dativische Endung -e *-ei* (z. B. ka-ka-we *khalkēwei* „dem Schmied" gegenüber dem hauptsächlich in Pylos und Mykene vorkommenden ursprünglich lokativischen -i *-i*: z. B. ka-ke-wi *khalkēwi*; dieses *-i* wurde im alphabetischen Griechisch zum ausschließlichen Kasusausgang im Dat. Sing. der 3. Deklination /vgl. ποιμένι/, wobei es allerdings auch im Mykenischen der führende Dat.-Sing.-Ausgang bei den *s*-Stämmen war; vgl. z. B. we-te-i-we-te-i *wete(h)i wete(h)i* „jedes Jahr" ~ att. ἔτει als Dat. Sing. zu ἔτος). — Vgl. weiter auch di-we *Diwei* ~ att. Διί „dem Zeus", doch siehe daneben den archaischen alphabetischen Personennamen ΔιϝεΙφιλος ~ att. Δίφιλος. Die Bewahrung des alten dativischen *-ei* ist also auch ein Archaismus. Vgl. jedoch *I. Hajnal* 1997 (s. hier auf S. 488).

c) Die mykenischen Formen auf -pi *-phi* (vgl. po-pi *pop-phi* < **pod-phi* zu πούς/πώς „Fuß") sind noch authentische Instrumentale des Plurals, während die homerischen Formen auf -φι verschiedene Kasusfunktionen ausüben.

d) Der Dat. Sing. e-me *(h)emei* < **sĕ̄mei* ~ att. ἑνί (zu **sĕ̄ms* > εἷς) ist auch eine archaische Form, nur im Mykenischen bezeugt.

e) Die Endung der 3. Sing./Plur. Med. ist -to *-(n)toi*: e-u-ke-to *eukhetoi*, vgl. att. εὔχεται („er erklärt", noch nicht „er betet"); es handelt sich um die ursprüngliche Endung der 3. Pers. Sing./Plur. Med., die im alphabetischen Griechisch nur im Arkadokyprischen bezeugt ist; in den anderen klassischen griechischen Dialekten gibt es nur die geneuerte Form -(ν)ται.

f) Das Partizip Präs. Akt. weist gelegentlich Formen der Nullstufe im Suffix auf: a-pe-a-sa *ap-e(h)as(s)ai* < **-esn̥t-jai* (vgl. aber att. ἀποῦσαι) „die abwesenden" (Fem.) — mit vergleichbarer Tendenz im Arkadischen. In der Regel bevorzugte man im Mykenischen die Vollstufe: siehe z. B. i-jo-te *iontes* „die gehenden, fahrenden" (Mask.), att. ἰόντες.

g) Der mykenische Ausgang des thematischen Infinitiv Präs. Akt. ist -e-e *-e(h)en* < **-esen*: e-ke-e *ekhe(h)en*, vgl. att. ἔχειν „haben" — mit Parallelen im Ionisch-Attischen, Lesbischen und einigen anderen Dialekten des griechischen Nordwestens (zum Unterschied von -εν in den meisten dorischen Dialekten, doch auch dort kommt -ειν bzw. -ην vor).

h) Die mykenischen Patronymika enthalten das Suffix (-)e-i-jo *-ejjo-*, wie dies im Äolischen der Fall ist: e-te-wo-ke-re-we-i-jo *Etewoklewe(h)ios*, cfr. Ἐτεοκλῆς (nicht -ίδης, -ιάδης, wie im Ionisch-Attischen — wo gar keine Patronymika auf *-ejjo-* vorkommen.

3. Einige weitere Besonderheiten:

a) Das Theonym po-se-da-o *Poseidā(h)ōn* entspricht den ionisch-attischen Formen Ποσειδέων, Ποσειδῶν.

b) Die mykenische Präposition a-pu *apu*, vgl. att. ἀπό, entspricht der im Arkadokyprischen und Äolischen bezeugten klassischen Form ἀπύ.

c) Andere Präpositionen: s. vor allem ku-su *ksun* ~ att. ξύν „mit"; pe-da *peda* (neben me-ta *meta* ~ att. μετά) ~ äol. πέδα; po-si *posi* ~ ark. πός, kypr. po-se = *pos*; pa-ro + Dat. ~ att. παρά.

Mehrere Einzelheiten über die mykenischen mundartlichen Besonderheiten kann man vor allem bei *A. Scherer* 1959, 314–361, *A. Bartoněk* 1972b, 327–345, *E. Risch* 1979b, 91–111, *Rüdiger Schmitt* 1977, 111–133, und jetzt besonders bei *M. Morani* 1999, 91–115, vorfinden.

***

Das Problem des mykenischen Dialekts der altgriechischen Sprache kann man heute von zwei Seiten her erörtern, in einer eher vertikalen und in einer anderen, vielmehr horizontalen Dimension: Einerseits kann man fragen, welche Stelle der mykenische Dialekt im Komplex der gesamten altgriechischen sprachlichen Entwicklung einnimmt, d. h. einer prinzipiell im Vergleich mit dem auf einer Seite vorausgesetzten spätindoeuropäischen bzw. protogriechischen Ausgangszustand und auf der anderen Seite mit der gesamten altgriechischen mundartlichen Entwicklung von deren dunklen Anfängen um die Wende des 3. zum 2. Jahrtausend v. Chr., falls man über solche überhaupt zu sprechen imstande ist, bis zu dem äußerst bunten Spektrum der altgriechischen Mundarten bei Anbruch der hellenistischen Periode um die Wende des 4. zum 3. Jahrhundert. Von dieser *vertikalen* Dimension her kann man verschiedene Informationen gewinnen, vor allem über das Verhältnis des mykenischen Dialekts zu den altgriechischen Mundarten der archaischen und klassischen Zeit, namentlich zu den vier Mundartgruppen des alphabetischen Griechisch aus dem 1. Jahrtausend vor Christi Geburt.

Wenn auch das Mykenische nur eine einzige chronologische Phase dieser altgriechischen sprachlichen Entwicklung darstellt — und dabei nur in einem ziemlich beschränkten geographischen Raum —, so hat sich andererseits heutzutage auch bereits der *horizontale* Zugriff auf die mykenische mundartliche Evidenz zu lohnen begonnen, da mykenische Linear B-Texte heute schon aus 16 Fundorten innerhalb der 4 wichtigsten bronzezeitlichen griechischen Regionen desselben chronologischen Horizonts bekannt sind (s. S. 30). Dies ist die zweite, innermykenische Dimension, in deren Rahmen die mykenische Mundart eine Anzahl weiterer, ebenso interessanter Vergleichsresultate bieten kann.

Die Anfänge der altgriechischen mundartlichen Ausgliederung verlieren sich in der dunklen Periode der frühgriechischen sprachlichen Entwicklung am Anfang des 2. Jahrtausends. Es wird meistens vermutet, daß die griechische Sprache als eine von Anfang an verhältnismäßig einheitliche indoeuropäische Sprache anzusehen ist, wenn auch möglicherweise schon seit Anbeginn mit einigen altertümlichen innergriechischen Differenzen, z. B. einem Nebeneinander -μες ∼ -με(ν) in der 1. Pers. Akt. (s. S. 471). Ja einige Forscher suchten die Quellen etlicher archaischer mundartlicher Unterschiede sogar außerhalb Griechenlands, wie *V. Pisani* oder *F. Rodríguez Adrados* (s. unten auf S. 472). Wenn auch ich selbst mit den Prinzipien ihrer Hypothesen nicht völlig einverstanden bin, so muß ich zugeben, daß man sich die Verhältnisse an der Wende von der rezentesten spätindoeuropäischen zur ältesten frühgriechischen Periode eher in der Form eines etwas lockeren Sprachbundes verwandter und benachbarter Idioms vorstellen kann und nicht nur als ein bereits recht ausgeprägtes Proto-Griechisch (s. *A. Bartoněk* 1996a). Schon in diesen Zeiten konnte sich der alte Unterschied zwischen primärem -μες und sekundärem -με(ν) in eine regelrechte Variation -μες (künftighin dorisch — neben ein paar -μες-Inschriften im Randgebiet von Arkadien) gegenüber -μεν (nicht-dorisch) verwandelt haben.

Dabei glaube ich, daß *M. Doria* 1965 (vgl. weiter auf S. 472) völlig recht hatte, als er sagte, es dürfte schon in der vormykenischen Zeit diverse mundartliche Unterschiede im griechischen Sprachraum gegeben haben, von denen man allerdings heutzutage gar nichts wisse. Mag es sich um Überbleibsel aus der Zeit vor der Einwanderung gehandelt haben, oder mögen sie erst auf helladischem Boden in der 1. Hälfte des 2. Jahrtausends entstanden sein — sc. im Zuge großer ethnischer Umwälzungen in vormykenischer Zeit (die mit Tendenzen zu sprachlicher Divergenz Hand in Hand gingen) —, viele von ihnen dürften im 14. bzw. 13. Jahrhundert durch die starken Integrationstendenzen der mykenischen Zivilisation überlagert worden und außer Gebrauch gekommen sein. Dies dürfte geschehen sein, nachdem in den mykenischen Palastarchiven ein vereinfachtes Kanzleiidiom gesiegt hatte, das allerdings selbst schon auf einer übermundartlichen Koine-Form beruhte, die sich in den mykenischen Zentren zu einem überregionalen Interdialekt herausgebildet hatte — unter Verlust spezifischer lokaler Sprachbesonderheiten (vgl. S. 480f.).

Das Mykenische der Linear B-Sprache befindet sich, wie man sieht, in einem Stadium zwischen dem wohl etwas lockeren Gefüge des Frühgriechischen aus der Zeit um die Wende des 3. zur 2. Jahrtausends mit möglicherweise ein paar sprachlichen Verbindungen zu benachbarten indoeuropäischen Sprachgruppen und der viel besser definierten, obschon recht komplizierten griechischen Mundartenwelt aus der frühalphabetischen Zeit im zweiten Viertel des 1. Jahrtausends v. Chr.

Das Verhältnis des Mykenischen zu den griechischen Dialekten der klassischen Periode kann man nur annähernd und mit Vorbehalt und Einschränkungen charakterisieren — auch da es, wie wir sagten, im Prinzip ein Kanzleiidiom war, das überdies auf einer Koine-Form basierte. Dieses altertümliche Sprachgebilde besaß noch viele frühgriechische Archaismen, wie im lautlichen Bereich Bewahrung des langen *ā*, Absenz späterer Arten von Ersatzdehnung und der Kontraktionen, Bewahrung der Labiovelarlaute sowie mehr oder weniger auch der *glides j, w, h,* schließlich auch noch einer Menge von ursprünglichen Konsonantengruppen, im morphologischen Bereich dann die Erhaltung einiger altertümlicher Nominalendungen, z. B. -.o-jo = *-ojjo* im Gen. Sing. der II. Dekl. (neben bloßem -o = *-o*), -e = *-ei* im Dat. Sing. der III. Dekl. (neben lokativischem -i = *-i*), -pi = *-phi* im erhaltenen authentischen Instrumental, Patronymika auf -.i-jo = *-ios*, sowie einige Verbalendungen, z. B. -to *-(n)toi* in der 3. Pers. Sing./Med., -.e-e *-e(h)en* im thematischen Inf. Präs. Akt., diverse Nullstufen beim Part. Präs. Akt., ausschließliches **-wos(-)* in den Formen des Part. Perf. Akt.

Es gibt allerdings auch Innovationen im Mykenischen. *M. Lejeune* hat schon in seiner Phonétique historique du mycénien et du grec ancien, Paris 1972, S. 368, wie oben gesagt, eine Liste voralphabetischer Lautveränderungen zusammengestellt — mit deren Einteilung in Erscheinungen aus nachmykenischer Zeit (17), aus der eigentlichen mykenischen Periode (2-3) und aus vormykenischer Zeit (18, z. B. der Wandel von ante- und intervokalischem *(-)s-* ins *(-)h-* im erwähnten a_2-te-ro < *(h)ateron* < **sm̥terom*, bzw. pa-we-a *pharwe(h)a* < -**esa*). Vgl. S. 476.

Doch im Prinzip nur eine einzige von diesen vormykenischen Neuerungen *Lejeunes* konstituierte ein wesentliches Dialektmerkmal, und zwar die Assibilierung von *-ti(-)* zu *-si(-)* (vor allem in den Verbalendungen der 3. Pers. Präs. Akt., besonders im Plur., z. B. in e-ko-si *ekhonsi*, vgl. ion.-att. ἔχουσι, oder pa-si *phāsi*, vgl. ion.-att. φησί, bzw. in *-t(h)io-* > *-sio-*, z. B. in ko-ri-si-jo *Korinsioi* oder za-ku-si-ja *Dzakunsia*, während — nota bene — im alphabetischen Griechisch nur ein nichtassibiliertes Κορίνθιος oder Ζακύνθιος existierte).

Der mykenische Typus e-ko-si besaß in der frühalphabetischen Zeit des 1. Jahrtausends v. Chr. Parallelen nur in dem süd- bzw. ostgriechischen mundartlichen Gebiet, konkret in den arkadisch-kyprischen und den ionisch-attischen Dialekten (sowie, vielleicht bloß sekundär, noch auf der Insel Lesbos) — was auf eine erste wichtige mundartliche Zweiteilung des frühgriechischen Sprachgebietes bereits in vormykenischer Zeit, sagen wir, spätestens im 15. Jh., schließen läßt, und zwar in assibilierende Dialekte einerseits (hierher gehörten die Fundorte der LB-Täfelchen und offensichtlich auch ein paar weitere Gebiete, die bisher ohne schriftliche Belege geblieben sind) und andererseits in konservative nichtassibilierende Mundarten.

Damit hat sich die LB-Sprache ohne jeden Zweifel dem erwähnten süd- bzw. ostgriechischen Neuerungsgebiet des *ekhonsi*-Typs angeschlossen, wobei sie zugleich einen anderen wichtigen sprachlichen Grundzug beibehielt, der offensichtlich ebenso im süd- bzw. mittelpeloponnesisch-achäischen Gebiet zu Hause war, nämlich die nach Ruipérez ursprünglichen Verbalendungen der 3. Pers. Sing./Plur. Med. *-toi*/*-ntoi*, die später in der alphabetischen Periode nur im Arkadisch-Kyprischen bezeugt sind, während alle historischen Dialekte des 1. Jahrtausends lediglich die innovativen Formen *-tai*/*-ntai* aufweisen; dabei ist selbstverständlich gar nicht ausgeschlossen, daß die ursprünglichen *(n)toi*-Formen auch innerhalb des Ionisch-Attischen vielleicht noch während des 14./13. Jh.s in Gebrauch waren und erst in den Dunklen Jahrhunderten durch das innovative *-(n)tai* ersetzt worden sind.

Es gibt auch Pünkte, wo das Mykenische Parallelen zu Erscheinungen (auch) anderer mundartlicher Dialektgebiete aufzuweisen scheint, vgl. z. B. die mögliche, wenngleich nicht gesicherte und auch nicht allgemein geteilte Annahme, daß es Geminate des thessalisch-lesbischen Typs besessen hat — in Formen wie a-ke-ra$_2$-te (als *agērantes* mit Dehnung oder am einfachsten als *agerrantes* mit Geminaten zu deuten), oder die häufige Tendenz des Mykenischen, bei der Entwicklung von Vokalen aus indoeuropäischen silbischen Sonoranten die später aus dem Arkadisch-Kyprischen, aber auch Gemeinäolischen bekannte *-o*-Färbung zu bevorzugen, bzw. verschiedene Reduktionen von antevokalischem *-e*/*ij*- zu *-j-* wie vielleicht in su-za *sūtsai* aus **sūkjai*, wie sie später im Lesbisch vorkommen; aus dem mutmaßlichen Vorhandensein solcher Züge im Mykenischen lassen sich jedoch offensichtlich keine sicheren Schlüsse in bezug auf die Genealogie der mykenischen Mundart ziehen.

Unter diesen Umständen ist es ratsamer — abgesehen von der prinzipiellen Zuweisung der Linear B-Sprache zur südgriechischen Dialektgruppe —, das Mykenische nicht auf allzu detaillierte Weise im Lichte der alphabetischen Dialekte des 1. Jahrtausends beurteilen zu wollen, sondern eher nur zu versuchen, auf Grund der festgestellten sprachlichen Tatsachen den mykenischen Dialekt auf einer sowohl chronologisch als auch geographisch passenden Stelle eines Gerüstes der altgriechischen sprachlichen Entwicklung einzuordnen.

Andererseits weist jedoch das Mykenische auch Erscheinungen auf, die sogar progressiver als ihre alphabetischen Entsprechungen sind (vgl. die erwähnten Formen ko-ri-si-jo, za-ku-si-ja gegenüber Κορίνθιοι, Ζακύνθια oder die Beispiele für Reduktionen von *-ej*/*ij*- zu *-j-* wie vielleicht su-za, ka-zo-e), was darauf hinzudeuten scheint, daß das Mykenische keinen direkten Fortsetzer unter den Dialekten der nachmykenischen Zeit gehabt hat.

Wie weit entfernt der mykenische Dialekt noch von den Mundarten der klassischen Zeit gewesen ist, zeigt vor allem ein Vergleich des Mykenischen mit den phonologischen Teilsystemen der klassischen Dialekte, speziell mit jenem des Attischen. Im Mykenischen sind diese Teilsysteme noch sehr konservativ. Das konsonantische System disponierte noch über vier mal drei Okklusive, die Labiovelare inbegriffen, gegenüber den drei mal drei Okklusiven im klassischen Griechisch und nur ein mal drei Okklusiven am Ende der Antike und Anfang der byzantinischen Zeit. Dabei besaß das Mykenische auch noch die Laute *j, w, h*.

Das mykenische Vokalsystem war in seinem kurzvokalischen sowie langvokalischen Teil vermutlich ziemlich ausgewogen, da es wohl noch das alte Langvokalsystem mit 5 langen vokalischen Phonemen bewahrte — während viele griechische Mundarten spätestens irgendwann im Laufe der 1. Hälfte des 1. Jahrtausends statt des ererbten Langvokalsystems ein solches mit 7 Langvokalen aufzuweisen begannen (die ganze ionisch-attische und dorisch-nordwestgriechische Gruppe, das Pamphylische und ein großer Teil der dorischen Dialekte, besonders jene in der Nachbarschaft des Attischen am Saronischen und Korinthischen Meerbusen, d. h. die sogenannte Doris mitior von Nordosten des Peloponnes sowie die Doris media der dorischen Inselwelt mit Ausnahme von Kreta und Kyrene, denen die konservativere sogenannte Doris severior im Süden des Peloponnes sowie teilweise auf Kreta und in Kyrene gegenüberstand). Diese Differenzen sind in Zusammenhang mit Ersatzdehnungen und Vokalkontraktionen spätestens aus der Periode der Dunklen Jahrhuderten und der zur damaligen Zeit stattgehabten ethnischen Umwälzungen ausgebildet werden.

Auf jeden Fall haben wir auf diese Weise in den letzten 50 Jahren sehr viel über die griechische sprachliche Prähistorie und Protohistorie erfahren, sodaß wir heutzutage im Stande sind — mit Hilfe des Mykenischen und seiner von *J. Chadwick, E. Risch, M. Lejeune, M. Doria* und anderen Forschern unternommenen Evaluierung, — ein mehr oder weniger tragfähiges Netz aus miteinander verknüpften konkreten chronologisch-linguistischen Daten aufzustellen. Ich verweise vor allem auf meine auf den S. 493ff. abgedruckten Tabellen A-E.

Einen ähnlichen diachronischen Vergleich im morphologischen Bereich auszuarbeiten ist dagegen schwierig. Hier konnte man eher eine synchronische Übersicht über die mykenischen Deklinationen und die Nominalsowie Verbalkategorien zusammenstellen (Kap. VII). Vor allem bei den Deklinationstypen kann man feststellen, daß praktisch alle aus der alphabetischen Zeit bekannten Nominalstämme bereits im Mykenischen verhältnismäßig gut bezeugt sind; nur die *i*-Stämme scheinen weniger oft belegt zu sein. In dieser Hinsicht zeigt sich das Mykenische als gar nicht weit von den Verhältnissen im klassischen Griechisch entfernt — wenn auch die Linear B-Mundart trotzdem im Vergleich mit der homerischen Sprachform als ein in der Nominal- sowie Verbalmorphologie noch etwas konservativeres Idiom erscheint.

Relativ eingeschränkt und ziemlich fragmentiert sind unsere Kenntnisse über die Zeitwörter und auch über die Struktur des mykenischen Satzbaues — sicherlich wegen des stark schematischen Charakters der Linear B-Texte. Als überraschend ähnlich erscheint im Vergleich mit dem alphabetischen Zustand der mykenische Wortschatz — trotz einiger interessanter semantischer Verschiebungen.

Soviel zu sagen hielten wir für nötig über die erste, diachronische mundartliche Dimension, die sich von der frühgriechischen Einwanderung auf den helladischen Boden bis tief in die Zeit der klassischen Dialekte hinein erstreckt.

Das Problem der mundartlichen Differenzen zur Zeit der Abfassung der Linear B-Texte zerfällt in zwei Problemkreise. Der erste betrifft die dialektale Strukturierung des gesamten damaligen griechischsprachigen Raums, in dem man neben der vor allem in der Argolis, in Messenien, Böotien und auf Kreta bezeugten Linear B-Sprache und neben ein paar weiteren mit dieser enger verwandten Dialekten im süd- und südostgriechischen Raum, in denen man wahrscheinlich ebenso e-ko-si schrieb und *ekhonsi* mit Assibilierung sprach (z. B. in Attika), auch eine Anzahl von konservativeren Mundarten benützte, in denen noch das ältere *ekhonti* in Gebrauch war, wie dies im gesamten dorisch-nordwestgriechischen Raum noch um ein Jahrtausend später der Fall war. Vielleicht schon in der mykenischen Zeit existierten Vorstufen der späteren Ausgliederung in die bekannten vier Dialektgruppen des 1. Jahrtausends (Arkadisch-Kyprisch, Ionisch-Attisch, Äolisch, Dorisch im breiterem Sinne oder Westgriechisch), doch darüber werden wir mehr sagen auf S. 471ff., wo über die griechische sprachliche Frühgeschiche im allgemeinem gesprochen werden wird.

Hier wollen wir den Problemkreis etwaiger mundartlicher Unterschiede direkt an den einzelnen Fundorten der erhaltenen Linear B-Texte besprechen. Aus der Abbildung auf S. 30 ist ersichtlich, daß die LB-Texte an 16 Lokalitäten entdeckt wurden (darunter 6 Palastarchive, während aus den 10 übrigen Orten im Prinzip nur Einzelfunde stammen), und zwar hauptsächlich in folgenden 4 Regionen: in der Argolis (Mykene, Tiryns, Midea), Messenien (Pylos), Böotien (Theben u. 3 andere Lokalitäten),

Kreta (Knossos, Khania, Mallia u. 2 andere); daneben steht je ein Fund aus Attika, Phokis und Elis. Vor allem die Funde aus Mykene, Pylos, Theben und Knossos wurden oft miteinander verglichen und besonders *E. Risch* und *J. Chadwick* haben schon in den 60er und 70er Jahren einige Unterschiede festgestellt, die sie danach für ihre Teorien über *mycénien spécial* bzw. *Substandard Mycenaean* ausgenützt haben. Bald haben sich auch andere Forscher angeschlossen.

Am meisten hat man dabei folgende Unterschiede und Erscheinungen betont: die Variation zwischen -e = *-ei* und -i = *-i* im Dat. Sing. mit deutlicher Prädominanz von *-ei* außer Mykene); das Schwanken *-o/-a* in den Wortformen des Typs pe-mo/pe-ma *spermo/a* sowie jenes des Typs te-mi-ti-ja/ti-mi-ti-ja an den einzelnen Fundorten (*E. Risch* 1966) und Schwankungen des Typs a-ke-ti-ri-ja/a-ze-ti-ri-ja sowie diejenigen zwischen -ti-ra_2 und -ti-ri-ja — sowie eine innovative Tendenz, zu den Namen des Typs Κόρινθος Adjektiva wie ko-ri-si-jo *Korinsioi* zu bilden (*J. Chadwick* 1983); vgl. auch eine weit niedrigere Präsenz des Zeichens Nr. 25 = a_2 und eo ipso wohl auch ein entsprechend seltenerer Gebrauch des Hauchs */h/* in Knossos im Vergleich mit dem Kontinent (*A. Bartoněk* 1957).

Im Prinzip respektiere ich alle erwähnten Beobachtungen als wichtige Detailinformationen über verschiedene Aspekte des sprachlichen Charakters des Mykenischen, nur bin ich mir nicht sicher, inwieweit sie nutzbar gemacht werden können für die mundartliche Einordnung des mykenischen Dialekts. Ich möchte dies am Beispiel einer Analyse der mykenischen *ei-/i*-Endungen des Dat. Sing. der III. Deklination zeigen, die ich auf der Grundlage aller einschlägigen Formen in meinem auf der S. 533ff. abgedruckten Index der mykenischen Appellativa unternommen habe — mit voller Berücksichtigung von *M. Negris* Artikel „-e e -i nelle tavolette di Cnosso, Pilo e Micene“, Studia... alla memoria di Enzo Evangelisti, 1991.

– Bei den *s*-Stämmen gibt es unter den sicheren und gut interpretierbaren Appellativen neben dem erwarteten -i = *-i* nur ein Beispiel für die Endung *-ei*: ti-mi-to-a-ke-e *Tirminthōn ange(h)ei* (PY) neben ti-mi-to-a-ke-i. Dagegen vgl. z. B.]a-ko-ro-we-i *-ow(w)e(h)i*, o-re-i *ore(h)i* und unsicheres e-ra-te-i und pa-de-i (in KN), dann auch o-pi e-de-i *opi (h)ede(h)i*, vgl. ἕδος, und we-te-i-we-te-i *wete(h)i wete(h)i*, vgl. ἔτος (in PY), weiters einige gut interpretierbare Anthroponyma wie]mo-ke-re-we-i *Dāmoklewe(h)i*, e-ti-me-de-i *Entimēde(h)i*, o-to-wo-we-i *Orthwōwe(h)i*, eu-me-de-i *E(h)umēde(h)i* zu Εὐμήδης, bzw. das Toponym e-re-i *(H)ele(h)i* „in Helos" (alles in PY; in MY sind bislang keine Belege für Dat.-Sing.-Formen von appellativischen *s*-Stämmen aufgetaucht, cf. ansonsten ebenda das Anthroponym ko-o-ke-ne-i *Ko(h)ōgene(h)i*).

– Bei den anderen Stämmen beträgt die Zahl der Dative auf *-i* unter den Appellativen nur 9 relevante Belege: Knossos (ohne relevanten Beleg): Ein Dativ auf *-i* kommt bei keinem sicheren Appellativum, nur bei den unklaren ra-ni und ta-qa-ra-ti und einigen unvollständigen Wörtern bzw. bei dem Anthroponym te-ra-po-ti *Theraponti* und dem unsicheren po-ma-no-ri *Poimānori* vor.

Pylos (5 relevante Belege unter den Appellativen):]du-ma-ti *dumarti* (neben einem po-ru-da-ma-te, doch eher einem Nom. Plur.), ein etwas unsicheres e-re-u-te-ri, weiter zweimal ko-re-te-ri *khōrētēri?* (einmal auf demselben Täfelchen wie du-ma-ti), aber auch ein weniger sicheres ko-re-te-re, dann pe-di-e-wi auf einem beschrifteten Siegelstück — neben einigen weiteren äußerst unsicheren Belegen, einem wichtigen Theonym po-se-da-o-ni *Poseidā(h)ŏ̄ni* und dem Anthroponym o-qa-wo-ni *(H)ok^{w}āwoni*. Dagegen besitzt man eine große Anzahl von Dativen auf -e = *ei* (z. B. ka-ru-ke *kārūkei*, vgl. κῆρυξ, po-me-ne *poimenei*, vgl. ποιμήν).

Mykene (2 relevante Appellativa: ka-ke-wi *khalkēwi* (gegenüber ka-ke-we als Dat. *khalkēwei* in Knossos) und ke-ra-me-wi[*kerамēwi* (etwas unsicher), weiters einige Eigennamen wie pi-we-ri-di *Pῑ̆weridi* und unsichere Formen wie i-te-we-ri-di, i-ri-di, pu-i-re-wi, pi-te-we-ri-di, o-ta-ki, pa-na-ki, pi-ra-ki). Dagegen gab es hier einige wichtige Dative auf -e = *-ei* (z. B. ka-na-pe-we *knaphēwei*, vgl. κναφεύς, pe-re-ke-we *plekēwei*, tu-ka-te-re *thugatrei*, vgl. ϑυγάτηρ) und den Eigennamen ra-ke-da-no-re *Lakedānorei*.

Theben (2 relevante Appellativa, doch die neuen Funde wurden nur teilweise miteinbezogen): e-re-u-te-ri, o-nu-ke-wi (aber vgl. z. B. po-me-ne /wie oben/ oder das Anthroponym no-ri-wo-ki-de).

Diese kurze Übersicht führte mich zu einer eher skeptischen Schlußfolgerung. Die Zahlen der dativischen *i*-Endung scheinen mir so gering zu sein, daß ich sie vor allem im Anschluß an *Risch* für persönliche Idiosynkrasien bestimmter Schreiber halte, die ohne Zweifel konkrete Aspekte des Sprachgebrauchs in den mykenischen Zentren widerspiegeln, aber nicht als eindeutige Evidenz für eine regelrechte mundartliche Differenzierung ebendort herangezogen werden können.

Im Prinzip glaube ich, daß sich zur Zeit der Linear B-Dokumente die dativisch-lokativische *i*-Endung bereits auf dem Wege zum endgültigen Sieg befand, wobei verschiedene Grade der Unsicherheit zwischen *ei* und *i* bei verschiedenen Schreibern eher auf den gesprochenen Hintergrund des betreffenden Kanzleiidioms verweisen als auf dessen etwaige mundartliche Fixation.

Deswegen bin ich bei der Beurteilung der zweiten, d. h. horizontalen Dimension der mundartlichen Verhältnisse im Mykenischen der Meinung, daß die mundartliche Relevanz der erwähnten in den vier Linear B-Fundorten vorkommenden Differenzen zur Zeit gering ist und nicht überschätzt werden darf — bis auf weiteres, freilich, bevor man eventuell neue, mehr einschlägige Belege entdeckt.

B. Der mykenische Dialekt und die homerische Sprachform[185]

Das Verhältnis zwischen dem mykenischen Dialekt und der homerischen Sprache kam gleich am Anfang bei *Ventris – Chadwick* 1953, 84-103, zur Sprache, wo die Entzifferer auf wichtige Parallelen zwischen diesen beiden Sprachformen hinwiesen, z. B. auf den Gen. Sing. der *o*-Stämme auf *-ojjo* oder auf die Existenz des Instrumental-Suffixes *-phi*. Nachdem *E. Risch* 1955, 61-76, das Äolische und Dorische dem Nordgriechischen und das Ionische, Arkadokyprische und Mykenische dem Südgriechischen zugewiesen hatte, fing man an, auch den ganzen Entstehungshintergrund der homerischen Sprache besser zu verstehen. In der ersten Auflage des epochemachenden Werkes Documents in Mycenaean Greek, Cambridge 1956, sammelten *Ventris* und *Chadwick* — wenngleich noch etwas verstreut — weitere sprachliche mykenisch-homerische Übereinstimmungen (bes. im Wortschatz und im Bereich der Personennamen), und bald danach legte *J. Chadwick* 1958a, 116-122, ein Verzeichnis von etwa 37 spezifisch mykenisch-homerischen Wortparallelen vor.

Seit der zweiten Hälfte der 50er Jahre machte sich der mykenische Hintergrund auch bei der Analyse der einzelnen Komponenten der homerischen Sprache geltend, besonders bei *C.J. Ruijgh* 1957. Dieser Gelehrte gestand (im Anschluß an u. a. *A. Meillet* und *M. Parry*) in der homerischen Überlieferung neben der bereits früher anerkannten Sprachschicht der homerischen Äolismen einer noch älteren, achäisch-mykenischen Sprachschicht eine wichtige Position zu. Dabei treten nach ihm die achäischen poetischen Elemente hauptsächlich in bestimmten Positionen des homerischen Verses auf, vor allem in den formelhaften Klauseln am Versende, die als besonders alt gelten; es kommt z. B. das poetische Wort φάσγανον „(kleiner) Schwert, Dolch" meistens in solchen Klauseln vor, besonders in der homerischen Verbindung φάσγανον ἀργυρόηλον „Schwert mit silbernen Nägeln". Ein positives Echo fand diese Hypothese unmittelbar danach bei *P. Chantraine* 1958.

Die Erforschung der mykenisch-homerischen Parallelen im Bereich des Wortschatzes bekam weitere Impulse in den 60er Jahren, so in der von mir unternommenen mykenologischen Umfrage (*A. Bartoněk* 1968a, 198ff.), worin sich die meisten Teilnehmer für eine bereits mykenische Existenz der frühgriechischen „oral poetry" aussprachen. Dabei rechnen einige von

[185] Eine ausführlichere Bibliographie ist bei *A. Bartoněk* 1991a zu finden.

ihnen, vor allem *C.J. Ruijgh*, in der weiteren Entwicklung der mündlichen epischen Tradition zunächst mit einer äolischen Phase (in Thessalien und später auf Lesbos) und danach mit einer ionischen Phase, während *J. Chadwick* die homerische Sprache durch eine Verschmelzung der ionischen epischen Tradion aus Ostattika und der äolischen aus Thessalien entstehen läßt. *A. Heubeck* und einige andere Forscher äußerten sich dagegen eher skeptisch zur Hypothese eines Wanderwegs der epischen Sprache vom thessalischen Raum oder gar vom peloponnesich-achäischen Gebiet nach Ionien (mit oder ohne Umweg über die kleinasiatische Äolis).

Dieser Problematik wurde auch in den 70er und 80er Jahren viel Aufmerksamkeit gewidmet. *P. Wathelet* 1970 unterzog die Problematik der Äolismen bei Homer einer gründlichen Analyse und reduzierte die Anzahl der echten, eindeutigen Äolismen beträchtlich. Sie seien thessalisch-lesbischer Provenienz und repräsentierten den sprachlichen Reflex einer zweiten, *äolischen* Entwicklungsphase, die nach der Zerstörung der peloponnesischen Machtzentren an die älteste *achäische* Grundphase angeknüpft habe. In einem späteren Aufsatz (1981) unterstrich er dann die Wichtigkeit *westionischer*, d. h. euböischer Sprachelemente für die Ausformung der homerischen Sprache, wobei er zugleich auf die sowohl ökonomische als auch kulturelle Blütezeit in einigen euböischen Zentren am Ende der sogenannten Dunklen Jahrhunderte aufmerksam machte. In Italien hat *M. Durante* 1971-1975 die Spuren der mykenischen dichterischen Tradition bis in die Zeit der ersten alphabetischen Texte hinunter verfolgt, wobei besonders seine Überlegungen zum Verhältnis des mykenischen zum homerischen Wortschatz von beträchtlicher Wichtigkeit sind.

Im deutschsprachigen Raum versuchte *R. Hiersche* 1972 die Anzahl der von *Ruijgh* festgestellten achäischen Elemente bei Homer weiter zu vermehren. Andererseits äußerten sich mehrere Forscher über die Existenz, oder wenigstens über das hohe Alter der homerischen Äolismen sehr skeptisch (*Gary Miller* 1982 bzw. *W.F. Wyatt* 1975 und *A. Heubeck* 1982b). Durch eine Aufwertung der äolischen Elemente sowohl im mykenischen Dialekt der Linear B-Texte als auch in der epischen Sprache ist dagegen die Studie von *M. Negri* 1981 gekennzeichnet. Der Autor faßt den Linear B-Dialekt als eine hochentwickelte Mischsprache mit sowohl ionischer als auch äolischer Komponente auf, in der auch die homerische Sprache selbst ihren Anfang genommen habe — wobei zwischen beiden Formationen recht unterschiedlicher Funktion eine viel zu direkte Verbindungslinie gezogen wird, d. h. ohne den traditionellen Umweg über das (Lesbisch-)Äolische.

Einen Mittelweg zwischen den Skeptikern (wie *Heubeck*) und Verfechtern mehrerer epischer Schichten (wie *Ruijgh* und *Wathelet*) hat in mehreren seiner Aufsätze *F. Rodríguez Adrados* eingeschlagen (bes. 1976 und 1981), indem er die epische Sprachform für eine genuin traditionelle Dichterkunstsprache südgriechischen Charakters hält, mit breiten Möglichkeiten der Auswahl aus Dubletten unterschiedlichen Ursprungs und verschiedenen Alters. Doch im Jahre 1985 wurde die Hypothese mehrerer Entwicklungsschichten noch einmal von *Ruijgh* aufgefrischt, als er seine drei Grundphasen noch weiter aufteilte: 1a mycénien préhistorique, 1b mycénien historique, 2a éolien continental, 2b éolien oriental = lesbique, 3 ionien oriental — mit einem Nebenzweig auf der Insel Euböa. Diese Aufteilung wirkt ohne Zweifel auf den ersten Blick etwas schematisch, da sie die tatsächliche Kompliziertheit der Dinge kaum zu erfassen imstande ist, doch stellt sie ein ziemlich gut ausgearbeitetes Modell der Hypothese von „drei Grundphasen“ dar (s. auch *C.J. Ruijgh* 1995b).

Ein wichtiger geographischer Begriff kommt hier allerdings wieder zur Sprache: das westionische Euböa — wie bereits früher bei *Wathelet* 1981. Dieses Element tritt bei *M.L. West* 1988 noch mehr in den Vordergrund. Von ihm wird die Entwicklung der epischen Sprache über die gesamte Zeitspanne zwischen etwa 1500 und 700 v. Chr. hinweg untersucht — von den frühmykenischen Anfängen, deren sprachliche Spuren im homerischen Text noch teilweise feststellbar seien (z. B. das Fortbestehen von silbischem *r̥*) über die spätmykenische Periode (wo vor allem die Rolle von Thessalien bei der Gestaltung der griechischen Epik betont wird) und die Zeit gegen das Ende des 2. Jahrtausends (mit der überwiegenden kleinasiatisch-lesbischen Prägung und der Schicht der wichtigsten sprachlichen Äolismen) — bis zum Ausgang der Dunklen Jahrhunderte im 10. bzw. 9. Jh., welcher nach *M.L. West* durch das Vorkommen ionisch klingender sprachlicher Elemente zentral- und westionischen Charakters gekennzeichnet ist.

In diesem Zusammenhang wird die ökonomische sowie auch die kulturelle Wichtigkeit von Euböa in diesem Zeitraum betont, die besonders durch die neuen Ausgrabungen des Fürstensitzes von Lefkandi aus dem 11.-9. Jh. greifbar wird. Durch die regen euböischen Kontakte zum Vorderen Orient in der Zeit der orientalisierenden Periode der frühgriechischen Kulturentwicklung (900-750) ist nach *West* der euböisch-ostattische Raum um Lefkandi, Eretria, Chalkis und Aulis zugleich zum Ausgangspunkt der frühionischen epischen Ausstrahlung in die ostionischen kleinasiatischen Landschaften geworden.

Die Hypothese von *West* wurde bald danach kritisiert, zuerst von *J. Chadwick* 1990c und *W.F. Wyatt* 1992; beide Forscher versuchten, nur teilweise mit Erfolg, die Hauptargumente von *West* zu schwächen und Einwände gegen die allzu klaren Umrissen seines Konzeptes zu erheben. Doch auch nach der erwähnten Kritik (vgl. auch die Antwort von *West* 1992) bleibt der obenerwähnte Aufsatz eine der anregendsten Abhandlungen auf diesem Gebiet.

Vor allem zeigen sich schon im 9. Jh. v. Chr. die euböischen Seeleute und Händler im Lichte der neuesten Entdeckungen als ein sehr aktives und dynamisches Bevölkerungselement im nordägäischen und ostmediterranen Raum. Diese Tatsache wird durch ihre Anwesenheit auf Zypern sowie in den Handelszentren Al Mina, Tell Sukas und anderen Orten an der nordsyrischen Küste um das Jahr 800 unterstrichen, doch neuerdings auch durch die Spuren euböischer Präsenz bereits im 9. Jh. auf der Chalkidike in der Nordägäis.

Das euböische Gebiet, einschließlich der euböischen Kolonien, erscheint zugleich als das wichtigste Kerngebiet des griechischen Alphabets (etwa 15 archaische Graffiti aus dem 8./7. Jh. hat man in Eretria und Lefkandi entdeckt, eine Inschrift stammt aus Al Mina aus dem 8. Jh., 46 griechische Graffiti aus dem 8. bzw. 7. Jh. wurden in Pithekoussai (Ischia) im Golf von Neapel gefunden), weitere archaische Inschriften stammen aus anderen euböischen Kolonisationsgebieten im mittelitalienischen Festland (Kyme, aber auch die merkwürdige Inschrift aus Gabii in Latium, östlich von Rom, aus der Zeit um 770 v. Chr.), an der süditalienischen Küste (Rhegion) bzw. auf Sizilien (Zankle, Naxos, Katane).

Dabei gibt es Parallelen zwischen den Graffiti von Pithekoussai (Golf von Neapel) und von Eretria (Euböa), die beide eine gute Kenntnis epischer Dichtung voraussetzen: der Text des berühmten „Nestor-Bechers“ aus Pithekoussai enthält eine Anspielung auf die epische Gestalt Nestors; die zweite und dritte Zeile der Inschrift sind Hexameter; die Inschrift scheint eine Parallele in Eretria aus etwa derselben Zeit zu besitzen, doch die dortige Inschrift ist sehr fragmentarisch (vgl. *A. Bartoněk – G. Buchner* 1995).

Bemerkenswert ist auch die Wahrscheinlichkeit, daß die euböischen Händler — im Rahmen ihrer frühen kommerziellen und kulturellen Kontakte mit den Phöniziern und Aramäern — gemeinsam mit ersteren weite Seefahrten nach Westen unternommen haben, in deren Verlauf sowohl die Griechen als auch die Semiten ihre frühesten Siedlungen im Westen gründeten (Phönizier: Karthago, Ende des 9. Jh.; Nora auf Sardinien, 9. Jh.; Griechen: die Insel Pithekoussai, besiedelt um 770; Kyme, um 750).

Wechselseitige Kontakte werden auch durch Funde in den neuen Kolonisationsgebieten bewiesen; auf Pithekoussai weist in diese Richtung das Vorhandensein von vier phönizischen (oder aramäischen) Inschriften neben den erwähnten 46 griechischen Schriftbelegen (in einem Fall befinden sich auf demselben Gefäß sowohl griechische als auch westsemitische Buchstaben).

Drei Beiträge zur homerischen sprachlichen Problematik, mehr oder weniger mit dem mykenischen Dialekt verbunden, finden sich in den Kongreßakten des *Colloquium Rauricum* 2 unter dem Titel „Zweihundert Jahre Homer-Forschung“, hgg. von J. Latacz, Stuttgart-Leipzig 1991: *B. Forssman* bespricht hier die Problematik der Uneinheitlichkeit der homerischen Sprache in vier Dimensionen (Älteres und Jüngeres, Ionisches und Außerionisches, Normalsprachliches und Dichtersprachliches, Homerisches und Nachhomerisches); *A. Bartoněk* versucht in seinem Beitrag das Verhältnis zwischen dem mykenischen Griechisch und der homerischen Sprachform zu charakterisieren; *G. Neumann* beschäftigt sich mit den homerischen Personennamen (sowie mit ihren mykenischen Parallelen). Inzwischen ist auch die Studie von *J. Driessen* 1992a erschienen, wo ausgewählte terminologische Übereinstimmungen zwischen Homer und den LB-Texten ausführlich besprochen werden.

***

Die Grundfrage ist natürlich, was für ein sprachliches Gebilde sich sowohl hinter der LB-Schrift als auch der homerischen Sprachform verbirgt und wie man sich die Entstehung und Weiterentwicklung der frühen griechischen Sprache vorstellen soll. Trotz allem Skeptizismus, der die Möglichkeit einer Erforschung des Verhältnisses zwischen dem Mykenischen und den anderen griechischen Dialekten manchmal überhaupt bezweifelt, kann man vielleicht vom heutigen Standpunkt aus die vorherrschende Meinung über die linguistische Natur der LB-Sprache etwa folgendermaßen charakterisieren (s. schon S. 450): Die mykenischen Texte sind in der Form eines einfachen Kanzlei-Idioms verfaßt, das auf einer übermundartlichen Koine-Form zu beruhen scheint, die sich in den Zentren der mykenischen Zivilisation zu einem überregionalen Interdialekt herausgebildet hat (bei *E. Risch* 1966 „*mycénien normal*“); dies ist unter Verlust spezifisch mykenisch-argolischer, pylischer, knossischer und anderer Sprachbesonderheiten geschehen, deren Spuren in den Texten nur spärlich zum Vorschein kommen. Obwohl die Sprachuniformität der LB-Texte im gesamten Verbreitungsgebiet sehr hoch ist, gibt es doch vereinzelte sprachliche Unterschiede sowohl *zwischen* den einzelnen Orten, an denen die Texte aufgefunden wurden, als auch *innerhalb* von ihnen; diese Unterschiede scheinen teilweise territorialer Herkunft zu sein (als Reste lokaler Dialekte), teilweise scheinen sie sogar eine individuelle Prägung zu enthalten. Man sieht darin Spuren eines „*mycénien spécial*“ in der Terminologie von *E. Risch*, d. h. der tatsächlich von den Schreibern gesprochenen Mundart-Varianten, die nur selten durch die massive Schicht des gemeinmykenischen Interdialekts durchschimmern (d. h. durch das obengenannte „*mycénien normal*“).

Da das Mykenische einige Innovationen aufweist, die in keinem anderen griechischen Dialekt vorkommen, und da man umgekehrt sowohl im Kyprischen als auch im Arkadischen gemeinsame Neuerungen findet, die im Mykenischen völlig fehlen, kann man daraus schließen, daß der mykenische Interdialekt (die „mykenische Koine“) keine direkte Fortsetzung im 1. Jahrtausend v. Chr. hatte, weil er mit dem Zusammenbruch der Zivilisation, der er gedient hatte, zugrunde gegangen war. Die unter der mykenischen Koine zu vermutenden altachäischen Lokalmundarten hatten sich in nachmykenischer Zeit z. T. zu selbständigen Dialekten entwickelt (in Arkadien bzw. auf Zypern), z. T. (Argolis, Messenien, Kreta und in anderen von Doriern besetzten Gebieten) sind sie durch das Dorische verdrängt worden.

Die Überlegungen über den Charakter der LB-Sprache und über die sprachliche Situation in der mykenischen Epoche im allgemeinen führen uns zu der widersprüchlichen Problematik der frühgriechischen Epik zurück. Trotz skeptischer Einstellung einiger Forscher gegen die Berechtigung einer Rückprojektion konkreter sprachlicher Phänomene der homerischen Sprache in das sprachliche Milieu der mykenischen Periode neigt man heute eher zur Annahme einer gewissen Verbindung der homerischen Sprache mit der achäischen, d. h. im Prinzip peloponnesischen Sprachform der betreffenden Periode (*C.J. Ruijgh* 1995b). Das Hauptargument besteht dabei vor allem in der Tatsache, daß sowohl im Linear B-Idiom als auch in der homerischen Sprache das grammatische System sowie der Wortschatz einander ziemlich ähnlich sind.

Viele mykenisch-homerische sprachliche Übereinstimmungen sind freilich bloße Archaismen, die in der *mykenischen* Zeit noch in Gebrauch waren und die ihre Bewahrung in der *homerischen* Sprache nicht selten der sprachlichen Vielfalt der frühgriechischen epischen Dichtersprache verdankten. Dabei sind offensichtlich einige der mykenischen Relikte bei Homer chronologisch bereits in der frühmykenischen Periode anzusiedeln, d. h. schon in jener Periode, aus der man bisher keine Linear B-Texte besitzt. Mit Recht hat *M. Durante* 1971, 107 hervorgehoben, daß die chronologische Priorität der LB-Texte vor Homer keine allgemeine Posteriorität aller homerischen sprachlichen Phänomene gegenüber den mykenischen bedeuten muß.

***

So gibt es einige homerische Verse, die in ihrer bezeugten Form metrisch irregulär zu sein scheinen. Bekannt ist in diesem Zusammenhang z. B. der homerische Vers Il. 2, 651

Μηριόνης τ᾽ ἀτάλαντος Ἐνυαλίωι ἀνδρεϊφόντηι,

für den man bei Transformation in die folgende zu erwartende frühmykenische Form

Mērionās hatalantos Enūaliōi anr̥k^w*ontāi*

eine in historischer Zeit korrekte metrische Gestalt erhält (vgl. *P. Wathelet*, Recherch. ling. en Belgique, Weteren 1966, 145-173; *M. Durante* 1971, 92; *C.J. Ruijgh* 1985a, 162; *M.L. West* 1988, 156 u. a.). Dabei wäre die bei Homer bezeugte Form ἀνδρειφόντηι unter dem Einfluß von Ἀργειφόντης entstanden.

Ein silbisches *r̥* wird heute dementsprechend auch in dem insbesondere von *J. Latacz* 1965, 62-76, besprochenen homerischen Ausdruck ἀνδροτῆτα vermutet, so daß nach *P. Wathelet*, RLB 1966, 170f., der homerische Halbvers Il.16, 857

λιποῦσ᾽ ἀνδροτῆτα καὶ ἥβην

als

lik^w*ons' anr̥tāt' ide jēg*^{w}*ān*

zu rekonstruieren wäre. Das überlieferte ἀνδροτῆτα wäre also demnach eine metrisch unregelmäßige Fortsetzung der mutmaßlichen frühmykenischen Form **anr̥tāta* mit silbischem *r̥*; siehe andere Erklärung dieser metrischen Unregelmäßigkeit bei *E. Tichy* 1981, 28-67.

Es gibt zwar nicht viele homerische Verse dieses Typs, doch hohes Alter scheint auch für einige andere homerische Verse gesichert zu sein. So wird z. B. die obenerwähnte formelhafte Verbindung in Hom. Il. 23, 807 φάσγανον ἀργυρόηλον „Schwert“, bzw. „Dolch mit silbernen Nägeln“ für extrem alt gehalten wegen des angeblich sehr archaischen Charakters dieser Schwertausschmückung, deren Gebrauch man ins 16. bzw. 15. Jh. setzt.

Dasselbe glaubt man vom Alter der homerischen Wendung φέρων σάκος ἠΰτε πύργον Il. 7, 219, in der von dem sehr archaischen großen Schild des Aias („wie ein Turm“) die Rede ist, der ebenso wie das φάσγανον ἀργυρόηλον später außer Gebrauch kam. Die Anfänge der metrisch gebundenen epischen Dichtersprache scheinen also älter als die mykenischen Archive gewesen zu sein. Dabei dürfte allerdings die Absenz mancher homerischer Ausdrücke im Mykenischen durch den Linear B-Dokumentationsmangel bedingt sein. So fehlen im Mykenischen z. B. die Ausdrücke ἄορ „Schwert“ (aber φάσγανον und ξίφος gibt es dort), es fehlen auch die Wörter φώς „ Mann, Held“ oder sogar βιός „Bogen“ (cf. aber *Ruijgh* 1985a, 153ff.); vielleicht wird man sie jedoch einmal auf einem LB-Täfelchen finden, ähnlich wie man bereits im Mykenischen vom Verb δέχομαι neben dem eindeutig sigmatischen Aorist -de-ka-sa-to *deksato* auch ein de-ko-to *dek(s)to* (cf. *R. Viredaz* 1982, 305ff.) entdeckt (vgl. Il. 15, 88) oder eine allativisch-akkusativische Form do-de *dō(n)-de* „ins Haus von ... “ identifiziert hat (vgl. ἴσαν ἀνέρες ἡμέτερον δῶ Od. 1, 176).

Die mykenisch-homerischen Übereinstimmungen kommen in allen grammatischen Teilgebieten, sowohl in der Lautlehre wie in der nominalen und verbalen Morphologie, als auch im Wortschatz zum Vorschein. In der Lautlehre war allerdings das Mykenische im Vergleich zur homerischen Sprachform viel konservativer; es verfügte noch über die Labiovelarreihe (den homerischen Rhapsoden sind diese Laute wohl nicht mehr bekannt gewesen).

Im Bereich des Vokalismus besaß das Mykenische noch das ursprüngliche lange *ā* in vollem Umfang (gegenüber der ionischen Lautveränderung *ā* > *ǣ*, deren Ergebnisse die homerische Sprache stark verändert haben). Unter den morphologischen mykenisch-homerischen Übereinstimmungen muß besonders der archaische Gen. Sing. der *o*-Stämme auf *-ojjo*, z. B. te-o-jo *the(h)ojjo*, erwähnt werden, obwohl als mykenischer Gen. Sing. gelegentlich auch die Endung *-ō* vorkommt, deren genaue Interpretation bis jetzt noch nicht völlig klar ist.

Bei einigen Übereinstimmungen gibt es allerdings Teilunterschiede, z. B. im Falle des Instrumentalsuffixes -pi = *-phi*; dieses besitzt im Mykenischen noch fast völlig seine ursprüngliche Instrumentalfunktion, während es bei Homer eher die Funktion eines *Casus obliquus* par excellence mit verblaßter Unterscheidungskraft aufweist (es übt bei Homer die Funktionen von Instrumental, Lokativ, Dativ, ja sogar des Genitivs aus). Der mykenische Instrumental auf -pi = *-phi* scheint dagegen eine andere, nichtinstrumentale Funktion lediglich bei den Toponymen zu erfüllen, und zwar — merkwürdigerweise — diejenige des Ablativs, da augenscheinlich ein Instrumental bei Toponymen wenig Sinn ergibt. So findet man z. B. beim Toponym *Sphagiānes*, welches höchstwahrscheinlich als Bezeichnung jenes messenischen Distrikts gedient hat, wo sich der Palast von Pylos befand, folgende Kasusformen:

Nom. Plur.	pa-ki-ja-ne	*Sphagiānes*
Dat.-Lok. Plur.	pa-ki-ja-si	*Sphagiānsi* „in Sphagianes“
Instr.-Abl. Plur.	pa-ki-ja-pi	*Sphagiāmphi* „aus Sphagianes“
Akk. Plur. (Allativ)	pa-ki-ja-na-de	*Sphagiānasde* „nach Sphagianes“

Bei den Verben weisen allerdings sowohl das Mykenische als auch die homerische Sprachform die wichtige Neuerung *-si* in der 3. Pers. Sing. und Plur. Akt. auf (myk. e-ko-si *ekhonsi* ~ vgl. hom. ἔχουσι) — in Übereinstimmung mit dem ganzen ionisch-attischen und arkadisch-kyprischen Mundartengebiet gegenüber dem Dorischen und Thessalisch-Böotischen. Doch die interessantesten mykenisch-homerischen Übereinstimmungen gibt es im Wortschatz. Die spezifische Eigenschaft der homerischen Sprache, sprachliche Elemente sowohl aus verschiedenen chronologischen Schichten als auch aus verschiedenen geographischen Bereichen zu enthalten, während das Mykenische sowohl chronologisch als auch territorial im großen ganzen fixiert ist, läßt allerdings keine völlig eindeutigen Schlüsse über die Möglichkeiten eines angemessenen Vergleichs zwischen beiden Sprachformen zu. In *Chadwicks* schon erwähntem *Mycenaean Glossary* findet man bei mehr als 200 mykenischen Ausdrücken nicht-onomastischen Charakters die Angabe, das betreffende Wort sei auch bei Homer belegt. Meine eigene Untersuchung (s. Index auf S. 533–620) hat diese Zahl noch um etwa 110 weitere bei Homer bezeugte mykenische Ausdrücke erweitert, und zwar nicht nur um viele gemeingriechische Wörter, wie ἄγω, ἄγγελος, ἀγρός, εἰμί, sondern auch um einige eher in der Dichtersprache als in der Prosa vorkommende Wörter wie ἀμφοτέρωθεν („von beiden Seiten“).

Ein kurzer Überblick über die morphologischen Kategorien dieser ca. 310 mykenisch-homerischen Übereinstimmungen kann in diesem Zusammenhang nützlich sein: ca. 170 Substantive, 45 Adjektive, 65 Verben, 30 Wörter anderer Wortarten. Bei den Substantiven handelt es sich vor allem um männliche und weibliche Berufsbezeichnungen oder Titel (20), verschiedene Warensorten (ca. 20), Textilien (10), Sachobjekte (ca. 40), Metalle und Edelsteine (5), Pflanzennamen (9), Tiernamen und Körperteile (22), geographische Bezeichnungen (7) usw., aber auch um männliche oder weibliche Verwandtschaftsnamen u. ä. (13), sozialökonomische, religiöse bzw. rechtliche Termini (20) u. a. Unter den adjektivischen Parallelen befinden sich nicht nur Grundadjektive allgemeinen Charakters, wie z. B. einige Farbbezeichnungen, sondern auch viele abgeleitete bzw. zusammengesetzte Ausdrücke, wie z. B. ka-ka-re-ạ *khalkāre(h)a* (vgl. das hom. χαλκήρης „erzbeschlagen", das in Prosa erst ziemlich spät vorkommt), ku-na-ja *gunajjā* Nom. Sing. Fem. (vgl. das hom. γύναιος „weiblich", das außerhomerisch nur ausnahmsweise bezeugt ist), oder mi-to-we-sa *miltowessa* „mit Rötel bestrichen" (vgl. hom. μιλτοπάρηος „rotwangig").

Daneben gibt es unter den mykenischen Eigennamen (s. S. 399ff.) noch weitere etwa 90 mykenische Wörter, die klarer appellativischer Herkunft sind und bei Homer vorkommen (vgl. *A. Bartoněk* 2002c), wodurch die Zahl der direkt oder indirekt bezeugten mykenischen Appellativa bei Homer praktisch auf ca. 400 Belege steigt.

Zu diesen Appellativa kommen noch ca. 120 homerische Eigennamen hinzu, die eine direkte oder wenigstens indirekte Parallele in den mykenischen LB-Texten aufweisen. Es handelt sich um etwa 15 Götternamen, wie a-re *Arei* Dat., a-ta-na-po-ti-ni-ja *Athānāi Potniāi* Dat., e-ri-nu-we *Erī̆n(n)uwei* Dat., pa-ja-wo-ne *Pajjāwō̆nei* Dat., po-se-da-o-ne *Poseidā(h)ō̆nei* Dat., um ca. 85 Personennamen, wie a-ki-re-u *Akhilleus*, e-ko-to *(H)ektōr,* und etwa 20 Ortsnamen bzw. Ethnika, wie ko-no-so *Knōssos*, pa-i-to *Phaistos*, pu-ro *Pulos* oder a-si-wi-ja *Aswiāi* Dat. = Ἀσία (vgl. S. 418ff. und 427ff.).

Von den etwa 1100 auf S. 400ff. registrierten mykenischen Wörtern nicht onomastischen Charakters (S. 400: ca. 900 Appellativa, S. 402ff.: ca. 180 Personennamen appellativischer Herkunft, S. 424ff.: ca. 20 Toponyma appellativischer Herkunft) kommen also ca. 400, d. h. etwa 36 %, auch bei Homer vor. Das scheint auf den ersten Blick wenig zu sein; es ist jedoch zu berücksichtigen, daß in den LB-Texten eine ziemlich große Menge von technischen, für die Palastadministration unentbehrlichen, aber ganz und gar spezifischen Ausdrücken erscheint, die für den poetischen Gebrauch offensichtlich ungeeignet waren. Andererseits sollte man allerdings auch die Anzahl der etwa 400 mykenisch-homerischen Übereinstimmungen nicht überschätzen und für die Annahme einer besonders engen und völlig geradlinigen Verbindung des mykenischen Dialektes mit der homerischen Sprache in Anspruch nehmen. Es handelt sich, wie schon gesagt, teilweise um Archaismen, teilweise allerdings auch um gemeinsame frühe Neuerungen oder Ergebnisse frühgriechischer Auswahl aus mehreren sprachlichen Möglichkeiten, und nur in begrenztem Umfang hat man es hier mit spezifischen, für die homerische Sprache mehr oder weniger bezeichnenden Ausdrücken zu tun, die für unser Ohr poetisch klingen, da man sie nur aus Homer und anderen Dichtern kennt; nach *J. Chadwick* 1958a und *M. Durante* 1971, 70ff., betrifft dies nur ungefähr 40 Ausdrücke.

Daß auf der anderen Seite einige altertümliche homerische Wörter, die man im Mykenischen erwarten würde, in den LB-Texten völlig fehlen, kann man eher — bis auf weiteres — durch das verhältnismäßig beschränkte Ausmaß der LB-Überlieferung erklären, obwohl auch eine wohl ältere, bereits frühmykenische, mit dem Mykenischen der LB-Texte aber nicht völlig identische sprachliche Schicht in der frühgriechischen epischen Sprache präsent sein kann. Dagegen scheint es bemerkenswert, daß einige mykenische Wörter zwar nicht bei Homer, jedoch bei einigen anderen Autoren vorkommen, sowohl in der Poesie und Kunstprosa als auch in anderen Texten (Inschriften, Glossen usw.). Im Chadwickschen *Mycenaean Glossary* findet man etwa 50 derartige Ausdrücke, etwa 20 davon betreffen die Poesie, vor allem Pindar (5) und andere Chorlyriker, die übrigen entweder die Kunstprosa, vor allem Herodot (5), aber auch z. B. Hesych-Glossen (wenigstens 20 Beispiele: *S. Grandolini* 1970; *R. Bartůněk* 2002b dagegen mehr als 60), bzw. verschiedene epichorische Inschriften; besonders die Zahl entsprechender Hesych-Glossen steigt jedoch ständig. Dabei handelt es sich nicht selten um wichtige politische bzw. ökonomische Termini, wie ra-wa-ke-ta *lāwāgetās* λαγέτας „Führer des Volkes" oder e-qe-ta *(h)ek*^{w}*etās* ἑπέτας „Mitglied eines Gefolges" bei Pindar oder ko-to-na *ktoinā* κτοίνα „Unterabteilung des Dāmos" auf einer rhodischen Inschrift.

In diesem sehr wichtigen und vielversprechenden Bereich haben sich mit den mykenisch-chorlyrisch-homerischen Übereinstimmungen z. B. *N.S. Grinbaum* 1968, und vor allem *C. Trümpy* 1986 beschäftigt; diese hat die etwa 20 bei Homer fehlenden mykenisch-chorlyrischen Entsprechungen besprochen und ist zum Schluß gelangt, „daß für die Chorlyrik eine von der epischen unabhängige alte Tradition durchaus in Betracht gezogen werden kann" (S. 134); dabei denkt sie eher an eine nordgriechisch-äolische als an die dorische Tradition, und so steht sie dem Standpunkt von *C.O. Pavese* 1972 ziemlich nahe, der neben der homerischen Sprache — als der „südgriechischen" ionischen literarischen Sprache „della tradizione poetica meridionale" — zugleich die Existenz einer „lingua poetica continentale" verficht, d. h. einer Dichtersprache mit spezifisch festländischen sprachlichen Elementen, die er als „elementi settentrionali" bezeichnet.

Ähnlich wie beim Vergleich des mykenischen und homerischen *Wortschatzes* muß man auch bei der Auswertung der *grammatikalischen* Übereinstimmungen und Differenzen sehr vorsichtig sein. Neben einigen recht altertümlichen gemeinsamen Archaismen (z. B. der obenerwähnte zweisilbige Gen. Sing. *-ojjo*/-οιο) gibt es auf beiden Seiten auch viele gemeinsame Neuerungen (z. B. *-si* in den Endungen der 3. Pers. Sing./Pl. Akt., wenn auch auf beiden Seiten gelegentliche archaische *-ti-* Relikte in nichtverbalen Bildungen vorkommen).

Dagegen ist von einigen in den LB-Texten noch gut bezeugten Erscheinungen in der homerischen Sprache gar nichts geblieben, z. B. von den Labiovelaren; es scheint also, als hätten die ionischen Rhapsoden gar nicht geahnt, daß ihre mykenischen Vorfahren das Wort βασιλεύς als *g^{w}asileus* oder den Namen Thebens offensichtlich als *Thēg^{w}ai* aussprachen.

Mehrere dieser Phänomene hat man bereits gelegentlich in größerem oder kleinerem Umfang in verschiedenen Studien besprochen, allerdings hat bisher niemand versucht, alle wichtigen sprachlichen Merkmale beider Sprachformen, d. h. des mykenischen Dialekts der LB-Texte und der künstlichen homerischen Sprachform, in ihren vollständigen sprachlichen Systemzusammenhängen und ohne Vorurteile zu untersuchen und die verschiedenen Meinungen über Einzelfragen der mykenisch-homerischen bzw. der frühgriechischen mundartlichen Problematik von neuem auszuwerten. Dies muß künftig unter Anwendung exakter Methoden für das gesamte erhaltene sprachliche Material und nicht nur anhand von vereinzelten, lediglich für eine bestimmte Erklärung gut passenden Fällen geschehen. Diese Forderung gilt nicht nur für lautliche und morphologische Probleme, sondern auch für den Wortschatz, da es bisher nicht einmal auf diesem Gebiet eine völlig erschöpfende, von mehreren Standpunkten aus unternommene Analyse gibt (vgl. jedoch jetzt *A. Bartoněk* 2002c).

Als nicht völlig geklärt sind bis zum heutigen Tag sogar die Ursachen der Vielfalt der homerischen Sprache zu betrachten. Die Annahme einer „Wanderung“ der epischen Dichtung und Sprache im Sinne von *C.J. Ruijgh* und *P. Wathelet* scheint zwar gut begründet, sie stützt sich auf einige überzeugende Argumente und hat eine Anzahl von Anhängern auf ihrer Seite, sie wirkt aber, wie oben gesagt (S. 460), zu schematisch, da sie kaum die tatsächliche Kompliziertheit der Dinge zu berücksichtigen imstande ist, obwohl sie gerade aus eben diesem pragmatischen Grund die Chance hat, zur führenden Schulhypothese auf diesem Gebiet zu werden, besonders in ihrer neuesten Bearbeitung und Erweiterung durch *M.L. West* 1988. Meiner Meinung nach unterschätzt jedoch diese Hypothese das Individuelle in der literarischen Schöpfung, vor allem die improvisierende Kraft der frühgriechischen mündlichen Poesie, die unter den erwähnten Forschern vor allem *F. Rodríguez Adrados* 1976 und 1981 mit vollem Recht unterstrichen hat.

Es ergibt sich folgendes Fazit (s. *A. Bartoněk* 1991a): „Bei der Analyse des Verhältnisses zwischen Homer und dem mykenischen Dialekt der LB-Texte darf man nicht außer acht lassen, daß man es hier auf beiden Seiten mit einer künstlichen Sprachform zu tun hat, deren man sich realiter nie zur direkten dialogischen Sprachkommunikation zwischen zwei Personen bedient hat. Dabei handelt es sich jedoch um zwei *verschiedenartige* Sprachgebilde. Zwar sind beide Sprachformen in ihrer Substanz künstlich, jedoch mit einem wichtigen Unterschied: Das Mykenische der LB-Texte ist ein *Kanzlei-Idiom* der Palastadministration mit konventionellen und formelhaften Redewendungen, bei dem das Individuelle nur spärlich in die bezeugte schriftliche Form durchdringt. Dagegen ist die homerische Sprache eine *literarische Kunstsprache* mit komplizierter, kaum rückverfolgbarer Geschichte, die das Konventionelle zwar stets hartnäckig festhielt, jedoch eine gewisse Auswahl zwischen den konventionell anerkannten sowohl grammatischen als auch lexikalischen und stilistischen Möglichkeiten zuließ. Gerade durch dieses eigenartige Zusammenspiel des Konventionellen und Individuellen ist ein originelles Sprachgebilde (bzw. vielleicht in verschiedenen Regionen *mehrere* solche künstliche Sprachgebilde) entstanden.

Somit läßt sich bereits in der Frühgeschichte der griechischen Sprache eine Entwicklung beobachten, die uns an die aus dem ersten Jahrtausend v. Chr. gut bekannte Lage erinnert: Ebenso wie man aus dem 1. Jahrtausend v. Chr. größtenteils keine „reinen", tatsächlich gesprochenen Dialekte besitzt — abgesehen von deren spärlichen Spuren auf gelegentlichen Inschriften —, sondern entweder einerseits verschiedenen *Interdialekten* begegnet, in denen vor allem längere offizielle schriftliche Urkunden abgefaßt wurden, oder andererseits *literarischen Texten* in der Form einer mehr oder weniger gehobenen dichterischen oder prosaischen *Kunstsprache*, kann man auch für die Frühphase der griechischen Sprachgeschichte — neben den nicht überlieferten gesprochenen Dialekten des mykenischen Alltags — die Existenz zweier altertümlicher Sprachformen mit eventuellen weiteren Varianten erkennen. Sie stellen für uns heute — ähnlich wie die stummen Zeugnisse der archäologischen Funde — eine nicht immer völlig sichere, aber immer sehr wertvolle Zeugenaussage dar."

C. Frühgeschichte der griechischen Sprache

Es gelang den Gräzisten und Indogermanisten in den letzten 50 Jahren, viele komplizierte Probleme aus dem Bereich der frühgriechischen sprachlichen Geschichte zu lösen, so daß man nun über das 2. Jahrtausend schon ziemlich viel weiß. Zugleich muß man jedoch zugeben, daß jedes gelöste Problem sehr oft nur die Tür zu einem anderen, noch geheimnisvolleren Gemach auftut, in welchem sich immer wieder weitere geschlossene Türen befinden, für die man die passenden Schlüssel erst sehr mühsam suchen muß. Diese skeptischen Worte habe ich vorausgeschickt um anzudeuten, daß — wenn auch ich hier dieses oder jenes im folgenden mit relativer Sicherheit behaupten werde — es sich oft lediglich um einen vorläufig formulierten Standpunkt handelt, der durch einen neuen archäologischen Fund, durch einen neuentdeckten schriftlichen Text oder durch eine neue scharfsinnige Überlegung gerade auch in das Gegenteil umgestürzt werden kann.[186]

Die griechische Sprache selbst wird gewöhnlich als eine von Anfang an relativ einheitliche indoeuropäische Sprache angesehen, wobei einige altertümliche innergriechische Differenzen, wie das dorische *-mes* in der 1. Pers. Plur. Akt. gegenüber dem ionisch-attischen und arkadisch-kyprischen *-men*, höchstwahrscheinlich ihre Existenz einer frühgriechischen Auswahl aus zwei spätindoeuropäischen Möglichkeiten verdanken, der primären Endung *-mes/-mos* und der sekundären *-me/-mo*. Es ist nicht ausgeschlossen, daß beide Möglichkeiten in einigen Dialektgebieten noch in der klassischen Zeit parallel nebeneinander existierten, wie man es neuerlich aus zwei leider etwas umstrittenen Belegen der Endung *-mes* im klassischen Arkadischen schließen kann, wo man früher nur die Existenz von *-men* vorausgesetzt hat.

Die alte Hypothese *Kretschmers* über die Ankunft der Griechen in drei Wellen (Ionier, Äolier, Dorier) wird heutzutage meistens abgelehnt, da es vor allem für die zweite, äolische Welle keinen festen archäologischen Anhaltspunkt gibt. Aber auch die Sprache der Dorier stand offensichtlich noch um das Jahr 1200 dem Mykenischen der Linear B-Texte so nahe, daß man heute auch die Dorier im Rahmen der obenerwähnten ersten Welle schon um das Jahr 2000 nach Griechenland einwandern läßt.

---

[186] Dieses Kapitel beruht auf meiner tschechisch geschriebenen Monographie *Prehistorie a protohistorie řeckých dialektů* (= „Die Vor- und Frühgeschichte der griechischen Dialekte"), Brno 1987, deren Kern unter dem Titel „Grundzüge der altgriechischen mundartlichen Frühgeschichte" in der Reihe „Innsbrucker Beiträge zur Sprachwissenschaft", Heft 50, Innsbruck 1991, publiziert wurde.

Man vermutet nur, daß die Dorier bis in das 12. Jahrhundert hinein in den Randgebieten der sich weiter südlich entwickelnden mykenischen Zivilisation lebten, und erst nach der Zerstörung der mykenischen Paläste in das verwüstete Land der Achäer vordrangen. Eine solche Annahme setzt freilich die Entstehung der uns bekannten griechischen mundartlichen Unterschiede erst auf dem griechischen Boden voraus. Nur wenige Forscher — wie *F. Rodríguez Adrados*[187] — suchen die Differenzierung der griechischen Dialekte noch außerhalb Griechenlands. Ablehnend stellt man sich heute größtenteils auch zu der Hypothese *V. Pisanis*[188], daß das Griechische durch Integrierung dreier indogermanischer Komponenten entstanden sei, d. h. einer ionisch-anatolischen, einer äolisch-thrakischen und einer dorisch-illyrischen. Es scheint vor allem die Bemerkung von *M. Doria*[189] plausibel zu sein, es müßten bereits in der vormykenischen Zeit verschiedene mundartliche Unterschiede existiert haben, von denen man heutzutage gar nichts weiß — doch eine konkrete Darstellung der vormykenischen mundartlichen Entwicklung bleibt noch immer außerhalb unserer gegenwärtigen Möglichkeiten.

Über die Sprache, die die Einwanderer nach Griechenland mitgebracht hatten, kann man sagen, daß sie offensichtlich schon eine selbständige indogermanische Mundart mit einigen spezifischen griechischen Merkmalen war. Bei der Charakterisierung dieser Sprache pflegt man vor allem zu betonen, es habe sich um eine indoeuropäische Sprache des sogenannten Kentumtyps gehandelt, wobei man heute allerdings in den lautlichen Erscheinungen der Kentumgruppe lediglich die Bewahrung eines älteren Zustandes sieht, so daß die Zugehörigkeit zu dieser Gruppe für die betreffenden Sprachen noch keine ausgeprägte Verwandtschaft impliziert. Man zählt das Griechische eher zu einer ostindogermanischen Gruppe — mit Beziehungen vor allem zu den indoiranischen Sprachen (wegen der komplizierten Verbalflexion) und zum Armenischen bzw. dem Phrygischen. Doch zur Zeit der Einwanderung hat sich vielleicht das Griechische von den meisten indoeuropäischen Sprachen schon dadurch unterschieden, daß hier die alten Mediae Aspiratae, oder besser gesagt die dritte indogermanische Okklusivreihe, bereits zu den Tenues Aspiratae verschoben worden waren, so daß man statt **bherō* nun *pherō* aussprach. Dagegen wurde damals wahrscheinlich der anlautende und inlautende intervokalische Zischlaut *s*, z. B.

[187] *F. Rodríguez Adrados* 1976ab, 1981, vgl. auch 2001.
[188] *V. Pisani* 1955, 1-18, u. a.
[189] *M. Doria* 1965.

in *$septm̥$ oder **genesa*, noch nicht zum Hauchlaut *h* abgeschwächt — d. h. zu ἑπτά, bzw. γένε(h)α.

Man findet nämlich im Griechischen (s. Tabelle A auf. S. 493, Spalte 2 oben) einige alte ägäisch-mediterrane Lehnwörter, die so früh in das Griechische aufgenommen worden zu sein scheinen, daß sie bereits die erwähnte Lautveränderung *s* > *h* mitgemacht haben. Das dürfte z. B. für ἄπιος „Birnbaum" und ἄπιον „Birne" gegenüber dem lat. *pīrus*, *pīrum* gelten. Eine ähnliche Differenz dürfte auch das griechische Ethnikon Λίγυες gegenüber dem lat. *Ligures* darstellen, das durch Rhotazismus aus älterem **Liguses* entstanden ist; das alte *s* blieb noch im griechischen Adjektivum Λιγυστικός erhalten. Falls es sich in solchen Fällen tatsächlich um sehr alte Entlehnungen aus den ersten Jahrhunderten des 2. Jahrtausends v. Chr. handelt, was allerdings nicht völlig sicher ist, so würde diese Zeitangabe zugleich einen *Terminus post quem* für die Durchführung der obenerwähnten frühgriechischen Lautveränderung von *s* zu *h* bedeuten.

Da man jedoch (s. Tabelle A, Spalte 2 weiter unten) in einer Anzahl anderer griechischer Entlehnungen das intervokalische *s* doch vorfindet, z. B. im mykenischen ku-ru-so *khrūsōi* „Gold" (Dat.-Instr. Sing.), a-sa-mi-to *asaminthos* „Badewanne" oder sa-sa-ma *sāsama* „Sesam" (Nom. Plur.), muß man daraus schließen, daß diese Schicht von Lehnwörtern erst nach dem Zustandekommen der obenerwähnten Veränderung *s* zu *h*, oder frühestens zur Zeit dieser Veränderung, in den griechischen Wortschatz aufgenommen worden ist. Da aber diese Lehnwörter schon im Mykenischen vorkommen und da sie Objekte bezeichnen, die den mykenischen Achäern nach der Aussage der archäologischen Funde zweifellos bereits im 17. und 16. Jahrhundert bekannt waren (z. B. der Goldgegenstände in den mykenischen Schachtgräbern), muß man auf Grund dieser Überlegungen die Lautveränderung von *s* zu *h* spätestens in die ausgehende erste Hälfte des 2. Jahrtausends, d. h. ungefähr in das 17./16. Jahrhundert v. Chr setzen.

Die Protogriechen sind ohne Zweifel in ein Land einer höheren Kultur gekommen, wo man völlig anders sprach. Über die ersten drei oder vier Jahrhunderte ihrer helladischen Existenz wissen wir sehr wenig; doch am Anfang der späthelladischen Periode im 16. Jahrhundert v. Chr. zeugen schon die mykenischen Schachtgräber eindeutig dafür, daß bereits damals auf dem griechischen Festland eine Art von kultureller Symbiose indoeuropäischer, helladischer und minoischer Elemente vorhanden war. Obwohl man aus dieser Zeit keine schriftlichen Dokumente besitzt, schließen die Sprachwissenschaftler schon seit Kretschmers Zeiten auf eine ähnliche Symbiose und eine gegenseitige Beeinflussung auch in sprachlicher Hinsicht.

Während sich einerseits das alte indoeuropäische Vokalsystem bis zum Anfang des 1. Jahrtausends v. Chr. fast ohne Veränderungen hielt und während sich im morphologischen Bereich vor allem das Verbalsystem, von der spätgemeinindoeuropäischen Grundlage her ausgehend, noch weiter herausentwickelte, hat im 2. Jahrtausend v. Chr. das Griechische — wohl teilweise unter den fremden altägäischen Einflüssen — eine Anzahl spezifischer konsonantischer Lautveränderungen durchgemacht und einen beträchtlichen Teil seines indoeuropäischen Wortgutes eingebüßt, wobei es andererseits auch viele neue Wörter dem mediterranen Substrat entlehnen mußte. Die Griechen sind nämlich in ein fremdes Land eingewandert, wo Berge, Flüsse, Städte fremde Namen trugen, sie haben neue Pflanzen, Tiere, Gegenstände und Vorstellungen einer höheren Zivilisation kennengelernt, deren Bezeichnungen aus den einheimischen mediterranen Sprachen zu entlehnen waren.

Die Auswertung der frühgriechischen Lehnwörter hat eine lange Tradition und hat sich in ihrer ersten Phase vor allem auf die Analyse der ägäischen Toponyma konzentriert. Man hat dabei sowohl im ägäischen Raum als auch in Kleinasien ein weitverbreitetes Substrat entdeckt, das besonders durch die zwei berühmt gewordenen charakteristischen Suffixe -*nthos* und -*ssos* gekennzeichnet war. Rasch hat man aber auch den Appellativen Aufmerksamkeit gewidmet und dabei interessante Erkenntnisse über ein noch breiteres mediterranes Substrat gewonnen — anhand mehrerer griechisch-lateinischer Übereinstimmungen, die weder indoeuropäischen Ursprungs sein konnten noch durch eine Entlehnung aus dem Griechischen ins Lateinische gelangt sind. Doch die meisten derartigen Hypothesen, die mit konkreten teils nichtindoeuropäischen, teils auch indoeuropäischen Substraten operierten, haben sich bald als verfehlt erwiesen, sei es die alteuropäisch-illyrische Hypothese von *H. Krahe*[190] oder die pelasgische Hypothese in ihren verschiedenen Varianten, z. B. von *V. Georgiev*, *A.J. van Windekens*, *W. Merlingen* und anderen[191].

Eine reelle Forschungsperspektive scheint allerdings heute in diesem Bereich nicht so sehr viel auf einem Vergleich der griechischen Sprache mit anderen Sprachen zu beruhen, sondern eher auf einem vorsichtigen

[190] *H. Krahe* 1949.

[191] *V. Georgiev*, 1966, 110ff., *A.J. van Windekens* 1952, *W. Merlingen* 1955.

Vergleich verschiedener ähnlich klingender griechischer Wörter untereinander, besonders derjenigen, die keine befriedigende indoeuropäische Etymologie aufweisen. Auf diese Weise konnte man sich bereits zu einer Anzahl von lautlichen Schwankungen durcharbeiten, die man dann bei einer größeren Menge von Belegen als mehr oder weniger lautgebundene Erscheinungen nichtgriechischer Herkunft auffassen darf, wie es z. B. *E.J. Furnée*[192] versucht hat. Dabei können allerdings auch die Ergebnisse der Entzifferung der Linear B-Schrift eine zusätzliche Hilfe leisten, sei es durch die einzelnen Wortbelege, sei es durch die phonologische Auswertung der für die Wiedergabe der mykenischen Sprache gültigen orthographischen Regeln.

Eine Auswahl ägäischer Lehnwörter, die schon in den Linear B-Texten bezeugt sind, ist in der Liste der Entlehnungen aus dem ägäischen Substrat (vgl. Appendix auf S. 490ff.) sub 1.A und 1.C zu finden: ἐλαίϝα, ἔλαιϝον, κορίαννον, κυπάρισσος, μίνθη, μόλυβδος, σῦκον, ἀσάμινθος, λαβύρινθος, κύπαιρος, μάραθρον, βασιλεύς, σέλινον, Σμινθεύς, σίαλος, σῖτος, (ϝ)άναξ, (ϝ)άστυ. Sub 2.A – D werden verschiedene morphologische und phonologische Substratphänomena registriert, und zwar sub A einige ägäische Suffixe, sub B Beispiele orthographischer Vokal- bzw. Konsonantenschwankungen: *e/i*, *d/l*, *stimmhaft/stimmlos/aspiriert*, die wohl eine nichtgriechische Herkunft andeuten, sub C wird eine solche Herkunft durch die Anwesenheit eines anlautenden antevokalischen oder inlautenden intervokalischen *s* begründet, und sub D wird aus den orthographischen Regeln der Linear B-Schrift der Rückschluß gezogen, daß es im altkretischen Minoischen keine distinktive Opposition zwischen stimmlosen, stimmhaften und aspirierten Konsonanten gegeben hat. Es muß jedoch gleich bemerkt werden — wenigstens was die Absenz einer Opposition *stimmhaft – stimmlos* betrifft —, daß diese angebliche Absenz keine Stütze z. B. in den alphabetischen eteokretischen Inschriften aus Praisos und Dreros (6.-3. Jh. v. Chr.) findet, da in diesen nichtgriechischen Inschriften die stimmhaften Okklusive sogar öfters vorkommen als in den dortigen griechisch geschriebenen Inschriften. Und sub 3. A – C findet man griechische Entlehnungen aus dem Semitischen (sub A und B) bzw. orientalische Entlehnungen unbekannten Ursprungs (sub C). Vgl. auch *A. Bartoněk* 1991c.

Aus diesem kleinen Exkurs über die Veränderungen im frühgriechischen Wortschatz geht klar hervor, wie viele Erkenntnisse die Entzifferung der Linear B-Schrift bis jetzt neu vermittelt oder wenigstens aufs neue bestätigt hat. Die mykenischen Linear B-Texte ermöglichen uns jedoch

[192] *E.J. Furnée* 1972.

zugleich, auch viele frühgriechische Lauterscheinungen, die man früher global als „prähistorisch“ bezeichnete, chronologisch genauer zu klassifizieren. Voll können wir in diesem Licht die Bedeutung der Linear B-Entzifferung für die Geschichte der griechischen Lautlehre vor allem ermessen, wenn wir uns der Tatsache bewußt werden, daß von den etwa 13 Jahrhunderten, die zwischen dem Eintritt der Griechen in die helladische Welt um das Jahr 2000 v. Chr. und den ersten alphabetischen Inschriften aus dem 8. Jahrhundert v. Chr. liegen, nun mehr als die Hälfte unter unserer Kontrolle steht, mag diese auch lückenhaft sein und nicht alle Teilgebiete in gleichem Maße erfassen. Dabei wissen wir in mancher Hinsicht auch über die vor dem Jahre 1400 vor sich gegangenen Lautentwicklungen Bescheid. Im Jahre 1972 hat *Michel Lejeune*[193] nicht weniger als 10 voralphabetische lautliche Erscheinungen als eindeutig vormykenisch (d. h. „vorlinear“), 8 als wahrscheinlich vormykenisch, 2–3 als in die Zeit der Linear B-Inschriften fallend, 11 als eindeutig nachmykenisch und 6 als wahrscheinlich nachmykenisch klassifiziert. Ich möchte hier Lejeunes Arbeitsvorgang an drei verwandten Lautveränderungen veranschaulichen, von denen jede einer anderen der angeführten Gruppen angehört — nämlich am lautlichen Schicksal des antevokalischen *s*-, *j*- und *w*- im Anlaut.

Es ist eine gut bekannte Tatsache, daß im Mykenischen das echt indoeuropäische antevokalische *s*- im Anlaut vor einem Vokal nicht vorkommt; das sieht man z. B. an mykenisch a_2-te-ro *hateron* „das andere“ aus **saterom* bzw. aus noch älterem **s$\underset{\circ}{m}$terom*. Das anlautende *j*- ist im Mykenischen nur gelegentlich vorzufinden, z. B. in jo-do-so-si *jō(s) dōsonsi* „so werden sie geben“ neben o-di-do-si *(h)ō(s) didonsi* „so geben sie“, während das anlautende *w*- noch fast ganz regelmäßig vorkommt, z. B. in wa-na-ka *wanaks* „Herrscher, Herr“. So ist der Schwund von anlautendem *s*- als vormykenisch und der Schwund von *w*- als nachmykenisch zu betrachten, während der Schwund von anlautendem *j*- offensichtlich gerade in der Zeit der erhaltenen Linear B-Texte im Gange war.

Ich möchte an dieser Stelle wieder auf meine Tabelle A aufmerksam machen. Zweifellos handelt es sich lediglich um eine schematische Übersicht: die chronologischen Angaben auf der linken Seite sind sehr approximativ und die angeführten Lautveränderungen verliefen oft ziemlich unregelmäßig. Doch einen wichtigen Schluß kann man wohl aus der Tabelle ziehen: der Komplex der vormykenischen lautlichen Erscheinungen war so

[193] *M. Lejeune* 1972a, 368.

umfangreich und die einzelnen Lautveränderungen waren in der chronologischen Dimension voneinander so getrennt, daß man die ältesten von ihnen unbedingt in die frühen Jahrhunderte des 2. Jahrtausends v. Chr. setzen muß.

Einzelne Phasen der ältesten, spezifisch griechischen Lautentwicklung verlieren sich im Nebel der spätindoeuropäischen Sprachdifferenzierung. So mußten im Griechischen — wie wir schon oben angedeutet haben — die vermuteten indoeuropäischen Aspiraten *bh*, *dh*, *gh* sehr früh (siehe Tabelle A, Spalte 1 oben) zu stimmlosen Aspiraten *ph*, *th*, *kh* geworden sein (z. B. **bherō* zu *pherō* oder **medhjos* zu **methjos*), da einige andere ebenso ziemlich alte Lautveränderungen den obenerwähnten Stimmhaftigkeitsverlust bereits voraussetzen: zu der Zeit nämlich, als die Lautveränderung **totjos* (Spalte 3 Mitte) zu *tos(s)os* noch im Gange war, mußte das ursprüngliche **medhjos* (mit stimmhaftem *dh*, in der Spalte 3 links) bereits zu **methjos* (mit stimmlosem *th*) verändert sein, da sich auch dieses Wort zu *mes(s)os* mit *-s(s)-* veränderte. Vor allem sind wir aber heutzutage imstande, die außerordentlich wichtige, schon erwähnte Lautveränderung *s* > *h*, z. B. in **septm̥* > *hepta*, **genesa* > *geneha* (siehe Tabelle A, Spalte 2) — wie schon gesagt — in die erste Hälfte des 2. Jahrtausends v. Chr. zu datieren.

Für einen längeren Zeitraum zwischen dem Vollzug der Lautveränderung *s* > *h* und der Zeit der Linear B-Texte zeugt vor allem die Tatsache, daß in der Zwischenzeit noch einige andere frühmykenische Lautprozesse zustande gekommen sein mußten, vor allem die Restitution des Zischlautes *s* in morphologischen Formationen wie *trisi(n)* (myk. ti-ri-ṣị, Dat. Plur.), *dōsonsi* (myk. -do-so-si, Futurum), *eleutherōse* (myk. e-re-u-te-ro-se, Aorist).

Während man in der c h r o n o l o g i s c h e n Dimension einige feste Punkte auch in der vormykenischen Periode finden kann, vermißt man solche in der g e o g r a p h i s c h e n Dimension fast vollständig. Nur wo das Mykenische eine Neuerung aufweist, z. B. verbales *-si* an Stelle des ursprünglichen *-ti*, kann man die Existenz eines wahrhaftigen lautlichen Unterschieds in der damaligen griechischen Welt für wahrscheinlich halten. Auf diese Weise hat schon im Jahre 1955 *E. Risch*[194] versucht (Tabelle A, Spalte 3), eine wichtige Trennungslinie zwischen dem konservativen Nordgriechischen im späteren dorisch-äolischen Raum (mit Verbalformen

---

194 *E. Risch* 1955, 61-76.

wie *pheronti*) und dem innovativem Südgriechischen im späteren ionisch-arkadokyprischen Raum (mit der progressiveren Form *pheronsi*) zu ziehen. In denselben lautlichen Bereich gehört offensichtlich auch die frühe Assibilierung der Konsonantengruppen *tj* und *thj* in **totjos*, **methjos* im erwähnten ionisch-arkadokyprischen Bereich.

Ich möchte hier nicht auf nähere Einzelheiten eingehen, doch es darf nicht unerwähnt bleiben, daß man zwei Teilkomplexe frühgriechischer Palatalisierungslautveränderungen unterscheiden muß[195]. Der ältere davon war der erwähnte südgriechische Assibilierungs- und Assimilationsvorgang, dessen Gültigkeit allerdings geographisch begrenzt war, da er — wie gesagt — nur im südgriechischen Raum zustande kam, d. h. nur in jenem Teil des helladischen Raumes, dessen Dialekttraditionen im 1. Jahrtausend v. Chr. von den arkadisch-kyprischen und ionisch-attischen Dialekten getragen wurden. Erst nach seinem Abschluß ist ein jüngerer, gemeingriechischer Komplex von Palatalisierungserscheinungen zustande gekommen (vgl. Tabelle A, Spalte 4), in dessen Verlauf diesmal im ganzen frühgriechischen Raum alle übriggebliebenen, das Jot noch enthaltenden Konsonantengruppen in verschiedene palatalisierte Laute umgewandelt wurden.

Ein Zwischenstadium scheint sich gerade in den mykenischen Texten erhalten zu haben, wo die Zeichenreihe *Z*- wahrscheinlich noch die Palatallaute *dž* oder *tš* bezeichnete, während die Zeichenreihe *S*- bereits den depalatalisierten Affrikatenlaut *ts* bzw. den Zischlaut *s(s)* wiedergab — wie ich es auf Abb. 43 auf S. 142 versucht habe darzulegen.[196] Auf jeden Fall hat man es bei den frühgriechischen Assibilationen und Palatalisationen mit einem gar riesigen Komplex von Spracherscheinungen zu tun, der sich über einen enormen Zeitraum erstreckte und dessen Ende in der mykenischen Zeit bei weitem noch nicht absehbar war.

Ich habe bis jetzt ziemlich viel Aufmerksamkeit den frühesten griechischen Lauterscheinungen gewidmet, um zu zeigen, daß man selbst für die erste Hälfte des 2. Jahrtausends v. Chr. imstande ist, bestimmte chronologische Verhältnisse bei einigen dieser hocharchaischen Lautprozesse festzustellen. Dabei beruhen unsere Beobachtungen teils auf dem schon früher bewährten indoeuropäischen Sprachmaterial, teils auf den mykenologischen Erschließungen — und gelegentlich haben wir auch einige „äußere" Faktoren beachtet, besonders das vorgriechische ägäische Substrat.

---

[195] *E. Risch* 1979a, 267-281.
[196] *A. Bartoněk* 1987c, 41-48.

Freilich konnten wir hier nicht alle vormykenischen Lauterscheinungen gründlich besprechen. Vormykenisch war z. B. auch der Zusammenfall der Labiovelare mit den Velaren vor und nach *u* und vor Jot; siehe auf der Tabelle A, Spalte 1, das myk. qo-u-ko-ro g^{w}*oukolos* „Viehhirt“ aus *g^{w}*ouk*^{w}*olos* (vgl. das spätere βουκόλος). Auch einige weitere ziemlich frühe griechische Lautprozesse werden oft von verschiedenen Forschern für mykenisch gehalten, doch kann man wegen der mangelhaften mykenischen Graphik z. B. nicht mit voller Sicherheit beweisen, daß der mykenische Dialekt schon alle Endkonsonanten mit Ausnahme von *-r*, *-s*, *-n* eingebüßt hatte und daß er nicht mehr über die silbischen Sonanten *r̥*, *l̥*, *m̥*, *n̥* verfügte.

In unserer Analyse haben wir nun den chronologischen Zeitpunkt um das Jahr 1400 erreicht, wo die frühmykenischen (genauer gesagt die vorlinearen) Veränderungen von den echt linearen getrennt werden[197]. Als echt lineare Veränderungen, d. h. als solche, die gerade zur Zeit der Abfassung der erhaltenen Linear B-Texte in vollem Gang waren (s. Spalte 2/3 Mitte), können mit Sicherheit nur zwei anerkannt werden, nämlich die obenerwähnte starke Tendenz zur endgültigen Eliminierung des antevokalischen und intervokalischen Jotlautes und dann eine ähnliche Tendenz zur Eliminierung des intervokalischen Hauchlautes.

Vor allem muß man jedoch an dieser Stelle einige Worte zur Frage der sprachlichen Einordnung des Mykenischen hinzufügen. Durch die obenerwähnte Assibilierung **totjos* > *totsos* > *tosos* und *pheronti* > *pheronsi* ist im ägäischen Süden schon in der ausgehenden ersten Hälfte des 2. Jahrtausends ein Innovationsgebiet entstanden, zu welchem auch das Mykenische gehörte, das keineswegs im Sinne der *Chadwickschen Hypothese* (s. weiter unten) als sozialbedingt gewertet werden kann. Daß dieses Gebiet im Laufe der mykenischen Zeit mundartlich noch weiter gegliedert war, ist sehr wahrscheinlich, wenn auch nicht leicht beweisbar. Vor einigen Jahren habe ich versucht, am Beispiel dreier griechischer Formen des Verbs *pherō*[198] die Existenz aller vier klassischen Dialektgruppen bereits in das mykenische Griechenland zurückzuprojizieren:

---

[197] Weitere Versuche um eine chronologische Festlegung verschiedener frühgriechischer Lautveränderungen s. z. B. bei *M. Lejeune* 1976, *A. Bartoněk* 1978, *M. Doria* 1979, *A. Bartoněk* 1987.

[198] *A. Bartoněk* 1972c, 346-360.

	1. Sg. Akt.	3. Plur. Akt.	3. Sg. Med.
Proto-Ark.-Kyp.	*pheromen*	*pheronsi*	*pheretoi*
Proto-Ionisch	*pheromen*	*pheronsi*	*pheretai*
Proto-Äolisch	*pheromen*	*pheronti*	*pheretai*
Proto-Dorisch	*pheromes*	*pheronti*	*pheretai*

Heute bleibt nur das zweite Phänomen relativ sicher: das südgriechische -*si* gegenüber dem dorischen und äolischen -*ti*, obwohl außerhalb des Verbums auch -*ti*- vereinzelt in den mykenischen Texten vorkommt. Die Endung -*mes* der 1. Plur. kommt jetzt vereinzelt auch im Arkadischen vor. Im Äolischen andererseits scheint die Form -*men* erst im 3. Jahrhundert v. Chr. gesichert zu sein — der Einfluß der attischen Koine kann hier also nicht ausgeschlossen werden. Und die ionisch-dorisch-äolische Übereinstimmung in der 3. Person Med. -*tai* gegenüber arkadisch-kyprisch -*toi* könnte erst aus der Zeit der großen nachmykenischen Umwälzungen und Wanderungen stammen.

Die Texte der LB-Schrift selbst sind, wie oben gesagt, in der Form eines vereinfachten Kanzlei-Idioms verfaßt, das auf einer übermundartlichen Koine-Form zu beruhen scheint, die sich in den Zentren der mykenischen Zivilisation zu einem überregionalen Interdialekt herausgebildet hat — unter Verlust spezifischer argolischer, pylischer, knossischer und anderer Sprachbesonderheiten, von denen in den Texten Spuren nur spärlich zum Vorschein kommen. Trotz der enormen Sprachuniformität der Linear B-Inschriften gibt es aber doch vereinzelte sprachliche Unterschiede, sowohl zwischen den einzelnen Lokalitäten als auch innerhalb von ihnen.

Nach der Meinung einiger Forscher wurde ein spezifischer Lokaldialekt in Mykene und Pylos gesprochen, wo man im Dat. Sing. der 3. Dekl. die Endung -*i* manchmal bevorzugte (po-se-da-o-ni / *Poseidā(h)ŏ̄ni*), doch siehe S. 455ff. In Knossos hat man wohl außerdem schon den Hauchlaut *h* fast völlig eliminiert, wie man aus der sehr niedrigen Frequenz des Zeichens A_2, d. i. *HA*, schließen kann (vgl. das knossische te-tu-ko-wo-a *tetukhwo(h)a* gegenüber te-tu-ko-wo-a_2, d. h. *tetukhwoha*, in Pylos).

Die Anzeichen etlicher Unterschiede innerhalb einzelner mykenischer Lokalitäten haben *E. Risch*[199] veranlaßt, die auf S. 462f. erwähnte Hypothese über einen Gegensatz zwischen einem *mycénien normal* (d. h. gemeinmykenischen Interdialekt) und einem nur sporadisch vorkommenden

---

[199] *E. Risch* 1966.

mycénien special aufzustellen (d. h. tatsächlich von den Schreibern gesprochenen Lokaldialekten, die nur gelegentlich durch die massive Schicht des Gemeinmykenischen nach oben empordrangen).

Mundartliche Differenzen darf man auch außerhalb von Peloponnes und Kreta erwarten (vgl. Tabelle B auf S. 494). In Attika und auf den benachbarten Inseln dürfte man wohl bereits um das Jahr 1200 die spätmykenische Existenz einer protoionischen Dialektgruppe vermuten, die gemeinsam mit dem Mykenischen am südgriechischen Lautwandel **-ti(-)* > *-si(-)* teilhatte.

Am Nordostrand des mykenischen Zivilisationsraumes machte sich wohl schon damals das Proto-Äolische geltend, das neben eigenen sprachlichen Besonderheiten auch eine Anzahl von anderen Neuerungen aufzunehmen vermochte, ohne sich jedoch ihr ganzes Spektrum anzueignen. Eine völlige Verschiebung des Proto-Äolischen in die nachmykenische Periode[200] scheint mir nicht berechtigt zu sein; dazu stellt das Äolische meiner Meinung nach eine zu ausgeprägte mundartliche Einheit dar, für deren Zustandekommen noch vor der Zeit ihrer Zersplitterung durch nachmykenische Wanderungen ein gewisser Zeitraum nötig war. In diesem Zusammenhang möchte ich heutzutage auf meiner Tabelle B einige Berichtigungen vollziehen, und zwar sowohl die Trennung des Proto-Ionischen vom Achäischen (Proto-Arkadisch-Kyprischen) als auch die des Proto-Äolischen vom Proto-Dorischen erst in das 13. Jahrhundert hinabsetzen.

Andererseits weist das Mykenische einige Innovationen auf, die in keinem anderen griechischen Dialekt auftreten; vgl. z. B. ko-ri-si-jo *Korinsioi* mit dem bereits assibilierten *s* gegenüber dem mehr konservativen alphabetischen Κορίνϑιος, was die Möglichkeit andeutet, daß das Mykenische keinen direkten Fortsetzer im 1. Jahrtausend v. Chr. hatte; vgl. auch za-ku-si-ja *Dzakunsia* gegenüber Ζακύνϑια — falls die Formen ko-ri-si-jo und za-ku-si-ja nicht vielleicht einfach analogisch geneuert sind.

Umgekehrt findet man sowohl im Arkadischen als auch im Kyprischen gemeinsame Neuerungen, die im Mykenischen völlig ausbleiben, z. B. die arkadisch-kyprische Tendenz zur Veränderung von auslautendem *o* zu *u* (z. B. Μιλτιάδαυ); diese Tendenz scheint alt zu sein und ist vielleicht im Rahmen einer spätmykenischen Isoglosse entstanden, an der das Mykenische selbst nicht teilnahm. Es folgt daraus, daß die Existenz der mykenischen Koine offensichtlich mit dem Zusammenbruch der Zivilisation, der sie gedient hatte, zuende gegangen ist. Die unter der mykenischen Koine zu vermutenden mundartlichen Lokaldialekte sind dann in nachmykenischer

[200] *J.L. García-Ramón* 1975b.

Zeit in Arkadien, bzw. auf Zypern, zu selbständigen Dialekten geprägt worden, während diejenigen aus der Argolis, aus Messenien, aus Kreta und anderen von Doriern besetzten Gebieten durch das Dorische ersetzt wurden.

Eine neue Richtung versuchte vor etwa 15 Jahren in die Geschichte der mundartlichen Einordnung des Mykenischen *J. Chadwick*[201] zu bringen. Er sah darin das Griechische der höheren gesellschaftlichen Schichten in den mykenischen Zentren, das durch das kretisch-minoische Substrat beeinflußt worden sei (eingeschlossen die mykenische Assibilation *ti* > *si*). Dabei sollen die niederen Schichten der örtlichen Bevölkerung auch weiterhin (d. h. das 14. und 13. Jahrhundert hindurch) ein archaisches Griechisch gesprochen haben, das dem Protogriechischen aus der Zeit der gesamtgriechischen Einwanderung näherstand. Der Untergang der mykenischen Zivilisationszentren um das Jahr 1200 v. Chr. bedeutete dann nach Chadwick einen starken Rückgang des Mykenischen als Interdialekt der höheren Bevölkerungsschichten, was auf der anderen Seite den Einfuß des archaischen Griechisch der niederen Bevölkerungsschichten erhöhte, d. h. den Einfluß einer sprachlichen Formation, die traditionell als Proto-Dorisch bezeichnet wird. Die Chadwicksche Hypothese bietet so eine Möglichkeit, ohne die Annahme einer dorischen Masseneinwanderung auszukommen, deren Stattfinden oder zumindest historische Bedeutung heute von mehreren Archäologen angezweifelt wird.

Die Chadwicksche Hypothese stellt allerdings die Linguisten vor einige neue Fragen. Vor allem entsteht das Problem, warum gerade in den *hochentwickelten* Kulturzentren, wie in der Argolis, in Lakonien, in Messenien (wo vor dem Jahre 1200 die mykenische Koine sicherlich am meisten gebraucht worden war) im ersten Jahrtausend v. Chr. dorisch gesprochen wurde, während sich im Gegenteil in den *weniger bedeutenden Randgebieten*, z. B. in Arkadien oder auf den kykladischen Inseln, nach dem Untergang der mykenischen Zivilisation mundartliche Elemente durchsetzten, die mit dem Mykenischen der Linear B-Texte eng verbunden waren. Außerdem entspricht die Chadwicksche Auffassung der mykenischen Hochstilsprache mit *pheronsi* nicht der linguistischen Erfahrung, daß sich die progressiveren Sprachelemente eher in den niederen Bevölkerungsschichten durchsetzen, während die Hochstilsprache meistens konservative Züge trägt.

Man muß auch betonen, daß selbst vom soziolinguistischen Standpunkt aus eine längere enge Koexistenz eines Hochstildialektes mit *pheronsi* und

[201] *J. Chadwick* 1976a, 1976b.

eines altertümlicheren mit *pheronti* in den mykenischen Zentren unannehmbar ist. Eine Zeitspanne zwischen 1400 und 1200 v. Chr. scheint in dieser Hinsicht zu groß zu sein, als daß es dazwischen zu keiner Dialektintegrierung hätte kommen müssen.

Nach meiner Auffassung ist die Assibilierung *ti* > *si* mit Sicherheit als ein geographisch — d. h. nicht soziologisch — bedingter linguistischer Prozeß anzusehen, der um das Jahr 1400 im ganzen südgriechischen Raum bereits abgeschlossen war. Die von Chadwick als volkstümlich und archaisch charakterisierten Sprachelemente der Linear B-Sprache sind folglich eher als Reflex der Sprache einer dünnen dorischen Bevölkerungsschicht zu deuten, die wohl schon zur Blütezeit der mykenischen Paläste von Norden aus in die Peloponnes einzusickern begann, wobei sie vielleicht schon damals besonders in einigen weniger entwickelten Gegenden der Peloponnes Fuß faßte. Die Chadwicksche Hypothese brachte also interessante soziologische Aspekte in die frühgriechische mundartliche Problematik, sie kann jedoch in ihrer jetzigen Form kaum eine überzeugende Lösung bieten.

Die Zerstörung der mykenischen Welt im ausgehenden 13. bzw. im Laufe des 12. Jahrhunderts v. Chr., das Nachlassen der einigenden Kraft der mykenischen Zivilisation, sowie die daraus resultierenden großen Bevölkerungsverschiebungen, wie die Einwanderung der Dorier aus dem helladischen Nordwesten, Verschiebungen in Mittelgriechenland oder die Auswanderung der achäischen bzw. attischen und äolischen Bevölkerung nach Kleinasien — das alles führte zum schnellen Zerfall sprachlicher Bindungen innerhalb der mykenischen Welt (vgl. Tabelle B). Für verhältnismäßig sicher kann man vor allem folgende Bevölkerungsverschiebungen halten:

1. Die Ankunft achäischer Bevölkerung auf Zypern kurz nach dem Jahre 1200 v. Chr.; auf diese Weise ist es zur endgültigen Trennung des Kyprischen vom Arkadischen bzw. Peloponnesisch-Achäischen gekommen. Die Stellung des Pamphylischen in Südanatolien bleibt noch immer unklar: neben achäischen Elementen sind hier auch wichtige Dorismen zu verzeichnen, deren Herkunft bisher nicht klar ist.

2. Die Einwanderung der Dorier in den südägäischen Raum im 12. oder wohl erst im 11. Jahrhundert, durch welche eine völlig neue Lage auf fast der ganzen Peloponnes (mit Ausnahme von Arkadien) und auf den südlichsten ägäischen Inseln entstanden ist.

3. Verschiebungen im mittelgriechischen Raum, und zwar eine dorische Infiltrierung Westthessaliens und eine vermutlich ostthessalische, ins 12. Jahrhundert fallende Auswanderungswelle nach Böotien, was offensichtlich zum Mischcharakter des Böotischen viel beigetragen hat.

4. Auswanderung äolisch- und ionischsprachiger Bevölkerung vom ostgriechischen Festland auf die ostägäischen Inseln bzw. zur nahegelegenen kleinasiatischen Küste (im 11. Jahrhundert), was die Entstehung mundartlicher Differenzen innerhalb des äolischen und ionischen Sprachgebiets verursachte.

5. Die Gründung zahlreicher Kolonien im ganzen Mittelmeer- und Schwarzmeerraum, die zu weiterer Ausgliederung der griechischen Dialekte führte (im 8., 7., 6. Jahrhundert). Durch diese Verschiebungen entstand eine Menge wichtiger sprachlicher Erscheinungen:

a) Die Dialekte mehrerer griechischer Bevölkerungsgruppen wurden durch fremde Sprachen beeinflußt, z. B. im Kyprischen und Pamphylischen; einige Forscher meinten sogar (*V. Pisani* 1955, *J. Chadwick* 1956), daß die südgriechische Assibilierung *ti* > *si* fremder Prägung gewesen sei.

b) Die durch die Dorier überlagerten vordorischen Dialekte sind durch „achäische" Substraterscheinungen gekennzeichnet (man kann in dieser Hinsicht z. B. den kretischen Artikel οἱ neben dem gemeindorischen τοί anführen).

c) Durch die erwähnten Verschiebungen wurden einige früher kohärente Bevölkerungsgruppen auseinander gerissen, wodurch es zu weiterer mundartlicher Differenzierung kam. Durch diese Verschiebungen sind zahlreiche griechische ethnische Untergruppen in eine völlig neue griechische sowie nichtgriechische sprachliche Nachbarschaft gelangt. Es entstanden neue Substrat- und Parastraterscheinungen: d. h. alte Gruppierungen trennten sich voneinander und neue Isoglossen verbreiteten sich nun quer durch die älteren Mundartengruppen. Während einige Dialekte in Isolierung gerieten, kamen andere in einen engeren Kontakt mit angrenzenden Nachbarmundarten.

In der Periode dieser „finsteren" Jahrhunderte begannen sich die wichtigsten Differenzen abzuzeichnen, die die griechischen Mundarten des 1. vorchristlichen Jahrtausends in entscheidender Weise prägen sollten. Einige der nachmykenischen Neuerungen erfaßten mehr oder weniger die gesamte griechische Welt (vgl. z. B. die allgemeine Beseitigung der Labiovelare), andere beschränkten sich nur auf einen Dialekt, manche erfolgten in einzelnen Dialekten zu verschiedenen Zeiten (z. B. die Beseitigung des Phonems *w*, die sich für das Gesamtgriechische über das ganze 1. Jahrtausend erstreckte), viele vollzogen sich in verschiedenen Gebieten unabhängig voneinander (z. B. *pansa* > παῖσα auf Lesbos, in Kyrene und in anderen Dialekten), und wiederum andere führten zu völlig unterschiedlichen Resultaten auch in genetisch eng verwandten Landschaften (z. B. die Ersatzdehnungen und Kontraktionen).

So zeigen Thessalien und Lesbos in einer Reihe von Formen wie κτέννω Gemination, wo das Böotische nur Ersatzdehnung vom Typ κτήνω kennt. Dieses Gegensatz könnte freilich einfach durch nachträglichen westgriechischen Einfluß auf das Böotische erklärt werden und erweist nicht zwingend eine frühe Ausgliederung des äolischen Elements des Böotischen aus dem Gemein- oder Protoäolischen.[202]

Dasselbe gilt auch für das thessalische und lesbische δικάζω [*dikazdō*] gegenüber böot. δικάδδω, wobei beide Formen aus älterem *dikadzō* entstanden sind.

So weist auch (Tabelle A, Spalte 4, rechts unten) der Unterschied zwischen der attischen sowie euböischen Form ἐρέττω und der ostionischen Form ἐρέσσω auf eine getrennte Entwicklung in den erwähnten Gebieten hin, die von einer älteren Form **eretjō* > **eretsō* ausging und erst nach der ionischen Wanderung nach Kleinasien abgeschlossen wurde.

Eine sehr interessante zeitliche und räumliche Differenzierung erfuhren die mykenischen Labiovelare (Tabelle A, Spalte 1 unten). Über die erste, vormykenische Phase ihrer Beseitigung durch Delabialisierung in der Nachbarschaft von *u* und *j* haben wir schon gesprochen. Nach *M. Lejeune* ist dann deren völlige Eliminierung folgendermaßen vor sich gegangen: Die zweite Phase bestand in ihrer Palatalisierung und Dentalisierung vor folgendem *e* und teilweise vor *i* (vgl. z. B. πέντε aus $*penk^we$ oder τίς aus $*k^wis$), aber diese Phase war besonders vor *i* nicht von ausreichender Durchschlagskraft, um die äolischen Landschaften im Norden sowie das entfernte Zypern im Osten zu erreichen. Daher kam es, daß sich in der dritten und letzten Phase in der ganzen griechischen Welt alle restlichen Labiovelare labialisierten. Und auf diese Weise ist es beim Zahlwort „4“ zur bekannten Differenz gekommen, wo dem attischen τέτταρες, ostionischen τέσσερες und dorischen τέτορες das böotische und thessalische πέτταρες und das lesbische πέσυρες bzw. das homerische πίσυρες gegenüberstehen. Diese Hypothese von *M. Lejeune* wurde von einigen Forschern einer Kritik unterzogen, wobei man eine gerade umgekehrte Reihenfolge beider letztgenannter Eliminierungsvorgänge bevorzugte: in beiden Fällen gilt jedoch die endgültige Eliminierung als eine klar nachmykenische Angelegenheit.

Die erwähnten wichtigen Veränderungen im Bereich des Konsonantismus, die im weiteren eine beträchtliche Reduktion der Zahl der konsonantischen Phoneme zur Folge hatten (außer den Labiovelaren verschwanden

[202] Anders *M.S. Ruipérez*, Acta Mycenaea 1972.

im Laufe der Zeit auch die Laute *j*, *h*, *w*), wurden in den postmykenischen Jahrhunderten durch tiefgreifende Verschiebungen im Subsystem der langen Vokale begleitet. Diese standen in Zusammenhang mit der Entstehung neuer, nicht schon urgriechischer Langvokale im Gefolge von Ersatzdehnungen und Vokalkontraktionen (s. Tabelle C auf S. 495)[203].

Damit das System durch erhöhte Belastung einiger Langvokale nicht aus dem Gleichgewicht geriet, entstand in einer Reihe von Dialekten ein neues, geschlossenes Paar der langen *ē*- und *ō*-Phoneme, wodurch sich das alte aus 5 Langvokalen bestehende System in ein neues, siebenphonemiges verwandelte. Es war nun möglich, in der Aussprache diese sekundären, geschlossenen *ē*-/*ō*-Laute (z. B. in εἰμί, βουλά/βουλή) von den primären, mehr offenen (z. B. in ἔϑηκε, ἔδωκε) gut abzuheben.

Diese Neuerung (vgl. Tabelle D auf S. 496, vor allem das durch die Linien 1 und 2 umkreiste Gebiet) erfolgte im Rahmen einer einzigen ausgedehnten System-Isoglosse in einem zusammenhängenden Gebiet, das sich vom dorischen Nordwesten über den Isthmos von Korinth, über Attika und die Kykladischen Inseln bis nach Kleinasien erstreckte. Die dorischen Dialekte haben sich auf diese Weise in drei entgegengesetzte Gruppen aufgeteilt — a) in die sogenannte *strengdorische* Gruppe (Doris severior) mit 5 langen Vokalen (Lakonisch, Messenisch, späteres Kretisch usw.), b) die *milddorischen* Dialekte (Doris mitior) mit sieben langen Vokalen (Korinthisch, Megarisch, Ostargolisch, Nordwestgriechisch), die diese wichtige Systemneuerung gemeinsam mit den ionisch-attischen Dialekten durchgemacht haben, und c) die Doris media mit sieben langen Vokalen, doch mit Beschränkung der neuen langen *ē*-/*ō*-- Phoneme auf Vokalkontraktion oder auch dritte Ersatzdehnung (s. Westargolisch und Inseldorisch auf Abb. C, S. 495). Ein wenig anders *A. Malikouti-Drachman* 1975, 135ff.

Die auf diese Weise erfolgte Innovation war danach die treibende Kraft in der weiteren Entwicklung des griechischen Vokalismus während des ganzen 1. Jahrtausends v. Chr. Eine noch breitere Entfaltung erfuhr sie durch jüngere Typen der Ersatzdehnung, wie z. B. **pansa* > *pāsa* und **ksenwos* > *ksēnos,* sowie durch immer stärker werdende Tendenzen zur Monophthongisierung der Diphthonge. Dies alles, zusammen mit einer ganzen Reihe anderer, häufig nur monodialektaler Veränderungen, zeichnet

[203] Vgl. *A. Bartoněk* 1966 und 1972, vor allem S. 87ff.

am Ende der 1. Hälfte des 1. Jahrtausends v. Chr. jenes Bild der griechischen mundartlichen Welt, das wir aus der klassischen Periode der altgriechischen Entwicklung kennen — von den erneuerungsfreudigen Dialekten (wie z. B. das Ionische) bis zu den konservativsten (wie das Ostthessalische) oder von den durch Besonderheiten sehr auffallenden (wie das Zentralkretische oder das Eleische) zu den am wenigsten markanten Mundarten (wie das Megarische).

In meiner Übersicht über die voralphabetische sprachliche Entwicklung habe ich versucht, die einzelnen sprachlichen Erscheinungen immer auf eine bestimmte Zeitperiode zu beziehen. Verschiedene datierbare Ereignisse haben dabei geholfen, ein brauchbares, wenn auch vorläufig etwas weitmaschiges Netz *konkreter chronologischer Daten* aufzustellen: hierher gehören z. B. die Einwanderung der Protogriechen um das Jahr 2000, der erste große kulturelle Aufschwung im 16. Jahrhundert, als schon die wichtigsten Lehnwörter in die griechische Sprache eingedrungen waren, dann die Zerstörung der mykenischen Paläste um das Jahr 1200, danach die großen nachmykenischen Wanderungen im 11. und 10. Jahrhundert und endlich das Einsetzen der ältesten alphabetischen Inschriften in den einzelnen Gegenden Griechenlands im Verlauf des 8. und 7. Jahrhunderts. Diese archäologischen und historischen Daten bildeten das chronologische Gerüst für die Einordnung der wichtigsten sprachlichen Erscheinungen, und auf diesem Gerüst habe ich meinen Entwurf einer Periodisierung der griechischen sprachlichen Vorgeschichte aufgebaut (vgl. die Tabelle E auf S. 497)[204].

Ich habe hier die Frühgeschichte der griechischen Sprache prinzipiell in drei Hauptperioden eingeteilt, und jede von diesen unterteile ich weiter in zwei Teilphasen. Als Ausgangspunkt habe ich die Zeit der ältesten griechischen Belege in alphabetischer Schrift gewählt, und von diesem Zeitpunkt an verfolge ich die frühgriechische Entwicklung zurück bis in die Zeit der griechischen Einwanderung, wobei ich die einzelnen Phasen rückläufig, d. h. von Z beginnend, bezeichne. Einige von den letzten sub X *2* sich befindenden sprachlichen Erscheinungen haben allerdings die Griechen vielleicht noch vor ihrer Einwanderung nach Griechenland durchgemacht.

---

[204] *A. Bartoněk* 1983e.

Die Neuerscheinungen zu weiterem Lesen (Kap. IX: Mykenisch als griechischer Dialekt)

Zum Standard- und Substandard-Mykenischen (d. h. zu den Dialektunterschieden im Rahmen des Mykenischen) vgl. *V. Parker* 1993a (Zweifel am Substandard-Mykenischen *J. Chadwicks* und an der völligen Ablehnung der Dorischen Invasion laut Chadwick) und *I. Hajnal* 1997 (mit einer skeptischen, historisch begründeten Stellungnahme gegen das Substandard-Mykenisch). Nach *Hajnal* wurde die Endung des Dat.-Lok. Sing. *-ei* ursprünglich in der dativischen Funktion bei den belebten Ausdrücken benützt, während die „Substandard-Variante" *-i* von Pylos eine archaische, protogriechische Form eines Dativ-Lokativs bei den unbelebten Ausdrücken gewesen sei; die mykenische Distribution der Dativ-Lokativ-Suffixe widerspiegelt also nach *Hajnal* die Situation im Protogriechischen, nur die Benützung von *-ei* im Lokativ wäre eine mykenische Innovation. *C. Varias García* 1994 und 1994-95 nimmt dagegen in dieser Angelegenheit eine eher gemäßigte Stellung — doch im Prinzip in der Rischschen Richtung.

Zur Stelle des Mykenischen im Komplex der altgriechischen Dialekte vgl. vom methodologischen Standpunkt aus den Artikel von *A. Bartoněk* 1993b (über die Perspektiven und Beschränkungen im Bereich der altgriechischen Dialektologie) bzw. die Studie von *M. Marazzi* 1994b (Besonderheiten und Schwierigkeiten im mykenologischen Forschungsbereich). Konkretere Analysen findet man bei *A. Morpurgo-Davies* 1992ab (Überlegungen über das Verhältnis des Mykenischen zum Indoeuropäischen und zum späteren Griechisch, sowie über die Berechtigkeit der Methode der Vergleichsanalyse in der altgriechischen Dialektologie — mit dem Vorschlag einer gründlichen Analyse vor allem des arkadisch-kyprischen Dialektengruppe), in einer Monographie und mehreren Artikeln von *A. Bartoněk* 1991abc (über die Grundzüge der altgriechischen sprachlichen Frühgeschichte, über die Chronologie und Verkettung einiger sehr alter Lautveränderungen im Griechischen, über das Verhältnis des mykenischen Griechisch zur homerischen Sprachform sowie über die sprachliche Entwicklung in den „Dunklen" Jahrhunderten), auch bei *C. Brillante* 1994a (über die Ansichten von *M. Durante*, bes. über das Alter der äolisch-arkadisch-kyprischen Isoglossen) oder bei *M. Finkelberg* 1994 (über die mundartliche Entwicklung der griechischen Sprache im Continuum dreier Phasen zwischen 1900 und 900 v. Chr.). — Es treten viele weitere wichtige Studien hinzu: einige Studien von *Cl. Brixhe* 1990ab (über die soziolinguische Methode in der altgriechischen Dialektologie), 1991ab (über das

Kretische als Beispiel eines soziolinguistisch recht komplizierten griechischen Dialekts) und *C.J. Ruijgh* 1995b und 1996c (über die mundartliche Vierteilung der griechischen Sprache in der mykenischen Epoche). Weiter noch *M. Negri* 1991a (über die innovativen und konservativen Züge im Mykenischen), *A. Faucouneau* 1990 (zur mundartlichen Lage im 2. Jahrtausend; Zweifel über die ursprüngliche Einheit des Arkadisch-Kyprischen), *E. Risch* 1991 (das Mykenische und das Griechische der Dunklen Jahrhunderte) und *V. Parker* 1995 (das X. Jahrhundert als die Zeit der dorischen Einwanderung nach Südgriechenland).

D. Appendix: Listen älterer griechischer Entlehnungen

1. Lexikalische ägäische Substratphänomena (Appellativa)

A. Griechisch-lateinische Parallelen, im Mykenischen bezeugt:

e-ra-wa *elaiwā* „Olive"; vgl. ἐλαί(ϝ)α, lat. *olīva*.

e-ra-wo, e-ra$_3$-wo *elaiwon* „Öl"; vgl. ἔλαι(ϝ)ον, lat. *oleum*.

ku-pa-ri-so (Ortsname), ku-pa-ri-si-jo u. a. (Adj.) *Kuparissos* u. a.; vgl. κυπάρισσος, lat. *cupressus* „Zypresse".

mi-ta *minthā* „Minze", vgl. μίνθη, lat. *mentha*.

mo-ri-wo-do *moliwdos* „Blei"; vgl. μόλιβδος, μόλυβδος u. a., lat. *plumbum*.

wo-do-we *wordowen* „Rosen-"; vgl. ῥοδόεις „mit Rosenduft" von ῥόδον „Rose", lat. *rosa*.

su-za *sūtsai* < **sūkjai* (Nom. Pl.) „Feigenbaum"; vgl. συκέα, συκία, σῦκον, boiot. τῦκον „Feige", lat. *fīcus*.

B. Griechisch-lateinische Parallelen, ohne Mykenisch:

λείριον – *lilium* „Lilie"; μᾶλον, μῆλον – *mālum* „Apfel"; (ϝ)οἶνος – *vīnum* „Wein"; σπόγγος, σφόγγος – *fungus* „Schwamm"; δάφνη, λάφνη – *laurus* „Lorbeerbaum" (*d/l*); κυβερνήτης – *gubernātor* „Steuermann"; θώραξ, θώρηξ – *lōrīca* „Brustpanzer".

C. Weitere vermutlich ägäische Lehnwörter, im Mykenischen bezeugt (in Auswahl):

a-sa-mi-to *asaminthos* „Badewanne"; vgl. ἀσάμινθος.

da-pu$_2$-ri-to-jo (Gen. Sg.) *daburinthojjo* „Labyrinth" (knossische Kultstätte der Göttin Potnia); vgl. λαβύρινθος (*d/l*!).

ko-ri-ja-do-no, ko-ri-a$_2$-da-na (Nom. Pl.) u. a. *kori(h)a(n)dnon*; vgl. κορίαννον, κορίανδρον u. a. „Koriander".

ku-pa-ro *kupairos?* (auch ku-pa-ro$_2$ *kuparjos?*) „Cyperus rotundus" (Pflanze); vgl. κύπαιρος, κύπειρος, κύπερος.

ma-ra-tu-wo *marathwon* „Fenchel"; vgl. μάραθ(ρ)ον.

qa-si-re-u *g^{w}asileus* „lokaler Beamte"; vgl. βασιλεύς.

se-ri-no *selīn(n)on* „Eppich"; vgl. σέλινον – vgl. auch sa-ri-nu-wo-te, se-ri-no-wo-te u. a. *Salinwontei*, *Selinwontei* (Dat.-Lok.); vgl. den Ortsnamen Σελινοῦς.

si-mi-te-u *Smintheus* (Beiname von Apollon, abgeleitet von σμίνθος „Maus"; angeblich ein mysisches Wort).

si-a$_2$-ro *sihalons* „Mastschwein"; vgl. σίαλος.

si-to *sītos* „Getreide"; vgl. σῖτος – vgl. auch si-to-po-ti-ni-ja *Sītōn Potniāi* oder *Sītōi Potniāi* (Dat. Sg.) und Σιτώ als Epitheton der Demeter.

wa-na-ka *wanaks* „Herrscher" u. a.; vgl. (ϝ)άναξ.

2. Morphologische und phonologische Substratphänomena

A. Vermutliche ägäische Suffixe:

-nthos: z. B. a-sa-mi-to ἀσάμινθος „Badewanne", ἐρέβινθος „Kichererbse", πλίνθος „Ziegel", ὑάκινθος „Hyazinthe" und viele Toponyma.

-(s)sos/-ttos: z. B. κυπάρισσος, att. κυπάριττος „Zypresse", νάρκισσος „Narzisse"; auch θάλασσα, att. θάλαττα und viele Toponyma bzw. Anthroponyma: z. B. LB ko-no-so Κνωσ(σ)ός, a-mi-ni-so Ἀμνισός, tu-ri-so Τυλισός sowie Ὑμησσός/Ὑμηττός, Παρνασ(σ)ός/Παρνησσός u. a.

B. Lautliche Schwankungen (vor allem in Linear B, auf Inschriften und Papyri, bei Hesych):

d/l: s. oben myk. da-pu$_2$-ri-to-jo, vgl. λαβύρινθος; δίσκος/λίσκος (Hesych); Ὀδυσ(σ)εύς gegenüber Ὀλυτεύς und lat. *Ulixes*; s. oben δάφνη/λάφνη (Perge) und gr. θώραξ : lat. *lōrīca*.

stimmhaft/stimmlos/aspiriert: πρύτανις, βρυτανεῖον (Kreta), s. oben σπόγγος/σφόγγος (Papyri).

C. Der Zischlaut *s*:

Ein *s* im Anlaut oder im Inlaut zwischen Vokalen ist Indiz für fremde Herkunft, falls es nicht eine andere spezifische Erklärung dafür gibt (z. B. *-s(s)os* < **-tsos* < **-tjos* /vgl. to-so *tos(s)os*/; Analogiebildungen in den sigmatischen Aoristen und Futura bzw. im Dat. Pl.: LB e-re-u-te-ro-se *eleutherōse*, -do-so-si *dōsonsi*, ti-ri-ṣị *trisi(n)*; Spezialfälle wie z. B. σῦς neben ὗς), und zwar besonders, wenn das an- bzw. inlautende fremde *s* bereits im Mykenischen bezeugt ist: s. oben *asaminthos*, *selīn(n)on*, *sihalons*, *sītos* und unter Nr. 3 *sāsamon*.

D. Phonologische Rückschlüsse aus den orthographischen Regeln von Linear B:

In der Linear A-Sprache der alten Minoer wurde zwischen stimmhaften, stimmlosen und aspirierten Konsonanten nicht unterschieden; es bestand dagegen wohl eine Opposition „palatalisiert" – „nicht palatalisiert".

3. Entlehnungen aus dem Semitischen und anderen Sprachen des alten Orients

A. Alte Semitismen, im Mykenischen bezeugt:

ki-to *khitōn* „Chiton, Unterkleid" u. a.; vgl. χιτών : akkad. *kitû*, *kitinnû* (sum. *gada*?), phön. ugar. *ktn*, hebr. *kuttonet*.

ko-no-ni-pi (Instr. Pl.) *konŏni(p)phi* „Stäbchen"; vgl. κανονίς, κανών : akkad. *qanû*, ugar. *qn*, hebr. *qanē*.

ku-mi-no, ku-mi-na (N. Pl.) *kumīnon* „Kümmel"; vgl. κύμινον : akkad. *kamūnu*, phön. *kmn*, hebr. *kammon*.

ku-ru-so (Subst., Dat.-I. Sg.) *khrūsōi* „Gold" bzw. Adj. *khrūs(s)os* < **-sjos* „golden", ku-ru-so-jo (Gen. Sg.), ku-ru-sa-pi (Instr. Pl. Fem.), ku-ru-so-wo-ko *khrūsoworgoi* (Nom. Pl.) „Goldschmied"; vgl. χρυσός : akkad. *ḫurāṣu*, phön. *ḫrṣ*, ugar. *ḫrṣ*, hebr. *ḥāruṣ*.

sa-sa-ma (Nom. Pl.) *sāsamon* „Sesam"; vgl. σήσαμον, dor. σάσαμον : akkad. *šamaššammū*, phön. *ššmn*, hebr. *šumšōm*.

B. Weitere Semitismen (vorhellenistisch):

βύσσος „Flachsart", δέλτος „Schreibtafel", κάδος „Faß", κάμηλος „Kamel", κρόκος „Safran", μνᾶ „Mine", μύρρα „Myrrhe", σάκκος „Sack", σινδών „Leinwand".

C. Orientalische Wörter unbekannten Ursprungs mit angeblich semitischen Entsprechungen, im Mykenischen bezeugt:

e-re-pa, e-re-pa-to (Gen.), e-re-pa-te (Dat.), e-re-pa-ta (Akk.) *elephans* „Elfenbein"; vgl. ἐλέφας (das akkad. *alpu*, phön. *ʾelp*, hebr. *ʾelep* hat jedoch die Bedeutung „Ochse").

re-wo *lewōn* (Personenname in Knossos), re-wo-pi(-qe) *lewom(p)phi (k^{w}e)* (Instr. Pl.) „Löwe", vgl. re-wo-te-jo (Adj., Instr. Pl.); vgl. λέων (das akkad. *labu*, ug. *lbʾ*, hebr. *labīʾ* gilt heute als nicht direkt verwandt; vielleicht kann man das hebr. *laīš* mit dem anderen griechischen Wort für „Löwe", nämlich λῖς, in Zusammenhang bringen).

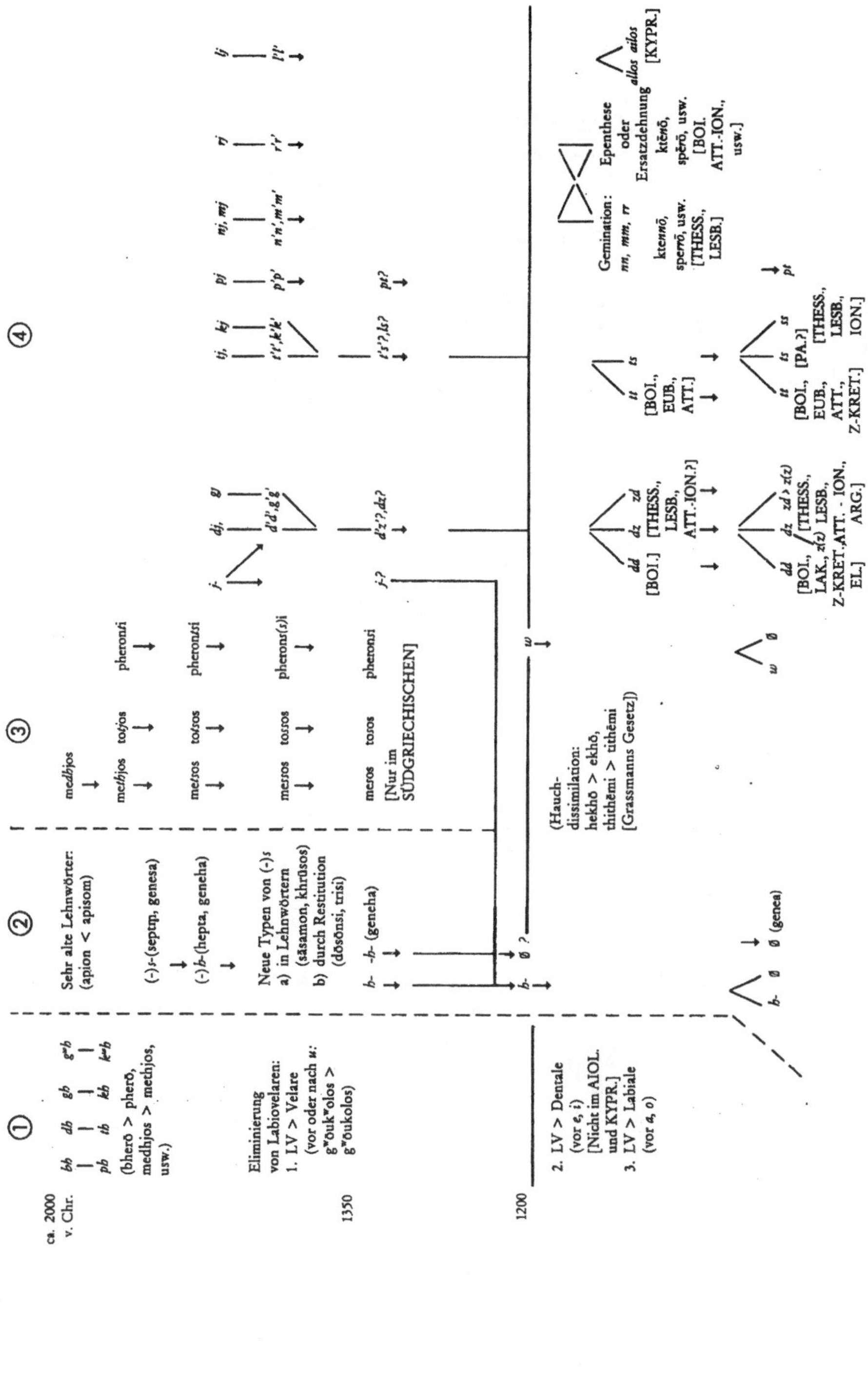

Tab. A: Schematische Übersicht der frühgriechischen Konsonantenveränderungen

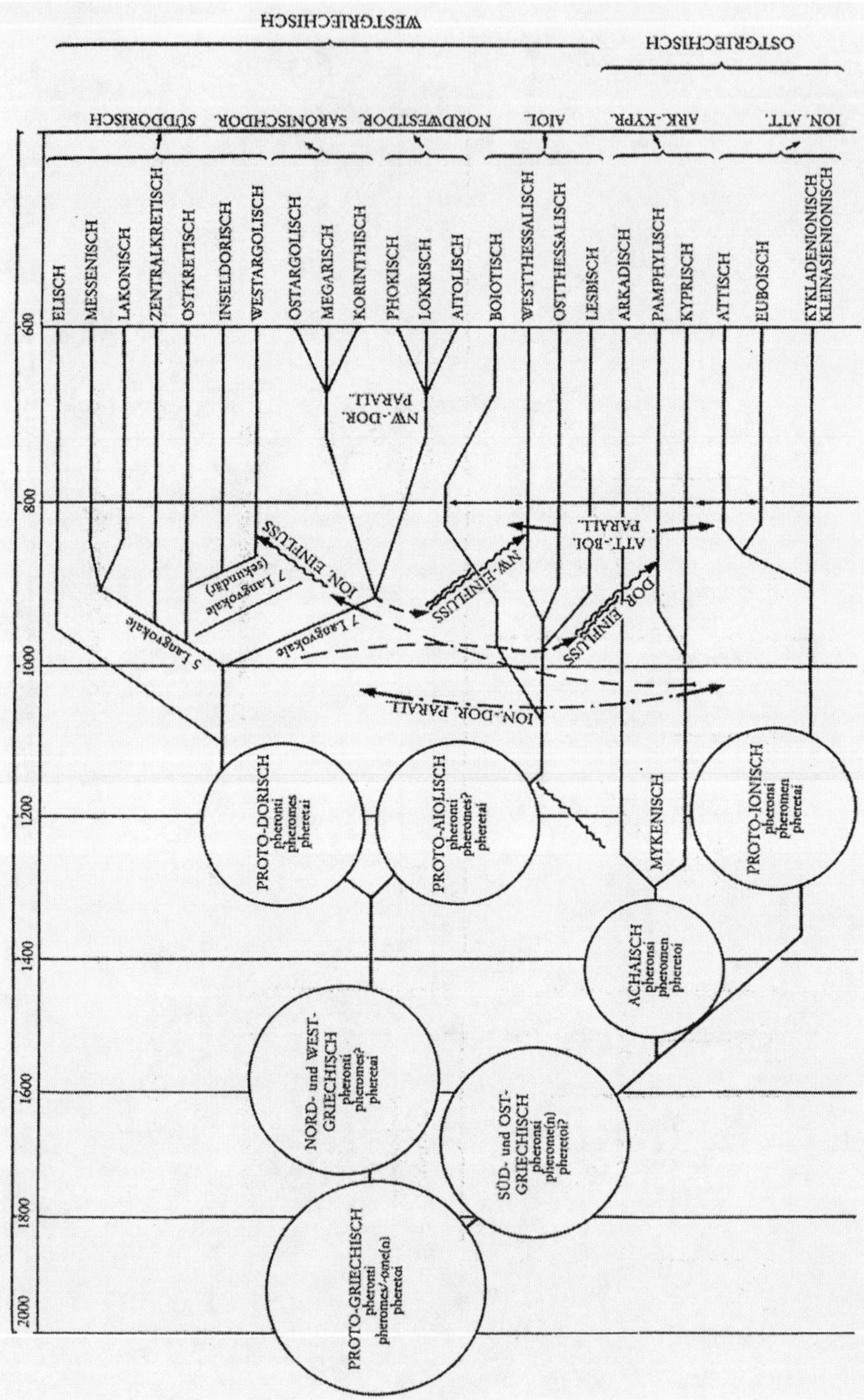

Tab. B: Die Ausgliederung der griechischen Dialekte

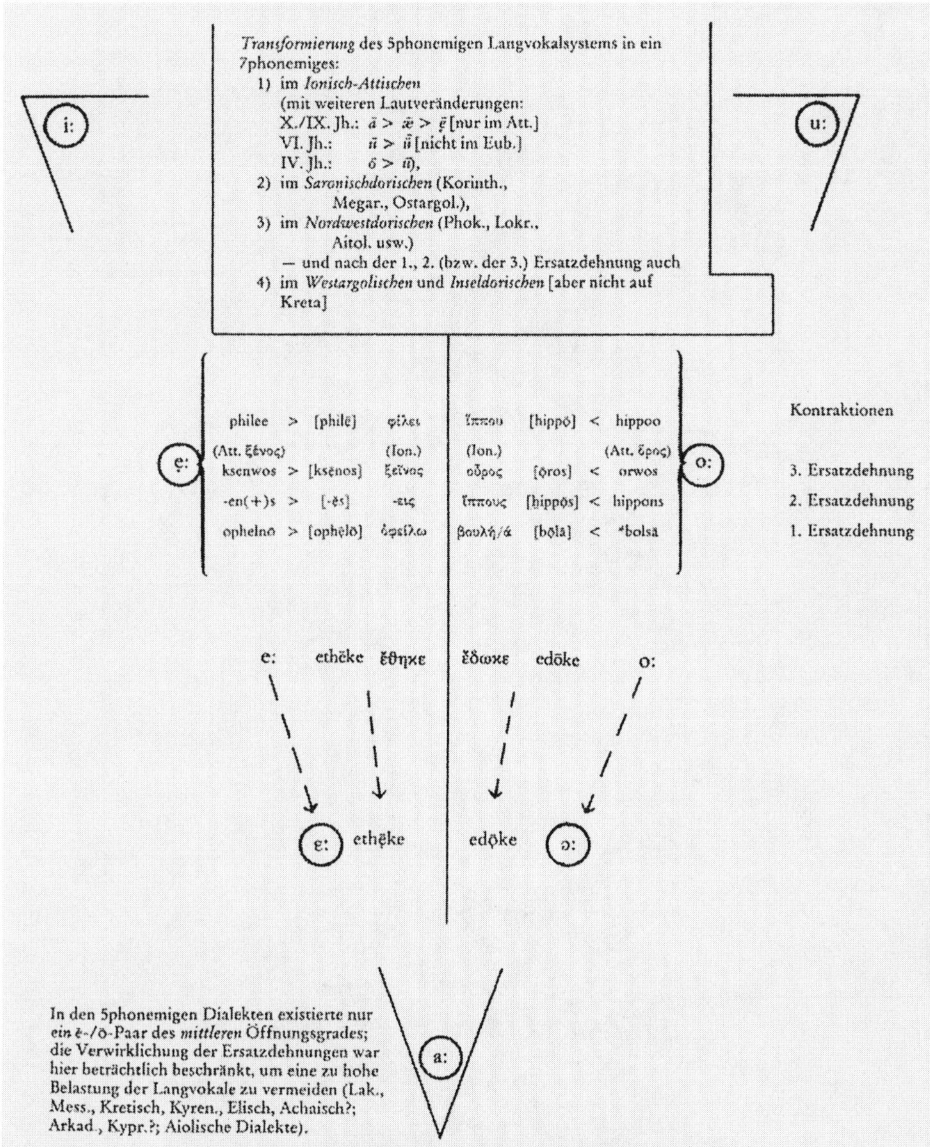

Tab. C: Das Langvokalsystem mit 7 Phonemen

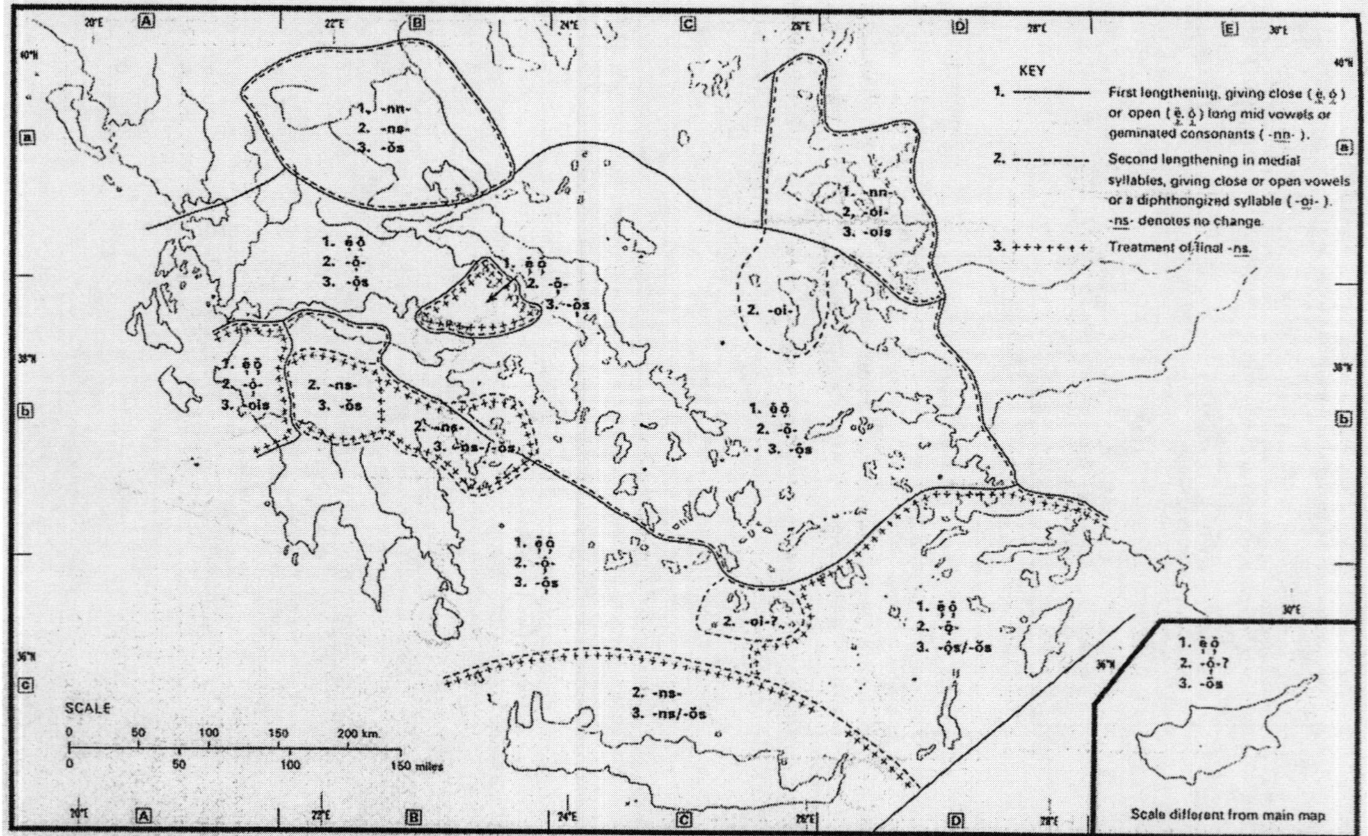

Map 29. The Greek dialects: isoglosses of the First and Second Compensatory Lengthenings.

Tab. D: Die erste und zweite Ersatzdehnung (nach Hainsworth, *Cambridge Ancient History* III 1, 863)

Tab. E: Die Hauptperioden der frühgriechischen sprachlichen Entwicklung

Phase Z: Die nachmykenische voralphabetische Phase (1200 – 750/700)

Z 2: In dieser Phase, die dem Ende der großen nachmykenischen Wanderungen folgte, haben die griechischen Dialekte die für sie in der alphabetischen Periode typische Gestaltung angenommen. Typisch ist für diese Phase eine breite Verschiedenheit von Lautveränderungen — von den einzelmundartlichen bis zu jenen, die in mehreren Dialekten auftraten, wenn auch nicht immer mit denselben lautlichen Ergebnissen.

Z 1: Für diese Phase sind einige wichtige Veränderungen charakteristisch, die in der Zeit der großen nachmykenischen Wanderungen auftraten, z. B. der Verlust der Labiovelare und die Entstehung eines neuen, geschlossenen *ē/ō*-Paares in den norddorischen und ionisch-attischen Dialekten (*ēmi* < **esmi*).

Phase Y: Die mykenische (Linear B) Phase (1450? – 1200)

Y 2: Die eigentliche Linear B-Phase deckt sich mit dem Zeitraum der belegten Linear B-Texte (1380 – 1200). Die wirklichen sprachlichen Vorgänge sind unter dieser „mykenischen Koine" kaum erkennbar — mit Ausnahme einiger orthographischer Schwankungen (*jo-/o-; a/a_2*).

Y 1: Die „protolineare" Phase wird dadurch charakterisiert, daß man aus verschiedenen im Linear B-Syllabar festgestellten Unregelmäßigkeiten auf einige „frühlineare" Lautveränderungen schließen kann, die spätestens am Anfang des 14. Jh.s auftraten (*pje* > *pte*).

Phase X: Die vormykenische („vorlineare") Phase auf griechischem Boden (2200/2000 – 1380)

X 1: Die „vorlineare" Phase, die auf die Lautveränderung von (-)*s*- > (-)*h*- folgte.
Ein Vergleich von zwei Typen frühgriechischer Lehnwörter
— a) mit erhaltenem *s* einerseits (z. B. *khrūs̱os* „Gold", *S̱alamis*), und
— b) ohne *s* andererseits (z. B. *apion* < **apisom* „Birne", vgl. lat. *pīrum*)
setzt die Lautveränderung *s* > *h* in die 1. Hälfte des 2. Jahrtausends.
Eine Anzahl wichtiger vorlinearer Lauterscheinungen ist jünger als diese Lautveränderung:
— die Endphase der Assibilierung von **totjos* >**totsos* > *tos(s)os*
— die Wiederherstellung des intervokalischen *s* in einigen spezifischen morphologischen Kategorien (vgl. myk. *tris̱i* im Dat. Plur., *dōs̱onsi* im Fut. Act., *eleutherōs̱e* im Aor. Act.)

X 2: Die „vorlineare" Phase, die der Lautveränderung von (-)*s* > (-)*h* voranging.
Älter als die erwähnte Lautveränderung waren z. B. folgende sprachliche Vorgänge:
— Vokalisierung der Sonanten *m̥*, *n̥* (vgl. myk. *hateron* < **saterom* < **sm̥terom*)
— Entstehung der prothetischen Vokale
Älter als die Anfangsphasen der Assibilierung (s. X 1) war die Verschiebung der stimmhaften Aspiraten *bh, dh, gh*, g^wh zu den stimmlosen Aspiraten *ph, th, kh*, k^wh, z. B. **medhjos* > **methjos* >**metsos* > *mes(s)os*.

CHRESTOMATHIE

X. Ausgewählte mykenische Texte

A–B: Texte mit Ideogrammen von menschlichen Personen

BA 01: PY Aa 815 = V–C 2[205]

a-ke-ti-ra$_2$ *MUL*ier 38 ko-wa 33 ko-wo 16   *DA* 1 *TA* 1

=

askētri(j)ai? 38, korwai 33, korwoi 16 ...

Übers.:

Verziererinnen 38, Mädchen 33, Knaben 16, Aufseher 1, Aufseherin 1

Anm. 1: Ein Vermerk über eine Gruppe von Verziererinnen? (*askētrjai, -triai*) und deren Kinder (vgl. BA 02).

BA 02: PY Ab 553 = V–C 9

pu-ro re-wo-to-ro-ko-wo *MUL*ier 37 ko-wa 13 ko-wo 15 *GRA*num 11 T 1 *FIC*us 11 T 1   *TA DA*

=

Pulos (oder *Pulōi* /D-L/): *lewotrokhowoi 37, korwai 13, korwoi 15 ...*

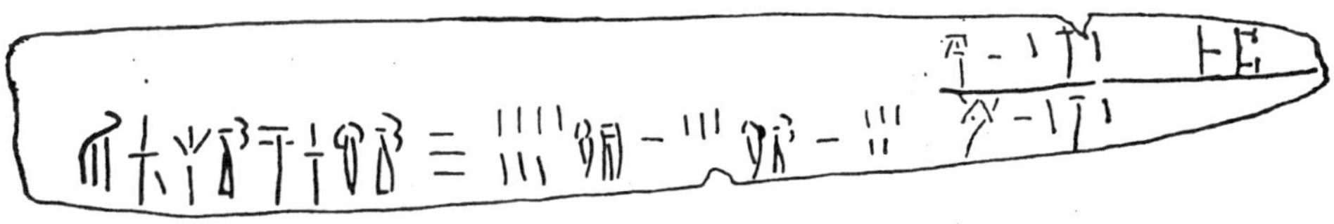

Abb. 43. Das pylische Täfelchen über Badedienerinnen.

Übers.:

Pylos (oder in Pylos): Badedienerinnen 37, Mädchen 13, Knaben 15; 11,1 Maßeinheiten an Korn, 11,1 Maßeinheiten an Feigen, ein Aufseher, eine Aufseherin

Anm. 2: Ein weiterer Vermerk ähnlichen Charakters (*lewotrokhowoi* ~ λοετροχόῳ Hom. Od. 20, 297 /Metathesis/), doch mit Angabe über Verteilung von Korn und Feigen.

BA 03: PY Aa 783

re-wo-to-ro-ko-wo *MUL*ier 38 ko-wa 13 ko-wo 15   *DA* 1 *TA* 1

=

lewotrokhowoi 38, korwai 13, korwoi 15 ...

---

[205] V–C = Docs.^{2}, DU = *Y. Duhoux* (Schwyzer DGE^2), ME = *J.L. Melena* 2001 bzw. TITHEMY 1991. Meine Chrestomathie ist — gegenüber V–C — in formaler Hinsicht etwas vereinfacht und auch sonst bisweilen verschieden (z. B. erfolgt die Wiedergabe der Ideogramme in Kursivschrift). — Vgl. S. 88ff.

Übers.:
Badedienerinnen 38, Mädchen 13, Knaben 15, Aufseher 1, Aufseherin 1

Anm. 3: Dieses Täfelchen bildet eine Parallele zum Täfelchen PY Ab 553 (s. oben BA 02), doch ohne Rationierung von Korn und Feigen. Die Angaben auf beiden Täfelchen (PY Ab 553 und Aa 783) entsprechen einander; nur ist auf PY Ab 553 die Rede von 37 statt 38 Frauen! Für die auf PY Aa 783 angeführten Personen galt offensichtlich der folgende Rationierungsschlüssel:

Eine Frau (*MULier*): pro Monat 2 T (T = 0,1 *GRAnum*) x 38 = 76 T
eine ko-wa, ein ko-wo: je 1 T x 28 = 28 T
ein *DA* (Aufseher): je 5 T x 1 = 5 T
eine *TA* (Aufseherin): je 2 T x 1 = 2 T

Alle Personen zusammen bekommen insgesamt 111 T (d. h. 11,1 Maßeinheiten an Korn /s. BA 02/).

BA 04: KN Ak 824(3) = V–C 20

.1 a-pi-qo-i-ta /[206] do-e-ra *MUL*ier 32
.2 ko-wa me-zo-e 5 ko-wa me-wi-jo-e 15
.3 ko-wo me-wi-jo-e 4
=
Amphik^{w}*hoitās: do(h)elai 32; korwai medzo(h)es 5, korwai mew(i)jo(h)es 15; korwoi mew(i)jo(h)es 4*

Übers.:
Amphik^{w}hoitas: Dienerinnen 32; größere Mädchen 5, kleinere Mädchen 15; kleinere Knaben 4

Anm. 4: Ein Vermerk über die Zahl der Dienerinnen des A. (vgl. ion.-att. Ἀμφιφοίτης) mit ihren Kindern /doch ohne größere Knaben!/).

BA 05: PY Ae 134 = V–C 31, DU 23

.a o-ro-me-no
.b ke-ro-wo po-me a-si-ja-ti-ja o-pi ta-ra-ma-⟨ta-⟩o qe-to-ro-po-pi *VIR* 1
=
Ke-ro-*wos poimēn Asijātiāi?* (D-L) *opi* Ta-ra-ma-*tā(h)o k*^{w}*etropopphi (h)oromenos*

Übers.:
Der Hirt K. wachend (das Partizip o-ro-me-no) in A. über die Vierfüßler (= das Vieh) des T.

[206] / = Nach diesem Zeichen folgt andere Schriftgröße.

Anm. 5: Ein Vermerk über die Arbeitszuweisung an einen Hirten.

BA 06: PY Ae 303 = V–C 27, DU 24, ME, p. 22

.a i-je-ro-jo
.b pu-ro i-je-re-ja do-e-ra e-ne-ka ku-ru-so-jo *MUL*ier 14[+
=
Pulos (oder *Pulōi* /D-L/): *(h)ierejjās do(h)elai 14 (h)eneka (h)ierojjo khrūsojjo*

Übers.:
Pylos (oder in Pylos): 14 (oder mehr) Dienerinnen der Priesterin, für das (heilige) Gold (oder: wegen des Goldes?)

Anm. 6: Ein Vermerk entweder über eine Gegenleistung in Gestalt von 14 Frauen für eine gewisse Menge von Gold oder aber über eine Arbeitszuweisung an 14 zu Goldhüterinnen bestimmte Frauen.

BA 07: PY An 12 = V–C 53

.1 e-re-ta pe-re-u-ro-na-de / i-jo-te
.2 ro-o-wa *VIR* 8
.3 ri-jo *VIR* 5
.4 po-ra-pi *VIR* 4
.5 te-ta-ra-ne *VIR* 6
.6 a-po-ne-we *VIR* 7[
=
.1 *eretai Pleurōnade / iontes:*
.2 *R(h)o(h)owāi?* (D-L) (oder *R(h)o(h)owā?* /Abl./)...
.3 *R(h)iōi?* (D-L) (oder *R(h)iō?* /Abl./)...
.4 *Phorāphi?* (Instr.-Abl. Plur.?)...
.5 T-*ei?* (D-L)...
.6 A-*ei?* (D-L)...

Übers.:
Ruderer, die nach Pleuron fahren sollen: 8 in (aus?) R., 5 in (aus?) R(h)ion, 4 aus Phorai (= Φαραί?), 6 in (aus?) T., 7 in (aus?) A. (Dat.-Lok. bzw. Instr.-Abl.).

Anm. 7: Eine Liste von 30 Ruderern, die für den Küstenschutz zu entsenden sind. Vgl. Abb. 44 auf S. 504.

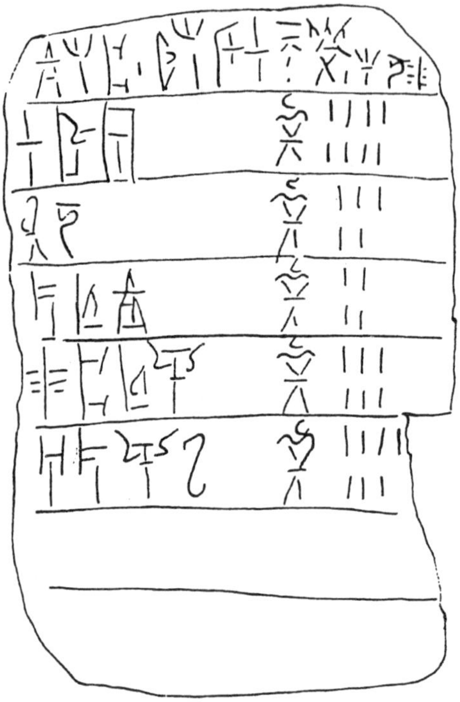

Abb. 44. Die Liste mit 30 Ruderern.

BA 08: PY An 657 = V–C 56, ME, p. 24

.1 o-u-ru-to o-pi-a$_2$-ra e-pi-ko-wo
.2 ma-re-wo o-ka o-wi-to-no
.3 a-pe-ri-ta-wo o-re-ta e-te-wa ko-ki-jo
.4 su-we-ro-wi-jo o-wi-ti-ni-jo o-ka-ra$_3$ *VIR* 50
.5 *vacat*
.6 ne-da-wa-ta-o o-ka e-ke-me-de
.7 a-pi-je-ta ma-ra-te-u ta-ni-ko
.8 a$_2$-ru-wo-te ke-ki-de ku-pa-ri-si-jo *VIR* 20
.9 *vacat*
.10 a$_3$-ta-re-u-si ku-pa-ri-si-jo ke-ki-de *VIR* 10
.11 me-ta-qe pe-i e-qe-ta ke-ki-jo
.12 a-e-ri-qo-ta e-ra-po ri-me-ne
.13 o-ka-ra o-wi-to-no *VIR* 30 ke-ki-de-qe a-pụ$_2$-ka-ne
.14 *VIR* 20 me-ta-qe pe-i a$_3$-ko-ta e-qe-ta

=

.1 *(h)ō(s) wruntoi opihala epikowoi:*
.2 *Mālēwos orkhā* O-wi-*t(h)nōi:*

.3 A-pe-ri-*t(h)āwōn, Orestās, Etew(w)ās,* Ko-ki-*os,*
.4 Su-we-ro-*wios;* O-wi-*t(h)nioi* o-ka-*rai?: VIR 50*
.5 *vacat*
.6 *Nedwātā(h)o orkhā: Ekhemēdēs,*
.7 *Amphi(h)estās?, Maratheus,* Ta-ni-*kos;*
.8 *Halwontei kerkides? Kuparis(s)ioi: VIR 20*
.9 *vacat*
.10 *Aithaleusi Kuparis(s)ioi kerkides?: VIR 10 —*
.11 *meta* k^w*e sphe(h)i (h)ek wwetās Kerkios?*
.12 *Ǎ(h)erik*^{w}*hontās Elaphōn limenei.*
.13 o-ka-*rai?* O-wi-*t(h)nō: VIR 30; kerkides* k^w*e (?)* A-pu$_2$-*k(h)ānes:*
.14 *VIR 20 — meta* k^w*e sphe(h)i* Ai-ko-*tās (h)ek*^{w}*etās*

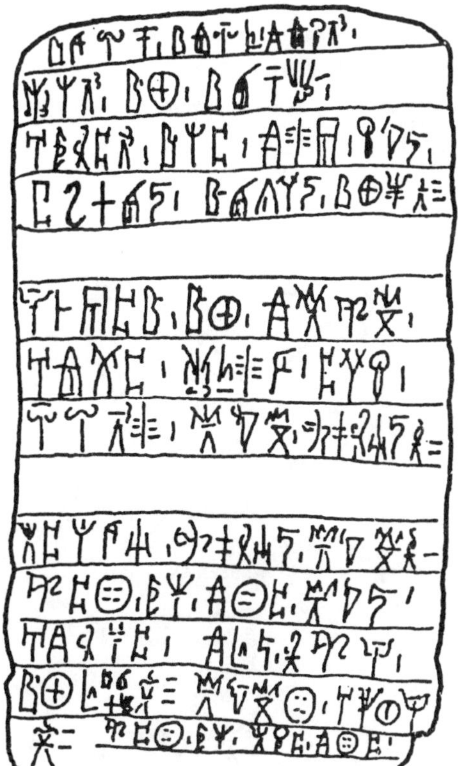

Abb. 45. Das erste Täfelchen der O-KA Serie (An 657) über die Bewachung der messenischen Küste.

Übers.:

.1 So bewachen die Wächter das Küstengebiet: Das Wehrkommando des Maleus in O-wi-thnos: A-pe-ri-t(h)awon, Orestas, Etew(w)as, Ko-ki-os, Su-we-ro-wios; die o-wi-thnischen Oichalai (??): 50 Männer.

.6 Das Wehrkommando des Nedwatas: Ekhemedes, A., M., T.; die kuparissischen *kerkides* (?) in Halwons: 20 Männer.

.10 Die kuparissischen *kerkides* (?) in Aithaleis (?): 10 Männer — und bei ihnen als Gefolgsmann A(h)erik^{w}hontas (o. -k^{w}hoitas), Sohn des Kerkos (?), im „Hirschenhafen".

.13 Oichalai aus O. (?): 30 Männer; und *kerkides* (?) aus A.: 20 Männer — und bei ihnen der Gefolgsmann Ai-ko-tas.

Anm. 8: Es handelt sich um die erste Tafel aus der Serie der fünf sogenannten o-ka–Täfelchen (An 657, 656, 519, 654, 661) mit Angaben über 11 pylische Militäreinheiten (o-ka *orkhā*; vgl. ἀρχή „Kommando", oder ὀρχάς „Schanze"?) zur Bewachung der messenischen Küste (ca. 800 Männer insgesamt, unter dem Befehl von 10 e-qe-ta *(h)ek^{w}etai* „Gefolgsmänner"); siehe S. 86f. und Abb. 45–46. Vgl. *S. Hiller* 1966, *A. Heubeck* 1966, *R. Schmitt-Brandt* 1968, *S. Hiller - O. Panagl* 1976, *J. Chadwick* 1976 (vor allem über die Stationierung der Küstenwache) usw. — Diese im Grunde (doch nicht völlig) Heubecksche Interpretation ist nur eine von mehreren möglichen.

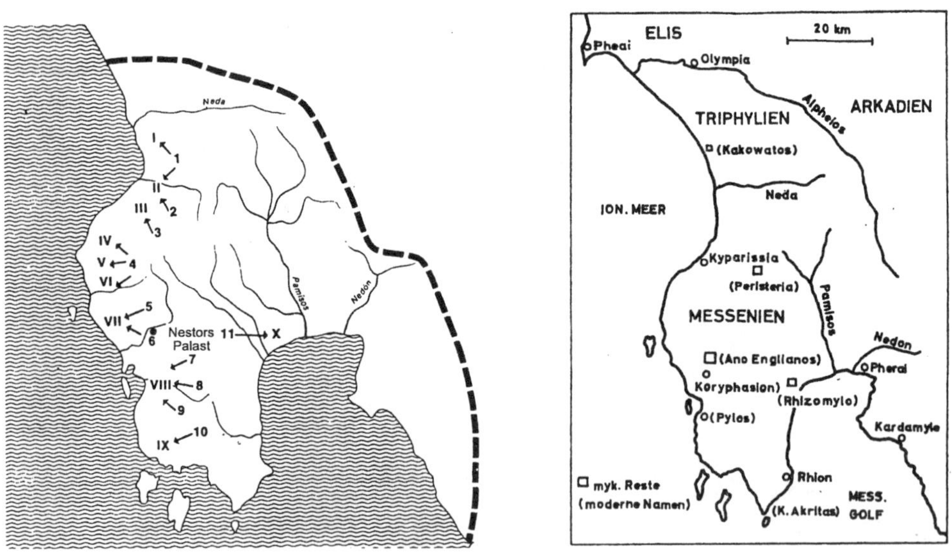

Abb. 46. Links: Die Stationierung der pylischen Küstenwachen (I-X: die zehn Sektoren nach den fünf O-KA-Täfelchen; 1-11: die elf kommandierenden e-qe-ta; nach *Chadwick*, o. c. 176, *Heubeck*, o.c 36-37, *Bartoněk* 1983c, S. 192). — Rechts: Das alte Messenien.

BA 09: KN Bg 817 + 7858 + 7876 + fr. = V–C 36, DU 01

to-so ku-su-to-ro-qa *VIR* 32 ko-wo di[

=

tos(s)oi ksunstrok^{w}hā VIR 32, korwoi di[

Übers.:

So viele insgesamt, Männer 32, Knaben...

Anm. 9: Eine Zusammenfassung von Männern und Knaben mit dem Wort ku-su-to-ro-qa *ksunstrok^{w}hā* „Summe, insgesamt" (vgl. συστροφή „Vereinigung, Gruppe").

C–D: Texte mit Ideogrammen von Tieren

BA 10: KN Ca 895 + fr. = V–C 82, DU 03

.1 i-qo *EQU*^{f} 5 *EQU*^{m} 4 po-ro *EQU*[

.2 o-no *EQU*^{f} 3 po-ro *EQU* 2 *EQU*^{m} 4 [

=

.1 *(h)ik$^{(w)}$k^{w}oi EQU^f 5, (h)ik$^{(w)}$k^{w}oi EQU^m 4, pōloi EQU*[

.2 *onoi EQU^f 3, pōloi EQU 2, EQU^m 4* [

Übers.:

Pferde: 5 weibl., 4 männl., ? Fohlen

Esel: 3 weibl., 2 Fohlen, 4 männl.

Anm. 10: Registrierung einer Gruppe von Pferden und Eseln. Mit dem rechten Teil des Täfelchens befaßte sich schon *Evans*, der den linken Teil entdeckte. Siehe *J. Chadwick* 1955. Vgl. Abb. 31 auf S. 66.

BA 11: KN Ch 896 = V–C 85, ME, p. 33

ta-za-ro a$_3$-wo-ro ke-ra-no-qe ne. we. *BOS ZE.* 1

=

Ta-za-*rō? Aiwolos Kelainos k^{w}e ne(woi) we(rgatai) BOS ZE(ugos) 1*

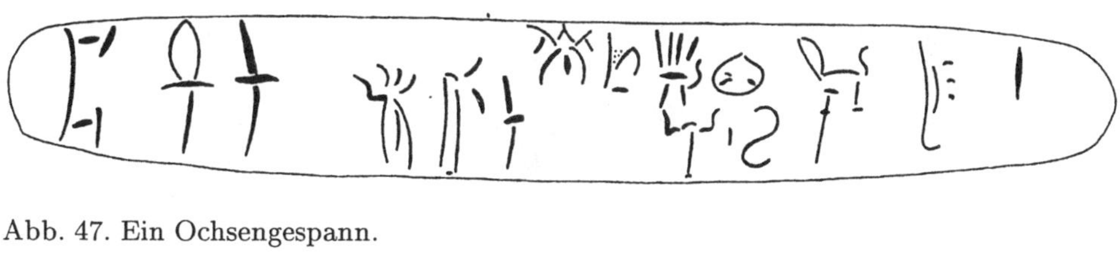

Abb. 47. Ein Ochsengespann.

Übers.:

T. (Name eines Ochsentreibers, vielleicht im Gen. Sg.): Aiwolos und Kelainos, junge Ochsen, zur Arbeit (bestimmt), 1 Gespann.

Anm. 11: Registrierung eines Ochsengespanns mit Angabe der Namen beider Tiere (Αἰόλος „der Schnelle“ bzw. „der Bunte“; Κελαινός „der Schwarze“). Vgl. Abb. 47.

E: Bodenbesitztexte u. a.

(Privater Bodenbesitz)

BA 12: PY En 609 = V–C 114, ME, p. 38

.1 pa-ki-ja-ni-ja to-sa da-ma-te *DA* 40
.2 to-so-de te-re-ta e-ne-e-si *VIR* 14
.3 wa-na-ta-jo-jo ko-to-na ki-ti-me-na to-so-de pe-mo *GRA*num 2 V 1
.4 o-da-a_2 o-na-te[-re] e-ko-si wa-na-ta-jo-jo ko-to-na
.5 a-tu-ko e-te-do-mo wa-na-ka-te-ro o-na-to e-ke ⟨to-so-⟩de pe-mo *GRA*num V 1
.6 i-ni-ja te-o-jo do-e-ra o-na-to e-ke to-so-de pe-mo *GRA*num T 2 V 4
.7 e-*65-to te-o-jo do-e-ro o-na-to e-ke to-so-de pe-mo *GRA*num T 2
.8 si-ma te-o-jo do-e-ra o-na-to e-ke to-so-de pe-mo *GRA*num T 1
.9 *vacat*
.10 a-ma-ru-ta-o ko-to-na ki-ti-me-na to-so-de pe-mo *GRA*num 2 T 3
.11 [o-da-a_2 e-ko-si a-]ma-ru-ta-o ko-to-na o-na-te-re
.12 [so-u-ro te-o-jo do-]e-ro o-na-to e-ke to-so-de pe-mo *GRA*num V 3
.13–.18 (hier nicht wiedergegeben)
=
.1 *Sphagiāniāi/ās (?) tos(s)ai damartes: DA 40*
.2 *tos(s)oi telestai ene(h)ensi: VIR 14*
.3 Wa-na-ta-*jjojjo ktoinā ktimenā tos(s)onde spermo:…*
.4 *(h)ō(s) d' ăhă(r) onātēres ekhonsi* Wa-na-ta-*jjojjo ktoinān:*
.5 *Atukhos entesdomos wanakteros onāton ekhei tos(s)onde spermo:…*
.6 I-ni-ja *the(h)ojjo do(h)elā onāton ekhei tos(s)onde spermo:…*
.7 E-*65-to *the(h)ojjo do(h)elos onāton ekhei tos(s)onde spermo:…*
.8 *Sīmā the(h)ojjo do(h)elā onāton ekhei tos(s)onde spermo:…*
.9 *vacat*
.10 *Amarunthā(h)o ktoinā ktimenā tos(s)onde spermo:…*
.11 *(h)ō(s) d' ăhă(r) ekhonsi Amarunthā(h)o ktoinān onātēres:*
.12 So-u-ro *the(h)ojjo do(h)elos onāton ekhei tos(s)onde spermo:…*
.13–.18 usw.

Übers.:
.1 Es gibt so viele *damartes* in (von) Sphagiania: 40 DA
.2 So viele *telestai* sind darin: 14 Männer
.3 Privatbesitz des Wa-na-ta-ios, und zwar so viel Saatgut:…

.4 So haben die Nutznießer das Land des Wa-na-ta-ios:
.5 Atukhos, königlicher Hersteller von Gerät, hat Nutznießung, so viel Saatgut: ...
.6 I-ni-ja, Dienerin der Gottheit, hat Nutznießung, so viel Saatgut: ...
.7 E-*65-to, Diener der Gottheit, hat Nutznießung, so viel Saatgut: ...
.8 Sima, Dienerin der Gottheit, hat Nutznießung, so viel Saatgut: ...
.9 *vacat*
.10 Privatbesitz von Amarunthas, so viel Saatgut: ...
.11 So haben die Nutznießer das Land des Amarunthas:
.12 So-u-ro, Diener der Gottheit, hat Nutznießung, so viel Saatgut: ...
.13–.18 usw.

Anm. 12: Es handelt sich um eine größere Tontafel der Serie En, d. h. des pylischen Teilkomplexes a) (s. S. 87f.), der durch den Terminus ki-ti-me-na ko-to-na („bebautes, bzw. kultiviertes Land?“) gekennzeichnet ist, und zwar eine, die Einzelbuchungen zweier kleinerer Tontäfelchen der Serie Eo (Eo 211 und 224) zusammenfaßt. Vgl. Z. .3–.8 mit Eo 211, Z. .1–.5 (s. BA 13), und Z. .10–.18 mit Eo 224, Z. .1–.8 (vgl. BA 14).

BA 13: PY Eo 211 = V–C 118, ME, p. 39

.1 wa-na-ta-jo-jo ko-to-na ki-ti-me-na *GRA*num 2 [V 1]
.2 a-tu-ko e-te-do-mo e-ke-qe o-na-to pa-ro wa-na-ta[-jo] *GRA*num [V 1]
.3 i-ni-ja te-o-jo do-e-ra e-ke-qe o-na-to pa-ro wa-na-ta[-jo] *GRA*num [T 2 V 4]
.4 e-*65-to te-o-jo do-e-ro e-ke-qe o-na-to pa-ro wa-⟨na-⟩ta-jọ *GRA*num [T 2]
.5 si-ma te-o-jo do-e-ra e-ke-qe o-na-to pa-ro wa-na-ta-jo *GRA*num T 1
=
.1 Wa-na-ta-*jjojjo ktoinā ktimenā:* ...
.2 *Atukhos entesdomos ekhei* k^we *onāton paro* Wa-na-ta-*jjōi:* ...
.3 I-ni-ja *the(h)oio do(h)elā ekhei* k^we *onāton paro* Wa-na-ta-*jjōi:* ...
.4 E-*65-to *the(h)oio do(h)elos ekhei* k^we *onāton paro* Wa-na-ta-*jjōi:* ...
.5 *Sīmā the(h)oio do(h)elā ekhei* k^we *onāton paro* Wa-na-ta-*jjōi:* ...

Übers.:
.1 Privatbesitz von Wa-na-ta-ios: ...
.2 Atukhos, Hersteller von Gerät, hat Nutznießung von W., so viel Saatgut: ...
.3 I-ni-ja, Dienerin der Gottheit, hat Nutznießung von W., so viel Saatgut: ...
.4 E-*65-to, Diener der Gottheit, hat Nutznießung von W., so viel Saatgut: ...

.5 Sima, Dienerin der Gottheit, hat Nutznießung von W., so viel Saatgut: ...

Anm. 13: Vgl. BA 12, Z. .3–.8. S. auch Anm. 15 auf S. 511 über e-ke-qe.

BA 14: PY Eo 224 = V–C 119

.1 a-ma-ru-ta-o ko-to-na ki-ti-me-na *GRA*num 2 T [3]
.2 so-u-ro te-o-jo do-e-ro e-ke-qe o-ṇạ-ṭọ p̣ạ-ṛọ [[a-ma-ru-ta]] pa-ra-ko *GRA*num V 3[
.3–.8 usw.

Vgl. die Transkription sub BA 12, Z. .10 bzw. Z. .12.

Übers.:
.1 Privatbesitz von Amarunthas: Saatgut: ...
.2 So-u-ro, Diener der Gottheit, hat Nutznießung von Amarunthas? ...: Saatgut: ...
.3–.8 usw. (vgl. PY En 609, Z. .13–.18)

Anm. 14: Vgl. BA 12, Z. .10–.18.

(Gemeindebesitz)

BA 15: PY Ep 301 = V–C 131

.1 ke-ke-me-na ko-to-na a-no-no / to-so-de pe-mo [*GRA*num 1 T 1?]
.2a ko-to-no-o-ko
.2b a3-ti-jo-qo o-na-to e-ke pa-ro da-mo ke-ke-me-na ko-to-na to-so [pe-mo] *GRA*num 1 T 4 V 3
.3 wa-na-ta-jo o-na-to e-ke pa-ro da-mo ke-ke-me-na ko-to-na to-so-de pe-mo *GRA*num T 5
⋮
.14 a-i-qe-u e-ke-qe ke-ke-me-na ko-to-na ko-to-no-o-ko to-so pe-mo *GRA*num T 6
=
.1 *kekeimenās ktoinās anōnon; tos(s)onde spermo:...*
.2a *ktoino(h)okhoi*
.2 *Aithiok*^{w}*s onāton ekhei paro dāmōi kekeimenās ktoinās tos(s)on [spermo]:*
.3 *W...jjos onāton ekhei paro dāmōi kekeimenās ktoinās tos(s)onde spermo:*

⋮

.14 *A...eus ekhei k^we kekeimenās ktoinās ktoino(h)okhos tos(s)on spermo:*

Übers.:

.1 Von dem Gemeindegrundbesitz nicht verpachtetes (?) Land, so viel Saatgut:...

.2a die Grundbesitzer:

.2b Aithiok^{w}s hält als Nutznießung von der Gemeinde aus dem Gemeindegrundbesitz (als Grundbesitzer) so viel Saatgut:...

.3 W...ios hält als Nutznießung von der Gemeinde aus dem Gemeindegrundbesitz (als Grundbesitzer) so viel Saatgut:...

⋮

.14 Und (?) A...eus hält aus dem Gemeindegrundbesitz als Grundbesitzer so viel Saatgut:...

Anm. 15: Eines von den zusammenfassenden Tontäfelchen, die den Gemeindegrundbesitz betreffen. Über e-ke-qe als *ekhēi k^we(n)?* (Konj. + Vorform von κε(ν) bzw. ἄν) s. S. 445 (*M.S. Ruipérez* 1987, 1997).

BA 16: PY Eb 818 = V–C 132

ke-ke-me-na ko-to-na a-no-no to-so-de pe-mo *GRA*num 1 T [[8]] V 1

=

kekeimenās ktoinās anōnon tos(s)onde spermo:...

Übers.:

Von dem Gemeindegrundbesitz nicht verpachtetes (?) Land, so viel Saatgut:...

Anm. 16: Einzeltäfelchen mit Teilangabe, der auf dem zusammenfassenden Tontäfelchen PY Ep 301 die Zeile .1 entspricht (s. BA 15, Z. .1).

BA 17: PY Eb 846 = V–C 133, DU 28

.1 a_3-ti-jo-qo e-ke-qe o-na-to ke-ke-me-na ko-to-na

.2 pa-ro da-mo ko-to-no-o-ko / to-so-de pe-mo *GRA*num 1 T 4 V 3

=

Aithiok^{w}s ekhei k^we kekeimenās ktoinās paro dāmōi ktoino(h)okhos tos(s)onde spermo:...

Übers.:

Und (?) Aithiok^{w}s besitzt als Nutznießung aus dem Gemeindegrundbesitz als Grundbesitzer so viel Saatgut:...

BA 18: PY Eb 895 + 906 = V–C 134

.1 a-i-qe-u e-ke-qe ke-ke-me-na ko-to-na
.2 ko-to-no-o-ko to-so-de pe-mo *GRA*num T 6
=
A … eus ekhei k^{w}*e kekeimenās ktoinās ktoino(h)okhos tos(s)onde spermo:*

Übers.:
Und (?) A. besitzt aus dem Gemeindegrundbesitz als Grundbesitzer so viel Saatgut: …

Anm. 17–18: Einzeltäfelchen mit Teilangaben, denen auf dem zusammenfassenden Tontäfelchen PY Ep 301 die Z. .2 und .14 entsprechen (s. BA 15, Z. .2 und .14). Über e-ke-qe s. Anm. 15.

BA 19: PY Er 312 = V–C 152, DU 30, ME, p. 42

.1	wa-na-ka-te-ro te-me-no	
.2	to-so-jo pe-ma	*GRA*num 30
.3	ra-wa-ke-si-jo te-me-no	*GRA*num 10
.4	*vacat*	
.5	te-re-ta-o to-so pe-ma	*GRA*num 30
.6	to-so-de te-re-ta	*VIR* 3
.7	wo-ro-ki-jo-ne-jo e-re-mo	
.8	to-so-jo pe-ma	*GRA*num 6[
.9	*vacat*	

=

.1	*wanakteron temenos*	
.2	*tos(s)(oj)jon? sperma*	*GRAnum 30*
.3	*lāwāgesion temenos*	*GRAnum 10*
.4	*vacat*	
.5	*telestā(h)ōn tos(s)on sperma*	*GRAnum 30*
.6	*tos(s)oide telestai*	*VIR 3*
.7	wo-ro-ki-jo-*nej(j)ō̆n (?) erēmon*	(V–C 266)
.8	*tos(s)(oj)jon? sperma*	*GRAnum 6*
.9	*vacat*	

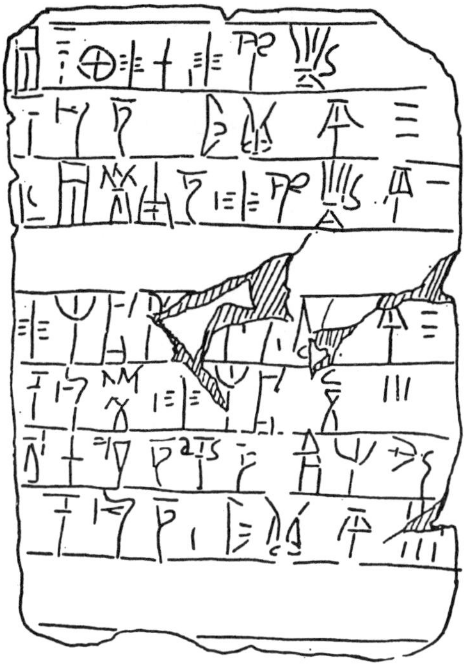

Abb. 48. Das pylische Täfelchen mit Bodenbesitzangaben des Wanaks, Lāwāgetās und anderer Funktionäre.

Übers.:

.1 Temenos des *wanaks* (Herrscher)

.2 So viel Saatgut: Korn 30 (als Ertrag?)

.3 Temenos des *lāwāgetās* (Heerführer): Korn 10

.4 *vacat*

.5 Der *telestai* so viel Saatgut: Korn 30

.6 So viele *telestai*: Männer 3

.7 Unbebautes Land einer Kultgemeinschaft (?)

.8 So viel Saat: Korn 6

.9 *vacat*

Anm. 19: Eine zusammenfassende Tafel mit Vierteilung des Bodenbesitzes sowie dessen Abstufung nach der Wichtigkeit der Inhaber. Die beigefügten Mengeangaben (1 x 30; 1 x 10; 3 x 10; 1 x 6) zeigen die Werteskala. Das Wort to-so-jo ist entweder eine Variante von to-so im Nom. oder ein syntaktisch kaum verständlicher Gen. Sg. *tos(s)ojjo*; doch vgl. S. 344.

BA 20: PY Er 880 = V–C 153

.1 [e-]ke-ra$_2$[-wo ki-]ti-me-no e-ke

.2 sa-ra-pe-do[-i ? pe-]pụ$_2$-te-me-no

.3 to-so [pe-ma] *GRA*num 30[+ 20?]

.4 to-so-de [...]to pe-ma *GRA*num 42[+ 2?]
.5 to-sa we-ję[-we] 1100[
.6 to-sa-de ṣụ-ẓạ [?] 1̣1̣00[
.7 *vacat*
.8 ku-su-to-ro-qa to-ṣọ pe-ma 94
=
.1 E-ke-ra$_2$-*wōn ktimenon ekhei*
.2 *S... pephut(ē)menon*
.3 *tos(s)on sperma:...*
.4 *tos(s)onde... sperma:...*
.5 *tos(s)ai (h)ŭ̆jĕ̆wes/wejĕ̆wes:...*
.6 *tos(s)aide sūtsai:...*
.7 *vacat*
.8 *ksunstrok^{w}hā tos(s)on sperma:...*

Übers.:
.1 E-ke-ra$_2$-won hat einen privaten Grundbesitz
.2 In S..., mit Bäumen bepflanzt
.3 So viel Saatgut:...
.4 Dann so viel Saatgut:...
.5 So viele Weinstöcke: 1100?
.6 Dann so viele Feigenbäume: 1100?
.7 *vacat*
.8 Insgesamt so viel Saatgut:...

Anm. 20: Es handelt sich um Grundbesitz des E-ke-ra$_2$-won, den man nach dem Zeugnis anderer Täfelchen (An 610, An 724, Qa 1292, Un 718, Un 853) für einen hohen pylischen Funktionär, wenn nicht sogar für den pylischen Herrscher, hält! Die Summe von Korn (*GRA*num) wird auf 11280 Liter Korn geschätzt.

F: Ölabgaben und -rationen

BA 21: KN Fh 5451 + 5496 + frgg (4) = DU 04, ME, p. 46

.a za-we-te [
.b a-mi-ni-si-ja a-pu-do-ṣị *OLE*um 30[
=
.a *tsāwetes* [
.b *Amnīsiā apudosis OLEum 30*[

Übers.:
.a In diesem Jahr
.b die Abgabe aus Amnisos Öl 30

Anm. 21: Die Abgabensumme von Öl aus Amnisos.

BA 22: KN Fp 1 + 31 = V–C 200, DU 05, ME, p. 46f.

.1a	me-no	
.1b	de-u-ki-jo-jo	
.2	di-ka-ta-jo di-we	*OLE*um S 1
.3	da-da-re-jo-de	*OLE*um S 2
.4	pa-de	*OLE*um S 1
.5	pa-si-te-o-i	*OLE*um 1
.6	qe-ra-si-ja	*OLE*um S 1[
.7	a-mi-ni-so pa-si-te-o-i	S 1[
.8	e-ri-nu	*OLE*um V 3
.9	*47-da-de	*OLE*um V 1
.10	a-ne-mo i-je-re-ja	V 4
.11	*vacat*	
.12	to-so	*OLE*um 3 S 2 V 2

=

.1a	*mēn(n)os*	
.1b	*Deukiojjo*	
.2	*Diktajjōi Diwei*	*OLEum S 1*
.3	*Daidalejjonde*	*OLEum S 2*
.4	Pa-*dei?*	*OLEum S 1*
.5	*pansi the(h)oi(h)i*	*OLEum 1*
.6	Qe-ra-*siāi?*	*OLEum S 1*[
.7	*Amnīsōi? pansi the(h)oi(h)i*	*S 1*[
.8	*Erī̆n(n)u-?*	*OLEum V 3*
.9	*47-da-de	*OLEum V 1*
.10	*Anemōn (h)ierejjāi*	*V 4*
.11	*vacat*	
.12	*tos(s)on*	*OLEum 3 S 2 V 2*

Übers.:

.1a	Im Monat	
.1b	Deukios	
.2	Dem Diktäischen Zeus	Öl S 1
.3	Ins Heiligtum von Daidalos	Öl S 2
.4	Dem P.?	Öl S 1
.5	Allen Göttern	Öl 1
.6	Der Q.?	Öl S 1[
.7	In Amnisos allen Göttern	S 1[
.8	Der Erinys?	Öl V 3
.9	Nach...?	Öl V 1

.10 Der Priesterin der Winde V 4
.11 *vacat*
.12 Soviel (zusammen) Öl 3 S 2 V 2

Anm. 22: Ölspende für verschiedene Gottheiten, Kultstätten und Priesterschaften. Die Summe in Z. .12 beträgt ca. 136 Liter Öl.

BA 23: PY Fr 1184 = V–C 305, DU 32, ME, p. 45

.1 ko-ka-ro a-pe-do-ke e-ra$_3$-wo to-so
.2 e-u-me-de-i *OLE*um + *WE* 18
.3 pa-ro i-pe-se-wa ka-ra-re-we 38
.4 *vacat*
=
.1 *Kōkalos ape(s)dōke elaiwon tos(s)on*
.2 *E(h)umēde(h)i OLEum + WE 18*
.3 *paro* I-pe-se-*wāi khlārēwes 38*
.4 *vacat*

Übers.:
.1 Kokalos hat so viel Öl (der Sorte) „wejaleiphes“
.2 an Eumedes abgeliefert: Öl: 18 Einheiten
.3 Von I-pe-se-*was* sind bereitgestellt: 38 Ölkrüge
.4 *vacat*

Anm. 23: Täfelchen mit einer Öllieferung des Kokalos. Vgl. Abb. 29 auf S. 64.

G/Un: Honig- und Gewürzrationen

BA 24: KN Gg 702 = V–C 205, DU 07, ME, p. 47

.1 pa-si-te-o-i *ME* + *RI* *209^{VAS} 1
.2a *ME* + *RI*
.2b da-pu$_2$-ri-to-jo po-ti-ni-ja *209^{VAS} 1
=
.1 *pansi the(h)oi(h)i meli* *209^{VAS} *1*
.2a *meli*
.2b *daburinthojjo Potniāi* *209^{VAS} *1*

Übers.:
.1 Allen Göttern Honig *$209^{\text{GEFÄSS}}$ 1
.2a Honig
.2b Der Herrin des Labyrinths *$209^{\text{GEFÄSS}}$ 1

Anm. 24: Täfelchen mit Honigspenden an Gottheiten.

BA 25: MY Ge 606 + fr. = DU 19, ME, p. 48, TITHEMY, p. 62

.1 [do-]si-mi-ja
.2 a-ke-re-u-te
.3 *AROM*a+*KO* T 2 *KU* V 1 ka-na-ko re-u-ka V 1
.4 ma-ra-tu-wo V 1 sa-sa-ma V 4
.5 e-ru-ta-ra M 3
.6 mi-ta *PE* 2
.7 ko-i-no *DE* 1 **171* 11
.8 *vacat*

=

.1 *Dosmia*
.2 *Agreuthen*
.3 *KO(riha(n)dnon) T 2 KU(parjon) V 1 knākos leukā V 1*
.4 *marathwon V 1 sāsama V 4*
.5 *eruthrā (knākos) M 3*
.6 *minthā PE 2*
.7 *skhoinos DES(mā) 1 *171 11*
.8 *vacat*

Übers.:

.1 Lieferung
.2 aus A.
.3 Gewürzmengen von Koriander..., Kümmel..., weißer Saflor...,
.4 Fenchel..., Sesam...,
.5 roter Saflor...,
.6 Minze...,
.7 Ingwergras...
.8 *vacat*

Anm. 25: Täfelchen mit Namen mehrerer Gewürzsorten.

BA 26: PY Un 267 = V–C 103, DU 39, ME, p. 72

.1 o-do-ke a-ko-so-ta
.2 tu-we-ta a-re-pa-zo-o
.3 tu-we-a a-re-pa-te [[ze-so-me]]
.4 ze-so-me-no [[ko]]
.5 ko-ri-a$_2$-da-na *AROM*a 6
.6 ku-pa-ro$_2$ *AROM*a 6 **157* 1̣6
.7 *KA*+*PO* 2 T 5 *VIN*um 20 *MEL* 2
.8 *LANA* 2 *131^b* 2

.9–.11 *vacant*
=
.1 *(h)ō(s) dōke A(r)ksotās*
.2 *Thuestāi aleiphadzo(h)ōi?*
.3 *thue(h)a aleiphatei*
.4 *dzes(s)omenōi*
.5 *koriha(n)dna: AROMa 6*
.6 *kuparjon?: AROMa 6*
.7 *KARPOS 2 T 5 VINum 20 MEL 2*
.8 *LANA 2* *131^{b} *2*
.9–.11 *vacant*

Übers.:
.1 So gab A(r)ksotas
.2 dem Salbensieder Thuestas
.3 Salbeningredienzen für die
.4 zu kochende Salbe:
.5 Koriander: 720 Liter
.6 Zypergras: 720 Liter
.7 Obstfrüchte: 300 L., Wein: 720 L., Honig: 72 L.,
.8 Wolle: 6 kg, *131^{b}, 72 L.
.9–.11 *vacant*

Anm. 26: Täfelchen mit Gewürzingredienzen zum Salbensieden.

Jn: Die Registrierung von Erz

BA 27: PY Jn 829 = V–C 257, ME, p. 52

.1 jo-do-so-si ko-re-te-re du-ma-te-qe
.2 po-ro-ko-re-te-re-qe ka-ra-wi-po-ro-qe o-pi-su-ko-qe o-pi-ka-pe-e-we-qe
.3 ka-ko na-wi-jo pa-ta-jo-i-qe e-ke-si-qe a_3-ka-sa-ma
.4 pi-*82 ko-re-te *AES* M 2 po-ro-ko-re-te-re *AES* N 3
⋮
.7 pa-ki-ja-pi ko-re-te *AES* M 2 po-ro-ko-re-te-re *AES* N 3
⋮
.19 e-re-i ko-re-te *AES* M 3 N 3 po-ro-ko-re-te-re *AES* N 3
=
.1 *jō(s) dōsonsi khōrētēres dumartes* k^we
.2 *prokhōrētēres* k^we *klāwiphoroi* k^we *opisūkoi* k^we *opiskaphe(h)ēwes* k^we
.3 *khalkon nǎ̄w(w)ion paltajjoi(h)i* k^we *enkhes(s)i* k^we *aiksmans*
.4 *Pitwāi (?) khōrētēr ERZ* M *2 prokhōrētēr ERZ* N *3*

⋮

.7 *Sphagiāmphi khōrētēr ERZ* M *2 prokhōrētēr ERZ* N *3*

⋮

.19 *(H)ele(h)i khōrētēr ERZ* M *3* N *3 prokhōrētēr ERZ* N *3*

Übers.:

.1–.2 So liefern die Distriktverwalter (*khōrētēres*, vgl. χῶρος „Land, Gegend"), *dumartes* (unklar), Vizeverwalter (*pro-khōrētēres*), Schlüsselträgerinnen (*klāwiphoroi*, vgl. κληΐς „Schlüssel"), Feigenaufseher (*opisūkoi*) und Schiffsaufseher (*opiskaph.*)

.3 Erz (*khalkon*) als? Tempelsteuer (*nā̆w(w)ion*, vgl. ναός „Tempel") sowie die Metallspitzen (*aiksmans*, vgl. αἰχμή „Spitze") für Lanzen (*paltajjoi(h)i*, vgl. παλτόν) und (Wurf)speere (*enkhes(s)i*, vgl. ἔγχος „Speer"):

.4 aus Pitwa? (*Pitwā* /Abl. Sing./ oder *Pitwāi* /Dat.-Lok. Sing./) liefert der Verwalter die Menge von 2 kg Erz bzw. Bronze und der Vizeverwalter ca. 0,75 kg Erz/Bronze,

⋮

.7 aus Sphagianes (*Sphagiāmphi* /Instr.-Abl. Plur./) liefern beide Beamten ebensoviel,

⋮

.19 in Helos (*(H)ele(h)i*) liefert der Verwalter sogar 3,75 kg, der Vizeverwalter 0,75.

Anm. 27: Die Gesamtsumme der Metallieferungen aus allen 16 Lokalitäten beträgt auf dem Täfelchen Jn 829, Z. .4–.19, ca. 50 kg (38 und 12 kg) Bronze. Die in der ganzen Jn-Serie verzeichneten Erzmengen ergeben eine Summe von ca. 600 kg; auf dem Täfelchen Ja 749 ist dagegen von sogar 1050 kg die Rede.

Der Grund der Bronzeregistrierung ist nicht völlig klar. Es steht immerhin fest, daß den einzelnen Genossenschaften der Schmiede (ka-ke-we *khalkēwes*) immer ein Lokalfunktionär, ein qa-si-re-u g^{w}*asileus*, vorstand (vgl. das alphabetische βασιλεύς /später „König"/). Siehe auch Abb. 49, S. 520.

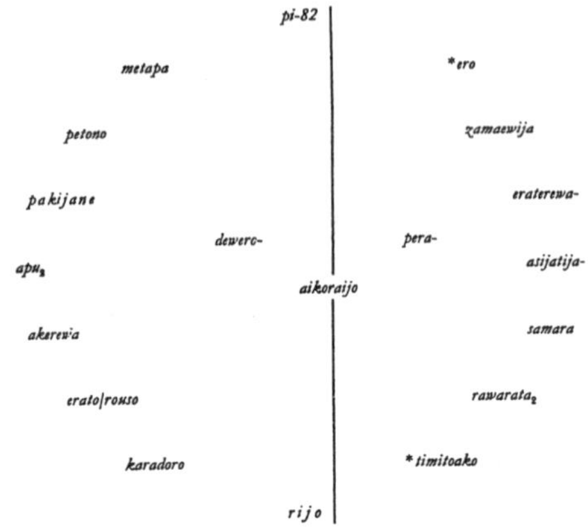

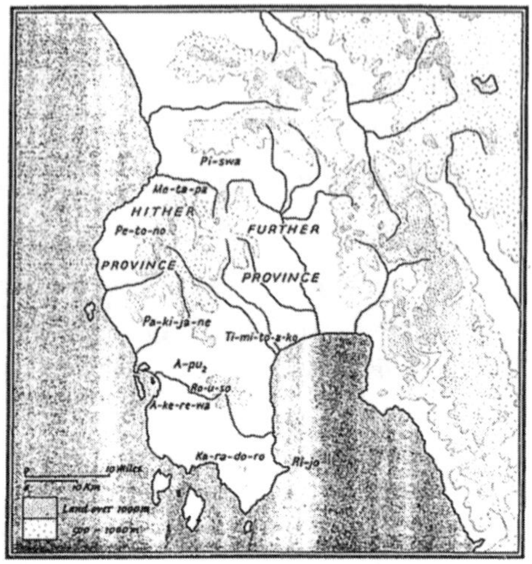

	I. Cn 608,3—11	II. Jn 829,4—12	III. Vn 20,3—11
1	*pi-82*	*pi-82*	*pi-82-de*
2	*me-ta-pa*	*me-ta-pa*	*me-ta-pa-de*
3	*pe-to-no*	*pe-to-no*	*pe-to-no-de*
4	*pa-ki-ja-si*	*pa-ki-ja-pi*	*pa-ki-ja-na-de*
5	*a-pu$_2$-we*	*a-pu$_2$-we*	*a-pu$_2$-de*
6	*a-ke-re-wa*	*a-ke-re-wa*	*a-ke-re-wa-de*
7	*e-ra-te-i*	*ro-[u]-so*	*e-ra-to-de*
8	*ka-ra-do-ro*	*ka-ra-do-ro*	*ka-ra-do-ro-de*
9	*ri-jo*	*[ri]-jọ*	*ri-jo-de*

Abb. 49. Messenische Topographie nach den Tontäfelchen der Serien Cn, Jn, Vn (s. *A. Heubeck* 1966, 34f., und *J. Chadwick* 1976, 45):

Cn 608, 3-11: Schweinezucht – die Ortsnamen sind im Dat.-Lok.: WO?

Jn 829, 4-12: Bronzelieferungen (s. BA 27) – die O. sind im Abl.: WOHER?

Vn 20, 3-11: Weindistribution? – die O. sind im Akk. + -de: WOHIN?

Die Ortsnamen betreffen hier die diesseitige Provinz de-we-ro-a$_3$-ko-ra-i-ja (s. BA 33).

L/O: Verzeichnisse von Textilprodukten

BA 28: KN Ld 573 = V–C 215, DU 08, ME, p. 56

.a e-ru-ta-ra-pi
.b pa-we-a ke-se-nu-wi-ja re-u-ko-nu-ka *TELA* 35 **158* 1
=
.a *eruthrāphi*
.b *pharwe(h)a ksenwia leukōnukha* *TELA* 35 **158* 1

Übers.:
35 GEWÄNDER (*pharwe(h)a*) als gastfreundliche Gaben (*ksenwia*), in roten Farben (*eruthrāphi*) und mit weißen Nagelverzierungen (*leukōnukha*), 1 BÜNDEL.

BA 29: TH Of 36 = TITHEMY, p. 37

.1 no-ri-wo-ki-de *ku.* *LANA* 1 a-ke-ti-ra$_2$ wa-na-ka[-te-ra?
.2 po-ti-ni-ja wo-ko-de a-ke-ti-ra$_2$ *ku.* *LANA* 1
=
.1 *Nōriworgidei: ku(priā)* *LANA* 1 *askētr(i)jai* (o. *akestr(i)jai*) *wanak[terai*
.2 *Potniās woikonde: askētr(i)jai* (o. *akestr.*) *ku(priā)* *LANA* 1

Übers.:
.1 In N.: kyprische WOLLE, 3 kg, die Näherinnen des Herrschers
.2 Ins Haus der Potnia: die Näherinnen, kyprische WOLLE, 3 kg.

M: Proportionale Abgaben aus Pylos

BA 30: PY Ma 378 = V–C 181, DU 33

.1 sa-ma-ra **146* 24 *RI* M 24 *KE* M 7 **152* 10 *O* M 5 *ME* 500
.2a **152* 2 *ME* 60
.2b o-da-a$_2$ ka-ke-we o-u-di-do-si **146* 3 *RI* M 3 *KE* M 1
.2c pe-ru-si-nu-wo o-pe-ro **146* 1 **152* 2 *ME* 100
=
.1 *Samarāi*...
.2a ...
.2b *(h)ō(s) d' ăhă(r) khalkēwes ou didonsi:*...
.2c *perusinwon ophelos:*...

Übers.:
.1 In S. ...

.2a . . .
.2b Doch die Schmiede liefern nicht: . . .
.2c Schuld (*ophelos*) vom vergangenen Jahr: . . .

BA 31: PY Ma 365 = V–C 178

.1 ro-u-so **146* 17 *RI* M 14? *KE* M 5 **152* 8 *O* M 4 *ME* [ ]
.2 o-da-a_2 ka-ke-we a_2-te-ro we-to di-do-si **146* 1 *RI* N 2 *ME* 10
=
.1 *Lousōi?* . . .
.2 *(h)ō(s) d' ăhā̆(r) khalkēwes hateron wetos didonsi:* . . .

Übers.:
.1 In L. . . .
.2 Doch die Schmiede liefern (folgende Mengen) im nächsten Jahr ab: . . .

Anm. 30-31: Es handelt sich um proportionale Abgaben von 6 nicht genannten Warensorten von den Schmieden, d. h. diese sind in einer festen Proportion zu liefern (etwa 7 : 7 : 2 : 3 : 1,5 : 150). Die Lieferpflichten der Schmiede werden jedoch im laufenden Jahr nicht erfüllt.

Die Warensorten gelten meistens als ungenügend charakterisiert. Über die Zeichen M, N s. S. 126

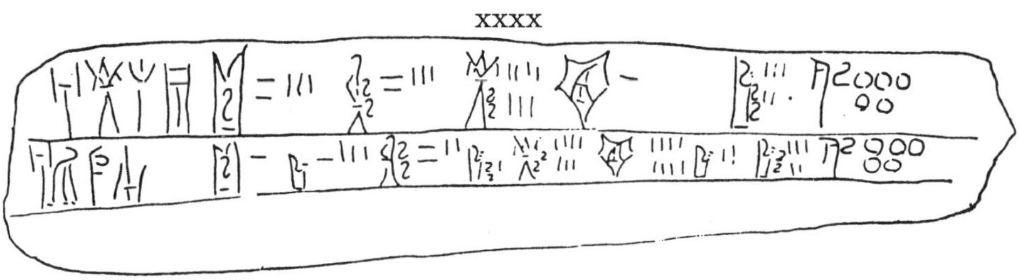

Abb. 50. Pylisches Täfelchen Ma 222 mit proportionalen Abgaben.

N: Abgabebefreiungen bzw. Nicht-Abgaben

BA 32: PY Na 568 = V–C 189, ME, p. 59

.1 e-sa-re-u ke-po-da e-re-u-te-ro-se *SA* 50
.2 [?a-ke-re-]ẉạ *SA* 20
.3 to-sa-de na-u-do-mo o-u-di-do-si
=
.1 *E . . . eus kheuspondās? eleutherōse: SA* 50
.2 *A . . . āi?: SA* 20
.3 *tos(s)ade naudomoi ou didonsi*

Übers.:
.1 Der Libationsbeamte E... eus hat befreit (von): 50 Einheiten von Leinen/Flachs.
.2 In A.: 20 Einheiten von Leinen/Flachs.
.3 So viel liefern die Schiffszimmerleute nicht.

Anm. 32: Ein Täfelchen mit der Abgabebefreiung bzw. mit dem Vermerk der Nicht-Abgabe von Leinen (*SA* = Leinen, Flachs); die Zusammenhänge sind nicht völlig klar.

BA 33: PY Ng 319 + 332 = V–C 198–199, ME, p. 59

.1 de-we-ro-a$_3$-ko-ra-i-ja *SA* 1239
.2 to-sa-de o-u-di-do-to *SA* 457
.3 pe-ra$_3$-ko-ra-i-ja *SA* 200[
.4 to-sa-de o-u-di-do-to *SA* [
=
.1 *Deweroaigolă̄(h)iā SA 1239*
.2 *tos(s)ade ou didontoi SA 457*
.3 *Peraigolă̄(h)iā SA 200*[
.4 *tos(s)ade ou didontoi SA* [

Übers.:
.1 Diesseitige Provinz FLACHS 1239
.2 so viel liefern sie nicht FLACHS 457
.3 Jenseitige Provinz FLACHS 200[
.4 soviel liefern sie nicht FLACHS [

Anm. 33: Es handelt sich um ein zusammenfassendes Täfelchen, das uns die Lieferungen von Flachs aus den zwei messenischen Provinzen nach der pylischen N-Serie angibt (s. de-we-ro-, vgl. δεῦρο „hier(her)"; pe-r., vgl. πέραν „(hin)über", und das heutige *Aigaleon* als Bezeichnung eines wichtigen messenischen Gebirges; vgl. Abb. 46 u. 49 auf den Seiten 506 u. 520) — und zwar die erwarteten Abgaben (Z. .1 und .3) sowie den Umfang dessen, was nicht geliefert wurde (Z. .2 und .4).

R/S: Waffen, Rüstung, Streitwagen

BA 34: KN R 1815 + fr. = ME, p. 64.

[e-]ke-a / ka-ka-re-ạ *HAS*ta 12
=
enkhe(h)a khalkāre(h)a HASta 12

Übers.:
Speere mit bronzenen Spitzen: 12 SPEERE

Anm. 34: Vgl. die hom. Wörter χαλκήρης und ἔγχος.

BA 35: KN Ra 1540 = V–C 261

to-sa pa-ka-na *PUGIO* 50

=

tos(s)a phasgana PUGIO 50

Übers.:

So viele Dolche: 50 DOLCHE

Anm. 35: Das homerische φάσγανον übersetzt man eher als „Schwert".

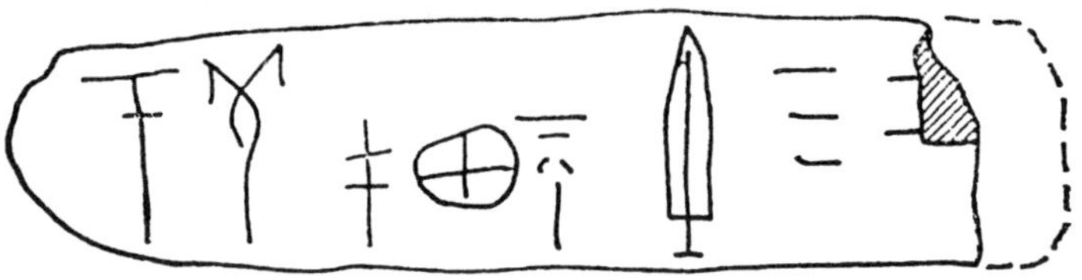

Abb. 51. Das Täfelchen mit 50 Dolchen.

BA 36: TI Si 5 = ME, p. 67

.1]to-ra-ka *ARM*a 1[

.2] to-ra-ka *ARM*a 1[

=

.1 *thŏ̄r(r)āks ARMa 1?*

.2 *thŏ̄r(r)āks ARMa 1*

Übers.:

.1 Brustpanzer BRUSTPANZER 1?

.2 Brustpanzer BRUSTPANZER 1

BA 37: PY Sa 787 = V–C 286, ME, p. 64

.1 pa-ra-ja we-je-ke-a_2 *ROTA ZE* 31 *MO* 1

.2a to-sa

.2b e-qe-si-ja̩ pa-ra-ja *ROTA ZE* 12 za-ku-si-ja *ROTA ZE* 32

=

.1 *palaj(j)a wej(j)ekheha ROTA ZE(eugos)* 31 *MO(nwon)* 1

.2a *tos(s)a*

.2b *(h)ek^{w}esia palaj(j)a ROTA ZE(eugos)* 12 *Dzakunsia*
ROTA ZE 32

Übers.:

So viele alte RÄDER, *wej(j)-* habend?, 31 PAARE, 1 einzelnes (Rad); so viele alte RÄDER, dem *(h)ek^{w}etās* gehörig, 12 PAARE, Räder des Zakunthischen Typs, 32 PAARE

BA 38: KN So 4439 + 5415 = V–C 280
a-mo-ta / e-ri-ka te-mi-dwe-ta *ROTA ZE* 3 *MO ROTA* 1
=
(h)ar(h)mota / (h)elikās termidwenta ROTA ZE(ugos) 3 *MO(nwon) ROTA* 1

Übers.:
RÄDER aus Weidenholz mit Stützen versehen, 3 PAARE, 1 einzelnes RAD

BA 39: KN Sc 230
o-pi-ri-mi-ni-jo *ARM*a *BIGAE* 1 *EQU*us *ẒẸ*[
=
Opilimnios . . .

Übers.:
O. (Name): BRUSTPANZER, WAGEN MIT RÄDERN 1, PFERDEPAAR?

Anm. 39: Nach *J. Chadwick* 1976, 169, kann es sich um ein kalligraphisches Mustertäfelchen aus Knossos handeln. Vgl. 'Επιλίμνιος als Beiname von Poseidon.

Abb. 52. Das Täfelchen mit Brustpanzer, Wagen und Pferdekopf.

T: Opfergaben in Heiligtümern

BA 40: PY Ta 641 = V–C 236, DU 35, ME, p. 67

Anm. 40: S. Kap. III, Abb. 27 auf S. 59. Das Dreifuß-Täfelchen.

BA 41: PY Tn 316 = V–C 172, DU 37, ME, p. 68ff.
Obverse:
.0 *vacat*
.1 i-je-to-qe po-si-da-i-jo a-ke-qe wa-tu
pu-ro .2 do-ra-qe pe-re po-re-na-qe a-ke
.3 *AUR*um *215^{VAS}* 1 *MULier* 2 qo-wi-ja ṇạ-[.] ko-ma-we-te-ja
⋮

.8 i-je-to-qe di-u-jo do-ra-qe pe-re po-re-na-qe a-ke
pu-ro .9 di-we *AUR*um *$*213^{VAS}$ 1 *VIR* 1 e-ra *AUR* *$*213^{VAS}$ 1 *MUL*ier 1
.10 di-ri-mi-jo di-wo i-je-we *AUR*um *$*213^{VAS}$ 1 [?]
.11–.16 *vacant*
=

ietoi? k^we Posidā(h)iōi agei k^we wastu
Pulōi: *dōra k^we pherei phorēnas? k^we agei*
*AURum *213^{VAS} 1 MULier 2 Q... ? n... ? Komāwentejjāi?*

⋮

ietoi? k^we Diwjōi dōra k^we pherei phorēnas? k^we agei
Pulōi: *Diwei AUR *213^{VAS} 1 VIR 1 (H)ērāi AUR *213^{VAS} 1 MULier 1*
*Drimiōi? Diwos (h)ĭewei? *213^{VAS} 1 [?]*
.11–.16 *vacant*

Übers.:
In Pylos:
.1 Und opfert (?) im Heiligtum von Poseidon und führt in die Stadt
.2 und bringt Gaben und führt Opferer (oder „Menschenopfer?"):
.3 GOLDENE SCHALE 1, FRAUEN 2, Q... n... K...

⋮

.8 Und opfert (?) im Heiligtum von Zeus und bringt Gaben und führt Opferer (oder „Menschenopfer?")
.9 dem Zeus GOLDENE SCHALE 1, MANN 1, der Hera GOLDENE SCHALE 1, FRAU 1,
.10 dem D., Sohn (?) des Zeus, GOLDENE SCHALE 1,
.11–.16 *vacant*

Anm. 41: Tribut von Kultgegenständen und Menschen an verschiedene Götter. Über -qe in den Z. .1 und .8 siehe auch in Anm. 15 auf S. 511. Auf der Rückseite (heute eher als Vorderseite betrachtet) gibt es auf den Zeilen .1–.6 ähnliche Angaben (po-re-na di-we *Diwei* ... ti-ri-se-ro-e), während die Z. .7–.10 merkwürdigerweise nicht ausgeführt worden sind. Vielleicht handelt es sich um das letzte Schriftzeugnis von Pylos.

Die Interpretation von po-re-na *phorēnas* als Menschenopfer ist jedoch unsicher.

Abb. 53. Py Tn 316: Die Rückseite des vermutlich nicht mehr abgeschlossenen Täfelchens mit den angeblichen Menschenopferangaben.

U: Gefäße u. a.

BA 42: MY Ue 611 rev. = V–C 234, DU 21

.0 *vacat*
.1]pe-ra 4 a-po-re-we 2 pe-ri-ke 3
.2]ka-ra-te-ra 1 po-ro-ko-wo 4 a-ta-ra 10
.3]pa-ke-te-re 30 ka-na-to 5 qe-ti-ja 10
.4]qe-to 2 ti-ri-po-di-ko 8 ka-ra-ti-ri-jo 7
=
.0 *vacat*
.1 *ku]pellai* 4 *amphorēwe* 2 *pelikes* 3
.2 *krātēra* 1 *prokhowoi* 4 *antla* 10
.3 *phaktēres?* 30 *gnathoi?* 5 k^{w}*ethia?* 10
.4 k^{w}*ethō?* 2 *tripodiskoi* 8 *kr.?* 10

Anm. 42: Das Täfelchen enthält eine Liste von verschiedenen schwer identifizierbaren Gefäßsorten, meistens im Nom. (bzw. Akk.) Sing./Plur.

BA 43: PY Un 2 = V–C 97, ME, p. 71f.

.1 pa-ki-ja-si mu-jo-me-no e-pi wa-na-ka-te
.2 ạ-pi-e-ke o-pi-te-⟨u-⟩ke-e-u
.3 *HORD*eum 16 T 4 *CYP*erus + *PA* T 1 V 3 *O* V 5
.4 *FAR* 1 T 2 *OLIV*a 3 T 2 *132 S 2 *ME* S 1
.5 *NI* 1 *BOS* 1 *OVI*s^{m} 26 *OVI*s^{f} 6 *CAP*^{m} 2 *CAP*^{f} 2
.6 *SUS* + *SI* 1 *SUS*^{f} 6 *VIN*um 20 S 1 *146 2
=
.1 *Sphagiānsi mujjomenōi epi wanaktei*
.2 *amphi(h)ēke opiteuk^{h}e(h)eus*

⋮

Übers.:
.1 In Sphagianes zur Installierung? des Herrschers
.2 verteilte rundum der Verwalter:
.3 1000 kg Gerstenkorn, 19 Liter Zyperus, 5 V-Einheiten von O.,
.4 70 kg Mehl, 196 kg Oliven, 20 Liter Most?, 10 Liter Honig
.5 96 kg Feigen, 1 Ochsen, 26 Widder, 6 weibl. Schafe, 2 Ziegenböcke, 2 Geißen
.6 1 Mastschwein, 6 weibl. Schweine, 580 Liter Wein (ungemischt).

Anm. 43: Die Lebensmittelmengen sind nach *J. L. Melena* 2001, S. 71f., angegeben. Es hat sich nach ihm um ein Gastmahl für ca. 2000 Personen gehandelt.

BA 44: PY Ta 711 = V–C 235, DU 36, ME, p. 67

Anm. 44: Vgl. Kap. VIII E (Syntax) auf S. 441 (Nr. 14).

V: Täfelchen ohne Ideogramme

BA 45: KN V 52 + 52bis + 8285 = V–C 208, DU 17, ME, p. 74

.1 a-ta-na-po-ti-ni-ja 1 u[
.2 e-nu-wa-ri-jo 1 pa-ja-wo-ne 1 po-se-da[-o-ne
=
.1 *Athānāi Potniāi* (oder *Athānās Potniāi*) 1 *u*[
.2 *Enualiōi* 1 *Pajjāwonei* 1 *Poseidā*[*(h)ō̆nei*

Übers.:
.1 Der Herrin Athana (oder von Athana) 1, ?[

.2 dem Enualios (später Beiname von Ares) 1, dem Pajjawon (sp. Beiname von Apollon) 1, dem Poseida(h)on 1.

Anm. 45: Es handelt sich um Täfelchen mit den Namen von 5 Gottheiten (vgl. noch e-ri-nu-we *Erī̆n(n)uwei* „der Erinys" an der unteren Kante; vgl. Abb. 36 auf S. 93).

W: Beschriftete Tonsiegel (Noduli)

BA 46: KN Ws 8497 = DU 18, O. Panagl 1977, 50f.

.α *AES *246 supra sigillum*
.β ke-ni-qa
.γ a-sa-mi-to
=
.α *AES *246*
.β *khernik^{w}s* (Nom.) oder *khernig^{w}a* (Akk.)
.γ *asaminthoi*

Übers.:
.α BRONZE
.β Becken zum Händewaschen
.γ Badewannen

BA 47: TH Wu 75 = DU 42, ME, p. 76

.α *SUS*^{m}
.β e-qi-ti-
.γ wo-e
=
.α *SUS^m*
.β *ek^{w}hthi-*
.γ *wo(h)e*

Übers.:
Eber geschlachtet (im Dual)

Anm. 46–47: Es handelt sich um Tonanhängsel mit kurzen Inschriften.

Z: Vaseninschriften

BA 48: TH Z 839 = ME, p. 76

ka-u-no o-du-ru-wi-jo wa-na-ka-te-ro
=
Kaunos Odruwios wanakteros

Übers.:
K., Sohn des O-du-ru . . . , dem Herrscher gehörig.

Anm. 48: Siehe die Abb. 35, 2ab auf S. 84.

Rezente Inschriftenfunde aus Theben

BA 49: TH Ft 140 (s. *Thèbes* 2002, S. 263)

.1 te-qa-i	*GRA*num + *PE* 38	*OLIV*a 44
.2 e-u-te-re-u	*GRA*num 14	*OLIV*a 87
.3 ku-te-we-so	*GRA*num 20	*OLIV*a 43
.4 o-ke-u-ri-jo	*GRA*num 3 T 5	
.5 e-re-o-ne	*GRA*num 12 T 7	*OLIV*a 20
.6–.7 *vacant*		
.8 to-ṣọ-pa	*GRA*num 88	*OLIV*a 194

=

.1 *Thēg^{w}ā(h)i* . . . . . .
.2 *Eutr . . . ?* . . . . . .
.3 *K . . . ōi?* . . . . . .
.4 *O . . . ōi?* . . . . . .
.5 *E . . . ni?* . . . . . .
.6–.7 *vacant*
.8 *tos(s)on pan* . . . . . .

Übers.:
.1 In Theben . . . . . .
.2 In Eutresis? . . . . . .
⋮
.8 So viel zusammen . . . . . .

Anm. 49: Das wohl am besten erhaltene Täfelchen aus den neuesten Ausgrabungen in Theben mit einer Liste von 5 böotischen Ortsnamen im Dat.-Lok. Sing. oder Plur. (z. B. te-qa-i = Θήβαισι) und den betreffenden ökonomischen Angaben.

Ein ma-ka-Täfelchen aus Theben

BA 50 = TH Fq 126 (vgl. *Thèbes* 2002, S. 184)

.1a Z 1[
.1 o-te tu-wo-te-to ma-ka HORDeum T 1 V[
.2 o-po-re-i V 1 Z 2 ko-wa Z[
.3 ko-ru [[ko-ru-we]] Z 2 ke-re-na-i V[
.4
=

.*1 (h)ote thu(w)os theto Mā(trei) Gāi GERSTE ...*
.*2 (Diwei) Opōre(h)i ... Korwāi ...*
.*3 Khorwei?* (o. *khoru(i)?)... gerenă(h)i? ...*
.*4*

Übers.
.1 Als Brandopfer getan wurde, Gerste an die Mutter Erde ...
.2 an (den Zeus) Opōrēs ... , an die Korwā ... ,
.3 an die Khorus?? ..., an die Kraniche? ...
.4

Anm. 50. Es handelt sich um eine Spende von Gerste am Tage eines Brandopfers an die Mutter Erde (vgl. Μᾶ Γᾶ Aisch. Hiket. 890), an den Zeus Opores, an die Göttinnen Korwa und Khorus? (der Dativ [[ko-ru-we]] wurde ausgekratzt [[ ]] und überraschenderweise als ko-ru überschrieben!) sowie an die Tiergottheiten *Gerenoi/ai* bzw. *Gerēnes?* „Kraniche". S. Index, Nr. 527.

BA 51: KN F 51 (eine knossische Parallele zu TH Fq 126, s. *Thèbes* 2002, S. 188)
*recto: HORD*eum T 7 V 5 Z 3
verso:
.1 wa. *HORD*eum T 1 V 3 po-ro-de-qo-no V 2 Z 2
.2 di-we *HORD*eum T 1 *HORD*eum T 4 Z 1 ma-ka *HORD*eum V 6
=
recto: ...
verso:
.1 *wanaktei? ... p ... ōi? ...*
.2 *Diwei ... Mā(trei) Gāi ...*

Übers.:
.1 dem Herrscher ..., dem p ... ? ...
.2 dem Zeus ..., der Mutter Erde ...

Anm. 51: Opfergaben an den Herrscher, Zeus und die Mutter Erde in Knossos. S. auch die S. 422 dieses Buches.

Ein Täfelchen aus Mykene (neue Interpretation)

BA 52: MY Oe 2 (s. Melenas e-mail vom 15. 6. 2001)
.1 a-pu-do-si po-ro-te-ra *LANA*[
.2 o-u-te-ra 200 [
=
.1 *apudosis proterā LANA*
.2 *(h)ō(s) (h)usterā 200*

Übers. nach Melena, l.c.:
„Former payment WOOL [X
Latter, thus 200 units [“

Anm. 52: Nach *J.L. Melena* handelt es sich am Anfang der 2. Zeile um das typisch mykenische einführende *(h)ō(s)*. Doch gleich am 17. 6. hat *Y. Duhoux*, ebenso per e-mail, versucht, den Zeichenkomplex o-u-te-ra als mykenische graphische Wiedergabe eines **ous-terā* zu deuten, das für ihn eine archaische Variante des alphabetischen ὑστέρᾱ gewesen sein könnte.

Alphabetischer Index der mykenischen Appellativa

Nr.	GRAF1	*FON2*	LOK3	WA4	KL5	GE6	NU7	KA8	ST9	A0	Seite im Text
1	adete	*andetēr*	P	SC	BbM	m	s	N	R-		254, 361
2	adetere	*andetēre*	p	SC	BbM	m	d	N	R-		254, 361
3	adirijapi	*andriamphi*	P	SC	ObD	m	p	I	NT-		145, 235, 390, 398, 441
4	adirijate(-qe)	*andriantei* (k^we)	p	SC	ObD	m	s	D-I	NT-		235, 390, 398
5	adwee	*adwe(h)ēs??*	t	AC	neg	m	s	N	S-		
6	aetito[	*a(h)ertiton?*	p	AV	neg	n	s	N	O-		221
7	ajamena	*ajăi(s)menā, -ai, -ăis*[1]	KP	VP	PfM	f	s/p	N/I	O/Ā-		222, 308, 331, 334
8	ajameno	*ajăi(s)menos, -ō, -oi*[1]	kP	VP	PfM	m/f	sdp	N	O/Ā-		254, 308, 331, 441
9	akarano	*akarăn(n)os*	p	AC	neg	f	s	N	O-		221
10	(paka)-akari	*(Pāgā) akharis*[2]	p	AC	neg	f	s	N	I-	Ho	112, 274, 354, 426
11	ake	*agei*	Pm	VF	PrA		S	3	th	Ho	307, 324, 339
12	akea$_2$	*angeha*	p	SC	ObG	n	p	N	S-	Ho	260, 392
13	(timito)-akee	*anke(h)ei?*[3]	P	SC	Ge	n	s	D-L	S-	Ho	161, 260, 264, 270, 301, 354, 426
14	(tiṃịṭọ)-akei	*anke(h)i*[3]	p	SC	Ge	n	s	D-L	S-	Ho	260, 264, 270, 354, 426

1 *aias-* oder *aiā-*? Cf. *J.L. García-Ramón* 1994-95.
2 Ein Toponym appellativen Ursprungs. Andere Deutung: *Pāgās Akris* „Quellenhügel".
3 Ein Toponym appellativen Ursprungs. S. Index Nr. 1137 sowie S. 426.

Nr.	GRAF1	*FON2*	LOK3	WA4	KL5	GE6	NU7	KA8	ST9	A0	Seite im Text
15	akeneụṣị	*(h)agneusi?*[4]	T	SC	Rel	m	p	D	EU-		
16	akera$_2$te	*agērantes, agerrantes?*[5]	p	VP	AoA	m	p	N	NT-	Ho	105, 133, 146, 146, 147, 241, 307, 307, 330, 340, 446
17	akere	*agērei, agerrei?*	p	VF	PrA		S	3	th	Ho	133, 307, 324, 339, 446
18	akeremo	*agremōn*	k	SC	BbM	m	s	N	N-		246, 361
19	akeremono	*agremonos*	K	SC	BbM	m	s	G	N-		246, 361
20	akerese	*agrēse, agrēsei?*	P	VF	Ao/FA		S	3	th	Ho	139, 143, 307, 326, 327, 340
21	akero[6]	*angelos, -oi*	P	SC	BbM	m	s/p	N	O-	Ho	132, 190, 361, 400
22	aḳẹte[7]	*(h)askētēr* (Fehler?)	p	SC	BbM	m	s?	N	R-		254, 361
23	aketere, a$_2$-, ja-	*(h)askētērei, -e, -es* o. *(h)akestēres?*	p	SC	BbM	m	sdp	D/N	R-		143, 254, 361
24	aketira$_2$	*askētr(i)jai, askētirrai (akestr(i)jai?)*	PT	SC	BbW	f	p	N	JA-		109, 176, 177, 372
25	aketira$_2$o	*askētr(i)jā(h)ōn, ...*	P	SC	BbW	f	p	G	JA-		177, 372
26	aketirija	*askētriai, -ā?* (u. a.)	KP	SC	BbW	f	p/d?	N	JA-		109, 176, 177, 372
27	aketirijai	*askētriā(h)i, ...*	Pm	SC	BbW	f	p	D	JA-		177, 300, 372
28	aketoro	*agertroi?*	k	SC	BbM	m	p	N	O-		200
29	akirija	*agria*	k	S/A	Ti	n	p	N	O-	Ho	212, 356, 359

4 Vgl. ἁγνεύω „reinigen“, d. h. „den Gereinigten, Reinen“.

5 Weniger wahrscheinlich *angēlantes, angellantes* zu ἀγγέλλω „melden“. Vgl. auch S. 307, Anm. 140.

6 Oder *ageros* „Sammler, Einnehmer“?

7 Oder als Nr. 23 aketere zu lesen.

Nr.	GRAF1	*FON2*	LOK3	WA4	KL5	GE6	NU7	KA8	ST9	A0	Seite im Text
30	akitito	*aktitos, -on*	P	AV	neg	m/n	s	N/A	O-		135, 221, 334
31	akora	*agorā*	PT	SC	V-A	f	s	N	Ā-	Ho	164, 169, 381, 385, 438
32	akoraja	*agorajja*	K	AC	abg	n	p	N	O/Ā-		213
33	akorajo	*agorajjos, -oi*	kT	AC	abg	m	s/p	N	O/Ā-		213
34	akoro	*agros, -oi*[8]	P	SC	LaW	m	s/p	N	O-	Ho	190, 379, 384, 426
35	ako(ro)damo	*ag(o)rodāmos*	T	SC	BbM	m	s	N?	O-		
36	akoroḍạmojo	*-ojjo*	k	SC	BbM	m	s	G	O-		
37	akorowe	*(h)ak(h)rōwēs?*[9]	P	AC	kmp	m?	s	N	S-		265
38	akorowee	*(h)ak(h)rōwe(h)e*	p	AC	kmp	m?	d	N	S-		265
39	]akorowei	*(h)ak(h)rōwe(h)i* < *-e?*	k	AC	kmp	m?	d?	N?	S-		265
40	akosone	*aksone, -es*	P	SC	ObE	m	d/p	N/A	N-	Ho	227, 246, 252, 253, 390
41	akotono	*aktoinoi*	p	AC	neg	m	p	N	O-		221
42	]akoweija	*?*	k	AC	neg	f?	s?	N?	O/Ā-		
43	akowo	*ako(r)woi, -ons?*	p	AC	neg	m	p	N/A	O-		
44	akuro	*argurōi*	p	SC	Met	m	s	D-I	O-	Ho	190, 354, 359
45	ama	*amā*	K	SC	LaW	f	s	N	Ā-		169, 379, 384

8 Oder *agoros* (unklar)?

9 Siehe S. 265; *ak(h)rōwēs* „farblos“ bzw. *(h)ak(h)rōwēs* „einfarbig“ ist vielleicht eine mögliche Interpretation. Doch vgl. *Th.G. Palaima* 1989a, 105f.: *akolōw(w)ēs*.

Nr.	GRAF1	*FON2*	LOK3	WA4	KL5	GE6	NU7	KA8	ST9	A0	Seite im Text
46	amo I	*(h)ar(h)mo*[10]	k	SC	ObE	n	s	N	MN̥(T)-	Ho	243, 244, 244, 245, 298, 390, 398, 438
47	amo(-ijeto) II	*(h)amo?*[11]	p	Av?							346
48	amorama	*āmōrāmar??*[12]	K	Av							347
49	amosi	*(h)ar(h)mos(s)i*	p	SC	ObE	n	p	D	MN̥(T)-	Ho	243, 301, 390
50	amota	*(h)ar(h)mota*	KP	SC	ObE	n	p	N	MN̥(T)-	Ho	243, 298, 301, 390
51	amote	*(h)ar(h)mote*	k	SC	ObE	n	d	N	MN̥(T)-	Ho	243, 301, 390
52	amotejonade	*(h)ar(h)motej(j)ōna-de*	p	SC	LaW	m	s	A + *de*	N-		246, 248, 361, 439, 443
53	amotere	*(h)ar(h)mo(s)tērei, -re(s)*	K	SC	BbM	m	sdp	D/N	R-		254, 361
54	amotewija	*(h)ar(h)mo(s)tēwiā*	p	AC	abg	f	s	N	O/Ā-		213
55	amotewo	*(h)ar(h)mo(s)tēwos*	P	SC	BbM	m	s	G	EU-		279, 361
56	anaita	*anăi(s)tai?*[13]	K	AV	neg	f	p	N	O/Ā-		222, 334
57	anakee	*an-age(h)en*	p	VI	PrA				th		307, 328
58	anamota	*anăr(h)mo(s)tā, -ai, -a?*	K	AV	neg	f/n	s/p	N	O-		157, 221, 309, 334
59	anamoto	*anăr(h)mo(s)tos, -oi*	K	AV	neg	f	s/p	N	O-		157, 210, 221, 309, 334
60	anapuke	*anampukes*	p	S/A	neg	f	p	N	K-		231, 302, 391

10 In Nr. 46 und 49-55 wohl noch *(h)ar(h)-* im Anlaut oder überhaupt ohne das anlautende *h-* (*M. Lejeune*, Mém. II 209, n. 44; III 74, 244, 289).

11 Vgl. ἅμα. Oder = Nr. 46?

12 *A. Leukart* 1987 */āmōr-āmar/* „day by day“ (S. 347).

13 Es handelt sich um eine negierte Oppositionsbildung zu Nr. 7/8 ajamena, ajameno.

Nr.	GRAF1	*FON2*	LOK3	WA4	KL5	GE6	NU7	KA8	ST9	A0	Seite im Text
61	anata	= anaita? (Nr. 55)	k	AV	neg	f	p	N	O/Ā-		222, 334
62	anato	*anăi(s)tos, -oi?*	K	AV	neg	f!	s/p	N	O-		222, 334
63	anemo(-ijereja)	*anemōn ((h)ierejja)*	K	SC	Nat	m	p	G	O-	Ho	132, 190, 300, 353, 359
64	aneta(-de)	*anetā, -a?;* *arnētā, -a? (de)*	p	AV	neg	f/n	s/p	N	O-	Ho	334
65	anija	*(h)āniai*	KP	SC	ObE	f	p	N	Ā-	Ho	169, 300, 391
66	anijae (-eropajoqeṛọṣạ)	*(h)āniā(h?)e?*[14] + ...	p	SC	ObE	f	d	N/A?	Ā-	Ho	157, 166, 169, 391
67	anijapi	*(h)āniāphi*	K	SC	ObE	f	p	I	Ā-	Ho	167, 169, 300, 391, 441
68	aniọko	*(h)āni(h)okhos, -oi*	k	SC	BbM	m	s/p	N	O-	Ho	133, 190, 296, 362
69	anokewa	*arno-(s)kewās?*	p	SC	BbM	m	s	N	Ā-		186
70	anono	*anōnos*	P	AC	neg	f	s	N	O-		
71	anopo	*anōpos?*	p	AC	neg	m	s	N	O-		
72	anoqasija	*anog^{w}asiās?*[15]	p	SC	LaW	f	s	G	Ā-		169
73	anowe	*anōw(w)es*	p	AC	neg	n	s	N	S-		60, 265, 302
74	anowoto	*anōw(w)oton*	K	AC	neg	n	s	N	O-		135, 222
75	-ape (tekoto(n)ape)	*apēs*[16] *(tektōn) apēs* < **apēst*	P	VF	ImpfA		S	3	ath	Ho	312, 325, 339, 340

[14] Vielleicht *(h)āniă(h?)e* + *ellophajjō* + *qeṛọṣạ*. Oder *(h)āniai e(n)-ellophajjō*? Vgl. auch Nr. 366 -eropajoqeṛọṣạ (PY Ub 1315.3); *ellophajjon* = ὁ ἱμὰς ὁ ἐν τῷ λόφῳ (λόφος = „Helmbusch").

[15] Ein Bodenbesitzterminus? Oder *anor-g^{w}hasiā* „Männertötung" (vgl. ἀνήρ „Mann" + θείνω < **g^{w}henjō* „töten").

[16] Von ἄπειμι, -εἶναι. Oder (tekoto(n))-ape Nr. 75 als ein Ortsname in Abl.-Instr.? (Cf. *J.T. Killen* 1996-97.)

Nr.	GRAF1	*FON2*	LOK3	WA4	KL5	GE6	NU7	KA8	ST9	A0	Seite im Text
76	apeasa	*ape(h)as(s)ai*[16] < **ap-es-n̥t-jai*	K	VP	PrA	f	p	N	JA-		135, 137, 141, 143, 144, 210, 240, 312, 329, 339, 448
77	apedoke	*apedōke, ap-esdōke?*	p	VF	AoA		S	3	ath	Ho	64, 112, 310, 311, 326, 326, 337, 337, 439
78	apeeke	*ape(h)ēke??*[17]	P	VF	AoA		S	3	ath	Ho	317, 326
79	]apeeṣị[	*ape(h)ensi*[15]	p	VF	PrA		P	3	ath	Ho	312, 324
80	apeisi	*apeisi*[18]	k	VF	Pr/ FuA		S	3	ath	Ho	313, 324
81	apenewo	*apēnēwos, -ōn*[19]	P	SC	Ti?	m	s/p	G	EU-		356
82	apeo	*ape(h)ōn*[15]	kp	VP	PrA	m	s	N	NT-	Ho	240, 312, 328
83	apeote	*ape(h)ontes*[15]	Kp	VP	PrA	m	p	N	NT-	Ho	240, 312, 329
84	apere	*aphelēs?*	k	AC	kmp?	m?	s?	N?	S-		266
85	apetemene	*ape(n)thmene??*	p	AC	kmp?	n?	d	N	N-?		248
86	apetira₂	*amphestr(i)jă̄*	k	AC	kmp	f	s	N	(J)A-		179, 180, 213, 218
87	api	*amphi*	kp	Pr						Ho	348
88	api tonijo	*amphi-thorniō?*	p	AC	kmp	n?	d	N	O-		222
89	ạpieke	*amphi-(h)ēke*[20]	p	VF	AoA?		S	3	ath?	Ho	317
90	apieqe	*amphi-(h)ekʷe??*[21]	t	VF	ImpfA?		S	3	th	Ho	313, 326, 340

[17] Von ἀφίημι.
[18] Von ἄπειμι, -ιέναι.
[19] Vielleicht ein Haustier, das „Wagen" (ἀπήνη) zieht.
[20] Von ἀμφίημι, oder von einem **ihēmi* < **isēmi* „opfern" (*L.R. Palmer* 1963, S. 265; vgl. ἱερός „heilig"). Vgl. auch Index, Anm. 79 auf S. 559, sowie das Zeitwort Nr. 38 auf S. 317. Oder 3. Sg. Präs. *amphi-ekhei* (vgl. ἀμπ-έχω)?
[21] Von ἀμφι-έπω (Impf. oder Aorist?).

Nr.	GRAF1	*FON2*	LOK3	WA4	KL5	GE6	NU7	KA8	ST9	A0	Seite im Text
91	apiporewe	*amphiphorēwes*	k	SC	ObG	m	p	N	EU-	Ho	121, 132, 283, 299, 392, 398
92	apiqoro	*amphik^{w}olōi, -oi, -ōn*	Pt	SC	BbW	f	s/p	NGD	O-	Ho	108, 136, 202, 297, 335, 372, 383, 442, 447
93	apiqoroi	*amphik^{w}oloi(h)i*	p	SC	BbW	f	p	D	O-	Ho	202, 372
94	apiqoto	*amphig^{w}otos, -ō,* oder *-k^{w}hoitos, -ō?*[22]	P	AC	kmp	f	s/d	N	O-	Ho	135, 138, 223, 334
95	apirewe	*amphi(pho)rēwes*	k	SC	ObG?	m	p	N	EU-	Ho	283, 392, 398
96	apite[	*?*	k		Ob?						
97	-ạpo	*amphō?*	p	N		m?	d	N		Ho	346
98	aporewe	*amphorēwe*	pmt	SC	ObG	m	d	N	EU-		283, 301, 392
99	-apote	*apōthe(n)??*	k	Av							347, 444
100	-apoterạ	*amphoterai*	m	N		f	p	N	O/Ā-	Ho	218, 219, 346
101	apoterote	*amphoterōthe(n)*	p	Av						Ho	137, 347, 444
102	apu	*apu*	kp	Pr							99, 131, 348, 444, 448
103	apu kekaumeṇọ[	*apukekaumenos*	p	VP	PfM	m	s	N	O/Ā-		99, 318, 331, 444
104	apudasewe	*apudas(s)ēwei, -ēwes*	k	SC	BbM	m	s/p	D/N	EU-		279, 362
105	apudoke	*apudōke*	kt	VF	AoA		S	3	ath		137, 310, 326, 337
106	apudosi	*apudosis*	KP	SC	V-A	f	s	N	I-		132, 274, 299, 381, 385, 447
107	apudoso[mo?]	*apudos[mos]?*	k	SC	V-A	m	s?	N?	O-		190, 381, 385
108	apuke	*ampukes*	P	SC	ObE	m/f	p	N	K-		231, 391

[22] Oder *aphiktos, -ō* nach *R. Plath* 1999, 503ff. S. auch S. 334 im Kap. VII E.

Nr.	GRAF1	*FON2*	LOK3	WA4	KL5	GE6	NU7	KA8	ST9	A0	Seite im Text
109	apukowoko	*ampukworgoi, -ōn*	P	SC	BbW	f	p	N/G	O-		202, 372
110	aqijai	(Fehler statt iqijai?)	p	SC		f	p	D	Ā-		
111	arakateja	*ālakatejjāi, -ejjai*	KPt	SC	BbW	f	s/p	D/N	JA-		133, 176, 177, 372
112	ara(ka)tejao	*ālakatejjā(h)ōn*	P	SC	BbW	f	p	G	JA-		177, 372
113	a[ra]romotemena	*arăr̆(h)motmenā, -ai*	K	VP	PfM	f	s/p	N	O/Ā-		111, 221, 309, 332, 341
114	araromotemeno	*arăr̆(h)motmenō*	k	VP	PfM	f	d	N	O/Ā-		145, 309, 332
115	araromotomeṇạ	*arăr̆(h)motmenā, -ai*	k	VP	PfM	f	s/p	N	O/Ā-		309, 332
116	araruja	*ararujja, -ujjai*	K	VP	PfA	f	s/p	N	JA-	Ho	134, 268, 308, 331, 341, 441
117	araruwoa	*arăr̆wo(h)a*	K	VP	PfA	n	p	N	S-	Ho	110, 268, 299, 308, 331, 337, 341
118	]ạraruwoja	*arăr̆wojja?* (Fehler statt araruja?)	k	VP	PfA	f	s	N	JA-		268, 308, 331, 337
119	AREPA (Monogramm)	*aleiphar*	P	SC	Wa	n	s	N	R/N̥(T)-	Ho	135, 136, 242, 386, 397
120	arepate	*aleiphatei*	p	SC	Wa	n	s	D	R/N̥(T)-	Ho	242, 386, 441
121	arepazoo	*aleiphadzo(h)os, -ōi*	P	SC	BbM	m	s	N/D	O-		135, 190, 362
122	arepozoo	*aleiphodzo(h)os, -ōi*	P	SC	BbM	m	s	N/D	O-		135, 190, 362
123	(ar)esanie	*(ar) e(n)s-an-i(h)en?*[23]	p	VI	PrA						313, 328, 340
124	aresesi	*aleises(s)i?*	p	SC	Ob	n	p	D	S-		260, 393

[23] Vgl. ἐνσ-αν-ιέναι?

Nr.	GRAF1	*FON2*	LOK3	WA4	KL5	GE6	NU7	KA8	ST9	A0	Seite im Text
125	aretato	*ăretă(n)toi??*[24]	k	VF	PfM		S/P	3	th	Ho	322, 328
126	aroṃọ[ta	*arōmo[ta?*	m	SC	PfAr	n?	p?	A	MN̥(T)-	Ho	243, 387, 397
127	aromotemena	(Fehler statt araromotemena)	k								309
128	aropa	*aloiphā, -āi, -ān*	P	SC	Wa	f	s	NDA	Ā-	Ho	118, 120, 120, 136, 169, 386, 397
129	aropo	*aloiphoi*[25]	p	SC	BbM	m	p	N	O-		190, 362
130	]arota	*alōsta?*	P	AV	neg	n	p	N/A	O-		222, 334
131	aroura	*arourans*	p	SC	LaW	f	p	A	JA-	Ho	107, 134, 164, 177, 379, 384
132	aroza	*?*	K	AC		n	p	N	?		
133	arozo	*?*	K	AC		m/n	s	N	?		
134	aro_2a	*arjo(h)a*	K	AC	kpr	n	p	N	S-	Ho	269, 303
135	aro_2e	*arjo(h)e(s)*	K	AC	kpr	f	d/p	N	S-	Ho	269, 299
136	aro_2jo	(Fehler statt 134?)	k	AC	kpr						269
137	asamito	*asaminthos* oder *-on, -oi, -ons?*	k	SC	ObA	f	s/p	N/A	O-	Ho	132, 202, 389, 473, 490, 491
138	-asesosi	*asēsonsi*[26]	p	VF	FuA		P	3	th?	Ho	307, 327

[24] Vielleicht handelt es sich um die Verbalform *ăretă(n)toi* (VF, PrM, S/P, 3, th) „ist/sind brauchbar“ (zu ἀρετάω „taugen“). Oder *aretā-to-n* als Adj. Verb.; vgl. *R. Plath* 1996, 424.

[25] Vielleicht „Einsalber, (Fresken)maler“; vgl. Hesych διφθεραλοιφός „Schulmeister, Fellbeschreiber“; *M. Lindgren* 1973, II 25.

[26] Vgl. Aor. ἄσαι Hom.

Nr.	GRAF1	*FON2*	LOK3	WA4	KL5	GE6	NU7	KA8	ST9	A0	Seite im Text
139	ạsitopoqo	*sītopok*^{w}*os* (Fehler statt sitopoqo)[27]	P	SC	BbM	m	s	N	O-		198, 370
140	atara	*antlai, -a?*	M	SC	ObG	f/n	p	N	O/Ā-		209, 394
141	atarasijo	*atala(n)sioi*	P	AC	neg	m	p	N	O-		222
142	atereetejo	*?*	p	AC	neg	f	d/p	N	O-		222
143	ateretea	*?*	k	AC	neg	n	p	N	O-		222, 267
144	ateuke	*ateukhēs*	k	AC	neg	m	s	N	S-		266, 299, 302
145	atewe	*?*	p	SC	ObG	m	p	N	EU-		283
146	atijạ (oder -ṭạ?)	*antia, -ai?*	pm	SC	ObA	n/f	p	N	O/Ā-		209, 390
147	atomo	*arthmos, -oi?*[28]	KP	SC	Tit	m	s/p	N	O-		191, 194, 377
148	atopoqo	*artopok*^{w}*ōi, -ō, -oi*	Pm	SC	BbM	m	sdp	D/N	O-		138, 191, 296, 362, 435
149	atopoqoị[	*artopok*^{w}*oi(h)i*	m	SC	BbM	m	p	D	O-		191, 362
150	atoroqo	*anthrōk*^{w}*ōi*	p	SC	MeM	m	s	D-I		Ho	46, 133, 138, 191, 377, 384, 432
151	a-u-qe[29]	(Fehler statt ouqe?)	k	Pa?							349
152	audepi	*audesphi?*	P	SC	ObD	n?	p	I	S-?		182, 262
153	audewesa(-qe)	*audĕ̆w(w)essa (k*^{w}*e)?*	p	AC	abg	f	s	N	JA-	Ho	182

27 Vgl. Nr. 1080 sitopọ[qo]. Oder vielleicht *alphito-pok*^{w}*os* (ἄλφιτα „Gerstenmehl" + πέσσω „kochen"), mit Verwechslung der Zeichen PI und SI.

28 Doch vgl. *O. Panagl* 1985, 290: entweder ἄντομος (< *ἀνάτομος) „Straße" in passiver Bedeutung (wie in Herakleia, vgl. Uguzzoni—Ghinatti: Le tavole greche di Eraclea, Roma 1968), mit aktivem Gegenstück dagegen ἀν(α)τόμος als „Straßenbauer".

29 A-U- bezeichnet hier zwei vokalische Silbenzeichen, AU- dagegen ein „diphthongisches" Zeichen.

Nr.	GRAF1	*FON2*	LOK3	WA4	KL5	GE6	NU7	KA8	ST9	A0	Seite im Text
154	auro	*aulos, -ō, -oi*	k	SC	ObE	m	sdp	N	O-	Ho	191, 391
155	aute	*austēr*	p	SC	ObF	m	s	N	R-		254, 392
156	autojo	*autojjo*	p	P		n?	s	G	O/Ā-	Ho	108, 212, 343
157	au-u-te	*auwetes?* (oder *authen?*)	k	Av Av							347
158	awarakana	*aulaknai*	p	SC	Ob?	f	p	N	Ā-		169, 391
159	awarakanao	*aulaknā(h)ōn*	p	SC	Ob?	f	p	G	Ā-		169, 391
160	azetirija	= aketirija?	K	SC	BbW	f	p	N	JA-		177, 372
161	azeto	*?*	K					N	O-		222
162	a-*35-ka[30]	*?*	K	AC		n	p	N	O-		
163	$a_2$ketere	s. aketere, jaketere	k	SC	BbM	m	d	N	R-		143, 254, 361
164	$a_2$rie	*-(h)en?*	p	VI	PrA?						308, 328
165	$a_2$risa	*-isan?*	p	VF	AoA		P?	3	th		241, 308, 327
166	a_2ṛọ[ ]ụdopi	*halos- (h)udo(p)phi?*[31]	p	SC	Met	n	p	I	R/N̥(T)-		243, 257, 298, 354
167	$a_2$tero	*hateron*	P	N		n	s	A	O/Ā-	Ho	109, 132, 135, 137, 140, 143, 155, 219, 219, 346, 443, 476
168	$a_3$kanajo	*aiganajjon?*	p	SC	Wa?	n?	s	N?	O-		
169	$a_3$kasama	*aiksmans*	p	SC	ObW	f	p	A	Ā-	Ho	108, 110, 112, 133, 134, 145, 146, 169, 300, 395, 432, 443

[30] Oder a-*34-ka.
[31] Vielleicht ein Kompositum (bzw. Iuxtapositum) **haloshudōr* „Aquamarin".

Nr.	GRAF1	*FON2*	LOK3	WA4	KL5	GE6	NU7	KA8	ST9	A0	Seite im Text
170	a$_3$keu	*aigeus??*	p	S/A	abg	m	s	N	EU-		285, 285
171	a$_3$kideja̤	*aigi-?*	p	SC	Bb?	m/f	p	N?	O/Ā-		
172	a$_3$kinoo	*?*	K	SC	ObE	m	d?	N	O-		
173	a$_3$kipata	*aigi-pă̄(s)tās, -āi?*	kP	SC	BbM	m	s	N/D	Ā-		183, 362
174	a$_3$mirewe	*(h)aimilēwes?*	K	SC	Ti?	m	p	N	EU-		283, 358
175	]a$_3$sa	*aisa*	pt	SC	V-A	f	s	N	JA-	Ho	165, 177, 381, 385
176	a$_3$te	*aitēr*	p	SC	BbM	m	s	N	R-		254, 362
177	a$_3$tere	*aitēres*	k	SC	BbM	m	p	N	R-		254, 362
178	a$_3$za	*aidză̄ < *aigjă̄*	p	AC	abg	f	s	N	O/(J)A-	Ho	180, 213, 218, 443
179	daijakereu	*dā(h/j)i-agreus*	p	SC	BbM	m	s	N	EU-		282, 362
180	dakoro	*dakorō, -roi*	P	SC	BbM	m	d/p	N	O-		191, 362
181	dakoroi	*dakoroi(h)i*	p	SC	BbM	m	p	D	O-		191, 362
182	damaote[	*dama(h)ontes*	k	VP	FuA	m	p	N	NT-	Ho	239, 309, 330, 340
183	damate	*damartes?*	p	SC	Me	m/f	p	N	RT-	Ho	229, 377
184	damijo	*dāmion*	p	SC	LaW	m/n	s	A	O-	Ho	204, 379, 384
185	damo	*dāmos, -ōi*	KP	SC	Me	m	s	N/D	O-	Ho	89, 133, 191, 300, 377, 384, 417, 446
186	damodemi	*dāmos de min* (vgl. damo, -de I, -mi)	p							Ho	440
187	damokoro	*dāmokoros, -ōi, -on*	KP	SC	Tit	m	s	NDA	O-		191, 374, 441
188	danuwo	*?*	K	SC	BbM	m	s	N	O-		200

Nr.	GRAF1	*FON2*	LOK3	WA4	KL5	GE6	NU7	KA8	ST9	A0	Seite im Text
189	dapu₂ritojo	*daburinthojjo*[32]	K	SC	ObA	m	s	G	O-		25, 191, 389, 490, 491
190	dara[.] (mita-qe)	*dlā[khōn]?*[33] (*minthā kʷe*)	m	SC	PfAr	f	?	?			
191	-dasaṭọ	*das(s)ato*	p	VF	AoM		S	3	th?	Ho	141, 145, 309, 327, 340
192	ḍasomo	*dasmos*	p	SC	V-A	m	s	N	O-	Ho	191, 381, 385
193	dateweja	*?*	K	SC	BbW	f	p	N	Ā-		175
194	-de I	*-de* (adversativisch)	KPm	Pa						Ho	99, 349 usw.
195	-de II	*-de* (allativisch; in der Richtung nach...)	KPTm	Pa						Ho	349 usw.
196	dedemena	*dedemenai, -a*	K	VP	PfM	f/n	p	N	O/Ā-	Ho	310, 332
197	dedemeno	*dedemenō*	P	VP	PfM	n	d	N	O/Ā-	Ho	310, 332, 444
198	]ḍẹdikuja	*dedida(s)k(h)ujja, -ai?*[34]	k	VP	PfA	f	s/p	N	JA-	Ho	268, 310, 331, 341
199	dedomena	*dedomenai, -a*	K	VP	PfM	f/n	p	N	O/Ā-	Ho	310, 332, 337
200	-dekasato	*deksato*	Kp	VF	AoM		S	3	th?	Ho	132, 310, 327, 337, 337, 340, 341, 431, 465
201	dekoto	*dek(s)to*[35]	kp	VF	AoM		S	3	ath	Ho	310, 327, 341, 465
202	dekutuwoḳọ[	*deiktuworgōi, -oi*	p	SC	BbM	m	s/p	D/N	O-		191, 362

32 Oder ein Toponym?

33 Vgl. βλήχων, ion. γλήχων, dor. γλάχων „Polei, Mentha pulegium".

34 Von διδάσκω (= *dedidakhujja*? Docs.[2] 539 bzw. = *dedida(s)k(h)ujja*?). Oder von δείκνυμι (*dedikujja*?).

35 Doch ein Personenname in Pylos.

Nr.	GRAF1	*FON2*	LOK3	WA4	KL5	GE6	NU7	KA8	ST9	A0	Seite im Text
203	demasi	*dermas(s)i??*[36]	K	SC	ObG?	n?	p	D	MN̥(T)-	Ho	243, 358
204	demeote	*deme(h)ontes*	p	VP	FuA	m	p	N	NT-	Ho	136, 239, 310, 330, 340
205	deminija	*demnia*	pm	SC	ObM	n	p	N	O-	Ho	204, 394
206	deminijo	*demnion, -ōn?*	kp	SC	ObM	n	s/p	N/G	O-	Ho	110, 204, 394
207	]ḍẹomeno	*de(h)omenoi?*[37]	k	VP?	PrM	m	p	N	O/Ā-	Ho	
208	deqono	*deik^{w}nos?*[38]	t	SC	Tit	m	s	D	O-		
209	dera[	*?*	k	SC	ObG						
210	deṛẹụḳọ	*dleukos*	k	S/A	Wa	n	s	N	S-?		262
211	desomo	*desmōi, -ois*	K	SC	Ob	m	s/p	D-I	O-	Ho	192, 396, 398
212	deujoi	*?*	k	SC	MeM	m	p	D			
213	]dewapi	*??*	k	AC		f?	p	I	Ā-?		
214	didakare	*didaskalei*	K	SC	BbM	m	s	L?	O-		162, 189, 192, 362, 443
215	(-)didosi	*didonsi*	kP	VF	PrA		P	3	ath	Ho	99, 310, 324, 337, 439, 440, 443, 476
216	-didoto	*dido(n)toi*	P	VF	PrM		S/P	3	ath	Ho	310, 325, 325, 338, 339
217	dipa	*dipas, dipā?*	KP	SC	ObG	n	s/p?	N	S-	Ho	60, 60, 60, 60, 119, 131, 132, 262, 393
218	dipae	*dipa(h)e*	p	SC	ObG	n	d	N	S-	Ho	60, 262, 393

[36] Die Deutung *dermas(s)i* „in Ledersäcken“ (vgl. δέρμα „Leder“) ist jedoch unsicher; eher handelt es sich um eine Gruppe von Ölempfängern.

[37] Vgl. δέω „binden“ (δέομαι „bedürfen“ < **dēwe/o-* < **deuse/o-*).

[38] Ein Würdenträgertitel zu δεῖπνον „Mahl“ (für einen Kultfunktionär)? Vgl. *L. Godart – A. Sacconi* 1996b, 102, bzw. 1997, 894f., bzw. *Thèbes* 2002, 390. Etwa ”Gastmahlveranstalter?”. S. auch Nr. 939 porodeqono.

Nr.	GRAF1	*FON2*	LOK3	WA4	KL5	GE6	NU7	KA8	ST9	A0	Seite im Text
219	dipisijewijo	*dipsiēwios?*	p	AC	abg	?	?	?	O/Ā-		
220	dipisijo	*dipsios, -ōn?*[39]	p	S/A	MeM?	?	s/p	N/G	O-		192
221	dipisijoi	*dipsioi(h)i?*	P	S/A	MeM?	?	p	D-L	O-		192
222	diptera	*diphth-* o. *dipsterā, -ai*	Ptir	SC	Ob	f	s/p	N	Ā-		104, 169, 358, 396, 443
223	dipteraporo[40]	*diphth-* o. *dipsterāphoros, -ōi*	Ptir	SC	BbM	m	s	N/D	O-		192, 363
224	di[ptera]poroi	*diphth-* o. *dipsterāphoroi(h)i*	k	SC	BbM	m	p	D	O-		192, 363
225	diptera₃	*diphth-* o. *dipsterai*	p	SC	Ob	f	p	N	Ā-		104, 167, 169, 358, 396
226	dode	*dō(n)-de*	T	SC	ObA	n?	s	A + *de*	?	Ho	251, 251, 389, 398, 443, 465
227	doera	*do(h)elā, -āi, -ai*	KP	SC	MeW	f	s/p	N/D	Ā-	Ho	157, 170, 376, 384, 384, 384, 438
228	doero	*do(h)elos, -ōi, -on, -oi, -ō*	KP	SC	MeM	m	sdp	NDA	O-	Ho	98, 138, 152, 152, 192, 376, 384, 384, 384, 417, 438, 446
229	doeroi	*do(h)eloi(h)i*	P	SC	MeM	m	p	D	O-	Ho	152, 192, 300, 376
230	doerojo	*do(h)elojjo*	k	SC	MeM	m	s	G	O-	Ho	152, 192, 376
231	ḍọkama	*dork(h)mai*[41]	p	SC	ObE	f	p	N	Ā-		
232	dokamai	*dork(h)mā(h)i*	p	SC	ObE	f	p	D	Ā-		175

39 Vielleicht als Zeitangabe: *Dipsiōn mēn(n)os* (im Monat der *Dipsioi* oder *Dipsia* /ein Festname?/). Vgl. *C. Trümpy* 1989, 193ff.

40 Auch di⟨pte⟩raporo PY; in Tiryns eine sehr unsichere Lesung.

41 Diese Deutung (als verwandt oder identisch mit δραχμή) ist unsicher; man würde bei Identität mit sowie einer Herkunft von δραχμή aus **dr̥ksmā* die Orthographie *dokasama erwarten (vgl. Nr. 169 a₃kasama *aiksmans* zu αἰχμή).

Nr.	GRAF1	*FON2*	LOK3	WA4	KL5	GE6	NU7	KA8	ST9	A0	Seite im Text
233	doke[42]	*dōke*	KpM	VF	AoA		S	3	ath	Ho	138, 310, 326, 337
234	dopota	*do(s)potāi*[43]	p	SC	MeM?	m	s	D	Ā-		183, 376, 384
235	doqeja	*?*[44]	P	SC	MeW	f	s/p	G/N	JA-		
236	dora	*dōra*	P	SC	V-A	n	p	A	O-	Ho	204, 381, 385
237	dose	*dōsei*	P	VF	FuA		S	3	th	Ho	133, 310, 327, 340, 340
238	dosimija	*dosmiā, -ās, -āi, -ai, -a?*	pm	AC	abg	f/n	s/p	N/G/D	O/Ā-		213
239	dosimijo(-qe)	*dosmios, -on, -oi (kʷe)?*	pm	AC	abg	m/n	s/p	N/A	O/Ā-		213
240	dosomo	*dosmos, -on*	P	SC	V-A	m	s	N/A	O-		110, 192, 300, 381, 443
241	-dososi	*dōsonsi*	p	VF	FuA		P	3	th	Ho	108, 112, 138, 139, 141, 143, 310, 328, 340, 340, 476, 477, 491
242	dowa	*dorwa?*	k	SC	Pf	n	p	N	U-?	Ho	276, 299, 355
243	dowejo	*dorwej(j)ōi?*	K	AC	abg	m/n	s	D-I?	O/Ā-		213
244	doẉẹṇạ	*?*	P	?							
245	duma	*duma(r)?*	Kp	SC	Tit	m	s	N	RT-		229, 297, 377
246	dumate(-qe)	*dumartes (kʷe)?*	p	SC	Tit	m	p	N	RT-		229, 297
247	]dumati	*dumarti?*	p	SC	Tit	m	s	D	RT-		229
248	durutomo	*drū̆tomoi*	p	SC	BbM	m	p	N	O-	Ho	192, 363, 439

[42] Vgl. auch dokekookene(i) MY = *dōke*...? (Dat. Sg. eines Personennamens).

[43] Meistens als Theonym gedeutet („Herr“).

[44] Oder Theonym?

Nr.	GRAF1	*FON2*	LOK3	WA4	KL5	GE6	NU7	KA8	ST9	A0	Seite im Text
249	duwoupi	*d(u)wō̆(h)uphi, d(u)wō̆(h)umphi*	P	N			d	I			103, 138, 301, 346, 440
250	dwo	*dwō̆*	P	N			d	N/A		Ho	103, 155, 301, 346
251	(mitowesa)-e	*(miltowessa) en?*[45]	k	Av						Ho	182, 236, 347
252	edaeu	*?*	kp	SC	Tit	m	s	N	EU-		282
253	edaewo	*?*	P	SC	Tit	m	s	G	EU-		282
254	(opi-)edei	*(h)ede(h)i*[46]	p	SC	ObA	n	s	D-L	S-	Ho	260, 378, 384
255	eesi	*e(h)ensi*[47]	K	VF	PrA		P	3	ath	Ho	311, 324, 337, 339, 442
256	eeto	*e(h)entō(n)?*[48] *(h)ē̆(h)entoi? (h)ē̆(h)ento?*	p	VF	ImperA PfM Ipf/Ao	εἰμί ἵημι ἵημι	P	3	ath	Ho	311, 317, 326, 328, 340
257	ekamapi	*ekhma(p)phi?*	P	SC	ObM	n	p	I	MN̥(T)-	Ho	243, 301, 394
258	ekamate(-qe)	*ekhmatei* (k^we)*?*	p	SC	ObM	n	s	D-I	MN̥(T)-	Ho	243, 301, 394, 444
259	ekara	*eskharā*	p	SC	ObF	f	s	N	Ā-	Ho	170, 392, 398
260	ekaraewe	*engra(h)ēwes?*[49]	K	SC	Ti?	m	p	N	EU-		283, 358
261	ekatejo	*?*	K	AC	abg	m/f?	?	N	O/Ā-		
262	ekatereta	*?*	k	AC	abg	f?	p?	N	O/Ā-		

[45] Vgl. auch Nr. 66, 366 bzw. 998 -eropajoqeṛọṣạ, vielleicht als -e (= *en-*) + eropajo + qeṛọṣạ zu deuten.
[46] Vgl. ἕδος „Sitz, Schrein, Tempel".
[47] Von εἰμί, εἶναι (besser als von ἵημι).
[48] 3. Pl. Imperativ von εἰμί: *e(h)entō(n)*? Oder von ἵημι; vgl. att. 3. Pl. Pf. Med. εἶνται (bzw. 3. Pl. Aor. Med. εἶντο?).
[49] Wohl „Masttiere"; vgl. γράω „nagen, essen".

Nr.	GRAF1	*FON2*	LOK3	WA4	KL5	GE6	NU7	KA8	ST9	A0	Seite im Text
263	eke(-qe)	*ekhei* (k^we, $g^w\bar{e}$)[50]	KP	VF	PrA		S	3	th	Ho	107, 112, 136, 137, 138, 148, 314, 314, 324, 339, 440, 440, 443
264	e]kea	*enkhe(h)a*	k	SC	ObW	n	p	N	S-	Ho	260, 395
265	ekedemi	*ekhei de min* (vgl. eke(-qe), -de I, -mi)	p	VF	PrA		S	3	th		314
266	ekee	*ekhe(h)en*	P	VI	PrA				th	Ho	314, 328, 339, 340, 440, 440, 448
267	ekeija	*enkhe(h)iai*[51]	p	SC	ObW	f?	p	N	Ā-?	Ho	170, 395
268	ekejoto	*enkejontoi*[52]	p	VF	PrM		P	3	ath	Ho	318, 325, 339
269	ekenato	(Fehler statt eke⟨o⟩nato)	p								
270	]ẹkep̣i[	*enkhesphi?*	k	SC	ObW	n	p	I?	S-	Ho	260, 395
271	ekeroqono	*enkh$\breve{\bar{e}}$r(r)ok^{w}oinoi, -$\bar{o}$n*	P	SC	Bb	m/f	p	N/G	O-		192, 202, 363, 372
272	ekesesi	*?*[53]	k	S			p	D?	S-		
273	ekesi	= ekosi? (Fehler?)	p	VF	PrA		P	3	th		260, 314, 324, 395
274	ekesi(-qe)	*enkhes(s)i* (k^we)	p	SC	ObW	n	p	D	S-	Ho	443
275	eko	*ekh$\breve{\bar{o}}$n?*[54]	K	VP	PrA	m/n	s	N	NT-	Ho	239, 260, 314, 329, 395

50 Scil. τε oder δή.
51 Oder Nom. Pl. Neutr. *enkhe(h)ia*??
52 Von ἔγκειμαι.
53 Oder ein Theonym?
54 Die Deutung *enkhos* „Speer“ scheint hier unwahrscheinlich. Eher handelt es sich um ein Partizip!

Nr.	GRAF1	*FON2*	LOK3	WA4	KL5	GE6	NU7	KA8	ST9	A0	Seite im Text
276	ekosi(-qe)	*ekhonsi* (k^we)	kP	VF	PrA		P	3	th	Ho	110, 112, 133, 136, 137, 141, 144, 146, 147, 147, 148, 314, 324, 337, 339, 439, 447, 466
277	ekosowoko[	*eksōworgoi*	k	SC	BbM	m	p	N	O-		193, 363
278	ekote	*ekhontes*	P	VP	PrA	m	p	N	NT-	Ho	132, 239, 314, 329, 339
279	ekusewe(-qe)	*enkhusēwes* (k^we)	m	SC	ObG	m	p	N	EU-		283, 393
280	emata	*(h)er(h)mata*	p	SC	Tex	n	p	N	MN̥(T)-	Ho	243, 396
281	eme(-de)	*(h)emei (de)*	P	N		m/n	s	D	M-	Ho	155, 251, 298, 301, 346, 443, 447
282	emijonoi	*(h)ēmionoi(h)i*	T	SC	Ti	m	p	D	O-	Ho	356, 422
283	ẹmito	*em-misthōn?*	k	SC	BbM	m	p	G	O-		200
284	enapona	*?*[55]	k								
285	]enaripoto	*enaliptos*	k	AC	AV	f?	s	N?	O-		136
286	eneesi	*ene(h)ensi*[56]	p	VF	PrA		P	3	ath	Ho	312, 324
287	eneka	*(h)eneka*	KP	Pr						Ho	348, 433
288	enemena	*?*	m	VP		f/n	s/p	N	O/Ā-		
289	]eneo	*ene(h)ōn, -on*	k	VP	PrA	m/n	s	N	NT-	Ho	240, 312, 329
290	enera	*?*	k	SC	Tex?	n	p	N	O-		209
291	enereja	*?*	k	SC	BbW	f	p	N	JA-		175
292	enero	*?*	k	SC	Tex?	n	s	N	O-		209

55 Vielleicht ein Personenname (weiblich).

56 Von ἔνειμι, ἐνεῖναι.

Nr.	GRAF1	*FON2*	LOK3	WA4	KL5	GE6	NU7	KA8	ST9	A0	Seite im Text
293	enewo(-)peza	*en(n)ewopedza*	P	AC	kmp	f	s	N	JA-		155, 156, 181, 218, 301, 395, 446
294	enewo pezo	*en(n)ewopedzō*	p	AC	kmp	f	d	N	JA-		181, 395, 446
295	eni(-qe)	*eni* (k^we)[57]	Kp	Av						Ho	312, 347
296	eo	*e(h)ōn*	P	VP	PrA	m	s	N	NT-	Ho	240, 311, 329
297	(-)eote	*e(h)ontes*[58]	kp	VP	PrA	m	p	N	NT-	Ho	137, 240, 311, 329
298	epeke	*ephēke?*[59]	k	VF	AoA		S	3	ath	Ho	267, 317, 326
299	epetoi	*(h)erpetoi(h)i*	T	SC	Ti	n	p	D	O-	Ho	356, 422
300	epi(-qe)	*epi* (k^we)	kP	Pr						Ho	136, 348
301	epidato	*epidastos*	P	AV	kmp	m	s	N	O/Ā-		309, 335
302	epidedato	*epidedastoi*	p	VF	PfM		S	3	ath		309, 328, 338, 341
303	epikere	*episkherēs??*[60]	K	AC	kmp	f	s	N	S-		267
304	]epiketo	*?*	k	?							
305	epikitonija	*epikhitōnia*	k	SC	Tex	n	p	N/A	O-		204, 388
306	epikorusijo	*epikorusiō*	k	AC	abg	n	d	N	O/Ā-		223
307	epikowa	*epikhowā, -āi?*	K	SC	Wa	f	s	N/D	Ā-		170, 378, 386
308	epikowo	*epikowoi*	kp	SC	BbM	m	p	N	O-		193, 196, 363
309	epipụta[61]	*epiphuta??*	P	SC	Pf	n?	p	N	O-?		204, 355, 439

57 = ἔνεστί τε.
58 S. auch Nr. 1092 tapa(-eote).
59 Oder *empe(s)kēs* AC?
60 Oder präpositionelle Wendung *epi khĕ̄r(r)ei* (Dat. Sg.) bzw. *epi khĕ̄r(r)ē* (Instr. Sg.) „zur Hand“ (vgl. χείρ), „verfügbar“?
61 Lesung von -pu- sehr unsicher (eher e-pi-*19-ta); das Wort könnte auch als Nom. Pl. Fem. gedeutet werden.

Nr.	GRAF1	*FON2*	LOK3	WA4	KL5	GE6	NU7	KA8	ST9	A0	Seite im Text
310	]epiropaja	*epilōpajja?*	k	SC	kmp	n?	p?	N	O-		
311	epiqọ[-i	*ephik$^{(w)}$k^{w}oi(h)i*[62]	T	AC	kmp	m/n	p	D	O/Ā-		
312	epiurutewe	*epiwrū̆tēwei, -wes?*	p	SC	BbM	m	s/p	D/N	EU-		283, 388
313	epiwetirijọ	*epiwestrios*	p	SC	BbM	m	s	N	O-		200
314	epizota	*epidzō̆nta*	K	VP? o. AV?	Pr/ AoA	n	p	N	NT-? o. O/Ā-		240, 316, 329, 330
315	epi-*65-ko	*?*	p	S/A?							223
316	epo	*erphoi, -ons*	Kp	SC	?	m?	p	N/A	O-?		
317	epomijo	*epō̆m(m)iō*	K	SC	ObW	n?	d	N	O-		204, 395
318	epọwoke	*erphowokhēs, -es?*[63]	p	AC?	kmp	m/n	s?	N	S-?		267
319	eqana(-qẹ[)	*e(n)k^{w}ānā (k^{w}e)?*	p	SC	V-A	f	s	N	Ā-		175
320	eqe	*?*	tir	?							
321	eqeao	*(h)ek^{w}e(h)ā(h)ōn?*[64]	k	SC	Bb	f	p	G	Ā-		170, 377
322	eqeo	*(h)ek^{w}e(h)os, -e(h)ōn?*	p	SC	Bb	n	s/p	G	S-		260, 377
323	eqesija	*(h)ek^{w}esia*	KP	AC	abg	n	p	N	O/Ā-		214
324	eqesijo	*(h)ek^{w}esios, -ō, -oi*	kP	AC	abg	m/n	sdp	N	O/Ā-		214
325	eqeta	*(h)ek^{w}etās, -ai, -āi*	KP	SC	Tit	m	s/p	N/D	Ā-		138, 183, 214, 300, 374, 383, 440, 468

62 Vgl. ἔφιππος „zu Pferde gehörig".

63 Oder Nom. Pl. Subst. auf *-es* (3. Dekl.).

64 Cf. *O. Panagl* 1985, 290: „vom Pferdewagen benutzte Straße".

Nr.	GRAF1	*FON2*	LOK3	WA4	KL5	GE6	NU7	KA8	ST9	A0	Seite im Text
326	eqetae	*(h)ek^w^etă̄(h?)e*	k	SC	Tit	m	d	N	Ā-		158, 166, 183, 300, 374
327	eqetai	*(h)ek^w^etā(h)i*	p	SC	Tit	m	p	D	Ā-		183, 300, 374
328	eqitiwoe	*ek^w^hthiwo(h)e, -wo(h)es?*[65]	t	VP	PfA	m	d/p	N	S-		268, 322, 331
329	eqomene[(Fehler statt eqomeno?)	*(h)ek^w^omenon?*	p	VP	PrM	n	s	N/A	O/Ā-	Ho	313, 329
330	eqote	*(h)ek^w^ontes?*	P	VP	PrA	m	p	N	NT-	Ho	240, 313, 329
331	erane	*?*	k	SC	Tit?	m	p	N	N-		
332	erapeja, erapija	*elaphej(j)ā, -ai*	P	S/A?	abg	f	s/p	N	O/Ā-		214
333	erapemena	*(h)e(h)rap(h)menā, -ai, -a*	k	VP	PfM	f/n	s/p	N	O/Ā-	Ho	109, 145, 320, 332, 337, 341
334	erapija	= erapeja									214
335	erapo (rimene)	*Elaphōn (limenei)*[66]	p	SC	Ti	m/f	p	G	O-	Ho	193, 247, 248, 356, 401, 425
336	erase	*elase* o. *elasei*	p	VF	Ao/ FuA		S	3	th	Ho	313, 326, 340
337	eratijao (Fehler statt erapijao?)	*elaphiā(h)ōn*	p	AC	abg	f	p	G	O/Ā-		214
338	erawa[	*elaiwā, -ai?*	k	SC	Pf	f	s/p	N	Ā-	Ho	132, 170, 355, 359, 490
339	erawo	*elaiwon*	kp	SC	Wa	n	s	N	O-	Ho	104, 107, 108, 134, 204, 386, 397, 446, 490

65 Von φθίνω.

66 Es handelt sich um ein Toponym appellativischer Herkunft („im Hafen der Hirsche").

Nr.	GRAF1	*FON2*	LOK3	WA4	KL5	GE6	NU7	KA8	ST9	A0	Seite im Text
340	erawọ[jo	*elaiwojjo?*	k	SC	Wa	n	s	G	O-	Ho	204
341	era$_3$wo	*elaiwon*	P	SC	Wa	n	s	N/A	O-	Ho	64, 104, 108, 112, 117, 134, 204, 300, 386, 397, 439, 446, 490
342	eṛẹdwoe	*ĕreidwo(h)es*	K	VP	PfA	m	p	N	S-		268, 313, 331
343	eree	*ere(h)en*	P	VI	PrA						313, 328
344	ereeu	*ere(h)eus?*[67]	p	SC	BbM	m	s	N	EU-		282, 286, 363
345	ereewe	*ere(h)ēwei, -wes?*	P	SC	BbM	m	s/p	D/N	EU-		282, 286, 363
346	ereewo	*ere(h)ēwos?*	p	SC	BbM	m	s	G	EU-		282, 286, 363
347	eremo	*erēmos, -on?*	p	S/A	Ge	m/n	s	N	O-	Ho	133, 204, 354
348	erepa	*elephans*	kp	SC	Wa!	m	s	N	NT-	Ho	235, 245, 298, 357, 360, 386, 390, 437, 492
349	erepata	*elephanta*	k	SC	Wa!	m	s	A	NT-	Ho	235, 357, 492
350	erepate	*elephantei*	KP	SC	Wa!	m	s	D-I	NT-	Ho	235, 357, 492
351	erepateja	*elephantej(j)ā*	P	AC	abg	f	s	N	O/Ā-		214
352	erepatejapi	*elephantej(j)āphi*	P	AC	abg	f	p	I	O/Ā-		214
353	erepatejo, erepateo	*elephantej(j)/(h)os, -ois*	KP	AC	abg	m/n	s/p	N/I	O/Ā-		214, 300, 441, 444
354	erepatejopi	*elephantej(j)ophi*	K	AC	abg	m/n	p	I	O/Ā-		161, 214
355	erepato	*elephantos*[68]	Kp	SC	Wa!	m	s	G	NT-	Ho	235, 298, 357, 492

[67] Oder *(h)ele(h)eus*, vgl. S. 282; ein Personenname?
[68] In KN wenigstens einmal als Toponym.

Nr.	GRAF1	*FON2*	LOK3	WA4	KL5	GE6	NU7	KA8	ST9	A0	Seite im Text
356	ereta	*eretās, -ai*	KP	SC	BbM	m	s/p	N	Ā-	Ho	116, 164, 183, 296, 363, 440
357	eretao	*eretā(h)ōn*	p	SC	BbM	m	p	G	Ā-	Ho	183, 300, 363
358	ereutera	*eleutherā, -a*	P	AC	gr	f/n	s/p	N	O-	Ho	302
359	ereutere	*ereutērei, -es?*	Pt	SC	Tit	m	s/p	D/N	R-		254, 363
360	ereuteri[	*ereutēri?*	p?t	SC	Tit	m	s	D	R-		254, 363
361	ereutero	*eleutheron*	P	AC	gr	n	s	N	O-	Ho	109, 134, 302
362	ereuterose	*eleutherōse*	P	VF	AoA		S	3	th?		141, 313, 326, 340, 340, 477, 491
363	?ere]utesi	*ereutērsi?*	k	SC	Tit	m	p	D	R-		254, 363
364	erika	*(h)elikās*	K	SC	Pf	f	s	G	Ā-		170, 355
365	e]riko	*(h)elikos*	K	SC	Pf?	f	s	G	K-?	Ho	
366	-eropajoqeṛọṣạ	*ellophajjō??* (+ qeṛọṣạ[69])	p	AC	abg	f	d	N	O/Ā-		
367	eropakeja	*elophagejjāi, -ai??*	Km	SC	BbW	f	s/p	D/N	JA-?		175
368	eropakeu	*elophageus??*	k	SC	BbM	m	s	N	EU-		282, 364
369	eruminija	*elumniai?*	P	SC	ObA	f	p?	N	Ā-		170, 389
370	erutara	*eruthrā, -ai*	PM	AC	grf	f	s/p	N	O/Ā-	Ho	132, 211, 303
371	erutarapi	*eruthrāphi*	K	AC	grf	f	p	I	O/Ā-	Ho	211, 303
372	esapakeṃẹ[na]	*espargmena?*	K	VP	PfM	n	p	N/A	O/Ā-		321, 332
373	esareu	*?*[70]	P	SC	Tit?	m	s	N	EU-		282

[69] S. Nr. 998 -qeṛọṣạ; vgl. auch Index, Anm. 14 (auf S. 537) zu Nr. 66 anijae (-eropajoqeṛọṣạ).
[70] Oder ein Personenname?

Nr.	GRAF1	*FON2*	LOK3	WA4	KL5	GE6	NU7	KA8	ST9	A0	Seite im Text
374	esarewe	*?*[70]	kp	SC	Tit?	m	s	D	EU-		282
375	eso	*ensō?*	p	Av							347
376	esoto	*es(s)ontoi*[71]	K	VF	FuM		P	3	th	Ho	312, 328
377	etawone	*-ei, -es?*[72]	K	SC	Tex?	?	s/p	D/N	N-?		
378	etawoneu	*etāwōneus?*[73]	P	SC	BbM	m	s	N	EU-		286
379	etawonewe	*etāwōnēwei?*[73]	k	SC	BbM	m	s	D	EU-		286
380	etawonewo	*etāwōnēwos?*[73]	k	SC	BbM	m	s	G	EU-		286
381	ete	*enthen?*	Kp	Av						Ho	347
382	etedomo	*entesdomos*	kP	SC	BbM	m	s	N	O-		193, 364
383	etejo	*?*	k	AC		m	p	N	O/Ā-		
384	etereta	*entrētā?*	k	AC		f	s	N?	O/Ā-		
385	etiwe	*ertiwen*	P	AC	abg	n	s	N	NT-		221, 236
386	eto	*eston?*[74]	p	VF	PrA		D	3	ath	Ho	312, 325
387	etokija	*entoikhia*	P	SC	ObA	n	p	N	O-		205, 389
388	etonijo	*etōnion?*	P	SC	LaW	n	s	A	O-		205, 379, 384, 440
389	etoroqata	*entrok^{w}ātai?*[75]	K	SC	Ob	m?	p	N	Ā-?		186
390	etowoko	*entoworgōi, -oi*	kP	SC	BbM	m	s/p	D/N	O-		193, 364

71 Fut. von εἰμί.
72 Oder ein Personenname?
73 In Pylos eher ein Personenname. (s. S. 286).
74 Dual von εἰμί.
75 Oder Nom. Pl. Neutr. auf *-āta*?

Nr.	GRAF1	*FON2*	LOK3	WA4	KL5	GE6	NU7	KA8	ST9	A0	Seite im Text
391	etowokoi	*entoworgoi(h)i*	p	SC	BbM	m	p	D	O-		193, 364
392	euketo(-qe)	*eukhetoi (k^we)*	P	VF	PrM		S	3	th	Ho	134, 139, 314, 325, 338, 339, 438, 440, 448
393	ewedasi[	*?*	p	SC	BbM	m	p	D?	?		262
394	ewepesesomena	*eu (h)epsēsomena*	m	VP	FuP?	n	p	N	O/Ā-		134, 314, 333, 338, 341
395	ewisuzoko	*ewisu-*	K	AC	kmp	m/n	s/p	N	O-		
396	ewisu-*79-ko	*ewisu-*	P	AC?	kmp	m/n	s/p	N/I?	O-		
397	ezeto	*?*[76]	k	VF	?						
398	iereu, ijereu	*(h)i(h)ereus, (h)i^(j)ereus*	KP	SC	BbM	m	s	N	EU-	Ho	107, 140, 279, 364, 379, 384
399	ijate	*iātēr*	p	SC	BbM	m	s	N	R-	Ho	107, 254, 258, 298, 364
400	ijera	*(h)iera*	t	AC	gr	n	p	N	O-	Ho	302
401	ijereja	*(h)ierejja, -ās, -āi*	KP	SC	BbW	f	s	NGD	JA-	Ho	107, 112, 134, 164, 176, 177, 300, 372, 379, 384, 433, 440
402	ijereu	= iereu								Ho	107, 107, 140, 279, 364, 379, 384
403	ijerewijo	*(h)ierēwion?*	k	AC	abg	n	s	N	O-	Ho	
404	ijerewo	*(h)ierēwos*	p	SC	BbM	m	s	G	EU-	Ho	279, 301
405	ijero I	*(h)ieron*	kT?	SC	Rel	n	s	N	O-	Ho	155, 205, 210, 211, 384, 446
406	ijero II	*(h)ieron*	kT?	AC	gr	n	s	N	O/Ā-	Ho	155, 210, 211, 302, 378, 446

[76] Oder ein Adjektiv auf *-to-*?

Nr.	GRAF1	*FON2*	LOK3	WA4	KL5	GE6	NU7	KA8	ST9	A0	Seite im Text
407	ijerojo	*(h)ierojjo*[77]	p	AC	gr	m/n	s	G	O-	Ho	205, 211, 302, 378
408	ijerowoko	*(h)ieroworgos*	P	SC	BbM	m	s	N	O-		193, 364
409	-ijesi	*(h)ĭensi*[78]	p	VF	PrA		P	3	ath	Ho	317, 324
410	ijeto(-qe) (Tn)	*i(h)e(n)toi (k^{w}e)?*[79]	p	VF	PrM		S/P	3	ath	Ho	317, 317, 325, 325, 325
411	(amo)ijeto[80] (Va)	*((h)amo) (h)ĭetoi?*	p	VF	PrP		S	3	ath		
412	ijewe	*(h)ĭewei?*	p	SC	MeM	m	s	D	EU-?		275, 299, 375
413	ijo I	*(h)ĭos*	m	SC	MeM	m	s	N	O-		193, 275, 275, 275, 375, 384, 423
414	ijo II	*iōn*[81]	k	VP	PrA	m	s	N	NT-	Ho	240, 312, 329
415	ijote	*iontes*	Kpm	VP	PrA	m	p	N	NT-	Ho	116, 132, 140, 240, 312, 329, 339, 440, 448
416	ikuwoipi	*?*	k	SC	?	m?	p	I	O-		200
417	inamata	*in-āmatai??*[82]	p	SC	MeM	m	p	N	Ā-		186
418	ipeneo[	*?*	p	?							
419	ipono	*ipnoi*	k	SC	ObG	m	p	N	O-		193, 393
420	ipopoqoi	*(h)ippophorg^{w}oi(h)i* (assimiliert; vgl. 426)	p	SC	BbM	m	p	D	O-		193, 364
421	iqeja	*(h)ikk^{w}ej(j)āi*	P	AC	abg	f	s	D	O/Ā-	Ho	214

77 Oder *(h)ierojjo*, SC, Rel, n, s, G, O-.
78 Von ἵημι.
79 Siehe i-je-to Nr. 38 auf S. 317. Vielleicht von *ἵhημι < **isēmi* „opfern". Vgl. Index, Anm. 20 auf S. 538.
80 Siehe -i-je-to Nr. 37 auf S. 317. Vgl. auch Index, Nr. 47.
81 Oder ἰός „eins"?
82 Völlig unklar! Oder Adjektiv? Personenname? Toponym?

Nr.	GRAF1	*FON2*	LOK3	WA4	KL5	GE6	NU7	KA8	ST9	A0	Seite im Text
422	ịqija	*(h)ikk*^{w}*iā, -ai*	Kt	S/A	ObE	f	s/p	N	Ā-	Ho	170, 194, 210, 391
423	iqijo	*(h)ikk*^{w}*iō*	K	S/A	ObE	f	d	N	Ā-	Ho	170, 391
424	iqo	*(h)ikk*^{w}*ōi, -oi*	kP	SC	Ti	m	s/p	D-I/N	O-	Ho	67, 193, 300, 357
425	iqoeqe	*(h)ikk*^{w}*o-(h)ek*^{w}*ei?*	K	SC	ObE	m/n	s	D-I?	K^w-		233, 391
426	iqojo	*(h)ikk*^{w}*ojjo*	p	SC	Ti	m	s	G	O-	Ho	193, 357
427	ịqọnatomo	*(h)ikk*^{w}*ōn* (+ atomo Nr. 146)	p	SC	Ti	m	p	G	O-	Ho	193
428	]iqopoqo	*(h)ikk*^{w}*o-phorg*^{w}*oi*	T	SC	BbM	m	p	N	O-		
429	iqopoqoi	*(h)ikk*^{w}*o-phorg*^{w}*oi(h)i*	T	SC	BbM	m	p	D	O-		364
430	irija	*?*	t	?							
431	isama[	*?*	p	?							
432	itejao	*(h)istejjā(h)ōn*	p	SC	BbW	f	p	G	JA-?		170
433	ịṭẹẉẹ	*(h)istēwei, -es?*	p	SC	BbM	m	s/p	D/N	EU-		279, 364
434	itowesa	*(h)istowessa*	p	AC	abg	f	s	N	JA-		182, 236
435	iwe	*(h)ĭ̄wei?*	k	SC	MeM?	m	s	D	U-?		275, 375
436	izaatomoi	*(h)izās-arthmoi(h)i?*[83]	p	SC	BbM	m	p	D	O-		194, 365
437	i-*65	*(h)ĭ̄us?*	P	SC	MeM	m	s	N?	U-?		275, 375
438	jaketere	s. aketere, a$_2$ketere	p	SC	BbM	m	s/p	D/N	R-	Ho	143, 254, 361

83 *(h)izā* < **(h)ikk*^{w}*jā*. Cf. *O. Panagl* 1985, 290; s. Anm. 28 auf S. 542. ~ Nr. 421-429: im Mykenischen vielleicht noch -k^wk^w- statt -kk^w.

Nr.	GRAF1	*FON2*	LOK3	WA4	KL5	GE6	NU7	KA8	ST9	A0	Seite im Text
439	jo-	*jō(s), jō(d)*, vgl. Nr. 720	KPM	Av	Pa					Ho	139, 143, 347, 445, 445 usw.
440	jọqi	*jokk^wi* < **jod-k^wid*[84]	p	P		n	s	A			343
441	kaana	*?*	k	?							
442	kadamija	*kardamia*	m	SC	PfAr	n	p	N	O-		
443	kakareạ	*khalkāre(h)a*	k	AC	abg	n	p	N/A	S-	Ho	266, 467
444	kakejapi	*khalkej(j)āphi*	K	AC	abg	f	p	I	O/Ā-	Ho	180, 214
445	kakeu	*khalkeus*	kP	SC	BbM	m	s	N	EU-	Ho	110, 111, 112, 138, 280, 288, 301, 365
446	kakeusi	*khalkeusi*	P	SC	BbM	m	p	D	EU-	Ho	280, 301, 365
447	kakewe	*khalkēwei, -es*	kP	SC	BbM	m	s/p	D/N	EU-	Ho	133, 140, 280, 301, 365, 439, 443
448	kakewi	*khalkēwi*	m	SC	BbM	m	s	D	EU-	Ho	227, 280, 301, 365
449	kakijo	*khalkiō*	k	AC	abg	n	d	N	O/Ā-	Ho	180, 214
450	kako	*khalkos, -on, -ōi*	P	SC	Met	m	s	NAD-I	O-	Ho	63, 63, 108, 112, 117, 194, 354, 359, 444
451	kakodeta	*khalkodeta*	k	AC	kmp	n	p	N	O-		223, 335, 444
452	kama	*k(h)amas?*	P	SC	LaW	n	s	N/A	S-?		262, 280, 380, 384
453	kamaeu	*k(h)ama(h)eus?*	P	SC	BbM	m	s	N	EU-		280, 365
454	kamaewe	*k(h)ama(h)ēwei, -es?*	P	SC	BbM	m	s/p	D/N	EU-		280, 365
455	kamajo	*?*	k			m?	p	N			

[84] = ὅττι.

Nr.	GRAF1	*FON2*	LOK3	WA4	KL5	GE6	NU7	KA8	ST9	A0	Seite im Text
456	ḳạmaọ[85]	*k(h)ama(h)os, -ōn?*	p	SC	LaW	n	s/p	G?	S-?		262, 380
457	kanako	*knākos*	Mt	SC	PfAr	f	s	N	O-		202, 387
458	kanapeu	*knapheus*	P	SC	BbM	m	s	N	EU-		280, 365
459	kanapeusi	*knapheusi*	M	SC	BbM	m	p	D	EU-		280, 365
460	kanapewe	*knaphēwei, -es*	mt	SC	BbM	m	s/p	D/N	EU-		280, 365
461	kanapewo	*knaphēwos*	p	SC	BbM	m	s	G	EU-		280, 365
462	kanato	*kana(s)thoi?*[86]	M	SC	ObG	m	p	N/A	O-		200, 394
463	kaneja	*kanej(j)a*	p	AC	abg	n	p	N	O/Ā-	Ho	214
464	kano	*khă̄n(n)os, -ōn?*	T	SC	Ti	m/f	s/p	G	N-	Ho	246, 357
465	kapa	*karpa??*[87]	kPt	SC	Wa?	n?	p?	N?	O?-		386
466	-kapara	*skaphala?, -ai?*	p	SC	ObG	f/n	p?	N?	?		393
467	kapinija	*kapniās*	P	SC	ObA	f	s	G	Ā-		170, 389, 398
468	kapo	*karpoi?*[88]	k	SC	Wa	m	p?	N	O-	Ho	194, 386, 397
469	karaapi	*k(a)ră̄(h)a(p)phi* < **-hn̥(t)-* < **-sn̥(t)-phi*	p	SC	Kö	n	p	I	R/N̥(T)-	Ho	242, 358, 360
470	karaḳọ[	*glākhōn?*[89]	m	SC	PfAr	f?	s	N	N-?		246, 387

85 Oder ḳạmaẹ *kama(h)e* (Du.)? Sehr unsicher!
86 Bedeutung unklar (vgl. κάνα(σ)θον „Korb“ oder γνάθος „Klammer“?).
87 Variante zu Nr. 468 kapo = *karpoi*, und zwar als Nom. Pl. Neutr? Oder *skaphā*? (f, s, N, Ā-). Etwa „Korb für Opfergaben.“
88 Oder *kāpos*? Vgl. κῆπος „Garten“ (LaW, m, s, N, O-).
89 Oder = Nr. 479 karato?

Nr.	GRAF1	*FON2*	LOK3	WA4	KL5	GE6	NU7	KA8	ST9	A0	Seite im Text
471	karamato[90]	*klasmatōn?*	k	SC	Ob	n	p	G	MN̥(T)-		396
472	karanako	*krān(n)arkhos?*	k	SC	BbM	m	s	N	O-		200
473	karanijo	*karăn(n)ios?*	p	AC	abg	m?	s?	N?	O/Ā-		
474	-karaore(-qe); s. Nr. 1074	*k(a)ră(h)ŏrei (kʷe)?*	P	SC	Kö	n	s	D-I	R-	Ho	358
475	kararewe	*khlārēwes?*	kp	SC	ObG	m	p	N	EU-		284, 393
476	karasetirijo	(Fehler statt Nr. 478?)	m	SC	?						205
477	]karatera	*krātēra*	m	SC	ObG	m	s	A	R-	Ho	110, 227, 254, 258, 298, 301, 393
478	karatirijo	*krātrion*	M	SC	ObG	n	s	N	O-		205, 394
479	karato	*kalathos?*	M	SC	ObG	m?	s?	N?	O-		194, 393
480	[ka?]ratoporo	*kalathophoroi*	ktir	SC	BbM	m/f	p	N	O-		194, 365
481	karawe	*graiwes* o. *grăw(w)es*	K	SC	MeW	f	p	N	AU-	Ho	108, 138, 375, 383, 384
482	karawiporo	*klāwiphoros, -ōi, -oi*	P	SC	BbW	f	s/p	ND	O-		136, 202, 373, 432, 440
483	karawiporojo	*klāwiphorojjo*	p	SC	BbW	f	s	G	O-		202, 373
484	karo	*kairos?*	p	SC	Tex	m	s?	N?	O-	Ho	194, 388
485	karoqọ[	*?*	k	SC	Ob						
486	karuke	*kārūkei*	P	SC	BbM	m	s	D	K-	Ho	133, 231, 297, 365
487	karupi	*karuphi*	P	SC	Waf	f	p	I	U-		277, 386
488	karutijejao	*kaluthiejjā(h)ōn?*	p	SC	BbW	f	p	G	(J)A-		175

[90] Oder Fehler statt karamata = *klasmata* (Nom. Pl.).

Nr.	GRAF1	*FON2*	LOK3	WA4	KL5	GE6	NU7	KA8	ST9	A0	Seite im Text
489	karuwe(-qe)	*karu(w)ei, karwei (kʷe)?*	p	SC	Waf	f?	s	D-I	U-		277, 386
490	kasi	*khă̆nsi*	T	SC	Ti	m/f	p	D	N-	Ho	246, 357, 422
491	kasikono	*kasikonos, -oi?*[91]	Kp	SC	BbM	m	s/p	N	O-		194, 376
492	kaso	*?*	k	SC	Ob?						
493	kati	*kāthis*	p	SC	ObG	f	s	N	D-		229, 393
494	katurewị[ja	*kanthulēwiai*	k	SC	ObE	f	p	N	Ā-		170, 391
495	katurewịjai	*kanthulēwiā(h)i*	p	SC	ObE	f	p	D-I	Ā-		170, 391
496	katuro₂	*kanthuljōn?*[92]	p	SC	ObE	m	p?	G?	O-		194, 391
497	kạwo	*kalwos??* (= *kalos?*)[93]	k	AC	gr	m?	s?	N?	O/Ā-		211, 302
498	kaza	*khaltsă̆ < *khalkjă̆*	k	AC	abg	f	s	N	O/(J)A-	Ho	142, 144, 180, 214, 218
499	kazoe	*katso(h)es < *kak(i)joses*	p	AC	kpr	m	p	N	S-	Ho	108, 269, 299, 303
500	kedosija	*khĕ̆rdosiā, kerdonsiā??*	K	SC	MeK	f	s	N	Ā-		175
501	kekaumeṇọ[[94]	*kekaumenos*	p	VP	PfM	m	s	N	O/Ā-		99, 107, 134, 318, 332, 444

91 Vgl. Hesych ἀγχόνους· διακόνους, δούλους (wohl „Mitarbeiter, Gehilfe"). Oder *kasigonos, -oi?*
92 Oder ein Adjektiv *kanthuljōi* (AC, abg, m?, s, D, O/Ā-).
93 Doch eher ein Personenname?
94 Es handelt sich um das getrennt geschriebene Wort apu kekaumeṇọ[= *apukekaumenos*.

Nr.	GRAF1	*FON2*	LOK3	WA4	KL5	GE6	NU7	KA8	ST9	A0	Seite im Text
502	kekemena	*kekeimenā, -ās, -ān, -ai*[95]	KPtir	VP	PfM	f	s/p	NGA	O/Ā-		89, 89, 318, 332
503	kekemenao	*kekeimenā(h)ōn*	P	VP	PfM	f	p	G	O/Ā-		318, 332, 440
504	kekemeno	*kekeimenō*	P	VP	PfM	f	d	N/A	O/Ā-		318, 332, 440
505	kekemenojo	*kekeimenojjo*	p	VP	PfM	m/n	s	G	O/Ā-		318, 332
506	keketuwoe[96]	*kekĕ̄thwo(h)es?*[97]	p	VP	PfA	m	p	N	S-		268, 319, 331
507	keki	*?*	p	SC	BbM	m	s	N	D-		231
508	kekide	*?*	P	SC	BbM	m	p	N	D-		231
509	]ḳẹkido	*?*	p	SC	BbM	m	p?	G	D-		231
510	kemaqeme	*?*[98]	k	VI??					ath		323, 328
511	kemata	*kermata*	k	SC	Ob	n	p	N	MN-		243, 396
512	keniqa	*khernik^{w}s, -g^{w}a(s)*[99]	k	SC	ObG	f	s/p	N/A	K^w-	Ho	233, 297, 393
513	keniqetewe	*khernik^{w}tēwes*[100]	km	SC	ObG	m	p	N	EU-		284, 389
514	keoteja	*?*	t	AC	?	f	s	D	O/Ā-		
515	kepoda	= keupoda									183
516	kera I	*geras*	P	SC	V-A	n	s	A	S-	Ho	262, 299, 382, 385

95 Von χεῖμαι; oder *kekhemenā* (von κίχημι)?
96 Eventuell ketuwoe (Bedeutung unklar).
97 Von χηθεῖν· βοηθεῖν Hesych; oder von einem anderen Verbum? Cf. zuletzt *R. Plath*, MSS 50, 1989, 103-122, auch *G. Neumann*, Festschrift Erika Simon, 1992, 74[8].
98 Zu χειμάζειν (nach *V. Georgiev*).
99 Oder *khernig^{w}a* als Nom. Pl. von **khernig^{w}on*? Cf. *O. Panagl*, 1977, 49f.
100 Assimiliert aus **khernig^w-tēwes*.

Nr.	GRAF1	*FON2*	LOK3	WA4	KL5	GE6	NU7	KA8	ST9	A0	Seite im Text
517	kera II	*keras* *kerā?*[101]	K	SC	Kö	n f	s s	A I?	S-? Ā-?	Ho	262, 358
518	]keraa	*kera(h)a*	k	SC	Kö	n	p	N	S-	Ho	262, 358
519	kerae	*kera(h)ei, -e?*	p	SC	Kö	n	s/d	D-I/N	S-	Ho	262, 358
520	keraijapi, kerajapi	*kera(h)iāphi,* *kerajjāphi*	K	AC	abg	f	p	I	O/Ā-	Ho	214
521	kerameu	*kerameus*	p	SC	BbM	m	s	N	EU-	Ho	280, 366, 383, 414
522	keramewe	*kerameēwe*	p	SC	BbM	m	d	N	EU-	Ho	280, 366
523	keramewi[	*keramēwi*	m	SC	BbM	m	s	D	EU-	Ho	227, 280, 366
524	keramewo	*keramēwos*	P	SC	BbM	m	s	G	EU-	Ho	280, 366
525	$kerea_2$	*skeleha*	p	SC	Kö	n	p	A	S-	Ho	260, 358, 444
526	kerena	*kerna*[102]	k	SC	ObG	n	p	N	O-		
527	kerenai	*gerenā(h)i?*[103]	T	SC	BbM/ Ti	mf	p	D	Ā-		
528	keresijo weke	*Krēsiowergē(s)?*[104]	P	AC	kmp	m	s/d	N	S-		266
529	kerimija	*kermiai?*	kp	SC	BbW	f	p?	N?	Ā-		175
530	kerosija	*geronsiā*	P	SC	MeK	f	s	N	Ā-		171, 377, 384

[101] Eher Instr. Sg. eines *ā*-stämmigen Subst. **kerā* als Nom. Sg. des *s*-stämmigen κέρας „Horn“.

[102] Vgl. τὰ κέρνα Pollux, sonst τὸ κέρνος; etwa „Opferschüssel“.

[103] Vgl. ὁ κέρνᾱς „der Kernosträger“. Oder eher γέρανος bzw. γέρην „Kranich“, s. S. 422 und 531. Vgl. *M. Del Freo* 1999.

[104] Vgl. *L.R. Palmer* 1955.

Nr.	GRAF1	*FON2*	LOK3	WA4	KL5	GE6	NU7	KA8	ST9	A0	Seite im Text
531	kerota	*geronta, -as*[105]	Kt	S/A?	MeM?	m/n	p	N/A	NT-	Ho	235, 302, 302, 375
532	kerote	*gerontes*	kp	SC	MeM	m	p	N	NT-	Ho	235, 375, 384
533	$KERO_2$ (Monogramm)	*kērjon*	K	SC	Wa	n	s	N?	O-	Ho	205, 386
534	kesenewija	*ksenwia*	k	AC	abg	n	p	N	O/Ā-	Ho	110, 215
535	keseniwijo[	*ksenwion*	p	AC	abg	n	s	N	O/Ā-	Ho	140, 146, 215
536	kesenuwija	*ksenwia*	K	AC	abg	n	p	N	O/Ā-	Ho	110, 140, 146, 215
537	[kese]nuwijo	*ksenwion*	p	AC	abg	n	s	N	O/Ā-	Ho	215
538	keupoda, kepoda	*kheuspondās*[106]	P	SC	BbM	m	s	N	Ā-		183, 366
539	keupodao	*kheuspondā(h)o*	K	SC	BbM	m	s	G	Ā-		183, 366
540	keupodeja	*kheuspondejjās, -āi*[107]	k	SC	Rel?	f	s	G/D-I	Ā-		177, 378
541	kidapa	*ski(n)dap-?*[108]	k	SC	Pf	f/n?	s/p?	N/G?	?		
542	kijoneusi	*?*	p	SC	BbM	m	p	D	EU-		282
543	]ḳijonewe	*?*	k	SC	BbM	m	s/p	D/N	EU-		282
544	kira(-qe) oder Abkürzung ki.	*gīlā (k^we)?*[109]	KM	SC	MeW	f	s	N	Ā-		171, 375

[105] Vgl. γέρων „Greis" (vor allem in TH: Akk. Pl. Mask. *gerontas* „die Alten?"), doch in Knossos eher als „alt" (Adj.; Nom. Pl. N.) zu deuten (vgl. γέρον σάκος Hom.). Auch andere Deutungen möglich: χειρωτός „mit Händen versehen" (Frisk II, 1083), χηρωσταί „Seitenverwandte".

[106] Mit sehr bemerkenswertem athematischem *kheu-* als (verbalem) Vorderglied; cf. den Wurzelaorist ἔχυτο.

[107] Vielleicht eine onomastische Bildung, cf. zuletzt *C.J. Ruijgh* 1999, 522[12]. Oder eine weibliche Berufsbezeichnung?

[108] Oder ein Adjektiv?

[109] In MY wohl „kleine Tochter", in KN „eine neugeborene". Oder ein Personenname (weiblich)?

Nr.	GRAF1	*FON2*	LOK3	WA4	KL5	GE6	NU7	KA8	ST9	A0	Seite im Text
545	kirijote	*-ontes?*	K	VP	PrA	m	p	N	NT-		241, 323, 329
546	kirisewe	*khrisēwes, -e?*	p	SC	BbM	m	d/p	N	EU-		280, 366
547	kirita I	*krithān, -ans*	k	SC	Wa	f	s/p	A	Ā-	Ho	171, 300, 360, 386
548	kirita II	*khrista*[110]	k	AC	AV	n	p	N	O/Ā-	Ho	219, 220, 333
549	kiritewija	*krith-, khristēwiai, -āi*	kP	SC	BbW	f	s/p	D/N	Ā-		171
550	kiritewijai	*-ā(h)i*	k	SC	BbW	f	p	D	Ā-		171
551	]kiritewijapi	*-āphi*	p	SC	BbW	f	p	I	Ā-		171
552	kitano	*kirtanos*	K	SC	PfAr	?	s/p	N	O-		200
553	kitijesi, ki]ṭịesi	*kti(j)ensi, kti(h)ensi?*	P	VF	PrA		P	3	ath		319, 325, 339
554	kitimena	*ktimenā, -ās, -ai*	P	VP	PrM	f	s/p	NG	O/Ā-	Ho	89, 89, 136, 319, 330, 339, 443
555	[ki]timeno	*ktimenon*	p	VP	PrM	n	s	A	O/Ā-	Ho	319, 330
556	kitita	*ktitān, -ai*	P	SC	MeM	m	s/p	A/N	Ā-		132, 134, 183, 184, 300, 376, 384
557	kito	*khitōn*	K	SC	Tex	m	s	N	N-	Ho	121, 132, 138, 246, 252, 252, 298, 388, 398, 492
558	kitona	*khitōna, -as*[111]	k	SC	Tex	m	s/p	A	N-	Ho	227, 246, 252, 388
559	kitone	*khitōnes*	k	SC	Tex	m	p	N	N-	Ho	246, 388, 398
560	kitopi[	*khitōmphi*	k	SC	Tex	m	p	I	N-	Ho	246, 253, 388
561	kiuroi	*kiūroi(h)i?*	p	SC	ObE	m?	p	D	O-		194, 391

[110] Von χρίω.
[111] Oder in der Funktion eines Nom. Sg.?

Nr.	GRAF1	*FON2*	LOK3	WA4	KL5	GE6	NU7	KA8	ST9	A0	Seite im Text
562	kiwo(-qe)	*kīwōn (k^we)*	p	SC	ObA	m/f	s	N	N-	Ho	246, 389
563	ḳiwonade	*Kīwŏ̄na-de*[112]	p	SC	ObA	m/f	s	A + *de*	N-	Ho	246, 248, 251
564	koino, kono	*skhoinos*	KM	SC	PfAr	m/f	s	N	O-	Ho	194, 387
565	kokireja	*konkhilej(j)ā*	P	AC	abg	f	s	N	O/Ā-		215
566	komaweteja	*komāwentejjāi, -ai*[113]	pt	AC	abg	f	s/p	D/N	O/Ā-		
567	kona	*koināi??*[114]	pmt	Adv							211
568	konitijaja	*?*	p	AC[115]	abg	f/n	p	N	O/Ā-		
569	kono	= koino									
570	konoapote[.]	= kono + apotera?	m								
571	kononipi	*konōnipphi?*	kp	SC	ObD	f	p	I	D-		227, 230, 390, 492
572	kopura	*?*	K	SC[116]	BbW?	?	?	?	Ā-		175
573	korete	*kŏ̄rĕ̄tēr* o. *khōrētēr* u. a. Deutungen	KP	SC	Tit	m	s	N	R-		255, 255, 366
574	koretere	*-ērei, -ēres*	P	SC	Tit	m	s/p	D/N	R-		255, 366
575	koreteri	*-ēri*	P	SC	Tit	m	s	D	R-		255, 366
576	koreterijo	*-ērios?*	p	AC	abg	m	s	N?	O/Ā-		
577	koria$_2$dana	*koriha(n)dna*	pM	SC	PfAr	n	p	N/A	O-		123, 124, 140, 205, 388, 397, 490

[112] Ein Toponym.

[113] Wohl eher onomastische Ableitung vom Personennamen komawe = *Komāwen(t)s* und ein Theonym!

[114] Vgl. att. κοινῇ „gemeinsam“; oder *koinās* Gen. Sg. Adj. bzw. *koina* Nom. Pl. N. In PY wahrscheinlich Fehler statt kotona.

[115] Oder Subst.?

[116] Oder ein Personenname (männlich)?

Nr.	GRAF1	*FON2*	LOK3	WA4	KL5	GE6	NU7	KA8	ST9	A0	Seite im Text
578	korijadana	*kori*$^{(j)}$*a(n)dna*	M	SC	PfAr	n	p	N/A	O-		140, 205, 388, 397
579	korijadono	*koria(n)dnon*	K	SC	PfAr	n	s	N	O-		205, 388, 397, 434, 490
580	koṛịjọḍạna?	(weitere Variante)	p	SC	PfAr	n	p	N/A	O-		205, 388
581	koro I	*khōrōn*	p	SC	Ge	m	p	G	O-	Ho	195, 354
582	koro II	*khoirōi* < **khorj-*	T	SC	Ti	m	s	D	O-	Ho	195, 357
583	koroka[keja?	*?*[117]	k	SC	BbW	f	?	?	?		
584	korokino[ro/to?]	*?*	k	?					?		
585	koronowesa	*korōnowessa?*, *klono-?*	p	AC	abg	f	s	N	JA-		182, 236
586	korota$_2$	*khrōst(h)a?*[118]	K	AC	abg	n	p	N	O-		
587	koroto	*khrōston, klōston?*[119]	Km	S/A?	AV	n	s	N	O/Ā-		219, 220, 333
588	koru I	*korus*[120]	K	SC	ObW	f	s	N	TH-	Ho	231, 395
589	koru II	*Khorus??*	T	SC	Theon.?	f	s	N	U-		
590	korupi(-qe) (s. koru I)	*korupphi* (k^we)	p	SC	ObW	f	p	I	TH-	Ho	145, 227, 231, 395
591	koruto (s. koru I)	*koruthos*	P	SC	ObW	f	s	G	TH-	Ho	92, 123, 227, 231, 395
592	koruwe (s. koru II)	*koru(w)ei??*	T	SC	BbM	m	s	D	U-		

[117] Vielleicht Personenname oder Ethnikon.
[118] Da TA$_2$ eher als *tha* zu lesen ist, handelt es sich vielleicht um ein anderes Wort als koroto (vgl. Anm. 119 zur Nr. 587 koroto).
[119] Oder vgl. χρόσσοι „Troddel, Quaste“?
[120] Nom. Sg. zur Nr. 590 und 591 „Helm“.

Nr.	GRAF1	*FON2*	LOK3	WA4	KL5	GE6	NU7	KA8	ST9	A0	Seite im Text
593	]koruweja	*koru(w)ej(j)ā, -ai*[121]	k	SC	BbW	f	s/p	N	O/Ā-?		175
594	]kosonija	*[a]ksonia*	k	SC	ObE	n	p	N?	O-		204, 392
595	koterija	*khō(s)tēriai, -a?*	p	SC	ObF	f/n	p	N	?		392
596	kotoina, kotona	*ktoinā, -ās, -āi, -ān, -ai, -ans*	KP	SC	LaW	f	s/p	NGDA	Ā-		89, 89, 89, 107, 134, 136, 171, 280, 300, 380, 384, 443, 468
597	kotonao	*ktoinā(h)ōn*	P	SC	LaW	f	p	G	Ā-		171, 300, 380, 440
598	kotoneta	*ktoinetai*	p	SC	Tit	m	p	N	Ā-		184, 366
599	kotonewe	*ktoinēwes*	p	SC	Tit	m	p	N	EU-		280, 366
600	kotono	*ktoinō*	P	SC	LaW	f	d	A	Ā-		171, 380
601	kotono(o)ko	*ktoino(h)okhos, -ōi, -oi*	P	SC	BbM	m	s/p	N/D	O-		136, 195, 366
602	koura	*?*	KPm	AC	Tex	n	p	N	O/Ā-		
603	koureja	*?*	K	SC	BbW	f	p	N	Ā-		175
604	kowa oder Abkürzung ko.	*korwā, -āi, -ai*	KPT	SC	MeW	f	sdp	N/D	Ā-	Ho	86, 112, 123, 138, 140, 166, 171, 300, 375, 384, 421
605	kowe	*?*[122]	k	SC	Tex?	?	p?	N?	?		
606	koweja	=]koruweja?	k	SC	BbW	f	s/p	N	Ā-		175
607	kowirowoko	*kowiloworgos, -oi*	k	SC	BbM	m	s/p	N	O-		195
608	kowo I	*korwos, -ōi, -ō, -oi*	KPm	SC	MeM	m	sdp	ND	O-	Ho	86, 112, 123, 124, 146, 195, 300, 375, 384, 423, 442, 446

[121] Oder ein Adjektiv zur Nr. 589, einem Theonym.
[122] Oder eher ein Personenname.

Nr.	GRAF1	*FON2*	LOK3	WA4	KL5	GE6	NU7	KA8	ST9	A0	Seite im Text
609	kowo II	*kōwos*	p	SC	Kö	n	s	N	S-	Ho	260, 358
610	kowokaratene	*?*	k	SC	BbM	m	p	N	N-		
611	kumina	*kumīna*	m	SC	PfAr	n	p	N	O-		205, 397, 492
612	kumino	*kumīnon*	M	SC	PfAr	n	s	N	O-		118, 123, 132, 205, 388, 397, 492
613	kuminojo[	*kumīnojjo*	m	SC	PfAr	n	s	G	O-		205
614	kunaja	*gunajjā*	p	AC	abg	f	s	N	O/Ā-	Ho	215, 467
615	kunaketai	*kunāgetā(h)i*	p	SC	BbM	m	p	D	Ā-	Ho	184, 366
616	kunakisi	*kunāgis(s)i*	T	SC	BbW	f	p	D	D-		373
617	kune	*kunei*[123]*, kunes*	mT	SC	Ti	m	s/p	D/N	N-	Ho	247, 357
618	kuno	*kunos?*[124]	T	SC	Ti	m	s	G	N-	Ho	247, 357
619	kupariseja	*kuparissej(j)a*	p	AC	abg	n	p	N	O/Ā-		215
620	kuparo	*kupairos*	K	SC	PfAr	m	s	N	O-		195, 355, 490
621	kuparowe	*kupairowen*	p	AC	abg	n	s	N	NT-		236
622	$kuparo_2$	*kuparjos?*	P	SC	PfAr	m	s	N	O-		195, 355, 490
623	ku?]pera	*kupella??*[125]	m	SC	ObG	n?	p	N	O-?	Ho	205, 393
624	kupirija	*kupria?*[126]	k	AC	abg	n	p	N/A	O/Ā-		
625	kupirijo	*kupriōi, -oi?*[127]	KP	SC	BbM	m	s/p	D/N	O-		200

[123] In Mykene wahrscheinlich Personenname Κύνης (Nom. Sg.).
[124] Oder ein Personenname im Dat. Sg.
[125] Oder besser *pellai* (Nom. Pl. Fem.); s. Nr. 879]pera (vgl. πέλλα).
[126] Ein Adj. Ethn. „kyprisch“?
[127] Oder ein Personen- bzw. Ortsname.

Nr.	GRAF1	*FON2*	LOK3	WA4	KL5	GE6	NU7	KA8	ST9	A0	Seite im Text
626	kurewe	*skulēwes*[128]	kP	SC	BbM	m	p	N	EU-		282
627	kurusapi	*khrūs(s)āphi* < **khrūsj-*	P	AC	abg	f	p	I	O/(J)A-	Ho	180, 215, 492
628	kuruso I	*khrūs(s)os, -ōi, -ō, -oi, -ois?* < **khrūsj-*	KP	AC	abg	m/n?	sdp	[129]	O/(J)A-	Ho	180, 215
629	kuruso(-qe) II	*khrūsōi (k^we)*	P	SC	Met	m	s	D-I	O-	Ho	138, 195, 355, 359, 473, 492
630	kurusojo	*khrūsojjo*	P	SC	Met	m	s	G	O-	Ho	195, 355, 359, 492
631	kurusowoko	*khrūsoworgoi*	p	SC	BbM	m	p	N	O-		195, 366, 492
632	kurusu-*56	*khrūs-*	k	SC	ObG	?	s	N			394
633	kusi	*kunsi*	t	SC	Ti	m	p	D	N-	Ho	247, 357, 422
634	kusu	*ksun*	k	Pr						Ho	348, 448
635	kusu-	*ksun-, ksum-*	KPT	Pr						Ho	
636	kusupa	*ksumpan*	kp	AC		n	s	N	NT-	Ho	236, 298, 345
637	]kusupata	*ksumpanta*	k	AC		n	p	N	NT-	Ho	236, 345
638	kusu[[pate]]	*ksumpantes*	k	AC		m	p	N	NT-	Ho	236, 345
639	kusutoroqa	*ksunstrok^{w}hā*	kPT	SC	V-A	f	s	N	Ā-		138, 155, 171, 382, 385, 434, 437, 438
640	ku]su-*56-ta	*ksumpanta?*	k	AC		n	p	N	NT-		345
641	kuteseja	*kutesej(j)ā*	P	AC	abg	f	s	N	O/Ā-		215
642	kutesejo	*kutesej(j)os, -ois?*	P	AC	abg	m/n	s/p	N/I	O/Ā-		215

[128] Oder ein Ethnikon?
[129] Spalte KA 8 = N/D-ISg, NDu, N/IPl.

Nr.	GRAF1	*FON2*	LOK3	WA4	KL5	GE6	NU7	KA8	ST9	A0	Seite im Text
643	kutesc	*kutesos, -ōi?, -ō?*[130]	p	SC	Pf	m/f	s	N/G/ D-I	O-		132, 195, 355
644	kuwanijo(-qe)	*ku(w)aniois (kʷe)*	p	AC	abg	m	p	I	O/Ā-	Ho	216
645	kuwano	*ku(w)anōi*	P	SC	Met	m	s	D-I	O-	Ho	195, 355
646	kuwanowokoi	*ku(w)anoworgoi(h)i*	M	SC	BbM	m	p	D	O-		
647	ma(-ka)	*mā⟨trei⟩ (Gāi)*[131]	k?T	SC	Rel	f	s	D	R-?		421, 422
648	marapị	*malāphi?*	p	SC	Kö	f	p	I	Ā-		171, 358
649	maratewe	*malanthēwes?*	p	SC	BbM	m	p	N	EU-		282
650	maratuwo	*marathwon*	M	SC	PfAr	n	s	N	O-		123, 205, 388, 397, 490
651	mate(-de)	*mātēr (de)*	P	SC	MeW	f	s	N	R-	Ho	64, 112, 133, 255, 258, 298, 375, 384
652	matere	*mātrei*[132]	p	SC	MeW/ Rel	f	s	D	R-	Ho	255, 375
653	mateupi	*?*	k	SC	ObD	m	p	I	EU-		284
654	mekịta, mekịtạ[	*megistā, -ai, -a*	K	AC	sup	f/n	s/p	N?	O/Ā-	Ho	220, 220, 304
655	mena	*mēn(n)a?*[133]	K	SC	Ze	m?	s?	A?	N-?	Ho	247, 353
656	(opi-)mene	*mēn(n)ei* (*= opi mēn(n)ei*)	P	SC	Ze	m	s	D	N-	Ho	247, 353
657	menijo	*mēn(n)ion*	p	SC	V-A	n	s	N	O-		206, 382, 385
658	meno	*mēn(n)os*	Kp	SC	Ze	m	s	G	N-	Ho	247, 353, 443

130 Ein Gen. Sg. auf *-ō*?

131 Vgl. den att. Vokativ Μᾶ Γᾶ (Aischylos). Sicher ein Theonym!

132 Sicher ein Theonym (matere teija = *mātrei the(h)iāi* „für die göttliche Mutter“).

133 Oder ein Theonym?

Nr.	GRAF1	*FON2*	LOK3	WA4	KL5	GE6	NU7	KA8	ST9	A0	Seite im Text
659	menoeja	*mēnoej(j)ā??*	p	AC	abg	f	s	N	O/Ā-		
660	$menua_2$	*menuhās?*[134]	P	SC	Tit	m	s	N	Ā-?		186
661	menuwa	= $menua_2$[135]	Kp	SC	Tit	m	s	N	Ā-?		186
662	mepọ	?[136]	p	SC	Wa	?	s	N	O-?		
663	$meretira_2$	*meletrjai*	p	SC	BbW	f	p	N	JA-		105, 176, 177
664	$meretira_2$[o	*meletrjā(h)ōn*	p	SC	BbW	f	p	G	JA-		
665	meretirija	*meletriai*	P	SC	BbW	f	p	N	JA-		105, 176, 177
666	mereuro	*meleuron*	p	SC	Wa	n	s	A	O-		206, 386
667	meri	*meli*	K	SC	Wa	n	s	N	T-	Ho	226, 228, 386, 397
668	meridamate	*melidamarte, -tes*	P	SC	Tit	m	d/p	N	RT-		229
669	meridu[ma...	*melidumar?, -tes?*	k	SC	Tit	m	s/p	N	RT-		229
670	meridumaṣị	*melidumarsi*	p	SC	Tit	m	p	D	RT-		229
671	meridumate	*melidumarte, -tes*	P	SC	Tit	m	d/p	N	RT-		229
672	meridu⟨ma⟩te	*melidumartei*	p	SC	Tit	m	s	D	RT-		229
673	meritewo	*melitēwos*	P	SC	BbM	m	s	G	EU-		280, 367
674	meritijo	*melitios*	p	AC	abg	m	s	N	O/Ā-		216
675	meri[to], [me]ṛịto	*melitos*	P	SC	Wa	n	s	G	T-	Ho	228, 386, 397
676	(diwija)mero	*(Diwiās) meros*[137]	t	SC	V-A	n	s	N	S-	Ho	

[134] Oder ein Ethnikon?
[135] In KN ein Personenname.
[136] Wohl Fehler für Nr. 667 meri = *meli* „Honig“.
[137] Vgl. μέρος „Teil“.

Nr.	GRAF1	*FON2*	LOK3	WA4	KL5	GE6	NU7	KA8	ST9	A0	Seite im Text
677	mesata	*mes(s)atai*	K	AC	gr	f	p	N	O/Ā-	Ho	220, 220, 304
678	mesato	*mes(s)atoi, -on*	K	AC	gr	m/n	p/s	N	O/Ā-	Ho	220, 304
679	meta(-qe)	*meta* (k^w*e)*	P	Pr						Ho	99, 348, 440, 448
680	metakekumena	*metakekhumenā*	k	VP	PfM	f	s	N	O/Ā-		322, 332
681	metakitita	*metaktitai*	P	SC	MeM	m	p	N	Ā-		184, 376, 384
682	metasewe	*?*	p	SC	ObH	m	p	N	EU-		284
683	metura	*??*	P	SC	?	?	?	A	?		
684	metuwo	*methu(w)os*	p	SC	Wa	n	s	G	U-	Ho	277, 386, 397
685	meujo	*mewjōs*	K	AC	kpr	m/f	s	N	S-	Ho	110, 139, 269, 299, 304, 434
686	meujoa$_2$	*mewjoha*	P	AC	kpr	n	p	N	S-	Ho	269
687	meujoe	*mewjo(h)e, -es*	K	AC	kpr	mfn	d/p	N	S-	Ho	269
688	mewijo	*mew(i)jōs, -os*	KP	AC	kpr	mfn	s	N	S-	Ho	60, 60, 60, 110, 139, 269, 304, 434
689	mewijoe	*mew(i)jo(h)e, -es*	K	AC	kpr	mfn	d/p	N	S-	Ho	269
690	mewịjoi	*mew(i)jo(h)i??*	m	AC	kpr	mfn	s	D?	S-	Ho	269
691	mezo	*medzōs*	K	AC	kpr	m/f	s	N	S-	Ho	108, 142, 144, 270, 299, 301, 304
692	mezoa$_2$	*medzoha*	P	AC	kpr	n	p	N	S-	Ho	140, 143, 270, 270, 301
693	mezoe (Fehler?)	*medzo(h)e, -es?*	KP	AC	kpr	mfn	d/p?	N	S-	Ho	s. 60, 60, 270, 301
694	-mi	*min*	P	P			s	A		Ho	155, 343
695	mijaro	*miaros, -on?*	k	AC	abg?	?	?	?	O-?	Ho	
696	mikata	*miktās, -āi, -ai*	P	SC	BbM	m	s/p	N/D	Ā-		184, 367

Nr.	GRAF1	*FON2*	LOK3	WA4	KL5	GE6	NU7	KA8	ST9	A0	Seite im Text
697	mira₂	*(s)mĭ̄ljās*	p	SC	Pf	f	s	G?	(J)A-		178
698	mita	*minthā*	M	SC	PfAr	f	s	N	Ā-		123, 171, 388, 397, 490
699	mitowesa(-e)	*miltowessa, -ā, -ai (en?)*[138]	K	AC	abg	f	sdp	N	JA-		182, 210, 236, 347, 467
700	moriwodo	*moliwdos*	K	SC	Met	m	s	N	O-	Ho	132, 195, 355, 490
701	moroqa	*mor(j)o-kk^{w}ās??*	KP	SC	Tit	m	s	N	Ā-?		184, 367
702	mujomeno	*mujjomenoi, -ōi*	p	VP	PrM	m/n	s	N/D	O/Ā-		320, 330
703	naudomo	*naudomoi*	kP	SC	BbM	m	p	N	O-		134, 136, 196, 292, 367, 440
704	nawijo	*nă̄w(w)ion < *nasw-*	p	S/A?	V-A	m	s	A	O-	Ho	196, 382, 385
705	nekiride	*nekride, -es*	K	SC	BbW	f	d/p	N	D-		231
706	nekirisi	*nekris(s)i*	k	SC	BbW	f	p	D	D-		231
707	neqasapi	*??*	K	SC	ObD	f	p	I	JA-??		
708	newa	*newā, -ai, -a*	KPmt	AC	gr	f/n	s/p	N	O/Ā-	Ho	176, 210, 211, 303
709	newewija	*?*[139]	kP	SC	BbW	f	p	N	Ā-		175
710	newewijao	*?*[139]	p	SC	BbW	f	p	G	Ā-		175
711	newo	*newos, -on, -ōi, -oi*	KPm	AC	gr	m/n	s/p	N/D	O/Ā-	Ho	124, 176, 210, 210, 211, 297, 303, 433
712	newojo	*newojjo*	k	AC	gr	n	s	G	O/Ā-	Ho	211, 303
713	noko	(Fehler statt kono)	m								

[138] Das auslautende *en* als Adverb („inmitten“); s. auch Nr. 251 (mitowesa)-e.
[139] Oder ein Ethnikon?

Nr.	GRAF1	*FON2*	LOK3	WA4	KL5	GE6	NU7	KA8	ST9	A0	Seite im Text
714	$noperea_2$	*nōpheleha*[140]	P	AC	kmp	n	p	N	S-		266
715	noperee	*nōphele(h)e*[140]	p	AC	kmp	n	d	N	S-		266
716	noriwokide	*-worgidei*	t	SC	BbW	f	s	D	D-		203, 231, 373
717	noriwoko	*-worgoi*	p	SC	BbW	f	p	N	O-		
718	noriwokojo	*-worgojjo*	p	SC	BbW	f	s	G	O-		203, 373
719	nuwa(i)ja	*?*	K	AC	abg	n	p	N	O/Ā-		
720	o-	*hō(s), hō(d)*[141]	KP	Av						Ho	99, 139, 143, 347, 445, 445 usw.
721	o(-qe)	*(h)ō(s) (k^we)*	p	Pr		m/n	s	N			
722	oa_2	*(h)ō(s) (ă)hă(r)?*	p	Av	+Pa						347
723	$odaa_2$	*(h)ō(s) d(e) ăhă(r)?*	P	Av	+Pa						347
724	odakeweta	*odakwenta*	K	AC	kmp	n	p	N	NT-		103, 110, 237
725	odakuweta	*odakwenta*	K	AC	kmp	n	p	N	NT-		103, 110, 237
726	odatuweta	*odatwenta*	k	AC	kmp	n	p	N	NT-		103, 237
727	odatweta	*odatwenta*	K	AC	kmp	n	p	N	NT-		103, 237
728	$odeqaa_2$	*(h)ō(s) de k^w(e) ăhă(r)?*	p	Av	+Pa						347
729	ojeke(teto)	*oeiges??*[142] *(theto)*	t	AC		n	s	N	S-		
730	oka I	*okhai?*	p	SC	Ob	f	p	N	Ā-		172, 396
731	oka II	*orkhā*	P	SC	MeK	f	s	N	Ā-	Ho	172, 377, 417

[140] Vgl. ἀν-ωφελής „nutzlos“; *nō-* archaisches, cf. etwa *Forssman*, Untersuchungen zur Sprache Pindars, 1966, 147^7.
[141] Vgl. Nr. 439 jo-.
[142] *oeiges* scheint mit οἴγνυμι „öffnen“ verbunden zu sein + -θέτο zu ἵημι (vgl. teto Nr. 1130): „als Brandopfer getan wurde“.

Nr.	GRAF1	*FON2*	LOK3	WA4	KL5	GE6	NU7	KA8	ST9	A0	Seite im Text
732	okara	*oikhalai?, ōkalai?*[143]	p	SC	MeM	m	p	N	Ā-		
733	$okara_3$	*-lai?* (s. okara)	P	SC	MeM	m	p	N	Ā-		
734	omirijoi	*om(b)rioi(h)i??*[144]	k	SC	Rel	m	p	D	O-		
735	omopi	*oimophi*	k	SC	ObD	m	p	I	O-	Ho	196, 396
736	ona	*onā?*[145]	Kp	SC	V-A	f	s	N	Ā-		172, 382
737	onata	*onāta*	P	S/A	LaW	n	p	A	O-		206, 300, 380
738	onatere	*onātēres*	P	SC	Tit	m	p	N	R-		255, 367
739	onato	*onāton*	P	S/A	LaW	n	s	A	O-		89, 206, 255, 334, 380, 384, 440, 443
740	onisi	*ornis(s)i*	T	SC	Ti	m/f	p	D	TH-		231, 357, 422
741	onitijapi	*ornithiāphi*	p	AC	abg	f	p	I	O/Ā-		216
742	ono I	*onon?* o. *ōnon?*	KPM	SC	V-A	n	s	N	O-		206, 382, 385
743	ono II	*onoi*	K	SC	Ti	m	p	N	O-	Ho	67, 196, 357
744	onu	*onuks*[146]	k	SC	Kö	m	s	N	KH-	Ho	232, 359, 360, 390, 437
745	onuka[147]	*onuks?, -kha?, -khas?*[148]	K	SC	Kö	m	s/p	N/A	KH-	Ho	226, 232, 359
746	onuke	*onukhei, -es*	K	SC	Kö	m	s/p	D/N	KH-	Ho	232, 359

143 Vgl. οἴχομαι bzw. ὠκύς; das unsichere okara[ist wahrscheinlich ein Personenname.
144 Oder ein Theonym = Ὀμβρίοισι „den Regengeistern?“ (mit Schwund von *-b-* zwischen *-m-* und *-r-*?).
145 Oder Nom. Pl. Neutr.?
146 Cf. *A. Leukart* 1987b, 180^2.
147 Scriptio plena (onuka = *onuks* Nom. Sg.?); oder Akk. Sg./Pl. *onukha(s)*?
148 Vgl. ὄνυξ „Nagel“ (als „ein aus Wolle bestehendes Verzierungselement, auf Gewändern angebracht“), aber auch *A. Leukart* 1987b.

Nr.	GRAF1	*FON2*	LOK3	WA4	KL5	GE6	NU7	KA8	ST9	A0	Seite im Text
747	onukeja	*onukhejjai*	p	SC	BbW	f	p	N	JA-		175
748	onuk̤e̤ja̤o	*onukhejjā(h)ōn*	p	SC	BbW	f	p	G	JA-		175
749	onukewi	*onukhēwi*[149]	t	SC	BbM	m	s	D	EU-		
750	opa	*(h)opā?, -ās?*	KPT	SC	V-A	f	s	N/G	Ā-		172, 382, 437
751	opawota	*opă̄worta*	KP	VA	ObW	n	p	N	O-		206, 322, 335, 396
752	opero I	*ophelos*	KPM	SC	V-A	n	s	N	S-	Ho	92, 124, 132, 260, 382, 385
753	opero II	*ophĕ̄l(l)ōn*[150]	P	VP	PrA	m	s	N	NT-	Ho	240, 298, 320, 329
754	operosa	*ophĕ̄l(l)onsa*[150]	P	VP	PrA	f	s	N	JA-	Ho	133, 146, 146, 147, 240, 320, 329, 339, 440
755	-operosi	*ophĕ̄l(l)onsi*[150]	p	VF	PrA		P	3	th	Ho	133, 320, 325, 339
756	operota	*ophĕ̄l(l)onta*[150]	p	VP	PrA	m	s	A	NT-	Ho	240, 320, 329, 432
757	operote	*ophĕ̄l(l)ontes*[150]	P	VP	PrA	m	p	N	NT-	Ho	227, 240, 298, 320, 329
758	opi	*opi(-)*	KP	Pr							136, 349
759	opia$_2$ra	*opihala*[151]	p	S/A	Ge	n	p	N/A	O-		206, 258, 354, 359
760	opidamijo	*opidāmioi*	P	S/A	MeK	m	p	N	O-	Ho	
761	opidesomo	*opidesmoi, -ois?*	p	SC	Ob	m	p	N/I	O-		196, 396
762	opiedei	s. (opi-)edei	p								
763	opiijapi	*opi(h)iāphi?*	K	SC	ObE	f	p	I	Ā-		172, 392

[149] Vgl. *V. Aravantinos* 1999, 72, und *Thèbes* 2002, S. 304.
[150] Vgl. S. 240.
[151] Substantiviertes Adjektiv auf *-os, -on* (*opihalos*) zu ἅλς?

Nr.	GRAF1	*FON2*	LOK3	WA4	KL5	GE6	NU7	KA8	ST9	A0	Seite im Text
764	opikapeewe(-qe)	*opiskaphe(h)ēwes (k^we)??*	p	SC	Tit	m	p	N	EU-		
765	opikereminija	*opikelemnians, -ai?; -krēmnians, -ai?*[152]	P	SC	ObM	f	p	N/A	Ā-		172, 395
766	opikereminijapi	*opikelemniāphi?*[153]	P	SC	ObM	f	p	I	Ā-		172, 395
767	opikewirijeu	*opikheurieus?*[154]	p	AC	ObG	m	s	N	EU-		285, 285
768	opikorusija	*opikorusia*	K	AC	kmp	n	p	N	O/Ā-		223
769	opikowo	*opikowos, -oi?*	p	SC	Tit	m	s/p	N	O/Ā-		196, 367
770	opimene	s. (opi-)mene								Ho	
771	opiqina	s. (opi-)qina									
772	opịṛạ₃tere	*opirhaistēres*	p	SC	ObA	m	p	N	R-		255, 396
773	opiroqo	*opiloik^woi, -ōn*	P	AC	kmp	f	p	N/G	O/Ā-		223
774	opisirijawe	*-wen*	K	AC	kmp	n	s	N	NT-		
775	opisuko	*opisūkos, -oi?*	P	SC	Tit	m	s/p	N	O-		196, 367
776	opitekeeu	*opiteukhe(h)eus?*	p	SC	Tit	m	s	N	EU-		281, 367
777	opiteuke(e)we	*opiteukhe(h)ēwei, -ēwes?*[155]	kP	SC	Tit	m	s/p	D/N	EU-		281, 367
778	opitinijata	*opithīniātās?*[156]	P	S/A	Tit	m	s	N	Ā-		

152 Oder Dat.-Instr. Sg. auf *-āi*?
153 Oder *-krēmniāphi*.
154 Oder ein Personenname bzw. Ethnikon?
155 In Knossos wohl ein Personenname.
156 Vielleicht ursprünglich ein Possessivadjektiv. Cf. *A. Leukart* 1994, 183.

Nr.	GRAF1	*FON2*	LOK3	WA4	KL5	GE6	NU7	KA8	ST9	A0	Seite im Text
779	opiturajo	*opi-thurajjōi*	p	SC	BbM	m	s	D	O-		
780	opoqo	*opōk^{w}ois*[157]	K	SC	ObE	n	p	I	O-		206, 391
781	-oporo	*ophlon, ōphlon*	m	VF	AoA		P	3	th	Ho	320, 327, 337, 340
782	oqookite	*?*	k	?							
783	ori̥e̥i	*ore(h)i*	k	SC	Ge	n	s	D-L	S-	Ho	261, 270, 354
784	orene(j)a	*ōleneja, -e(h)a*	K	AC	abg	n	p	N	O-		
785	o]reneo	*ōlene(h)ō*	k	AC	abg?	f	d	N	O-		
786	oriko	*oligoi?*	m	AC	gr	m	p	N	O-	Ho	303
787	orojo	*??*[158]	P	SC					O-?		
788	oromeno	*(h)oromenos*[159]	P	VP	PrM	m	s	N	O/Ā-	Ho	320, 330
789	ota (-paroteswaro)	*(h)onta?* *(paro* + PN*)?*	m	VP	PrA	n	p	N	NT-	Ho	240, 312, 329
790	ote	*(h)ote*	pT	Cj						Ho	156, 349, 441, 445
791	otira$_2$	*ortrjai*	p	SC	BbW	f	p	N	JA-		178
792	otira$_2$o	*ortrjā(h)ōn*	p	SC	BbW	f	p	G	JA-		178
793	otirija	*ortriai* (= otira$_2$)	p	SC	BbW	f	p	N	JA-		178
794	otirijai	*ortriā(h)i*	T	SC	BbW	f	p	D	JA-		

[157] Oder Nom. Pl. *opōk^{w}oi* bzw. Du. *opōk^{w}ō?*
[158] Entweder Gen. Sg. oder Nom. Sg. M/N, aber auch andere Möglichkeiten.
[159] Vgl. ὄρονται Hom., Od. 14, 104.

Nr.	GRAF1	*FON2*	LOK3	WA4	KL5	GE6	NU7	KA8	ST9	A0	Seite im Text
795	oṭoped̦ak̦owe-de[.]k̦ẹ	*?*[160]	p								
796	ou-	*ou*	KP	Pa						Ho	99, 128, 134, 349
797	ouka	*owika?, oukha?*[161]	M	SC?		n	p	N	O-		
798	ouki	*ou-kis* < **ou-k^{w}is*[162]	k	P		m	s	N		Ho	128, 349
799	oukitemi	s. ouki und temi									343
800	ouko	*owikon?, oukhon?*[157]	M	SC?		n	s	N	O-		
801	ouqe	*ouk^{w}e*	KP	Cj						Ho	349
802	outemi	s. temi									
803	outera	s. (o)utera Nr. 1222									
804	owidetai	*owide(r)tā(h)i?*[163]	P	SC	BbM	m	p	D	Ā-		184, 368
805	owowe	*oiwōw(w)ēs*	p	AC	abg	m	s	N	S-		265, 443
806	o-*34-ta	*?*[164]	Pt	SC	MeM	m	s	N	Ā-		186
807	o-*34-tao	*?*[164]	t	SC	MeM	m	s/p?	G	Ā-		186
808	-pa	*pans, pan*	P	AC	gr	m/n	s	N/A	NT-	Ho	236, 298, 303

[160] Scriptio continua von mehreren Wörtern.
[161] Von *owis* „Schaf" abgeleitet? Oder *oukha* bzw. *oukhon* (ein Subst. zu εὔχομαι)?
[162] Oder die Negationspartikel *oukhi*?
[163] Von *owis* + δέω oder *owis* + δέρω. Andere Interpretation: *(h)ō(s) widesthai?* (Inf.) „wie man sehen kann". Noch anders *B. Vine* 1999, 33ff.
[164] In Theben vielleicht ein Personenname.

Nr.	GRAF1	*FON2*	LOK3	WA4	KL5	GE6	NU7	KA8	ST9	A0	Seite im Text
809	padajeu	*pandajjeus?*[165]	P	SC	Tit?	m	s	N	EU-		282
810	padajewe	*pandajjēwei?*	P	SC	Tit?	m	s	D	EU-		282
811	padajewo	*pandajjēwos?*	p	SC	Tit?	m	s	G	EU-		282
812	padewe	*pandēwei?*[166]	P	SC	Tit?	m	s	D	EU-		289
813	padeweu	= padajeu?	P	SC	Tit?	m	s	N	EU-		282
814	pakana	*phasgana*	K	SC	ObW	n	p	N	O-	Ho	92, 108, 112, 206, 300, 395, 398, 438
815	paketeja	*phaktejjai?*[167]	P	SC	BbW	f	p	N	JA-		176
816	paketejao(-qe)	*phaktejjā(h)ōn (kʷe)*[167]	p	SC	BbW	f	p	G	JA-		176
817	pakete[[jo]]	*phaktejjō?*[167]	p	SC	BbW	f	d	N	JA-		176
818	paketere	*pa̋ktēres?*[168]	Pm	SC	ObA	m	p	N	R-		255, 396
819	paketerija	*pa̋ktēria*[168]	m	SC	Ob	n	p	N	O-		206, 208, 379, 397
820	pakewe	*pakhewes?*[169]	k	AC?	gr	m	p	N	U-?	Ho	276, 302, 302
821	pakoto	*phaktos, -on, -ō, -oi?*	pm	SC	ObG	m/n	s/d/p	N/A	O-		196, 394
822	pakowe	*sphakowen*	P	AC	abg	n	s	N	NT-		120, 237
823	pamako	*pharmakon*	p	SC	Wa	n	s	N	O-	Ho	206, 387, 397

[165] Oder ein Adjektiv, das von einem Theonym abgeleitet wurde (weniger wahrscheinlich).
[166] Oder = Nr. 810 padajewe? Möglicherweise ein Theonym.
[167] Oder ein Possessivadjektiv, von einem Personennamen abgeleitet.
[168] Vgl. πήγνυμι „festmachen", etwa „Pflock, Riegel, Dübel". Oder *sphaktēres, sphaktria, sphaktēria*; vgl. σφάκτης „Schlachter, Mörder bzw. Opferpriester?" und σφάκτρια „Opferpriesterin?".
[169] Vgl. παχύς „dick". Oder ein Subst. auf *-eus*?

Nr.	GRAF1	*FON2*	LOK3	WA4	KL5	GE6	NU7	KA8	ST9	A0	Seite im Text
824	]pano	*?*	k	SC	BbM?	m	p	N	O-?		
825	paraja	*palaj(j)ā, -ai, -a*	KPt	AC	gr	f/n	s/p	N	O/Ā-	Ho	210, 212, 303
826	parajo	*palaj(j)os, -oi*	P	AC	gr	m	s/p	N	O/Ā-	Ho	124, 134, 210, 210, 212, 303, 433, 433
827	paraketeeu	*pālāk-ente(h)eus?*	p	SC	Bb M	m	s	N	EU-		281, 368
828	paraketeewe	*-ēwes?*	p	SC	BbM	m	p	N	EU-		281, 368
829	parakewe(-qe[)	= parakuwe	p	SC	Met	?	s	D-I	U-?		276, 355
830	]paraku	*baraku??*[170]	k	SC	Wa	m?	s?	N?	U-?		276
831	parakuja	*barakūja?*[170]	k	AC	abg	n?	p?	N	O/Ā-		216, 276
832	parakuwe	*barakwei??*[170]	P	SC	Met	?	s	D-I	U-?		276, 355
833	parakuwejo	*barak(u)wej(j)ō?*[170]	k	AC	abg	?	d	N	O/Ā-		216
834	parawajo	*parăw(w)ajjō*	Kp	SC	ObW	?	d	N	O-		395
835	parawena	*?*	p	AC	abg	?	?	?	O/Ā-		
836	parawewo	*?*	P	SC		m	s	G	EU-		
837	paro	*paro*	KPTm	Pr						Ho	89, 349, 417, 423
838	-parokeneto	*(ou) parogeneto*	p	VF	AoM		S	3	th	Ho	309, 327, 340
839	pasa	*pansan, -ans*	K	AC	gr	f	s/p	A	JA-	Ho	146, 181, 210, 298, 303
840	pasaro	*psalō?*	p	SC	Ob	m/n?	d	N	O-		196, 397

[170] Vgl. Hesych βαραχίς· γλαύκινον ἱμάτιον. Das Wort wird mit σμάραγδος in Verbindung gebracht (*J.L. Melena* 1987, S. 212, 224; *Th.G. Palaima*, Aegaeum 7, 1993, 293). Das Subst.]paraku bezeichnet wohl eine blaugrüne Substanz (Farbstoff), das Adj. parakuja dagegen die entsprechende Farbe. S. auch Nr. 1329 *56-rakuja. Eine andere, weniger passende Deutung: Nr. 830 *Brakhus* (Personenname), Nr. 829 *brakh(e)wei* (D.-I. Sg.) zu βραχύς „kurz“.

Nr.	GRAF1	*FON2*	LOK3	WA4	KL5	GE6	NU7	KA8	ST9	A0	Seite im Text
841	pasi I	*pansi*	Kp	AC		m	p	D	NT-	Ho	145, 146, 236
842	pasi II	*phāsi*	p	VF	PrA		S	3	ath	Ho	137, 141, 144, 322, 324, 337, 339, 440, 447
843	(-)pata I	*(-)panta*	Km	AC	gr	n	p	N	NT-	Ho	236
844	pata II	*pasta?*[171]	t	A/S	AV	n	p	A	O/Ā		
845	pataja	*paltajja*	K	SC	ObW	n	p	N	O-		207, 395
846	patajo	*paltajjōn*	p	SC	ObW	n	p	G	O-		207, 395
847	patajoi(-qe)	*paltajjoi(h)i* (k^we)	p	SC	ObW	n	p	D	O-		207, 395, 443
848	pate I	*pantes*	k	AC	gr	m	p	N	NT-	Ho	64, 99, 112, 132, 236, 433, 433, 433
849	pate(-de) II	*patēr (de)*	P	SC	MeM	m	s	N	R-	Ho	64, 108, 111, 112, 132, 137, 163, 226, 255, 258, 298, 375, 384
850	p̣ạṭọ[	*pantos?, pantōn?*	p	AC	gr	n	s/p	G	NT-	Ho	236
851	pawea	*pharwe(h)a*	K	SC	Tex	n	p	N	S-	Ho	109, 110, 117, 135, 140, 143, 261, 270, 389, 398
852	$pawea_2$	*pharweha*	KM	SC	Tex	n	p	N	S-	Ho	109, 110, 132, 135, 137, 140, 143, 261, 270, 301, 389
853	paweo	*pharwe(h)ōn*	K	SC	Tex	n	p	G	S-	Ho	261, 301, 389
854	]pawepi	*pharwesphi*	k	SC	Tex	n	p	I	S-	Ho	261, 301, 389
855	pawesi	*pharwes(s)i*	m	SC	Tex	n	p	D	S-	Ho	261, 301, 389
856	pawo	*pharwos*	k	SC	Tex	n	s	N	S-	Ho	261, 389, 398

[171] Vgl. πάσσω "daraufstreuen"; d. h. "bestreute Gerste?".

Nr.	GRAF1	*FON2*	LOK3	WA4	KL5	GE6	NU7	KA8	ST9	A0	Seite im Text
857	pawoke	*panworges?, par-?*[172]	P	SC	BbW	f	p	N	G-?		232, 302, 376
858	pawoko	*panworgōn?, par-?*	P	SC	BbW	f	p	G	G-?		232, 302, 376
859	peda	*peda*	K	Pr							349, 448
860	pedewesa	*pedwessa*	P	AC	abg	f	s	N	JA-		182, 237
861	pediewi	*pediēwi?*	p	SC	MeM	m	s	D	EU-		282
862	pedijewe	*pediēwes?*	p	SC	MeM	m	p	N	EU-		282
863	pedijewija	*pediēwiai, -a?*	p	S/A	ObW	f/n?	p	N	O/Ā-?		176, 396
864	pedira	*pedīla*	p	SC	Tex	n	p	N	O-	Ho	207, 389, 398
865	pediro	*pedīlōn*	p	SC	Tex	n	p	G	O-	Ho	207, 389, 398
866	pediroi	*pedīloi(h)i*	p	SC	Tex	n	p	D	O-	Ho	207, 389, 443
867	pei	*sphe(h)i, spheis*	P	P			p	D		Ho	343, 440
868	pekitira$_2$	*pektrjai*	kP	SC	BbW	f	p	N	JA-	Ho	176, 177
869	pekitira$_2$o	*pektrjā(h)ōn*	p	SC	BbW	f	p	G	JA-	Ho	
870	peko	*perkos?*[173]	KP	AC	gr?	m	s	N	O-		
871	pekoto	*pekton?*[174]	K	S/A	Tex	n?	s	N	O-	Ho	207
872	pema	*sperma*	KP	SC	Waa	n	s	N/A	MN̥(T)-	Ho	110, 112, 135, 244, 244, 298, 301, 387, 397, 446

[172] Das Wort *panworges* (πᾶν + **wr̥g-*) NPl bezeichnet wohl „die Mädchen für alles“; *parworges* scheint weniger passend zu sein („Dienerinnen, die eine Nebenarbeit ausüben“).

[173] Oder (wenigstens in Knossos) ein Personenname; in Pylos wohl ein Adjektiv.

[174] Von πέκω „kämmen“.

Nr.	GRAF1	*FON2*	LOK3	WA4	KL5	GE6	NU7	KA8	ST9	A0	Seite im Text
873	pemo	*spermo*	Ptir	SC	Waa	n	s	N/A	MN̥(T)-	Ho	87, 135, 244, 244, 298, 301, 387, 397, 446
874	peneweta	*sphēnwenta?*	K	AC	abg	n	p	N	NT-		237
875	penewete	*sphēnwente?*	k	AC	abg	n	d	N	NT-		237
876	[pe]pu₂temeno	*pephut(ē)menon, -ō*[175]	p	VP	PfM	n	s/d	A	O/Ā-	Ho	322, 332
877	peqato	*pegg^{w}aton < *ped-*[176]	K	SC	ObE	n	s	N	O-		207, 392
878	peqota	*?*	P	SC	Tit?	m	s	D	Ā-		186
879	]pera	*pellai?*[177]	m	SC	ObG	f	p	N	Ā-	Ho	172
880	pere	*pherei*	KP	VF	PrA		S	3	th	Ho	136, 322, 324, 339
881	pereito	*pleiston?*	p	AC/ Av	sup	n	s	Å	O/Ā-	Ho	220, 220, 304
882	pereke	*prēkes??*	k	SC	Tex	?	p?	N	?		
883	perekeu	*plekeus?, pelekeus?*	p	SC	BbM	m	s	N	EU-		281, 368
884	perekewe	*p(e)lekēwei, -es?*	Pmt	SC	BbM	m	s/p	D/N	EU-		281, 368
885	perekuta	*presgutās, -ai?*[178]	p	SC	MeM	m	s/p	N	Ā-		184, 376, 384
886	perewijo	*pele(w)iōi?*[179]	t	SC	Ti	?	s	D	O-?		
887	perike	*pelikes*	m	SC	ObG	m	p	N	K-		231, 394

175 Zu einem Präs. **phutejō* oder **phutjō*; vgl. φυτεύω „bepflanzen".
176 Vgl. πούς + βαίνω.
177 Vgl. Nr. 623 ku?]pera = *kupella*, Nom. Pl. Neutr. von κύπελλον „Becher".
178 Oder ein Personenname?
179 Vgl. πέλεια? „Taube"; eine Tiergöttin wie in Dodona?.

Nr.	GRAF1	*FON2*	LOK3	WA4	KL5	GE6	NU7	KA8	ST9	A0	Seite im Text
888	periroqo	*periloik^{w}oi*	k	AC	kmp	m	p	N	O/Ā-		136, 223
889	perusinu (Fehler?)	= perusinuwo?	p								103
890	perusinuwa	*perusinwai, -a, -ās?*	P	AC	abg	f/n	s?/p	N/G?	O/Ā-		103
891	perusinuwo	*perusinwon*	P	AC	abg	n	s	N	O/Ā-		103, 434
892	perusinwa	*perusinwā, -ai, -a*	KM	AC	abg	f/n	s/p	N	O/Ā-		103
893	perusinwao	*perusinwā(h)ōn*	p	AC	abg	f	p	G	O/Ā-		103
894	peterewa	= pterewa	K								109, 173, 356, 443
895	pe-*65-ka	*?*	P	SC	ObH	n?	p?	N?	O-?		
896	pia$_2$ra	*phihalai*	p	SC	ObG	f	p	N	Ā-	Ho	172, 394, 438
897	pijera$_3$[180]	*phielai*	p	SC	ObG	f	p	N	Ā-	Ho	172, 394, 438
898	pirejete	(Fehler für Nr. 903 pirijete)	k	SC	BbM	m	s	N	R-		
899	pirietere	*prī(h)entērei?*[181]	p	SC	BbM	m	s	D	R-		255, 368
900	pirietesi	*prī(h)entērsi?*[181]	p	SC	BbM	m	p	D	R-		255, 368
901	pirijao	*phliā(h)ōn*[182]	p	SC	ObA	f	p	G	Ā-	Ho	172, 389
902	pirije	*prǐēn?*[183]	k	SC	Ob		s	N	N-?		247, 397
903	pirijete	*prǐentēr?*[181]	K	SC	BbM	m	s	N	R-		255, 368

180 Vgl. auch Nr. 896 pia$_2$ra.
181 Vgl. auch Nr. 899, 900, 903, 904, 905 (vgl. πρίστης „Säger").
182 Vgl. Hom. φλιαί „Türpfeiler".
183 Vgl. πρίων „Säge".

Nr.	GRAF1	*FON2*	LOK3	WA4	KL5	GE6	NU7	KA8	ST9	A0	Seite im Text
904	]pirijetere	*prĭentēre?*[181]	p	SC	BbM	m	d	N	R-		255, 368
905	pirite	*prīstēr?*[184]	k	SC	BbM	m	s	N	R-		255, 368
906	pitiro$_2$wesa	*ptiljowessa*	p	AC	abg	f	s	N	JA-		182, 237
907	poda	*poda?*	K	SC	Kö	m	s	A	D-	Ho	230, 359
908	poḍạqereṣịjewo	*?*	k	SC	BbM?	m	s	G	EU-		
909	pode	*podei*	p	SC	Kö	m	s	D-I	D-	Ho	230, 359, 443
910	poka	*pokā?, -ai?*	K	SC	Kö	f	s/p?	N	Ā-		172, 359
911	pokatama	*pos(i)-ktāma?*[185]	p	SC	V-A	?	s?	N	MN̥(T)-		244, 382
912	pokironuka	*poikil-ŏnukha*[186]	K	AC	kmp	n	p	N	O/Ā-		223
913	pokuta	*pokutās, -tai*[187]	KP	SC	MeM	m	s/p	N	Ā-		185, 219
914	pokutero	*poku(s)teros?*[187]	K	AC	abg	m	s	N	O/Ā-		219
915	pome	*poimēn*[188]	KP	SC	BbM	m	s	N	N-	Ho	67, 106, 107, 111, 112, 112, 134, 163, 225, 226, 247, 251, 252, 252, 301, 368, 417
916	pomene	*poimenei, -es, -e*	P?t	SC	BbM	m	s/d/p	D/N	N-	Ho	67, 112, 164, 247, 253, 301, 368
917	pomeno	*poimenos*	kp	SC	BbM	m	s	G	N-	Ho	67, 107, 112, 163, 225, 247, 301, 368
918	ponike(-qe)	*phoinīkei (k^we)*	p	SC	Pf	m/f	s	D-I	K-	Ho	227, 232, 355

184 Vgl. Anm. 181 oben.

185 Doch ist *pos-* für *posi-* im Mykenischen unsicher. Eher handelt es sich um eine Gefäßbezeichnung (ObG, f/n, s/p, N?).

186 Vgl. ποικίλος + ὄνυξ, -υχος. Cf. *A. Leukart* 1987b, 186[16]. Vgl. auch Nr. 1046 reukonuka.

187 Cf. *C.J. Ruijgh* 1992c. Besser als *pos(i)khutās* (*J. Chadwick*).

188 In KN einmal als Personenname.

Nr.	GRAF1	*FON2*	LOK3	WA4	KL5	GE6	NU7	KA8	ST9	A0	Seite im Text
919	ponikea	*phoinīke(h)ā*	k	AC	abg	f	s	N	O/Ā-		216
920	ponikija	*phoinīkiā, -ai*	K	AC	abg	f	s/p	N	O/Ā-	Ho	216
921	ponikijo I	*phoinīkion?*	K	S/A	PfAr	n	s	N	O-		303, 356
922	poniḳị[jo II	*phoinīkiō*	k	AC	abg	f	d	N	O/Ā-	Ho	207, 216
923	ponikipi	*phoinīkhphi*	P	SC	Pf	m/f	p	I	K-	Ho	145, 227, 232, 355
924	popi (s. poda, -de)	*popphi < *podphi*	p	SC	Kö	m	p	I	D-	Ho	145, 227, 230, 301, 359, 444, 447
925	popoi	(Fehler statt poropoi?)	m	SC	BbM	m	p	D	O-		
926	popureja	*porphurej(j)ai*	k	AC	abg	f	p	N	O/Ā-	Ho	216
927	popurejọ[	*porphurej(j)oi*	k	AC	abg	m?	p?	N	O/Ā-	Ho	216, 303
928	$popuro_2$	*porphurjō*	k	AC	abg	f	d	N	O/Ā-	Ho	216
929	(-)poqa	*phorg^{w}āi*	kpt	SC	V-A	f	s	D	Ā-	Ho	138, 172, 382, 385, 434
930	poqateu	*phorg^{w}āteus?*[189]	p	SC	Tit	m	s	N	EU-		281, 368
931	poqewija	*phorg^{w}ēwiai*[190]	p	SC	ObE	f	p	N	Ā-		173, 392
932	poqewijai	*phorg^{w}ēwiā(h)i*	p	SC	ObE	f	p	D	Ā-		173, 392
933	porena(-qe)	*phorē̆nas (k^{w}e)?*[191]	P	SC	Rel	m/f	p	A	N-?		247, 252, 377, 379, 379
934	porenotuṭẹ[	*phorē̆nos, -ōn (thustēria)?*[191]	p	SC	Rel	m/f	s/p	G	N-?		247, 377

[189] Abgeleitet von Nr. 929 (-)poqa = *phorg^{w}ā*. Oder *phoig^{w}asteus* (zu φοιβάζω)?
[190] Vgl. φορβε(ι)ά „Halfter".
[191] Vgl. dor. φερνά „Anteil der Gottheit am Opfer".

Nr.	GRAF1	*FON2*	LOK3	WA4	KL5	GE6	NU7	KA8	ST9	A0	Seite im Text
935	poreno (-zoterija)	*phorĕ̄nos, -ōn (dzōstēria)?*[191]	p	SC	Rel	m/f	s/p	G	N-?		207, 247, 377, 379
936	poresi	*phorĕ̄(n)si?*	t	SC	Rel	m/f	p	D	N-?		247, 252, 377, 379
937	poriwa	*poliwa*	k	AC	grf	n	p	N	O/Ā-	Ho	212, 303
938	poro	*pōlō* (s. auch porotiri)	K	SC	Ti	m	d	N/A	O-	Ho	66, 196, 300, 357
939	porodeqono	*pro-*[192]	k	SC	Tit	m	s	D	O-		
940	poṛọdu[ma]	*-duma(r)?*[193]	p	SC	Tit	m	s?	N	RT-		229
941	porodumate	*-dumartei?*[193]	p	SC	Tit	m	s	D	RT-		229
942	poroeke	*pro-ekhēs?*	P	AC	kmp	f	s	N	S-		266
943	poroeketerija	*pro(h)elktēriā?*	p	SC	ObF	f	s	N	Ā-		173, 392
944	poroekoto	*pro(h)eikto??*[194]	T	VF	AoM		S	3	ath		323, 327, 327
945	porokorete	*prokŏ̄rĕ̄tēr* o. eher *-khōrētēr*[195]	kP	SC	Tit	m	s	N	R-		255, 369
946	porokoretere(-qe)	*-ēres* (k^we)	P	SC	Tit	m	p	N	R-		255, 369
947	porokowa	*prokhowā, -āi*[196]	K	SC	Wao	f	s	N/D	Ā-	Ho	173, 387
948	porokowo	*prokhowoi*[197]	m	SC	ObG	m	p	N	O-	Ho	196, 394

[192] Vgl. Nr. 208 deqono.

[193] Vgl. Nr. 245 duma, 246 dumate(-qe), 954 porudamate, sowie auch 668 meridamate und 671 meridumate. Das erste Element po-ro-/po-ru- ist unsicher: *polo-/polu-?*, *pōlo-?*, *pro-* oder *sporo-??*

[194] Oder *pro(h)eiktos*?? AV?, kmp, m?, s, N, O-.

[195] Vgl. Nr. 573 korete.

[196] Vgl. προχοή „Kanne“ zu χέω.

[197] Vgl. Hom. πρόχοος, att. πρόχους.

Nr.	GRAF1	*FON2*	LOK3	WA4	KL5	GE6	NU7	KA8	ST9	A0	Seite im Text
949	poropoi	*propoi(h)i*[198]	m	SC	BbM	m	p	D	O-		197, 369
950	porosure	*pōlosurēs*	k	AC	kmp	f	s	N	S-		267
951	-poroteke	*prothēke*	m	VF	AoA		S	3	ath	Ho	321, 326
952	porotera	*proterā*	m	Av	kpr	f	s	I			
953	porotiri	*pōlons (trins)*	k	SC	Ti	m	p	A	O-	Ho	196, 346, 346
954	porudamate	*poludamartes*[199]	p	SC	Tit	m	p	N	RT-		229
955	porupode(-qe)	*polupodei* (k^we)[200]	p	SC	Ti	m	s	D-I	D-		227, 230, 357
956	poruqoto	*polu-*g^w*otos*[201]	p	S/A	MeM	m	p	N	O-		
957	posi	*posi*	K	Av?						Ho	348, 448
958	posiketere	*pos-(h)ik(e)tēres*[202]	P	SC	MeM	m	p	N	R-		256, 369
959	poterewe	*?*[203]	p	SC	BbM	m	s	D	EU-		
960	(-)potinija	*potniās, -āi*[204]	KPMt	SC	Rel	f	s	G/D	JA-	Ho	140, 164, 420
961	]potinijaweijo[	*potniă̄(r)wejjos*	k	AC	abg	m	s?	N	O/Ā-		
962	potinijaweja	*potniă̄(r)wejjā, -ai?*	K	AC	abg	f	s/p	N	O/Ā-		
963	potinijawejo	*potniă̄(r)wejjos, -oi*	KP	AC	abg	m	s/p	N	O/Ā-		

[198] Kretische Glosse; vgl. πρέπον· τέρας, also etwa „Wahrsager" o. ä.

[199] Vgl. Nr. 941 porodumate.

[200] Polyp als ein Dekorationselement.

[201] Oder *polu-*k^w*hoitos* (vgl. Hesych φοίτης· κῆρυξ).

[202] Entweder zu ἵκω usw. „hinkommen" oder ἱκετεύω usw. „anflehen".

[203] Oder ein Theonym bzw. Personenname?

[204] An allen Stellen offenbar ein Theonym. — Nr. 961-964: Offenbar Derivat mit dem onomastischen Suffix *-ejjo-*, cf. zuletzt *A. Leukart* 1994, 64[53] und *C.J. Ruijgh* 1999, 526[40].

Nr.	GRAF1	*FON2*	LOK3	WA4	KL5	GE6	NU7	KA8	ST9	A0	Seite im Text
964	potinijawejojo	*potniā̆(r)wejjojjo*	p	AC	abg	m/n	s	G	O/Ā-		
965	potinijawijo	*potniā̆(r)wios*	p	AC	abg	m	s	N	O/Ā-		
966	potipi(-qe)	*portiphi* ($k^{w}e$)	p	SC	Ti	f	p	I	I-	Ho	274, 299, 357
967	potiro	*pontilō?, -oi?*[205]	K	SC	BbM	m	d/p	N	O-		197, 369
968	pteno	*pternō*[206]	K	SC	ObE	f	d	N	Ā-	Ho	173, 392
969	pterewa, peterewa	*ptelewās*	K	SC	Pf	f	s	G	Ā-	Ho	109, 173, 356
970	pukatarija	*puktaliai?*[207]	Km	S/A	Tex	f	p	N	Ā-		175
971	pukawo	*pū̆r-kawoi*[208]	P	SC	BbM	m	p	N	O-		197, 369
972	pukoso ekee	*pukso-ekhe(h)e*[209]	p	AC	kmp	f	d	N	S-		267
973	purautoro	*pū̆r-austrō*[210]	p	SC	ObF	f/n	d	N	?		175, 392
974	puta	*phuta*	k	SC	Pf	n	p	N	O-	Ho	207, 356
975	putarija	*phutaliā, -ai?*	k	SC	LaW	f	s/p	N	Ā-	Ho	173, 380, 384
976	pute	*phutēr*	K	SC	BbM	m	s	N	R-		256, 369
977	(-)puterija	*phuteliān?*[211]	K	SC	LaW	f	s	A	Ā-		173, 380, 384
978	putoro	*??*[212]	P	SC	ObH	m/n	p?	N/G	O-		200

[205] Vgl. ναυτίλος.
[206] Vgl. πτέρνη.
[207] Vgl. πυκτίς.
[208] Vgl. πυρκαεύς (πῦρ + καίω < **kawjō*).
[209] Vgl. πύξος „Buchsbaumholz“ + ἔχω.
[210] Vgl. πυραύστρα IG (Fem.), Her. πύρα(υ)στρον (Neutr.) „Feuerzange“.
[211] Oder adjektivisches *phutēriān* (zu *phutēr*)?
[212] Oder Nom. Pl. von einem Adjektiv?

Nr.	GRAF1	*FON2*	LOK3	WA4	KL5	GE6	NU7	KA8	ST9	A0	Seite im Text
979	pu_2keqiri	*??*	p	SC	BbM	m	s	N	?		441
980	pu_2keqirine	*??*	t	SC	BbM	m	s	D	?		
981	pu_2keqirineja	*??*	t	AC	abg	f	s/p	N	O/Ā-		
982	]pu_2temeno	s. [pe]pu_2temeno								Ho	
983	pu_2tere (s. pute)	*phutēres*	kp	SC	BbM	m	p	N	R-		256, 369
984	]qakanapi[	*?*	k			f	p	I	Ā-		
985	qaradero	*?*	P	SC	ObH	?	?	?	O-?		200
986	qaratoro	*sk^walathron*	p	SC	ObF	n	s	N	O-		207, 392
987	qasireu	*g^wasileus*	P	SC	Tit	m	s	N	EU-	Ho	90, 112, 112, 138, 281, 299, 374, 383, 434, 438, 490
988	qa]sirewe	*g^wasilēwei?, -es?*	k	SC	Tit	m	s/p	D/N	EU-	Ho	240, 281, 374
989	qasirewija	*g^wasilēwiā, -āi*	KPt	SC	Me	f	s	N/D	Ā-		173, 378, 380, 384
990	qasi]rewijote?	*g^wasilĕw(i)jontes?*[213]	p	VP	PrA	m	p	N	NT-	Ho	240, 309, 329
991	-qe	*-k^we*	KPMT tir	Cj						Ho	99, 138, 156, 349, 432, 447 usw.
992	qejameno	*k^wej(j)amenos*[214]	kP	VP	AoM	m	s	N	O-		197, 323, 330, 333, 374

213 Die Ergänzung ist unsicher.

214 Von der Wurzel **k^wei-* (vgl. τίνω); ursprünglich Part. Aor. Med: „Entschädigung genommen habend" oder „entschädigt (worden seiend)"; vgl. *J.T. Killen* 1992a, 380. Vielleicht handelt es sich um einen Titel („der Ehrwürdige") und vielleicht gehört die Form vielmehr zu τίω (qeja- dann = hochstufiges Wurzelallomorph *k^weja-*).

Nr.	GRAF1	*FON2*	LOK3	WA4	KL5	GE6	NU7	KA8	ST9	A0	Seite im Text
993	qeqinomena	*g^{w}eg^{w}īnōmenā, -ai?*[215]	P	VP	PfM	f	s/p	N	O/Ā-	Ho	311, 332
994	qeqinomeno	*g^{w}eg^{w}īnōmenoi?*	p	VP	PfM	m	p	N	O/Ā-	Ho	311, 332, 444
995	qeqinoto	*g^{w}eg^{w}īnōtoi?*[216]	P	VF	PfM		S	3	th	Ho	311, 328, 333, 341, 444
996	qerana	*g^{w}elanā?*[217]	P	SC	ObG	f	s	N	Ā-		175, 394
997	qeretirijo	*k^w(e)lethriō?*[218]	p	SC	ObA	n	d	N	O-	Ho	207, 380
998	-qeroṣạ[219]	*??*	p	VP?	PrA?	f?	s?	N?	JA-?		
999	]qeromeno	*k^{w}elomenoi*[220]	p	VP	PrM	m	p	N	O/Ā-		136, 320, 322, 330
1000	$qero_2$[221]	*sk^{w}eljos, -on, -ō, -oi*	K	SC	ObW	m/n	sdp	N	O-		197, 207, 396
1001	qetea, $qetea_2$	*k^{w}eite(h)a, k^{w}eiteha*[222]	kpT	AC	gr	n	p	N	O/Ā-		216, 303, 335
1002	qetejo, qeteo	*k^{w}eite(j)on, k^{w}eite(h)on*[222]	KPT	AC	gr	n	s	N	O/Ā-		216, 303, 335
1003	qetija	*k^{w}ethia?*[223]	M	SC	ObG	n	p	N	O-		208, 394
1004	qeto	*k^{w}ethoi, -ō*	pm	SC	ObG	m	d/p	N	O-	Ho	197, 208, 394

[215] Oder Instr. Pl. Fem.
[216] Weniger wahrscheinlich ein Verbaladjektiv zum Verbalstamm **g^{w}īnō-*; s. Anm. 144 auf S. 311.
[217] Vgl. βαλανεύς „Bademeister".
[218] Vgl. π(έ)λέθρον (Längenmaß). Oder *g^{w}lētriō* (vgl. Hom. βλῆτρον „Ring, Reif, Pflock")?
[219] Vgl. Nr. 66 anijae (-eropajoqeṛọṣạ) und Nr. 366 -eropajoqeṛọṣạ; -osa als Endung des Part. Präs. Akt. ist hier nicht sicher.
[220] Vgl. πέλομαι; oder = *g^{w}ēlomenoi*, vgl. att. βουλόμενοι, dor. δηλόμενοι, δειλόμενοι usw.?
[221] Cf. *A. Heubeck* 1986, 285ff.
[222] Adjektivische Form zu **k^{w}ei-* (vgl. τίνω), d. h. „zahlbar, zahlpflichtig; zu zahlen, zur Bezahlung".
[223] Ein Diminutivum zur Nr. 1004 qeto = *k^{w}ethos* (vgl. πίθος)?

Nr.	GRAF1	*FON2*	LOK3	WA4	KL5	GE6	NU7	KA8	ST9	A0	Seite im Text
1005	qetoropopi	*k*^{w}*etro-popphi*[224]	P	SC	Ti	n?	p	I	D-		135, 230, 301, 357
1006	qetorowe	*k*^{w}*etrōw(w)es*	P	AC	kmp	n	s	N	S-		60, 60, 138, 155, 265, 301
1007	(opi-)qina	*(opi) k*^{w}*ināi?*[225]	k	SC	V-A?	f	s	D	Ā-		173, 382
1008	qirijato	*k*^{w}*riato*	K	VF	AoM		S	3	ath	Ho	110, 138, 320, 327, 341
1009	qisipee	*k*^{w}*siphe(h)e*	p	SC	ObW	n	d	N	S-	Ho	138, 261, 301, 396, 398
1010	]qoiṇạ[	*k*^{w}*oinā?*	k	SC	V-A	f	s	N?	Ā-	Ho	173, 382, 385
1011	qoo	*g*^{w}*ōn(s)*	p	SC	Ti	m	s/p	A	OU-	Ho	111, 133, 138, 293, 300, 357
1012	qoqotao bzw. qouqota (Personenn.)	*g*^{w}*ŏ̄(u)g*^{w}*ŏ̄tā(h)o, g*^{w}*ŏ̄(u)g*^{w}*ŏ̄tā(h)ōn*	P	SC	BbM	m	s/p	G	Ā-		139, 185, 293, 369
1013	qoukara	*g*^{w}*ouk(a)răs*	P	AC	kmp	f	s	N	?		293, 359
1014	qoukoro	*g*^{w}*oukolos, -oi < *-k*^{w}*olos*	Ptir	SC	BbM	m	s/p	N	O-	Ho	108, 112, 138, 139, 139, 197, 293, 369, 447, 479
1015	qoukorojo	*g*^{w}*oukolojjo*	p	SC	BbM	m	s	G	O-	Ho	197, 293, 369
1016	qowe	*g*^{w}*owei?*	m	SC	Ti	m	s	D	OU-	Ho	293, 357
1017	raeja	*lā(h)ej(j)ā*[226]	P	AC	abg	f	s	N	O/Ā-		216
1018	raka	*rhāks??, rhāga??*[227]	p	SC	Wa	f	s	N/A	G-?		

[224] Vgl. τετράπο(υ)ς; die myk. Form ist vielleicht eher ein Neutr. Pl. (vgl. das alphabetische τὰ τετράποδα).

[225] Vgl. ποινή < **k*^{w}*oinā*, also „zur Bezahlung"; s. auch Nr. 771 und 1007 (opi)qina und Nr. 1010]qoiṇạ[. Oder ein Personenname?

[226] Vgl. λᾶας.

[227] Vgl. ῥάξ, -γός „Weinbeere". Oder eher Rohmaterial für Parfümherstellung?

Nr.	GRAF1	*FON2*	LOK3	WA4	KL5	GE6	NU7	KA8	ST9	A0	Seite im Text
1019	[?]raḳạtera	*kharaktēra??*[228]	p	SC	?	m	s?	A	R-		256
1020	rake	*lakhe?*[229]	P	VF	AoA		S	3	th	Ho	319, 326, 340
1021	rapạipịjọị	*?*	p	SC	MeM	m	p	D	O-		200
1022	rapitira$_2$	*rhaptrjai*	p	SC	BbW	f	p	N	JA-		176, 178, 296, 373
1023	rapte	*rhaptēr*	P	SC	BbM	m	s	N	R-		256, 258, 259, 370
1024	raptere	*rhaptērei, -e?, -es*	KP	SC	BbM	m	sdp	D/N	R-		256, 370, 433
1025	rapterija	*rhaptēriai*	p	AC	abg	f	p	N	O/Ā-		216
1026	[ra]ptesi	*rhaptērsi*	k	SC	BbM	m	p	D	R-		256, 370
1027	raqitira$_2$	*lak^{w}trjai?*[230]	p	SC	BbW	f	p	N	JA-		178, 373
1028	raqitira$_2$o	*lak^{w}trjā(h)ōn?*	p	SC	BbW	f	p	G	JA-		178, 373
1029	]rasinewija	*?*	p	SC	MeW	f	s	N/D?	Ā-		175
1030	]ratopoṛọ[	*kalathophoros, -ōi*	ktir	SC	MeM	?	s/p?	N/D	O-		
1031	rawakeja[231]	*lāwāgesiā?* o. *-e(s)ja?*	k	SC	Me?	f	s	N	Ā-?		178, 378, 380, 384
1032	rawakesijo	*lāwāgesios, -on, -ōi, -oi*	kP	AC	abg	m/n	s/p	N/D	O/Ā-		217
1033	rawakesijojo	*lāwāgesiojjo*	P	AC	abg	m	s	G	O/Ā-		217
1034	rawaketa	*lāwāgetās, -āi*	P	SC	Tit	m	s	N/D	Ā-		185, 217, 296, 300, 374, 383, 416, 468
1035	rawasijo	= rawakesijo	k	AC	abg				O/Ā-		

228 Vgl. Nr. 1328 *35-raḳạtera.
229 Zu λαγχάνω. Vgl. auch das dazugehörige Wurzelnomen **laks* (Gen. **lakhos*) im Sinne von „im Anteil der . . . “.
230 Zu λαμβάνω?
231 Wohl statt *rawakesija: entweder eine Gruppe von Gefolgsleuten des rawaketa (Nr. 1034) oder der Sitz des rawaketa.

Nr.	GRAF1	*FON2*	LOK3	WA4	KL5	GE6	NU7	KA8	ST9	A0	Seite im Text
1036	rawijaja	*lāwiajjai*[232]	P	SC	MeW	f	p	N	Ā-		173, 376, 384
1037	rawijajao	*lāwiajjā(h)ōn*	p	SC	MeW	f	p	G	Ā-		173, 376
1038	rekeetoroterijo	*lekhe(h)ei-strōtēriōi??*[233]	p	SC	Rel	n	s?	D?	O-		208, 378, 384
1039	reketoroterijo	*lekhe(s)-strōtēriōn??*	p	SC	Rel	n	p?	G?	O-		208, 378, 384
1040	repoto	*lepton*	kp	AC	gr	n	s	N	O/Ā-	Ho	212, 303
1041	reqomeno	*leik^w omenoi*	k	VP	PrM	m	p	N	O/Ā-	Ho	107, 112, 132, 134, 136, 138, 319, 330
1042	ṛẹqọnatomo[234]	*?*	p	SC	BbM	m	s	N	O-		
1043	[re]q̣ọte?[235]	*leik^w ontes?*	p	VP	PrA	m	p	N	NT-	Ho	241, 319, 329
1044	reuka	*leukā, -ai, -a*	KM	AC	grf	f/n	s/p	N	O/Ā-	Ho	212, 303
1045	reuko	*leukos, -on, -ō*[236]	kPm	AC	grf	m/n	s/d	N	O/Ā-	Ho	132, 134, 212, 303
1046	reukonuka (vgl. Nr. 912)	*leuk-ŏnukha*	K	AC	kmp	n	p	N	O/Ā-		223, 232, 302
1047	rewopi(-qe)	*lewom(p)phi (k^w e)*	p	SC	Ti	m	p	I	NT-	Ho	227, 235, 357, 441, 492
1048	rewotejo	*lewontej(j)ois*	p	AC	abg	n	p	I	O/Ā-		217, 492
1049	rewoterejo	*lewotrej(j)ō, -oi*[237]	p	AC	abg	m/f?	d/p	N	O-	Ho	217, 435

232 Vgl. Hom. ληϊάδες „gefangene Frauen".

233 Eine Fest- oder Zeremonienbezeichnung, vielleicht Zeitpunktangabe, also ein Dat. Sg. auf *-ōi* oder Gen. Pl. auf *-ōn* möglich („zur Zeit von ..."?). Vgl. Nr. 1161 tonoeketerijo.

234 Eine bessere Lesung desselben Wortes ist ịqọnatomo; s. Nr. 427.

235 Die Ergänzung (PY An 724, .13) ist nicht sicher.

236 Auch reukojo (Gen. Sg.) in Theben, allerdings als Personenname.

237 Vgl. Hom. λοετρόν, att. λουτρόν < **lewotron*.

Nr.	GRAF1	*FON2*	LOK3	WA4	KL5	GE6	NU7	KA8	ST9	A0	Seite im Text
1050	rewotorokowo	*lewotrokhowoi, -ōn*	P	SC	BbW	f	p	N/G	O-	Ho	112, 203, 373
1051	rimene	*limenei* (s. erapo)	p	SC	Ge	m	s	D-L	N-	Ho	247, 248, 354, 401, 425
1052	rinakoro	*lināgoros?*	p	SC	BbM	m	s	N	O-		197, 370
1053	rineja	*linejjai*	P	SC	BbW	f	p	N	JA-		178, 373
1054	rinejao	*linejjā(h)ōn*	P	SC	BbW	f	p	G	JA-		178, 373
1055	rinijo	*linio-?*[238]	k	AC	abg	m/n	s/p	N	O/Ā-		
1056	rino	*linon*	KP	SC	Wa	n	s	N/A	O-	Ho	208, 300, 360, 387, 397
1057	rita	*līta*[239]	K	S/A	abg	n	p	N	O-	Ho	
1058	roa	*rho(h)ai?*	k	SC	Pf	f	p?	N	Ā-	Ho	173, 356
1059	roiko	*rhoikō, -oi?*[240]	p	?	abg	m	d/p	N	O/Ā-		
1060	rousijewija	*?*[241]	p	AC	abg	f	p	N	O/Ā-		
1061	rowewija	*rhowēwiā, -a?*[242]	T	S/A	Wa	f/n	s/p	N	O/Ā-		175
1062	rudea$_2$	*-eha?*[243]	p	S/A?	Wa	f/n	s/p	N	O/Ā-?		262
1063	rudoroị	*?*	k	SC	?	m	p	D	O-		

[238] Oder ein Ethnikon?

[239] Vgl. Hom. λῖτα, λιτί „Leinwand“, doch im Mykenischen eher eine adjektivische Form (Nom. Pl. Neutr.).

[240] Vgl. ῥοικός „gekrümmt, gebogen“ (oder besser ῥοῖσκος „Granatapfel(baum)“?); ῥοικός aber wohl aus **wroiko-*, cf. *O. Masson*, Onomastica Graeca Selecta III, p. 8.

[241] Verwandt mit Nr. 1061 rowewija?

[242] Ein Farbstoff? Vgl. ῥοῦς „Sumach, Essigbaum“, vgl. ῥούσιος „rötlich“.

[243] Oder eher Nom. Pl. Neutr. von einem *s*-Stamm?

Nr.	GRAF1	*FON2*	LOK3	WA4	KL5	GE6	NU7	KA8	ST9	A0	Seite im Text
1064	ruratae	*lurastā̆(h)e?*[244]	t	SC	BbM	m	d	N	Ā-		370
1065	sapa	*?*	km	SC	Tex	?					
1066	sapakaterija	*sphaktēria?*[245]	K	S/A	Rel	n	p	N	O-		206, 208, 379
1067	sapera	*?*	p	SC	?						
1068	sapida	*?*[246]	p	SC	?						
1069	sapide	*sarpides*[247]	PM	SC	ObG	?	p	N	D-		230, 397
1070	sarapeda	*?*	p	SC	LaW	f/n?	s/p	N	Ā-?		175
1071	sarapedo[	*?*	p	SC	LaW	f/n?	?	?	Ā-?		175
1072	sasama	*sāsama*	M	SC	PfAr	n	p	N	O-		123, 208, 388, 397, 473, 492
1073	seremokaraapi	*sē̆r(r)ē̆mo-* (o. *-mōn*) *k(a)rā̆(h)a(p)phi*[248] < **-n̥(t)-phi*	p	SC	ObD	n	p	I	R/N̥(T)-		242, 251, 390
1074	seremokaraore	*sē̆r(r)ē̆mo-k(a)rā̆(h)ō̆rei*	P	SC	ObD	n	s	D-I	R-		242, 251, 390
1075	serino	*selīn(n)on*	m	SC	PfAr	n	s	N	O-	Ho	208, 388, 490
1076	sia_2ro	*sihalons*	p	SC	Ti	m	p	A	O-	Ho	120, 120, 197, 300, 357, 491

244 Vgl. λυραοιδός, λυριστής; das myk. Wort bezeichnet wohl einen „Leierspieler".
245 Zum Opfer bestimmte Tiere (vgl. σφάττω/σφάζω)?
246 Oder ein Toponym?
247 Vgl. σαρπούς· κιβώτους Akk. Pl. bei Hesych.
248 Vgl. Σειρήν (ursprünglich auf *-m-*?) + Hom. κράατα „mit Köpfen von Sirenen dekoriert"? Das zweite Glied ist ein R/N̥(T)-Stamm (s. S. 242).

Nr.	GRAF1	*FON2*	LOK3	WA4	KL5	GE6	NU7	KA8	ST9	A0	Seite im Text
1077	sirako	*sī̆r(r)arkhos*[249]	K	SC	BbM	m	s	N	O-		200
1078	sito	*sītos, -on, -ōn*[250]	kMT	SC	Waa	m	s/p	N/G/A	O-	Ho	133, 198, 360, 387, 397, 491
1079	sitokowo	*sītokhowos, -ōi, -oi*[251]	pt	SC	BbM/f	m/f	s/p	N/D	O-		198, 203, 370
1080	sitopọ[qo]	*sītopokʷos, -oi?*[252]	k	SC	BbM	m	s/p	N	O-		198, 370
1081	sitopotinija	*sītōn? (potniāi)*[253]	m	SC	Wa	m?	p?	G?	O-?	Ho	179, 421, 491
1082	soweneja	*sō̆lwēnej(j)ā?*	p	AC	abg	f	s	N	O/Ā-		
1083	soweno	*sō̆lwēnōi, -ois (kʷe)?*[254]	P	SC	ObD	m/n	s/p	D-I	O-		200
1084	suko	*sūkōn?*[255]	KP	SC	Waf	n	p	G	O-	Ho	208, 387
1085	suqota	*sugʷō̆tāi*	p	SC	BbM	m	s	D	Ā-	Ho	138, 185, 370
1086	suqotao	*sugʷō̆tā(h)o, -ā(h)ōn*	P	SC	BbM	m	s/p	G	Ā-	Ho	139, 185, 300, 370
1087	surase	*sūlāse, sūlāsei?*[256]	P	VF	AoA/ FuA		S	3	th	Ho	133, 321, 326, 327, 340
1088	surate	*sūlātēr?*	P	SC	BbM	m	s	N	R-		256, 370

[249] Vgl. σειρά „Seil“ + ἄρχω. Vielleicht ein Personenname.
[250] In TH teilweise eher das Theonym *Sītōi* (Dat. Sg. eines femininen *ō̆i*-Stammes).
[251] Vgl. σῖτος + χέω „gießen, aufschütten“.
[252] Vgl. σῖτος + πέσσω „kochen“. Vgl. auch Nr. 139 ạsitopoqo.
[253] Oder *Sītōi Potniāi* (Theonym); vgl. Σιτώ (Epitheton von Demeter).
[254] Vgl. σωλήν „Röhre, Rinne“.
[255] In einigen Fällen (bes. in KN) doch eher Personenname im Sg.
[256] Aor. oder Fut.? Vgl. συλάω. Auch andere Interpretationen möglich.

Nr.	GRAF1	*FON2*	LOK3	WA4	KL5	GE6	NU7	KA8	ST9	A0	Seite im Text
1089	suza	*sūtsai* < **sūkjai*[257]	Kp	SC	Pf	f	p	N	(J)A-		142, 164, 178, 356, 447, 490
1090	]takoro	*?*[258]	k	SC?	BbM	m	s	N?	O-		200
1091	tanawa	*tanawa?*[259]	p	AC	gr	n	p	N	O/Ā-	Ho	212, 303
1092	tapa(-eote)	*tarpha (e(h)ontes)*[260]	k	Av						Ho	348
1093	taranu	*thrānus*	KP	SC	ObM	m	s	N	U-	Ho	66, 66, 138, 277, 299, 395, 398, 441
1094	taranuwe	*thrānu(w)es*	P	SC	ObM	m	p	N	U-	Ho	66, 66, 277, 395
1095	tarasija	*tala(n)siā, -ān*	KPm	SC	V-A	f	s	N/A	Ā-		174, 222, 382, 385, 437, 438, 439
1096	tatere	*statēres?*	p	SC	BbM	m	p	N	R-		256, 370
1097	tatomo	*stathmos*[261]	kP	SC	Ob	m	s	N	O-	Ho	198, 381, 390, 437
1098	teija	*the(h)iāi*	k?p	AC	abg	f	s	D	O/Ā-	Ho	217
1099	tekatasi	*tektasi*[262]	T	SC	BbM	m	p	D	N-	Ho	247, 370
1100	teke	*thēke*	p	VF	AoA		S	3	ath	Ho	321, 326, 337, 441
1101	tekotoape	*tektōn (apēs)*[263]	P	SC	BbM	m	s	N	N-	Ho	247, 370
1102	tekotonape	*tektōn (apēs)*	P	SC	BbM	m	s	N	N-	Ho	247, 370
1103	tekotone	*tektones*	k	SC	BbM	m	p	N	N-	Ho	137, 247, 370

257 Vgl. ion., Hom. συκέη, dor., äol. συκία. Oder das myk. su-za = *sūtsās* Gen. Sg. (?).
258 Wohl ein Personenname.
259 Vgl. τανaός „dünn".
260 Vgl. Adv. ταρφέα „häufig, oft".
261 Mit unterschiedlicher Bedeutung auf verschiedenen Täfelchen („Pfeiler, Viehstall, Gewicht"?).
262 Mit Nullstufe im Suffix, zu Nr. 1101-1103 (Vollstufe: *tektōn, tektones*).
263 Vgl. Nr. 75 -ape = *apēs* < **apēst*; aber tekoto(n)ape ist ein Ortsname nach *J.T. Killen* 1996–97, 179-185.

Nr.	GRAF1	*FON2*	LOK3	WA4	KL5	GE6	NU7	KA8	ST9	A0	Seite im Text
1104	temeno	*temenos*	P	SC	LaW	n	s	N/A	S-	Ho	261, 299, 301, 381, 384, 438
1105	-temi	*termis?*[264]	K	SC	Ob?	?	s?	N	D-		230, 343
1106	temidewete	*termidwente*	p	AC	abg	n	d	N	NT-	Ho	103, 237
1107	temidwe	*termidwen*	k	AC	abg	n	s	N	NT-	Ho	103, 237, 298, 302
1108	temidweta	*termidwenta*	KP	AC	abg	n	p	N	NT-	Ho	103, 237
1109	temidwete	*termidwente, -es?*[265]	K	AC	abg	m?	d/p?	N	NT-	Ho	103, 140, 237
1110	]ṭẹmiwete	(Fehler statt -dwete)	k							Ho	237
1111	teo	*the(h)on?, -ōi, -ōn*	KP	SC	Rel	m/f	s/p	ADG	O-	Ho	157, 198, 203, 379, 384, 440
1112	teoi, (pasi-)teoi	*the(h)oi(h)i*	KP	SC	Rel	m/f	p	D	O-	Ho	157, 198, 203, 379, 443
1113	teojo	*the(h)ojjo*	P	SC	Rel	m/f	s	G	O-	Ho	98, 139, 157, 157, 198, 203, 300, 379, 384, 384, 384, 384, 417, 432, 440, 447, 465
1114	teona	(Fehler statt teojo)	p								
1115	teoporija	*the(h)ophoriā, -a?*	K	SC	Rel	f/n	s/p	N	O/Ā-		174, 379, 384
1116	tepa	*?*[266]	K	SC	Tex	f	p	N	Ā-		175

[264] Nur als Nr. 799 oukitemi und Nr. 802 outemi bezeugt. Die Deutung ist unsicher; vgl. z. B. *ou termis* „kein Rand, Saum“ oder *ou themis (esti)* „es ist nicht in Ordnung“. — Oder vgl. τέρμα „Ziel“ bzw. τέρμις· πούς (= „Fuß, Stütze“) bei Hesych (eine bessere Deutung).

[265] Der Nom. Pl. Mask. unsicher (hier Fehler statt -dweta?). Das Wort ist wohl von τέρμις abgeleitet worden (s. Index, Anm. 264), d. h. „mit Füßen, Stützen versehen“; es handelt sich um die Stützen, mit denen die Speichen am Randkranz befestigt sind (*C.J. Ruijgh* 1979b, 212; vgl. *R. Plath* 1994c, 85f.).

[266] Vgl. τάπης „Teppich“.

Nr.	GRAF1	*FON2*	LOK3	WA4	KL5	GE6	NU7	KA8	ST9	A0	Seite im Text
1117	tepai	*?*	m	SC	Tex	f	p	D	Ā-		175
1118	tepeja	*?*	Kt	SC	BbW	f	s/p	D/N	Ā-		175
1119	tepejao	*?*	p	SC	BbW	f	p	G	Ā-		175
1120	teqata(-qẹ)	*?*	p	SC	MeM	m	p	N	Ā-		186
1121	teraạ$_2$	*teraha*	t	SC	Rel	n	p	N	S-	Ho	
1122	teranija	*teramniās??*[267]	p	SC	BbM	m	s	N	Ā-		186
1123	terapike	*therapiskei??*[268]	P	VF	PrA		S	3	th?		316, 324
1124	tereja	*telejjā̆i*	P	VF	PrA		S	3	ath	Ho	321, 324
1125	terejae	*telejjā(h)en*	P	VI	PrA				th!	Ho	321, 328
1126	(jo-)terepato	*-a(n)to?*	k	VF	AoM		S/P	3			323, 327
1127	tereta	*telestās, -ai*	KP	SC	Tit	m	s/p	N	Ā-		185, 374, 383, 417, 433, 434
1128	teretao[	*telestā(h)ōn*	p	SC	Tit	m	p	G	Ā-		185, 374
1129	teretewe	*?*[269]	p	SC	BbM	m	s	D	EU-		282
1130	teto	*theto, thento*[270]	T	VF	AoM		S/P	3	ath	Ho	321, 327, 339
1131	(tuwo)teto	*(thu(w)os) the(n)to*[271]	t	VF	AoM		S/P	3	ath	Ho	

267 Vgl. τέραμνα, τέρεμνα „Haus, Wohnung".

268 Vgl. θεραπεύω „dienen, besorgen". Oder Lok. Sg. eines Subst. **therapiskos* „beim Diener?"; vgl. Nr. 214 didakare „beim Lehrer" auf S. 546. S. zuletzt *B. Vine* 1993, 56f.

269 Oder ein Toponym.

270 Vgl. Nr. 1131 (tuwo)teto und Nr. 729 ojeke(teto). Anders *J. Chadwick*, 1996-97, 294ff.: Die „Aorist-Passiv"-Formen auf -θητο, -θεντο sind im alphabetischen Griechisch nicht bezeugt.

271 Vgl. Nr. 1130 teto.

Nr.	GRAF1	*FON2*	LOK3	WA4	KL5	GE6	NU7	KA8	ST9	A0	Seite im Text
1132	tetukowoa	*tetukhwo(h)a*[272]	k	VP	PfA	n	p	N	S-	Ho	110, 269, 299, 321, 331, 341, 480
1133	tetukowoa$_2$	*tetukhwoha*	p	VP	PfA	n	p	N	S-	Ho	269, 270, 321, 331, 341, 480
1134	teukepi	*teukhesphi*	p	SC	ObW	n	p	I	S-	Ho	261, 396
1135	teutarakoro	*-āg(o)ros?*	P	SC	BbM	m	s	N	O-		
1136	]tewateu	*-teus?*	K	SC	BbM	m	s	N	EU-		
1137	timito(-akee, akei)	*tirminthōn (ankhe(h)ei, ankhe(h)i)*	P	SC	Pf	f?	p	G	O-		161, 203, 260, 264, 356, 354, 426
1138	tinijata	*?*[273]	p	SC	Tit?	m	s	D	Ā-		186
1139	tira	*tilai*[274]	K	SC	Kö	f	p	N	Ā-		174, 359
1140	-tiri	*(pōlons) trins*[275]	k	N		m	p	A	I-	Ho	155, 301, 346
1141	tirijowe	*triōw(w)es*	p	AC	kmp	n	s	N	S-		60, 265
1142	tiriowee	*triōw(w)e(h)e*	p	AC	kmp	n	d	N	S-		60, 265
1143	tiripo	*tripŏ̄s*	P	SC	ObG	m	s	N	D-	Ho	60, 112, 132, 226, 230, 234, 394, 443, 444
1144	tiripode	*tripode*	p	SC	ObG	m	d	N	D-	Ho	60, 110, 112, 116, 155, 157, 230, 285, 297, 301, 394
1145	tiripodiko	*tripodiskoi*	m	SC	ObG	m	p	N	O-		198, 394

[272] Vgl. Hom. τετευχώς.
[273] Oder ein adjektivisches Ethnikon.
[274] Vgl. τίλαι „Flocken", τίλοι „die feinen Haare (der Augenbraue)".
[275] Vgl. Nr. 953 porotiri.

Nr.	GRAF1	*FON2*	LOK3	WA4	KL5	GE6	NU7	KA8	ST9	A0	Seite im Text
1146	tiriṣị	*trisi(n)*	p	N			p	D		Ho	141, 301, 346, 477, 491
1147	([)titama[	*?*	K	SC	BbW	f	p	N?	Ā-		175
1148	titamai	*?*	k	SC	BbW	f	p	D	Ā-		175
1149	toe	*tō(h)ĕ̄(n)?*[276]	p	P?		n?	s	D			344
1150	toị(-qe)	*toi(h)i (kʷe)*	p	P		m	p	D		Ho	344
1151	tojo(-qẹ)	*tojjo (kʷe)*	p	P		n	s	G		Ho	344
1152	ṭọjọṭọṃẹḍọṃị[.]-oẉọtoṛạṛọ	*?*[277]	p								
1153	toko	*tokos??*[278]	K	SC	V-A	m	s	N	O-	Ho	198, 382, 385
1154	tokodomo	*toikhodomos, -ōi, -oi*[279]	P	SC	BbM	m	s/p	N/D	O-		198, 371
1155	tokosota	*toksotās*	k	SC	BbM	m	s	N	Ā-	Ho	185, 371
1156	tokosowoko	*toksoworgoi*	p	SC	BbM	m	p	N	O-		199, 371
1157	tome	*tō(i)-men?*[280]	p	P?		n?	s	D			344
1158	tomika	*tormiska? < *tr̥-*	K	AC	abg	n	p	N	O-		
1159	tonija	*?*[281]	k	AC	abg	n	p	N	O/Ā-		

276 S. auch Nr. 1157 tome. Vielleicht Verbalformen für *B. Vine* 1993, 57.
277 Vielleicht Übung eines Schreibers.
278 Vgl. τόκος „Zins“? Oder τοῖχος „Mauer“ bzw. στοῖχος „Reihe, Linie“?
279 Vgl. τοῖχος „Mauer“ + δέμω „bauen“.
280 Oder *tŏ̄m(m)ei*; s. Anm. 166 auf S. 344. Deutung als Verbalform hält zuletzt *B. Vine* 1993, 57 für möglich. Vgl. Nr. 1149.
281 Oder ein Ethnikon?

Nr.	GRAF1	*FON2*	LOK3	WA4	KL5	GE6	NU7	KA8	ST9	A0	Seite im Text
1160	tono	*thornos*[282]	P	SC	ObM	m	s	N	O-	Ho	199, 395
1161	tonoeketerijo	*thorno(h)e(l)ktēriōi, -ōn?*	p	SC	Rel	n	s/p	G/D	O-		208, 379, 384
1162	too?	*to(h)o?*[283]	p	P		m	s	G		Ho	344
1163	topa	*torpās?*	p	SC	Ob	f	s	G	Ā-		175, 397
1164	topaporoi	*torpā-phoroi(h)i*	T	SC	BbM	m	p	D	O-		371
1165	topeza	*torpedza* < **tr̥pedja*	kP	SC	ObM	f	s	N	JA-	Ho	135, 142, 144, 164, 178, 218, 395, 446
1166	topezo	*torpedzō*	p	SC	ObM	f	d	N	JA-	Ho	166, 178, 300, 395
1167	toqa	(Fehler statt toroqa?)	K	SC	V-A	f	s	N/D?	Ā-		
1168	toqide	*torkʷidei*[284]	P	SC	ObD	f	s	D-I	D-		182, 217, 230, 390
1169	toqideja	*torkʷidej(j)ai*	p	AC	abg	f	p	N	O/Ā-		217
1170	toqidejo	*torkʷidej(j)ō*	p	AC	abg	f	d	N	O/Ā-		217
1171	toqidewesa	*torkʷidwessa*	p	AC	abg	f	s	N	JA-		182, 237
1172	(joeke-)toqo	*((h)ō(s) ekhei) torkʷōi?*	k	SC	V-A	m	s	D	O-		
1173	tora	*thŏ̄r(r)āks*	K	SC	ObW	m	s	N	K-	Ho	232, 396
1174	toraka	*thŏ̄r(r)āks* oder *-āka?*	Tir	SC	ObW	m	s	N/A?	K-	Ho	226, 232, 226
1175	torake	*thŏ̄r(r)ākes*	P	SC	ObW	m	p	N	K-	Ho	232, 396
1176	toronowoko	*thronoworgōi, -oi*	k	SC	BbM	m	s/p	D/N	O-		199, 371

[282] Vgl. Hom. ϑρόνος, Hesych ϑόρναξ.
[283] Auch andere Interpretationen möglich. Für eine Deutung als Variante von to-jo cf. insbesondere *M.S. Ruipérez* 1979, 292.
[284] „Spirale“ als Dekoration; vgl. τρέπω, Hom. τρόπις „Schiffskiel“.

Nr.	GRAF1	*FON2*	LOK3	WA4	KL5	GE6	NU7	KA8	ST9	A0	Seite im Text
1177	toroqa	*trokʷhā, -āi*[285]	K	SC	V-A	f	s	N/D?	Ā-		138, 174, 383, 385
1178	toroqejomeno	*trokʷejomenos*[286]	p	VP	PrM	m	s	N	O/Ā-		321, 330, 339, 441
1179	toroqo	*trokʷon?*[287]	k	SC	Ob?	m?	s?	A?	O-	Ho	199, 397
1180	tosa	*tos(s)ā, -ān, -ai, -a*	KPt tir	P		f/n	s/p	N/A	O/Ā-	Ho	52, 155, 344
1181	tosade	*tos(s)ā(n)de, -aide, -ade* u. a.	kP	P		f/n	s/p	N/A	O/Ā-	Ho	345, 440
1182	tosamejạo	*?*	p	SC?	BbW	f	p	G	Ā-		175
1183	tosa(pemo)	(Fehler statt toso pemo?[288])	tir	P		n	s	N	O-		344
1184	tosawạ	s. -wạ (= tosawạ)	k	A + S	Ti	n	p	N	O-		209, 358
1185	toso	*tos(s)os, -on, -oi*	KPM TTir? kh	P		m/n	s/p	N/A	O/Ā-	Ho	26, 52, 64, 64, 87, 99, 112, 112, 141, 143, 144, 155, 344, 433, 433, 439, 491
1186	tosode	*tos(s)osde, tos(s)onde, tos(s)oide*	k?Pm	P		m/n	s/p	N/A	O/Ā-	Ho	132, 345
1187	tosojo	*tos(s)on jō(d)?*[289]	P	P		n	s	?		Ho	344
1188	toso(kusupa)	*tos(s)on (ksumpan)*	kt	P		n	s	N		Ho	345

[285] Vgl. τροφή (zu τρέφω), d. h. „Speise, Verzehr", doch nach *Frisk, Chantraine* u. a. spricht vieles gegen Labiovelarlaut bei τρέφω. Vielleicht doch besser *strokʷhā* zu στρέφω oder *trokʷā* zu τρέπω.

[286] Zu τρέπω.

[287] Unsicher, ob zu τρέπω oder στρέφω. Vgl. τρόπος, urspr. „Wendung", und Hom. τροπός „Ruderriemen", bzw. στρόφος „geflochtenes Band".

[288] Auch andere Interpretationen möglich. Cf. *A. Leukart* 1987a, 349ff.

[289] Wohl ein *tos(s)on* mit adverbiellem *jō(d)*. Eine Gen. Sg.-Form *tos(s)ojjo* paßt nicht in den Kontext. Kein Fehler!

Nr.	GRAF1	*FON2*	LOK3	WA4	KL5	GE6	NU7	KA8	ST9	A0	Seite im Text
1189	ṭọsone	*tos(s)on-ne?*	m	P		n	s	N			345
1190	tosoo	*tos(s)os (h)ō(s)??*[290]	kp	P		m	s	N		Ho	344
1191	tosopa	*tos(s)os/on (pans/pan)*	Pt	P		m/n	s	N		Ho	129, 345
1192	toteja	*stortejjai?*[291]	k	SC	BbW	f	p	N	JA-		175
1193	toto	*toto < *todtod?*[292]	P	P		n	s	A			345
1194	totoweto	*toto? (wetos)*	P	P		n	s	A			345
1195	touka	*toukhāi?*[293]	K	SC	V-A?	f	s	D?	Ā-		174, 383
1196	tukaṭạṣị	*thugatarsi*	m	SC	MeW	f	p	D	R-	Ho	135, 256, 259, 375
1197	tukate(-qe)	*thugatēr (k^we)*	M	SC	MeW	f	s	N	R-	Ho	64, 108, 112, 112, 132, 138, 138, 138, 256, 258, 259, 298, 375, 384
1198	tukatere	*thugatrei*	m	SC	MeW	f	s	D	R-	Ho	227, 256, 375
1199	tunano	*?*	K	SC	Tex	m?	?	N?			
1200	turateu	*thurāteus?*[294]	P	SC	BbM	m	s	N	EU-		283
1201	turateusi	*thurāteusi?*	P	SC	BbM	m	p	D	EU-		283
1202	turatewe	*thurātēwes?*	k	SC	BbM	m	p	N	EU-		283
1203	turi	*thuris?*[295]	k	SC	ObA	f	s	N	D-		

[290] Oder ein pronominaler Gen. Sg. auf *-o(h)o* zu *tos(s)os* (cf. *M.S. Ruipérez* 1979, 292).
[291] Vgl. στρωτὰ φάρη Soph., Trach. 916.
[292] Vgl. Nr. 1194 totoweto „in diesem Jahr"; vgl. ai. *tát-tad*.
[293] Vielleicht „für die Bearbeitung, Dekoration" usw.; vgl. τεύχω.
[294] Vgl. θυρευτής? Siehe θύρα „Tür".
[295] Vgl. θυρίς „Fenster"? Oder ein Personenname?

Nr.	GRAF1	*FON2*	LOK3	WA4	KL5	GE6	NU7	KA8	ST9	A0	Seite im Text
1204	$turo_2$	*tūrjoi, tūrroi?*[296]	P	SC	Wa	m	p	N	O-	Ho	122, 134, 199, 387, 397
1205	turupete[rija?]	*struptēriā?*[297]	k	SC	Met	f	s	N?	Ā-		174, 355
1206	turupterija	*struptēriās*	Ptir	SC	Met	f	s	G	Ā-		174, 355
1207	(poreno)tuṭẹ[	*(phorĕnos) thustē(ria)*[298]	p	SC	Rel	n	p	N?	O-		
1208	tuwasi	*?*	p	SC	MeM	m	p	D?	D-?		262
1209	tuwea	*thu(w)e(h)a*	p	SC	Wa	n	p	A	S-	Ho	261, 301, 387, 398
1210	tuweta	*thu(w)estāi*[299]	p	SC?	BbM?	m	s	D	Ā-		185
1211	tuwo(teto)	*thu(w)os (the(n)to)*[300]	t	SC	Wa	n	s	N	S-	Ho	261, 387, 397
1212	ude	*(h)uide?*[301]	t	Av							348
1213	udo	*(h)udōr?*	k	SC	Nat	n	s	N	R/N̥(T)-	Ho	243, 353, 359
1214	udonooi	*(h)udo- < *hudn̥-*	p	SC	BbM	m	p	D	O-		200
1215	-ụdopi	s. a_2ṛọ[ ]ụdopi	p								
1216	udoro	*(h)udrōi, -oi*[302]	p	SC	ObG	m	s/p	D/N	O-	Ho?	121, 199, 394

[296] Vgl. τυρός „Käse“.
[297] Vgl. στρυπτηρία Inscr. Priene 365.15 III/II Jh. v. Chr. (στυπτηρία „Alaun“).
[298] Vgl. θυτήριον, θυστήριον „Opfer“.
[299] Vgl. θύος „Räucherwerk“ und θυτής „Opferer“; doch eher Personenname Θυέστης!
[300] Vgl. Nr. 1131 (tuwo)teto bzw. Nr. 1211 tuwo(teto). Das Wort tuwo selbst ist zweimal belegt.
[301] Vgl. lesb. τυῖδε „hierher“; vgl. kret. υἶ, att. ὧδε „so“.
[302] Vgl. ὑδρία „Wassereimer“; von Homer Il. 2, 723 an bedeutet andrerseits das Wort ὕδρος „Wasserschlange“.

Nr.	GRAF1	*FON2*	LOK3	WA4	KL5	GE6	NU7	KA8	ST9	A0	Seite im Text
1217	-ujo	*(h)ŭjōi*	t	SC	MeM	m	s	D	O-		134, 275, 275, 275, 275, 375, 384, 423, 424
1218	umetaqeạpo	s. -ạpo	p								
1219	upo	*(h)upo*[303]	kP	Av						Ho	348
1220	upowe	*(h)upowes*[304]	k	SC?	?	n	s	N	S-		267
1221	-uruto	*wruntoi*	p	VF	PrM		P	3	ath	Ho	321, 325, 339
1222	(o)utera	*(hōs) (h)usterā*	m	Av	kpr	f	s	I		Ho	
1223	]utesi	s. ere]utesi									
1224	uwoqene	*u(w)ŏ*k^w*ēwes?*[305]	k	SC	BbM	m	p	N	N-		248
1225	uwoqewe	*u(w)ŏ*k^w*ēwes?*	k	SC	BbM	m	p	N	EU-		248, 281, 371
1226	-wạ (= tosawạ)	*(tos(s)a) wa(rnia)*[306]	k	SC	Ti	n	p	N		Ho	209, 358
1227	wanaka	*wanaks*[307] < **wanak(t)s*	KPt	SC	Tit	m	s	N	KT-	Ho	110, 111, 140, 219, 226, 228, 234, 374, 383, 438, 441, 446, 476, 491
1228	wanakate	*wanaktei*	kP	SC	Tit	m	s	D	KT-	Ho	228, 374
1229	wanakatera	*wanakterai, -a*	kt	AC	abg	f/n	p	N	O/Ā-		219
1230	wanakatero	*wanakteros, -on, -oi*	kPttir	AC	abg	m/n	s/p	N	O/Ā-		84, 85, 110, 219

303 In PY vielleicht eine Präposition.

304 Vgl. Hesych ὑποέστης· χιτών.

305 Eine Variante zu 1225 uwoqewe? Oder ein Fehler? (Cf. *N. Maurice* 1988, 134.) Vielleicht ὑ = ἐπί + (Hinterglied) *ŏ*k^w-; vgl. das Gottesnamen-Epitheton Ἐπωπεύς.

306 S. Nr. 1184 tosawạ = *tos(s)a wa(rnia)* „so viele Lämmer"; vgl. *ῥήν, ἀρήν, ἀρνίον „Lamm".

307 In KN wanaka, wanakate wohl auch als Personenname. In TH (wanaka[) kaum Nom. Sg.

Nr.	GRAF1	*FON2*	LOK3	WA4	KL5	GE6	NU7	KA8	ST9	A0	Seite im Text
1231	]wanakato	*wanaktos?*	p	SC	Tit	m	s	G	KT-	Ho	228, 374
1232	wanakete	= wanakate	p							Ho	228, 374
1233	wanasewija	*wanassēwiā, -a*[308]	P	AC	abg	f/n	s/p	N	O/Ā-		217
1234	wanasewijo	*wanassēwion, -ōn*	p	AC	abg	n	s/p	N/G	O/Ā-		217
1235	wanasoi	*wanas(s)oi(h)i?*[309]	P	SC	Rel	?	d/p	D-L	?		166
1236	wanosoi	= wanasoi	p	SC	Rel	?	d/p	D-L	?		
1237	wao	*waor??*[310]	p	SC	ObW	?	?	N	?		
1238	warawita	*wrāwista?*	k	AC	abg	n	p	N	O/Ā-		220, 220, 304, 334
1239	wateu	*wasteus?*[311]	p	SC	BbM	m	s	N	EU-		283
1240	watu	*wastu*	KP	SC	ObA[312]	n	s	N/A	U-	Ho	226, 275, 299, 381, 384
1241	weareja	*we(h)alej(j)ā, (h)u(h)alej(j)ā*[313]	p	AC	abg	f	s	N	O/Ā-		217
1242	wearepe, wejarepe	*(h)we(h)/j(j)-aleiphes?*[314]	P	AC	abg	n	s	N	S-		267

[308] Abgeleitet von *wanasa „Königin", aber Bedeutung unsicher.
[309] Irgendwie zu wanaka/*wanasa, eventuell „Königspalast", „Fest des Wanaks" (*A. Leukart* 1983, 245) oder auch Dat. Du. *wanassoj(j)i(n)* „den beiden Göttinnen" (so *C.J. Ruijgh* 1999, 531ff.).
[310] Schwerlich ἄορ „Schwert", cf. *C.J. Ruijgh* 1985a, 143-190.
[311] Interpretation sehr unsicher.
[312] Oder LaW?
[313] Vgl. ὑάλεος „gläsern".
[314] Vorderglied wie in Nummern 1248-1250 + ἀλείφω „salben".

Nr.	GRAF1	*FON2*	LOK3	WA4	KL5	GE6	NU7	KA8	ST9	A0	Seite im Text
1243	wea₂noi	*wehanoi(h)i*[315]	P	SC	Tex	m	p	D	O-	Ho	199, 389
1244	wea₂rejo	*wehalej(j)os, (h)uhalej(j)os*[313]	p	AC	abg	m	s	N	O/Ā-		217
1245	]weea₂	= weweea?	p	AC	abg	n	p	N	S-		267
1246	weewija	*we(h)ēwiāi, -ai*[316]	KP	AC?	abg	f	s/p	D/N	O/Ā-		218
1247	wejarepe	= wearepe									267
1248	[we]ję̣kea	*(h)wej(j)-ekhe(h)a?*[317]	p	AC	abg	n	p	N	S-		267
1249	wejekea₂	*(h)wej(j)-ekheha*[317]	P	AC	abg	n	p	N	S-		267
1250	wejekee	*(h)wej(j)-ekhe(h)e?*[317]	P	AC	abg	n	d	N	S-		267
1251	wejewe	*wejĕwes, (h)ŭjĕwes*[318]	kp	SC	Pf	m	p	N	EU-?		284, 356
1252	wekasa[	*wekassa(i)* < **wekn̥tja(i)*[319]	k	AC	gr	f	s/p	N/A	JA-		181, 303
1253	wekata	*wergatai*[320]	K	SC	Ti!	m	p	N	Ā-		185, 201, 358
1254	wekatae	*wergată(h?)e*	k	SC	Ti!	m	d?	N	Ā-		185, 358

315 Vgl. ἑανός Il. 21, 507 usw. „Kleid“ (von **wes-* „bekleiden“). Auf einer Stelle doch auch weano[= *we(h)anos* Nom. Sg. oder *we(h)anoi* Nom. Pl. möglich.

316 Von **wes-* „bekleiden“ abgeleitet? Andere Interpretation: *(h)uēwiāi, -ai* (mit ὗς „Schwein“ verbunden).

317 **swei* > *hwei* „eigen, selbst“ (Reflex. Possess. Pronomen) + *s*-stämmiges Hinterglied -ἐχής (zu ἔχω) „eigene Halterungen habend“ laut *R. Plath* 1994c, 98ff.

318 Vgl. Hesych υἱήν· τὴν ἄμπελον ἢ ἀναδενδράδα.

319 Vgl. att. ἑκοῦσα < **wekontja* und dial. ἔκασσα (vgl. ἑκών „gern“). Oder zu Nr. 1256?

320 Von Ochsen als Arbeitstieren; vgl. **werg-* „arbeiten“.

Nr.	GRAF1	*FON2*	LOK3	WA4	KL5	GE6	NU7	KA8	ST9	A0	Seite im Text
1255	wekeija	*werge(h)iā?*[321]	k	SC	MeK	f	s?	N?	Ā-		175, 378
1256	]wekese	*wekse?*[322]	k	VF	AoA		S	3	th		316, 326, 340
1257	wekowekate[	*?*[323]	k	SC	BbM	m	p?	N?	?		316
1258	wepeza	*(h)wep-* o. *(h)weks-pedza* < **sweks-pedja?*[324]	p	AC	kmp	f	s	N	JA-		155, 181, 218, 218, 301, 395
1259	werateja	*?*	k	SC	MeW	f	p	N	Ā-		175
1260	]weratija	= werateja	k	SC	MeW	f	p	N	Ā-		175
1261	werekara	= werekarata	p	SC	BbM	m	p	N	Ā-		186
1262	werekarata	*?*	p	SC	BbM	m	p	N	Ā-		186
1263	wereke	*wreges*[325]	P	SC	ObA	?	p	N	G-?		232, 381
1264	wereneja	*wrēnej(j)ā*[326]	p	AC	abg	f	s	N	O/Ā-		218
1265	werewe	*?*	K	SC	Tit?	m	p	N	EU-		283
1266	werumata	*wĕ̄l(l)ūmata?*[327]	p	SC	Tex	n	p	N	MN̥(T)-	Ho	244, 389, 398
1267	weteiwetei	*wete(h)i-wete(h)i*[328]	P	SC	Ze	n	s	D-L	S-	Ho	226, 261, 301, 353, 359, 443, 447

321 Von einer Arbeitsgruppe.

322 Aor. von ϝέχω (im Kypr., Pamphyl. bezeugt); vgl. lat. *veho*, ai. *váhati*. Vielleicht ein Personenname (auch andere Deutungen möglich).

323 Vielleicht handelt es sich nicht um ein einziges Wort! Cf. *A. Leukart* 1994, 164[91].

324 Vgl. ἕξ (oder kret. ϝέξ) + **-pedja*.

325 Wohl „Viehauslauf, Gehege, Schafhürde", vgl. Hom. ἐέργω, att. εἴργω „einschließen" (s. *E. Tichy* 1983, 286).

326 Vgl. ἄρνειος, Adj. zu *ϝρήν „Schaf, Lamm".

327 Vgl. εἶλυμα Hom., Od. 6, 179 „Wickeltuch".

328 Mit adverbieller Bedeutung „jedes Jahr, jährlich"; vgl. ἔτος „Jahr".

Nr.	GRAF1	*FON2*	LOK3	WA4	KL5	GE6	NU7	KA8	ST9	A0	Seite im Text
1268	weto	*wetos*	P	SC	Ze	n	s	A	S-	Ho	132, 226, 261, 301, 353, 443
1269	]wetoro	*?*	k	SC	Ob?	?	s?	N?	O-		
1270	weweea	*werwe(h)e(h)a*[329]	K	AC	abg	n	p	N	S-		267
1271	wewesijeja	*werwesiejjai?*[330]	P	SC	BbW	f	p	N	JA-?		178
1272	wewesijejao	*werwesiejjā(h)ōn?*	p	SC	BbW	f	p	G	JA-?		178
1273	-wide	*wide*	P	VF	AoA		S	3	th	Ho	99, 145, 315, 326, 340, 441, 441
1274	wirinejo	*wrīnej(j)ō?, -ois?*[331]	K	AC	abg	n	d/p	N/I	O/Ā-		218
1275	wirineo	*wrīne(h)ō?, -ois?*	K	AC	abg	n	d/p	N/I	O/Ā-		218
1276	wirineu	*wrīneus*[332]	t	SC	BbM	m	s	N	EU-		281, 371
1277	wirinewe	*wrīnēwei, -wes?*	K	SC	BbM	m	s/p	D/N	EU-		281, 371
1278	wirinijo	*wrīniō?, -ois*	K	AC	abg	n	d/p	N/I	O/Ā-		218
1279	wirino	*wrīnos, -oi*	P	SC	Kö	m/f	s/p	N	O-	Ho	140, 199, 359, 360
1280	wiriza	*wridza, -ai*	Kp	SC	Pf	f	s/p	N	JA-		142, 178, 296, 356
1281	wisoẉọpaṇạ	*wiswo-*[333]	p	AC	ObW	n	p	N	O/Ā-		110, 223
1282	wodowe	*wordowen*[334]	P	AC	abg	n	s	N	NT-	Ho	237

329 Vgl. ostion. εἰρίνεος zu εἶρος < **werwos* „Wolle".

330 Wohl „Bearbeiterinnen von Wolle". Anders zuletzt *M.S. Ruipérez* 1999, 537ff.: onomastische -*ejjo*-Ableitung vom Personennamen we-we-si-jo.

331 S. auch Nr. 1275 wirineo, 1278 wirinijo. Doch eher Instr. Pl. als Nom. Pl. oder Du.

332 Vgl. ῥινός „Haut, Fell" (s. Nr. 1279 wirino). Doch vielleicht ein Personenname.

333 Vgl. ἴσος < **wiswos* „gleich, ähnlich".

334 Vgl. ῥοδόεις zu ῥόδον „Rose".

Nr.	GRAF1	*FON2*	LOK3	WA4	KL5	GE6	NU7	KA8	ST9	A0	Seite im Text
1283	woikode	*woikon-de*[335]	K	SC	ObA	m	s	A + *de*	O-	Ho	134, 199, 389, 443
1284	wojo	*(h)wojjo* < **swosjo*[336]	p	P		m/n	s	G		Ho	345
1285	woka	*wokhā, -āi*[337]	P	SC	ObE	f	s	N/D	Ā-		174, 392
1286	woke	*worgĕn?* < **wr̥g-ēnt??*[338]	kp	VF?	AoP?		P?	3	th		315, 327, 338, 341
1287	woko	*woikos, ōi*	t	SC	ObA	m	s	ND	O-	Ho	
1288	wokode[339]	*woikon-de*	k?t	SC	ObA	m	s	A + *de*	O-	Ho	199, 389
1289	wonasi	*woinas(s)i*[340]	k	SC	LaW	f?	p	D-L	D-		230, 381, 384
1290	wonewe	*wornēwei, -wes?,* *woinēwei, -wes??*[341]	P	AC	Ti	m	s/p	D/N	EU-?		284, 358
1291	(toso) wono	*(tos(s)os) woinos*	Kpmt kh	SC	Wa	m	s	N	O-	Ho	134, 199, 387, 398
1292	wonowaṭịsi	*woino-?*[342]	P	?	?	f	p	D	D-?		231

335 S. auch Nr. 1288 wokode.

336 Vgl. Hom. οἷο, ἑοῖο usw. (refl. Pron.).

337 Zu ϝέχω, lat. *veho*; vgl. Hom. ὄχεα „Wagen".

338 Auch andere Interpretationen möglich: Verbal- oder verschiedene Nominalformen von der Wurzel **werg-/wr̥g-*, aber auch Lok. auf *-ei* von *woikos*. Es ist zu fragen, ob es sich in KN um dasselbe Wort wie in PY handelt.

339 Vgl. Nr. 1283 woikode.

340 Vgl. οἰνάς „Weinrebe" mit Hesychs Glosse οἰνάδες· ἀμπελώδεις τόποι, d. h. *woinas(s)i* = „in den Weinbergen".

341 Besser ein Adjektiv (Nom. Pl. M.) zu *ῥήν, ἀρήν „Lamm" als ein *eu*-stämmiges Subst. zu *woinos* (Dat. Sg. oder Nom. Pl.). Noch anders *M. Peters* 1993, 390f.

342 Eher ein Ethnikon.

Nr.	GRAF1	*FON2*	LOK3	WA4	KL5	GE6	NU7	KA8	ST9	A0	Seite im Text
1293	woqewe	= uwoqewe?[343]	P								
1294	[wo]ra	*wōrā??*[344]	k	SC	ObE	f	s	N	Ā-		176
1295	worae	*wōrā̆(h)e?*	k	SC	ObE	f?	d	N	Ā-		176, 182, 392
1296	worawesa	*wōrāwessa*	k	AC	abg	f	s	N	JA-		182, 237
1297	worokane	*?*	K	SC	MeM	m	p	N	N-?		
1298	worokijonejo	*?*[345]	P	AC	abg	m/n	s	N	O/Ā-		
1299	woromata	*wlōmata*[346]	p	SC	Tex	n	p	N	MN̥(T)-		244, 397
1300	woroneja	*wronej(j)a?*[347]	m	AC	abg	n	p	N	O/Ā-		218
1301	woweu	*worweus?*[348]	Kp	SC	Tit	m	s	N	EU-		282, 371
1302	wowija	*worwiā, -ia?*[349]	P	SC	LaW	f/n	s/p	N	?		209, 381, 384, 426
1303	wowo	*worwos*[350]	P	SC	LaW	m	s	N	O-		200, 381, 384, 427
1304	woze	*wordzei* < **wr̥gj-*[351]	P	VF	PrA		S	3	th	Ho	142, 315, 324, 339, 440
1305	wozee	*wordze(h)en*	p	VI	PrA				th	Ho	315, 328, 339, 440
1306	wozo	*wordzōn*	p	VP	PrA	m	s	N	NT-	Ho	241, 315, 329

343 Oder ein Toponym?
344 Vgl. ion. ὤρη „Vorsorge"; hier eine Art Sicherung am Rad?
345 Ein ursprüngliches Possessivadjektiv (in Verbindung mit Grundbesitz).
346 Vgl. λῶμα „Saum am Kleid".
347 Vgl. Nr. 1264 wereneja.
348 Vgl. Nr. 1303 wowo = *worwos*, att. ὅρος, ion. οὖρος „Grenze".
349 Oder vielleicht sogar Dat.-Lok. -*āi*?
350 Oder Dat.-Lok. -*ōi* bzw. Abl.-Instr. -*ō*??
351 Vgl. alphabet. (ϝ)ρέζω bzw. ἔρδω „machen, verrichten".

Nr.	GRAF1	*FON2*	LOK3	WA4	KL5	GE6	NU7	KA8	ST9	A0	Seite im Text
1307	wozoe	= wozee? (Fehler)	p	VI	PrA				th	Ho	315, 328
1308	wozomena	*wordzomena*	k	VP	PrM	n	p	N	O/Ā-	Ho	315, 330, 339
1309	wozomeno	*wordzomenō*	k	VP	PrM	n	d	N	O/Ā-	Ho	315, 330
1310	wozote	*wordzontei, -es*	P	VP	PrA	m	s/p	D/N	NT-	Ho	241, 315, 329, 339
1311	zamijo	*dzāmioi?*[352]	kp	SC	MeM	m	p	N	O-		200
1312	zawete	*tsāwetes* < **kjā-wetes*[353]	kp	Av							142, 261, 348, 353
1313	]ẓạwetera	*tsāwetērā*	K	AC	abg	f	s	N	O/Ā-		219
1314	ẓạwẹtẹrọ	*tsāwetēros, -on, -oi*	k	AC	abg	m/n	s/p	N	O/Ā-		219
1315	zesomeno	*dzes(s)omenōi*[354]	p	VP	FuM	n	s	D	O/Ā-	Ho	316, 331, 441
1316	-zeto	*dzento??*[355]	p	VF	AoM		S	3	ath	Ho	316, 327
1317	zeukesi oder Abkürzung ze.	*dzeuges(s)i*[356]	p	SC	V-A	n	p	D	S-	Ho	107, 140, 141, 142, 145, 261, 383, 385, 392
1318	zeukeusi	*dzeugeusi*[357]	P	SC	BbM	m	p	D	EU-		134, 142, 282, 371
1319	zoa	*dzo(h)āi?*[358]	K	SC	Wa	f	s	D	Ā-		174, 387

352 „Bestrafte Personen?“; vgl. att. ζημία „Strafe“.
353 Vgl. att. τῆτες, ion. σῆτες, dor. σᾶτες „heuer“.
354 Von ζέω „kochen, sieden“.
355 Vgl. Hom. γέντο „er faßte“.
356 Vgl. ζεῦγος „Gespann, Paar“.
357 Vgl. ζευγίτης „Jochführer“.
358 Vgl. Hesychs Glosse ζόη· τὸ ἐπάνω τοῦ μέλιτος „eine Art Schaum auf dem Honig?“; im Myk. wohl eine Ölsortenbezeichnung.

Nr.	GRAF1	*FON2*	LOK3	WA4	KL5	GE6	NU7	KA8	ST9	A0	Seite im Text
1320	(poreno) -zoterija	*(phorĕnos, -ōn) dzōstēria?*[359]	p	SC	Rel	n	p	N	O-		207, 247, 377
1321	zowa	?[360]	KT?			n?	p?	N/A			
1322	*34-ketesi	vgl. *35-katere	P	SC	Tit?	m	p	D	R-?		256, 262
1323	*34-keu	?	p	S/A	abg	m	s	N	EU-		285, 285
1324	*34-te	?	p	SC	Tit	m	s	N	R-?		256
1325	*34-topi	?	p	SC	Tit	m	p	I	R-?		256
1326	*35-katere	?	P	SC	?	m	d	N	R-		257
1327	*35-kinoo	?	P	SC	ObA	m	p	N	O-		
1328	*35-rakạtera	identisch mit Nr. 1019 [?]rakạtera									257
1329	*56-rakuja	= parakuja?	k	AC	abg	n	p	N	O/Ā-		216, 276
1330	*56-ruwe	= koruwe?	T	SC	Theon.?	?	s	D	U-?		

Anm.: Bei diesen 1330 Wortformen handelt es sich um die konkret bezeugten Formenvarianten der etwa 900 lexikalischen Einheiten appellativischen Charakters (s. S. 400). Die Zahl der Wortformen ist hier etwas höher als auf S. 154 (wegen mehrerer Querverweise und einiger Ergänzungen aus *Thèbes* 2002). — Nicht alle Wortformen scheinen in den Kapiteln I-X des Buches auf!

[359] Wohl *dzōstēria* (vgl. ζωστήρ „Leibgurt“). Vgl. Nr. 935 poreno(-zoterija).

[360] In TH ein Personenname (mehrmals im Dat. Sg.).

Bibliographie[361]

ACTA MYCENAEA 1972: Acta Mycenaea, Salamanca 1970 (1972) = Minos 11, 12.

ADRADOS, F. Rodríguez 1976: Micénico, dialectos paramicénicos y aqueo épico, Emérita 44, 1976, 65-113.

ADRADOS, F. R. 1976: La creación de los dialectos griegos del primer milenio, Emérita 44, 1976, 245-278.

ADRADOS, F. R. 1979: Arquelogía y diferenciación del indoeuropeo, Emérita 47, 1979, 261-282.

ADRADOS, F. R. 1981: Towards a New Stratigraphy of the Homeric Dialect, Glotta 59, 1981, 13-28.

ADRADOS, F. R. 1989: ¿Sincretismo de casos en micénico?, Minos 24, 1989, 169-185.

ADRADOS, F. R. 1990: El genitivo temático en *-o* en micénico y chipriota, in: Villar (ed.) 1990, 175-181.

ADRADOS, F. R. 1992: Nueva sintaxis del griego antiguo, Madrid 1992.

ADRADOS, F. R. 1995: El diccionario micénico de Aura Jorro en el contexto de los estudios micénicos, Estudios clásicos 37, 1995, 103-122.

ADRADOS, F. R. 1998: La dialectología griega, hoy (1952 – 1995), Madrid 1958.

ADRADOS, F. R. 2001: Geschichte der griechiechischen Sprache, Tübingen – Basel 2001.

ALONI, A. – NEGRI, M. 1988: Nuove considerazioni filologiche e linguistiche: il caso di πτόλις, Atti del Sodal. Glott. Milanese 29, 1988, 151-155.

ALONI, A. – NEGRI, M. 1989: Il caso di πτόλις, Minos 24, 1989, 139-144.

AMBROSINI, R. 1996: Introduzione alla linguistica indoeuropea, Lucca 1996.

ANDERSON, D. 1994-1995: Mycenaean Vessel Terms: Evaluating the IE Evidence, Minos 29-30, 1994-1995, 295-322.

ANTONELLI, C. 1993: Note critiche sulla tavoletta di Pilo Tn 316, Rend. Mor. Acc. Lincei, s. 9, v. 4, 1993, 199-202.

ANTONELLI, C. 1996: Dioniso: una divinità micenea, in: De Miro-Godart-Sacconi (edd.) 1996, 169-176.

[361] Weitere wichtige bibliographische Angaben befinden sich vereinzelt in den Anmerkungen zu Kap. I–V bzw. unter den Abbildungen — und vor allem in den bibliographischen Paragraphen auf den Seiten 16ff., 29ff., 44ff., 71ff., 151ff., 399, 430f., 448 usw. Vgl. auch die Zusätze zu einzelnen Kapiteln.

ARAVANTINOS, V. 1987: Mycenaean Sealings from Thebes, in: Tractata Mycenaea, Skopje 1987, 13-27.

ARAVANTINOS, V. 1990: The Mycenaean Inscribed Sealings from Thebes: Problems of Content and Function, in: Palaima (ed.) 1990, 149-174.

ARAVANTINOS, V. 1996: Tebe micenea: recenti scoperte epigrafiche ed archeologiche (1993-1995), SMEA 38, 1996, 179-190.

ARAVANTINOS, V. 1999: Myceneaen Texts and Context at Thebes: the Discovery of the New Linear B Archives on the Kadmeia, in: *Floreant I*, Wien 1999, 45-78.

ARAVANTINOS, V. – GODART, L. – SACCONI, A. 1995: Sui nuovi testi del Palazzo di Cadmo a Tebe, Rend. Mor. Acc. Lincei, s. 9, v. 6, 1995, 809-845.

ARAVANTINOS, V. – GODART, L. – SACCONI, A. 2002: *Thèbes*, Fouilles de Odos Pelopidou, Pisa – Roma 2002.

AURA JORRO, F. 1986-1993: Diccionario micénico (DMic.) I-II, Madrid 1986-1993.

AURA JORRO, F. 1999: Les nouveaux Index Généraux du Linéaire B, in: *Floreant I*, Wien 1999, 103-114.

BABIČ, M. 1999: Wortstellung im Mykenischen und im alphabetischen Griechisch, in: *Floreant I*, Wien 1999, 115-120.

BADER, F. 1973: Mycénien to-so-de, to-so-jo, Minos 14, 1973, 85-109.

BADER, F. 1979: La subordination en mycénien, in: Colloquium Mycenaeum, Chaumont 1975 (Neuchâtel 1979), 295-311.

BADER, F. 1987: Autour de myc. re-wo-to-ro-ko-wo, in: Tractata Mycenaea, Skopje 1987, 29-40.

BADER, F. 1991: Problématique du génitif thématique sigmatique - 1. Substituts sigmatiques en **-sy(o)*, **-so*, BSL 86/1, 1991, 89-157.

BADER, F. 1992a: Problématique du génitif thématique: illustrations mycéniennes et homériques, in: Olivier (ed.), Mykenaika 1992, 1-17.

BADER, F. 1992b: Problématique du génitif thématique - II. Substituts non sigmatiques (type lat. *-ī*), BSL 87/1, 1992, 71-119.

BARRIO VEGA, M. L. DEL 1990: Problemas de los grupos **k(h)i*, **k^y(h)i*, **t(h)i* y **ty* en griego, Emérita 58/2, 1990, 293-310.

BARRIO VEGA, M. L. DEL 1996: Algunas consideraciones sobre los silabogramas complejos, in: De Miro-Godart-Sacconi (edd.) 1996, 189-193.

BARTONĚK, A. 1956: Nynější stav v luštění krétského lineárního písma B, SPFFBU A 4, 108-122.

BARTONĚK, A. 1957: The Linear B Signs 8-A and 25-A_2, SPFFBU A 5, 1957, 44-62.

BARTONĚK, A. 1959: Die syllabischen Schriften des östlichen Mittelmeerraums, Das Altertum 5, 1959, 16-34.

BARTONĚK, A. 1961a: Vývoj konsonantického systému v řeckých dialektech, Praha 1961.

BARTONĚK, A. 1961b: K Palmerově kritice Evansova datování knósských tabulek, LF 84, 1961, 325ff.

BARTONĚK, A. 1964: The Phonic Evaluation of the *s*- and *z*- Signs in Mycenaean, SPFFBU E 10, 1965, 29-60.

BARTONĚK, A. 1965: Nástin elementárního mykénského hláskosloví a tvarosloví, SPFFBU E 10, 1965, 29.

BARTONĚK, A. 1966: Development of the Long-Vowel System in Ancient Greek Dialects, Prague 1966.

BARTONĚK, A. 1967: Reflections on the Ancient Greek Short Vowel System, SPFFBU E 12, 1967, 133-151.

BARTONĚK, A. 1968a: On Greek Dialectology after the Decipherment of Linear B, in: Studia Mycenaea, Brno 1966 (1968), 37-51.

BARTONĚK, A. 1968b: Dialectal Classification of Mycenaean in the Opinion of Various Scholars, in: Studia Mycenaea, Brno 1966 (1968), 155-210.

BARTONĚK, A. 1968c: Compensatory Lengthening in Mycenaean?, Atti e Memorie del 1° Congresso Internazionale di Micenologia II, Roma 1968, 757-763.

BARTONĚK, A. 1969: Zlatá Egeis, Praha 1969.

BARTONĚK, A. 1970: Attic-Ionic Dialects Reclassified, SPFFBU E 15, 1970, 149-157.

BARTONĚK, A. 1971: On the Greek Phonemic Subsystems, SPFFBU E 16, 1971, 233-242.

BARTONĚK, A. 1971a: Das Ostargolische in der räumlichen Gliederung Griechenlands, in: Donum Indogermanicum, Festgabe für A. Scherer, Heidelberg 1971, 118-122.

BARTONĚK, A. 1972: Classification of the West Greek Dialects about 350 B.C., Prague-Amsterdam 1972.

BARTONĚK, A. 1972a: Ancient Greek Long-Vowel Systemic Development, SPFFBU 17, 1972, 65-81.

BARTONĚK, A. 1972b: Relevance of the Linear B Linguistic Phenomena for the Classification of Mycenaean, in: Acta Mycenaea II, Salamanca 1970 (1972) = Minos 12, 329-345.

BARTONĚK, A. 1972c: The Brno Inquiry into the Problems of the Dialectal Classification of Mycenaean, in: Acta Mycenaea II, Salamanca 1970 (1972) = Minos 12, 346-360.

BARTONĚK, A. 1973: Greek Dialects of Archaic Sicily, Graecolatina et Orientalia 5, Bratislava 1973, 71-89.

BARTONĚK, A. 1975a: On the Mycenaean Greek Etymologies, Actes Eirene, Cluj 1973 (Bucureşti-Amsterdam, 1975), 703-708.

BARTONĚK, A. 1975b: Greek Dialects of Ancient Apennine Peninsula, Classica et Mediaevalia J. Ludvíkovský octogenario oblata, Brno 1975, 17-36.

BARTONĚK, A. 1978: On the Chronology in the Prehistory of Greek Language, Eirene 16, 1978, 41-50.

BARTONĚK, A. 1979a: Převrat v starořecké dialektologii?, SPFFBU E 24, 1979, 17-34.

BARTONĚK, A. 1979b: Labioveláry v mykénské řečtině, SPFFBU A 27, 1979, 113-126.

BARTONĚK, A. 1979c: Greek Dialects between 1000 and 300 B.C., SMEA 20, 1979, 113-130.

BARTONĚK, A. 1980: Substantiva a adjektiva souhláskových kmenů 3. deklinace v mykénské řečtině, SPFFBU E 25, 1980, 199-223.

BARTONĚK, A. 1982: Substantiva a adjektiva samohláskových kmenů 3. deklinace v mykénské řečtině, SPFFBU E 27, 1982, 223-235.

BARTONĚK, A. 1983a: Klasifikace starořeckých dialektů v novém pojetí, SPFF-BU E 28, 1983, 205-218.

BARTONĚK, A. 1983b: The Linear B Texts and their Quantitative Evaluation, in: Res Mycenaeae, Nürnberg 1981 (Göttingen 1983), 15-27.

BARTONĚK, A. 1983c: Zlaté Mykény, Praha 1983.

BARTONĚK, A. 1983d: Zur Datierung der Linear-B-Texte aus dem Palastarchiv in Knossos, Listy filologické 106, 1983, 138-141.

BARTONĚK, A. 1983e: The Main Periods of Early Greek Linguistic Development, Consilium Eirene XVI, Praha 1983, vol. 3, 67-74.

BARTONĚK, A. 1983f: Das böotische Theben auf einer ägyptischen Namensliste?, SPFFBU E 28, 1983, 201-204.

BARTONĚK, A. 1984: The Consonantal Declension in Mycenaean, in: Actes du VIIe Congrès de la Fédération Internationale des Associations d'Études classiques, Vol. II, Budapest 1979 (1984), 491-497.

BARTONĚK, A. 1985: Věcné ideogramy v mykénském lineárním písmě B, SPFF-BU E 30, 1985, 113-124.

BARTONĚK, A. 1986: Die eteokretischen Inschriften von Kreta im Vergleich mit den griechisch-kretischen, in: O-o-pe-ro-si, Festschrift für E. Risch zum 75. Geburtstag, Berlin-New York 1986, 701-707.

BARTONĚK, A. 1987: Prehistorie a protohistorie řeckých dialektů, Brno 1987.

BARTONĚK, A. 1987a: The Vocalic/Diphthongal Stems of the 3rd Declension in Mycenaean, in: Studies in Mycenaean and Classical Greek Presented to John Chadwick, Salamanca 1987 (= Minos 20-22), 61-68.

BARTONĚK, A. 1987b: Pádový systém v mykénské řečtině, SPFFBU E 32, 1987.

BARTONĚK, A. 1987c: On the Sources of Juxtavocalic *s* in Mycenaean, in: Tractata Mycenaea, Skopje 1987, 41-48.

BARTONĚK, A. 1988: The Name of Thebes in the Documents of the Bronze Era, Minos 21, 1988, 39-46.

BARTONĚK, A. 1990: Jmenná flexe v mykénštině, Listy filologické 113, 1990, 261-271.

BARTONĚK, A. 1991a: Die Erforschung des Verhältnisses des mykenischen Griechisch zur homerischen Sprachform, in: Latacz (ed.) 1991, 289-310.

BARTONĚK, A. 1991b: L'evoluzione dei dialetti greci nella dimensione geografica delle età oscure, in: Musti et al. (edd.) 1991, 241-250.

BARTONĚK, A. 1991c: Grundzüge der altgriechischen mundartlichen Frühgeschichte, Innsbruck 1991 (= IBS, Vorträge und Kleinere Schriften, 50).

BARTONĚK, A. 1992a: Mycenaean Vocabulary in a Morphological Classification, in: Létoublon (ed.) 1992, 139-150.

BARTONĚK, A. 1992b: The Lexical Stock of Mycenaean Greek, in: Olivier (ed.), Mykenaika 1992, 19-56.

BARTONĚK, A. 1993a: Semantic Distribution of the Mycenaean Substantives, Listy filologické 116, 1993, 97-108.

BARTONĚK, A. 1993b: Greek: Prospects and Limitations of the Dialectological Study of the Early Stages of Ancient Greek, in: Crespo-García Ramón-Striano (edd.) 1993, 17-22.

BARTONĚK, A. 1993c: Schriftlich bezeugte nichtgriechische Sprachen im altägäischen Raum, Eirene 30, Praha 1993, 5-20.

BARTONĚK, A. 1993d: Le lingue egee non-greche, Atti del VIII convegno di linguisti, Milano 1993, 231-246.

BARTONĚK, A. 1994: Die Entstehung und Ausstrahlung des griechischen Alphabets im östlichen und mittleren Mittelmeerraum, SPFFBU E 38, 1994, 119-130.

BARTONĚK, A. 1996a: The Mycenaean Language and Dialect, in: De Miro-Godart-Sacconi (edd.) 1996, 7-23.

BARTONĚK, A. 1996b: Il miceneo ed il greco alfabetico: dai fenomeni ben conosciuti alle coerenze ed alle differenze meno evidenti, in: Atti del Convegno Annuale della Società Italiana di Linguisti, Palermo 1996.

BARTONĚK, A. 1998: Die hocharchaischen griechischen Inschriften aus Pithekoussai (Ischia), in: Die Geschichte der hellenischen Sprache und Schrift, Ohlstadt 1996 (1998), 159-174.

BARTONĚK, A. 1999a: Mycenaean Common Nouns in the Disguise of Proper Names, in: *Floreant I*, Wien 1999, 121-130.

BARTONĚK, A. 1999b: Das Alphabet der archaischen griechischen Inschriften von Pithekoussai, in: Atti del XI Congresso Intern. di Epigrafia Greca e Latina, Roma 1997 (1999), 177-181.

BARTONĚK, A. 2000a: The Present Situation and Future Tasks of Ancient Greek Dialectology, in: Studies in Greek Linguistics – Proceedings of the 20th Annual Meeting of the Dept. of Linguistics, Aristotle Univ. of Thessaloniki, Thessaloniki 1999 (2000), 15-24.

BARTONĚK, A. 2000b: Die ägäischen voralphabetischen Schriften, in: Europa et Asia Polyglotta - Sprachen und Kulturen. Festschrift Robert Schmidt-Brandt, Heidelberg 2000, 7-11.

BARTONĚK, A. 2002a: La posizione del miceneo nel quadro dei dialetti greci, in: IV Convegno della dialettologia greca, Pescara-Chieti 1999, S. 33-40, im Druck.

BARTONĚK, A. 2002b: On the Mycenaean Lexical Stock, in: Proceedings of the XIIth Colloquium on Mycenaean Studies, Austin 2000 (2002), im Druck.

BARTONĚK, A. 2002c: Mycenaean Words in Homer, V[e] colloque intern. de linguistique grecque, Paris 2002, im Druck.

BARTONĚK, A. – BUCHNER, G. 1977: Die archaischen Inschriften von Pithekoussai, Die Sprache 37:2, 1995 (1997), 129-238.

BARTŮNĚK, R. 2002a: Lexical Lemmata in Aura Jorro's Dictionary, in: Proceedings of the XIIth Colloquium on Mycenaean Studies, Austin 2000 (2002), im Druck.

BARTŮNĚK, R. 2002b: Mykénské výrazy u Hesychia (= Mycenaean Words in Hesychios), a thesis for M.A. degree, Brno 2002.

BAUMBACH, L. 1971: The Mycenaean Greek Vocabulary II, Glotta 49, 1971, 151-190.

BAUMBACH, L. 1983: An Examination of the Evidence for a State of Emergency at Pylos c. 1200 BC from the Linear B tablets, in: Res Mycenaeae, Nürnberg 1981 (Göttingen 1983), 28-40.

BAUMBACH, L. 1992: The People of Knossos: Further Thoughts on Some of the Personal Names, in: Olivier (ed.), Mykenaika 1992, 57-63.

BEATTIE, A. J. 1956: Mr. Ventris' Decipherment of Minoan Linear B Script, Journal of Hellenic Studies 76, 1956, 1-17.

BEEKES, S. P. R. 1990a: The Historical Grammar of Greek: A Case Study in the Results of Comparative Linguistics, in: Philip Baldi (ed.), Linguistic Change and Reconstructing Methodology, Berlin-New York 1990 (= Trends in Linguistics, Studies and Monographs, 45), 305-329.

BEEKES, S. P. R. 1990b: The Genitive in *-*osio*, Folia linguistica historica 11/1-2, Berlin 1990, 21-25.

BENNETT, E. L. 1951: The Pylos Tablets, a preliminary transcription, Princeton 1951.

BENNETT, E. L. 1953: A Minoan Linear B Index, New Haven 1953.

BENNETT, E. L. 1955: The Pylos Tablets, Text of the Inscriptions Found 1939–1954, Princeton 1955.

BENNETT, E. L. – OLIVIER, J.-P. 1973-1976: The Pylos Tablets... I-II, Roma 1973-1976.

BENNETT, E. L. et alii, 1989: 436 raccords et quasi-raccords de fragments inédits dans KT5, Minos 24, 1989, 199-242.

BENNETT, E. L., Jr. 1991: The End of the Mycenaean Script: The Case of the Missing Heirs, in: Musti et al. (edd.) 1991, 563-571.

BENNETT, E. L., Jr. 1992: A Selection of Pylos Tablet Texts, in: Olivier (ed.), Mykenaika 1992, 103-127.

BENNETT, E. L., Jr. 1996a: Aegean Scripts, in: Peter T. Daniels-William Bright (edd.), The World's Writing Systems, New York-Oxford 1996, 125-133.

BENNETT, E. L., Jr. 1996b: The Linear B Script: Some Subliminal Elements, in: De Miro-Godart-Sacconi (edd.) 1996, 25-32.

BENNET, J. 1990: Knossos in Context: Comparative Perspectives on the Linear B Administration of LM II-III Crete, AJA 94, 1990, 193-211.

BENNET, J. 1992: 'Collectors' or 'Owners'? An Examination of Their Possible Functions within the Palatial Economy of LM III Crete, in: Olivier (ed.), Mykenaika 1992, 65-101.

BENNET, J. 1995: Space through Time: Diachronic Perspectives on the Spatial Organization of the Pylian State, in: Politeia. Society and State in the Aegean Bronze Age. Proceedings of the 5th International Aegean Conference (Heidelberg, 10-13 April 1994), Liège 1995 (= Aegaeum 12), 586-602.

BENNET, J. – SHELMERDINE, C. W. 1995: Two New Linear B Documents from Bronze Age Pylos, Kadmos 34, 1995, 123-126.

BENNET, S. M. – OWENS, G. 1999: The Dating of the Linear A Inscriptions from Thera, Kadmos 38, 1999, 12-18.

BERNABÉ, A. 1996: Estructura del léxico micénico sobre el carro y sus partes, in: De Miro-Godart-Sacconi (edd.) 1996, 195-207.

BERNABÉ, A. et al. 1990-1991: Estudios sobre el vocabulario micénico I: Términos referidos a las ruedas, Minos 25-26, 1990-1991, 133-173.

BERNABÉ, A. et al. 1992-1993: Estudios sobre el vocabulario micénico II: Términos referidos a los carros, Minos 27-28, 1992-1993, 125-166.

BEST, J. G. P. 1972: Some Preliminary Remarks on the Decipherment of Linear A, Amsterdam 1972.

BIESANTZ, H. 1958: Mykenische Schriftzeichen auf einer böotischen Schale des 5. Jahrhunderts v. Chr., in: Minoica, Festschrift Sundwall, Berlin 1958, 50-60.

BIRASCHI, A. M. 1993: Miceneo ke-re-si-jo we-ke. A proposito della tavoletta dei tripodi (PY Ta 641), SMEA 32, 1993, 77-84.

BLEGEN, C. W. – HALEY, J. B. 1928: The Coming of the Greeks, AJA 32, 1928, 141-154.

BLEGEN, C. W. 1953: An Inscribed Tablet from Pylos, Arch. Efem., Eis mnēmēn Oikonomou, Athēnai 1953, 59-62.

BLEGEN, C. W. 1956: The Palace of Nestor at Pylos, Cincinnati 1966.

BOARDMAN, J. 1966: Hittite and Related Hierogyphic Seals from Greece, Kadmos 5, 1966, 47-48.

BOËLLE, C. 1992-1993: Po-ti-ni-ja à Mycènes, Minos 28-29, 1992-1993, 283-301.

BONFANTE, G. 1993: Ancora il *ti* > *si* miceneo ed acheo, Rend. Mor. Acc. Lincei, s. 9, v. 4, 1993, 21.

BONNANI MARTINOTTI, E. 1996: L'ideogramma *131 nel testo pilio Un 267, in: De Miro-Godart-Sacconi (edd.) 1996, pp. 345-347.

BOUZEK, J. 1966: The Aegean and Central Europe, ... 1600–1300 B.C., Památky archelogické, 47, 1966, 242-276.

BOUZEK, J. 1969: Homerisches Griechenland, Praha 1969.

BRANIGAN, K. 1969: The Earliest Minoan Scripts, Kadmos 8, 1969, 1-22.

BRICE, W. C. 1961: Inscriptions in the Minoan Linear Script of Class A, Oxford 1961.

BRILLANTE, C. 1986: Sul dialetto miceneo e la lingua epica, Quaderni Urbinati cult. class. 51, 1986, 145-156.

BRILLANTE, C. 1994a: Gli studi di M. Durante e la tradizione epica greca, SMEA 33, 1994, 25-45.

BRILLANTE, C. 1994b: L'invenzione della scrittura in un recente libro di L. Godart, Quad. Urbinati CC N.S. 46, 1994, 155-163.

BRIXHE, C. 1976: Le dialecte pamphylien, Paris 1976.

BRIXHE, C. 1990a: L'apparentement des dialectes grecs, in: LALIES 9, 1990, 27-39.

BRIXHE, C. 1990b: Dialectologie et idéologie, in: LALIES 9, 1990, 41-53.

BRIXHE, C. 1991a: Du mycénien aux dialectes du 1er millénaire. Quelques aspects de la problématique, in: Musti et al. (edd.) 1991, 251-272.

BRIXHE, C. (ed.) 1991b: Sur la Crète antique, Histoire, écritures, langues, Nancy 1991 (= Travaux et Mémoires, Études anciennes, 6).

BRIXHE, C. 1992: Du „datif" mycénien aux protagonistes de la situation linguistique, in Olivier (ed.), Mykenaika 1992, 129-157.

BRIXHE, C. 1996a: La palatalisation et le consonantisme du mycénien et du grec ancien, in: De Miro-Godart-Sacconi (edd.) 1996, 33-49.

BRIXHE, C. 1996b: Phonétique et phonologie du grec ancien, Louvain-la-Neuve 1996 (= BCILL, 82).

BROGYANYI, B. – LIPP, R. (edd.) 1992: Historical Philology. Greek, Latin, and Romance. Papers in Honor of Oswald Szemerényi II, Amsterdam-Philadelphia 1992.

BROWN, R. 1978: The Eteocretan Inscription from Psychro, Kadmos 17, 1978, 43-46.

BUBENÍK, V. 1983: The Phonological Interpretation of Ancient Greek: a Pandialectal Analysis, Toronto 1983.

BUCHHOLZ, H.-G. 1969: Die ägäischen Schriftsysteme und ihre Ausstrahlung in die ostmediterranen Kulturen, in: Frühe Schriftzeugnisse der Menschheit, Göttingen 1969, 88-150.

BUCHHOLZ, H.-G. - KARAGEORGHIS, V. 1971: Altägäis und Altkypros, Tübingen 1971.

BUCHNER, G. 1978: Testimonianze epigrafiche semitiche dell' VIII secolo a.C. a Pithekoussai, La Parola del Passato 33, 130-142.

BUZALKOVSKA-ALEKSOVA, M. 1996: Is Apokope in Mycenaean Greek Possible?, in: De Miro-Godart-Sacconi (edd.) 1996, 221-227.

BUZALKOVSKA-ALEKSOVA, M. 1999: Some Parallel Elements in Mycenaean Compounds: Apellatives and Personal Names, in: *Floreant I*, Wien 1999, 177-184.

CAH^3: Cambridge Ancient History, 3rd edition, Cambridge.

CANCIANI, F. 1990: Handwerk, Teil II (Kapitel L2), in: Hans-Günter Buchholz (ed.), Archaeologia Homerica. Die Denkmäler und das frühgriechische Epos, Band II, Göttingen 1990, N 97-N 127.

CARACAUSI, G. 1973: Formazione e struttura fonologica del miceneo, Palermo 1973.

CARLIER, P. 1991: La procédure de décision politique du monde mycénien à l'époque archaïque, in: Musti et al. (edd.) 1991, 85-95.

CARLIER, P. 1995: Qa-si-re-u et qa-si-re-wi-ja, in: Politeia. Society and State in the Aegean Bronze Age. Proceedings of the 5th International Aegean Conference (Heidelberg, 10-13 April 1994), Liège 1995 (= Aegaeum 12), 355-366.

CHADWICK, J. 1956: The Greek Dialects and Greek Pre-History, Greece and Rome 3, 1956, 38-54.

CHADWICK, J. 1958a: Mycenaean Elements in the Homeric Dialect, in: Minoica - Festschrift J. Sundwall, Berlin 1958, 116-122.

CHADWICK, J. 1958b, 1977^2: The Decipherment of Linear B, Cambridge 1958, 1977^2.

CHADWICK, J. 1969a: Greek and Pre-Greek, Transactions of the Philological Society 1969, 80-98.

CHADWICK, J. 1969b: Linear B Tablets from Thebes, Minos 10, 1969, 115-137.

CHADWICK, J. 1976: The Mycenaean World, Cambridge 1976.

CHADWICK, J. 1976a: Der Beitrag der Sprachwissenschaft zur Rekonstruktion der griechischen Frühgeschichte, Anz. der phil.-hist. Klasse der Österr. Akad. der Wiss., 113, 1976, So. 6, 183-204.

CHADWICK, J. 1976b: Who Were the Dorians, PdP 31, 1976, 103-117.

CHADWICK, J. 1983: Traditional spelling or two dialects?, in: Res Mycenaeae, Nürnberg 1981 (Göttingen 1983), 78-88.

CHADWICK, J. 1987: Linear B and Related Scripts, London 1987.

CHADWICK, J. 1988: The Women of Pylos, in: Texts, Tablets and Scribes. Studies in Mycenaean Epigraphy and Economy Offered to E.L. Bennett, Jr., Salamanca 1988 (= Suplementos a Minos, 10), 43-95.

CHADWICK, J. 1990a: The Decipherment of Linear B, Cambridge-New York 1990.

CHADWICK, J. 1990b: Linear B and Related Scripts, in: James T. Hooker (introduced by), Reading the Past. Ancient Writing from Cuneiform to the Alphabet, London 1990, 137-195.

CHADWICK, J. 1990c: The Descent of the Greek Epic, Journal of Hellenic Studies 110 (1990), 174-177.

CHADWICK, J. 1992a: Semantic History and Greek Lexicography, in: Létoublon (ed.) 1992, 281-288.

CHADWICK, J. 1992b: Pylos Va 15, in: Olivier (ed.), Mykenaika 1992, 167-172.

CHADWICK, J. 1996-1997: Aor. Pass. in -ϑητο, -ϑεντο, Minos 31-32, 1996-1997, 249ff.

CHADWICK, J. – BAUMBACH, L. 1963: The Mycenaean Greek Vocabulary, Glotta 41, 1963, 157-271.

CHADWICK, J. – KILLEN, J. T. – OLIVIER, J.-P. 1971^4: The Knossos Tablets, Cambridge 1971^4.

CHADWICK, J. – GODART, L. – KILLEN, J. T. – OLIVIER, J.-P. – SACCONI, A. – SAKELLARAKIS, I. A. 1988-1998 (= CoMIK): Corpus of Mycenaean Inscriptions from Knossos. Volumes I-V, Cambridge 1988-1998.

CHANTRAINE, P. 1958: Grammaire homérique, Paris 1958^3.

CHANTRAINE, P. 1973: Morphologie historique du grec, Paris 1973^3.

CHANTRAINE, P. 1966-1980: Dictionnaire étymologique de la langue grecque, Paris 1966-1980.

CHIC 1966: OLIVIER, J.-P. – GODARD, L., Corpus Hieroglyphicum Inscriptionum Cretae, Athens – Rome – Naples 1996.

CILL: Cahiers de l' Institut de linguistique de Louvain.

COLLOQUIUM MYCENAEUM 1961: Colloquium Mycenaeum, Wingspread 1961.

COLLOQUIUM MYCENAEUM 1979: Colloquium Mycenaeum, Chaumont 1975 (Neuchâtel 1979).

COLLOQUIUM RAURICUM 2: Zweihundert Jahre Homer-Forschung, hgg. von J. Latacz, Stuttgart – Leipzig 1991.

CONSANI, C. 1981: Regole grafiche, contesto e tipologia scrittoria, SCO 31, 1981, 205-225.

CONSANI, C. 1983a: Livelli linguistici e facies dialettali nel greco miceneo, in: Problemi di lingua e di cultura nel campo indoeuropeo, a cura di E. Campanile, Pisa 1983, 29-46.

CONSANI, C. 1983b: Nomi di vaso micenei e minoici: per un'ipotesi sui rapporti linguistici tra greco miceneo ed area minoica, in: Studi di Linguistica Minoico-Micenea ed Omerica, a cura di A. Quattordio Moreschini, C. Consani, M. Benedetti, Pisa 1983, 17-39.

CONSANI, C. 1984: Per uno studio complessivo dei segni fuori sistema nella Lineare B, AION (ling.) 6, 1984, 197-237.

CONSANI, C. 1992: Il rapporto orzo: olive a Pilo, Studi epigr. e ling. sul Vicino Oriente Antico 9, 1992, 33-38.

CONSANI, C. 1994: Le tavolette delle classi J-Z di Pilo. Saggio di traduzione, Roma 1994.

CONSANI, C. 1995: AB 118/DWO tra minoico e miceneo, AION 17, 1995, 97-105.

CONSANI, C. 1996: Le scritture sillabiche egee: dati esterni e caratteri strutturali, in: De Miro-Godart-Sacconi (edd.) 1996, 229-236.

CONSANI, C. – NEGRI, M. 1999: Testi minoici trascritti, Roma 1999.

CONTI JIMÉNEZ, L. 1990: Incoherencias gráficas en micénico y cronología relativa del griego del II Milenio, Minerva 4, 1990, 11-24.

CREPAJAC, L. 1987: Indoeuropäische Gutturale im Griechischen und mykenische Zeugnisse, in: Tractata Mycenaea, Skopje 1987, 85-90.

CRESPO, E. 1977: La cronología relativa de la metátesis de cantidad en jónico-ático, Cuadernos de filología clásica 12, Madrid 1977, 189-219.

CRESPO, E. 1985: Palatal stops in Greek: reconstruction or Mycenaean evidence?, Minos 19, 1985, 91-104.

CRESPO, E. – GARCÍA RAMÓN, J. L. – STRIANO, A. (edd.) 1993: Dialectologica Graeca. Actas del II Coloquio Internacional de Dialectología Griega (Miraflores de la Sierra [Madrid], 1991), Madrid 1993.

CREVATIN, F. 1975: La lingua «minoica»: metodi d'indagine e problemi, in: Studi Triestini di antichità in onore di L. A. Stella, Trieste 1975.

DARDANO, P. 2000: Un dicennio di studi micenei, rassegna bibliografica 1990-1997, Roma 2000.

DE FIDIO, P. 1987: Palais et communautés de village dans le royaume mycénien de Pylos, in: Tractata Mycenaea, Skopje 1987, 129-149.

DE FIDIO, P. 1992: Mycènes et Proche-Orient, ou le théorème des modèles, in: Olivier (ed.), Mykenaika 1992, 173-196.

DEGER-JALKOTZY, S. 1983: Zum Charakter und zur Herausbildung der mykenischen Sozialstruktur, in: Res Mycenaeae, Nürnberg 1981 (Göttingen 1983), 89-111.

DEGER-JALKOTZY, S. 1994: The post-Palatial Period of Greece: an Aegean Prelude to the 11th century B. C. in Cyprus, in: Proceedings of the International Symposium „Cyprus in the 11th cent. B. C.", ed. V. Karageorghis, Nikosia 1994, 11-29.

DEGER-JALKOTZY, S. 1995: Mykenische Herrschaftsformen ohne Paläste und die griechische Polis, in: Politeia. Society and State in the Aegean Bronze Age. Proceedings of the 5th International Aegean Conference (Heidelberg, 1994), Liège 1995 (= Aegaeum 12), 367-383.

DEL FREO, M. 1989: Pa-sa-ro, wa-na-so-i e il valore dei sillabogrammi *s*- e *z*- in miceneo, SMEA 27, 1989, 151-189.

DEL FREO, M. 1990: Miceneo a-pi to-ni-jo e la serie Ta di Pilo, SMEA 28, 1990, 287-331.

DEL FREO, M. 1995: Il catasto miceneo di pa-ki-ja-na: due note paleografiche, Kadmos 34, 1995, 49-52.

DEL FREO, M. 1996: Mic. qe-ro_2 : alcune precisazioni, in: De Miro-Godart-Sacconi (edd.) 1996, 237-244.

DEL FREO, M. 1999: Mic. ke-re-ṇạ-ị nei nuovi testi in lineare B di Tebe, ἐπὶ πόντον πλαζόμενοι, Simposio italiano di Studi Egei, Roma 1998 (1999), 299-304.

DEMAKOPOULOU, K. – DIVARI-VALAKOU, N. 1992-1993: A Linear B Inscribed Stirrup Jar from Midea (MI Z 2), Minos 27-28, 1992-1993, 303-305.

DEMAKOPOULOU, K. – DIVARI-VALAKOU, N. 1994-1995: New Finds with Linear B Inscriptions from Midea (MI Z 2, Wv 3, Z 4), Minos 29-30, 1994-1995, 323-328.

DEMAKOPOULOU, K. – DIVARI-VALAKOU, N. – ÅSTRÖM, P. – WALBERG, G. 1996: Excavations in Midea 1994, Opuscula Atheniensia 21, 1996, 13-39.

DEMAKOPOULOU, K. – DIVARI-VALAKOU, N. – WALBERG, G. 1994: Excavations and Restoration Work in Midea 1990-1992, Opuscula Atheniensia 20, 1994, 19-41.

DEMARGNE, P. 1975: Die Geburt der griechischen Kunst, München 1975.

DE MIRO, E. – GODART, L. – SACCONI, A. (edd.) 1996: Atti e Memorie del Secondo Congresso Internazionale di Micenologia (Roma-Napoli 1991), Roma 1996 (= Incunabula Graeca, Vol. XCVIII, 1-3).

DEROY, L. 1962: Initiation à l'épigraphie mycénienne, Rome 1962.

DESBOROUGH, V. R. d'A. 1964: The Mycenaeans and their Successors, Oxford 1964.

DESBOROUGH, V. R. d'A. 1972: The Greek Dark Ages, London 1972.

DICKINSON, O. 1994: The Aegean Bronze Age, Cambridge 1994.

DI FILIPPO, M. Ch. 1996: L'ideogramma *220 nei testi micenei, in: De Miro-Godart-Sacconi (edd.) 1996, 245-248.

DOBLHOFER, E. 1990: Zeichen und Wunder. Geschichte und Entzifferung verschollener Schriften und Sprachen, Augsburg 1990 (Streitwagen und Becher. Die Entzifferung der kretisch-mykenischen Linearschrift B, 259-293).

Docs.^{2} = VENTRIS, M. – CHADWICK, J. 1973.

DORIA, M. 1965: Avviamento allo studio del miceneo, Roma 1965.

DORIA, M. 1979: Riflessioni sulla cronologia relativa di alcuni mutamenti fonetici del greco premiceneo, in: Studia Mediterranea Piero Meriggi dicata, Pavia 1979, 121-141.

DORIA, M. 1980a: Miceneo e indoeuropeo, in: Nuovi materiali per la ricerca indoeuropeistica, a cura di Enrico Campanile, Pisa 1980, 69-104.

DORIA, M. 1980b: Testimonianze di ἱρός (= ἱερός) in miceneo, Kadmos 19, 1980, 29-37.

DORIA, M. 1992: Schiavi in vendita nella Cnosso micenea, in: Brogyanyi-Lipp (edd.) 1992, 127-133.

DOW, St. 1971: Literacy in Minoan and Mycenaen Lands, in: Cambridge Ancient History II^2, Fasc. 70, Cambridge 1971, 1-29.

DRIESSEN, J. M. 1988: The Scribes of the „Room of the Chariot Tablets", Texts, Tablets and Scribes, in: Studies in Mycenaean Epigraphy and Economy Offered to E.L. Bennett, Jr., Salamanca 1988 (= Suplementos a Minos, 10), 123-165.

DRIESSEN, J. 1990: An Early Destruction in the Mycenaean Palace at Knossos. A New Interpretation of the Excavation Field-Notes of the South-East Area of the West Wing, Leuven 1990.

DRIESSEN, J. 1991: Le début de l'occupation mycénienne ἐνὶ Κνωσῷ εὐρείῃ, in: Brixhe (ed.) 1991b, 25-41.

DRIESSEN, J. 1992a: Homère et les tablettes en linéaire B. Mise au point, L'antiquité classique 61, 1992, 5-37.

DRIESSEN, J. 1992b: „Collector's Items". Observations sur l'élite mycénienne de Cnossos, in: Olivier (ed.), Mykenaika 1992, 197-214.

DRIESSEN, J. 1994-1995: Data Storage for Reference and Prediction at the Dawn of Civilization? A Review Article with Some Observations on Archives before Writing, Minos 29-30, 1994-1995, 239-256.

DRIESSEN, J. 2000: The Scribes of the Chariot Tablets at Knossos, Suplementos a Minos, 15, Salamanca 2000.

DUHOUX, Y. 1973: L' ordre le mots en mycénien, Minos 14, 1973, 123-163.

DUHOUX, Y. 1977: Le disque de Phaestos, Louvain 1977.

DUHOUX, Y. 1978: Une analyse linguistique du linéaire A, in: Études minoennes I, éd. par Y. Duhoux, Louvain 1978 (= BCILL, 14), 65-129.

DUHOUX, Y. 1982: L'étéocrétois, Amsterdam 1982.

DUHOUX, Y. 1983: Introduction aux dialectes grecs anciens, Louvain 1983.

DUHOUX, Y. 1985: Mycénien et écriture grecque, in: Morpurgo Davies-Duhoux (edd.) 1985, 7-74.

DUHOUX, Y. 1986: The teaching of orthography in Mycenaean Pylos, Kadmos 25, 1986, 147-154.

DUHOUX, Y. 1987: Linéaire B crétois et continental: éléments de comparasion, in: Tractata Mycenaea, Skopje 1987, 105-128.

DUHOUX, Y. 1988a: Le système verbal grec: l'état mycénien, in: In the Footsteps of Raphael Kühner, Amsterdam 1988, 121-134.

DUHOUX, Y. 1988b: Les contacts entre Mycéniens et Barbares d'après le vocabulaire du linéaire B, Minos 23, 1988, 75-83.

DUHOUX, Y. 1989-1990: Théonymes non grecs des séries Fp(l) - Fs de Cnossos et substrat préhellénique crétois, Onomata - Revue Onomastique 13, 1989-1990, 94-97.

DUHOUX, Y. 1990: La situation du yod en grec mycénien, BSL 85/1, 1990, 359-365.

DUHOUX, Y. 1992, 2000^2: Le verbe grec ancien. Éléments de morphologie et de syntaxe historiques, Louvain-la-Neuve 1992 (= BCILL, 61), 2000^2 (= BCILL, 104).

DUHOUX, Y. 1993: L'apparition de l'aspect verbal en indoeuropéen: l'apport du mycénien, L'information grammaticale 56, 1993, 3-5.

DUHOUX, Y. 1994: Les anthroponymes mycéniens en *-zo*, in: Nomina rerum. Mélanges Jacqueline Manessy Guitton, Nice 1994 (= LAMA 13), 187-200.

DUHOUX, Y. 1994-1995a: L A > B da-ma-te = Déméter? Sur la langue du linéaire A, Minos 29-30, 1994-1995, 289-294.

DUHOUX, Y. 1994-1995b: Le mycénien connaissait-il la tmèse?, Minos 29-30, 1994-1995, 187-202.

DUHOUX, Y. 1996a: La fréquence décroissante du médio-passif au parfait depuis le Ve s. avant J.-C.: une caractéristique de l'attique et de la koiné?, Hist. Sprachforschung 109, 1996, 53-72.

DUHOUX, Y. 1996b: Classement syllabique chez les scribes linéaires A et B, Kadmos 35, 1996, 111-124.

DUHOUX, Y. 1999: La séparation des mots en linéaire B, in: *Floreant I*, Wien 1999, 227-236.

DUHOUX, Y. DGE, in: DGE^2 (neue Ausgabe von Schwyzer, DGE) - in Vorbereitung.

DUHOUX, Y. – PALAIMA, T. G. – BENNET, J. (edd.), 1989: Problems in Decipherment, Louvain-la-Neuve 1989 (= BCILL, 49).

DUHOUX, Y. – DACHY, F. 1992: L'aspect verbal: du mycénien à l'indo-européen, in: Olivier (ed.), Mykenaika 1992, 215-237.

DUNKEL, G. E. 1981a: Mycenaean and Central Greek, Kadmos 20, 1981, 132-142.

DUNKEL, G. E. 1981b: Mycenaean ke-ke-me-na, ki-ti-me-na, Minos 17, 1981, 19-29.

DUNKEL, G. E. 1988-90: Vater Himmels Gattin, Sprache 34/1, 1988-90, 1-26.

DUNKEL, G. E. 1992: Two Old Problems in Greek: πτόλεμος and τερψίμβροτος, Glotta 70, 1992, 197-225.

DUNKEL, G. E. 1995: More Mycenaean Survivals in Later Greek: ὦνος, ὦμος, ζωμός, Διώνυσος, and κῶμος, in: Hettrich-Hock-Mumm-Oettinger (edd.), 1995, 1-21.

DUNKEL, G. E. - MEYER, G. - SCARLATA, S. - SEIDL, Ch. (edd.) 1994: Früh-, Mittel-, Spätindogermanisch. Akten der IX. Fachtagung der Indogermanischen Gesellschaft vom 5. bis 9. Oktober 1992 in Zürich, Wiesbaden 1994.

DURANTE, M. 1971-75: Sulla preistoria della tradizione poetica greca I-II, Roma 1971-75.

DYCZEK, P. 1992: Problem własności ziemi w królestwie Nestora (The Problems of Landownership in the Kingdom of Nestor), Eos 80, 1992, 19-28.

EDEL, E. 1966: Die Ortsnamenlisten aus dem Totentempel Amenophis III, Bonn 1966.

EDER, B. 1994: Staat, Herrschaft, Gesellschaft in frügriechischer Zeit, eine Bibliographie 1978-1981/82, Wien 1994.

EFFENTERRE, H. van 1990-1991: Le «Port des Cerfs» de la tablette pylienne An 657.12, Minos 25-26, 1990-1991, 87-90.

EFFENTERRE, H. van 1997: Ultima temere dicta, Rend. Mor. Acc. Lincei, s. 9, v. 8, 1997, 649-660.

EGETMAYER, M. 1992: Wörterbuch zu den Inschriften im kyprischen Syllabar, Berlin 1992.

EGETMAYER, M. 1998: Die Silbenschriften Zyperns, in: Die Geschichte der hellenischen Sprache und Schrift, Ohlstadt 1996 (1998), 233-257.

EILERS, W. 1957: Kretisch-Kritisches, Forschungen und Fortschritte 31, 1957, 326-332.

ERARD-CERCEAU, I. 1990: Végétaux, parfums et parfumeurs à l'epoque mycénienne, SMEA 28, 1990, 251-285.

ERHART, A. 2001^2: Indoevropské jazyky, Brno 2001^2.

EVANS, A. J. 1905: Essai de la classification des époques de la civilisation minoenne, Athènes 1905.

EVANS, A. J. 1909: Scripta Minoa, Vol. I, Oxford 1909.

EVANS, A. J. 1921-36: The Palace of Minos at Knossos I-V, 1921-1936.

EVANS, A. J. - MYRES, J. L. 1952: Scripta Minoa, Vol. II, Oxford 1952.

EVELY, D. 1993: On the Tablets from the 'Room of the Lady's Seat' at Knossos, Kadmos 32, 1993, 61-66.

EVELY, D. – HUGHES-BROCK, H. – MOMIGLIANO, N. (edd.) 1994: Knossos: a Labyrinth of History. Papers Presented in Honour of Sinclair Hood, London 1994.

EVELY, D. – KILLEN, J. T. – MEE, Ch. – PEATFIELD, A. – POPHAM, M. 1994: New Fragments of Linear B Tablets from Knossos, Kadmos 33, 1994, 10-21.

FALKENSTEIN, A. 1965: Zu den Tontafeln aus Tărtăria, Germania 43, 1965, 269-273.

FARNOUX, J. 1996: Malia et se-to-i-ja, in: De Miro-Godart-Sacconi (edd.) 1996, 247-254.

FARNOUX, J. – DRIESEN, J. 1991: Inscription en linéaire B à Mallia, BCH 115, 1991, 87-88.

FAUCOUNAU, J. 1990: L'ancienneté du dialecte ionien: un réexamen, Études indo-européens 9ème année, Lyon 1990 [1991], 49-69.

FINKELBERG, M. 1994: The Dialect Continuum of Ancient Greek, HSCPh 96, 1994, 1-31.

FINKELBERG, M. 1997: Anatolian Languages and Indo-European Migrations, Classical Word 91/1, 1997, 3-20.

FINKELBERG, M. – UCHITEL, A. – USSISHKIN, D. 1996: A Linear A Inscription from Tel Lachish, Tel Aviv 23, 1996, 195-207.

FIRTH, R. J. 1992-1993: A Statistical Analysis of the Greekness of Men's Names on the Knossos Linear B Tablets, Minos 27-28, 1992-1993, 83-100.

FLOREANT STUDIA MYCENAEA 1999: Akten des X. Intern. Myken. Colloquiums, Band 1-2, Salzburg 1995 (Wien 1999).

FORRER, E. O. 1924: Vorhomerische Griechen in den Keilschrifttexten von Boghazköi, AM 63, 1924, 1-22.

FORSSMAN, B. 1966: Untersuchungen zur Sprache Pindars, Wiesbaden 1966.

FORSSMAN, B. 1988: Mykenisch e-wi-ri-po und εὔριπος, MSS 49, 1988, 5-12.

FRANCIS, E. D. 1992: The Impact of Non-Indo-European Languages on Greek and Mycenaean, in: Edgar C. Polomé- Werner Winter (edd.), Reconstructing Languages and Cultures, Berlin-New York 1992 (= Trends in Linguistics, Studies and Monographs, 58), 469-506.

FRANCLOVÁ, M. 1998: Vlastní jména v mykénské řečtině (= Personal Names in Mycenaean Greek), a thesis for M.A. degree, Brno 1998.

FRISK, H. 1954-1970: Etymologisches Wörterbuch der griechischen Sprache I-III, Heidelberg 1954-1970.

FURNÉE, E. J. 1972: Die wichtigsten konsonantischen Erscheinungen des Vorgriechischen, The Hague-Paris 1972.

FURUMARK, A. 1953-1954: Ägäische Texte in griechischer Sprache, Eranos 51, 1953, 103ff. und 52, 1954, 18ff.

GARCÍA-RAMÓN, J. L. 1973: El llamado sustrato eólico, Cuadernos de filología clásica 5, Madrid 1973, 233-277.

GARCÍA-RAMÓN, J. L. 1975a: Eleo φυγαδεσσι y el problema del elemento eolio en el Peloponeso, CFC 8, 1975, 277-284.

GARCÍA-RAMÓN, J. L: 1975b: Les origines postmycéniennes du groupe dialectal éolien, Salamanca 1975 (= Suplementos a Minos, 6).

GARCÍA-RAMÓN, J. L. 1976: En torno a los dialectos griegos occidentales, Cuadernos de filología clásica 9, Madrid 1976, 53-77.

GARCÍA-RAMÓN, J. L. 1977: Le prétendu infinitif „occidental" du type ἔχεν vis-à-vis du mycénien e-ke-e, Minos 16, 1977, 179-206.

GARCÍA-RAMÓN, J. L. 1978: Tesalio στραταγεοιντος, εἶντεσσι, κοινανειντουν: el problema de la palatalización de sonantes en tesalo-lesbio, Cuadernos de filología clásica 14, Madrid 1978, 403-423.

GARCÍA-RAMÓN, J. L. 1980: El dialecto micénico 1966-1978, Estudios clásicos 85, 1980, 1-31.

GARCÍA-RAMÓN, J. L. 1984a: El Micénico 1972-1983, in: Actualización Científica en Filología Griega, ed. por A. Martínez Díez, Madrid 1984, 239-274.

GARCÍA-RAMÓN, J. L. 1984b: Mycénien et éolien, in: Actes du VIIe Congrès de la Fédération Internationale des Associations d' Études classiques, Budapest 1979 (1984), Vol. II, 485-489.

GARCÍA-RAMÓN, J. L. 1985: The spellings Ta and Ta-ra for inherited *$T\underset{\circ}{r}$ in Mycenaean, Minos 19, 1985, 195-226.

GARCÍA-RAMÓN, J. L. 1987: Sobre las variantes Διεννυσος, Διννυσος y Διννυσος del nombre de Dioniso: hechos e hipótesis, in: Studies in Mycenaean and Classical Greek Presented to John Chadwick, Salamanca 1987 (= Minos 20-22), 183-200.

GARCÍA-RAMÓN, J. L. 1990: Mykenisch e-qi-ti-wo-e /$^{(h)}$ek^{wh}t^{h}iwo^{h}e(s)/ 'umgekommen, tot', homerisch ἔφθιται, ἔφθιεν, (°)ἔφθιτο und das Perfekt von idg. *d^{h}g^{wh}ei- im Griechischen, MSS 51, 1990, 7-20.

GARCÍA-RAMÓN, J. L. 1990-1991: Los antropónimos micénicos a-pi-wa-to y a-ke-wa-to, a-ke-wa-ta, a-ki-wa-ta: */°wastos/ (/°wastās/)* 'habitante del */wastu/*', Minos 25-26, 1990-1991, 331-341.

GARCÍA-RAMÓN, J. L. 1992: Mycénien ke-sa-do-ro */Kessandros/*, ke-ti-ro */Kestilos/*, ke-to */Kestōr/*: grec alphabétique Aἰνησιμβρότα, Aἰνησίλαος, Aἰνήτωρ et le nom de Cassandra, in: Olivier (ed.), Mykenaika 1992, 239-255.

GARCÍA-RAMÓN, J. L. 1994-1995: The Word Family of Mycenaean a-ja-me-no */aiă̄i(s)meno-/* 'inlaid, overlaid' and IE *$*seh_2\underline{i}$-* 'bind, attach', Minos 29-30, 1994-1995, 335-346.

GARCÍA-RAMÓN, J. L. 1996: Sobre la tablilla PY Tn 316 y el pretendido presente radical i-je-to, in: De Miro-Godart-Sacconi (edd.) 1996, 261-268.

GEISS, H. 1983: Statistisches zu den „Abkürzungen“ in Linear B: Neue Überlegungen, in: Concilium Eirene XVI, Prague 1982 (1983), Vol. 3, 133-138.

GEORGIEV, V. 1941-1945: Vorgriechische Sprachwissenschaft 1-2, Sofia 1941-1945.

GEORGIEV, V. 1966: Introduzione alla storia delle lingue indoeuropee, Roma 1966.

GODART, L. 1976: La scrittura lineare A, La Parola del Passato 21, 1976, 30-47.

GODART, L. 1979: Le linéaire A et son environnement, SMEA 20, 1979, 27-42.

GODART, L. et alii 1986: 43 raccords et quasi-raccords de fragments inédits dans le volume I du „Corpus of Mycenaean Inscriptions from Knossos“, BCH 110, 1986, 21-39.

GODART, L. 1990: Le pouvoir de l'écrit. Aux pays des premières écritures, Paris 1990.

GODART, L. 1991a: Dionysos e la Creta micenea, Rend. Mor. Acc. Lincei, s. 9, v. 2, 1991, 7-9.

GODART, L. 1991b: L'histoire du linéaire B et la Crète occidentale, in: Brixhe (ed.) 1991b, 7-23.

GODART, L. 1992a: Les collecteurs dans le monde égéen, in: Olivier (ed.), Mykenaika 1992, 257-283.

GODART, L. 1992b: I palazzi micenei alla luce delle nuove scoperte, Rend. Mor. Acc. Lincei, s. 9, v. 3, 1992, 441-463.

GODART, L. 1992c: L'invenzione della scrittura. Dal Nilo alla Grecia, Torino 1992.

GODART, L. et alii 1992-1993: 175 raccords et quasi-raccords dans les tablettes de Knossos, Minos 27-28, 1992-1993, 55-70.

GODART, L. 1994a: Gli stili degli scribi di Tirinto, in: Marazzi (ed.) 1994, 296-299.

GODART, L. 1994b: La scrittura di Troia, Rend. Mor. Acc. Lincei, s. 9, v. 5, 1994, 457-460.

GODART, L. 1995: Un'iscrizione in lineare B del XVII secolo a. C. ad Olimpia, Rend. Mor. Acc. Lincei, s. 9, v. 6, 1995, 445-447.

GODART, L. 1996: Le civiltà dell'Egeo ad un secolo dalla loro scoperta, Rend. Mor. Acc. Lincei, s. 9, v. 7, 1996, 451-464.

GODART, L. 2000: Dalla fine dei primi palazzi cretesi (2100-1700 a.C.) al tramonto del mondo palaziale miceneo, Rend. mor. Acc. Lincei s. 9, v. 11, 2000, 499-510.

GODART, L. – KILLEN, J. T. – OLIVIER, J.-P. 1983: Eighteen more Fragments of Linear B Tablets from Tiryns, Arch. Anzeiger 1983, 413-426.

GODART, L. – KILLEN, J. T. – KOPAKA, C. – MELENA, J. L. – OLIVIER, J.-P. 1990-1991: 501 raccords et quasi-raccords de fragments dans les tablettes de Cnossos post-KT^5, Minos 25-26, 1990-1991, 373-411.

GODART, L. – KOPAKA, C. – MELENA, J. L. – OLIVIER, J.-P. 1992-1993: 175 raccords de fragments dans les tablettes de Knossos, Minos 27-28, 1992-1993, 55-70.

GODART, L. – OLIVIER, J.-P. 1974: Nouveaux textes en linéaire B de Tirynthe, Arch. Analekta ex Athēnōn 7, 1974, 25f.

GODART, L. – SACCONI, A. 1978: Les tablettes en linéaire B de Thèbes, Roma 1978.

GODART, L. – SACCONI, A. 1996a: La triade tebana nei documenti in lineare B del palazzo di Cadmo, Rend. Mor. Acc. Lincei, s. 9, v. 7, 1996, 283-285.

GODART, L. – SACCONI, A. 1996b: CRAI, 1996, 99-113.

GODART, L. – SACCONI, A. 1997: Les archives de Thèbes et le monde mycénien, CRAI, 1997/3, 889-906.

GODART, L. – SACCONI, A. 2000: Tebe, Demetra ed Eleusi, in: Presenza e Funzione della Città di Tebe nella cultura classica, in: Atti del Convegno Internaz., Urbino 1997 (Roma 2000), 17-26.

GODART, L. – TZÉDAKIS, Y. 1991: Les nouveaux textes en linéaire de La Canée, Riv. di filologia e d'istruzione classica 119, 1991, 129-149.

GODART, L. – TZÉDAKIS, Y. 1992: Témoignages archéologiques et épigraphiques en Crète occidentale du Néolithique au Minoen Récent IIIB, Roma 1992 (= Incunabula Graeca, 93).

GODART, L. - TZÉDAKIS, Y. 1995: La chute de Cnossos, le royaume de Kydonia et le scribe 115, BCH 119, 1995, 27-33.

GORDON, C. H. 1966: Evidence for the Minoan Language, Waltham 1966.

GORILA 1976: L. Godart - J.-P. Olivier, Recueil des inscriptions en linéaire A, t. 1-5, , Paris 1978-1985 (= Études Crétoises, 21).

GRANDOLINI, S. 1970: Glosse micenee nel lessico di Esichio, Boll. del Comitato per la ... edizione nazionale dei classici greci e latini 18, 1970, 73-78.

GRINBAUM, N. S. 1986: Krito-mikenskie teksty i jazyk drevnegrečeskoj chorovoj lyriki, Studia Mycenaea, Brno 1986, 75-86.

GRUMACH, E. 1957: Bemerkungen zu Ventris-Chadwick, Evidence, Oriental. Literaturzeitung 52, 1957, 293-342.

GRUMACH, E. 1969: Die kretischen und kyprischen Schriftsysteme, in: Allgemeine Grundlagen der Archäologie, hg. von U. Hausmann (Handbuch der Archäologie, Band 1), München 1969, 234-288.

GSCHNITZER, F. 1983: Zur Geschichte des Systems der griechischen Ethnika, in: Res Mycenaeae, Nürnberg 1981 (Göttingen 1983), 140-154.

GUGLIELMINO, R. 1982: pa-ki-ja-ne, la ierapoli di Pilo, SMEA 23, 1982, 141-193.

GUIDI, M. 1990-1991: Greco λαβύρινθος: note di linguistica mediterranea, Minos 25-26, 1990-1991, 175-193.

GUSMANI, R. 1976: Zum Alter des jonischen Wandels ᾱ > η, in: Studies in Greek, Italic and Indo-European Linguistics, Offered to L. R. Palmer, Innsbruck 1976, 77-82.

HAARMANN, H. 1990: Universalgeschichte der Schrift, Frankfurt-New York 1990.

HAAS, O. 1959: Die Lehre von den indogermanischen Substraten in Griechenland, Balkansko ezikoznanie = Linguistique Balkanique 1, 1959, 29-33.

HAJNAL, I. 1990: Die mykenische Verbalform e-e-to, MSS 51, 1990, 21-75.

HAJNAL, I. 1992a: Der mykenische Personenname a-e-ri-qo-ta, in: Olivier (ed.), Mykenaika 1992, 285-301.

HAJNAL, I. 1992b: Rekonstruktion und relative Chronologie, in: Akten der VIII. Fachtagung der Indogermanischen Gesellschaft, Leiden 1987 (Innsbruck 1992), 215ff.

HAJNAL, I. 1993: Neue Aspekte zur Rekonstruktion des frühgriechischen Phonemsystems, IF 98, 1993, 108-129.

HAJNAL, I. 1994: Die frühgriechische Flexion der Stoffadjektive und deren ererbte Grundlagen, in: Früh-, Mittel-, Spätindogermanisch, Akten der IX. Fachtagung der indogermanischen Gesellschaft (Zürich 1992), Wiesbaden 1994, 77-109.

HAJNAL, I. 1995: Studien zum mykenischen Kasussystem, Berlin-New York 1995 (= Untersuchungen zur indogermanischen Sprach- und Kulturwissenschaft, Neue Folge, 7).

HAJNAL, I. 1996a: Die Entzifferung unbekannter Schriften: Drei Fallstudien — ein Szenario? (mit einem Ausblick auf die kretische Linearschrift A), Bern 1996 (= Institut für Sprachwissenschaft, Arbeitspapier 35).

HAJNAL, I. 1996b: Mykenisch i-je-to, i-je-ro und Verwandtes, in: De Miro-Godart-Sacconi (edd.) 1996, 269-288.

HAJNAL, I. 1997: Sprachschichten des mykenischen Griechisch. Zur Frage der Differenzierung zwischen „Mycénien spécial“ und „Mycénien normal“, Salamanca 1997 (= Suplementos a Minos, 14).

HALLAGER, J. E. 1978: The History of the Palace at Knossos in the Late Minoan Period, SMEA 19, 1978, 17-33.

HALLAGER, J. E. - VLASAKIS, M. - HALLAGER, B. P. 1990: The First Linear B Tablet(s) from Khania, Kadmos 29, 1990, 24-34.

HALLAGER, J. E. - VLASAKIS, M. - HALLAGER, B. P. 1992: New Linear B Tablets from Khania, Kadmos 31, 1992, 61-87.

HALSTEAD, P. 1990-1991: Lost Sheep? On the Linear B Evidence for Breeding Flocks at Mycenaean Knossos and Pylos, Minos 25-26, 1990-1991, 343-365.

HAMP, E. P. 1981: Mycenaean -da-a_2 „they contributed(?)“, IF 86, 1981, 190.

HAMP, E. P. 1985: KN L 693 qe-te-o and μάντις, Minos 19, 1985, 51-53.

HART, G. R. 1990-1991: Mycenaean se-re-mo-ka-ra-a-pi and se-re-mo-ka-ra-o-re, Minos 25-26, 1990-1991, 319-329.

HELCK, W. 1979: Die Beziehungen Ägyptens und Vorderasiens zur Ägäis bis ins 7. Jh. v. Chr., Darmstadt 1979.

HETTRICH, H. 1985: Zum Kasussynkretismus im Mykenischen, MSS 46, 1985, 111-122.

HETTRICH, H. - HOCK, W. - MUMM, P.-A. - OETTINGER, N. (edd.) 1995: Verba et structurae. Festschrift für Klaus Strunk zum 65. Geburtstag, Innsbruck 1995 (= IBS 83).

HEUBECK, A. 1961: Praegraeca, Erlangen 1981.

HEUBECK, A. 1966: Aus der Welt der frühgriechischen Lineartafeln, Göttingen 1966.

HEUBECK, A: 1971: Zur *s*- und *z*-Reihe in Linear B, Kadmos 10, 1971, 113-124.

HEUBECK, A. 1972: Syllabic r̥ in Mycenaean Greek?, in: Acta Mycenaea II, Salamanca 1972 = Minos 12, 361-379.

HEUBECK, A. 1980: Schrift, Archaeologia Homerica, Göttingen 1980.

HEUBECK, A. 1982a: L'origine della lineare B, SMEA 23, 1982, 195-217.

HEUBECK, A. 1982b: Zur neueren Homer-Forschung (VII), Gymnasium 1982, 388ff.

HEUBECK, A. 1985: Zu den mykenischen Stoffadjektiven, MSS 46, 1985, 123-138.

HEUBECK, A. 1986: Mykenisch qe-ro$_2$, in: O-o-pe-ro-si, Festschrift für E. Risch zum 75. Geburtstag, Berlin-New York 1986, 285-296.

HEUBECK, A. 1994: Kleine Schriften, ed. B. Forssman, 1994.

HIERSCHE, R. 1972: Die Sprache Homers im Lichte neuer Forschungen, Innsbrucker Beiträge zur Sprachwissenschaft, Innsbruck 1972.

HIGGINS, R. 1973: Minojské a mykénské umění (překlad), Praha 1973.

HILLER, St. 1977: Das minoische Kreta nach den Ausgrabungen des letzten Jahrzehnts, Wien 1977 (SbÖAW 330).

HILLER, St. 1978: Die ägäischen Schriftsysteme, Anzeiger für Altertumswissenschaft 31, 1998, 1-60.

HILLER, St. 1982: Tempelwirtschaft im mykenischen Griechenland, Archiv für Orientforschung, Beiheft 19, 1982, 94-104.

HILLER, St. 1992: The 'Corridor of the Sword Tablets' and the 'Arsenal'. The Evidence of the Linear B Texts, in: Olivier (ed.), Mykenaika 1992, 303-314.

HILLER, St. - PANAGL, O. 1976: Die frühgriechischen Texte aus mykenischer Zeit, Darmstadt 1976.

HIMMELHOCH, L. 1990-1991: The Use of the Ethnics a-ra-si-jo and ku-pi-ri-jo in Linear B Texts, Minos 25-26, 1990-1991, 91-104.

HINTZE, A. 1993: A Lexicon to the Cyprian Syllabic Inscriptions, Hamburg 1993.

HOCKER, F. - PALAIMA, T. G. 1990-1991: Late Bronze Age Aegean Ships and the Pylos Tablets Vn 46 and Vn 879, Minos 25-26, 1990-1991, 297-317.

HOLLAND, G. B. 1993: The Name of Achilles: A Revised Etymology, Glotta 71, 1993, 17-27.

HOLLIFIELD, P. H., 1980: The Phonological Development of Final Syllables in Germanic, Die Sprache 26, 1980, 19-53, 145-178.

HOOD, M. S. F. 1967: The Tartaria Tablets, Antiquity 41, 1967, 99ff.

HOOD, M. S. F. 1978: The Arts in Prehistoric Greece, Hardmondsworth 1978.

HOOD, M. S. F. 1994: Knossos: a Labyrinth of History. Papers Presented in Honour of Sinclair Hood, London 1994.

HOOKER, J. T. 1975: Problems and Methods in the Decipherment of Linear A, Journal of the Royal Asiatic Society 1975, 9-16 = J. T. Hooker, Scripta Minora, Amsterdam 1996.

HOOKER, J. T. 1976: Mycenaean Greece, London 1976.

HOOKER, J. T. 1980: Linear B, an Introduction, Bristol 1980.

HOOKER, J. T. 1982: The End of Pylos and the Linear B Evidence, SMEA 23, 1982, 209-217.

HOOKER, J. T. 1983: Linear B: An Introduction, Bristol 1983[2].

HOOKER, J. T. 1987: Minoan and Mycenaean administration: a comparison of the Knossos and Pylos archives, in: The Function of the Minoan Palaces, Stockholm 1987, 313-315.

HOOKER, J. T. 1988: The Varieties of Minoan Writing, Cretan Studies 1, 1988, 169-189.

HOOKER, J. T. 1989-1990: Names in Linear A and Linear B, Onomata – Revue Onomastique 13, 1989-1990, 123-130.

HOOKER, J. T. 1991: Mycenology in the 1980's, Kratylos 36, 1991, 32-72.

HOOKER, J. T. 1996: Scripta Minora. Selected Essays on Minoan, Mycenaean, Homeric and Classical Greek Subjects (F. Arnory-P. Considine-S. Hooker edd.), Amsterdam 1996.

HOOKER, J. T. 1997: Linear B as a Source for Social History, in: The Greek World, ed. Anton Powel, London-New York 1997, 7-26.

HORVÁTH, H. 1996-1997: Mycenaea, Acta Antiqua Accad. Sc. Hungaricae 37, 1996-1997, 79-88.

HUTTON, W. F. 1990-1991: The Meaning of qe-te-o in Linear B, Minos 25-26, 1990-1991, 105-131.

ILIEVSKI, P. Hr. 1961: Ablativot, instrumentalot i lokativot vo najstarite greki tekstovi, Skopje 1961.

ILIEVSKI, P. Hr. 1987: Mycenaean a-mo */(h)armo/* and some IE co-radicals, in: Studies in Mycenaean and Classical Greek Presented to John Chadwick, Salamanca 1987 (= Minos 20-22), 295-309.

ILIEVSKI, P. Hr. 1992: Observations on the Personal Names from the Knossos D Tablets, in: Olivier (ed.), Mykenaika 1992, 321-349.

ILIEVSKI, P. Hr. 1996: The Mycenaean Personal Names in *-to* with Regard to the Derivatives from Verbal Adjectives, in: De Miro-Godart-Sacconi (edd.) 1996, 51-69.

JANKO, R. 1981: Un 1314: Herbal Remedies at Pylos, Minos 17, 1981, 30-34.

JANKO, R. 1982: A Stone Object Inscribed in Linear A from Ayios Stephanos, Laconia, Kadmos 21, 1982, 97-100.

JASINK, A. M. 1990-1991: Funzionari e lavoranti nel Palazzo di Pilo, Minos 25-26, 1990-1991, 203-243.

KAZANSKIENE, V. P. 1995: Land Tenure and Social Position in Mycenaean Greece, in: Politeia. Society and State in the Aegean Bronze Age. Proceedings of the 5th International Aegean Conference (Heidelberg, 1994), Liège 1995 (= Aegaeum 12), 603-611.

KAZANSKIENE, V. P. - KAZANSKIJ, N. 1986: Dictionnaire conceptuel de la langue greque. Période créto-mycénienne, Léningrad 1986.

KAZANSKIJ, N. 1990: Mifologičeskij epos mikenskogo vremeni, in: Balkanskie čtenija I. Simpozium po strukture teksta. Tezisy i materialy. Moskva, Institut slavjanovedenija i balkanistiki AN SSR 1990, 27-30.

KAZANSKIJ, N. 1997: Les noms mycéniens dans les textes hittites, Emérita 65, 1997, 189-193.

KENNA, V. E. G. 1960: Cretan Seals, Oxford 1960.

KILLEN, J. T. 1983a: Mycenaean Possessive Adjectives in -e-jo, TPhS 1983, 66-99.

KILLEN, J. T. 1983b: TA and DA, in: Concilium Eirene XVI, Prague 1982 (1983), Vol. 3, 121-126.

KILLEN, J. T. 1985: The Linear B tablets and the Mycenaean economy, in: Morpurgo Davies-Duhoux (edd.) 1985, 241-305.

KILLEN, J. T. 1992a: Observations on the Thebes Sealings, in: Olivier (ed.), Mykenaika 1992, 365-380.

KILLEN, J. T. 1992b: Names in *-i* on the Knossos Tablets, in: Olivier (ed.), Mykenaika 1992, 351-363.

KILLEN, J. T. 1992-1993a: Ke-u-po-da e-sa-re-u and the Exemptions on the Pylos Na Tablets, Minos 27-28, 1992-1993, 109-123.

KILLEN, J. T. 1992-1993b: The Oxen's Names on the Knossos Ch Tablets, Minos 27-28, 1992-1993, 101-107.

KILLEN, J. T. 1993: Records of Sheep and Goats at Mycenaean Knossos and Pylos, Bulletin of Sumerian Agriculture 7, 1993, 209-218.

KILLEN, J. T. 1994: Thebes Sealings, Knossos Tablets and Mycenaean State Banquets, BICS 39, 1994, 67-84.

KILLEN, J. T. 1994-1995a: a-ma e-pi-ke-re, Minos 29-30, 1994-1995, 329-333.

KILLEN, J. T. 1994-1995b: A Note on Pylos Tablet Ma 120, Minos 29-30, 1994-1995, 113-116.

KILLEN, J. T. 1995: Some Further Thoughts on „Collectors", in: Politeia. Society and State in the Aegean Bronze Age. Proceedings of the 5th International Aegean Conference (Heidelberg, 1994), Liège 1995 (= Aegaeum 12), 213-226.

KILLEN, J. T. 1996: Thebes Sealings and Knossos Tablets, in: De Miro-Godart-Sacconi (edd.) 1996, 71-82.

KILLEN, J. T. 1996-1997: Mycenaean te-ko-to-(n)a-pe, Minos 31-32, 1996-1997, 179-185.

KILLEN, J. T. - MELENA, J. L. - OLIVIER, J.-P. (edd.) 1987: Studies in Mycenaean and Classical Greek Presented to John Chadwick, Salamanca 1987 (= Minos 20-22).

KILLEN, J. T. - OLIVIER, J.-P. 1989: The Knossos Tablets: A Transliteration (5th edd., Salamanca 1989 = Suplementos a Minos, 11 = KT5).

KIPARSKY, P. 1967: A Phonological Rule of Greek, Glotta 44, 1967, 187-197.

KNUTZEN, G. G. 1995: PY Tn 316, Recto 4: ma-ṭẹ-ṇẹ-sa, nicht ma-ṇạ-sa, Kadmos 34, 1995, 53-62.

KOBER, A. E. 1944-1948: AJA 48-52, 1944-1948.

KRAHE, H. 1937: Die Illyrier in der Balkanhalbinsel, in: Die Welt als Geschichte 3, 1937, 284-299.

KRAHE, H. 1949: Die Indogermanisierung Griechenlands und Italiens, Heidelberg 1949.

KRAHE, H. 1954: Sprache und Vorzeit, Heidelberg 1954.

KRETSCHMER, P. 1896: Einleitung in die Geschichte der griechischen Sprache, Göttingen 1896.

KRETSCHMER, P. 1909: Zur Geschichte der griechischen Dialekte. Glotta 1, 1909, 9-59.

KRETSCHMER, P. 1953: Die Leleger und die ostmediterrane Urbevölkerung, Glotta 32, 1953, 161-204.

LA CRÈTE MYCÉNIENNE 1997: ed. J. Driesen – A. Farnoux 1977 = BCH, Suppl. 30.

LAMBERTERIE, Ch. de 1990a: Grec mycénien po-ro-e-ko-to: les nodules de Thèbes et les taureaux de Nestor, RPh 64, 1990, 111-125.

LAMBERTERIE, Ch. de 1990b: Les adjectifs grecs en -υς. Sémantique et comparaison, Tomes I-II, Louvain-la-Neuve 1990 (= BCILL, 54-55).

LAMBERTERIE, Ch. de 1992: Le problème de l'homonymie: les trois verbes ὀφέλλω en grec ancien, in: Létoublon (ed.) 1992, 201-217.

LANDAU, O. 1958: Mykenisch-griechische Personennamen, Göteborg 1958.

LANDENIUS ENEGREN, H. 1995: A Prosopographical Study of Scribal Hand 103. Methods, Aims and Problems, in: Politeia. Society and State in the Aegean Bronze Age. Proceedings of the 5th International Aegean Conference (Heidelberg, 10-13 April 1994), Liège 1995 (= Aegaeum 12), 115-130.

LANG, M. L. 1988: Pylian Place-Names, in: Texts, Tablets and Scribes. Studies in Mycenaean Epigraphy and Economy Offered to E.L. Bennett, Jr., Salamanca 1988 (= Suplementos a Minos, 10), 185-212.

LANG, M. L. 1990: The oka Tablets Again, Kadmos 29, 1990, 113-125.

LANSZWEERT, R. 1994: GRASSMANN im Griechischen. Zur umstrittenen Chronologie eines unbestrittenen Lautgesetzes, in: Dunkel-Meyer-Scarlata-Seidl (edd.) 1994, 185-200.

LATACZ, J. 1965: ANΔPOTHTA, Glotta 43, 1965, 62-75.

LATACZ, J. (ed.) 1991: Zweihundert Jahre Homer-Forschung, Stuttgart-Leipzig 1991.

LEHMAN, G. A. 1991: Die politisch-historischen Beziehungen der Ägais-Welt des 15.-13. Jh.s v. Chr. zu Ägypten und Vorderasien, in: Colloquium Rauricum, Latacz, J. (ed.), Stuttgart – Leipzig 1991, 105-126.

LEJEUNE, M. 1960: Les sifflantes fortes du mycénien, Minos 6, 1960, 87-137.

LEJEUNE, M. 1961: La postposition -de en mycénien, Rev. de Phil. 35, 1961, 195-206.

LEJEUNE, M. 1965: RPh 39, 1965, 14-20 (= Mém. III).

LEJEUNE, M. 1966: Doublets et complexes, Mycenaean Studies, ed. L. R. Palmer and J. Chadwick, Cambridge 1965 (1966), 135-149.

LEJEUNE, M. 1972a: Phonétique historique du mycénien et du grec ancien, Paris 1972.

LEJEUNE, M. 1972b: Les syllabogrammes B et leur translitération, in: Acta Mycenaea I, Salamanca 1972 = Minos 11, 73-98.

LEJEUNE, M. 1976: Prémycénien et proto-mycénien, BSL 71/1, 1976, 193-206.

LEJEUNE, M. 1979: La phonologie; l'exemple des labiovélaires, SMEA 20, 1979, 53-68.

LEJEUNE, M. 1994: Essais de philologie mycénienne - XVIII. Notes d'anthroponymie thébaine, RPh 68, 1994, 165-169.

LEJEUNE, M. 1995: Bureaucratic thébaine: intitulés et sommations, etc., in: M. Lejeune, Mémoires de Philogie Mycénienne, Quatrième série 1969-1996, Rome 1997, 271-292.

LEJEUNE, M. 1996: Naissance d'une discipline, in: De Miro-Godart-Sacconi (edd.) 1996, 3-6.

LEJEUNE, M. – GODART, L. 1995: Le syllabogramme *56 dans le linéaire B thébain, Riv. di filologia e d'istruzione classica 123, 1995, 272-277.

LÉTOUBLON, F. (ed.) 1992: La langue et les textes en grec ancien. Actes du colloque Pierre Chantraine (Grenoble, 5-8 septembre 1989), Amsterdam 1992.

LEUKART, A. 1983: Götter, Feste und Gefäße, in: Res Mycenaeae, Nürnberg 1981 (Göttingen 1983), 234-252.

LEUKART, A. 1987a: Po-ro-qa-ta-jo, to-sa-pe-mo, a-mo-ra-ma and others: Further evidence for proto-Greek collective formations in Mycenaean and early alphabetic Greek, in: Studies in Mycenaean and Classical Greek Presented to John Chadwick, Salamanca 1987, 343-366.

LEUKART, A. 1987b: Mycenaean o-nu-ka, o-nu-ke, etc.: A concealed root-compound?, in: Tractata Mycenaea, Skopje 1987, 179-188.

LEUKART, A. 1992: Les signes **76 (*ra_2*, «rja»)* et **68 (*ro_2*, «rjo»)* et le nom du grand prêtre de Poséidon (sinon du roi) à Pylos, in: Olivier (ed.), Mykenaika 1992, 387-405.

LEUKART, A. 1994: Die frühgriechischen Nomina auf *-tās* und *-ās*. Untersuchungen zu ihrer Herkunft und Ausbreitung (unter Vergleich mit den Nomina auf *-eús*), Wien 1994 (= Sitzungber. der Österr. AW 558).

LEUKART, A. 1996: Pylos Vn 493.1: a-<ko>-ro e-po a-ke-ra$_2$-te, in: De Miro-Godart-Sacconi (edd.) 1996, 311-314.

LEUKART, A. 1999: Blosses *no* in pylisch sa-ri-no-te gegenüber Sa-ri-nu-wo-te und Se-ri-no-wo-te...?, *Floreant II*, Wien 1999, 355 - 362.

LILLO, A. 1983: On the Type of ἱερής Forms in Arcadian and Cypriot, Glotta 61, 1983, 1-4.

LILLO, A. 1990: The Ancient Greek Numeral System. A Study of Some Problematic Forms, Bonn 1990.

LILLO, A. 1993: El uso de τε épico con subjuntivo y su relación con la partícula modal, in: Crespo-García Ramón-Striano (edd.) 1993, 209-220.

LILLO, A. 1996: On the Non-Copulative *-qe* in Mycenaean, in: De Miro-Godart-Sacconi (edd.) 1996, 315-319.

LINDGREN, M. 1973: The People of Pylos I-II, Upsala 1973.

LOCHNER HÜTTENBACH, F. 1960: Die Pelasger, Wien 1980.

LÓPEZ EIRE, A. 1968: Panorama actual de la dialectología griega, Estudios clásicos 54, 1968, 287-305.

LÓPEZ EIRE, A. 1969: Tres cuestiones de dialectología griega, Salamanca 1969.

LÓPEZ EIRE, A. 1970: Innovaciones del jónico-ático, Salamanca 1970.

LÓPEZ EIRE, A. – DOSUNA J. M. 1980: El problema de los dialectos doricos y nordoccidentales, Emérita 48, 1980, 15-30.

LUJÁN, E. R. 1994-1995: Mycénien du-ma et le nom du père d'Hécube, Minos 29-30, 1994-1995, 203-208.

MADDOLI, G. (ed.) 1992: La civiltà micenea. Guida storica e critica, Bari 1992 (1977^1).

MAKKAY, J. 1968: The Tărtăria Tablets, Orientalia 37, 1968, 272-289.

MALIKOUTI-DRACHMAN, A. 1975: Derived Long Mid-Vowels in Greek, Die Sprache 21, 1975, 135-156.

MARAZZI, M. 1992: Scritture egee e organizzazione dell'informazione: novità editoriali e recenti tendenze della ricerca, Quaderni Urbinati CC N.S. 42, 1992, 85-90.

MARAZZI, M. 1994a: La documentazione epigrafica, in: Marazzi (ed.) 1994, 515-560.

MARAZZI, M. 1994b: La documentazione linguistica, in: Marazzi (ed.) 1994, 563-571.

MARAZZI, M. 1994c: Appunti per un dossier sulla circolazione del vino attraverso le testimonianze in Lineare B, in: Milano (ed.) 1994, 139-150.

MARAZZI, M. (ed.) 1994: La società Micenea, Roma 1994 (1976^1).

MARINATOS, Sp. 1958: Gramatōn didaskalia, in: Minoica, Festschrift Sundwall, Berlin 1958, 226-231.

MARINATOS, Sp. 1968-1975: Excavations at Thera I-VII, Athens 1968-1975.

MARINATOS, Sp. 1973: Ausgrabungen auf Thera und ihre Probleme, Wien 1973.

MASSON, E. 1967: Recherches sur les plus anciens emprunts sémitiques en grec, Paris 1967.

MASSON, E. 1969: La plus ancienne tablette chypro-minoenne, Minos 10, 1969, 64-77.

MASSON, E. 1972: Les répertoires graphiques chypro-minoens, in: Acta Mycenaea I, 1972 = Minos 11, 99-111.

MASSON, E. 1973: A propos du grand cylindre inscrit d'Encomi, Kadmos 12, 1973, 76-82.

MASSON, E. 1974: Cyprominoica, Göteborg 1974.

MASSON, E. 1979: Le chypro-minoen, in: Colloquium Mycenaeum, Chaumont 1975 (Neuchâtel 1979).

MASSON, E. 1984: L'„écriture" dans les civilisations danubiennes néolithiques, Kadmos 23, 1984, 89-123.

MASSON, E. 1987: Les écritures chypro-minoennes, in: Tractata Mycenaea, Skopje 1987, 189-202.

MASSON, E. – MASSON, 0. 1983: Les objets inscrits de Palaepaphos - Skales, in: V. Karageorghis, Palaepaphos - Skales, Konstanz 1983, app. IV 411-415.

MASSON, E. 1956: Les écritures chypro-minoennes et les possibilités de dechiffrement, in: Études Mycéniennes – Aktes du Coll. Intern. sur les textes mycéniens, Paris 1956, 199-204.

MASSON, O. 1957: Répertoire des inscriptons chypro-minoennes, Minos 5, 1957, 9-27.

MASSON, O. 1961, 1983^2: Les inscriptions chypriotes syllabiques, Paris 1961, 1983^2.

MASSON, O. 1979: Les inscriptions chypriotes syllabiques de 1961 à 1975, in: Colloquium Mycenaeum, Chaumont 1975 (Neuchâtel 1979), 361-371.

MASSON, O. 1990: Onomastica Graeca selecta I-III, ed. C. Dobias – L. Dubois, Paris 1990...

MAURICE, N. 1985: Fautes de scribes: pour une critique verbale appliquée aux textes mycéniens, Minos 19, 1985, 29-50.

MAURICE, N. 1988: Analogie et flexion nominale en grec mycénien: le datif-locatif pluriel des thèmes en -n-, Minos 23, 1988, 117-146.

MAURICE, N. 1992: Le génitif singulier thématique dans l'épopée: difficultés de scansion et contribution du grec mycénien, in: Olivier (ed.), Mykenaika 1992, 407-409.

McARTHUR, J. K. 1981: The textual evidence for location of Place-Names in the Knossos tablets, Minos 17, 1981, 147-210.

McARTHUR, J. K. 1985: A Tentative Lexicon of Mycenaean Place-Names: The Place-Names of the Knossos Tablets (134-page annex to Minos 19, 1985).

McARTHUR, J. K. 1993: Place-Names in the Knossos Tablets. Identifications and Location, Salamanca 1993 (= Suplementos a Minos, 9).

MEIER-BRÜGGER, M. 1990a: Zu griech. κλισίη und myk. ki-ri-ta-, Glotta 68, 1990, 167.

MEIER-BRÜGGER, M. 1990b: Zu griech. ἀρήν und κριός, Historische Sprachforschung 103, 1990, 26-29.

MEIER-BRÜGGER, M. 1991a: Verbaute lokale Genetive im Griechischen: ἔραζε, θύραζε, χαμᾶζε; Ἐρέβευσφι; φόωσδε, Glotta 69, 1991, 44-47.

MEIER-BRÜGGER, M. 1991b: Griechisch ἀφύη..., MSS 52, 1991, 123-125.

MEIER-BRÜGGER, M. 1992a: Mykenisch te-u-to = *Stéutōr*?, Glotta 70, 1992, 1.

MEIER-BRÜGGER, M. 1992b: Zu griechisch γῆ und γαῖα, MSS 52, 1992, 113-116.

MEIER-BRÜGGER, M. 1992c: À propos de la partie étymologique du dictionnaire de Chantraine, in: Létoublon (ed.) 1992, 267-272.

MEIER-BRÜGGER, M. 1992d: Griechische Sprachwissenschaft, I. Bibliographie, Einleitung, Syntax. II. Wortschatz, Formenlehre, Lautlehre, Indizes, Berlin-New York 1992 (= Sammlung Göschen, 2241-2242).

MEIER-BRÜGGER, M. 1993: Homerisch ἀμφου(δ)ίς, mykenisch d(u)uóu(p^hi) und Verwandtes, Glotta 71, 1993, 137-142.

MEIER-BRÜGGER, M. 1994: Weiteres zu arkadisch φάκτον und Sippe, Hist. Sprachforschung 107, 1994, 89-90.

MEIER-BRÜGGER, M. 1995: Zu griech. Ableitungen von -si-Abstrakta, Glotta 73, 1995-96, 9-11.

MEIER-BRÜGGER, M. 1996: Zur Gen. Sg. Form der mask. -*ā*-Stämme im Griechischen, in: De Miro-Godart-Sacconi (edd.) 1996, 349-350.

MELENA, J. L. 1987: On untranslated syllabograms *56 and *22, in: Tractata Mycenaea, Skopje 1987, 203-232.

MELENA, J. L. 1987: On the Linear B ideogrammatic syllabogram ZE, in: Studies in Mycenaean and Classical Greek Presented to John Chadwick, Salamanca 1987 (= Minos 20-22), 389-457.

MELENA, J. L. et alii 1990-1991: 55 raccords de fragments dans les tablettes de Knossos, Minos 25-26, 1990-1991, 413-417.

MELENA, J. L. 1992-1993: 167 Joins of Fragments in the Linear B Tablets from Pylos, Minos 27-28, 1992-1993, 71-82.

MELENA, J. L. 1992-1993: 244 Joins and Quasi-Joins of Fragments in the Linear B Tablets from Pylos, Minos 27-28, 1992-1993, 307-324.

MELENA, J. L. 1994-1995a: 133 Joins and Quasi-Joins of Fragments in the Linear B Tablets from Pylos, Minos 29-30, 1994-1995, 271-288.

MELENA, J. L. 1994-1995b: 28 Joins and Quasi-Joins of Fragments in the Linear B Tablets from Pylos, Minos 29-30, 1994-1995, 95-100.

MELENA, J. L. 1995: Antología comentada de textos micénicos, Vitoria 1995.

MELENA, J. L. 1996: The Reconstruction of the Fragments of the Linear B Tablets from Knossos, in: De Miro-Godart-Sacconi (edd.) 1996, 83-90.

MELENA, J. L. 1999: Some Thoughts on the Origin of the Knossos Fragments Found in 1984 at the Heraklion Museum, in: *Floreant II*, Salzburg 1995 (Wien 1999), 363-387.

MELENA, J. L. 2001: Textos griegos micénicos comentados, Vitoria-Gasteiz 2001.

MELENA, J. L. – OLIVIER, J.-P. 1991: TITHEMY. The Tablets and Nodules in Linear B from Tiryns, Thebes and Mycenae. A Revised Transliteration, Salamanca – Vitoria-Gasteiz 1991 (= Suplementos a Minos, 12).

MELENA, J. L. – OWENS, G. – SERRANO, M. 1990-1991: 55 raccords de fragments dans les tablettes de Cnossos, Minos 25-26, 1990-1991, 413-417.

MÉNDEZ DOSUNA, J. 1985: Los dialectos dorios del Noroeste: Gramática y estudio dialectal, Salamanca 1985.

MÉNDEZ DOSUNA, J. 1991-1993: A Note on Myc. a-ze-ti-ri-ja, Att. σβέννυμι, and Palatalization, Sprache 35, 1991-1993, 208-220.

MERLINGEN, W. 1955: Das „Vorgriechische" und die sprachwissenschaftlich-vorhistorischen Grundlagen, Wien 1955.

METRI, P. 1954: Il dialetto panfilio, Rend. dell'Ist. Lombardo, classe di lettere... 87, 1954, 79-117.

MILANI, C. 1980: Incontri etnici nel miceneo, Aevum 54, 1980, 80-87.

MILANI, C. 1987: I toponimi micenei e il Catalogo delle navi, Rend. dell'Ist. Lombardo, classe di lettere... 121, 1987, 151-188.

MILANI, C. 1988: Miceneo *we-*, cipriota *u-*, Minos 23, 1988, 147-162.

MILANI, C. 1990: Ipotesi di radici minoico-micenee nel pensiero platonico e pseudoplatonico sulla legislazione di Creta, Quaderni dell'Istituto di Glottologia (Univ. degli Studi „G. D'Annunzio", Chieti) 2, 1990, 59-72.

MILANI, C. 1991: Miceneo ra-wo-, omerico λαός in: Studia Linguistica Amico et Magistro Oblata - Scritti di amici e allievi dedicati alla memoria di Enzo Evangelisti, Milano 1991 (= Quaderni della Collana di Linguistica Storica e Descrittiva, 3), 233-247.

MILANI, C. 1994-1995: Miceneo TE-RE-TA, Atti del Sodal. Glott. Milanese 35-36, 1994-1995 [1996], 127-150.

MILANI, C. 1996: Contributo allo studio delle tavolette Fr di Pilo, in: De Miro-Godart-Sacconi (edd.) 1996, 351-360.

MILANI, C. 1997: La dea Ilizia nei testi micenei, in: Renato Arena et al. (edd.), Bandhu. Scritti in onore di Carlo Della Casa, Torino 1997, 801-820.

MILANO, L. (ed.) 1994: Drinking in Ancient Societies. History and Culture of Drinks in the Ancient Near East. Papers of a Symposium held in Rome 1990, Padova 1994.

MILITELLO, P. 1991: Per una classificazione degli archivi nel mondo egeo, Sileno 17, 1991, 327-347.

MILITELLO, P. 1996: Aspetti amministrativi dei palazzi micenei. Gli archivi extrapalatini e il caso di Micene, in: De Miro-Godart-Sacconi (edd.) 1996, 361-368.

MILLEKER, B. 1905: A vattinai őstelep, Temesvár 1905.

MILLER, D. G. 1982: Homer and the Ionian Tradition, Innsbrucker Beiträge zur Sprachwissenschaft, Innsbruck 1982.

MILLER, D. G. 1994: Ancient Scripts and Phonological Knowledge, Amsterdam-Philadelphia 1994 (= Current Issues in Linguistic Theory, 116).

MITFORD, T. B. 1971: The Cypro-Minoan Inscriptions of Old Paphos, Kadmos 10, 1971, 87-96.

MORALEJO ALVÁREZ, J. J. 1977: Los dorios: su migración y su dialecto, Emérita 45, 1977, 243-267.

MORALEJO ALVÁREZ, J. J. 1979: Recent Contributions to the History of the Greek Dialects, Santiago 1979.

MORALEJO ALVÁREZ, J. J. 1983: Problemas actuales de la dialectología griega, Santiago 1983.

MORALEJO ALVÁREZ, J. J. 1983: On dual number of *ā*-stems in the Mycenaean tablets, Minos 18, 1983, 209-217.

MORALEJO ALVÁREZ, J. J. 1990: Griego antiguo: migraciones y dialectos, Rev. española de linguistica clásica 20/2, 1990, 271-308.

MORALEJO ALVÁREZ, J. J. 1993: Asibilación y palatalizaciones en griego prehistórico, Minerva 7, 1993, 27-42.

MORANI, M. 1999: Introduzione alla linguistica greca, Alessandria 1999.

MORPURGO, A. 1963: Mycenaeae Graecitatis Lexicon, Roma 1963.

MORPURGO DAVIES, A. 1968a: Thessalian Patronymic Adjectives, Glotta 46, 1968, 86-100.

MORPURGO DAVIES, A. 1968b: Gender and the Development of the Greek Declension, Trans. of the Philol. Soc. 1968, 12-36.

MORPURGO DAVIES, A. 1968c: The Treatment of r̥ and l̥ in Mycenaean and Arcado-Cyprian, in: Atti e Memorie del 1° Congresso Internazionale di Micenologia II, Roma 1968, 791-814.

MORPURGO DAVIES, A. 1983: Mycenaean and Greek prepositions: o-pi, e-pi etc., in: Res Mycenaeae, Nürnberg 1981 (Göttingen 1983), 287-310.

MORPURGO DAVIES, A. 1985: Mycenaean and Greek language, in: Morpurgo Davies-Duhoux (edd.) 1985, 75-125.

MORPURGO DAVIES, A. 1987: Mycenaean and Greek syllabification, in: Tractata Mycenaea, Skopje 1987, 91-104.

MORPURGO DAVIES, A. 1992a: Il contributo del miceneo alla linguistica greca, in: Maddoli (ed.) 1992, 133-156.

MORPURGO DAVIES, A. 1992b: Mycenaean, Arcadian, Cyprian and Some Questions of Method in Dialectology, in: Olivier (ed.), Mykenaika 1992, 415-432.

MORPURGO DAVIES, A. 1997: Particles in Greek Epigraphical Texts. The Case of Arcadian, in: Albert Rijksbaron (ed.), New Approaches to Greek Particles. Proceedings of the Colloquium Held in Amsterdam, January 4-6, 1996, to Honour C.J. Ruijgh on the Occasion of His Retirement, Amsterdam 1997, 49-73.

MORPURGO DAVIES, A. 1999: The Morphology of Personal Names in Mycenaean and Greek, *Floreant II*, Wien 1999, 389-406.

MORPURGO DAVIES, A. – DUHOUX, Y. 1985: Linear B: A 1984 Survey, Proceedings of the Mycenaean Colloquium of the VIIIth Congress of FIEC (Dublin 1984), Louvain-la-Neuve 1985 (= BCILL, 26).

MOUNTJOY, P. A. 1997: The Destruction of the Palace at Pylos Reconsidered, BSA 92, 1997, 109-135.

MSS – Münchener Studien zur Sprachwissenschaft

MÜHLESTEIN, H. 1957: Sirenen in Pylos, Glotta 36, 1957, 152-156.

MÜHLESTEIN, H. 1996: Absenzen im Wortschatz der mykenischen Personennamen, in: De Miro-Godart-Sacconi (edd.) 1996, 369-373.

MUSTI, D. et al. (edd.) 1991: La transizione dal Miceneo all'Alto Arcaismo. Dal palazzo alla città. Atti del Convegno Internazionale (Roma 1988), Roma 1991.

MYLONAS, G. E. 1966: Mycenae and the Mycenaean Age, Princeton 1966.

NAGY, G. 1994: The Name of Achilles: Questions of Etymology and „Folk-Etymology", Illinois Classical Studies 19, 1994, 3-9.

NAGY, G. 1994-1995: A Mycenaean Reflex in Homer: φορῆναι, Minos 29-30, 1994-1995, 171-175.

NEGRI, M. 1981: Miceneo e lingua omerica, Firenze 1981.

NEGRI, M. 1986: Ancora sul mic. „pa.ro", in: Contributi di orientalistica, glottologia e dialettologia, a cura di C. Della Casa e R. Arena, Milano 1986, 101-111.

NEGRI, M. 1989: Le cronologie di Cnosso: argomenti linguistici, Atti del Sodal. Glott. Milanese 30, 1989 [1992], 43-53.

NEGRI, M. 1990: Razioni micenee, in: Quaderni di Sandalion 6 (1990) [= „Seminari sassaresi" 2], 191-196.

NEGRI, M. 1991a: Linee d'innovazione e aree di conservazione nel greco di età micenea, in: Vincenzo Orioles (ed.), Innovazione e conservazione nelle lingue. Atti del Convegno della Società Italiana di Glottologia (Messina, 9-11 novembre 1989), Pisa 1991, 35-88.

NEGRI, M. 1991b: I criteri di distribuzione delle razioni a base cerealicola negli archivi micenei, Annali della Facoltà di Lettere e Filosofia dell'Università di Macerata 24, 1991, 9-29.

NEGRI, M. 1991c: *-ei* e *-i* nelle tavolette di Cnosso, Pilo e Micene. Tentativo di un dossier, in: Studia Linguistica Amico et Magistro Oblata - Scritti di amici e allievi dedicati alla memoria di Enzo Evangelisti, Milano 1991 (= Quaderni della Collana di Linguistica Storica e Descrittiva, 3), 249-257.

NEGRI, M. 1992a: Miceneo *31 SA: SAbanos?, Incontri Linguistici 15, 1992, 59.

NEGRI, M. 1992b: Le tavolette delle classi A-G di Pilo. Saggio di traduzione, Roma 1992.

NEGRI, M. 1993: Riflessioni micenee. A proposito di una recente pubblicazione, SMEA 31, 1993, 73-96.

NEGRI, M. 1994: Parole non indoeuropee „nascoste" nella Lineare B, in: V. Brugnatelli (ed.), Sem Cam Iafet. Atti della 7ª Giornata di Studi Camito-Semitici e Indoeuropei (Milano, giugno 1993), Milano 1994, 127-130.

NEGRI, M. 1995a: Numeri e numerali nelle scritture lineari egee, AION 17, 1995, 211-218.

NEGRI, M. 1995b: Hom. λᾶας: λᾶαν, SMEA 36, 1995, 144.

NEGRI, M. 1997: A *13la: B *131 VIN, in: Renato Arena et al. (edd.), Bandhu, Scritti in onore di Carlo della Casa, Torino 1997, 829-830.

NEGRI SCAFA, P. 1996: Paralleli tra gli archivi orientali e gli archivi micenei, in: De Miro-Godart-Sacconi (edd.) 1996, 375-378.

NEUMANN, G. 1991a: Zwischen Mykene und Homer. Namenkundliche Beobachtungen erhellen das 'Dark Age', in: Musti et al. (edd.) 1991, 167-175.

NEUMANN, G. 1991b: Die homerischen Personennamen. Ihre Position im Rahmen der Entwicklung des griechischen Namenschatzes, in: Latacz (ed.) 1991, 311-328.

NEUMANN, G. 1992a: Deutungsvorschläge zu mykenischen Namen, in: Olivier (ed.), Mykenaika 1992, 433-441.

NEUMANN, G. 1992b: Arkadisch φάκτον – mykenisch pa-ko-to, Hist. Sprachforschung 105, 1992, 73-74 (= Festschrift E. Simon).

NEUMANN, G. 1994a: La navigazione in Grecia dai tempi di Micene attraverso i nomi di persona, in: Marazzi (ed.) 1994, 286-295.

NEUMANN, G. 1994b: Wertvorstellungen und Ideologie in den Personennamen der mykenischen Griechen, Anzeiger der phil.-hist. Klasse der Österreich. Akad. Wiss. 131, 1994, 127-166.

NEUMANN, G. 1994-1995: Alphabet-griechische und mykenische Personennamen des Typs Μενεσθεύς, Minos 29-30, 1994-1995, 209-212.

NEUMANN, G. 1995: Altgriechisch κόσμος und seine Sippe. Grundbedeutung und Etymologie, in: Hettrich-Hock-Mumm-Oettinger (edd.) 1995, 203-210.

NEUMANN, G. 1996: Zur Schaffung der Zeichen **91 two* und **62 pte* von Linear B, in: De Miro-Godart-Sacconi (edd.) 1996, 91-99.

NIEMEIER, W.-D. 1982: Mycenaean Knossos and the Age of Linear B, SMEA 23, 1982, 219-287.

NIEMEIER, W.-D. 1996: A Linear A Inscription from Mallia, Kadmos 35, 1996, 87-99.

OLIVIER, J.-P. 1967: Les Scribes de Cnossos, Rome 1967 (= Incunabula Graeca, 17).

OLIVIER, J.-P. 1969: The Mycenae Tablets IV, Leiden 1969.

OLIVIER, J.-P. 1975: Le disque de Phaistos, Paris 1975.

OLIVIER, J.-P. 1979: Le origine de l'écriture linéaire B, SMEA 20, 1973, 43-52.

OLIVIER, J.-P. 1984: Une inscription en linéaire A au Musée du Louvre, Rev. Arch. 1/1984, 3-12.

OLIVIER, J.-P. 1992: Rapport sur les textes en hiéroglyphique crétois, en linéaire A et en linéaire B, in: Olivier (ed.), Mykenaika 1992, 443-456.

OLIVIER, J.-P. (ed.) 1992: Μυκηναϊκά. Actes du IXe Colloque international sur les textes mycéniens et égéens organisé par le Centre de l'Antiquité Grecque et Romaine de la Fondation Hellénique des Recherches Scientifiques et l'École française d'Athènes (Athènes, 2-6 octobre 1990), Athènes 1992 (= BCH Suppl., 25).

OLIVIER, J.-P. 1993: KN 115 = KH 115. Un même scribe à Knossos et à la Canée au MR IIIB: du soupçon à la certitude, BCH 117, 1993, 19-33.

OLIVIER, J.-P. 1994: The Inscribed Documents at Bronze Age Knossos, in: Evely-Hughes-Brock-Momigliano (edd.) 1994, 157-170.

OLIVIER, J.-P. 1996a: KN 115 et KH 115: rectification, BCH 120, 1996, 823.

OLIVIER, J.-P. 1996b: Les écritures crétoises: sept points à considérer, in: De Miro-Godart-Sacconi (edd.) 1996, 101-113.

OLIVIER, J.-P. 1999: Rapport 1991-95 sur les textes en écriture hiéroglyphique crétoise en linéaire A et en linéaire B, in: Floreant, Bd. 2, 419-435, Wien 1999.

OLIVIER, J.-P. - GODART, J. - SEYDEL, C. - SOURVINOU, C. 1973: Index généraux du linéaire B, Rome 1973 (= Incunabula Graeca, 52).

OLIVIER, J.-P. - KILLEN, J. T. 1992: Errata et corrigenda à KT^{5} au 04/09/90, in: Olivier (ed.), Mykenaika 1992, 457-459.

OLIVIER, J.-P. - PALAIMA, T. G. (edd.) 1988: Texts, Tablets and Scribes. Studies in Mycenaean Epigraphy and Economy Offered to Emmett L. Bennett, Jr., Salamanca 1988 (= Suplementos a Minos, 10).

OWENS, G. 1990: A Linear B Tablet at University College London, BICS 37, 1990, 95-98.

OWENS, G. 1991-1993: The Untransliterated Syllabograms of Linear B – 40 Years on, BICS 38, 1991-1993, 265-266.

OWENS, G. 1993: Minoan DI-KA-TA, Kadmos 32, 1993, 156-161.

OWENS, G. 1994: Was SE-TO-I-JA at Archanes?, Kadmos 33, 1994, 22-28.

OWENS, G. 1994-1995: The Date of the Linear B Archive from the „Room of the Chariot Tablets“ at Knossos – LM II or LM IIIA1?, Talanta 26-27, 1994-1995, 29-43.

OWENS, G. 1996: The Common Origin of Cretan Hieroglyphs and Linear A, Kadmos 35, 1996, 105-110.

OWENS, G. 1997: Further Comments on the Linear A Inscriptions from Thera, Kadmos 36, 1997, 172-173.

OWENS, G. 1999: Balcan Neolithic Scripts, Kadmos 38, 1999, 114-120.

OZANNE, I. 1990: Les Mycéniens. Pillards, paysans et poètes, Paris 1990.

PALAIMA, T. G. 1987: Comments on Mycenaean literacy, in: Studies in Mycenaean and Classical Greek Presented to John Chadwick, Salamanca 1987 (= Minos 20-22), 499-510.

PALAIMA, T. G. 1988: The Scribes of Pylos, Rome 1988 (= Incunabula Graeca, 87).

PALAIMA, T. G. 1988: The development of the Mycenaean writing system, in: Texts, Tablets and Scribes. Studies in Mycenaean Epigraphy and Economy Offered to Emmett L. Bennett, Jr., Salamanca 1988 (= Suplementos a Minos, 10), 269-342.

PALAIMA, T. G. 1989a: Perspectives on the Pylos Oxen Tablets, Textual (and archeological) evidence for the use and management of oxen in Late Bronze Age Messenia (and Crete), in: Studia Mycenaea 1988 (Živa Antika, Monograph 107), Skopje 1989, S. 85-124.

PALAIMA, T. G. 1989b: Cypro-Minoan Scripts, in: Duhoux-Palaima-Bennet, Problems in Decipherment, Louvain 1989, 121-187.

PALAIMA, T. G. 1990: Origin, Development, Transition and Transformation: The Purposes and Techniques of Administration in Minoan and Mycenaean Society, in: Palaima (ed.) 1990, 83-104.

PALAIMA, T. G. (ed.) 1990: Aegean Seals, Sealings and Administration. Proceedings of the NEH-Dickson Conference of the Program in Aegean Scripts and Prehistory of the Department of Classics, University of Texas at Austin, January 11-13, 1989, Liège 1990 (= Aegaeum, 5).

PALAIMA, T. G. 1991 bzw. 1993: Maritime Matters in the Linear B Tablets, in: Laffineur-Basch (edd.), Thalassa. L'Égée préhistorique et la mer, Actes de la troisième rencontre égéenne internationale de l'Univ. de Liège, Station de recherches sous-marines et océanographiques, Calvi, Corse, avril 1990, Liège 1991 (= Aegaeum 7, 1993), 273-310.

PALAIMA, T. G. 1992: The Knossos Oxen Dossier: The Use of Oxen in Mycenaean Crete. Part I: General Background and Scribe 107, in: Olivier (ed.), Mykenaika 1992, 463-474.

PALAIMA, T. G. 1992-1993: Ten Reasons Why KH 115 ≠ KN 115, Minos 27-28, 1992-1993, 261-281.

PALAIMA, T. G. 1994a: Mycenaean Scribal Aesthetics, in: Robert Laffineur-Janice J. Crowley (edd.), ΕΙΚΩΝ. Aegean Bronze Age Iconography: Shaping a Methodology. Proceedings of the 4th International Aegean Conference / 4e Rencontre égéenne internationale. University of Tasmania, Hobart, Australia 6-9 April 1992, Liège 1994 (= Aegaeum 8), 63-74.

PALAIMA, T. G. 1994b: Seal-Users and Script-Users. Nodules and Tablets at LM I B Hagia Triada, in: Piera Ferioli et al. (edd.), Archives before Writing. Proceedings of the International Colloquium. Oriolo Romano, October 23-25, 1991, Roma 1994, 307-330.

PALAIMA, T. G. 1995a: The Last Days of the Pylos Polity, in: Politeia. Society and State in the Aegean Bronze Age. Proceedings of the 5th International Aegean Conference (Heidelberg, 10-13 April 1994), Liège 1995 (= Aegaeum 12), 623-633.

PALAIMA, T. G. 1995b: The Nature of the Mycenaean Wanax: Non-Indo-European Origins and Priestly Functions, in: Rehak (ed.) 1995, 119-139.

PALAIMA, T. G. 1996: 'Contiguities' in the Linear B Tablets from Pylos, in: De Miro-Godart-Sacconi (edd.) 1996, 379-396.

PALAIMA, T. G. 1998: Linear B Texte und der Ursprung der hellenischen Religion, in: Die Geschichte der hellenischen Sprache und Schrift, Ohlstadt 1998, 205-222.

PALAIMA, T. G. 2000: Θέμις in the Mycenaean Lexicon, Faventia 22, 2000, 1-19.

PALAIMA, T. G. – SHELMERDINE, C. W. – ILIEVSKI, P. Hr. (edd.) 1989: Studia Mycenaea (Budapest 1988), Skopje 1989 (= Živa Antika Monographies, 7).

PALMER, L. R. 1955: Observations on the LB Tablets from Mycenae, BICS 2, 1955, 36-45.

PALMER, L. R. 1958: Luvian and Linear A, Trans. of the Philol. Soc. 1958, 75-100.

PALMER, L. R. 1961, 1965²: Mycenaeans and Minoans, London 1961, 1965².

PALMER, L. R. 1963: The Interpretation of the Mycenaean Greek Texts, Oxford 1963.

PALMER, L. R. 1980a: The Greek Language, London, 1980.

PALMER, L. R. 1980b: The First Fortnight at Knossos, SMEA 21, 1980, 273-301.

PALMER, R. 1992: Wheat and Barley in Mycenaean Society, in: Olivier (ed.), Mykenaika 1992, 475-497.

PALMER, R. 1994: Wine in the Mycenaean Palace Economy, Liège 1994.

PALMER, R. 1996: Wine and Viticulture in the Linear A and B Texts of the Bronze Age Aegean, in: P.E. McGovern-S.J. Fleming-S.H. Katz (edd.), The Origins and Ancient History of Wine, Amsterdam 1996, 269-285.

PALMER, L. R. – BOARDMAN, J. 1963: On the Knossos Tablets, Oxford 1963.

PANAGL, O. 1975: Methoden der modernen Linguistik und ihre Anwendung in der Mykenologie, ŽAnt 24, 1975, 422-431.

PANAGL, O. 1977: Hom. χέρνιψ ... - myk. keniqa ..., Die Sprache 23, 1977, 49-52.

PANAGL, O. 1981: Epenthese vs. Ersatzdehnung vs. Assimilation im Altgriechischen, in: Phonologica 1980, Innsbruck 1981 (= IBS 36), 329-335.

PANAGL, O. 1982: Homerisch ὄχεα: ein verkappter lautlicher „Mykenismus", in: Serta Indogermanica, Festschrift für Günter Neumann zum 60. Geburtstag, hgg. von J. Tischler, Innsbruck 1982 (= IBS 40), 251-257.

PANAGL, O. 1983a: Zum Synkretismus von Dativ und Lokativ Singular der *s*-Stämme im Mykenischen, in: Res Mycenaeae, Nürnberg 1981 (Göttingen 1983), 367-372.

PANAGL, O. 1983b: Griechisch διφθέρα, in: Philologie und Sprachwissenschaft, hgg. von W. Meid und H. Schmeja, Innsbruck 1983 (= IBS 43), 185-194.

PANAGL, O. 1985: Hippologica Mycenaea, in: Sprachwissenschaftliche Forschungen, Festschrift für J. Knobloch, Innsbruck 1985, 283-292.

PANAGL, O. 1986: Etyma Graeca, Die Sprache 32, 1986, 276-285.

PANAGL, O. 1989: Phonologische Überlegungen zu einem mykenischen Lautwandel, in: Phonophilia, Festschrift für Franz Zaic, Salzburg 1989, 129-135.

PANAGL, O. 1992a: Mykenisch und die Sprache Homers: Alte Probleme – Neue Resultate, in: Olivier (ed.), Mykenaika 1992, 499-513.

PANAGL, O. 1992b: Mykenische Fossilien im Homertext? Zur Bedeutung von ἁρματοπηγός und ἁρματροχιή, in: Brogyanyi-Lipp (edd.) 1992, 137-144.

PANAGL, O. 1996: Etymologie und philologische Deutung in den Linear B-Tafeln, in: De Miro-Godart-Sacconi (edd.) 1996, 397-404.

PANAGL, O. 1999: Beobachtungen zur mykenischen Syntax, *Floreant II*, Wien 1999, 487-494.

PANAYOTOU, A. 1987: Variations graphiques en linéaire B. Les signes complexes, in: Studies in Greek Linguistics, A Festschrift for J. Chadwick, Thessaloniki 1987, 35-58.

PANAYOTOU, A. 1992: À nouveau les signes 'complexes' en linéaire B, in: Olivier (ed.), Mykenaika 1992, 515-518.

PARISE, N. F. 1994a: Misure di capacità e distribuzione del vino nei testi „micenei“, in: Milano (ed.) 1994, 151-154.

PARISE, N. F. 1994b: Il sistema ponderale „miceneo“, in: Marazzi (ed.) 1994, 300-303.

PARISE, N. F. 1996: Fondamenti «minoici» delle misure «micenee», in: De Miro-Godart-Sacconi (edd.) 1996, 1269-1271.

PARKER, V. 1993a: Gab es wirklich Dorier auf der mykenischen Peloponnes? Das 'mycénien spécial' und die dorischen Dialekte, PdP 48, 1993, 241-266.

PARKER, V. 1993b: Zur Geographie des Reiches von Pylos, SMEA 32, 1993, 41-75.

PARKER, V. 1995: Zur Datierung der Dorischen Wanderung, Museum Helveticum 52, 1995, 130-154.

PARRY, M. 1971: The Making of Homeric Verse, Oxford 1971.

PAVESE, C. O. 1972: Tradizioni e generi poetici della Grecia arcaica, Roma 1972.

PEARSON, R. (ed.) 1991: Perspectives on Indo-European Language, Culture and Religion. Studies in Honor of Edgar C. Polomé, vol. I, McLean (Virginia) 1991 (= Journal of Indo-European Studies Monographs, 7).

PEŇÁZ, P. 1991: Il lessico dei secoli oscuri: aspetti lessicologici ed etimologici del patrimonio lessicale miceneo, in: Musti et al. (edd.) 1991, 273-279.

PEŇÁZ, P. 1992: Les observations *in margine* de l'analyse sémantique du lexique mycénien, in: Olivier (ed.), Mykenaika 1992, 519-521.

PENNAOD, G. 1992: Gr. basileús, Études indo-européens 11eme année, Lyon 1992, 211-212.

PERNA, M. 1995: Le tavolette della serie Ma di Pilo, in: Politeia. Society and State in the Aegean Bronze Age. Proceedings of the 5th International Aegean Conference (Heidelberg, 10-13 April 1994), Liège 1995 (= Aegaeum 12), 227-232.

PERNA, M. 1996: Le tavolette della serie Mc di Cnosso, in: De Miro-Godart-Sacconi (edd.) 1996, 411-419.

PERPILLOU, J.-L. 1987: ἐν, ἐνς, ἐξ en mycénien?, in: Tractata Mycenaea, Skopje 1987, 267-279.

PERPILLOU, J.-L. 1992: Pygmalion et Karpalion, in: Olivier (ed.), Mykenaika 1992, 527-532.

PERPILLOU, J.-L. 1996: Recherches lexicales en grec ancien, Louvain/Paris 1996, 145ff.

PETERS, M. 1976: Attisch hīēmi, Die Sprache 22, 1976, 157-161.

PETERS, M. 1980: Untersuchungen zur Vertretung der indogermanischen Laryngale im Griechischen, Wien 1980, SbÖAW 377.

PETERS, M. 1986: Zur Frage einer „achäischen“ Phase des griechischen Epos, in: O-o-pe-ro-si, Festschrift für E. Risch zum 75. Geburtstag, Berlin-New York 1986, 303-319.

PETERS, M. 1991: Idg. '9' im Armenischen und Griechischen, Zeitschrift für die Phonetik, Sprachwissenschaft und Komunikation 44, 1991, 301-310.

PETERS, M. 1993: Ein weiterer Fall für das Rixsche Gesetz, in: Indogermanica et Italica, Festschrift für H. Rix, Innsbruck 1993, 373-405.

PETRUŠEVSKI, M. D. 1979: Révision de la transcription des syllabogrammes *za, zo, ze* et *zu*, in: Colloquium Mycenaeum, Chaumont 1975 (Neuchâtel 1979), 259-265.

PETRUŠEVSKI, M. D. 1986: Nochmals zu myk. po-ro-po-i, in: O-o-pe-ro-si, Festschrift für E. Risch zum 75. Geburtstag, Berlin-New York 1986, 297-299.

PISANI, V. 1955: Die Entzifferung der ägäischen Linear B Schrift und die griechischen Dialekte, Rhein. Mus. für Philologie 98, 1955, 1-18.

PISANI, V. 1958: Die indoeuropäischen Sprachen in Griechenland und Italien, Lingua Posnaniensis 7, 1958, 25-47.

PITEROS, Ch. – OLIVIER, J.-P. – MELENA, J. L. 1990: Les inscriptions en linéaire B des nodules de Thèbes (1982): la fouille, les documents, les possibilités d'interprétation, BCH 114, 1990, 103-184.

PLATH, R. 1987: HAUCHDISSIMILATION im Mykenischen?, MSS 48, 1987, 187-193.

PLATH, R. 1989: Mykenisch ke-ke-tu-wo-e, MSS 50, 1989, 103-122.

PLATH, R. 1990: Mykenisch e-re-e, MSS 51, 1990, 169-182.

PLATH, R. 1992: Die Präsens-Stammbildung des mykenischen Verbums, in: Olivier (ed.), Mykenaika 1992, 533-537.

PLATH, R. 1994a: Der epische Personenname 'Ιτυμονεύς, Hist. Sprachforschung 107, 1994, 231-243.

PLATH, R. 1994b: Pferd und Wagen im Mykenischen und bei Homer, in: Bernard Hänsel-Stefan Zimmer (edd.), Die Indogermanen und das Pferd. Akten des Internationalen interdisziplinären Kolloquiums, Freie Universität Berlin, 1.-3. Juli 1992, Bernfried Schlerath zum 70. Geburtstag gewidmet, Budapest 1994, 103-114.

PLATH, R. 1994c: Der Streitwagen und seine Teile im frühen Griechischen. Sprachliche Untersuchungen zu den mykenischen Texten und zum homerischen Epos, Nürnberg 1994.

PLATH, R. 1996: Zur Terminologie des frühgriechischen Streitwagens, in: De Miro-Godart-Sacconi (edd.) 1996, 421-428.

PLATH, R. 1999: Bekannte mykenische Wörter neu gedeutet, *Floreant II*, Wien 1999, 503-519.

PLATH, R. - FORSSMAN, B. 1990: Ergänzungen zu Alfred Heubecks Kleinen Schriften, Hist. Sprachforschung 103, 1990, 249-260.

POPHAM, M. 1991: Pylos: Reflections on the Date of its Destruction and on its Iron Age Reoccupation, Oxford Journal of Archaeology 10, 1991, 315-324.

POPHAM, M. - GILL, M. A. V. 1995: The Latest Sealings from the Palace and Houses at Knossos, Oxford 1995.

PREHISTORY AND PROTOHISTORY 1974, in: History of Hellenic World I, Athens - London 1974.

PROBONAS, I. K. 1992: Le mot mycénien a-sa-mi-to comme indice de l'origine mycénienne de l'épopée, in: Olivier (ed.), Mykenaika 1992, 539-542.

PROBONAS, I. K. 1993: Ποικίλα κριτικά στην Ελληνική γραμματεία (μυκηναϊκή, κλασσική, μεσαιωνική και νέα ελληνική), Athēnai 1993.

PROBONAS, I. K. 1996: Mots mycéniens survécus en grec moderne, in: De Miro-Godart-Sacconi (edd.) 1996, 445-452.

PUGLIESE CARRATELLI, G. 1990: Note e lettere di Michael Ventris, PdP 45, 1990, 65-80.

PUGLIESE CARRATELLI, G. 1991: Dioniso in Creta, PdP 46, 1991, 443-444.

QUATTORDIO MORESCHINI, A. 1987: Elementi di origine minoica nella suffissazione micenea, SMEA 26, 1987, 35-57.

QUATTORDIO MORESCHINI, A. 1990: Dal miceneo al greco alfabetico. Osservazioni sullo sviluppo delle labiovelari con particolare riferimento alla lingua epica, Pisa 1990.

QUATTORDIO [MORESCHINI], A. 1992: Un documento di carattere culturale: PY An 607, PdP 47, 1992, 99-114.

RAISON, J. 1968: Les vases à inscriptions peintes ..., Roma 1968.

RAISON, J. 1978: Chronologie des premières attestations du grec en Grèce, in: Étrennes de septantaine... M. Lejeune, Paris 1978, 209-216.

RAISON, J. - POPE, M. 1971: Index du linéaire A, Roma 1971.

RAISON, J. - POPE, M. 1981, 1994: Corpus transnumeréé du linéaire A, Louvain 1981, 1994^2.

RAMAT, A. G. - RAMAT, P. 1998: The Indo-European Language, London - New York 1998.

REDONDO, J. 1989: Mycénien da-pu-ri-to, de-ṛẹ-ụ-ḳọ, Minos 24, 1989, 187-198.

REHAK, P. (ed.) 1995: The Role of the Ruler in the Prehistoric Aegean. Proceedings of a Panel Discussion Presented at the Annual Meeting of the Archaeological Institute of America, New Orleans, Louisiana, 28 December 1992. With Additions. Liège 1995 (= Aegaeum 11).

REICHLER-BÉGUELIN, M.-J. 1992: Perception du mot graphique dans quelques systèmes syllabiques et alphabétiques, in: LALIES 10, 1992, 143-158.

RES MYCENAEAE 1983: Res Mycenaeae, Nürnberg 1981 (Göttingen 1983).

RIDGWAY, D. 1984: L'alba della Magna Grecia, Milano 1984.

RISCH, E. 1954: Die Sprache Alkmans, Museum Helveticum 11, 1954, 20-37.

RISCH, E. 1955: Die Gliederung der griechischen Dialekte in neuer Sicht, Museum Helveticum 12, 1955, 61-76.

RISCH, E. 1964: Das Attische im Rahmen der griechischen Dialekte, Museum Helveticum 21, 1964, 1-14.

RISCH, E. 1966: Les différences dialectales dans le mycénien, Cambridge Colloquium of Mycenaean Studies, Cambridge 1966, 150-157.

RISCH, E. 1971: Die griechische Sprachwissenschaft nach der Entzifferung der mykenischen Schrift, in: Donum Indogermanicum A. Scherer, Heidelberg 1971, 107-117.

RISCH, E. 1972: Les traits non-homériques chez Homère, in: Melanges P. Chantraine, Paris 1972, 191-198.

RISCH, E. 1976: Il miceneo nella storia della lingua greca, Quaderni Urbinati CC, 23, 1976, 527-548.

RISCH, E. 1979a: Les consonnes palatalisées dans le grec du IIe millénaire et des premiers siècles du Ier millénaire, in: Colloquium Mycenaeum, Chaumont 1975 (Neuchâtel 1979), 267-281.

RISCH, E. 1979b: Die griechischen Dialekte im 2. vorchristlichen Jahrtausend, SMEA 20, 1979, 91-111.

RISCH, E. 1981: Griechisch μίτυλος und seine Verwandten, ŽAnt 31, 1981, 29-36.

RISCH, E. 1983: Probleme bei der Schreibung von Hiat und Kompositionsfuge im Mykenischen, in: Res Mycenaeae, Nürnberg 1981 (Göttingen 1983), 374-390.

RISCH, E. 1985: Zum griechischen Relativpronomen, MSS 46, 1985, 173-191.

RISCH, E. 1986: Die mykenische Nominalflexion als Problem der indogermanischen und griechischen Sprachwissenschaft, Die Sprache 32, 1986, 63-77.

RISCH, E. 1987a: Mykenologie und historisch-vergleichende Sprachwissenschaft: Betrachtungen zu mykenisch e-qo-te, in: Studies in Mycenaean and Classical Greek Presented to John Chadwick, Salamanca 1987 (= Minos 20-22), 521-532.

RISCH, E. 1987b: Die mykenischen Personennamen auf *-e*, in: Tractata Mycenaea, Skopje 1987, 281-298.

RISCH, E. 1988: Le développement du chypriote dans le cadre des dialectes grecs anciens, in: The History of the Greek Language in Cyprus, Larnaca 1986 (Nicosia 1988), 67-80.

RISCH, E. 1991: La contribution de la langue mycénienne au problème de la transition du palais à la cité, in: Musti et al. (edd.) 1991, 231-240.

ROCCHI, M. 1996: Osservazioni a proposito di i-pe-me-de-ja, in: De Miro-Godart-Sacconi (edd.) 1996, 861-867.

RUIJGH, C. J. 1957: L' elément achéen dans la langue épique, Assen 1957.

RUIJGH, C. J. 1967: Études sur la grammaire et le vocabulaire du grec mycénien, Amsterdam 1967.

RUIJGH, C. J. 1971: Autour de „τε" épique, Amsterdam 1971.

RUIJGH, C. J. 1979a: La morphologie du grec, SMEA 20, 1979, 69-89.

RUIJGH, C. J. 1979b: Faits linguistiques... aux chars et aux roues, in: Colloquium Mycenaeum, Chaumont 1974 (Neuchâtel 1979), 207-220.

RUIJGH, C. J. 1983: Observations sur les neutres en *-s/h-*, in: Res Mycenaeae, Nürnberg 1981 (Göttingen 1983), 391-407.

RUIJGH, C. J. 1985a: Le mycénien et Homère, in: Morpurgo Davies-Duhoux (edd.) 1985, 143-190.

RUIJGH, C. J. 1985b: Problèmes de philologie mycénienne, Minos 19, 1985, 105-167.

RUIJGH, C. J. 1987: da-ma/du-ma damar, dumar et l'abr'eviation DA notamment en PY En 609.1, in: Tractata Mycenaea, Skopje 1987, 299-322.

RUIJGH, C. J. 1988: Sur la vocalisme de dialecte chypriote au premier mill. av. J.-C., in: The History of the Greek Language of the Cyprus, Larnaca 1986 (Nikosia 1988), 131-151.

RUIJGH, C. J. 1991: Scripta Minora ad Linguam Graecam Pertinentia (J.M. Bremer-A. Rijksbaron-F.M.L. Waanders edd.), Amsterdam 1991.

RUIJGH, C. J. 1992a: L'emploi le plus ancien et les emplois plus récents de la particule κε/ἄν, in: Létoublon (ed.) 1992, 75-84.

RUIJGH, C. J. 1992b: L'emploi mycénien de *-h-* intervocalique comme consonne de liaison entre deux morphèmes, Mnemosyne 45, 1992, 433-472.

RUIJGH, C. J. 1992c: po-ku-ta et po-ku-te-ro, dérivés de **póku* 'petit bétail', in: Olivier (ed.), Mykenaika 1992, 543-562.

RUIJGH, C. J. 1995a: Observations sur les voyelles d'appui en proto-indo-européen et en grec ancien, in: Wojciech Smoczyński (ed.), Kuryłowicz Memorial Volume, Part One, Cracow 1995 (= Analecta Indoeuropaea Cracoviensia, volumen II), 345-356.

RUIJGH, C. J. 1995b: D'Homère aux origines proto-mycéniennes de la tradition épique. Analyse dialectologique du langage homérique, avec un *excursus* sur la création de l'alphabet grec, in: J.P. Crielaard (ed.), Homeric Questions: Essays in Philology, Ancient History and Archaeology Including the Papers of a Conference Organized by the Netherlands Institute at Athens (15 May 1993), Amsterdam 1995, 1-96.

RUIJGH, C. J. 1996a: Scripta Minora ad Linguam Graecam Pertinentia. Volumen Secundum (A. Rijksbaron-F.M.L Waanders edd.), Amsterdam 1996.

RUIJGH, C. J. 1996b: La «déesse mère» dans les textes mycéniens, in: De Miro-Godart-Sacconi (edd.) 1996, 453-457.

RUIJGH, C. J. 1996c: Sur la position dialectale du mycénien, in: De Miro-Godart-Sacconi (edd.) 1996, 115-124.

RUIJGH, C. J. 1999: Ϝάναξ et ses dérivés dans les textes mycéniens, *Floreant II*, Wien 1999, 521-536.

RUIPÉREZ, M. S. 1952: Desinencias medias primarias indoeuropeas, Emérita 20, 1952, 8-31.

RUIPÉREZ, M. S. 1956: Esquisse d'une histoire du vocalisme grec, Word 12, 1956, 67-81.

RUIPÉREZ, M. S. 1972: Le dialecte mycénien, in: Acta Mycenaea I, Salamanca 1972 = Minos 11, 136-169.

RUIPÉREZ, M. S. 1979: Le génitif singulier thématique en mycénien..., in: Colloquium Mycenaeum, Chaumont 1974 (Neuchâtel 1979), 283-293.

RUIPÉREZ, M. S. 1983: The Mycenaean Name of Dionysos, in: Res Mycenaeae, Nürnberg 1981 (Göttingen 1983), 408-412.

RUIPÉREZ, M. S. 1984: The Mycenaean dialects, in: Actes du VIIe Congrès de la Fédération Internationale des Associations d'Études classiques, Vol. II, Budapest 1979 (1984), 461-467.

RUIPÉREZ, M. S. 1986: Sobre cretense οτιμι, in: O-o-pe-ro-si, Festschrift für E. Risch zum 75. Geburtstag, Berlin-New York 1986, 241-244.

RUIPÉREZ, M. S. 1987: Subjunctive forms in Mycenaean texts, in: Tractata Mycenaea, Skopje 1987, 323-331.

RUIPÉREZ, M. S. 1988: Observations phonétiques et morphologiques autour de πτόλις, in: The History of the Greek Language in Cyprus, Larnaca 1986 (Nicosia 1988), 153-164.

RUIPÉREZ, M. S. 1990: El tratamiento de **-wy-* en griego, in: Villar (ed.) 1990, 251-254.

RUIPÉREZ, M. S. 1992a: Quelques remarques sur le nom mycénien du „fils", in: Létoublon (ed.) 1992, 151-156.

RUIPÉREZ, M. S. 1992b: À propos de to-so-jo de PY Er 312, in: Olivier (ed.), Mykenaika 1992, 563-567.

RUIPÉREZ, M. S. 1997: Mycenaean Greek and its Contribution to the Reconstruction of IE Syntax, in: Emilio Crespo-José Louis García Ramón (edd.), Berthold Delbrück y la sintaxis indoeuropea hoy, Actas del Coloquio de la Indogermanische Gesellschaft (Madrid 1994), Madrid-Wiesbaden 1997, 527-536.

RUIPÉREZ, M. S. 1999: Mycenaean we-we-si-jo, alphabetical Greek εἰρεσιώνη and Τειρεσίας, in: *Floreant I*, Wien 1999, 537-542.

RUIPÉREZ, M. S. – MELENA, J. L. 1990: Los griegos micénicos, Madrid 1990 (= Historia, 16).

SACCONI, A. 1974a: Corpus delle iscrizioni in lineare B di Micene, Roma 1974 (= Incunabula Graeca 58).

SACCONI, A. 1974b: Corpus delle iscrizioni vascolari in lineare B, Roma 1974 (= Incunabula Graeca 57).

SACCONI, A. 1991: I sistemi grafici del mondo egeo tra la fine del II e l'inizio del I millennio a. C., in: Musti et al. (edd.) 1991, 43-52.

SACCONI, A. 1995: Riflessioni sull'economia micenea. Economia di baratto o economia monetaria?, Riv. di filologia e d'istruzione classica 123, 1995, 257-271.

SACCONI, A. 1996a: La filologia micenea, in: De Miro-Godart-Sacconi (edd.) 1996, 131-137.

SACCONI, A. 1996b: Le tavolette Fr dello scriba 2 e la preparazione degli oli profumati a Pilo, Kadmos 35, 1996, 23-38.

SACCONI, A. 2000a: Il culto degli animali nel mondo minoico-miceneo, Kretologiko Synedrio, t. 13, Iraklio 2000, 189-191.

SACCONI, A. 2000b: Continuità di culti in Beozia, Lo Zeus Opores di Akraiphia, Actes du IIIème Congrès d'Etudes Béotiennes, in: Thèbes 1996, Επετηρίς της Εταιρείας Βοιωτικών Μελετών, III 1, 2000, 332-338.

SAFAREWICZ, J. 1981: Wartość tekstów mykeńskich dla historii języka greckiego (La valeur de textes mycéniens pour l'histoire de la langue grecque), Eos 69, 1981, 119-125.

SANTIAGO ALVÁREZ, R.-A. 1987: Nombres en -εύς y nombres en -υς, -υ en micénico. Contribución al estudio del origen del sufijo -εύς, Barcelona 1987 (= Faventia Monografies, 6).

SCAFA, E. 1990: Alcuni aspetti dell'organizzazione amministrativa dei regni micenei, SMEA 28, 1990, 333-342.

SCAFA, E. 1991: Analogia di forme d'aggregazione politico-territoriale nella Creta micenea e alto-arcaica, in: Musti et al. (edd.) 1991, 359-372.

SCAFA, E. 1994: L'epica omerica e l'organizzazione militare micenea, SMEA 33, 1994, 55-67.

SCAFA, E. 1995: Il carrubo nei testi micenei, SMEA 36, 1995, 141-144.

SCAFA, E. – GIANNOTTA, M. E. 1990: A proposito dell'apparato militare del regno miceneo di Cnosso: normalità ed emergenza, SMEA 28, 1990, 343-347.

SCHACHERMEYR, F. 1959: Die Entzifferung der mykenischen Schrift, Saeculum 10, 1959, 48-72.

SCHACHERMEYR, F. 1976: Die Ägäische Frühzeit 1-2: Die vormykenischen Perioden des griechischen Festlandes und der Kykladen; Die mykenische Zeit und die Gesittung von Thera, Wien 1976 (SbÖAW 303, 309).

SCHACHTER, A. 1996: Evidence for Cult and Continuity from Linear B Documents at Thebes, in: De Miro-Godart-Sacconi (edd.) 1996, 891-899.

SCHERER, A. 1959: in: Thumb-Scherer, Handbuch der griechischen Dialekte² (als Bd. II), Heidelberg 1959.

SCHINDLER, J. 1975: Der Ablaut der neutralen s-Stämme des Indogermanischen, in: Flexion und Wortbildung, Akten Regensburg 1975, 259-267.

SCHINDLER, J. 1976: On the Greek Type ἱππεύς, in: Studies in Greek, Italic and Indoeuropean Linguistics Offered to L.R. Palmer, Innsbruck 1976, 349-352.

SCHMITT, R. 1977: Einführung in die griechischen Dialekte, Darmstadt 1977.

SCHWINK, F. W. 1991: The Writing of Ancient Greek Consonant Clusters, Kadmos 30, 1991, 113-127.

SCHWYZER, E. 1939: Griechische Grammatik I, München 1939.

SERGENT, B. 1990: Héortologie du mois Plowistos de Pylos, Dialogues d'histoire ancienne 16, 1990, 175-217.

SHELMERDINE, C. W. 1992: Historical and Economic Considerations in Interpreting Mycenaean Texts, in: Olivier (ed.), Mykenaika 1992, 569-590.

SHELMERDINE, C. W. 1996: From Mycenae to Homer: The Next Generation, in: De Miro-Godart-Sacconi (edd.) 1996, 467-492.

SHIELDS, K., Jr. 1991: Comments about the o-Stem Genitive of Indo-European, Hist. Sprachforschung 104, 1991, 52-62.

SIHLER, A. L. 1995: New Comparative Grammar of Greek and Latin, Oxford-New York 1995.

SJÖQUIST, K.-E. – ÅSTRÖM, P. 1985: Pylos: Palmprints and Palmleaves, Göteborg 1985.

SJÖQUIST, K.-E. – ÅSTRÖM, P. 1991: Knossos: Keepers and Kneaders (with an Appendix by J.-P. Olivier), Göteborg 1991.

SLINGS, S. R. 1984: Mycenaean data for an autonomous dual, in: Actes du VIIᵉ Congrès de la Fédération Internationale des Associations d'Études classiques, Vol. II, Budapest 1979 (1984), 499-506.

SMEA = Studi micenei ed egeo-anatolici, Roma.

SMITH, G. 1872: On the Reading of the Cypriote Inscriptions, Trans. of the Soc. of Bibl. Arch. 1, 1872, 129-144.

SMITH, J. S. 1992-1993: The Pylos Jn Series, Minos 27-28, 1992-1993, 167-259.

SOESBERGEN, P. G. van 1983: Progress in Linear A Research, in: Concilium Eirene XVI, Prague 1982 (1983), Vol. 3, 139-144.

SOESBERGEN, P. G. van 1985: Il valore fonetico dei segni micenei per *z*- ai fini della questione dorica, in: Le Origini dei Greci: Dori e Mondo Egeo, a cura di D. Musti, Roma 1985, 323-327.

SOESBERGEN, P. G. van 1996: Parallels in Minoan Linear A and Mycenaean Linear B, in: De Miro-Godart-Sacconi (edd.) 1996, 493-498.

SOMMER, F. 1948: Zur Geschichte der griechischen Nominalkomposition, München 1948.

SOMOLINOS, J. R. 1991: La lexicografía griega en los últimos años, Estudios clásicos 33, 1991, 83-118.

SOWA, W. 1998: Notes on the Mycenaean Verbal Morphology: The Finite Verb Forms, Linguistica Baltica 7, 1998, 271-297.

SOWA, W. 1998D. (Diss.): The Problems of Mycenaean Verbal Morphology, a thesis for M. A., Wien-Cracow 1998 (Part One: Verbum Finitum, 18-47, Part Two: Verbum Infinitum, 48-101.)

SPECIALE, M. S. 1994-1995: Contributo per una lettura diacronica dei testi in Lineare B di Cnosso, Minos 29-30, 1994-1995, 101-111.

SPFFBU = Sborník prací filozofické fakulty brněnské univerzity, Brno.

SPORTIELLO, L. M. 1990: A proposito di alcuni nomi di mestiere micenei, SMEA 28, 1990, 349-360.

SPYROPOULOS, Th. G. - CHADWICK, J. 1975: The Thebes Tablets II, Salamanca 1975 (= Suplementos a Minos, 4).

ŠTARALOVÁ, E. 1996: Klasifikace mykénských nápisů (= Classification of the Mycenaean Inscriptions), a thesis for M.A. degree, Brno 1996.

STAVRIANOPOULOU, E. 1989: Untersuchungen zur Struktur des Reiches von Pylos. Die Stellung der Ortschaften im Licht der Linear B-Texte, Göteborg 1989.

STEINER, A. 1955: Studi sull'arcadico-ciprio, Rend. dell'Ist. Lombardo, classe di lettere... 88, 1955, 325-359.

STEINER, G. 1996: A-ka-wi-ja-de, in: De Miro-Godart-Sacconi (edd.) 1996, 511-521.

STIEGLITZ, R. R. 1976: The Eteocretan Inscription from Psychro, Kadmos 15, 1976, 84-86.

STRUNK, K. 1957: Die sogenannten Äolismen der homerischen Sprache, Köln 1957.

STUBBINGS, F. H. 1972: Prehistoric Greece, London 1972.

STUDIA MYCENAEA 1968: Studia Mycenaea, Brno 1966 (1968).

SUCHARSKI, R. A. 1993: ko-ma-we-te-ja, Eos 81, 1993 [1994], 177-181.

SUCHARSKI, R. A. 1995: The Pylian Word wa-na-so-i – Some Observations, Eos 83, 1995 [1996], 5-9.

SUCHARSKI, R. A. 1996: A Note on PY Fr 1215, Eos 84, 1996 [1997], 5-6.

SZEMERÉNYI, O. 1974: The origins of the Greek lexicon: ex oriente lux. Journal of Hell. Stud. 94, 1974, 144-157.

SZEMERÉNYI, O. 1989: Einführung in die vergleichende Sprachwissenschaft, Darmstadt 1989³.

SZEMERÉNYI, O. 1991: Lexikon des frühgriechischen Epos, Band 2, Lfg. 10-11, 1982, 1984; Lfg. 12-13, 1987, 1989, Gnomon 63, 1991, 97-107.

TAILLARDAT, J. 1981: Homère, K 408, et mycénien o-da-a_2, Revue de Philologie 55, 1981, 33-35.

TEGYEY, I. 1983: Archaeology and interpretation, Acta Classica 19, Debrecen 1983, 17-22.

TEGYEY, I. 1987: Scribes and archives at Knossos and Pylos: a comparison, in: Tractata Mycenaea, Skopje 1987, 357-366.

TEODORSSON, S.-T. 1993: The Pronunciation of Zeta in Different Greek Dialects, in: Crespo-García Ramón-Striano (edd.) 1993, 305-321.

THUMB, A. – SCHERER, A. 1959: Handbuch der griechischen Dialekte II, Heidelberg 1959².

TICHY, E. 1981: Hom. ἀνδροτῆτα und die Vorgeschichte des daktylischen Hexameters, Glotta 59, 1981, 28-66.

TICHY, E. 1983: Onomatopoetische Verbalbildungen des Griechischen (Öster. Akad. der Wiss., Sitzungsberichte, Phil.-Hist. Kl. 409), Wien 1983.

TODOROVIĆ, M. M. 1980: Le duel dans le dialecte mycénien, ŽAnt 30, 1980, 129-134.

TODOROVIĆ, M. M. 1984: Indoevropskite labiovelari vo mikenskiot grčki dijalekt (Les indoeuropéennes labiovélaires dans le dialecte grec mycénien), ŽAnt 34, 1984, 73-78.

TODOROVIĆ, M. M. 1994: Palatalni i velarni guturali u kontaktu sa poluvokalom *-u-* u mikenskom grčkom (Les gutturales palatales et vélaires au contact de la semi-voyelle *-u-* en grec mycénien), ŽAnt 44, 1994, 95-122.

TOURNAVITOU, I. 1995: The „Ivory Houses" at Mycenae, London 1995 (= BSA Suppl., 24).

TRACTATA MYCENAEA 1987: Proceedings of the 8th Coll. on Myc. Studies, Skopje 1985 (1987), 189-202.

TREUIL, R. et al. (edd.) 1989: Les civilisations égéennes du Néolithique et de l'Age du Bronze, Paris 1989.

TRÜMPY, C. 1986: Vergleich des Mykenischen mit der Sprache der Chorlyrik, Bern etc. 1986.

TRÜMPY, C. 1989: Nochmals zu den mykenischen Fr Täfelchen, SMEA 27, 1989, 191-234.

TUCKER, E. F. 1990: The Creation of Morphological Regularity: Early Greek Verbs in *-éō*, *-áō*, *-óō*, *-úō* and *-íō*, Göttingen 1990 (= Historische Sprachforschung, Ergänzungsheft 35).

UCHITEL, A. 1990-1991: Bronze-Smiths of Pylos and Silver-Smiths of Ur, Minos 25-26, 1990-1991, 95-202.

VANDENABEELE, F. 1985: La cronologie des documents en linéaire A, BCH 109, 1985, 3-20.

VANDENABEELE, F. – OLIVIER, J.-P. 1979: Les idéogrammes archéologiques du linéaire B, Paris 1979.

VANSCHOONWINKEL, J. 1991: L'Égée et la Méditerrané orientale à la fin du deuxième millénaire. Témoignages archéologiques et sources écrites, Louvain-la-Neuve 1991.

VARIAS GARCÍA, C. 1990-1991: La metodología actual en el estudio de los textos micénicos: un ejemplo práctico, Faventia 12-13, 1990-1991, 353-365.

VARIAS GARCÍA, C. 1994: El dativo singular atemático en las inscripciones en linear B de Micenas, Faventia 16, 1994, 7-21.

VARIAS GARCÍA, C. 1994-1995: A Tentative Analysis of Dialectal Differences in the Linear B Texts from Mycenae, Minos 29-30, 1994-1995, 135-157.

VENERI, A. 1991: Omero e il palazzo miceneo: alcuni aspetti dell'evoluzione semantica di termini architettonici nel contesto della tradizione linguistico-stilistica dell'epos, in: Musti et al. (edd.) 1991, 177-186.

VENTRIS, M. 1953: A Note on Decipherment Methods, Antiquity 27, 1953, 200-206.

VENTRIS, M. 1988: Work Notes on Minoan Language Research and Other Unedited Papers. Ed. by A. Sacconi, Rome 1988 (= Incunabula Graeca, 90).

VENTRIS, M. - CHADWICK, J. 1953: Evidence for Greek Dialect in the Mycenaean Archives, JHS 73, 1953, 84-101.

VENTRIS, M - CHADWICK, J. 1956, 1973^2: Documents in Mycenaean Greek, Cambridge 1956, 1973^2.

VERMEULE, E. 1966: Greece in the Bronze Age, Chicago 1966^2.

VILBORG, E. 1960: A Tentative Grammar of Mycenaean Greek, Göteborg 1960.

VILLAR, F. (ed.) 1990: Studia Indogermanica et Palaeohispanica in honorem A. Tovar et L. Michelena, Salamanca 1990.

VILLAR, F. 1991: The Numeral 'Two' and its Number Marking, in: Pearson (ed.) 1991, 136-154.

VINE, B. 1993: Greek -ίσκω and Indo-European „**-iske/o-*", Hist. Sprachforschung 106, 1993, 49-60.

VINE, B. 1999: Aeolic ὄρπετον, in: Greek and Indo-European, IBS, Kleine Schriften 71, Innsbruck 1999, 33-37.

VINE, B. 1999: Greek ῥίζα 'root' and „Schwa Secundum", UCLA Indo-European Studies 1, 1999, 5-30.

VIREDAZ, R. 1982: **s* entre occlusives en mycénien, SMEA 23, 1982, 301-322.

VIREDAZ, R. 1983: La graphie des groupes de consonnes en mycénien et en cypriote, Minos 18, 1983, 125-207.

VIREDAZ, R. 1993: Palatalisations grecques: chronologie et classification des traitements, in: Crespo-García Ramón-Striano (edd.), Dalectología griega, Miraflores 1991 (Madrid 1993), 331-337.

VLADÁR, J. - BARTONĚK, A. 1977: Zu den Beziehungen des ägäischen, balkanischen und karpatischen Raumes in der mittleren Bronzezeit und die kulturelle Ausstrahlung der ägäischen Schriften in die Nachbarländer, Slovenská archeológia 25, Bratislava 1977, 371-432.

VLASSA, N. 1963: Chronology of the Neolithic in Transylvania, in the Light of the Tărtăria Settlement's Stratigraphy, in: Dacia N.S. 7, 1963, 485-494.

VOKOTOPOULOU, I. - CHRISTIDIS, A. P. 1995: A Cypriot Grafitto from Mende, Chalcidice, Kadmos 34.

WAANDERS, F. M. J. 1992a: Mycenaean Evidence for the Indo-European Roots **tel-* and **k^wel-* in Greek, in: Olivier (ed.), Mykenaika 1992, 591-596.

WAANDERS, F. M. J. 1992b: Greek, in: Jadranka Gvozdanović (ed.), Indo-European Numerals, Berlin-New York 1992 (= Trends in Linguistics, Studies and Monographs 57), 369-388.

WAANDERS, F. M. J. 1996: Compounds in Mycenaean Greek, in: De Miro-Godart-Sacconi (edd.) 1996, 531-539.

WAANDERS, F. M. J. 1997: Studies in Local Case Relations in Mycenaean Greek, Amsterdam 1997.

WACE, A. J. B. 1953: The History of Greece in the 3rd and 2nd Mill. B.C., Historia 2:1, 1953, 74-94.

WALBERG, G. 1992: A Linear B Inscription from Midea, Kadmos 31, 1992, 93.

WARREN, P. 1975: The Aegean Civilization, Oxford 1975.

WATHELET, P. 1966: La coupe syllabique e les liquides voyelles, in: Y. Lebrun, Linguistic Research in Belgium (LRB), Wetteren 1966, 145-173.

WATHELET, P. 1970: Les traits éoliens dans la langue de l'épopée grecque, Rome 1970.

WATHELET, P. 1981: La langue homérique et le rayonnement littéraire de l'Eubée, L'Antiquité Classique 50, 1981, 819-833.

WEINGARTEN, J. 1994: Sealings and Sealed Documents at Bronze Age Knossos, in: Evely-Hughes-Brock-Momigliano (edd.) 1994, 171-188.

WEST, M. L. 1988: The Rise of the Greek Epic, Journal of Hellenic Studies 108, 1988, 151-172.

WEST, M. L. 1992: The Descent of the Greek Epic, a Reply, Journal of Hellenic Studies 112, 1992, 173-175.

WILLI, A. 1994-1995: do-ra-qe pe-re po-re-na-qe a-ke: An Indo-European Figure in Mycenaean?, Minos 29-30, 1994-1995, 177-185.

WINDEKENS, A. J. van 1952: Le Pélasgique, Louvain 1952.

WITCZAK, K. T. 1991: Quaestiones Mycenaeae. I. Przedgrecka bogini ma-pạ-sa a homerycka Μάρπησσα, Meander 46, 1991, 263-267.

WITCZAK, K. T. 1992a: Notes on Cretan Place-Names in the Linear B Tablets, Kadmos 31, 1992, 161-163.

WITCZAK, K. T. 1992b: Quaestiones Mycenaeae. II. Partnerstwo bóstw męskich i zeńskich w religii greków mykeńskich, Meander 47, 1992, 459-468.

WITCZAK, K. T. 1992c: The Phonetic Value of the Linear B Sign *47, Kadmos 31, 1992, 88-91.

WITCZAK, K. T. 1993a: Remarks on the Mycenaean E-RE-PA a-no-po, Listy filologické 116, 1993, 109-111.

WITCZAK, K. T. 1993b: A B-Series in Linear B, Kadmos 32, 1993, 162-171.

WITCZAK, K. T. 1994a: The Linear B Sign *76: A Proposal for New Value (RI_2), Pomoerium 1, 1994, 7-14.

WITCZAK, K. T. 1994b: Lithuanian mìlas and its Possible Mycenaean Greek Cognate, Linguistica Baltica 3, 1994, 185-189.

WITCZAK, K. T. 1994c: Studia nad najstarszym pismem greckim. Część I: Z historii badań nad sylabarinszem mykeńskim, Meander 49, 1994, 3-9.

WITCZAK, K. T. 1996: Further on the Mycenean Goddness ma-pạ-sa (PY Tn 316.4), Kadmos 35, 1996, 175-176.

WOODARD, R. D. 1986: Dialectal differences at Knossos, Kadmos 25, 1986, 49-74.

WOODARD, R. D. 1997: Greek Writing from Knossos to Homer. A Linguistic Interpretation of the Origin of the Greek Alphabet and the Continuity of Ancient Greek Literacy, New York-Oxford 1997.

WYATT, W. F. 1968: Early Greek /y/, Glotta 46, 1968, 229-237.

WYATT, W. F., Jr. 1975: Aeolic Reflexes of Labiovelars in Homer, GRBS 16, 1975?, 251-263.

WYATT, W. F., Jr. 1992: Homer's Linguistic Forebears, Journal of Hellenic Studies 112, 1992, 167-173.

WYATT, W. F., Jr. 1994-1995: Homeric and Mycenaean ΛΑΟΣ, Minos 29-30, 1994-1995, 159-170.

WYATT, W. F., Jr. 1996: Linear B and Homer, in: De Miro-Godart-Sacconi (edd.) 1996, 541-551.

YAMAGATA, N. 1995: Ritual Offerings in Homer and in Linear B, SMEA 35, 1995, 57-68.